KB139503

정통십신명리

正統十神命理

정통십신명리(正統十神命理)

초판 1쇄 인쇄일 2022년 4월 29일
초판 1쇄 발행일 2022년 5월 09일

지은이 전우창 황명석
디자인 황명석

펴낸이 양옥매
펴낸곳 도서출판 책과나무
출판등록 제2012-000376
주소 서울특별시 마포구 방울내로 79 이노빌딩 302호
대표전화 02.372.1537 팩스 02.372.1538
이메일 booknamu2007@naver.com
홈페이지 www.booknamu.com
ISBN 979-11-6752-142-2 (03180)

정통십신명리

正統十神命理

인당 전우창　청인 황명석

책과나무

서언(序言)

　명리(命理)는 신(神)의 영역을 엿볼 수 있게 해주는 학문이다.

　우주와 자연이 변화하는 원리를 동양적인 사고와 언어로 표현한 것이 명리이고, 그것을 서양적인 사고와 언어로 표현한 것이 과학이다. 그러므로 접근 방법에 다소간의 차이가 있을 뿐 명리는 과학과 다를 것 없는 학문이며, 오히려 현재의 과학을 넘어선 학문이라고 평가할 수 있다.

　명리는 사람의 일생을 예측할 수 있게 해주는 학문이므로, 불확실한 미래에 대비하며 행복한 삶을 누리고자 하는 사람들의 욕망과 잘 맞아떨어지는 유용한 학문이다.

　그런데 이렇게 유용한 학문을 만약 무턱대고 배워서 함부로 쓴다면, 오류와 실수로 인해 구업(口業)을 짓게 될 수 있다. 그러므로 이 공부는 정확하게 해야 하고 또한 바른 생각을 가지고 해야 한다. 그러하기에 명리의 기초를 제대로 잡는 일은 지극히 중요한 일이 아닐 수 없다. '정통십신명리(正統十神命理)'는 그런 취지에서 올바른 명리를 널리 펴기 위해 오랜 기간 심혈을 기울여 지은 책이다.

道中 金華東

　이 책에는 필자의 스승이자 고종형이신 도중 김화동 선생의 명리 식견이 실려 있다.

　2009년 기축년 여름, 스승께서 집필을 시작하실 무렵에 급환이 생겨 갑작스럽게 돌아가셨다. 제자로서 스승께서 다하지 못하신 일을 잇는 게 마땅한 일이라 생각하여 당신의 가르침을 되짚으며 이 책을 짓게 되었다. 한 권에 다 담을 수 없는 아쉬움이 있다.

　오래된 우물에선 부유물을 걸러내어 주지 않으면 맑은 물을 얻기 어렵다. 명리의 역사가 오래되었으니 그만큼 걸러야 할 것들도 많으리라 생각한다. 이 책을 통하여 부디 맑은 물을 얻기를 바란다.

壬寅年 立春, 인당 전우창(仁堂 田于昌)
http://cafe.daum.net/indang5 인당철학원(부산), 인당명리학술원
e-mail: indang5@hanmail.net

서언(序言)

　명리학은 행성 지구의 공전 궤도상의 위치와 자전 각도의 변화를 부호화하여 인간의 육친적, 심리적, 사회적 관계의 흐름을 파악할 수 있는 학문입니다.

　하늘의 기운이 땅에 작용하여 사상을 발현시키고 계절의 변화는 자연계를 지배하면서 인간에게도 영향을 주게 되는데, 명리학은 이 변화를 음양오행의 원리에 적용하여 개인의 타고난 본성을 분석하고 시간의 흐름에 따른 길흉화복을 예측할 수 있는 논리 체계를 가지고 있습니다.

　선입견을 가진 사람이라도 자녀의 사주 구성이 부모의 성향과 특징을 그대로 닮아 유전되고 있다는 사실을 확인하게 되면 명리학은 부정할 수 없는 매력으로 다가옵니다.

　사람들의 행동과 내면심리를 일정한 패턴의 그룹으로 파악할 수 있다는 점은 명리학이 자기성찰과 심리상담의 활용성에 있어 매우 우수한 체계라 할 수 있습니다.

　논리적 사고를 가진 명리학 입문자라면 공부를 시작한 지 두어달 쯤 지나서는 혼란에 휩싸이게끔 되어 있는데, 그 이유는 초보 단계를 지나면 수많은 갈림길이 앞에 놓여져 있는 것을 발견하기 때문입니다. 명학은 천년 넘어 전해져 오면서 옥석이 가려지지 않은 채 온갖 비과학적인 폐기물들로 범벅되어 있기 때문입니다. 동양의학과 동일한 음양오행론에 근거하고 있지만 일부 잘못된 명제의 혼란상은 명리학이 세간의 공식적인 인정을 받을 수 없는 원인이 되고 있습니다. 자연의 변화를 근거로 시간과 공간의 의미를 유추하는 형이상학이라도 연역 과정에서 조금이라도 불합리한 점이 나타나면 마땅히 그 원리는 거부되거나 재평가되어야만 합니다. 제임스웹 우주망원경이 라그랑주 포인트에 설치되는 시대이기 때문입니다.

　인당 선생님과의 인연은 저에게는 과분한 행운입니다.

　이 책은 2019년 출판되었던 [혁신명리]의 확장판이며 편집에 참여하게 된 동기는 출판과정에서 보다 깊고 정확하게 배우고 싶었던 욕심 때문이었습니다. 출판되기까지 친동생처럼 정성스럽게 지도해 주신 인당 선생님께 사랑과 존경의 마음을 전합니다.

　이 책은 과학명리를 추구하는 분들에게 명확한 길잡이가 될 것이며, 명리학이 진정한 인격 수양과 위안의 학문이 되길 바랍니다.

2022년 立春, 약학박사 청인 黃明石(晴仁 黃明石)

e-mail: calamus1@hanmail.net

이 책은 초학자들이나 전문가들이 기초를 정확히 하고 튼튼하게 하는 데에 가장 적합한 책이라고 말할 수 있다. 그 이유는 다음과 같다.

1. 명리 이론들을 체계적으로 정리하였고, 과학적인 관점에서 기존 이론들을 재분석하여 합리적인 이론을 찾아 제시하였다.
2. 스승 없이 독학해도 명쾌하게 이해하면서 배울 수 있도록 쉽게 설명하였고, 이론마다 합리적인 근거를 제시하여 의문이 생기지 않게 하였다.
3. 기존 원리들이 가지고 있던 상호 모순점과 혼탁한 점을 단호히 제거하였고, 간결한 원리와 합리적인 법칙을 토대로 하여 진실한 명제를 만들어 제시하였다.

이 책은 아래와 같은 물음들에 대해 정확한 답을 제시하고 있다.

1. 형파합충의 명제는 어떤 원리로 만들어졌는가?
2. 지장간의 구성 원리와 실체는 무엇인가?
3. 육합과 방합은 과연 합인가?
4. 생극제화와 형파합충은 어떻게 다른 것인가?
5. 대운이 역행하기도 하는 이유는 무엇인가?
6. 음양생사인가? 아니면 음양동생동사인가?
7. 십이운성에서 土를 火에 배치하여야 하는가?
8. 야자시 이론은 합당한 것인가?
9. 동지세수설 주장이 오류인 이유는 무엇인가?
10. 辰未戌丑은 묘지인가 고지인가?
11. 신살은 유용한 것인가?
12. 명궁과 태원은 유용한 이론인가?
13. 허자론을 인정해야 하는가?
14. 격국법과 억부법을 반드시 배워야 하는가?
15. 간명은 어떤 방식으로 해야 하는가?

목차(目次)

명리학(命理學)의 특성(特性) 및 한계(限界)

1) 명리는 개인의 추길피흉(追吉避凶)을 위하고 나아가 현명한 처신(處身)을 하게 하는 수양(修養)의 학문(學問)이다.

명리는 점술(占術)이 아닌 학문(學文)이다. 학문을 이용하여 과거와 현재, 그리고 미래를 살피는 행위를 하므로 명리를 학술(學術)로 보기도 한다. 그러므로 어디까지나 명리는 학문을 그 바탕으로 삼은 것이며 점치는 것을 바탕으로 삼은 것이 아니다. 일반인 중에는 명리를 점술로 잘못 알고 있는 사람들이 꽤 많이 있다.

2) 명리는 미래(未來)에 관해 가능성(可能性)을 논하는 학문이며, 확정(確定)을 논하지 않는다.

명리를 조금 배우고 나면 자신이 무슨 도사라도 된 양 남의 명운을 함부로 호언장담하기도 하는데, 깊이 배운 사람은 그런 가벼운 행동을 하지 않는다. 배울수록 어려운 게 명리임을 잘 알고 있는 자는 항상 겸손함을 유지하며 무겁게 행동한다.

3) 명리는 윤리도덕(倫理道德)을 간접적으로 실현한다.

명리 이론에는 윤리나 도덕이 없어서 악한(惡漢)을 별도로 계도(啓導)해 주는 기능이 없다. 많은 사람을 하나의 사주로 바꾸어 놓고 일률적으로 살피는 것이 명리이다.

그러나 명리 상담사는 타고난 성품을 깨닫게 해줄 능력이 있고, 바르게 처신하도록 조언해줄 능력이 있다. 그러므로 명리는 명리 상담사를 통해 윤리도덕을 간접적으로 사회에 실현할 수 있다.

4) 명리는 개인의 운명학(運命學)이다.

국운(國運)을 알고 싶다면 대통령이나 수상의 사주를 보는 게 좋고, 단체나 기업의 운을 알고 싶다면 그 대표자(사장)의 사주를 보는 게 좋다.

어떤 중대한 사건이 발생했을 때, 그 사건이 발생한 년월일시를 사주로 바꿔서 그 사건의 발생 경위를 연구하려는 사람들이 더러 있는데, 그런 사람들은 명리라는 학문을 올바르게 이해하고 있는 사람들이 아니다.

5) 명리는 시간(時間) 정보만 반영되고 환경 및 공간적 정보, 유전적 정보 등이 반영되지 않으므로 완전무결하지 못하다.

명리를 조금 배우고 나면 모든 일을 명리로써 풀어보려 하는 마음이 들기 쉽다. 이때 명리로써 가능한 것과 불가능한 것을 합리적으로 판단하지 못하면, 명리 맹신자(盲信者)나 명리 광신자(狂信者)가 되어 이성적인 사고(思考)를 하지 못하는 사람이 될 수도 있다.

6) 명리는 동일(同一) 명조(命造)들의 각기 다른 삶을 확연히 구분하여 설명하기 어렵다.

동일 명조들의 삶이 유사(類似)하면서도 다른 면이 있는 이유는 서로 같은 운의 영향을 받으면서 살아가기 때문에 유사하고, 사주 이전에 인연(因緣)이나 유전성(遺傳性) 등의 요인이 존재하기 때문에 또 다르기도 하다. 그러므로 사주는 인생의 뒤를 따르며, 인생을 앞서갈 수 없다. 그리고 그 인물이 그 사주를 만들지, 그 사주가 그 인물을 만들지는 않는다.

명리 공부의 지름길은 '불필요한 공부를 하지 않는 것'이다.

명리 입문자들이 공통으로 하는 말이 이렇다.
"명리를 공부해봤는데, 뭐가 뭔지 모르겠더라."
"이게 맞는 건지 저게 맞는 건지 도무지 모르겠다."
"어떤 책으로 공부해야 하는가?"

오랜 세월을 거치면서 비과학적인 방법론들이 많이 섞이는 바람에 명리가 무척 혼탁해져 버렸고, 음양의 기본원리에도 맞지않는 이론들이 버젓이 남아서 여전히 입문자들을 오도하고 있다. 그러나 이제는 옥석을 가려서 귀하고 옳은 것을 배워야 할 때이고, 대를 이어 혼란을 겪게하는 일도 사라져야 할 때이다.
'십신명리'가 정통 명리의 길을 열고자 한다.

전자 만세력 보는 법

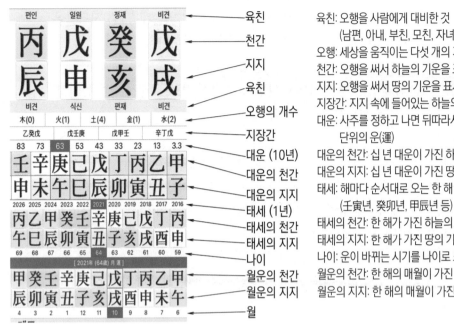

편인	일원	정재	비견
丙	戊	癸	戊
辰	申	亥	戌
비견	식신	편재	비견

木(0)	火(1)	土(4)	金(1)	水(2)

乙癸戊	戊壬庚	甲壬	辛丁戊

- 육친
- 천간
- 지지
- 육친
- 오행의 개수
- 지장간

83	73	63	53	43	33	23	13	3.3
壬	辛	庚	己	戊	丁	丙	乙	甲
申	未	午	巳	辰	卯	寅	丑	子

2026	2025	2024	2023	2022	2021	2020	2019	2018	2017	2016
丙	乙	甲	癸	壬	辛	庚	己	戊	丁	丙
午	巳	辰	卯	寅	丑	子	亥	戌	酉	申
69	68	67	66	65	64	63	62	61	60	59

[2021년 (64歲) 月 運]

甲	癸	壬	辛	庚	己	戊	丁	丙	乙	甲
辰	卯	寅	丑	子	亥	戌	酉	申	未	午
4	3	2	1		10	9	8	7	6	

- 대운 (10년)
- 대운의 천간
- 대운의 지지
- 태세 (1년)
- 태세의 천간
- 태세의 지지
- 나이
- 월운의 천간
- 월운의 지지
- 월

육친: 오행을 사람에게 대비한 것
　　　(남편, 아내, 부친, 모친, 자녀 등)
오행: 세상을 움직이는 다섯 개의 기운(木火土金水)
천간: 오행을 써서 하늘의 기운을 표시한 것
지지: 오행을 써서 땅의 기운을 표시한 것
지장간: 지지 속에 들어있는 하늘의 기운
대운: 사주를 정하고 나면 뒤따라서 생기는 10년
　　　단위의 운(運)
대운의 천간: 십 년 대운이 가진 하늘의 기운
대운의 지지: 십 년 대운이 가진 땅의 기운
태세: 해마다 순서대로 오는 한 해
　　　(壬寅년, 癸卯년, 甲辰년 등)
태세의 천간: 한 해가 가진 하늘의 기운
태세의 지지: 한 해가 가진 땅의 기운
나이: 운이 바뀌는 시기를 나이로 표시한 것
월운의 천간: 한 해의 매월이 가진 하늘의 기운
월운의 지지: 한 해의 매월이 가진 땅의 기운

(출처 – 원광만세력 / 원광디지털대학교 동양학과)

미리 알아두어야 할 용어들

사주팔자:	사람이 태어나면서 얻게 되는 천지의 기운을 네 기둥의 여덟 글자로 표시한 것
네 기둥:	사람이 태어난 연과 월과 일과 시 (사주)
여덟 글자:	연월일시를 천간과 지지를 써서 표시한 여덟 글자(팔자)
운:	그 사람(그 사주)이 영향받게 되는 천지의 기운(운수)
대운:	각자의 사주에 따라 정해지는 십 년 단위의 큰 운
태세:	모든 사람이 똑같이 받게 되는 한 해의 기운
명리학:	사주팔자와 운을 연구하는 학문
사주 간명:	사주팔자와 운을 보고 과거와 현재와 미래를 풀이하는 행위
음양:	우주를 구성하는 원리인 음과 양
오행:	삼라만상을 움직이고 변화하게 하는 목화토금수(木火土金水)의 다섯 가지 기운
생(生):	상대를 도와주고 살려줌
극(剋):	상대를 이기고 통제함
상생상극:	오행이 서로 생하고 서로 극하는 현상
합(合):	어떤 기운끼리 서로가 맺어지고 뭉치는 현상
충(沖):	어떤 기운끼리 서로가 멀어지고 떨어지는 현상
천간:	육십갑자의 각 글자 중 위의 글자(하늘의 기운을 상징함)
지지:	육십갑자의 각 글자 중 아래의 글자(땅의 기운을 상징함)
간지:	천간과 지지를 합친 말

기
초
편

명리는 형이상학이어서
구체적인 실재를 증명하기 어렵고
개인의 주관이 개입되기 쉬운 학문이다.
따라서 바르게 배워야 한다.

처음에 바른 기초를 세우지 못하면
아무리 많은 걸 익혀도 끝내 잡설가가 될 뿐,
결코 명리학자가 되지는 못한다.

배워서 구사하는 이론이 객관적이어야 하고
또한 과학적 근거가 있어야 하는데,
만약 그렇지 못한 처지라는 걸 알게 되었을 때는
망설임 없이 다시 처음으로 되돌아와야 한다.

명리 공부에는 겸손과 용기가 필요하다.

1. 명리학개론(命理學槪論)

 명리(命理)는 명(命)의 이치(理致)이며, 명리학은 음양오행(陰陽五行)과 천간지지(天干地支)를 이용하여 인간의 운명을 연구하는 학문이다.

1-1. 명리학(命理學)의 정의(定義)

명리학(四柱命理學)은 사주팔자(四柱八字)를 통해 운명(運命)을 연구하는 학문이다. 전문용어로 '명리(命理)'라고 하며, '사주명리' 또는 '사주명리학'이라고도 한다. 명리는 '운명의 이치'라는 뜻이다. 영어로는 'fate', 'destiny', 'fortune', 'fortune and destiny' 등으로 번역하는데, 모두 운명을 뜻한다고 보면 될 듯하다. 명리학은 사람이 출생한 년월일시(年月日時)의 간지(干支) 여덟 글자에 나타난 천간(天干)과 지지(地支)의 배합(配合)을 보고, 제반 사항(부귀 빈천, 직업, 재물, 성격, 부모, 형제, 배우자, 자식, 질병, 출세, 성패, 길흉 등)을 추단(追斷)하는 인문과학(人文科學)이다.

1-2. 사주(四柱)

사주(四柱)란 한 개인이 태어난 시각을 년월일시(年月日時)로 구분하고, 이를 천간지지(天干地支)라는 문자를 이용하여 네 기둥의 여덟 글자로 표시한 것이다. '사주팔자'라고도 한다. 영어로는 'four pillars of destiny'로 번역한다.

예를 들어 사주팔자와 함께 대운(大運)을 표시하면 아래와 같다.

대운은 10년씩 다가와서 사주에 작용하는 연속적인 큰 운을 말한다. 대운의 순서는 사주의 두 번째 기둥과 관련된 규칙에 따라 자연히 도출(導出)된다.

壬癸甲乙丙丁戊己庚辛 (대운)　　癸戊壬丁 (사주팔자)
辰巳午未申酉戌亥子丑　　　　　亥辰寅酉
97 87 77 67 57 47 37 27 17 07

위와 같이 적힌 사주팔자와 운을 연구하는 것이 사주명리학이다.

표시된 숫자는 운이 바뀌는 시기 즉 나이(年齡)를 나타내는데, 그것을 계산하는 방법도 뒤에서 별도로 공부할 것이다.

사주를 세로로 이어보면 네 개의 기둥이 되는데, 맨 우측에서 첫 번째 자리에 있는 것이 년주(年柱)이고, 두 번째 자리에 있는 것이 월주(月柱)이며, 세 번째 자리에 있는 것이 일주(日柱)이고, 네 번째 자리에 있는 것이 시주(時柱)이다.

1-3. 자평명리학(子平命理學)

명리학이 태동한 이후 오랜 세월을 거치면서 이론이 많이 바뀌기도 하였다. 예전에는 '삼명학(三命學)'과 '당사주(唐四柱)' 등의 학문이 존재했었다.

삼명학은 '본주명리학(本主命理學)'이라고도 하는데, 이 이론은 명운(命運)을 년주(年柱)와 일주(日柱)를 중심으로 살피는 명리 이론이다.

당사주는 주로 년주(年柱)에 치중하여 살핀다.

우리가 공부하게 될 명리학은 예전의 명리학과 조금 다르다. 이 명리학은 세 번째 기둥인 일주(日柱)를 중심으로 살피는 방식을 취하고 있다. 이것을 전문용어로 '자평명리학(子平命理學)'이라 하는데, 자평(子平) 서거이(徐居易)가 창안했기에 그의 호(號)를 따그렇게 부른다.

자평 명리는 삼명학에 그 뿌리를 두고 있으며, 남송(南宋) 때에 생겨 원(元) 때를 거쳐명(明) 때의 중엽에 확립되었다.

자평 명리학이 생기기 이전과 이후를 구분하여 경계선을 긋기도 한다. 자평 명리가생기기 이전을 '고법명리(古法命理)'라 하고, 생긴 이후를 '신법명리(新法命理)'라 한다.

우리가 주로 공부하고자 하는 것은 신법 명리인 자평명리학이다.

1-4. 명리이론(命理理論)의 구성(構成)

명리이론(命理理論)은 크게 보아 두 가지 영역으로 구성되어 있다. 하나는 '작용(作用)'이고, 다른 하나는 '관계(關係)'이다. 즉 모든 명리이론은 '작용 및 관계'의 영역을벗어나지 않는다.

후술(後述)할 오행 상생상극 이론은 작용에 속하고, 역시 후술할 형피합충 이론은 관계에 속한다.

작용은 오행이 만나 서로 힘겨루기하는 현상을 말하고, 관계는 오행이 만나 서로 좋은 사이 혹은 나쁜 사이가 되는 현상을 말한다. 작용과 관계에 관해서는 작용관계론에서 상세히 논할 것이다. 일단 대략의 개념을 이해해 두자.

명리이론 ⟨ 작용론(陽, Action): 입묘, 생극제화
　　　　　 관계론(陰, Relation): 형파합충 등

1-5. 역학(易學)의 분야(分野)

역학(易學)은 명(命)과 복(卜) 분야의 학문이다. 명은 사람의 목숨 및 길흉화복(吉凶禍福)과 관련된 것이고 복은 점(占)과 관련된 것인데, 역학은 그 두 가지가 섞여 있다. 역학을 분야별로 분류해 본다면 대략 아래와 같다.

1) 천문학(天文學)으로서 자미두수(紫微斗數), 태을수(太乙數), 칠정사여(七政四餘) 등이 있다.
2) 지리학(地理學)으로서 기문둔갑(奇門遁甲), 풍수지리학(風水地理學), 가상학(家相學), 방위학(方位學) 등이 있다.
3) 점술학(占術學)으로서 주역(周易), 육효(六爻), 매화역수(梅花易數), 구성학(九星學), 단시(斷時), 육임(六壬), 파자점(破字占), 황극책수조수(皇極策數組數), 계의신결(稽疑神訣) 등이 있다.
4) 명학(命學)으로서 당사주(唐四柱), 자미두수(紫微斗數), 기문사주학(奇門四柱學), 삼명학(三命學), 자평명리학(子平命理學) 등이 있다.
5) 수리학(數理學)으로서 철판신수(鐵板神數), 하락이수(河洛理數), 범위수(範圍數), 대정수(大定數), 월영도(月影圖), 토정비결(土亭祕訣) 등이 있다.
6) 기타로서 성명학(姓名學), 관상학(觀相學), 수상학(手相學), 족상학(足相學) 등이 있다.

위의 분류는 '광의(廣義)의 역학(易學)'이라는 관점이다. 통상적으로 역학(易學)이라 하면 주역(周易)을 뜻한다. 즉 협의(狹義)의 역학이 주역이다. 그런데 명리도 역학에 속한다고 말하니, 명리는 주역에서 나온 것이다라고 오해하는 사람이 많다. 명리와 주역은 서로 분야가 다르다. 그러므로 둘을 포함관계(包含關係)로 논할 수 없다.

명리의 뿌리는 천문학(天文學) 및 점성학(占星學)이다.

2. 음양론(陰陽論)

음양(陰陽)이란 우주 만물을 만들어내는 상반(相反)된 성질의 두 가지 기운인 음(陰)과 양(陽)을 이르는 말이다. 음양은 동양사상(東洋思想)의 근간(根幹)이 되는 개념이다. 음양론(陰陽論)은 원기(元氣)인 음과 양을 논한 것이다.

2-1. 음양(陰陽)이 뭘까

음양을 다루는 학문을 '역(易)' 또는 '역학(易學)'이라고 하는데, '易'이라는 글자는 日(태양)과 勿(없음)이 결합한 글자이다. 즉 양달인 쪽과 응달인 쪽을 동시에 표시한 글자이다. 음양을 영어로 'dark-bright, negative-positive'라 번역한다.

역(易)은 '바뀐다(change).'라는 뜻이다. 즉 변화를 멈추지 않는다는 뜻이다. 우주의 운행 원리와 질서를 함축하고 있는 글자임을 알 수 있다.

우주의 본체가 태극(太極)이라면, 음양(陰陽)은 그 우주를 지탱하고 변화시키는 거대한 두 개의 기질(氣質)이다.

태극(太極)이 음양(陰陽)으로 분화(分化)하는 것을 '태극생양의(太極生兩儀)'라 한다.

태극(太極)에서 음양(陰陽)이 나오고, 음양(陰陽)에서 만물이 나오기 때문에 음양(陰陽)을 우주 만물의 근원(根源)이라 인식한다.

음과 양은 둘이면서 하나이다(이원일체二元一體). 그리고 음과 양은 서로 대등(對等)한 관계이면서 여러 가지 속성을 가지고 있다.

음양론(陰陽論)은 음과 양의 관계로써 삼라만상(森羅萬象)을 설명하려는 역이론(易理論)이다.

2-2. 고서(古書)의 음양론(陰陽論)

삼명통회(三命通會)의 원조화지시(原造化之始) 장에 다음과 같은 글이 있다.

"蓋太極者本然之妙也 動靜者所乘之機也 陰陽者所生之本也 太極形而上道也 陰陽形而下器也 動靜無端 陰陽無始 此造化所由立焉"

"무릇 태극은 본래 신묘한 것이다. 동정은 타는 바의 기틀이다. 음양은 생하는 바의 근본이다. 태극은 형이상의 도이다. 음양은 형이하의 그릇이다. 동정에는 실마리가 없고 음양에는 시작이 없으니 이것이 조화가 이루어지는 이유이다."

음양을 만물을 살아나게 하는 근본이며 그릇이라 논하고 있다.

2-3. 음양 이야기

음양 이야기를 해보자.

맹구가 오랜만에 만난 친구와 이런저런 얘기를 나누며 즐겁게 시간을 보내고 있었다. 낚시 얘기가 나왔다.

맹구: "야. 나 그저께 우리 집사람과 같이 40센티짜리 감성돔을 두
　　　마리나 낚았어. 집사람이 너무 좋아하더라."

친구: "제수씨도 낚시를 간다더냐?"

맹구: "그래. 낚시에 재미를 들이고부터는 자기가 먼저 나선다. 그저
　　　께도 꼭두새벽에 일어나자마자 바로 출발했지."

친구: "거짓말하지 마라."

맹구: "뭐? 거짓말 아냐, 40센티 정말이야, 사진 보여줄까?"

친구: "야. 여자가 새벽에 일어나자마자 바로 출발했다는 소리, 그게

거짓말이야 인마. 잘 생각해봐."

맹구: "?"

거짓말 맞다. 잘 보라. 아침에 일어나면 여자는 맨 먼저 거울로 다가간다. 자기 모습을 확인하기 위해서이다. 그런 뒤에 주방으로 발걸음을 옮긴다.

결혼한 남자라면, 아마 자신의 아내가 거울 앞에 앉아 뭘 바르고 다듬는 모습을 항상 보아 왔을 것이다. 그리고 아무리 약속 시각에 늦어 남편이 발을 동동 구르고 있더라도 거울 앞을 떠날 줄 모르고 자신을 꾸미는 일에 열중하고 있는 아내의 모습을 본 적도 있을 것이다.

마음에 들지 않으면 여자는 절대 일어서질 않는다. 성질 급한 남편은 열불을 견디지 못하고 출발 전에 일차 전을 한 번 치르기도 한다. 지구상에서 살아가고 있는 남편이라면 대부분 그런 경험이 있을 것이다. 왜 여자는 화장대 앞을 떠나는 데에 그렇게 오랜 시간이 걸리는 걸까?

남자가 백화점에 가면, 최단 거리를 걸어서 최단 시간 안에 살 물건만 사고는 곧장 집으로 돌아온다. 그러나 여자는 최장 거리를 택하고 최장 시간을 들여서 온갖 물건들을 다 살펴보고는 다시 왔던 길을 되돌아 가 똑같은 일을 반복하다가 밤늦게 집으로 돌아온다. 그리곤 다음 날 아침에 그 샀던 물건을 바꾸러 백화점에 다시 간다. 왜 이럴까?

모 경찰서에서 두 남녀가 형사 앞에 앉아 조사를 받고 있었다. 여자의 차림새는 노출이 심했다.

형사: "음……. 그러니까 이 남자분이 자꾸 음흉한 눈빛으로 본인을
계속 쳐다본다 이 얘깁니까?"

남자: "아뇨. 전 그런 눈으로 쳐다본 적 없습니다. 아닙니다. 아니에
요. 절대 아니에요."

여자: "아니긴 뭐가 아니에요? 봐요. 지금도 그 눈빛이잖아요?"

형사: "……."

왜 이럴까? 왜 이런 일이 일상에서 자주 일어나는지 궁금할 것이다. 이제 그 얘기를 시작해보자.

세상은 음양으로 이루어져 있다. 음양으로 이루어진 세상이니 음양 아닌 것이 없다.

그중에서도 대표적인 음양이 바로 남자와 여자이다. 남자는 양의 대표이고 여자는 음의 대표이다.

여자는 음이므로, 받아들이려 하고 끌어당기려 하는 심리가 본능으로 정착되어 있다. 즉 여자에게는 남자의 시선을 끌어당기려 하는 본능이 있다.

여자는 자신을 빛내 보여야만 자신으로 향하는 양의 기운을 남보다 먼저 그리고 남보다 더 많이 받아들일 수 있다는 것을 본능적으로 알기에 그렇게 꾸미고 다듬어 자신을 돋보이게 만들고 싶은 것이다. 그리고 그것을 남자들이 알아보고 자신을 선택해 주었으면 하는 것이다. 그런 심리가 본능에 내재해 있기에 그렇게 행동하지 않을 수 없는 것이다. 그것이 음이 양을 취하는 방식이자 경쟁방식이다.

음은 양의 기운을 끌어당기려 하는 수동적인 시스템으로 되어 있다.

남자는 양이다. 양이므로, 내보내려 하고 주려 하는 심리가 본능으로 정착되어 있다. 즉 남자에게는 여자에게 자신의 의지를 내보내고 전달하려 하는 능동적인 본능이 있다.

남자는 여자에게 자신이 상대를 취하고 싶다는 의지를 보여야만 여자의 기운을 남보다 먼저 끌어올 수 있다는 것을 본능적으로 알기에 그렇게 관심을 보이는 행동을 하는 것이다. 그것이 양이 음을 취하는 방식이자 경쟁방식이다.

양은 음을 끌어당기려 하는 능동적인 시스템으로 되어 있다.

여성들이 화장에 집착하는 이유는 자신을 돋보이겠다는 본능 때문이고, 남성들이 여성을 쳐다보는 이유는 짝을 찾겠다는 본능 때문이다.

꽃과 나비의 관계를 생각해보면 남녀의 관계도 쉽게 이해가 될 것이다. 꽃은 나비를 찾아오게 만들기 위해 스스로 예쁘게 피어나고 향기를 뿜고 꿀을 만들어 낸다. 그리고 나비는 그것을 찾아서 날아들게 된다. 이와 같은 현상들이 인간계와 자연계에서 음과 양이 이루어내는 현상들이다.

맹구: "조금은 알겠어. 그런데 일단 남자를 만나 결혼했으면 목표 달성은 끝난 거지, 왜 평생 화장하고 있는 거야?"

친구: "원시 시대를 생각해봐라. 연약한 여자가 그 험한 세상에서 자식 키우면서 살아남으려면 어떻게 해야겠냐? 남자를 놓치지 않고 계속 붙잡아 두어야 할 것 아니냐? 그렇다면 계속 자신을 꾸며서 예쁘게 보여야 할 것 아니냐? 그 본능이 수백만 년 동안 전해진 것이지. 그게 여자의 DNA야. 그리고 남자는 또 종족 번식을 해서 대를 이어야 할 처지이니 여자의 도움이 필

요하지. 그러니까 능력을 보여줌으로써 여자를 붙잡아 둘 입
장이 되는 거야. 서로 작전을 정말 잘 짠 거 같지 않냐? 이게
바로 음양이야."

맹구: "그럼, 얼굴 못생긴 여자는 어떡하는데? 아무리 화장해도 소용
이 없잖아? 무슨 수로 남자를 붙잡냐?"

친구: "남자들이 모두 바보냐 얼굴만 쳐다보게? 현모양처가 될 여자
를 남자들은 아주 잘 알아본다고."

이 모두가 다 음양이 가진 특성으로 인해 일어나는 현상이다. 위의 이야기들이 쉽게
이해되지 않을 수 있다. 음양에 대해 잘 알고 있지 않으면 이해하기 힘든 이야기이기 때
문이다.

음양의 이치는 우주의 섭리이자 규칙이며 다 아는 비밀 아닌 비밀이다. 그런데 나만
모르고 있는 부분이 있을 수도 있으니 자세히 공부하여 음양의 특성을 잘 이해해 보자.

> 만약 이 음양론을 소홀히 여기고 공부를 제대로 하지 않고 넘어간다면 마침내 사이
> 비 명리학자가 돼버리기 쉽다. 시중의 사이비들 대부분은 이 음양 공부를 소홀히 하다
> 가 그렇게 돼버린 사람들이다.
> 명리를 하려면 남녀의 심리나 자연현상 등에 대해 심도 있는 분석력이 필요한데, 그
> 런 능력 습득의 첫걸음이 바로 음양 공부이다. 재차 강조하는데, 사이비가 되지 않으려
> 면 음양 공부를 철저히 해야 한다. 이 장을 여러 번 반복 학습하여 음양에 대해 확실하
> 게 배우고 나서 오행 공부를 시작하기 바란다.

2-4. 음양(陰陽)의 특성(特性)

음양은 우주가 가진 질서(秩序)이며, 여러 가지 특성이 있다. 아래에 자세히 소개한
다.

1) 음양대립(陰陽對立, 상대성相對性, 대칭성對稱性)

우주 삼라만상에 있는 모든 것에는 서로 대립(相對) 혹은 상대(相對)되는 것이 반드시
있다. 모든 것은 크거나 작거나, 밝거나 어둡거나, 바깥이거나 안이거나, 기쁘거나 슬프
거나 등등, 그 상대적인 것과 반드시 관련되어 있다. 이렇게 짝을 짓는 데에 제외되는

것은 아무것도 없다. 그러므로 우주의 모든 현상은 음과 양의 측면으로 이해할 수 있다.

음양의 가장 뚜렷한 특성은 상대성(相對性)이다. 이를 대대성(對待性) 또는 대대(對待)의 원리(原理)라고도 하는데, 대립자(對立者)를 인정하여 자기(自己)를 확립(確立)한다는 원리이다.

서양 철학에서 말하는 즉자(卽自: an-sich)와 대자(對自: fuer-sich)의 개념도 상대성을 표현한 것이다. 즉자는 주체로서의 자아이고, 대자는 타인이 있기에 인식되는 자아이다. 나는 그냥 존재하는 주체로서의 나이지만, 부모에게는 자식이 되는 나이고, 배우자에게는 남편이나 처가 되는 나이며, 자식에게는 부모가 되는 나이다. 이처럼 자아 인식 단계나 방법에도 음양의 상대적 원리가 있다.

여기서 주의할 점은, 음이든 양이든 혼자 독립적으로 존재할 수 없다는 사실이다. 음은 양이 있어야 음이 되며, 양도 음이 있어야 양이 되는 것이다. 혼자 음으로 존재하는 것은 없으며, 혼자 양으로 존재하는 것도 없다.

> 맹구: "알겠다. 음양 그거 쉽네. 그런데 말이다."
> 맹구: (큰 돌멩이 하나를 주워 들고서) "이 돌멩이가 양이냐, 음이냐?"
> 친구: "맹구야……."

맹구는 음양의 상대성에 대해 이해하지 못한 사람이다.

거친 돌멩이와 매끈한 돌멩이를 놓아두고서, 둘 중 어느 것이 양이고 어느 것이 음이냐고 질문해야 바른 질문이 된다. 즉 비교 대상(또는 분류의 기준) 없이는 음양을 논할 수 없다. 음양은 상대적이기 때문이다.

만약 한 개의 돌멩이를 대상으로 음양을 논하고자 한다면, 그 돌멩이의 어디가 양이고 어디가 음인지 그것을 물어야 한다. 그래야만 "위가 양이고 아래가 음이다."라는 등의 답이 나올 수 있다.

> 맹구: "그런 건가?"
> 친구: "그거 내려놔라. 불안하다."

2) 음양공존(陰陽共存: 음양호근陰陽互根, 일체성一體性)

음양은 한 몸이며 서로 떨어지래야 떨어질 수 없다.

음양은 서로 공존하고 의존한다. 그러므로 모든 것이 반대되어 투쟁하는 것만 있는 게 아니라 그 반대되는 것에 의존하고 있기도 하다. 반대되는 것 없이는 아무것도 존재할 수 없다. 뒤가 없이는 앞이 있을 수 없고, 아래가 없이는 위가 있을 수 없으며, 양지가 없으면 음지가 있을 수 없다. 손등이 있으면 손바닥이 있고 서로 의존한다. 남자와 여자는 공존하며 서로 의존한다.

독음(獨陰)은 존재하지 않으며, 독양(獨陽)도 존재하지 않는다.

맹구: "음양이 한 몸이라고? 남자와 여자가 음양이라면
　　　한 몸이 돼야지. 그런데 남녀가 벌건 대낮에 한 몸으로
　　　붙어 다녀야 한단 말이냐?"
친구: "맹구야. 미풍양속을 해치는 발언은 하지 마라. 남녀라는 것은
　　　인간(人間)이라는 범주 안에서 한 몸이다. 알겠냐?"
맹구: "쉽게 얘기해라 인마."
친구: "네 아이큐가 200이라며? 혹시 루트 200 아니냐?"

사물(事物)의 개념은 그 반대되는 것에 의해 분명히 정의(定意)된다. 음은 양의 뿌리가 되고, 양은 음의 뿌리가 된다.

천간 오행이 甲乙丙丁戊己庚辛壬癸로 각각 존재하지만, 순수한 양이나 순수한 음으로 존재하지 않으며, 각각 모두에 양과 음이 섞여 있다.

생물이든 무생물이든 모든 사물에는 음양이 골고루 있다. 예컨대 달걀은 겉껍질은 딱딱하나 속에 든 내용물은 부드럽다. 그런데 속에 든 흰자와 노른자에도 음양이 있다. 그것이 아주 부드러우나 자극(열)을 가하면 숨어 있던 딱딱한 성질이 드러난다. 쇠도 그렇다. 전체가 딱딱하지만 열을 가하면 녹아서 부드러워진다. 물도 그렇다. 전체가 부드러운 것이지만 온도를 내리면 딱딱한 성질이 드러난다. 이런 예들은 어떤 기운이 눈에 보이지 않더라도 자극을 가하면 볼 수 있게 된다는 사례이다.

전체가 부드러운 것은 속에 딱딱함이 감추어져 있고, 전체가 딱딱한 것은 속에 부드러움이 감추어져 있다. 겉으로 드러나 보이지 않는다고 해서 없는 것이라 단정할 수 없다. 음양은 어디에나 있다.

> 맹구: "아! 그럼 딱딱한 건 안에 부드러운 게 들었고, 부드러운 건 안에 딱딱한 게 들었다. 속에 숨어 있으면 안 보일 때도 있다. 맞지?"
>
> 친구: "그렇지. 우리 몸과 뼈를 보면 잘 알 수 있다. 머리뼈는 딱딱하나 그 속에 든 뇌는 물렁물렁하고, 허벅지 살은 물렁물렁해도 그 속의 뼈는 딱딱하지. 문어나 낙지가 흐물흐물해도 삶아놓으면 딱딱해지지."
>
> 맹구: "안줏거리 얘기는 하지 마라. 술 생각난다."

3) 음양소장(陰陽消長, 순환성循環性)

음양은 성(盛)하고 쇠(衰)한다. 성쇠를 반복하고 순환한다.

음양의 상대적인 힘은 그 반대되는 것의 힘에 의존한다. 음이 강해지면 양이 약해진다. 그 반대도 마찬가지다. 음이 줄어들면 양이 늘어나며 양이 늘어나면 음은 줄어든다. 그러나 음이든 양이든 어느 한쪽만 죽지는 않는다. 음이든 양이든 단독으로 존재할 수 없기 때문이다.

물체가 그 형체가 커지면 움직임이 둔화하고, 형체가 작아지면 움직임이 활발해진다. 아이 때는 활발하여 뛰어다니다가 노인이 되면 거동을 잘못하게 된다. 교통이 발달하면 불편함이 줄어들지만 일면 다쳐서 움직이지 못하게 될 확률은 높아진다. 산업의 발달은 환경 문제를 초래한다.

한 측면이 강해지면 다른 측면이 약해지고, 한 측면이 약해지면 다른 측면이 강해진다. 이것은 운동이 아니라 상대적 변화이다.

> 맹구: "난 어린아이도 아니고 노인도 아니잖아? 우리처럼 어중간한 나이에 있는 사람은 음이냐 양이냐?"
>
> 친구: "기준을 잡고 판단하면 돼. 어린아이에 비하면 우린 음이지. 그런데 노인에 비하면 우린 양이야."
>
> 맹구: "뭐? 그럼 음도 되고 양도 된다는 얘기냐?"
>
> 친구: "그래. 음양이 상대적이라서 그런 거야."

맹구: "이것도 아니고 저것도 아니란 말과 같네. 어중간한 건 싫어.
　　　음이냐 양이냐? 확실히 말해봐."
친구: "맹구야······."

4) 음양전화(陰陽轉化, 변환성變換性)

음과 양은 서로 교환하며 변화한다. 음은 양으로 변화하고 양은 음으로 변화한다. 낮이 밤으로 변화하면 그와 동시에 밤은 낮으로 변화한다. 이 변화의 원리는 실제로 보존(保存)을 위한 것이다. 만약 음과 양이 서로 변화하지 않고 그들의 관계가 생사(生死)를 위한 것이라면 결국 양쪽 다 사라지게 된다. 하지만 음양의 상호전화(相互轉化)가 이것을 방지한다. 항상 음에서 양으로 또 양에서 음으로 바뀜(어느 한쪽이 없어지는 것이 아님)으로써 동적(動的) 균형(均衡)이 유지된다.

'음극생양양극생음(陰極生陽陽極生陰)'이라 함은 음이 지극해지면 그것이 양으로 변하게 되고, 양이 지극해지면 그것이 음으로 변하게 된다는 뜻이다.

예컨대 만약 모든 인류가 남성적 기질이 너무 지나쳐서 극왕(極旺)하게 되면, 결국 그 남성적 기질이 더 진전(進展)하지 못하게 되고 서서히 여성적 기질이 강화되게 된다. 오행 甲이 그 기운이 강왕하면 乙로 바뀐다. 이것이 음양전화이다.

맹구: "그럼 나도 나중에 여자가 된다는 거냐?"
친구: "생물학적 측면에서 성별이 바뀌게 된다는 뜻이 아니야."
맹구: "뭔 소리냐?"
친구: "뭐든 지나치게 강해지고 나면 다시 약해진다는 소리지. 그리
　　　고 지나치게 약해지면 그때부터 다시 강해진다는 소리고. 그
　　　게 역의 이치야."
맹구: "좀 알아듣도록 얘기해라."
친구: "입 아프다."

5) 음양분화(陰陽分化, 분용성分容性)

특정 대상을 음이나 양으로 나누었다면, 또다시 그것을 음과 양으로 계속해서 더 세분하여 다시 나눌 수 있다. 우주의 모든 것에는 순수한 음이나 순수한 양이 독립적으로 존재할 수 없다. 모든 것이 음양의 성분을 같이 가지고 있기 때문이다.

남녀를 살펴보면, 남자에게도 음양이 있고 여자에게도 음양이 있다. 남자 중에서도 남성 기질이 강한 사람이 있는가 하면 여성 같은 기질을 가진 남성도 있다. 마찬가지로 여자 중에서도 여성 기질이 강한 사람이 있는가 하면 흡사 남성 같은 기질을 가진 여성도 있다. 이처럼 우주에 존재하는 어느 것이든 음양은 다시 작게 나뉘어 또 다른 음과 양으로 분류가 된다. 음양의 분용성(分容性)이라고도 한다.

십간십이지(十干十二支)를 봐도 그렇다. 천간(天干)은 양이고, 지지(地支)는 음이다. 천간에도 음양이 있고, 지지에도 역시 음양이 있다.

> 맹구: "음양은 어디에나 항상 있다는 소리냐?"
> 친구: "그래. 아무리 쪼개고 또 쪼개어도 끝끝내 음과 양이 같이 있
>   다는 거지."
> 맹구: "아! 음양공존 그거지?"
> 친구: "그래. 너처럼 똑똑한 사람을 친구로 둬서 기쁘다."
> 맹구: "그래. 넌 그래도 사람 보는 눈은 있구면."

6) 음양체용(陰陽體用, 체용성體用性)

음양은 체용성(體用性)을 갖고 있다. 체(體)는 사물의 본체와 근본적인 것을 가리키는 것이며, 용(用)은 사물의 작용 및 현상과 파생적인 것을 가리키는 것이다.

하나의 사물을 체 기준으로 설명할 수 있고, 또한 용 기준으로 설명할 수 있다. 예컨대 술(酒)을 음으로 볼 것인지 양으로 볼 것인지는 관찰자의 분류 기준에 따라 달라질 수 있다. 술은 그 모습을 보고 판단하면 응집력을 가진 水(음)로 볼 수 있지만, 그 맛으로 판단하면 쓴맛이기에 火(양)로 볼 수 있다. 이처럼 겉으로 보이는 것이 체(體)라면 그 효용이나 쓰임은 용(用)이라 할 수 있다.

명리에서 개인의 사주(四柱)는 겉모습(體)이 되지만, 사주를 따라 발생한 운(運)은 쓰임(用)이 된다. 즉 사주는 체라 할 수 있고 운은 용이라 할 수 있다.

음양은 '체(體)'와 '용(用)'이라는 두 가지 얼굴을 갖고 있으며, 체와 용은 음양이 서로 같을 수도 있고 서로 다를 수도 있다.

> 맹구: "술 얘기하지 마라. 어제도 필름 끊겼다."
> 친구: "작작 마셔라. 네 집사람도 인연 끊겠다더라."
> 맹구: "술이 쓰다는 소리는 다 거짓말이야. 난 달더라."

친구: "그건 네 혓바닥이 비정상이라서 그래."

7) 음양동시(陰陽同時, 동시성同時性)

음과 양은 항상 공존하면서도 같이 움직이고 같은 순간에 존재한다. 양달이 있으면 그 순간 뒤편에 응달이 존재하며, 낮과 밤은 지구상에서 항상 동시에 존재한다. '부부(夫婦)'라는 개념 속에는 남편과 아내가 양과 음으로서 동시에 존재한다.

맹구: "지금은 대낮이니 이때는 양이 된다는 거지?"
친구: "그래. 동시에 지구 반대편은 밤이 되니 음이 되겠지."
맹구: "우리 부부는 낚시 갈 때 말고는 동시에 존재하지 않는다."
친구: "시끄럽다."

8) 음양순역(陽陰順逆, 양순음역陽順陰逆, 순역성順逆性)

음과 양은 '시간(時間)과 공간(空間)의 변화'를 인식하는 방법이 서로 다르다. 양이 순행(順行)으로 인식하면 음은 역행(逆行)으로 인식하고, 음이 순행(順行)으로 인식하면 양은 역행(逆行)으로 인식한다. 즉 음양 순역은 '음과 양은 움직이는 방향이 서로 반대이다.'라는 뜻이 아니라, 같은 방향으로 움직이고 있음에도 불구하고 음과 양이 그 움직임에 대해 인식하는 방법이 서로 반대라는 뜻이다.

음양은 서로 마주 보고 결속(結束)된 상태이기 때문에 서로 향하는 방향이 반대이다. 그 상태로 한 방향으로 움직이면, 서로 운동 방향을 다르게 인식할 수밖에 없다. 예컨대 기차를 탄 남녀가 서로 마주 보고 앉았을 때, 기차의 움직임에 대해 전방을 보고 앉은 남자는 '기차가 앞으로 간다(시각이 미래로 간다).'라고 인식하지만, 후방을 보고 앉은 여자는 '기차역이 멀어진다(현재가 물러간다).'라고 인식하게 된다. 즉 '나아감'과 '멀어짐'이라는 인식 방법의 차이가 순역의 차이이다.

← 진행 방향	女 ← 男		◎
공간	역행	순행	출발점

음양 순역을 '음과 양이 서로 반대 방향으로 움직인다.'라고 여긴다면 이 용어를 잘 못 이해한 것이다. 반대로 움직이는 것들이라면 서로 찢어지고 분리되지 어찌 음양이 한 몸이 될 수 있겠는가?

우주에서 지구는 한 방향으로 계속 자전하고, 태양 주위를 한 방향으로 계속 공전한 다. 여기에 음(陰)이 있어서 별도로 역회전하거나 반대 방향으로 움직이는 부분이 따로 존재할 수 없다. 삼라만상의 모든 개체 속의 음양은 함께 똑같은 방향으로만 움직인다. 명리에서 대운(大運)의 방향이 남녀에게 순행(順行)하거나 역행(逆行)하는 이치가 있 다. 이는 음과 양의 방향(方向) 인식방법(認識方法)이 서로 반대이기 때문에 발생하는 현상이다.

> 맹구: "난 알겠더라. 지구가 돈다는 걸 술 마신 뒤에 항상 느껴져."
> 친구: "너만 도는 걸 느끼는 게 아닐 걸, 제수씨도 느낄 걸."
> 맹구: "술 마실 만한 날은 집사람이 미리 날 잡으러 와. 그것도 음양 순역이냐? 희한하게도 그쪽으로 간 줄 알고 귀신같이 찾아오 거든."
> 친구: "넌 날고 기어봤자 제수씨 손바닥 안이야."

음양 순역을 잘못 이해하는 경우가 많다. 사이비들이 이 부분에서 대량으로 생산된다.

9) 음양동생동사(陰陽同生同死, 일체성一體性)

양이 죽으면 음도 죽고, 양이 살면 음도 산다. 음양은 일체(一體)이기 때문이다.
음양생사(陰陽生死)의 논리가 명리 고서(古書)에 있는데, 이에 따르면 "음이 생(生)하 면 양이 사(死)하고, 양이 생하면 음이 사한다(陰生陽死, 陽生陰死)."라고 한다. 그러나 이 음양생사론(陰陽生死論)은 음양의 원리를 모르는 자들이 만들어 낸 오류이다.

"음이 강해지면 양이 약해지고 양이 강해지면 음이 약해진다."라고 하는 이론은 이치에 맞는 것이지만, "음이 태어날 때 양이 죽고 양이 태어날 때 음 이 죽는다."라고 하는 이론은 틀린 것이다. 즉 음양소장(陰陽消長) 이론은 이 치에 맞는 것이지만, 음양생사(陰陽生死) 이론은 이치에 맞지 않는 것이다.

예컨대 어떤 물체가 있다면, 그 물체의 '위(上)와 아래(下)'는 서로 음양 관계가 된다. 그런데 위가 생기면 아래가 없어지고 아래가 생기면 위가 없어지겠는가? 그 물체가 존재한다면 위와 아래는 동시에 생길 수밖에 없고, 그 물체가 사라진다면 위와 아래는 역시 동시에 사라질 수밖에 없다. 그러므로 음양은 생길 때 항상 동시에 생기고 사라질 때 항상 동시에 사라진다.

음양은 일체(一體)이기 때문에 동생동사(同生同死)하는 것이다.

> 맹구: "그럼 나와 집사람은 한날한시에 같이 죽어야 한다는 거냐?"
> 친구: "너무 고차원적인 질문은 삼갔으면 좋겠다. 너만 죽고 제수씨가 살아남는다면 술 때문이지 음양 때문이 아니지."
> 맹구: "그럼 동생동사 얘기는 왜 하는 거야?"
> 친구: "부부로 있다가 누구라도 한 사람이 먼저 세상을 떠나게 되면 그 즉시 부부라는 현실적 상황이 무너져 버린다는 얘기야. 넌 아이큐가 너무 높아서 탈이다."
> 맹구: "음. 너무 칭찬하지 마라. 부끄럽다."

2-5. 음양(陰陽)의 배속례(配屬例)

우리가 사는 세상은 음양의 질서와 원리가 지배하고 있다. 그러므로 모든 것(보이는 것과 보이지 않는 것)이 음양이다. 그런데 음양을 구분할 때 두 가지 주의할 점이 있다.

첫째는, 예컨대 "음은 정지한 것이고 양은 움직이는 것이다." 이렇게 극단적으로 대비한 것만을 음양의 정확한 개념으로 인식해선 안 된다는 점이다.

"음은 양보다 움직임이나 변화가 적고, 양은 음보다 움직임이나 변화가 많은 것이다."가 보다 더 정확한 개념이다. 즉 상대를 함께 비교하는 표현이어야 적절하다. "천간은 겉이고 지지는 속이다." 이런 식으로 단순히 반대 개념으로만 표현해서도 안 된다(틀렸다는 말이 아니다). "천간은 지지보다 개방성이 더 강하고, 지지는 천간보다 폐쇄성이 더 강하다." 이렇게 항상 상대적인 관점으로 서로를 비교한 것이어야 정확한 것이다.

예컨대 긴 나무 막대기 하나를 세워놓고 음양을 구분한다고 가정했을 때, 그 양 끝만 보고서 판단하지 말고, 그 중간 부분을 중심으로 상부와 하부를 전체적으로 비교해서 판단할 줄 알아야 한다. 즉 막대기 전체를 10등분 했다 했을 때, 1과 10만 비교하기보다는 (1~5)의 부분과 (5~10)의 부분을 전체적으로 비교해서 판단할 줄 알아야 한다.

두 번째는, 음양은 그 명칭(名稱)이 고정불변(固定不變)하는 것이 아니라, 비교 관점에 따라 서로의 명칭이 달라질 수 있다는 점이다.

예컨대 밖에 있더라도 변화가 적으면 음이고, 안에 있더라도 변화가 많으면 양이며, 길더라도 매끈한 것이면 음이고, 짧더라도 거친 것이면 양이다. 짧은 건 긴 것이 수축한 것이라 볼 수 있기에 음이고, 긴 건 짧은 것이 확산한 것이라 볼 수 있기에 양이다. 그러나 그것이 높은 곳에 있으면 매끈하여도 양이고, 낮은 곳에 있으면 거칠어도 음이다. 이같이 어떤 관점으로 보는지에 따라서 음양의 명칭이 다시 달라질 수 있다는 점을 기억해야 한다.

음과 양이 가진 대략적인 특성을 비교해보면 다음의 도표와 같다.
주변에서 일어나는 현상과 사물들을 음양의 관점에서 분류해 보는 연습을 자주 하면 음양 이해에 큰 도움이 될 것이다.

양陽	기상氣象	하늘天	움직임動
음陰	형질形質	땅地	고요함靜
양陽	원심력	열림開	겉表
음陰	구심력	닫힘閉	속裏
양陽	나아감進	발산發散	정신精神
음陰	물러남退	수렴收斂	물질物質
양陽	강함	낮晝	남편
음陰	부드러움	밤夜	아내
양陽	가벼움輕	등	베풂
음陰	무거움重	배	받음
양陽	거침	술術	날숨
음陰	매끈함	학學	들숨
양陽	이상	명분	열熱
음陰	현실	실리	빛光

친구: "맹구야. 이제 남자와 여자를 비교해보자. 아마 음양을 좀 더
　　　쉽게 이해할 수 있을 거야."
맹구: "여자 얘기는 언제나 즐겁지."
친구: "침 닦아라."

　남자와 여자의 모습에도 음양이 오롯이 들었다. 명리가 사람을 대상으로 하는 학문
이므로 남녀의 특성을 잘 알아두는 것이 좋겠다.

　표의 내용은 남녀를 서로 비교했을 때의 상대적 특성을 표현한 것이며, 남녀의 절대
적인 특성을 표현한 것이 아니다.

	남자(陽)	여자(陰)
신체	강건하고 힘세다. 상체가 발달해 있다. 각이 진 곳이 많다. 직선 구조로 되어 있다. 내보내기에 적합하다. 키 크다.	부드럽고 약하다. 하체가 발달해 있다. 원형인 곳이 많다. 곡선 구조로 되어 있다. 받아들이기에 적합하다. 키 작다.
성격	능동적이고 개방적이며 적극적이다. 참지 않으며 드러낸다. 공격적이다. 쉽게 털어버린다. 소략하고 대충이다. 바깥일에 관심이 많다. 보는 일에 집중한다. 찾아다닌다.	수동적이고 폐쇄적이며 소극적이다. 참으며 숨긴다. 방어적이다. 오래 간직한다. 세밀하고 꼼꼼하다. 집안일에 관심이 많다. 꾸미는 일에 집중한다. 찾도록 기다린다.
성기	돌출되었다.	숨겨져 있다.

	남자(陽)	여자(陰)
음성	굵고 강하다	가늘고 부드럽다
활동	외향적이며 바깥에서 활발하게 움직인다. 행동반경이 넓다.	내향적이며 집안에서 찬찬히 움직인다. 행동반경이 좁다.
흥미	거칠고 위험하며 자극적인 것을 선호한다.	부드럽고 안전하며 감성적인 것을 선호한다.

맹구: "재미없다."

친구: "뭘 기대한 거냐?"

맹구: "음양은 완전히 다 배웠으니, 이제 오행 공부나 하자."

친구: "벌써? 너무 빠른 거 아냐?"

맹구: "나 성질 급한 거 알지?"

친구: "이러다가 나중에 음양으로 다시 되돌아와야 할 듯하다."

맹구: "사나이는 오직 한 길, 앞만 보고 가는 거야."

친구: "알겠다. 공부하다 막히거든 꼭 되돌아와라."

맹구: "그럴 일 없다."

친구: "네가 현명하다면 되돌아오게 되어 있어."

　음양을 바르게 이해하지 못한 채로 오행 공부만 하게 되면, 명리를 제대로 이해할 수도 바르게 배울 수도 없으니 주의해야 한다. 학자들이 너무 성급하여 음양 공부에 소홀하고 오행 공부에만 천착(穿鑿)하는 경향이 많은데, 좋지 않은 현상이다. 명리 공부는 음양 이해가 최우선이다.

　오행이 음양의 원리를 따르기 때문이다.

"명리는 과학인가?"

이 질문에 명확하게 과학이라고 답할 수 있다.

명리는 정확히 말하면 인문과학(人文科學)이며, 자연과학(自然科學)에 그 뿌리를 두고 있다.

명리는 육십갑자(六十甲子)를 이용하여 우주 변화의 원리를 설명할 수 있는 학문이며, 천문학의 원리와 법칙을 따른 학문이기에 과학이 아닐 수 없다.

명리의 연원(淵源)을 살펴보면, 고대 서양의 점성학이 인도와 중국으로 전해졌고, 그것이 동양식 점성학으로 정착되었다. 그리고 동양(중국)의 음양오행 사상과 서양의 점성학 이론이 결합하여 발전한 것이 명리가 되었다. 그러므로 명리의 뿌리는 동서양의 천문학이다. 명리가 천문학이기도 한 증거를 아래에 밝혀 둔다.

1. 천문현상인 년월일시를 표시하는 간지 체계가 있다. 즉 현대의 시간 표시법과 일치하는 체계가 있다.
2. 계절의 발현을 정확하게 인지하며 그것을 사상(四象)과 십이지지로 나타내는 특유의 체계가 있다.
3. 지구의 공전궤도(公轉軌道) 상의 특정 위치를 표시한 것이 사주팔자이다.
4. 계절의 경계 구분법이 천문학에 기초하고 있다. 즉 이십사절기를 절후의 경계로 삼고 있다.
5. 공전궤도상의 지구의 위치의 변화가 인간의 운명에 영향을 미친다는 사실을 간파하고 있다.

"명리는 미신(迷信)이 아닌 것 같다. 하지만 과학인 듯해도 과학은 아닌 것 같다."

이렇게 명리의 과학성을 의심하는 사람은 명리를 모르는 사람이며, 명리를 바르게 배우지 못한 사람이다.

3. 오행론(五行論)

오행(五行)은 우주 만물을 이루는 다섯 가지 기운(氣運)인 목(木), 화(火), 토(土), 금(金), 수(水)를 이른다. 변화하고 움직이기 때문에 '행(行)'이라고 한다. 오행의 본성은 기(氣)이다.

오행은 영어로 'the Five Elements'라 번역한다. 木은 wood, 火는 fire, 土는 earth, 金은 metal, 水는 water로 각각 번역한다.

오행론(五行論)은 삼라만상(森羅萬象)을 木, 火, 土, 金, 水 다섯 성분으로 이해하려는 이론이다.

3-1. 고서(古書)의 오행론(五行論)

1) 오행대의(五行大義) 서문(序文)에 다음과 같은 글이 있다.

"夫五行者 蓋造化之根源 人倫之資始 萬品稟其變易 百靈因其感通 本乎陰陽 散乎精像周 竟天地 布極幽明"

"무릇 오행은 대개 조화의 근원이고 인륜의 시발점이니, 만물의 변하고 바뀜이 백 가지 영령들과 감응하여 통한다. 근본은 음양에 있고, 정기와 형상으로 흩어져서 하늘과 땅에 두루 미치며, 어두움과 밝음을 무한히 펼친다."

2) 삼명통회(三命通會)의 논오행생성(論五行生成) 장에 다음과 같은 글이 있다.

"一曰水 二曰火 三曰木 四曰金 五曰土者 咸有所自也 水北方子之位也 子者陽之初一陽 數也 故水曰一 火南方午之位也 午者陰之初二陰數也 故火曰二 木居東方 東陽也 三者奇之 數 亦陽也 故木曰三 金居西方 西陰也 四者偶之數 亦陰也 故金曰四 土應西南長夏 五者奇 之數 亦陽也 故土曰五"

"1은 水라 하고, 2는 火라 하고, 3은 木이라 하고, 4는 金이라 하고, 5는 土라 하는데 각각 소재하는 곳에 있다. 水는 북방 子에 있고, 子는 양의 처음 일양의 수이니 水를 1이라 하며, 火는 남방 午에 있고, 午는 음의 처음 이음의 수이니 火를 2라 하며, 木은 동방에 있고 양이다. 3은 홀수이니 역시 양이므로 木을 3이라 하며, 金은 서방에 있고, 음이다. 4는 짝수이니 역시 음이므로 金을 4라 하며, 土는 서남의 장하이다. 5는 홀수이니 역시 양이므로 土를 5라 한다."

"木則陽之濕氣侵多 以感於陰而舒 故發而爲木 其質柔 氣性暖 金則陰之燥氣侵多 以感於陽而縮 故結而爲金 其質剛 其性寒 土則陰陽之氣各盛 相交相搏 凝而成質 以氣之行而言 則一陰一陽 往來相代 木火金水土者 各就其中而分老少耳 故其序各由少而老 土則分旺四季 而位居中者也"

木은 양의 습기가 많이 침투하여 있는 것인데, 음에 감응되어 퍼지게 되니 발하여 木이 된다. 그 질은 부드럽고 성질은 따뜻하다. 金은 음의 건조한 기운이 많이 침투하여 있는 것인데 양에 감응되어 수축하니 金이 된다. 그 질은 강하고 그 성질은 차갑다. 土는 음양의 기가 각각 왕성하여 서로를 붙잡으며, 뭉쳐서 질을 이루고, 기로써 움직인다. 말하자면 즉 일음일양이 서로 번갈아 왕래하니 木火金水土는 각각 그중에서 노소를 나눌 뿐이다. 그러므로 그 차례는 각각 소에서 노로 간다. 土는 왕성한 사계절에 나뉘어 있고 그 위치는 가운데이다.

3) 연해자평(淵海子平)의 논오행소생지시(論五行所生之始) 장에 다음과 같은 글이 있다.

"蓋聞天地未判 其名混沌 乾坤未分 是名胚渾 日月星辰未生 陰陽寒暑未分也 在上則無雨露 無風雲 無霜雪 無雷霆 不過杳合而冥冥 在下則無草木 無山川 無禽獸 無人民 不過昧昧而昏作 是時一氣盤中結 於是太易生水(未有氣曰太易) 太初生火(有氣未有體曰太初) 太始生木(有形未有質曰太始) 太素生金(有質未有體曰太素) 太極生土(形體已具乃曰太極) 所以水數一 火數二 木數三 金數四 土數五"

"무릇 천지가 아직 구별되지 아니한 건 혼돈이라 하고, 건곤이 나누어지지 못한 건 배혼(형체를 갖추지 못함)이라 하니, 일월성신이 아직 생기지 않았고, 음양과 한서가 나누어지지 않았다. 위로는 우로가 없었고, 풍운도 없었으며, 상설이 없었고, 뇌정도 없었으니, 어둠이 모인 캄캄함에 불과하였다. 아래로는 초목이 없었고, 산천도 없었으며, 금수가 없었고, 인민도 없었으니, 컴컴하고 어두움에 불과하였다. 이런 시기에 하나의 기운이 가운데로 결집한 것이 기반이 되어, 태역(기가 없는 것을 태역이라한다)에서 水가 나타나고, 태초(기운이 있으나 체가 없는 것을 태초라고 한다)에서 火가 나타났으며, 태시(형이 있으나 질이 없는 것을 태시라고 한다)에서 木이 나왔고, 태소(질은 있으나 체가 없는 것을 태소라 한다)에서 金이 태어났으며, 태극(형과 체를 이미 갖춘 것을 태극이라 한다)에서 土가 나타났다. 그러므로 水의 수는 1이고, 火의 수는 2이며, 木의 수는 3이고, 金의 수는 4이며, 土의 수는 5이다."

이처럼 주요 고서들에 오행 木火土金水의 특성(特性)을 기술한 부분이 많지 않아 보인다.

3-2. 오행(五行)의 운동성(運動性)

오행의 가장 뚜렷한 특징은 운동성(運動性)이다. 행(行)자를 붙이는 이유는 그 때문이다. 그리고 그 운동성은 변화를 위한 것이다.

오행은 木 운동, 火 운동, 土 운동, 金 운동, 水 운동을 하며 변화한다.

각 오행의 운동 특성은 자연현상 등을 통해서 추정한 것이다.

바닷속의 해파리가 운동하는 모습을 보면, 오행 운동의 모습과 닮았다. 몸을 수렴하고 발산하면서 움직이고 나아간다.

陽 발산	木 운동	성장	상승	진행	뻗어감
	火 운동	확산	분산	원형 발산	퍼져감
陰 수렴	土 운동	조절	조정	조화	멈춤
	金 운동	수축	하강	형체 형성	쪼그라듦
	水 운동	응축	응집	핵심 형성	여물어짐

3-3. 기상(氣象)과 형질(形質)

기상(氣象)은 형체가 이루어지기 전의 에너지 상태를 말한다. 즉 기상은 모양이 없는 것이지만 느낌이나 생각을 통해서 존재를 알아차릴 수 있는 것을 말한다. 자기장, 중력,

관성력 등은 눈에 보이지는 않지만 실존하는 에너지로서 우리가 직접 느낄 수 있다.

형질(形質)은 눈에 보이는 모양이나 나타나는 현상(現像)을 말한다. 즉 형질은 모양을 가진 것이다. 모양을 가진 물체가 전해주는 느낌 역시 기상이다.

천간 지지의 오행은 모두가 그 본성이 기상(氣象)이다. 그런데 지지는 기상이면서도 자연현상을 통해 형질(形質)을 간접적으로 우리에게 보여주고 있기에 '기상이지만 형질과 연결해 주는 기상이다'라고 인식할 수 있다(지지의 구성성분이 천간이기에 그렇다).

기상(氣象)을 줄여서 기(氣)라 할 수 있고, 형질(形質)을 줄여서 질(質)이라 할 수 있다.

천간(天干) = 기(氣)
지지(地支) = 기(氣) + 질(質)

3-4. 오행(五行)의 물상(物象)

오행을 다양한 기상(氣象)과 형질(形質)에 배속(配屬)하기도 하는데, 그 이유는 명리 공부할 때 주변의 사물이나 발생하는 일들에 대해서 오행의 측면으로 쉽게 접근하고 이해하기 위해서이다. 그리고 그런 방법론을 물상론(物象論)이라 한다.

기상과 형질을 가진 여러 가지 사물에서 그 대표적인 기운을 취하여 특정 오행으로 분류할 수 있다. 예를 들면 나무의 성장하는 기운을 木으로, 불의 확산하는 기운을 火로, 흙의 조화로운 기운을 土로, 쇠의 단단한 기운을 金으로, 물의 뭉치는 기운을 水로 각각 분류할 수 있다.

그러나 해당 기상과 형상을 해당 오행과 완전 일치시키는 오류를 범해서는 안 된다. 세상만사와 세상 만물은 순수한 오행 하나로만 구성된 것들이 아니기 때문이다.

예를 들어 물은 水의 기운을 대표하지만, 물에는 水(응축)의 기운만 있는 게 아니다. 물에는 상승 증발하려 하고 흐르며 퍼지려 하는 木火의 잠재적 기운도 있고, 서로 조화하여 섞이려는 土의 기운도 있으며, 형체를 유지하려는(표면장력) 金의 기운도 있다. 그러므로 "오행 水 = 물" 이런 등식은 결코 성립할 수 없다.

또 예를 들어 나무는 木의 기운을 대표하지만, 나무에는 木(상승)의 기운만 있는 게 아니다. 나무에는 뿌리와 가지를 펼쳐 나가려 하는 火의 기운도 있고, 서로 조화롭게 하려는 土의 기운도 있으며, 형체를 유지하려는 金의 기운도 있고, 씨앗을 만들려는 水의 기운도 있다. 그러므로 "오행 木 = 나무" 이런 등식은 결코 성립할 수 없다. 나머지 오행도 마찬가지이다. 이점을 확실하게 명심해야 한다.

3-5. 오행(五行)의 속성례(屬性例)

오행의 속성을 일일이 나열하고 설명한 것도 좋지만, 일목요연하게 비교해 볼 수 있는 표가 공부하기에 더 좋다. 오행의 속성을 제시하니 잘 익혀 두자. 뒤에 다시 천간과 지지를 분리하여 속성을 논할 것이다.

	木	火	土	金	水
天干	甲乙	丙丁	戊己	庚辛	壬癸
地支	寅卯(辰)	巳午(未)	辰未戌丑	申酉(戌)	亥子(丑)
五氣	상승/성장	분산/확산	조정/조절	하강/수축	압축/응축
身體	신경계	순환계	소화기계	호흡기계	내분비계
五覺	시각	미각	촉각	후각	청각
五臟	간	심장	비장	폐장	신장
六腑	담	소장	위장	대장	방광
五竅	눈	혀	입	코	귀
五情	노함	기뻐함	덤덤함	슬픔/걱정	놀람/공포
人生	소년기	청년기	중년기	장년기	노년기
五氣	성장지기	확산지기	중화지기	숙살지기	축장지기
生育	生	長	化	收	藏
宗教	유교	기독교	토속신앙	불교	회교
五常	어짊 仁	밝음 禮	믿음 信	법도 義	지혜 智
五味	신맛 酸	쓴맛 苦	단맛 甘	매운맛 辛	짠맛 鹹
五色	청 靑	적 赤	황 黃	백 白	흑 黑
五方	동 東	남 南	사이 間	서 西	북 北
自然+	나무	태양	산악	바위/금속	강/바다
自然-	풀	등불	들판	보석	샘/개울
先天數	1, 2	3, 4	5, 6	7, 8	9, 10
後天數	3, 8	7, 2	5, 10	9, 4	1, 6
五獸	청룡	주작	구진/등사	백호	현무
音靈	아음牙音 ㄱㄲㅋ	설음舌音 ㄴㄷㄸㄹㅌ	순음脣音 ㅁㅂㅃㅍ	치음齒音 ㅅㅈㅉㅊ	후음喉音 ㅇㅎ

4. 천간지지론(天干地支論)

천간(天干)은 육십갑자(六十甲子)에서 위의 부분을 이루는 요소이며, 갑(甲), 을(乙), 병(丙), 정(丁), 무(戊), 기(己), 경(庚), 신(辛), 임(壬), 계(癸)를 말한다.

지지(地支)는 육십갑자에서 아래의 부분을 이루는 요소이며, 인(寅), 묘(卯), 진(辰), 사(巳), 오(午), 미(未), 신(申), 유(酉), 술(戌), 해(亥), 자(子), 축(丑)을 말한다.

甲의 기운이 왕성해지면 음양전화(陰陽轉化)가 일어나 乙로 바뀌고, 乙의 기운이 다하면 丙의 기운이 탄생한다. 丙의 기운이 왕성해지면 음양전화가 일어나 丁으로 바뀌고, 이렇게 오행은 변화하며 나아간다.

4-1. 천간지지(天干地支)

天干	甲	乙	丙	丁	戊	己	庚	辛	壬	癸		
地支	寅	卯	辰	巳	午	未	申	酉	戌	亥	子	丑

천간은 모두 10개로 이루어져 있어서 십천간(十天干) 또는 십간(十干, 十幹)이라 하며, 지지는 모두 12개로 이루어져 있어서 십이지지(十二地支)라 한다.

4-2. 간지(干支)의 음양배속(陰陽配屬)

天干(+)	甲	乙	丙	丁	戊	己	庚	辛	壬	癸		
地支(-)	寅	卯	辰	巳	午	未	申	酉	戌	亥	子	丑
天干(體)	甲+	乙+	丙+	丁+	戊+	己-	庚-	辛-	壬-	癸-		
天干(用)	甲+	乙-	丙+	丁-	戊+	己-	庚+	辛-	壬+	癸-		

地支(體)	寅+	卯-	辰+	巳-	午+	未-	申+	酉-	戌+	亥-	子+	丑-
地支(用)	寅+	卯-	辰+	巳+	午-	未-	申+	酉-	戌+	亥+	子-	丑-

천간과 지지를 전체적으로 논하자면, 천간은 양에 속하고 지지는 음에 속한다. 천간 오행에도 음양이 있고, 지지 오행에도 음양이 있다.

지지 중에서, 지지의 겉(체體)과 속(용用)의 음양이 서로 다른 것이 네 개가 있다. 子와 午는 체가 양이지만 용은 음이며, 巳와 亥는 체가 음이지만 용은 양이다. 열두 지지는 각각 그 속에 천간의 기운들을 품고 있는데 그것들을 지장간(支藏干)이라 한다. 그넷은 체의 음양과 용(지장간)의 음양이 서로 다르다는 특징이 있다. 명리에서는 용(用)을 위주로 쓴다(지장간론 참고).

地支(用)	寅+	卯-	辰+	巳+	午-	未-	申+	酉-	戌+	亥+	子-	丑-
주 기운	甲+	乙-	戊+	丙+	丁-	己-	庚+	辛-	戊+	壬+	癸-	己-

4-3. 甲에는 甲만 있는 게 아니다

天干	甲+	乙-	丙+	丁-	戊+	己-	庚+	辛-	壬+	癸-

위와 같이 쓰고 있는 십간의 음양은 엄밀히 말해서 정의(定義)가 제대로 된 것이 아니다. 음이나 양은 각각 단독으로는 존재할 수 없는 것들인데도 불구하고 만약 100%의 순음(純陰)이나 100%의 순양(純陽)이 존재하는 것처럼 열 개의 주체(主體)를 제시하였다면, 이것은 음양의 원리를 정면으로 위배한 일이다.

열 개의 천간은 각각 그 내부에도 또한 음과 양을 반드시 갖고 있어야만 하나의 주체를 이루며 존재할 수 있다. 그러므로 천간의 음양을 더 자세히 정의해야 한다.

天干	甲+	乙-	丙+	丁-	戊+	己-	庚+	辛-	壬+	癸-
構成	甲+ 乙-	乙- 甲+	丙+ 丁-	丁- 丙+	戊+ 己-	己- 戊+	庚+ 辛-	辛- 庚+	壬+ 癸-	癸- 壬+

예컨대 甲은 대부분의 甲과 미미한 乙로 구성되어 있어야 음양 공존의 원리에 맞고, 乙은 대부분의 乙과 미미한 甲으로 구성되어 있어야 역시 음양 공존의 원리에 맞는다. 즉 甲 속에 甲과 乙이 있고, 乙 속에도 甲과 乙이 있다. 그리고 주도권을 누가 쥐고 있는지에 따라 그 명칭이 달라진다. 만약 甲이 주도권을 쥐고 있다면 甲으로 표현하고, 乙이 주도권을 쥐고 있다면 乙로 표현한다.

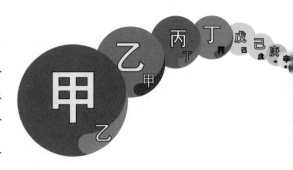

예컨대 甲이라면, 그 甲 속에 甲 99%와 乙 1%가 있거나, 甲 99.9%와 乙 0.1%가 있어야 한다. 즉 甲 100% 乙 0%로 구성된 甲은 있을 수 없다.

甲의 내부에 왜 甲과 乙이 같이 있다 하겠는가? 음과 양은 항상 공존하고 있다는 원리가 천간에도 적용되어야 마땅하기 때문이다.

이것은 음양공존(陰陽共存)의 원리와 음양분화(陰陽分化)의 원리를 정확히 따른 것이다. 즉 음양은 항상 함께 존재한다는 원리를 따른 것이고, 특정 대상을 음과 양으로 나누었다면, 또다시 그것을 음과 양으로 계속해서 더 세분하여 나눌 수 있다는 원리를 따른 것이다.

천간 甲의 내부를 같은 문자인 甲과 乙로 표시한 이유는 그것을 표시할 별도의 문자가 없기 때문이다. 그런데 바로 이 부분이 천간의 음양을 오인(誤認)하게 만든 결정적인 원인이 된다. 십 천간이 순수한 음과 순수한 양으로 배열된 줄 알도록 유도한 요인이 된다는 얘기다.

백 퍼센트 순수한 음이나 백 퍼센트 순수한 양이 독립 개체로 존재할 수 없다는 사실을 인지해야 한다. 즉 십간은 순음 순양이 아니며, 모두 각각 음과 양이 섞인 것들이란 사실을 확실히 깨달아야 한다.

시중의 거의 모든 책이 이 부분을 정확히 짚어주지 않고 있고, 고서도 마찬가지인데, 유일하게도 경촌집(자평진전)만 이 부분을 얼핏 거론하고 있다(甲之甲, 甲之乙, 乙之甲, 乙之乙).

오행을 배우기 전에 음양을 먼저 배워야 한다. 음양을 제대로 이해하지 못하면 사이비가 되기 쉽고, 음양 공부를 소홀히 하면 엉터리 이론가가 된다.

4-4. 간지(干支)의 오행배속(五行配屬)

　천간(天干)은 우주(宇宙)의 기운을 표시한 것이고, 지지(地支)는 지구(地球)의 기운을 표시한 것이다. 즉 천간은 하늘의 기운을 표시한 것이고, 지지는 땅에 작용하는 기운을 표시한 것이다.

	木	火	土	金	水
十干	甲乙	丙丁	戊己	庚辛	壬癸
十二支	寅卯	巳午	辰未戌丑	申酉	亥子

4-5. 간지(干支)의 명칭(名稱)

간지는 글자 그대로 읽어도 되지만 보통 아래와 같이 읽기도 한다.

天干	甲 갑 목	乙 을 목	丙 병 화	丁 정 화	戊 무 토	己 기 토	庚 경 금	辛 신 금	壬 임 수	癸 계 수		
地支	寅 인 목	卯 묘 목	辰 진 토	巳 사 화	午 오 화	未 미 토	申 신 금	酉 유 금	戌 술 토	亥 해 수	子 자 수	丑 축 토

* 고서에서 '丑'을 '醜(추)'로 표시하기도 한다.

4-6. 고서(古書)의 십간론(十干論)

　삼명통회(三命通會)의 십간분배천문(十干分配天文) 장에 적힌 십간의 형상을 간략하게 살펴보면 아래와 같다.

甲木爲雷(甲木은 우레이다)
乙木爲風(乙木은 바람이다)
丙火爲日(丙火는 태양이다)

丁火爲星(丁火는 별이다)
戊土爲霞(戊土는 노을이다)
己土爲雲(己土는 구름이다)
庚金爲月(庚金은 달이다)
辛金爲霜(辛金은 서리이다)
壬水爲秋露(壬水는 가을 이슬이다)
癸水爲春霖(癸水는 봄 장마이다)

적천수(滴天髓) 원문(原文)에도 십간의 특성이 기록되어 있다.

天干(천간)
"五陽皆陽丙爲最 五陰皆陰癸爲至 五陽從氣不從勢 五陰從勢無情義"
"오양은 모두 양이나 丙이 최고이고, 오음은 모두 음이나 癸가 가장 지극하다. 오양은 종기하며 종세하지 않으나, 오음은 종세하며 정의가 없다."

"甲木參天 脫胎要火 春不容金 秋不容土 火熾乘龍 水宕騎虎 地潤天和 植立千古"
"甲木은 참천(공중으로 높이 솟음)인데 탈태에는 火가 필요하다. 봄에는 金을 용납하지 아니하고, 가을에는 土를 용납하지 않는다. 火가 왕성하나 辰을 올라타고, 水가 날뛰나 寅을 올라타면 땅은 촉촉하고 하늘은 온화하니 오랫동안 굳게 선다."

"乙木雖柔 刲羊解牛 懷丁抱丙 跨鳳乘猴 虛濕之地 騎馬亦憂 藤蘿繫甲 可春可秋"
"乙木은 비록 유약해도 未를 찌르고 丑을 가르며, 丙丁을 품고 있으면 酉와 申을 올라탈 수 있다. 허습지지이면 午를 타고 있더라도 역시 근심하고, 등라계갑이면 봄도 괜찮고 가을도 괜찮다."

"丙火猛烈 欺霜侮雪 能煅庚金 逢辛反怯 土衆成慈 水猖顯節 虎馬犬鄕 甲木若來 必當焚滅"
"丙火는 맹렬하여 서리와 눈을 업신여기고, 庚金을 단련할 수 있으나 辛을 만나면 도리어 겁먹게 된다. 土가 무리를 이루면 자애로움을 이루고 水가 날뛰면 절개를 드러내는데, 寅午戌에 甲木이 만약 나타나면 반드시 분멸한다."

"丁火柔中 內性昭融 抱乙而孝 合壬而忠 旺而不烈 衰而不窮 如有嫡母 可秋可冬"
"丁火는 유중하고 내성이 소용하는데, 乙을 껴안아 효도하고 壬을 합하여 충성한다.

왕해도 세차지 않고 쇠해도 다함이 없는데, 만약 甲이 있으면 가을도 괜찮고 겨울도 괜찮다."

"戊土固重 旣中且正 靜翕動闢 萬物司命 水潤物生 火燥物病 若在艮坤 怕沖宜靜"
"戊土는 고중하고 가운데에 있으면서 또한 바른데, 안정된 상태에서는 오므라들고 동하면 열려 만물의 생명을 주관한다. 水가 촉촉이 적시면 만물이 생하고 火가 조열하면 만물이 병드는데, 만약 간곤에 위치하게 되면 충을 두려워하니 마땅히 안정되어야 한다."

"己土卑濕 中正蓄藏 不愁木盛 不畏水狂 火少火晦 金多金光 若要物旺 宜助宜幇"
"己土는 비습한데 중정하고 축장하니, 木의 왕성을 근심하지 않고 水의 날뜀을 두려워하지 않는다. 火가 적으면 火가 시들고 金이 많으면 金이 빛나는데, 만약 물질의 왕성함이 필요하면 마땅히 생조하고 마땅히 방조하여야 한다."

"庚金帶殺 剛健爲最 得水而淸 得火而銳 土潤則生 土乾則脆 能嬴甲兄 輸于乙妹"
"庚金은 살을 가지고 있으니 강건함이 최고인데, 水를 얻으면 청하게 되고 火를 얻으면 날카롭게 된다. 土가 촉촉하면 생금하나 土가 건조하면 金을 취약하게 하고, 갑형(甲兄)은 이길 수 있으나 을매(乙妹)에게 진다."

"辛金軟弱 溫潤而淸 畏土之疊 樂水之盈 能扶社稷 能救生靈 熱則喜母 寒則喜丁"
"辛金은 연약하고, 온윤하여 청한데, 土의 중첩을 두려워하고 水의 가득함을 기뻐한다. 능히 사직을 돕고 능히 생령을 구하는데, 뜨거우면 己土를 좋아하고 차가우면 丁火를 좋아한다."

"壬水通河 能洩金氣 剛中之德 周流不滯 通根透癸 沖天奔地 化則有情 從則相濟"
"壬水는 통하인데 능히 금기를 설하니, 강중지덕이 두루 흘러 막힘이 없다. 통근하고 癸水가 투출하면 충천분지하는데, 화하면 유정하고 종하면 상제한다."

"癸水至弱 達于天津 得龍而運 功化斯神 不愁火土 不論庚辛 合戊見火 化象斯眞"
"癸水는 지극히 약하나 천진에 도달하는데, 辰을 얻어 운행하면 공화가 신묘하다. 火土를 근심하지 않고 庚辛을 논하지 않으며, 戊를 합하고 火를 보면 화상이 참되다."

약간 어려운 내용이지만 공부를 계속하다 보면 서서히 알게 될 것이다. 고서의 원문을 게재하는 이유는 공부를 더 깊이 하려는 학자들에게 길을 안내하기 위해서이다.

4-7. 고서(古書)의 십이지론(十二支論)

삼명통회(三命通會)의 십이지분배지리(十二支分配地理) 장에 적힌 십이지의 형상을 간략하게 살펴보면 아래와 같다.

子爲墨池(子는 묵지이다.) 검은 못
午爲烽堠(午는 봉후이다.) 봉화
卯爲瓊林(卯는 경림이다.) 아름다운 수풀
酉爲寺鐘(酉는 사종이다.) 절의 종
寅爲廣谷(寅은 광곡이다.) 넓은 골짜기
申爲名都(申은 명도이다.) 이름난 도읍지
巳爲大驛(巳는 대역이다.) 큰 역참
亥爲懸河(亥는 현하이다.) 세찬 강물
辰爲草澤(辰은 초택이다.) 초원과 수택
戌爲燒原(戌은 소원이다.) 불타는 들판
丑爲柳岸(丑은 유안이다.) 버들 언덕
未爲花園(未는 화원이다.) 화원

4-8. 천간(天干)의 속성(屬性)

십간십이지의 기상(氣象)과 형질(形質)을 논하고자 한다. 이것은 대부분 배속(配屬)을 논한 것이지 완전일치(完全一致)를 논한 게 아니다. 그리고 천간 및 지지의 오행이 서로 같은 오행일 때는 서로 비슷한 기상과 형질을 갖지만, 서로 완전히 똑같지는 않다.

천간지지가 팔자를 구성하면, 그 사람의 성정(性情)을 결정하는 요소가 되기도 한다. 천간은 드러난 성정이고 지지는 숨어있는 성정이다.

천간은 지지와 달리 방향이 없고 계절적 특성도 없으며, 지지는 천간과 달리 여러 가지 기운이 섞여 있다.

중요한 것은 음과 양이 가지는 상대적 특성을 고려하면서 천간과 지지를 살펴야 한다는 점이다. 같은 오행이더라도 천간에서는 음보다 양이 더 강하고, 지지에서는 양보다 음이 더 강하다. 즉 乙보다 甲이 더 강하고, 寅보다 卯가 더 강하다. 천간은 양이 주재(主宰)하고 지지는 음이 주재하기 때문이다.

간지의 속성에 대해 더 많이 기술하면 좋을 수도 있겠지만 그것이 반드시 좋은 것은 아니다. 오행 한 글자를 너무 많은 분야의 일에까지 비유하는 일은 선을 넘어 과잉일반화(過剩一般化)를 행하는 일이 된다. 그리고 그것이 인지적(認知的) 왜곡(歪曲)이 되어 굳어지면 결국 명리 공부를 망치게 된다. 간지의 속성에 대해 너무 많이 기술한 시중의 책들은 과도한 물상법(物象法)을 쓰고 있기에 독자들을 오도(誤導)할 가능성이 매우 큰 책들이다.

예컨대 갑일(甲日)에 태어난 사주가 보이면, "이 사람은 장남(長男)일 가능성이 크고, 차남이라도 장남 역할을 하며, 여성의 경우 남편 대신 가장 역할을 할 사람이다."라고 보는가 하면, "곡직(曲直)의 직(直)이니 으뜸 지향이라 자존심이 강하겠고, 생각하는 즉시 행동하는 성향이 있겠으나 끝이 흐려질(有始無終) 것이며, 여우(狐)에 배속하니 조년이향(早年離鄉)하고, 호사수구(狐死首丘)하며, 호불이웅(狐不二雄)하고, 귀소본능(歸巢本能)이 있겠다."라고도 본다. 또 "천간의 천문현상으로 우레(雷)에 해당하니, 목소리가 크고 나서기를 잘하며 참견하기 좋아하는 성향이 있다."라고도 본다. 또한 주변 오행과의 관계에 대해서도 "乙을 만나면 피해를 보겠다. 乙은 등나무이니 甲을 휘감고 올라가 기생하기 때문이다. 그래서 乙은 의타심이 강하고 성격이 배배 꼬인 사람이다." 이런 식으로 황당한 해설을 하기도 하는데, 이 모두는 간지의 속성을 지나치게 확대 적용하는 오류를 범했기에 나타나는 현상이다. 甲을 '으뜸'으로 인지하거나 乙을 '등나무'로 인지하는 것 등은 분명한 인지적 왜곡이다.

생각해보라. 甲보다 자존심이 강한 오행이 없다고 볼 근거가 있는가? 그리고 乙이 진정 의타심이 강하겠는가? 만약 그렇게 판단하고 싶다면 곧바로 명리를 그만두고 소설가가 되는 게 나을 것이다.

　개별 천간이나 지지에 대해 어떤 성정을 특정하려 해서는 안 된다. 즉 甲 하나 혹은 乙 하나만 갖고서 뭘 무한정 풀어낼 수 있다는 그런 생각은 버리는 것이 좋다. 나머지 오행들도 마찬가지이다. 그 사람의 성격은 팔자(八子)와 운(運)이 공동으로 만들어내는 것이지, 글자 하나가 만들어내는 게 아니기 때문이다.

　명리는 음양의 이치를 따르는 것이니 반드시 일(日)의 주변 오행들을 살펴 상대적인 관점으로 총체적인 접근을 해야만 한다.
　간지의 속성은 '木 성장, 火 확산, 土 조절, 金 수축, 水 응축'이 가장 기본이다. 이것을 지나치게 벗어나면 엇길로 빠지게 된다는 걸 입문자(入門者)들은 반드시 명심해야 한다. 그리고 甲乙 일에는 성장 기운만 있는 게 아니다. 甲乙 일의 열두 시진(時辰) 속에 木火土金水의 기운이 모두 들어 있고, 그중에서 성장 기운이 주도권을 가졌기에 甲乙 일이 된 것이다. 그러므로 甲과 甲日은 서로 다른 부분이 있다.
　아래에 기술된 간지의 속성들은 특정한 현상이나 사물에 간지를 비유(譬喩)한 것이며, 간지의 실체(實體)를 기술한 것이 아니다. 그 점에 유의하기를 바란다.

 1) 甲(갑목): 천간 木 기운의 양(陽)에 해당하는 성분이다.

　상승하는 기운이며 성장하는 기운이다. 乙의 기운보다 속도가 빠르고 거칠다.
　초목이 위로 자라 오르는 기운의 본성이다. 성정(性情)에 기본적으로 나아가고 올라가려는 의지가 있으며, 그것이 능동적이고 거칠다.
　신체에는 신경 계통과 담, 뇌 등이 이에 속한다. 시각(눈)과도 관련이 있다.
　치밀어오르는 기운이므로 기분으로는 분노에 해당한다. 乙보다 거친 분노이다.
　인생의 소년기이며 그중에서도 초기에 해당한다. 성장하는 시기이다.
　종교로는 유교(儒敎)를 배속한다. 어짊을 상징한다고 보아 인(仁)에 배당한다. - 아마 중국(戊)의 유교 정신을 木에 비유하여 인(仁)을 배당한 것 같다. 그러나 중국은 戊가 아니며 그 정신도 유교라 보기 어렵다. 치밀어오르는 기운을 인(仁)으로 보기는 무리이다.
　맛으로는 강한 신맛에 해당한다.
　색깔로는 짙은 푸른색(청색과 녹색)이 해당한다(오행에 색깔이 있다는 뜻이 아니며 木을 표현할 색에 대한 인식을 배당한 것이다).
　자연물로서 나무가 그 특성을 가장 많이 갖고 있다. 양목(陽木)이므로 큰 나무, 강한 나무, 대들보, 큰 기둥, 바람 등을 뜻한다고 볼 수 있다(물성론을 참고하라).
　선천수로는 1을 뜻하고, 후천수로는 3을 뜻한다.

어금닛소리 ㄱ, ㄲ, ㅋ이 이에 해당한다.

 2) 乙(을목): 천간 木 기운의 음(陰)에 해당하는 성분이다.

상승하는 기운이며 성장하는 기운이다. 甲의 기운보다 속도가 느리고 부드럽다.

초목이 위로 자라 오르는 기운의 본성이다.

성정(性情)에 기본적으로 나아가고 올라가려는 의지가 있으며, 그것이 수동적이고 부드럽다. 신체에는 신경 계통과 간 등이 이에 속한다. 시각(눈)과도 관련이 있다.

치밀어오르는 기운이므로 기분으로는 분노에 해당한다. 甲보다 부드러운 분노이다.

인생의 소년기이며 그중에서도 후기에 해당한다. 성장하는 시기이다.

종교로는 유교(儒教)를 배속한다. 맛으로는 부드러운 신맛에 해당한다.

색깔로는 옅은 푸른색(청색과 녹색)에 해당한다.

자연물로서 풀이 그 특성을 가장 많이 갖고 있다. 음목(陰木)이므로 풀이나 꽃과 같은 작은 식물, 부드러운 초목, 잡초, 잔디, 곡식, 새, 바람 등을 뜻한다고 볼 수 있다.

선천수로는 2를 뜻하고, 후천수로는 8을 뜻한다.

어금닛소리 ㄱ, ㄲ, ㅋ이 이에 해당한다.

 3) 丙(병화): 천간 火 기운의 양(陽)에 해당하는 성분이다. 양(천간) 중의 양이다.

확산하는 기운이며 분산하는 기운이다. 丁의 기운보다 속도가 빠르고 거칠다.

초목이 가지를 펼치며 덩치를 키우는 기운의 본성이다.

성정(性情)에 기본적으로 확대하고 확산하려는 의지가 있으며, 그것이 능동적이고 거칠다.

신체에는 순환 계통과 소장 등이 이에 속한다. 미각과 혀와 시력과도 관련이 있다.

퍼지는 기운이므로 기분으로는 기쁨에 해당한다. 丁보다 격렬한 기쁨이다.

인생의 청년기이며 그중에서도 초기에 해당한다. 왕성하게 자라는 시기이며, 활동 영역이 빠르게 넓어지는 시기이다. 종교로는 기독교(基督教)를 배속한다.

밝음을 상징한다고 보아 예(禮)에 배당한다. 맛으로는 강한 쓴맛에 해당한다.

색깔로는 짙은 붉은색에 해당한다.

자연물로서 불이 그 특성을 가장 많이 갖고 있다. 양화(陽火)이므로 태양, 열, 조명,

화려함, 폭발, 용광로 등을 뜻한다고 볼 수 있다.

선천수로는 3를 뜻하고, 후천수로는 7을 뜻한다.

혓소리 ㄴ, ㄷ, ㄹ, ㅌ가 이에 해당한다.

 4) 丁(정화): 천간 火 기운의 음(陰)에 해당하는 성분이다.

확산하는 기운이며 분산하는 기운이다. 丙의 기운보다 속도가 느리고 부드럽다.

초목이 가지를 펼치며 덩치를 키우는 기운의 본성이다.

성정(性情)에 기본적으로 확대하고 확산하려는 의지가 있으며, 그것이 수동적이고 부드럽다.

신체에는 순환 계통과 심장 등이 이에 속한다. 미각과 혀와 시력과도 관련이 있다.

퍼지는 기운이므로 기분으로는 기쁨에 해당한다. 丙보다 부드러운 기쁨이다.

인생의 청년기이며 그중에서도 후기에 해당한다. 왕성하게 자라는 시기이며, 활동 영역이 느리게 넓어지는 시기이다.

종교로는 기독교(基督敎)를 배속한다. 밝음을 상징한다고 보아 예(禮)에 배당한다.

맛으로는 부드러운 쓴맛에 해당한다. 색깔로는 옅은 붉은색에 해당한다.

자연물로서 불이 그 특성을 가장 많이 갖고 있다. 음화(陰火)이므로 달, 별, 등불, 열, 더위, 난방 등을 뜻한다고 볼 수 있다.

선천수로는 4을 뜻하고, 후천수로는 2를 뜻한다.

혓소리 ㄴ, ㄷ, ㄹ, ㅌ가 이에 해당한다.

 5) 戊(무토): 천간 土 기운의 양(陽)에 해당하는 성분이다.

성장을 멈추고 조절하는 기운이다. 己의 기운보다 속도가 빠르고 거칠다.

초목이 상하좌우나 표리(表裏)가 균형 잡힌 모습이 되도록 조절하는 기운의 본성이다. 성정(性情)에 기본적으로 조정하고 중재하려는 의지가 있으며, 그것이 능동적이고 거칠다. 신체에는 소화기 계통과 위장 등이 이에 속한다. 촉각과 입과 관련이 있다.

조화로운 기운이므로 기분으로는 덤덤함에 해당한다. 己보다 강한 덤덤함이다. 중도(中道)의 성향이다.

인생의 중년기이며 그중에서도 초기에 해당한다. 활동 영역이 빠르게 조정되는 시기이다. 종교로는 토속신앙(土俗信仰)을 배속한다.

조화로움을 상징한다고 보아 믿음(信)에 배당한다.

맛으로는 강한 단맛에 해당한다. 색깔로는 짙은 황색에 해당한다.

자연물로서 흙이 그 특성을 가장 많이 갖고 있다. 양토(陽土)이므로 산(山), 대지, 벌판, 운동장, 언덕 등을 뜻한다고 볼 수 있다.

선천수로는 5를 뜻하고, 후천수로도 5을 뜻한다.

입술소리 ㅁ, ㅂ, ㅃ, ㅍ이 이에 해당한다.

 6) 己(기토): 천간 土 기운의 음(陰)에 해당하는 성분이다.

성장을 멈추고 조절하는 기운이다. 戊의 기운보다 속도가 느리고 부드럽다.

초목이 상하좌우나 표리(表裏)가 균형 잡힌 모습이 되도록 조절하는 기운의 본성이다.

성정(性情)에 기본적으로 조정하고 중재하려는 의지가 있으며, 그것이 수동적이고 부드럽다.

신체에는 소화기 계통과 비장과 췌장 등이 이에 속한다. 촉각과 입과 관련이 있다.

조화로운 기운이므로 기분으로는 덤덤함에 해당한다. 戊보다 부드러운 덤덤함이다. 중도(中道)의 성향이다.

인생의 중년기이며 그중에서도 후기에 해당한다. 활동 영역이 느리게 조정되는 시기이다. 종교로는 토속신앙(土俗信仰)을 배속한다. 조화로움을 상징한다고 보아 믿음(信)에 배당한다.

맛으로는 부드러운 단맛에 해당한다. 색깔로는 옅은 황색에 해당한다.

자연물로서 흙이 그 특성을 가장 많이 갖고 있다. 음토(陰土)이므로 논밭, 화단, 마당, 도로 등을 뜻한다고 볼 수 있다.

선천수로는 6을 뜻하고, 후천수로는 10을 뜻한다.

입술소리 ㅁ, ㅂ, ㅃ, ㅍ이 이에 해당한다.

 7) 庚(경금): 천간 金 기운의 양(陽)에 해당하는 성분이다.

하강하는 기운이며 수축함으로써 형체를 유지하는 기운이다. 辛의 기운보다 속도가 빠르고 거칠다. 초목이 형체를 유지하며 열매를 맺는 기운의 본성이다.

성정(性情)에 기본적으로 규범과 틀을 중시하려는 의지가 있으며, 그것이 능동적이고 거칠다. 신체에는 호흡기 계통과 폐, 피부 등이 이에 속한다. 후각과 코와 기관지도 관련이 있다. 움츠러드는 기운이므로 기분으로는 슬픔과 걱정에 해당한다. 辛보다 강한 슬픔이다. 인생의 장년기이며 그중에서도 초기에 해당한다. 활동 영역이 빠르게 축소되는 시기이다.

종교로는 불교(佛教)를 배속한다. 굳음을 상징한다고 보아 법(法)과 의(義)에 배당한다. 맛으로는 강한 매운맛에 해당한다. 색깔로는 짙은 흰색에 해당한다.

자연물로서 쇠나 돌이 그 특성을 가장 많이 갖고 있다. 양금(陽金)이므로 금속, 원석, 철광석, 철제, 기계, 큰 바위 등을 뜻한다고 볼 수 있다.

선천수로는 7을 뜻하고, 후천수로는 9를 뜻한다.

잇소리 ㅅ, ㅈ, ㅉ, ㅊ이 이에 해당한다.

 8) 辛(신금): 천간 金 기운의 음(陰)에 해당하는 성분이다.

하강하는 기운이며 수축함으로써 형체를 유지하는 기운이다. 庚의 기운보다 속도가 느리고 부드럽다.

초목이 형체를 유지하며 열매를 맺는 기운의 본성이다.

성정(性情)에 기본적으로 규범과 틀을 중시하려는 의지가 있으며, 그것이 수동적이고 부드럽다.

신체에는 호흡기 계통과 대장, 피부 등이 이에 속한다. 후각과 코와 기관지도 관련이 있다.

움츠러드는 기운이므로 기분으로는 슬픔과 걱정에 해당한다. 庚보다 약한 슬픔이다.

인생의 장년기이며 그중에서도 후기에 해당한다. 활동 영역이 느리게 축소되는 시기이다.

종교로는 불교(佛教)를 배속한다. 굳음을 상징한다고 보아 법(法)과 의(義)에 배당한다. 맛으로는 부드러운 매운맛에 해당한다. 색깔로는 옅은 흰색에 해당한다.

자연물로서 쇠나 돌이 그 특성을 가장 많이 갖고 있다. 음금(陰金)이므로 보석, 작은 칼, 도구, 가위, 바늘 등을 뜻한다고 볼 수 있다.

선천수로는 8을 뜻하고, 후천수로는 4를 뜻한다.

잇소리 ㅅ, ㅈ, ㅉ, ㅊ이 이에 해당한다.

9) 壬(임수): 천간 水 기운의 양(陽)에 해당하는 성분이다.

단단하게 굳어지며 핵심을 형성하는 기운이다. 癸의 기운보다 속도가 빠르고 거칠다.

초목이 영양소를 압축해서 뿌리에 저장하고 씨앗을 만드는 기운의 본성이다.

성정(性情)에 기본적으로 핵심과 근원에 접근하려는 의지가 있으며, 그것이 능동적이고 거칠다.

신체에는 내분비 계통과 방광 등이 이에 속한다. 청각과 귀와 호르몬과 관련이 있다.

더욱 쪼그라들면서 여물어지는 기운이며, 씨앗을 만드는 기운이다.

더욱 움츠러드는 기운이므로 기분으로는 놀람과 공포에 해당한다. 癸보다 강한 공포이다. 피부에 소름이 돋게 하여 피해 면적을 줄이고자 하는 본능과 관련이 있다.

인생의 노년기이며 그중에서도 초기에 해당한다. 활동 영역이 빠르게 그리고 더 많이 좁아지는 시기이다.

종교로는 회교(回敎)를 배속한다. 핵심을 상징하므로 지혜(智惠)에 배당한다.

맛으로는 강한 짠맛에 해당한다. 색깔로는 짙은 흑색에 해당한다.

자연물로서 물이 그 특성을 가장 많이 갖고 있다. 양수(陽水)이므로 강이나 바다, 호수, 강 등을 뜻한다고 볼 수 있다. 선천수로는 9를 뜻하고, 후천수로는 1을 뜻한다.

목구멍소리 ㅇ, ㅎ이 이에 해당한다.

 10) 癸(계수): 천간 水 기운의 음(陰)에 해당하는 성분이다. 음(천간) 중의 음이다.

단단하게 굳어지며 핵심을 형성하는 기운이다. 壬의 기운보다 속도가 느리고 부드럽다.

초목이 영양소를 압축해서 뿌리에 저장하고 씨앗을 만드는 기운의 본성이다.

성정(性情)에 기본적으로 핵심과 근원에 접근하려는 의지가 있으며, 그것이 수동적이고 부드럽다.

신체에는 내분비 계통과 신장 등이 이에 속한다. 청각과 귀와 호르몬과 관련이 있다.

더욱 움츠러드는 기운이므로 기분으로는 놀람과 공포에 해당한다. 壬보다 약한 공포이다. 피부에 소름이 돋는 것은 그 때문이다.

인생의 노년기이며 그중에서도 후기에 해당한다. 활동 영역이 서서히 그리고 더 많이 좁아지는 시기이다.

종교로는 회교(回敎)를 배속한다. 핵심을 상징하므로 지혜(智惠)에 배당한다.

맛으로는 부드러운 짠맛에 해당한다. 색깔로는 옅은 흑색에 해당한다.

자연물로서 물이 그 특성을 가장 많이 갖고 있다. 음수(陰水)이므로 샘물, 개울, 옹달샘, 비, 눈, 시냇물 등을 뜻한다고 볼 수 있다.

선천수로는 10을 뜻하고, 후천수로는 6을 뜻한다.

목구멍소리 ㅇ, ㅎ이 이에 해당한다.

甲乙이 봄(春)이 아닌 이유

봄은 木으로만 이루어진 것이 아니다. 즉 봄은 木 기운을 많이 갖고 있기는 하지만 봄이 오로지 木 기운만으로 구성되어 있지는 않다. 봄은 金 기운을 제외한 모든 기운을 갖고 있다. 그러므로 천간의 甲乙을 봄으로 논해서는 안된다. 마찬가지로 丙丁도 여름(夏)이 아니고, 庚辛도 가을(秋)이 아니며, 壬癸도 겨울(冬)이 아니다. 천간의 기운은 계절의 주된 기운이 될 뿐, 계절 그 자체가 될 수는 없다.

4-9. 지지(地支)의 속성(屬性)

지지의 기운은 그 속을 들여다보면 모두 여러 개의 천간 오행들로 구성되어 있다(지장간론 참고). 그러므로 천간과 약간 다른 점이 있다.

 1) 寅(인목): 양목(陽木). 천간의 甲과 거의 같으니 甲의 속성을 참고하라.

甲과 달리 그 속에 木 기운 외에 火土水의 기운도 갖고 있다. 그러나 (寅卯辰은 모두) 金 기운을 갖고 있지 않다.

卯보다는 木 기운이 약하나 辰보다는 木 기운이 강하다(木 기운이 표면으로 드러나 작용하는 때는 寅卯이다. 寅에서 확연히 드러나고 卯가 되면 작용력이 더욱 강해진다. 그러다 辰이 되면 木 기운이 표면적인 작용력을 멈추고 속으로 숨어들어 내부적인 작용력을 갖게 된다. 그리고 寅에서 火 기운이 태동한다).

초목이 흙을 뚫고 나오는 기운이다. 위로 올라가려는 기운이다.

봄의 시작이며 절기로는 입춘부터 경칩 직전까지이다. 시각으로는 대략 03시 30분부터 05시 30분 직전까지이다.

동쪽을 관장한다. 동쪽을 지키는 신령한 짐승인 청룡(靑龍)이다. 동물로서는 호랑이를 뜻한다(띠를 상징하는 동물과 지지는 직접적인 관련이 없다. 지지를 표시하기 위해 다만 그 문자만 빌려온 것이니 합리적으로 이해해야 한다. 이하의 동물들도 역시 그와 같다). 아직 목질이 굳어지지 않은 어린 시기의 나무, 바람, 양지의 나무 등에 비유한다.

 2) 卯(묘목): 음목(陰木). 천간의 乙과 거의 같으니 乙의 속성을 참고하라.

乙과 달리 그 속에 木 기운 외에 火土水의 기운도 갖고 있다. 그러나 (寅卯辰은 모두) 金 기운을 갖고 있지 않다.

寅보다 木 기운이 더 강하다(寅에서 뚜렷해졌던 木 기운이 이때 더욱 강해지며 木 기운의 최전성기가 된다). 초목이 흙을 뚫고 나오는 기운이다. 위로 올라가려는 기운이다.

봄의 전성기이며 절기로는 경칩부터 청명 직전까지이다. 시각으로는 대략 05시 30분부터 07시 30분 직전까지이다.

동쪽을 관장한다. 동쪽을 지키는 신령한 짐승인 청룡(靑龍)이다. 동물로서는 토끼를 뜻한다. 다 자란 나무에 비유한다. 乙木은 목질이 강한 시기의 나무이다.

늙은 나무, 바람, 음지의 나무, 덩굴식물 등에 비유한다.

 3) 辰(진토): 양토(陽土). 천간의 戊와 거의 같으니 戊의 속성을 참고하라.

그 속에 土 기운 외에 木火水의 기운도 갖고 있다. 그러나 (寅卯辰은 모두) 金 기운을 갖고 있지 않다.

寅卯의 木 기운이 쇠퇴하면서 물러가는 시기의 土이며, 木 기운도 여전히 많다(木 기운이 표면적인 작용력을 멈추고 내부적인 작용력을 갖게 된다. 水 기운은 辰에 와서 거의 마감된다). 봄의 쇠퇴기이며 절기로는 청명부터 입하 직전까지이다. 시각으로는 대략 07시 30분부터 09시 30분 직전까지이다.

火 기운을 드러내기 위해 준비하고 조절하는 기운을 갖고 있다.

동쪽과 서쪽의 중간을 관장한다. 신령한 짐승인 구진(勾陳)이다. 동물로서는 용(龍)을 뜻한다.

넓은 전답, 습토(濕土), 평야, 제방 등에 비유한다.

4) 巳(사화): 양화(陽火). 천간의 丙과 거의 같으니 丙의 속성을 참고하라.

丙과 달리 그 속에 火 기운 외에 木土金의 기운도 갖고 있다. 그러나 (巳午未는 모두) 水 기운을 갖고 있지 않다.

午보다는 火 기운이 약하나 未보다는 火 기운이 강하다(火 기운이 표면으로 드러나 작용하는 때는 巳午이다. 木 기운은 이때부터 내부적 작용력이 미미해진다. 그리고 巳에서 金 기운이 태동한다). 널리 퍼지는 기운이다. 왕성하게 자라는 시기이다.

여름의 시작이며 절기로는 입하부터 망종 직전까지이다. 시각으로는 대략 09시 30분부터 11시 30분 직전까지이다.

남쪽을 관장한다. 남쪽을 지키는 신령한 짐승인 주작(朱雀)이다. 동물로서는 뱀을 뜻한다. 큰불, 용광로, 화약, 빛, 화산, 폭발물, 광선, 화장품, 전기 등에 비유한다.

 5) 午(오화): 음화(陰火). 천간의 丁과 거의 같으니 丁의 속성을 참고하라.

丁과 달리 그 속에 火 기운 외에 木土金의 기운도 갖고 있다. 그러나 (巳午未는 모두) 水 기운을 갖고 있지 않다.

巳보다 火 기운이 더 강하다(巳에서 뚜렷해졌던 火 기운이 이때 더욱 강해지며 火 기운의 최전성기가 된다). 널리 퍼지는 기운이다. 왕성하게 자라는 시기이다.

여름의 전성기이며 절기로는 망종부터 소서 직전까지이다. 시각으로는 대략 11시 30분부터 13시 30분 직전까지이다.

남쪽을 관장한다. 남쪽을 지키는 신령한 짐승인 주작(朱雀)이다. 동물로서는 말(馬)을 뜻한다. 빛, 더위, 촛불, 등불, 전등 등에 비유한다.

 6) 未(미토): 음토(陰土). 천간의 己와 거의 같으니 己의 속성을 참고하라.

그 속에 土 기운만 갖고 있지 않으며, 木火金의 기운도 갖고 있다. 그러나 (巳午未는 모두) 水 기운을 갖고 있지 않다. 巳午의 火 기운이 쇠퇴하면서 물러가는 시기의 土이며, 火 기운도 여전히 많다(木 기운은 未에 와서 거의 마감된다).

여름의 쇠퇴기이며 절기로는 소서부터 입추 직전까지이다. 시각으로는 대략 13시 30분부터 15시 30분 직전까지이다.

金 기운을 드러내기 위해 준비하고 조절하는 기운을 갖고 있다.

남쪽과 서쪽의 중간을 관장한다. 신령한 짐승인 등사(螣蛇)이다. 동물로서는 양(羊)을 뜻한다. 메마른 흙, 사막의 흙, 푸석한 흙 등에 비유한다.

 7) 申(신금): 양금(陽金). 천간의 庚과 거의 같으니 庚의 속성을 참고하라.

庚과 달리 그 속에 金 기운 외에 火土水의 기운도 갖고 있다. 그러나 (申酉戌은 모두) 木 기운을 갖고 있지 않다.

酉보다는 金 기운이 약하나 戌보다는 金 기운이 강하다(金 기운이 표면으로 드러나서 작용하는 때는 申酉이다. 火 기운은 이때부터 내부적 작용력이 미미해진다. 그리고 申에서 水 기운이 태동한다). 움츠러드는 시기이다. 가을의 시작이며 절기로는 입추부터 백로 직전까지이다. 시각으로는 대략 15시 30분부터 17시 30분 직전까지이다.

숙살지기(肅殺之氣: 초목을 시들게 하는 가을의 기운, 천간 庚辛을 지칭하는 경우가 있는데 오류이다. 천간에는 계절이 없다)를 갖고 있다. 거두는 시기이다.

서쪽을 관장한다. 서쪽을 지키는 신령한 짐승인 백호(白虎)이다. 동물로서는 원숭이를 뜻한다. 바위산, 철광석, 선박, 기계류 등에 비유한다.

 8) 酉(유금): 음금(陽金). 천간의 辛과 거의 같으니 辛의 속성을 참고하라.

辛과 달리 그 속에 金 기운 외에 火土水의 기운도 갖고 있다. 그러나 (申酉戌은 모두) 木 기운을 갖고 있지 않다.

申보다 金 기운이 더 강하다(申에서 뚜렷해졌던 金 기운이 이때 더욱 강해지며 金 기운의 최전성기가 된다).

움츠러드는 시기이다. 가을의 전성기이며 절기로는 백로부터 한로 직전까지이다. 시각으로는 대략 17시 30분부터 19시 30분 직전까지이다.

숙살지기(肅殺之氣)를 갖고 있다. 거두는 시기이다.

서쪽을 관장한다. 서쪽을 지키는 신령한 짐승인 백호(白虎)이다. 동물로서는 닭을 뜻한다.

금은, 보석, 장신구, 칼, 도끼, 술병, 관악기 등에 비유한다.

9) 戌(술토): 양토(陽土). 천간의 戊와 거의 같으니 戊의 속성을 참고하라.

그 속에 土 기운만 갖고 있지 않으며, 火金水의 기운도 갖고 있다. 그러나 (申酉戌은 모두) 木 기운을 갖고 있지 않다.

申酉의 金 기운이 쇠퇴하면서 물러가는 시기의 土이며, 金 기운도 여전히 많다(火 기운은 戌에 와서 거의 마감된다).

가을의 쇠퇴기이며 절기로는 한로부터 입동 직전까지이다. 시각으로는 대략 19시 30분부터 21시 30분 직전까지이다.

水 기운을 드러내기 위해 준비하고 조절하는 기운을 갖고 있다.

서쪽과 북쪽의 중간을 관장한다. 신령한 짐승인 구진(勾陳)이다. 동물로서는 개를 뜻한다. 열기가 있는 땅, 사막, 메마른 흙, 광산, 화로 등에 비유한다.

 10) 亥(해수): 양수(陽水). 천간의 壬과 거의 같으니 壬의 속성을 참고하라.

壬과 달리 그 속에 水 기운 외에 木土金의 기운도 갖고 있다. 그러나 (亥子丑은 모두) 火 기운을 갖고 있지 않다.

子보다는 水 기운이 약하나 丑보다는 水 기운이 강하다(水 기운이 표면으로 드러나서 작용하는 때는 亥子이다. 金 기운은 이때부터 내부적 작용력이 미미해진다. 그리고 亥에서 木 기운이 태동한다).

겨울의 시작이며 절기로는 입동부터 대설 직전까지이다. 시각으로는 대략 21시 30분부터 23시 30분 직전까지이다. 축장지기(蓄藏之氣)에 해당한다. 모으고 감추는 기운이다. 씨앗 상태이다. 압축되는 시기이다.

북쪽을 관장한다. 북쪽을 지키는 신령한 짐승인 현무(玄武)이다. 동물로서는 돼지를 뜻한다. 바닷물, 호수, 강물, 염전, 어장 등에 비유한다.

 11) 子(자수): 음수(陰水). 천간의 癸와 거의 같으니 癸의 속성을 참고하라.

癸와 달리 그 속에 水 기운 외에 木土金의 기운도 갖고 있다. 그러나 (亥子丑은 모두) 火 기운을 갖고 있지 않다.

亥보다 水 기운이 더 강하다(亥에서 뚜렷해졌던 水 기운이 이때 더욱 강해지며 水 기운의 최전성기가 된다).

겨울의 전성기이며 절기로는 대설부터 소한 직전까지이다. 시각으로는 대략 23시 30분부터 01시 30분 직전까지이다.

축장지기(蓄藏之氣)에 해당한다. 모으고 감추는 기운이다.

씨앗 상태이다. 압축되는 시기이다.

북쪽을 관장한다. 북쪽을 지키는 신령한 짐승인 현무(玄武)이다. 동물로서는 쥐를 뜻한다. 시냇물, 생수, 음료수, 이슬, 씨앗, 콩 등에 비유한다.

 12) 丑(축토): 음토(陰土). 천간의 己와 거의 같으니 己의 속성을 참고하라.

그 속에 土 기운만 갖고 있지 않으며, 木金水의 기운도 갖고 있다. 그러나 (亥子丑은 모두) 火 기운을 갖고 있지 않다.

亥子의 水 기운이 쇠퇴하면서 물러가는 시기의 土이며, 水 기운도 여전히 많다(金 기운은 丑에 와서 거의 마감된다).

겨울의 쇠퇴기이며 절기로는 소한부터 입춘 직전까지이다. 시각으로는 대략 01시 30분부터 03시 30분 직전까지이다.

木 기운을 드러내기 위해 준비하고 조절하는 기운을 갖고 있다.

북쪽과 동쪽의 중간을 관장한다. 신령한 짐승인 구진(勾陳)이다. 동물로서는 소를 뜻한다. 축축한 흙, 언 땅 등에 비유한다.

지장간

십이지지 각각에 들어 있는 천간의 기운들을 말한다. 예를 들면 辰 속에 乙과 癸와 戊의 기운이 들어 있고, 亥 속에 戊와 甲과 壬의 기운이 들어 있으며, 다른 지지들도 조금씩 다른 기운들이 들어있다. 이것은 기울어진 지축(地軸)에 의해 생기게 된 변화를 지지 속에 넣어서 십 천간으로 표시한 것이다. 각각의 지지 속에 든 천간의 기운이 다르기에 계절에 따라 드러나는 기운도 달라진다. 지장간론에서 자세히 다룰 것이다.

5. 간지운행론(干支運行論)

천간과 지지는 음양오행으로 표시되지만, 그 운동 성향(運動性向)은 서로 다르다. 천간은 음양(陰陽) 및 오행 순환(循環)을 하지만, 지지는 음양(陰陽) 및 사상(四象) 순환을 한다.

간지운행론(干支運行論)은 천간과 지지의 운동성 향을 자세히 논한 이론이다.

5-1. 천간(天干)의 운행(運行)

甲과 乙은 공히 木의 기운이다. 그런데 甲과 乙은 어떤 차이가 있을까?

甲은 木이 木으로서의 위상이 막 시작된 기운이며, 木의 젊은 기운이라 할 수 있다.

乙은 木이지만 다음 기운인 火를 준비하기 위한 기운이므로, 木의 기운을 火로 전환하기 직전의 木 기운이며, 木으로서는 늙은 기운이라 할 수 있다.

甲은 거침없이 성장하는 기운이지만, 乙은 확산을 준비해야 하는 기운이므로 무작정 성장하기만 할 수는 없는 기운이다.

그러므로 甲은 강하며 빠른 木 기운이지만, 乙은 부드러우며 느린 木 기운이다.

丙은 거침없이 확산하는 기운이지만, 丁은 조절을 준비해야 하는 기운이므로 무작정 확산하기만 할 수는 없는 기운이다.

그러므로 丙은 강하며 빠른 火 기운이지만, 丁은 부드러우며 느린 火 기운이다.

戊는 거침없이 조절하는 기운이지만, 己는 수축을 준비해야 하는 기운이므로 무작정 조절하기만 할 수는 없는 기운이다.

그러므로 戊는 강하며 빠른 土 기운이지만, 己는 부드러우며 느린 土 기운이다.

庚은 거침없이 수축하는 기운이지만, 辛은 응축을 준비해야 하는 기운이므로 무작정 수축하기만 할 수는 없는 기운이다.

그러므로 庚은 강하며 빠른 金 기운이지만, 辛은 부드러우며 느린 金 기운이다.

壬은 거침없이 응축하는 기운이지만, 癸는 성장을 준비해야 하는 기운이므로 무작정 응축하기만 할 수는 없는 기운이다.

그러므로 壬은 강하며 빠른 水 기운이지만, 癸는 부드러우며 느린 水 기운이다.

천간의 음양은 그런 측면으로 이해를 해야 한다. "음양은 기(氣)와 질(質)이니까 甲은 기이고 乙은 질이다."라고 여긴다면 이는 잘못된 인식이다. 甲과 乙은 둘 다 기이다. 둘 다 천간 오행이고 눈에 보이지 않는 기운이기 때문이다. 그러므로 甲도 기이고 乙도 기이다.

기(氣)와 질(質)의 측면으로 간지를 구분할 때는 천간을 기로, 지지를 질로 인식할 수도 있다. 천간의 甲乙은 우리가 느낄 수 없는 기운이지만 지지의 寅卯는 대자연을 통해 우리가 간접적으로 보고 느낄 수 있는 기운이기 때문이다. 그러나 지지의 본성이 질인 것은 아니다.

양자역학(量子力學)에서 빛(전자기파)을 파동(波動)인 동시에 입자(粒子)로 보고 있는데, 원래 빛은 파동이었으나 관찰자가 관찰(상호작용)하는 그 순간 입자가 되는 것이기 때문에 그렇게 보는 것이다. 음양(陰陽) 및 천간지지(天干地支)도 이와 같다. 음양과 간지는 본래 기(氣)이지만 우리가 인지하는 그 순간, 음(陰)과 지지(地支)는 질(質)이 되기도 하는 것이다.

천간이든 지지든 양은 빠르게 변화하며 자신을 실현하고, 음은 변화의 속도를 늦추며 다음 오행을 준비한다.

십간의 음양을 강약(强弱), 강유(剛柔), 속지(速遲) 등의 측면으로 이해해도 무방하다. 천간의 대표적인 속성을 다음과 같이 간략하게 정의해 본다.

甲: 가속성장(加速成長)의 기(氣),　乙: 등속성장(等速成長)의 기(氣)
丙: 가속확산(加速擴散)의 기(氣),　丁: 등속확산(等速擴散)의 기(氣)
戊: 가속조절(加速調節)의 기(氣),　己: 등속조절(等速調節)의 기(氣)
庚: 가속수축(加速收縮)의 기(氣),　辛: 등속수축(等速收縮)의 기(氣)
壬: 가속응축(加速凝縮)의 기(氣),　癸: 등속응축(等速凝縮)의 기(氣)

천간의 기운에도 음양의 기운이 항상 공존한다. 천간 기운의 운행은 음양의 원리와 오행의 상생상극 원리를 따라 일어난다(천간생극론 참조).

천간 음양전화 과정의 예

甲의 빠른 성장 기운은 나아가다가 庚의 빠른 수축 기운의 방해를 받게 된다.
이때 甲은 乙의 느린 성장 기운으로 변화하면서 庚과 조화를 이룬다.
　乙의 느린 성장 기운은 나아가다가 辛의 느린 수축 기운의 방해를 받게 된다.
이때 乙은 丙의 빠른 확산 기운으로 변화하면서 辛과 조화를 이룬다.
　丙의 빠른 확산 기운은 나아가다가 壬의 빠른 응축 기운의 방해를 받게 된다.
이때 丙은 丁의 느린 확산 기운으로 변화하면서 壬과 조화를 이룬다.
　丁의 느린 확산 기운은 나아가다가 癸의 느린 응축 기운의 방해를 받게 된다.
이때 丁은 戊의 빠른 조절 기운으로 변화하며 癸와 조화를 이룬다.
　戊의 빠른 조절 기운은 나아가다가 甲의 빠른 성장 기운의 방해를 받게 된다.
이때 戊는 己의 느린 조절 기운으로 변화하면서 甲과 조화를 이룬다.
　己의 느린 조절 기운은 나아가다가 乙의 느린 성장 기운의 방해를 받게 된다.
이때 己는 庚의 빠른 수축 기운으로 변화하며 乙과 조화를 이룬다.
　庚의 빠른 수축 기운은 나아가다가 丙의 빠른 확산 기운의 방해를 받게 된다.
이때 庚은 辛의 느린 수축 기운으로 변화하며 丙과 조화를 이룬다.
　辛의 느린 수축 기운은 나아가다가 丁의 느린 확산 기운의 방해를 받게 된다.
이때 辛은 壬의 빠른 응축 기운으로 변화하며 丁과 조화를 이룬다.
　壬의 빠른 응축 기운은 나아가다가 戊의 빠른 조절 기운의 방해를 받게 된다.
이때 壬은 癸의 느린 응축 기운으로 변화하며 戊와 조화를 이룬다.
　癸의 느린 응축 기운은 나아가다가 己의 느린 조절 기운의 방해를 받게 된다.
이때 癸는 甲의 빠른 성장 기운으로 변화하며 己와 조화를 이룬다.

이같이 천간의 운행은 음양의 원리와 오행의 상생상극 원리를 따라 질서 있게 변화되고 나아간다.

5-2. 지지(地支)의 운행(運行)

천간과 지지는 둘 다 음양의 순환체계(循環體系)이지만, 천간은 오행의 순환체계이고, 지지는 사상(四象)의 순환체계이다. 지지는 계절의 순환 체계이므로 이를 오행의 순환 체계로 나타낼 수 없다.

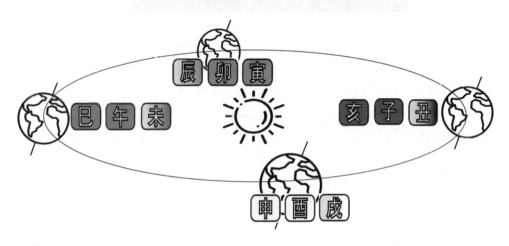

천간의 운행: **음양 및 오행 순환**
지지의 운행: **음양 및 사상 순환**

만약 지구의 자전축이 기울어지지 않았다면 계절(季節)이라는 사상(四象)이 발현되지 않을 것이므로 지지 역시 천간과 같이 단순한 木火土金水의 십지(十支) 순환체계를 갖게 되었을 것이다. 그러나 지축(地軸)이 기울어졌기에 계절(사상)이 생기게 되었고, 그로 인해 지지의 구성요소가 모두 열두 개가 되어 십이지(十二支) 순환체계를 갖게 되었다.

천간이 양(木火)과 음(金水)를 이어줄 戊己土가 필요했던 것처럼 지지도 사상의 각 단계를 조화롭게 이어줄 네 개의 土가 필요하게 되었다. 그래서 생긴 것이 바로 辰, 未, 戌, 丑이다. 천간의 土가 木火와 金水 사이에 끼어든 '중간토(中間土)'라면, 지지의 土는 사상에 끼어든 '사계토(四季土)'라고 할 수 있다. 계(季)는 '끝'을 의미한다. 그러므로 土가 원의 중앙(中央)에 위치할 근거는 천간에도 없고 지지에도 없으며, 그 어디에도 없다. 그걸 확실하게 인지해야 한다. 따라서 사상으로 이루어진 지지를 오행을 써서 나타낼 경우, (寅卯辰) → (巳午未) → (申酉戌) → (亥子丑)의 흐름으로 표시할 수 있다.

지지는 천간과 달리 여러 가지 기운이 섞여 있으므로 단순하게 접근할 수는 없으나 대략 살펴보면, 寅卯辰은 木土로, 巳午未는 火土로, 申酉戌은 金土로, 亥子丑은 水土로 각각 이루어져 있음을 알 수 있고, 또한 土는 항상 사상과 동행하고 있음도 알 수 있다.

천간의 운행과 지지의 운행을 간략하게 나타내면 아래와 같다.

천간의 운행:　甲乙 → 丙丁 → 戊己 → 庚辛 → 壬癸
　　　　　　　　木　　 火　　 土　　 金　　 水

지지의 운행:　寅卯辰 → 巳午未 → 申酉戌 → 亥子丑
　　　　　　　　봄　　　 여름　　 가을　　 겨울

천간은 木生火에서 火生土로 넘어가고 土生金에서 金生水로 넘어가면서 순환하는 구조이다. 즉 천간은 오행순환(五行循環) 체계이다. 그러나 지지는 천간과 똑같은 흐름을 갖지 않는다. 즉 지지는 오행상생순환 체계가 아니라 사상순환(四象循環) 체계이다.

5-3. 지지운행(地支運行) 이해(理解)의 오류(誤謬)들

만약 지지의 흐름과 구조를 제대로 이해하지 못하고 오행 운동 아닌 것을 오행 운동으로 착각하게 되면, '여름에서 가을로 넘어가는 현상이 바로 금화교역(金火交易)이고, 이게 바로 화생금(火生金) 아니겠는가!' 하는 어처구니없는 상상을 하게 되기 쉽다.
(금화교역은 별도의 장에서 논한다.)

그리고 "사상은 木火金水이다."라고 말하는 명리학자나 역학자가 많고, 백과사전에도 그렇게 적혀있는데, 이것을 잘못 이해하면 큰 오류를 범하게 된다. 즉

寅卯辰	→	巳午未	→	申酉戌	→	亥子丑
봄	→	여름	→	가을	→	겨울
	목생화		화극금		금생수	

이같이 이해하면서 "봄은 여름을 생하고, 여름은 가을을 극하며, 가을은 겨울을 생한다."라고 오판하게 된다.

사상을 木火金水라고 하는데, 이것은 오행의 木火金水를 말하는 게 아니다. 명리(命理)가 아닌 역(易)에서 취급하는 개념이다. 土를 배제한다면 그것은 오행이 못 되는 것이고, 또 오행 개념이 아니다. '오행에서 土를 빼면 사상이 된다.'라고 여겨서도 안 되

고, '사상에 土를 더하면 오행이 된다.'라고 여겨서도 안 된다.

만약 木火金水로써 사상을 논하려 한다면 생극제화는 성립할 수 없다. 土를 빼고서는 오행으로 취급할 수 없기 때문이다. 오행이 생극제화를 하지, 土를 뺀 사상이 생극제화를 하지는 않는다. 그러므로 위의 도식 중 木生火, 火剋金, 金生水의 흐름은 명리에서 성립할 수 없는 논리이다. 더군다나 지나가 버린 여름이 다가온 가을을 어떻게 극한단 말인가?

지지의 정확한 운행체계는 다음과 같다.

寅卯辰 →	巳午未 →	申酉戌 →	亥子丑
木土	火土	金土	水土
少陽	太陽	少陰	太陰(用)
少陰	太陽	少陽	太陰(體)

지지는 봄(春) → 여름(夏) → 가을(秋) → 겨울(冬)의 순환 구조이므로, 寅卯辰 → 巳午未 → 申酉戌 → 亥子丑의 木土 → 火土 → 金土 → 水土의 사상순환(四象循環)이 이루어진다. 그러므로 지지는 생(生)하고 극(剋)하는 체계가 아니다. 지지는 사상순환(四象循環) 체계이자 계절순환(季節循環) 체계이다.

사상(四象)은 소양(少陽), 태양(太陽), 소음(少陰), 태음(太陰)의 넷인데, 이것을 오행으로 표시하면 木火金水가 아니라, 木土, 火土, 金土, 水土이다. 그리고 계절과 오행은 같은 개념이 아니다. 木을 봄과 동일시하고 火를 여름과 동일시하며 金을 가을과 동일시하고 水를 겨울과 동일시하는 오류를 범해선 안 된다. 사상과 오행은 체계가 다르다.

역(易)과 명리(命理)를 혼동하여 잘못 배운 사람들이 흔히 하는 얘기가 이렇다. "사상에서 오행이 나왔다." 한다. 어림없는 소리이다.

그런데 이번에는 지지가 아닌 천간의 구조를 논하면서도 다음과 같은 오류를 범할 때도 있다.

"천간에서 계절을 논할 수 있다."라며 춘하추동(春夏秋冬)을 배당하고, 그 중간에 장하(長夏)를 넣어 土를 장하로 취급하는 일이다.

$$甲乙 \rightarrow 丙丁 \rightarrow 戊己 \rightarrow 庚辛 \rightarrow 壬癸$$

春　　夏　　長夏　　秋　　冬

장하(長夏: 해가 긴 여름, 음력 6월, 늦여름의 개념으로 쓴다.)

戊己土를 사계절의 가운데에 배치해놓고, 더위가 여전히 지속하는 늦여름 정도로 인식하려는 관점인데, 천간 오행과 계절을 동일시한 착오이다. 계절은 오행 순으로 오는 것이 아니다. 그리고 천간에서 계절을 논하는 건 난센스이다. 우주에 어찌 계절이 있겠는가?

 천간과 지지의 운행체계는 명리를 수십 년 연구한 사람도 정확히 이해하지 못하고 있는 경우가 많은 분야이므로 신중하게 접근해야 한다. 필자가 지지와 사상에 대해 여러 차례 언급하고 있는 이유도 그와 무관하지 않다. 특히 지지를 잘 이해하면 세수(歲首)에 대한 의심도 사라지게 되어 있다.

5-4. 지지운행(地支運行)의 속성(屬性)

지지가 가진 네 단계의 흐름에서 辰未戌丑의 土가 각각 맡아 행하는 역할이 있다. 辰은 木의 작용력을 멈추게 하고 조절 기운으로 변하게 하며, 未는 火의 작용력을 멈추게 하고 조절 기운으로 변하게 하며, 戌은 金의 작용력을 멈추게 하고 조절 기운으로 변하게 하며, 丑은 水의 작용력을 멈추게 하고 조절 기운으로 변하게 한다.

간지(干支)는 눈에 보이지 않는 무형(無形)의 기운이다. 그러나 만약 우리가 관찰하고자 한다면, 지지는 천간의 기운을 우리 눈에 보이도록 해주는 유형(有形)의 기운이 되기도 한다. 예컨대 천간 甲乙의 木 기운은 우리 눈에 보이지 않지만, 이 기운이 寅卯辰월에는 우리가 충분히 인지할 만큼 눈에 뜨이게 된다. 즉 자연을 통해서 계절의 기운을 우리가 충분히 느낄 수 있게 된다.

그러나 지지는 순수한 단일 기운으로 이루어져 있지는 않다. 寅卯辰월에는 木 기운만 존재하는 것이 아니며, 다른 기운들도 존재한다. 마찬가지로 巳午未월에는 火 기운만 존재하는 것이 아니며, 다른 기운들도 존재한다. 申酉戌월과 亥子丑월도 마찬가지이다. 하지만 봄(寅卯辰)에는 金 기운이 없고, 여름(巳午未)에는 水 기운이 없으며, 가을(申酉戌)에는 木 기운이 없고, 겨울(亥子丑)에는 火 기운이 없다. 즉 지지에 존재하는 천간의 기운들은 각각 시차(時差)를 두고 탄생한 뒤에 일정 기간 공존(共存)하다가 다시 소멸하면서 3개월간의 휴면기(休眠期)를 가지게 된다. 그 때문에 지지에 사상(四象)이란 것이 존재하게 된다. 소양, 태양, 소음, 태음에는 자신과 반대되는 기운이 존재하지 않기 때문에 각각 스스로 성립한다.

계절(四象)	없는 기운	사상(四象)	
		체(體)	용(用)
寅卯辰	金	소음	소양
巳午未	水	태양	태양
申酉戌	木	소양	소음
亥子丑	火	태음	태음

　　지지의 오행이 천간과 다르게 표시되고 있으나, 그 구성 성분들은 모두 천간의 오행들로 이루어져 있다. 지지의 오행들이 가진 천간의 기운들을 '지장간(支藏干)'이라 한다. 후술하는 지장간론에서 상세히 배우게 될 것이다.
　　십이지지의 본성(本性)은 천간의 기운들이다. 그리고 지지 속에서 면면히 이어지는 천간 오행의 생멸(生滅) 및 순환(循環) 과정(課程)을 표시한 것이 십이지지이다.
　　일기시종론(一氣始終論)에서 더 자세히 다룰 것이다.

5-5. 동류오행(同類五行)

　　같거나 유사한 운동 성향이 있는 오행들을 '동류오행(同類五行)'이라 한다.
　　동류오행은 천간과 지지를 구분하지 않고 모아 놓은 것이다.
　　특히 지지의 사토(四土: 辰未戌丑)는 土이면서 각각 木火金水의 기운 등을 같이 가지고 있으므로 지지의 土를 '잡기(雜氣)'라고 부르기도 한다.

오행(五行)	동류오행(同類五行)
木	甲, 乙,　　寅, 卯, 辰
火	丙, 丁,　　巳, 午, 未
土	戊, 己,　　辰, 未, 戌, 丑
金	庚, 辛,　　申, 酉, 戌
水	壬, 癸,　　亥, 子, 丑

6. 오행상생상극론(五行相生相剋論)

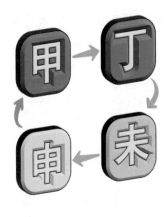

　　오행(五行)은 서로 생(生)하기도 하고, 서로 극(剋)하기도 한다. 이를 '오행상생상극(五行相生相剋)'이라 한다. 오행상생상극(五行相生相剋) 이론은 명리의 핵심이 되는 원리이다.

　　생은 수생목(水生木), 목생화(木生火), 화생토(火生土), 토생금(土生金), 금생수(金生水)이다. 극은 목극토(木剋土), 토극수(土剋水), 수극화(水剋火), 화극금(火剋金), 금극목(金剋木)이다. 사주에 생이 너무 많은 것도 좋지 않고 극이 너무 많은 것도 좋지않다. 생극은 적당히 있는 것이 가장 이상적이다. 태과불급론을 참고하라.

6-1. 상생(相生)

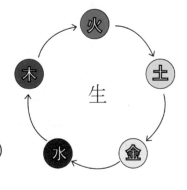

오행 목화토금수(木火土金水)는 서로 상생(相生)한다.
상생(相生)은 서로 살려준다는 뜻이다.
木生火, 火生土, 土生金, 金生水, 水生木의 순환상생
(循環相生) 과정에서 오행의 기운은 서로 생장(生長)한다.
　　생(生)의 정확한 개념은 '태어나게 한다.'이다. 생은 상대를 강화하는 것이고 보호하는 것이다.

1) 수생목(水生木)
水는 木을 생한다(木은 水가 있어야 살아난다).
水는 木을 강화한다.
응축의 기운이 나아가면 성장의 기운이 된다.
　　자연이나 인체에 비유한 예를 들면, 씨앗에 물을 주면 싹이 튼다. 물은 나무를 성장시킨다. 나무는 겨울부터 성장을 준비한다. 호르몬은 인체의 성장에 도움을 준다.

2) 목생화(木生火)

木은 火를 생한다(火는 木이 있어야 살아난다).

木은 火를 강화한다.

성장의 기운이 나아가면 이후 확산의 기운이 된다.

자연이나 인체에 비유한 예를 들면, 나무에서 불이 일어나고, 나무의 성장은 꽃을 피우기 위한 것이다. 성장기의 아동에게는 활력이 넘친다.

3) 화생토(火生土)

火는 土를 생한다(土는 火가 있어야 살아난다).

火는 土을 강화한다.

확산의 기운이 나아가면 정지되며 조화 조절된다.

자연이나 인체에 비유한 예를 들면, 불은 흙을 형성한다. 도자기는 불의 힘을 빌려 형체를 유지한다. 마그마가 있어서 지구가 형체를 온전히 유지한다. 혈액은 인체의 살집을 튼튼하게 한다.

4) 토생금(土生金)

土는 金을 생한다(金은 土가 있어야 살아난다).

土는 金을 강화한다.

조절된 기운은 서서히 수축의 기운이 된다.

자연이나 인체에 비유한 예를 들면, 흙에서 금속이나 바위가 생기며 또한 보호받는다. 보호가 없으면 풍화되어 그 본성을 잃게 된다. 입술이 이를 보호하듯 살집은 뼈를 보호한다.

5) 금생수(金生水)

金은 水를 생한다(水는 金이 있어야 살아난다).

金은 水를 강화한다.

수축의 기운이 나아가면 응축의 기운이 된다.

자연현상이나 인체에 비유한 예를 들면, 금속이나 바위에서 이슬이 맺히고, 암반은 지하수를 보호하며, 미네랄은 물을 자양(滋養)한다. 인체의 내분비샘에서 호르몬이 분비된다.

오행이 자연계의 물상과 똑같은 것은 아니지만 오행의 상생을 자연현상 등에 비유하여 이해할 수 있다.

물(水)이 없으면 나무(木)가 성장하지 못하며, 나무(木)가 없으면 불(火)이 살아나지 못한다. 씨앗의 속껍질은 金 기운이 약하여 단단하지 못하면, 내부의 핵(水)이 때를 기다리지 못하고 손상을 당하여 다음 생명을 이어가지 못할 것이고, 산꼭대기에서 흘러 내리는 물(水)은 밑이 암반층(金)으로 된 계곡을 따라서는 잘 흐르지만, 토양(土) 위로는 수세(水勢)를 유지하며 길게 흐르지를 못한다. 그리고 흙(土) 속으로 스며든 물은 지하의 암반층을 만나야만 지하수라는 수원(水原)을 형성하게 된다. 농부가 벼농사를 짓기 위하여 인공적으로 물을 공급해주는 논은 써레질을 하면서 조그만 잔돌도 가려내지만, 인공적으로 물을 주지 않는 밭에는 조그만 잔돌을 필요 이상으로 가려내지 않는다. 그 이유는 논은 인공적으로 물을 공급해주기 때문에 돌이 있으면 발에 밟히기만 할 뿐 쓸모가 없기에 골라내는 것이고, 밭은 잔돌이 어느 정도 있어야 낮의 뜨거운 햇살을 받아서 달구어졌다가 밤의 차가운 공기를 만나서 결로현상(이슬 맺힘 현상)으로 건조한 밭에 수분을 공급하기 때문이다. 언제나 물기가 없는 것처럼 보이는 산 중턱의 바위나 산소 앞의 상석이나 배를 만드는 철판도 낮에 열을 받았다가 새벽에 이슬을 맺는다. 이런 현상들을 통해 金生水의 원리를 이해할 수도 있다.

그러나 원래 오행은 형체가 없는 것이기 때문에 자연물에 비유하는 방법이 오행의 상생을 이해하는 완벽한 방법이 되지는 못한다. 예를 든 사례에서, 바위나 철판이 실제로 물을 만들어 내는 것이 아니라 공기 중에 원래 있었던 수분을 단지 그 표면에 맺히게 한 것일 뿐이기 때문이다. 그러므로 오행의 상생을 자연물에 비유하는 방법은 완벽한 게 아니며 오판(誤判)을 초래하기도 쉬운 것이니 주의해야 한다.

6-2. 상극(相剋)

극(剋, 克)의 정확한 개념은 '상대를 이긴다.' 또는 '상대를 다스린다.'이다.
극은 상대를 통제(統制)하는 것이며 약하게 만드는 것이다.
오행 목화토금수(木火土金水)는 서로 상극(相剋)한다.

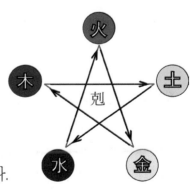

상극(相剋)은 서로 이긴다(다스린다)는 뜻이다.

木剋土, 土剋水, 水剋火, 火剋金, 金剋木의 순환상극(循環相剋) 과정에서 오행의 기운은 서로 소멸(消滅)한다.

1) 목극토(木剋土)

木은 土를 극한다(木은 土를 이기고 다스린다).

木은 土를 약화한다.

성장의 기운은 조화의 기운을 방해한다.

자연이나 인체에 비유한 예를 들면, 나무는 흙에 뿌리를 내리고 썩으면 단단한 흙을 푸석하게 한다. 신경을 많이 쓰면 간(木)기운이 항진(태과)되어 위장에 병이 든다.

2) 토극수(土剋水)

土는 水를 극한다(土는 水를 이기고 다스린다).

土는 水를 약화한다.

조화의 기운은 응축의 기운을 방해한다.

자연이나 인체에 비유한 예를 들면, 물을 흙에 부으면 물이 사라지고, 흙을 쌓으면 물이 가두어져 멈춘다. 살이 찌면 (살은 土, 근육은 木) 호르몬 기능(機能)이 저하되고 콩팥에 병이 온다. 소변 색깔이 노란 것은 水의 횡포(橫暴)를 土로써 막아 조화롭게 하려는 것이다.

3) 수극화(水剋火)

水는 火를 극한다(水는 火를 이기고 다스린다).

水는 火를 약화한다.

응축의 기운은 확산의 기운을 방해한다.

자연이나 인체에 비유한 예를 들면, 물로써 불을 끈다. 몸이 차가우면 활력이 저하되고, 콩팥에 부담이 오거나 만성염증상태가 지속되면 수의 기운이 태과하여 심장에 병이 든다.

4) 화극금(火剋金)

火는 金을 극한다(火는 金을 이기고 다스린다).

火는 金을 약화한다.

확산의 기운은 수축의 기운을 방해한다.

자연이나 인체에 비유한 예를 들면, 불은 금속을 녹인다. 몸에 번열(煩熱,-음허로 인한 골증열)이 많으면 뼈가 약해지고, 너무 더운 열기는 피부(폐)를 상하게 한다.

5) 금극목(金剋木)

金은 木을 극한다(金은 木을 이기고 다스린다).

金은 木을 약화한다.

수축의 기운은 성장의 기운을 방해한다.

자연현상에 비유한 예를 들면, 돌과 바위는 나무의 성장을 방해하고, 도끼나 톱은 나무를 상하게 한다.

지속적인 운동으로 폐의 기능이 좋아지게 되면 간의 기능이 항진되는 것을 적절히 통제하여 건강의 균형을 유지해준다.

6-3. 상생상극(相生相剋)의 의미(意味)

상생(相生)과 상극(相剋)에서 '상(相)'이라 함은 다수(多數)의 오행들이 서로 관련됨을 뜻한다.

상생상극(相生相剋)이란, 다수의 오행끼리 서로를 생(生)하고 서로를 극(剋)한다는 복합적관계(複合的關係)를 표현한 말이다.

1대 1의 경우는 주체와 객체가 분명한 생(生) 혹은 극(剋)이므로 '수생목(水生木)', '화극금(火剋金)' 등으로 표현한다. 이를 '수상생목(水相生木)', '화상극금(火相剋金)' 등으로 표현하지 않는다. 만약 그렇게 표현하게 되면 마치 木도 水를 생하고 金도 火를 극하는 것으로 오해하기 쉽다.

상생(相生)은 다섯 오행이 서로서로 생하는 것을, 상극(相剋)은 다섯 오행이 서로서로 극하는 것을 포괄적(包括的)으로 표현한 말이다.

생(生)은 변화(變化)의 의미와 창조(創造)의 의미와 진행(進行)의 의미를 포괄(包括)한다. 예컨대 木은 火로 변화하고, 木은 火를 창조하며, 木은 火를 향해 나아간다.

극(剋)은 쇠멸(衰滅)의 의미와 죽음(死亡)의 의미와 통제(統制)의 의미를 포괄한다. 예컨대 木은 土를, 土는 水를, 水는 火를 각각 약하게 하고 통제한다.

相生	변화	창조	진행
相極	쇠멸	죽음	통제

6-4. 생극제화(生剋制化)

생극제화(生剋制化)는 명리학의 근간(根幹)이 되는 이론이다.

생극(生剋)은 받아들이는 음(陰)의 작용이며, 제화(制化)는 내보내는 양(陽)의 작용이다. 즉 내(我)가 상대로부터 생을 받고 극을 받으며, 내가 상대를 향해 제해주고 화해준다는 것이 생극제화이다.

생(生)은 진행, 발전, 살려줌 등의 혜택을 받는 대상이 됨이고
극(剋)은 제압, 죽임, 관리, 통제 등의 대상이 됨이며
제(制)는 제압, 죽임, 관리, 통제 등을 하는 주체가 됨이고
화(化)는 진행, 발전, 살려줌 등의 주체가 됨이다.

木을 주체인 나(我)로 보았을 경우의 예를 들면, 水는 나를 생(生)하고, 金은 나를 극(剋)하며, 나는 土를 제(制)하고, 나는 火로 화(化)한다.

* 생극제화(生剋制化)를 모두 주체(主體)의 작용으로 인식할 수도 있다. 즉 내가 상대를 생해주고, 극해주며, 제해주고, 화해준다는 것이 생극제화이기도 하다. 이때의 생(生)은 화(化)와 의미가 같고, 제(制)도 극(剋)의 의미와 같다.

목생화(木生火): 木이 火를 생한다.
목화화(木化火): 木이 火로 화한다.
목극토(木剋土): 木이 土를 극한다.
목제토(木制土): 木이 土를 제한다.

6-5. 생극비설상(生剋比洩傷)

생극제화(生剋制化)라는 용어는 명리의 오행체계(五行體系)에서 사용하기에는 약간 아쉬운 부분을 갖고 있다. 주체(主體)와 객체(客體), 그리고 방향성(方向性)을 밝혀서 보다 구체적인 생극(生剋) 관계를 표현하기가 쉽지 않기 때문이다. 쉽게 말해서 네 글자로써 다섯 가지 체계를 설명해야 하는 어려움이 있다는 것이다.

'생극제화(生剋制化)'보다 '생극비설상(生剋比洩傷)'을 사용하는 것이 오행체계에 적합하며 의미 전달도 쉽고 효과적이다.

"생(生) 받고, 극(剋) 받으며, 비(比)하고, 설(洩)하며, 상(傷)한다." 이것이 생극비설상(生剋比洩傷)이다.

내가 상대에게서 생을 받고, 내가 상대에게서 극을 받으며, 내가 상대와 비하고, 나를 상대에게 설하며, 내가 상대를 상한다(상傷=모耗).

이는 생극(生剋)을 받아들이는 측면으로, 제화(制化)를 내보내는 측면으로 이해하며, 비(比)를 추가하여 서로 견준다는 측면으로 빠짐없이 이해하기 위해 사용하는 용어이다.

본서에서는 '생극제화(生剋制化)'라는 용어보다, 주객(主客)과 방향성(方向性)이 더 뚜렷한 '생극비설상(生剋比洩傷)'이라는 용어를 주로 쓰고자 한다. 본서의 중반부에 가면 십신(十神)과 육친(六親)에 관한 이론 등이 나오는데, 그런 중요 이론들을 빨리 이해하고 정확히 이해하는 데 도움이 되는 용어이다.

생(生): 다른 오행으로부터 생(生)을 받는 작용 (木 ← 水)
극(剋): 다른 오행으로부터 극(剋)을 받는 작용 (木 ← 金)
비(比): 동일한 오행과 견주는(比) 작용 (木 : 木)
설(洩): 다른 오행을 생(生)해주는 작용 (木 → 火)
상(傷): 다른 오행을 극(剋)하는 작용 (木 → 土)

甲木, 乙木 예시				
生	剋	比	洩	傷
壬,癸	庚,辛	甲,乙	丙,丁	戊,己
生我者	剋我者	比我者	我生者	我剋者

예를 들면, 甲乙은 壬癸로부터 생을 받고, 庚辛으로부터 극을 받으며, 甲乙과 견준다. 甲乙은 丙丁에게 기운을 설하며, 戊己를 상한다. 지지에서도 마찬가지이고 천간과 지지에서도 마찬가지이다.

7. 천간생극론(天干生剋論)

천간배속도(天干配屬圖)

천간의 오행은 甲, 乙, 丙, 丁, 戊, 己, 庚, 辛, 壬, 癸이며, 각각 음양의 기운을 갖고 있다.

천간의 오행끼리 서로 생(生)하고 극(剋)하며 비(比)한다. 생극비(生剋比)는 작용(作用) 현상이다.

7-1. 천간(天干)의 생(生)

천간의 생(生)은 오행의 木生火, 火生土, 土生金, 金生水, 水生木의 원리를 따른다.
생(生)은 작용(作用)에 속한다.
생(生)은 주체가 객체를 돕고 보호하며 살려주는 작용이다.

甲生丙　甲生丁　乙生丙　乙生丁　丙生戊　丙生己　丁生戊　丁生己　戊生庚　戊生辛
己生庚　己生辛　庚生壬　庚生癸　辛生壬　辛生癸　壬生甲　壬生乙　癸生甲　壬癸乙

생을 하는 쪽은 기운을 설기(洩氣)하므로 기운이 약해지고, 생을 받는 쪽은 기운이 강해진다.

7-2. 천간(天干)의 극(剋)

천간의 극(剋)은 오행의 木剋土, 土剋水, 水剋火, 火剋金, 金剋木 원리를 따른다.
극(剋)은 작용(作用)에 속한다.
극(剋)은 주체가 객체를 이기는 작용이며, 통제(統制)하는 작용이다.

甲剋己 甲剋戊 乙剋戊 乙剋己 丙剋辛 丙剋庚 丁剋庚
丁剋辛 戊剋癸 戊剋壬 己剋壬 己剋癸 庚剋甲 庚剋乙
辛剋甲 辛剋乙 壬剋丁 壬剋丙 癸剋丙 癸剋丁

극을 하는 쪽은 기운을 소모(消耗)하므로 기운이 약해지고, 극을 당하는 쪽도 기운이 약해진다.

7-3. 천간(天干)의 비(比)

천간의 비(比)는 같은 오행끼리 만난 것이며, 서로 기운을 견주며 경쟁하는 것이다.
비(比)는 작용(作用)에 속한다.

甲比甲 乙比乙 甲比乙 乙比甲 丙比丙 丁比丁 丙比丁
丁比丙 戊比戊 己比己 戊比己 己比戊 庚比庚 辛比辛
庚比辛 辛比庚 壬比壬 癸比癸 壬比癸 癸比壬

비하는 때는 양쪽 다 기운이 왕성(旺盛)해진다.

천간의 생극비(生剋比)의 예

戊 戊 壬 丁
午 辰 寅 酉

生: 丁과 戊戊 (화생토)
剋: 壬과 丁 (수극화), 戊戊와 壬 (토극수)
比: 戊와 戊 (토비토)

8. 천간합론(天干合論)

천간의 합은 친화력(親和力)이 있는 천간끼리 서로 결속(結束)하는 관계(關係) 현상이다.

천간의 합은 음양의 결속이므로 유정(有情)하고 친화적(親和的)이다. 또한 극(剋)이기도 하므로 통제적(統制的)이다.

8-1. 천간(天干)의 오합(五合)

천간의 합(合)은 친화력(親和力)이 있는 천간끼리 서로 결속(結束)하는 관계(關係) 현상이다.

천간에서 한 오행과 그다음의 다섯 번째 오행은 서로 극(剋)이 되면서 동시에 서로 합(合)이 되는 성질이 있다. 모두 다섯 쌍의 합이 있으므로 이를 '천간오합(天干五合)' 또는 '천간합(天干合, 간합干合)' 혹은 '명합(明合)'이라 한다.

천간합은 음양의 대립(對立)과 공존(共存)의 원리에 의해 서로 결속(結束)되는 현상이다. 그러므로 음양이 서로 극하는 관계로 결속된다. 비록 서로 정반대의 기운이긴 하나 음양이 다르므로 합이 될 수 있다.

천간합은 갑기합(甲己合), 을경합(乙庚合), 병신합(丙辛合), 정임합(丁壬合), 무계합(戊癸合)이 다섯 가지이다.

1) 갑기합(甲己合)

가속의 성장 기운과 등속의 조절 기운은 서로 친화력이 있다. 왜냐하면 급격히 성장하려는 기운 이면에 차분히 조절 정지하려는 기운이 있어야 서로 조화를 이룰 수 있기 때문이다. 어느 하나가 지나치게 강화되는 것을 막기 위한 음양의 이치이다.

2) 을경합(乙庚合)

등속의 성장 기운과 가속의 수축 기운은 서로 친화력이 있다. 왜냐하면 급격히 수축하려는 기운 이면에 차분히 성장하려는 기운이 있어야 서로 조화를 이룰 수 있기 때문이다.

3) 병신합(丙辛合)

가속의 확산 기운과 등속의 수축 기운은 서로 친화력이 있다. 왜냐하면 급격히 확산하려는 기운 이면에 차분히 수축하려는 기운이 있어야 서로 조화를 이룰 수 있기 때문이다.

4) 정임합(丁壬合)

등속의 확산 기운과 가속의 응축 기운은 서로 친화력이 있다. 왜냐하면 급격히 응축하려는 기운 이면에 차분히 확산하려는 기운이 있어야 서로 조화를 이룰 수 있기 때문이다.

5) 무계합(戊癸合)

가속의 조절 기운과 등속의 응축 기운은 서로 친화력이 있다. 왜냐하면 급격히 조절 정지하려는 기운 이면에 차분히 응축하려는 기운이 있어야 서로 조화를 이룰 수 있기 때문이다.

◇ 천간 합(合)의 예

癸 戊 壬 丁
亥 辰 寅 酉　　合: 丁과 壬(정임합), 戊와 癸(무계합)

　　천간합(天干合)이 있다고 해서 극(剋)이 없어지는 게 아니며, 극이 있다고 해서 합(合)이 사라지는 게 아니다. 둘은 동시에 성립한다.
　　천간합이 있으면 극하는 쪽의 기운이 소모되어 약해지고, 극을 받는 쪽도 기운이 약해진다(관계가 약해진다는 뜻이 아니다. 작용의 측면에서 볼 때 기운이 약해진다는 뜻이다).

8-2. 천간합(天干合)의 특징(特徵)

천간의 합을 부부(夫婦)의 합으로 이해해도 무방하다. 그러므로 '부부'라는 관계를 생각하면서 천간의 합이 가진 여러 가지 특징을 이해해보자.

○甲○己 남자의 경우　　　○癸○戊 여자의 경우
○○○○　　　　　　　　　○○○○

1) 천간합은 오행들이 서로 멀리 떨어져 있어도 성립하며, 중간에 극하는 오행이 있어도 방해받지 아니한다. 그러므로 멀리 떨어져 있어도 그 합이 사라지지 않는다.

2) 천간합은 유무(有無)만 논할 수 있고 강약(强弱)이나 비율(比率)을 논할 수 없다. 즉 합이 강한지 약한지 그것을 따질 수 없으며, 합에 참여한 비율을 논할 수도 없다. 합은 있으면 그냥 있는 것이다.

3) 천간 합이든 지지 합이든 합이 되면 서로 묶여서 무능(無能)해지는 것이 아니며, 오행의 기능들이 정지(靜止)되거나 무력(無力)해지는 일도 없다. 합은 '작용 현상'과는 별도로 발생하는 '관계 현상'이기 때문이다. 예를 들어 사주에서 부친과 모친에 해당하는 오행들이 서로 합해 있는 경우가 흔히 있는데, 이런 경우를 두고 "합 때문에 부모의 기능이 상실된다." 한다면, 이것은 올바른 판단이 아니다.

4) 양간(陽干)은 비교적 능동적이기에 음간(陰干)을 합하려 하는 속성이 있고, 음간은 비교적 수동적이기에 양간이 합해주기를 바라는 속성이 있다.

5) 합(合)은 유정(有情)한 것이다. 유정하다는 말은 서로가 서로에게 정이 있다는 뜻이며, 서로의 처지를 이해하며 따뜻한 관심을 가진다는 뜻이다. 무정(無情)하다는 말의 반대라고 생각하면 된다.

6) 천간합은 합이면서도 한쪽이 다른 한쪽을 극(剋)하는 사이이기 때문에 한쪽이 다른 한쪽을 통제(統制)하는 역할을 한다. 그래서 다른 한쪽이 쉽게 벗어나기 어려운 게 또한 합이기도 하다(다만 이것은 극이라는 작용의 측면을 고려했을 때이다. 합이라는 용어는 기본적으로 관계를 나타낸 용어이다).

7) 천간합은 지지의 충에 의해서만 해소된다. 즉 운(運)에 의해서 합자(合者)의 지지가 충이 될 때 천간의 오합이 해소된다.

8) 천간합은 합한 결과로서 다른 오행으로 변화하는 일이 없으며, 새로운 오행을 만들어내는 일도 없다.

고서에서 논하는 합의 특성은 위와 조금 다르기도 하다. 합이 있으면 서로 묶여서 모두 무능해진다고 한다든지, 합거(合去: 합이 되어 사라진다)가 된다고 한다든지,

멀면 합이 약해진다고 한다든지, 합하면 새로운 오행이 생긴다고 한다든지, 등등의 이론이 있으나, 모두 합리성이 없는 주장들이다. 왜냐하면 합은 서로의 관계를 나타내는 용어이지 작용(勊)을 나타내는 용어가 아니기 때문이다.

8-3. 천간(天干)의 합화(合化)

고서(古書)에서 천간 오행이 서로 합(合)하고 더 나아가서 서로 화(化)하여 다른 오행 즉 합화오행(合化五行)으로 변화한다고 논하고 있다. 그러나 합화오행을 구체적인 십간(十干) 중의 하나로 특정(特定)하지 않았고, 애매하게도 木火土金水 중의 하나로 지정하였다.

갑기합토(甲己合土): 甲己合化土, 중정지합(中正之合)
을경합금(乙庚合金): 乙庚合化金, 인의지합(仁義之合)
병신합수(丙辛合水): 丙辛合化水, 위제지합(威制之合)
정임합목(丁壬合木): 丁壬合化木, 음특지합(淫慝之合)
무계합화(戊癸合火): 戊癸合化火, 무정지합(無情之合)

◇ 중정, 인의, 위제, 음특, 무정 등의 용어는 합의 본래 뜻과 전혀 무관하므로 외울 가치가 있는 것들이 아니다.

천간 합화 이론의 유래(由來)는 중국의 고전 의학경전(醫學經典)인 황제내경(黃帝內經: BC 200년경)에서 찾을 수 있는데, 천원기대론(天元紀大論)과 오운행대론(五運行大論)에 다음과 같은 대화(對話) 기록이 있다.

"甲己之歲 土運統之 乙庚之歲 金運統之 丙辛之歲 水運統之 丁壬之歲 木運統之 戊癸之歲 火運統之"
"甲년과 己년은 土 운이 이를 통제하고, 乙년과 庚년은 金 운이 이를 통제하며, 丙년과 辛년은 水 운이 이를 통제하고, 丁년과 壬년은 木 운이 이를 통제하며, 戊년과 癸년은 火 운이 이를 통제한다."
"土主甲己 金主乙庚 水主丙辛 木主丁壬 火主戊癸"
"土는 甲과 己를 주재(主宰)하고, 金은 乙과 庚을 주재하며, 水는 丙과 辛을 주재하고, 木은 丁과 壬을 주재하며, 火는 戊와 癸를 주재한다."
이같이 논히면시 그 원리를 28수(宿: 고대로부터 동아시아에서 사용되어 온 황도와 천구의 적도 주변에 있는 28개의 별자리)에서 찾으려 하였다. 명리가 이 이론을 차용(借用)한 것이다.

또한 임철초(任鐵樵)는 적천수천미(滴天髓闡微)에서 합화의 원리를 다음과 같이 논하였다.

"合則化 化亦必得五土而後成 五土者辰也"

"합하면 화하는데, 화는 또한 반드시 오토(五土)를 얻은 후에 이루어진다. 오토는 辰이다."

설명에 따르면, 甲己년은 戊辰월을 만나 土로 화하고, 乙庚년은 庚辰월을 만나 金으로 화하며, 丙辛년은 壬辰월을 만나 水로 화하고, 丁壬년은 甲辰월을 만나 木으로 화하며, 戊癸년은 丙辰월을 만나 火로 화한다고 한다. 辰월의 천간을 합화 오행으로 지목한 것이다. 그렇다면 '합화는 辰월에만 성립한다.'라고 하는 제한적인 이론이 되고 만다.

 천간의 합(合)과 합화(合化)

천간의 합은 천간의 오행이 서로 결속(結束)되고 얽히는 현상이지 새로운 오행을 창출(創出)하는 현상이 아니다. 천간 합화 이론은 명리 서적이 아닌 운기학 서적에서 가져온 이론인데, 합화 논리에 합리적인 근거가 없음에도 불구하고 오늘날까지 쓰이면서 복잡하고도 애매한 이론(화격化格 등)을 만들었고, 학자들을 여전히 왈가왈부의 논란에 빠지게 하고 있다.

본서에서는 천간의 합화(合化) 이론을 인정하지 않는다.

예컨대 甲己의 합은 남편과 아내의 합으로 볼 수 있는데(육친론 참고), 아내 己 때문에 남편 甲이 土로 합화되어 사라진다고 한다면, 이것은 상식적으로 생각해봐도 말이 안 되는 황당한 것이다. 甲己가 그대로 존속(存續)하면서 새로운 오행이 창출된다고 하더라도, 甲己의 합은 부부(夫婦)의 합이므로 자식인 金이 창출되어 나와야 하지 土(아내)가 나올 수는 없는 것이다. 마찬가지로 乙庚의 합은 火가 나와야 하고, 丙辛의 합은 水가 나와야 하며, 丁壬의 합은 土가 나와야 하고, 戊癸의 합은 木이 나와야 한다. 그리고 나온들, 십간이 아닌 木火土金水를 갖고 무엇을 논하며 어떻게 논할 수 있겠는가?

천간의 합이 화(化)한다는 이론은 위에서 보았듯이 이해할 만한 마땅한 근거가 없다. 명리가 이처럼 고대 의학 서적에 적힌 이론을 그대로 받아들임으로써 난맥(亂脈)을 자초(自招)하게 되었다. 甲과 己가 합화하면 戊土가 되는지 己土가 되는지 그것도 모르면서 도대체 무엇을 논하겠다는 것인가?

천간의 상극오행이 서로 음양이 같으면 무정(無情)하게 극하고, 서로 음양이 다르면 유정(有情)하게 극하면서 합한다. 명리는 형이상학(形而上學)의 특성이 강하지만 형이하학(形而下學)의 특성도 있기에 자연현상, 남녀관계, 대인관계 등을 통해 우리가 합 현상이나 생극 현상을 직접 눈으로 볼 수도 있고 감정으로 느낄 수도 있다.

천간합에 대해 확실한 임상 결론을 얻지 못한 초학의 경우, 대부분 아래와 같은 부류의 의문이 있게 된다.

壬 甲 丙 辛
○ ○ 子 ○

1. 丙辛 합하여 합화 水가 되고, 丙과 辛은 그 본성이 변하는가?
2. 丙辛 합하여 水가 생기고, 丙과 辛은 그 본성이 변하지 않는가?
3. 丙辛 합하여 水가 생기고, 水生木을 하게 되는가?
4. 지지에 丙과 辛의 뿌리가 강하면 합화하지 않는 것인가?
5. 丙辛 합하려 하지만 壬의 충 때문에 합하지 못하는 것인가?
6. 지지에 水가 강하면 반드시 丙辛 합화 水가 되는가?

위 사주의 천간에서, 극자 壬의 방해가 있어도 丙辛 합이 성립한다. 그리고 합해도 水가 생기거나 본성이 변하는 등의 일은 없다.

합과 생극은 모두 동시에 발생하지만 서로 별개의 측면으로 다루어야 한다. 즉 합은 관계(關係)의 측면으로, 생극은 작용(作用)의 측면으로, 둘을 분리해서 다루어야 한다(작용관계론을 참고하라).

○ 丁 壬 丁 (여자)
○ ○ ○ ○

위의 사주에서 壬과 丁丁의 삼자 합이 성립한다(丁+壬+丁).

"년간 丁에게 합을 빼앗기므로 일간 丁이 합하지 못한다."라는 고서(자평진전)의 이론도 있는데, 이것은 바른 논리가 아니다. 합은 경쟁자가 있어도 성립하고, 멀어도 성립하며, 방해자가 있어도 성립한다.

위의 경우 오행을 육친(六親)으로 바꾸어서 생각할 수 있는데, 나의 남편(壬)이 나(丁)와 다른 여자(丁)와 합한 형상이므로 남편이 양쪽의 여자와 인연을 맺을 가능성이 있다고 해석해 볼 수 있다(문제 있는 남편을 가질 수 있는 사주이다). 그러나 고서의 이론에 따르면, '남편(壬)이 먼저 나온 여자(丁)와 합해서 사라져 버리니(합거) 나는 아예 남편 감조차 없는 사주다.'라고 판단해야 하는 불합리한 점이 생긴다. 그래서 고서의 그 이론을 바른 논리가 아니라고 평가하는 것이다.

좀 어려운 내용이지만 육친론을 배우고 나면 쉽게 이해하게 될 것이다.

8-4. 천간(天干)의 합거(合去) - 고서조명론(518쪽)을 참고하라.

'극하면서 동시에 합하는 현상'은 쉽게 이해하기 어려운 것이다. 극이라 하면 싸워서 상대를 이기는 게 떠오르고 합이라 하면 다정함이 떠오르기에 그렇다. 천간의 극합(剋合)은 단순한 극과 다르다. 단순한 극은 무정(無情)하다는 특징을 가지는 데에 반해 극합은 유정(有情)하다는 특징을 가진다. 즉 극합은 상대를 이기기만 하는 게 아니라 상대와 자기를 묶어서 떨어지지 않게 만든다(통제)는 특징을 가진다.

따라서 극합은 상대와 자기를 일체(一體)로 만들어서 같이 움직이게 만든다. 즉 같이 움직이면서 다른 오행에 같이 영향을 미치고 다른 오행으로부터 같이 영향을 받게 만든다.

천간에 극합이 있어서 부부관계가 되면 부부가 같이 연결되는 일이 잦은 사주가 된다. 내가 처를 극합하거나 남편이 나를 극합하는 경우에는 서로의 정이 있으며 일체감도 높지만, 단순히 극만 되어 있는 부부관계가 되면 그렇지 못한 덤덤한 사이가 될 수 있다. 그런데 묘하게도 극합이 있는 사주에서 부부불화가 더 자주 생기는 걸 볼 수 있다. 합이 있으면 상대에게 애착을 갖고 상대를 자기 페이스에 넣으려 하는 심리가 작용하기 때문에 상대를 고치려 하고 잔소리도 잦아지게 되기 쉽다. 그렇게 되면 결과야 뻔하지 않겠는가? 그게 일체감이 초래할 수 있는 단점이기도 하다.

9. 지지생극론(地支生剋論)

지지의 오행은 寅, 卯, 辰, 巳, 午, 未, 申, 酉, 戌, 亥, 子, 丑이며, 각각에 여러 가지 기운들이 섞여 있다.

지지의 오행끼리 서로 생(生)하고 극(剋)하며 비(比)한다.

생극비(生剋比)는 작용(作用) 현상이다.

지지배속도(地配屬支圖)

9-1. 지지(地支)의 생(生)

지지의 생(生)은 오행의 木生火, 火生土, 土生金, 金生水, 水生木 원리를 따른다.
생(生)은 작용(作用)에 속한다.

寅卯生巳午　辰生申酉　巳午生辰未戌丑　未生申酉　申酉生亥子
戌生申酉　亥子生寅卯　丑生申酉

생하는 쪽은 기운을 설기하므로 기운이 약해지고, 생을 받는 쪽은 기운이 강해진다.

9-2. 지지(地支)의 극(剋)

지지의 극(剋)은 오행의 木剋土, 火剋金, 土剋水, 金剋木, 水剋火의 원리를 따른다. 극(剋)은 작용(作用)에 속한다.

寅卯剋辰未戌丑　辰剋亥子　巳午剋申酉　未剋亥子　申酉剋寅卯

戌剋亥子　亥子剋巳午　丑剋亥子

극하는 쪽은 기운을 소모하므로 기운이 약해지고, 극을 받는 쪽도 기운이 약해진다. 극을 받고 있는 오행은 다른 오행을 생극할 힘을 갖지 못한다.

9-3. 지지(地支)의 비(比)

지지의 비(比)는 같은 오행끼리 만난 것이며, 서로 기운을 견주며 경쟁하는 것이다. 비(比)는 작용(作用)에 속한다.

寅比寅　卯比卯　寅比卯　卯比寅　辰比辰　巳比巳　午比午
巳比午　午比巳　未比未　申比申　酉比酉　申比酉　酉比申
戌比戌　亥比亥　子比子　亥比子　子比亥　丑比丑　등

비하는 때는 양쪽 다 기운이 왕성(旺盛)해진다. 그러나 土의 경우는 좀 다르다.

지지의 생극비(生剋比)의 예

戊戊壬丁　　　　生: 寅과 巳午 (목생화), 巳午와 辰 (화생토)
午辰寅巳　　　　剋: 寅과 辰 (목극토)
　　　　　　　　比: 巳와 午 (화비화)

9-4 지지토(地支土)의 비(比)

지지에서 같은 土와 土가 만나면 土 기운은 강해진다. 그러나 土는 잡기(雜氣)이므로 서로 다른 土와 土가 만나면 土에 내포된 다른 기운끼리 상호 영향을 미치므로 결국 그 土가 약해지거나 강해지는 현상이 생긴다.

고서(古書)에서는 특별히 지지의 土만 추출하여 이를 잡기(雜氣)로 논했으나, 사실은 지지의 열두 기운 모두가 잡기나 마찬가지이다. 왜냐하면 지지의 모든 오행 속에는 천간 기운들이 잡다(雜多)하게 들어있기 때문이다(지장간론이나 일기시종론에서 구체적으로 다룰 것이다). 특히 지지의 土는 바로 직전의 오행이 가졌던 기운을 여전히 많이

갖고 있으므로 순수한 土가 아니다. 바로 이 점이 천간의 土와 지지의 土가 다른 점이다. 예를 들면

辰土는 寅卯의 木 기운이 여전히 많이 남아 있는 土이고
未土는 巳午의 火 기운이 여전히 많이 남아 있는 土이며
戌土는 申酉의 金 기운이 여전히 많이 남아 있는 土이고
丑土는 亥子의 水 기운이 여전히 많이 남아 있는 土이다.

지지의 土는 크게 보아 이렇게 두 오행 기운으로 구성되어 있으나, 사실상 적기는 하지만 또 다른 오행 기운들도 섞여 있다. 일단 두 성분이 지지의 기운을 대표한다고 보고 비(比)가 될 경우를 구체적으로 논해보자(137-138쪽을 참고하라).

1) 辰比辰, 未比未, 戌比戌, 丑比丑: 둘 다 기운이 왕성해진다.

2) 辰比未: 辰이 가진 木 기운이 未가 가진 火 기운을 강화한다.
　未가 가진 火 기운이 辰이 가진 木 기운을 약화한다.
　그러므로 未는 강해지고, 辰은 약해진다(목생화와 유사하다).

3) 辰比戌: 辰이 가진 木 기운이 戌이 가진 金 기운을 약화한다.
　戌이 가진 金 기운이 辰이 가진 木 기운을 약화한다.
　그러므로 辰도 약해지고, 戌도 약해진다(금극목과 유사하다).

4) 辰比丑: 辰이 가진 木 기운이 丑이 가진 水 기운을 약화한다.
　丑이 가진 水 기운이 辰이 가진 木 기운을 강화한다.
　그러므로 辰은 강해지고, 丑은 약해진다(수생목과 유사하다).

5) 未比戌: 未가 가진 火 기운이 戌이 가진 金 기운을 약화한다.
　戌이 가진 金 기운이 未가 가진 火 기운을 약화한다.
　그러므로 未도 약해지고, 戌도 약해진다(화극금과 유사하다).

6) 戌比丑: 戌이 가진 金 기운이 丑이 가진 水 기운을 강화한다.
　丑이 가진 水 기운이 戌이 가진 金 기운을 약화한다.
　그러므로 丑은 강해지고, 戌은 약해진다(금생수와 유사하다).

7) 丑比未: 丑이 가진 水 기운이 未가 가진 火 기운을 약화한다.

未가 가진 火 기운이 丑이 가진 水 기운을 약화한다.

그러므로 丑도 약해지고, 未도 약해진다(수극화와 유사하다).

 비(比)를 중요하게 취급하면 명리 공부에 큰 도움이 된다. 특히 土를 이해하는 데에 있어서 비(比)가 갖는 의미는 더욱 특별하다. "명리 공부는 土와의 싸움이다."라고 해도 지나친 말이 아니며, 土를 섬세하게 이해할 줄 알면 명운(命運)을 해석하는 능력이 크게 향상된다. '십신명리'가 그것을 가능하게 해 줄 것이다.

9-5. 간지(干支)의 상호생극(相互生剋)

사주 원국에서 기본적으로 천간은 천간끼리 생극하고, 지지는 지지끼리 생극하지만, 동주(同柱)한 천간과 지지도 서로 생극한다. 그러나 천간과 지지가 서로의 위치를 넘나들면서 생극하는 것은 아니다. 자기 위치에서 상대의 위치를 생극한다고 보면 된다. 운(運)도 마찬가지이다.

장남(張楠)은 신봉통고(神峰通考: 명리정종命理正宗)에서 동정설(動靜說)을 주장하면서 다음과 같이 말했다.

"是以天干之動 只能攻得天幹之動 不能攻地支靜也 明矣......是以地支之靜 只能攻得地支之靜 不能攻天幹之動也 亦明矣"

"(그래서) 천간의 동은 다만 천간의 동을 공격할 수 있고, 지지의 정을 공격하지 못하는 것이 분명하다. ...... 지지의 정은 다만 지지의 정을 공격할 수 있고, 천간의 동을 공격하지 못하는 것이 역시 분명하다."

임철초(任鐵樵)는 적천수천미(滴天髓闡微)에서

"必須地支之氣上升 天干之氣下降"

"반드시 지지의 기운은 상승하고 천간의 기운은 하강한다."라고 하였다.

두 고서의 관점이 서로 다르다.

◇ 천간지지를 공부하면서 실제로 흔히 겪게 되는 몇 가지 의문점과 그에 대한 답변

을 제시한다.

己 辛 戊 庚
亥 巳 寅 子

질문1) 월지의 寅木이 월간 戊土를 극하는 것이 맞는가?
질문2) 시간의 己土가 시지 亥水를 극하는 것이 맞는가?
답) 둘 다 맞는다.

질문3) 일지의 巳火가 시간 己土를 생해줄 수 있는 것인가?
답) 있으나 어렵다. 대각선 방향에 있고 亥水와 辛金이 방해자가 되기 때문이다.
그래도 己土의 입장에서 보면 일지 巳火는 기댈 수 있는 곳이다.

질문4) '탐생망극(貪生忘剋)'이라는 말이 있는데, 생이 있으면 극은 없어지는가?
답) 그렇지 않다. 생도 있고 극도 있다. 즉 둘 다 동시에 작용한다.

탐생망극(貪生忘剋)
　생(生)을 탐하여 극(剋)을 잊는다는 것이다. 그러나 이 용어는 생극의 작용을 잘못 이해한 것이다. 생과 극은 항상 동시에 이루어진다.
　예를 들어 寅이 巳와 辰을 만나면, 寅이 巳를 생하고 또한 동시에 寅이 辰을 극한다.
　다만 寅과 辰이 만난 것보다는 寅과 巳辰이 만난 것이 辰에게 피해가 적다. 왜냐하면 巳가 寅의 기운을 약화하고 辰을 생하기 때문이다.

탐합망극(貪合忘剋)
　합(合)을 탐하여 극(剋)을 잊는다는 것이다. 이 용어 역시 잘못된 것이다. 합은 관계(關係)이고, 극은 작용(作用)이므로 둘은 분야가 서로 다르다. 따라서 합도 하고 동시에 극도 한다.

탐합망충(貪合忘沖)
　합(合)을 탐하여 충(沖)을 잊는다는 것이다.
　이 용어는 바른 것이다.

10. 지지합충론(地支合沖論)

지지의 합은 친화력(親和力)이 있는 지지끼리 서로 결속(結束)하는 관계(關係) 현상이다.

지지의 충은 배타성(排他性)이 있는 지지끼리 서로 배척(排斥)하는 관계(關係) 현상이다.

10-1. 지지(地支)의 합(合)

1) 삼합(三合, 삼회三會, 삼합국三合局, 국국)

지지의 합(合)은 친화력(親和力)이 있는 지지끼리 서로 결속(結束)하는 관계(關係) 현상이다(친화력이란 어떤 기운의 시작 시점과 최대 시점, 그리고 최소 시점이 서로 연결되는 힘을 말한다).

십이 지지의 흐름 속에서 오행의 한 기운이 태동하고 성장하다가 사라지게 되는데, 그 과정에서 중요 시점 세 곳에 해당하는 오행들끼리 서로 합이 된다. 그 셋이 합한 것을 '삼합(三合)' 또는 '삼합국(三合局)'이라 한다. 그 종류는 모두 네 가지가 있다.

예를 들면 천간의 木 기운은 지지의 亥(시작 시점)에서 甲으로 태어나고, 그 기운이 점점 자라다가 卯(최대 시점)에 와서 가장 왕성해지며 乙로 변하고, 다시 서서히 약해지다가 未(최소 시점)에 와서는 그 기운이 끝마치게 되는데, 그 세 시점끼리 연결성이 있기에 서로 한 덩어리(合)가 될 수 있다. 그것이 바로 지지의 亥卯未 삼합(三合)이다.

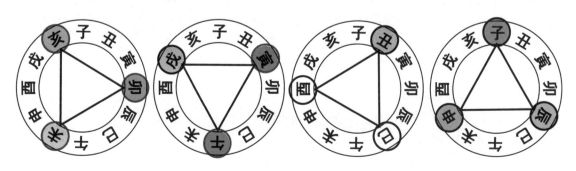

삼합의 종류: 亥卯未(木局), 寅午戌(火局), 巳酉丑(金局), 申子辰(水局)

합은 원국의 지지 내에서 발생하기도 하고 원국의 지지와 운의 지지가 서로 연결되어 발생하기도 한다. 합은 오행이 서로 떨어져 있어도 성립하고, 순서가 섞여 있어도 성립하며, 같은 글자가 겹쳐도 모두가 전체적으로 성립한다. 지지의 합도 천간의 합과 마찬가지로 유무(有無)를 논하며 강약(强弱)을 논하지 않는다. 관계는 강약과 무관하기 때문이다.

지지의 삼합은 木火金水 각각이 지지에서 탄생하고 성장하며 쇠퇴하고 소멸하는 과정 중에서 그 일부인 세 시점(時點)이 연결성(連結性)을 갖는 현상이며, 뭔가(木火金水)를 이루기 위한 특별한 운동(運動)이 아니다. 그러므로 '삼합운동(三合運動)'이라는 용어를 쓴다면, 그것은 합당한 일이 아니다. 뭔가를 이루는 운동은 지지의 열두 단계 전체에서 일어나는 현상이며 겨우 세 단계로써 이루어지는 현상이 아니다. 즉 합은 '관계'이지 '운동'이 아니다.

◇ 지지의 삼합(三合)의 예

己戊癸丁	戊戊壬丁	癸辛己乙	丙丙庚庚
未戌卯亥	午戌寅巳	巳巳丑酉	申辰辰子
해묘미 목국	인오술 화국	사유축 금국	신자진 수국

삼합은 木火金水의 네 가지 오행이 각각 갖는 십이운성(十二運星)의 열두 단계 중에서 생(生: 시작 시점), 왕(旺: 최대 시점), 묘(墓: 최소 시점)의 단계에 있는 세 오행이 만나 결속한 것이다(십이운성론을 참고). 합한 후 별도의 오행이 생기지 않는다.

십이운성(十二運星)은 지지에서 하나의 오행 기운이 태어나서 사라지기까지의 과정을 사람의 일생에 비유하여 열두 단계로 인식한 것이다.

木의 생지는 亥이고, 왕지는 卯이며, 묘지는 未이다.
火의 생지는 寅이고, 왕지는 午이며, 묘지는 戌이다.
金의 생지는 巳이고, 왕지는 酉이며, 묘지는 丑이다.
水의 생지는 申이고, 왕지는 子이며, 묘지는 辰이다.

◇ 원국에서 삼합이 성립했을 때 발생하는 생극의 흐름 (고서조명론521쪽 참고)

亥卯未 합: 亥 ⋯→ 卯(木 기운의 강화) ⋯→ 未(木 기운의 약화)

寅午戌 합: 寅 ⋯→ 午(火 기운의 강화) ⋯→ 戌(火 기운의 약화)

巳酉丑 합: 巳 ⋯→ 丑(土 기운의 강화) ⋯→ 酉(표면상 金 기운의 강화)

申子辰 합: 辰 ⋯→ 申(金 기운의 강화) ⋯→ 子(水 기운의 강화)

삼합이 발생하면 생지의 본성(本性)이 변하여 사라질 때가 있다. 즉 亥는 卯로 변하고, 寅은 午로 변하며, 申은 子로 변한다. 그러나 巳는 酉로 변하지 않는다. 중간에 丑이 끼어들기 때문이다(巳丑酉).

亥卯未 합에서 未는 卯의 극을 받기에 亥를 극하지 못하고, 寅午戌 합에서 寅은 午를 생하기에 戌을 극하지 않으며, 巳酉丑 합에서 巳는 丑을 생하기에 酉를 극하지 않고, 申子辰 합에서 辰은 申을 생하기에 子를 극하지 않는다. 그 이유는 합이 되면 일체(一體)가 되어 단방향으로 생극이 정렬(整列)되기 때문이다(합의 특성). 만약 합이 없다면 양방향으로 작용하므로 생극이 정렬되지 않는다. 예를 들어 합이 없이 寅과 辰과 巳가 만나면, 寅은 辰을 극하기도 하고 巳를 생하기도 한다.

2) 반합(半合, 반국半局)

반합은 삼합의 구성요소에 해당하는 세 오행 중 왕지(旺地: 子卯午酉)의 오행이 포함된 두 오행의 합이다. 삼합류(三合類)에 속한다.

생지와 왕지가 합한 반합(생지반합生地半合)은 생지가 합화한다. 즉 왕지가 있기에 亥, 寅, 巳, 申은 그 본성(本性)이 왕지의 오행으로 변한다.

왕지와 묘지가 합한 반합(묘지반합墓地半合)은 단순한 합이 된다. 즉 본성이 변하는 것이 없다.

생지반합(生地半合)	묘지반합(墓地半合)
亥卯 合化 卯(水生木)	卯未 合(木剋土)
寅午 合化 午(木生火)	午戌 合(火生土)
巳酉 合化 酉(火剋金)	酉丑 合(土生金)
申子 合化 子(金生水)	子辰 合(土剋水)

3) 준반합(準半合)

준반합은 삼합의 구성요소에 해당하는 세 오행 중 왕지의 오행이 포함되지 않은 두 오행의 합이다. 역시 삼합류(三合類)에 속한다.

생지와 묘지가 합한 준반합도 서로 합이 되지만 합화를 논할 수 없다. 왕지의 오행이 없기 때문이다. 즉 본성이 변하는 것이 없다.

(생지+묘지)의 준반합
亥未 合(土剋水), 寅戌 合(木剋土), 巳丑 合(火生土), 申辰 合(土生金)

원국에서 삼합의 왕지 기운보다 반합의 왕지 기운이 더 강할 때가 있다.

예컨대 (亥+卯+未)보다 (亥+卯)가 木 기운이 더 강하다. (亥+卯)이면 亥의 기능이 卯에 희생되면서 卯의 기운이 강화된다. 그런데 未가 합에 참여하면 그 卯의 기운이 약해진다(卯가 未를 극함으로써 木의 힘이 빠지는 현상). 寅午戌의 경우도 (寅+午+戌)보다 (寅+午)가 火 기운이 더 강하다.

사주에 삼합이 보이면 해당 기운이 지나치게 강한 상태라고 이해하기 쉬운데, 그렇지 않다. 묘지의 글자가 그 기운을 조절하기 때문에 오히려 적절한 상태라고 이해하는 것이 합리적인 판단이다.

◇ 천간 오합(五合)과 지지 삼합(三合)의 근거
관계 현상을 관찰하여 합이라는 규칙을 찾은 것으로 보인다.

◇ 삼합천간방조설(三合天干妨助說)
지지에 삼합의 두 오행만 있고 천간에 나머지 오행이 있으면 천간의 도움으로 삼합이 성립하며, 또한 지지에 삼합이 있어도 천간에 방해자가 있으면 삼합이 성립하지 못한다고 하는 이론이다(자평진전 등).

○○○甲   ○○壬○
○午戌○   寅午戌○

천간의 甲이 삼합에 도움을 주므로 삼합이 성립한다고 보거나, 천간의 壬이 이미 있는 삼합을 방해하므로 삼합이 성립하지 못한다고 본다.

천간이 지지를 생극할 수는 있지만, 지지의 관계에까지 천간이 간여할 수는 없는 것이다. 그리고 관계는 생극과 무관하므로 이 설은 합리성이 없는 이론이다.

4) 암합(暗合)

지지 오행들의 지장간 본기(本氣) 간의 보이지 않는 합이다.

卯申(乙+庚), 寅未(甲+己) 寅丑(甲+己), 午亥(丁+壬) 등의 경우에 지장간 본기끼리 합이 될 수 있음을 유추한 것이며, 표면적인 합이 아니라 암시적인 합이다. 따라서 정식(定式)의 합으로 다루면 안 된다(간명 시에 복잡 미묘한 일을 분석하려고 암합을 다루는 학자도 있지만, 필자는 그 효용성이 없다는 결론을 내리고 있다).

5) 명암합(明暗合)

천간과 그 좌지(座地: 천간의 밑자리) 속에 든 지장간 본기(本氣: 주된 기운)와의 보이지 않는 합이다.

辛巳(辛+丙), 壬午(壬+丁), 丁亥(丁+壬), 戊子(戊+癸) 등이며, 천간과 타 지지의 지장간 본기와의 합도 이에 해당한다. 즉 甲+未(甲+己), 乙+申(乙+庚), 丙+酉(丙+辛), 庚+卯(庚+乙), 癸+戌(癸+戊) 등이며, 또한 천간과 지지의 지장간의 여기(餘氣)나 중기(中氣)와의 합도 이에 해당한다. 즉 甲+午(己), 乙+巳(庚), 丙+戌(辛) 丁+申(壬), 戊+丑(癸), 己+亥(甲), 庚+辰(乙), 辛+寅(丙), 壬+戌(丁), 癸+辰(戊) 등등이다.

명암합 역시 암시적인 합이므로 정식의 합으로 다루면 안 된다(필자는 그 효용성이 없다는 결론을 내리고 있다).

◇ 지장간에 대해 자세히 알아야 암합과 명암합을 이해할 수 있으므로 반드시 지장간론을 참고한 후에 다시 학습하기를 바란다.

◇ 고서에서는 원국에 존재하는 충합(沖合)을 '명충명합(明沖明合)'으로, 운과 원국과의 충합을 '암충암회(暗沖暗會, 암충암합暗沖暗合)'로 논하기도 했다. 즉 책마다 명합, 암합, 명암합의 의미가 다르다.

10-2. 지지(地支)의 충(沖)

지지의 충은 배타성(排他性)이 있는 지지끼리 서로 배척(排斥)하는 관계(關係) 현상이다.

충(沖)은 지지의 일곱 번째 오행끼리 서로 기운이 소통하지 않는 대립상태(對立狀態)를 표현한 것이다.

충은 '상충(相衝)' 또는 '칠충(七沖)'이라고 하며, 자오충, 묘유충, 인신충, 사해충, 진술충, 축미충의 여섯 가지이므로 '육충(六沖)'이라고도 한다.

충(沖)은 "찌르다." 또는 "부딪다."의 뜻이 있고, 충(衝) 또는 충파(沖破)로도 쓴다.

子沖午 午沖子, 卯沖酉 酉沖卯, 寅沖申 申沖寅,
巳沖亥 亥沖巳, 辰沖戌 戌沖辰, 丑沖未 未沖丑

◇ 지지의 충(沖)의 예

庚戌壬壬
申寅寅申　　沖: 寅과 申(인신충 두 쌍)

충은 서로의 기운이 어느 쪽으로도 흐르지 못하는 불통(不通) 관계이지만 만약 중간자(中間字)가 있으면 소통이 되므로 충이 해소된다.

丙庚辛辛
子午卯酉

이와 같은 원국의 구조는 지지에 충이 없다. 子-卯-午-酉로 기운이 소통되기 때문이다. 卯와 酉가 중간자 역할을 하므로 子午 충이 해소되고, 子와 午가 중간자 역할을 하므로 卯酉 충이 해소된다.

원국에 충이 보인다 해서 무조건 충으로 간주하려 하면 안 된다. 지지에서는 두 종류의 충 오행만 있을 때 충이 성립하게 된다.

10-3. 극(剋)과 충(沖)

극(剋)은 한쪽이 상대를 이기기 때문에 일어나는 작용(作用) 현상이며, 충(沖: 충거衝

去, 沖去)은 기운의 방향(方向)이 서로 반대(180도)이기 때문에 일어나는 관계(關係) 현상이다(작용관계론 참고).

극은 상대를 이기고 통제하는 일방적 현상이며, 충은 상대와 비호의적인 관계를 이루면서 상대를 이탈(離脫: 일시적으로 기운이 사라짐)하게 하는 상대적 현상이다.

예컨대 子는 午를 충하면서 극하므로 충극(沖剋: 沖去)이라 하고, 寅은 申을 충하지만 극하지 못하므로 충(沖)이라 한다. 辰戌 충과 丑未 충도 충이지만 극은 아니다. 그러나 충이나 극은 상대를 약화(弱化)하는 효과가 있다는 측면에서는 둘 다 비슷한 것이라고 인지할 수 있다. 예컨대 土 충이 극과 같은 효과를 내는 건 서로 반대 성향의 이질적(異質的)인 기운을 가진 土들이 대립한 것이기 때문이다.

천간(天干)에는 방위(方位)가 없기에 충이 없다. 그러므로 甲庚, 乙辛, 丙壬, 丁癸 등은 극(剋)이 될 뿐이며, 충(沖)이 되진 않는다.

> 충(沖: 衝)은 지지에서만 사용하며(지지전용 용어), 천간에서는 충이란 용어를 사용하지 않는다. 그것이 정설(定設)이다.

삼명통회에서 "相衝者 十二支戰擊之神"이라 정의하였다. 즉 "상충은 십이지의 전격(싸움)의 신이다."라고 하였다.

고서 중에서 천간 충을 논한 책은 오행대의와 명리약언이다.

천간이 극이고 지지도 충이면 이를 '천극지충(天剋地沖)'이라 한다.

◇ 간지의 극충(剋沖)의 예

庚 戌 壬 壬   천간 剋: 戌와 壬壬(무임극)
申 寅 寅 申   지지 沖: 寅과 申(인신충)

지지에서 발생할 수 있는 관계(關係) 이론에는 합과 충만 있는 것이 아니다. 형(刑), 파(破), 원진((元辰) 등등이 있다. 이것들은 방위(方位)의 존재로 인해 발생한다. 작용관계론에서 별도로 논한다.

11. 방합육합론(方合六合論)

방합(方合)은 지지에서 근접(近接)한 같은 방향의 오행끼리 합(合)이 된다고 하는 이론이다.

육합(六合)은 지지의 여섯 번째 오행끼리 서로 합(合)이 된다고 하는 이론이다. 고법(삼명)에서는 지합(支合)으로 다루었다.

지지방표(地支方表)

11-1. 방(方)

방(方)은 이웃한 오행들의 모임이며, 지지 오행의 방향성(方向性)을 나타낸다. 본래 방(方)은 방(方)이라 하였고, 방합(方合)이라 하지 않았다. 국(局)은 삼합(三合)을 말한다. 그러므로 방을 방국(方局)이라 일러서도 안 된다. 방은 합이 아니라는 뜻이다. 국(局, 원국原局)은 사주팔자 전체를 이르는 말로도 쓰인다.

원국(原局) = 팔자(八字)
합(合) = 회(會) = 회합(會合)
국(局) = 삼합(三合) = 회국(會局) = 합국(合局)
방(方) = 사계절(四季節) = 향(向) = 향(鄉)

방(方)은 방향(方向)의 뜻으로 이해하는 것이 좋다. 방을 木火金水가 각각 왕(旺)한 계절로 인식하기도 한다.

인묘진(寅卯辰): 사상의 목방(木方):   봄: 목왕지절(木旺之節)

사오미(巳午未): 사상의 화방(火方): 여름: 화왕지절(火旺之節)
신유술(申酉戌): 사상의 금방(金方): 가을: 금왕지절(金旺之節)
해자축(亥子丑): 사상의 수방(水方): 겨울: 수왕지절(水旺之節)

방(方)은 삼자(三字)가 다 모여야 방으로 인정하며, 두 글자만 갖고 방을 논하진 않는다. 방과 국에 대해 논한 적천수(滴天髓)와 적천수천미(滴天髓闡微)의 방국(方局) 장에 나오는 글귀를 보자.

"方是方兮局是局 方要得方莫混局"
"방은 방이고 국은 국이다. 방이 되려면 국이 섞이지 않아야 한다."

"十二支寅卯辰東方 巳午未南方 申酉戌西方 亥子丑北方 此之爲方 寅午戌火局 申子辰水局 亥卯未木局 巳酉丑金局 此之爲局 凡三字全爲成方 二字不取"
"십이지에서 寅卯辰 東方, 巳午未 南方, 申酉戌 西方, 亥子丑 北方, 이들을 방이라 한다. 寅午戌 火局, 申子辰 水局, 亥卯未 木局, 巳酉丑 金局, 이들을 국이라 한다. 무릇 삼자가 모두 있으면 방이라고 하고 두 자는 취하지 않는다."

원천강오성삼명지남, 연해자평 등의 고서에서는 방(方)을 합(合)으로 논하지 않았다. 즉 원래부터 합이 아니었다. 근래에 와서 중국의 학자 위천리가 '방국(方局)'이라 논하였고, 우리나라의 이석영이 '방합(方合)'이라 논하였기에 그 영향을 받아서인지 방을 합으로 인식하는 학자들이 생겨났다. 방(方)은 합(合)이 아니다. 방향이다.
대운(大運) 지지의 방향을 논할 때 주로 쓰이는 것이 방(方)이다. 예컨대 "대운이 목방(木方: 목향木向, 목향木鄕)으로 흐른다."라고 한다.

방(方)을 이루는 월(月)의 이름표

방(方)	맹월(孟月)	중월(仲月)	계월(季月)
목방(木方)	寅	卯	辰
화방(火方)	巳	午	未
금방(金方)	申	酉	戌
수방(水方)	亥	子	丑

11-2. 육합(六合)

육합은 월건(月建)과 월장(月將)과의 합을 말한다. 육합은 육임학(六壬學)과 기문학(奇門學) 등 명리보다 더 오래된 학문에서 건너온 이론인데, 그 원류(原流)는 오성학(五星學, 칠정사여산七政四餘算, 중국식 서양 점성학)이다. 즉 육합은 명리에서 자생(資生)된 이론이 아니며 타 학문에서 온 것이고, 이론의 기반(基盤)도 다른 것이었다. 십이지지가 이루는 관계에는 원래 삼합(三合)이란 것이 있었는데, 육합을 섞어 넣으면서 지지에 또 새로운 여섯 쌍의 합이 더 있다고 여긴 것이다. 이처럼 명리가 타 학문을 여과 없이 받아들여 섞어버림으로 인해서 지지의 명제(命題)들이 서로 뒤엉키면서 혼탁(混濁)해지고 말았다.

수(隋) 때의 오행대의(五行大義)에 천간 오합 이론(干合者 己為甲妻 故甲與己合 辛為丙妻 故丙與辛合 癸為戊妻 故癸與戊合 乙為庚妻 故乙與庚合 丁為壬妻 故壬與丁合)이 있으나, 천간 합화 이론은 보이지 않으며, 역시 육합(지합) 이론도 있으나 육합 합화 이론은 보이지 않는다. 따라서 아마도 수 때 이후에 합화 이론이 차용(借用)된 듯하다.

천간 합화 이론과 함께 이 육합 이론도 명리에서 없어져야 할 이론이다.

子丑合化土　　寅亥合化木　　卯戌合化火
辰酉合化金　　巳申合化水　　午未合化火

1) 자축합토(子丑合土)

子와 丑이 만나면 土로 화한다. 子월과 丑월은 추운 시기이므로 동토(凍土)의 합이라고 하며, 보통 子丑이 합하여 土로 변한다고 논하나, 만약 사주에서 亥월이나 子월 혹은 丑월에 자축합(子丑合)이 이루어지거나, 사주에 金水의 기운이 강할 때는 자축합(子丑合) 水로 보기도 한다.

2) 인해합목(寅亥合木)

寅과 亥가 만나면 木으로 화한다. 寅과 亥가 만나면 亥가 寅을 生하면서 합한다고 한다. 그러나 육합인 동시에 형파(刑破)에도 해당되므로 寅亥는 선합후파(先合後破)의 원리를 적용하기도 한다. 즉 합의 작용이 먼저 일어나고 그 뒤에 형과 파의 작용이 일어나는 것으로 판단하기도 한다. 그러나 그 순서의 근거는 알 수 없다.

3) 묘술합화(卯戌合火)

卯와 戌이 만나면 火로 화한다. 卯와 戌이 만나 극합(尅合)을 이루는데, 卯의 木 기운이 戌 속의 火 기운을 만나 불이 붙는 형상(形象)으로 논한다. 들판의 마른 풀들이 열기를 받으면 불이 발생하는 현상에 비유하기도 한다.

형(形)은 눈에 보이는 것이고, 상(象)은 느낄 수 있는 원리나 법칙이다.

4) 진유합금(辰酉合金)

辰과 酉가 만나면 金으로 화한다. 辰과 酉가 만나면 辰이 생금(生金)하여 酉를 도우면서 金으로 화한다고 본다.

5) 사신합수(巳申合水)

巳와 申이 만나면 水로 화한다. 巳申 합도 역시 선합후파(先合後破)의 원리를 적용하기도 한다. 즉 합의 작용이 먼저 일어나고 그 뒤에 형파의 작용이 일어나는 것으로 판단하기도 한다.

6) 오미합화(午未合火)

午와 未가 만나면 火로 화한다. 화기(火氣)가 많은 오행이 만나서 火 기운이 강하다고 본다. 그러나 합만 하고 화하지는 않는다고 보는 견해도 있다.

11-3. 육합(六合)의 원리(原理)

명리에서 말하는 월건(月建)은 12절(節)을 기준으로 정한 것이다. 그런데 타 학문에는 월장(月將)이 있다. 이것은 황도(黃道)를 십이 중기(中氣) 기준으로 열두 등분하여 정한 것이다.

황도(黃道)는 실제 지구가 태양을 일 년에 한 바퀴 돌지만(공전), 그것을 지구의 관점에서 마치 태양이 별자리 이십팔수 방위를 따라 돌고 있는 것처럼 인식한 경로이다. 이 경로를 '황도' 또는 '태양황도과궁(太陽黃道過宮, 황도십이궁黃道十二宮, 일전日躔)'이라 한다.

지지육합도(地支六合圖)

백도(白道)는 달이 지구를 공전하는 경로이다. 황도와 백도를 따라 공전하는 해와 달이 특정한 시기에 서로 만나면 일식이나 월식이 발생하는데, 이 현상을 보고 만든 것이 육합이다. 즉 태양이 달을 사이에 두고 지구와 만나는 일식 시점이나, 태양이 지구를 사이에 두고 달과 만나는 월식 시점을 합(合)으로 본 것이다. 예컨대 태양이 황도의 辰궁에 있을 때 酉월이 된 것을 보고 辰과 酉가 육합(六合)이 되었다고 말한다.

즉 육합은 달이 지구를 한 바퀴 돌면서 생기는 월건(月建)과 지구가 태양을 한 바퀴 돌면서 생기는 월장(月將)과의 짝을 말한다. 만약 태양이 황도의 亥궁에 있으면 寅월과 짝이 되고(寅亥合), 卯궁에 있으면 戌월과 짝이 되며(卯戌合), 子궁에 있으면 丑월과 짝이 된다(子丑合)고 한다.

청(淸)의 강희제(康熙帝) 때 출간된 어정성력고원(御定星曆考原)에 의하면, 육합은 월건(月建)과 월장(月將)이 서로 합한 것이라 하며 설명하고 있다.

"六合者 以月建與月將爲相合也 如正月建寅 月將在亥 故寅與亥合 二月建卯 月將在戌 故卯與戌合也 月建左旋 月將右轉 順逆相値 故爲六合"

"육합은 월건과 월장이 서로 합한 것이다. 가령 정월건이 寅이면 월장은 亥에 있으므로 寅과 亥가 합이며, 이월건은 卯인데 월장은 戌에 있으므로 卯와 戌이 합이다. 월건은 좌선하고 월장은 우선하니 순행하고 역행하여 서로 만나기 때문에 육합이 되는 것이다."

육합에 대해 더 오래전에 이를 논했던 고서는 오행대의(五行大義)인데, 여기에서는 육합을 '지합(支合)'으로 칭하면서 논하고 있다.

"支合者 日月行次之所合也 ...... (下略)"
"지합(육합)은 일월이 행차(出行)하여 합한 것이다."

그런데 문제는 월건과 월장이 서로 일치하는 데에 약 15일이 걸린다는 점이다. 예컨대 寅월이 된 지 약 15일이 지나야만 亥월장이 시작된다. 이것을 보면 육합은 월건과 월장의 이 15일 격차(隔差)를 무시하면서까지 둘을 서로 연결해 놓은 억지이론이란 점을 알 수 있다.

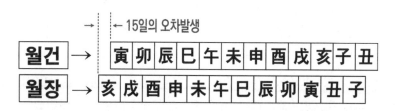

← 15일의 오차발생

| 월건 → | 寅 | 卯 | 辰 | 巳 | 午 | 未 | 申 | 酉 | 戌 | 亥 | 子 | 丑 |
| 월장 → | 亥 | 戌 | 酉 | 申 | 未 | 午 | 巳 | 辰 | 卯 | 寅 | 丑 | 子 |

이같이 육합은 12절(節)을 쓰는 이론과 12기(氣)를 쓰는 이론을 서로 결합해 놓았기 때문에 둘은 서로 어울리지 않는다. 더군다나 십이지지가 황도와 무슨 상관이 있다고 둘을 연결하는지 그 점 또한 이해하기 어렵다. 지구와 태양 사이의 관계를 천간지지를 통해서 형이상학적으로 연구하는 게 명리이다. 즉 지구의 공전궤도 상에 있는 518,400 개의 지점이 갖는 기운을 논하는 게 명리이다. 그런데 육합은 거기에 황도를 개입시킨 것이다. 따라서 이 이론은 명리에서 쓸 수 있는 것이 아니다.

12절(節)을 기준으로 만든 월건(月建)만 명리에서 사용하며, 12기(氣)를 기준으로 만든 월장(月將)은 명리에서 쓰지 않는다. 월장은 명리가 만들어 낸 이론이 아니다. 육합을 빌려 쓰려면 월장도 당연히 빌려서 써야 한다. 그런데 월장은 떼버리고 합만 빌려 왔다.

11-4. 지지합(地支合)의 엉킴

방합과 육합을 합으로 간주하게 되면 많은 문제점이 발생한다. 삼합도 있기에 합의 종류가 셋이나 되면서 지지의 명제들이 상호 뒤엉키게 되기 때문이다. 초학(初學)들이 독학(獨學)하면서 접하게 되는 가장 큰 의문과 난관이 방합과 육합에 있다. 그 예를 들어본다.

丙戊乙己
辰寅亥卯

寅卯辰 방합도 있고, 亥卯 반합도 있으며, 寅亥 합도 있다. 어떤 합을 우선으로 볼 것인가? 그리고 寅亥 파도 있다. 寅亥를 합목(合木)으로만 볼 것인가? 파로만 볼 것인가? 합목도 되고 파도 된다고 볼 것인가? 합 50%, 파 50%로 볼 것인가? 아니면 그냥 水生木으로만 볼 것인가?

癸 丙 辛 丙
巳 申 丑 子

천간에 丙辛 합이 있는데, 합화수(合化水)인가? 아니면 丙辛丙 쟁합(爭合)이 되어 합화하지 못하는 것인가? 년(年)에 먼저 나온 丙과 辛이 합화하니 일(日)에 나온 丙은 합하지도 못하는 건가?

子丑 육합이 있고, 巳申 육합도 있으며, 巳丑 준반합도 있고, 申子 반합도 있다. 그리고 巳申 형파도 있다. 巳申을 합수로 볼 것인가? 巳申 형파로 볼 것인가? 합수도 되고 형파도 된다고 볼 것인가? 아니면 火剋金으로만 볼 것인가? 이것도 저것도 도무지 종잡을 수가 없다.

초학은 물론이거니와, 상당한 경력자일지라도 위와 같은 의문들을 갖게 되어 있다. 더욱이 여기서 합충이나 형파 등의 관계(關係) 문제는 水生木이나 火剋金 등의 작용(作用) 문제와 별개(別個)인데도 불구하고, 이것을 구분하여 이해하지 못하는 경력자들도 생각 외로 많다.

寅亥와 巳申은 선합후파(先合後破)의 원리를 적용하기도 하고, 午未는 합화가 되지 않는 합으로 간주하기도 하는 등 지지 육합에 대한 견해는 학자마다 다르다.

삼합에 방합과 육합까지 가세하여 지지의 합에 관한 명제들이 엉키어 엉망이 되어 있고 난장판이 되어 있는 것이 현실인데, 이런 함정(陷穽) 수준의 명제들을 제대로 걸러주지 못하면 결국 명운(命運) 통변(해석)은 중구난방(衆口難防)에 이현령비현령(耳懸鈴鼻懸鈴)이 되기 쉽다. 이렇게 혼탁한 명제들을 사주에 적용해서야 어떻게 바른 감정을 할 수 있겠는가? 명리의 명제는 간결해야 하고 명쾌해야 한다.

위 사주에서 천간에 丙+辛+丙의 합이 있으나, 합화는 없다.
천간은 거의 전일(專一)한 기운이기 때문에 다른 성분으로 바뀌지 않는다.
지지에는 申子 합이 있고 巳丑 합이 있다.
그러나 巳申과 子丑은 합이 아니므로 육합은 없다.
즉 申子, 巳丑 이 두 개의 합만 성립한다.

본서에서는 육합(六合)을 합(合)으로 논하지 않으며, 방(方)도 합으로 논하지 않는다. 명리에서 합을 논하고자 한다면, 천간에서 오합(五合)만 논할 수 있고, 지지에서 삼합류(三合類)만 논할 수 있다.

> "천간에는 오합만 성립하고, 지지에는 삼합류만 성립한다."
> 다시 한번 강조한다. 결단코 그 두 개의 합만 존재한다.

11-5. 우합(隅合)

우합(隅合) 이론은 丑寅, 辰巳, 未申, 戌亥를 합으로 취급하는 이론이다. 아홉 칸의 정사각형에 십이지지를 넣어보면 건곤간손(乾坤艮巽)의 네 모퉁이에 각각 두 개씩 지지가 배치되는데, 그 두 지지에 암합(暗合)의 유대관계가 있다며 이를 합으로 보려 하는 이론이다. 십이지지를 원형으로 그려보면 모퉁이란 것이 생길 수 없다. 합이 아니다.

11-6. 동합(同合)

동합(同合) 이론은 음양이 똑같은 오행끼리 만나면 서로 합이 된다는 이론이다. 예컨대 寅寅, 卯卯, 辰辰, 巳巳, 午午, 未未, 申申, 酉酉, 戌戌, 亥亥, 子子, 丑丑의 동일오행끼리의 만남을 합으로 보려는 이론인데, 동합(同合) 이론은 자형(自刑) 이론과 상치(相馳)되는 부분도 있다.

동합은 성립하지 않는다.

본서에서는 동합을 합이 아닌 '동행(同行)'으로 논하고 있다.

오컴의 면도날(Ockham's Razor)

영국의 오컴(Ockham)에서 출생한 논리학자 윌리엄(William, 1285~1349)이 "많은 것들을 필요 없이 가정해서는 안 된다."라고 주장했는데, 이와 관련하여 지역명에다 면도날로써 불필요한 가설을 잘라버린다는 비유를 덧붙여 만든 용어이다. 이것은 '어떤 사실 또는 현상에 대한 설명들 가운데 논리적으로 가장 단순한 것이 진실일 가능성이 크다.'라는 원칙을 의미한다.

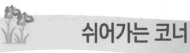

"요즈음의 명리학자들은 어떤 모습인가?"

정보통신 체계가 발달하고 명리 관련 출판물들이 많이 나와서 예전보다 명리 공부하기 쉬운 환경이 갖추어져 있다. 그래서인지 많은 사람이 명리 공부를 하는 듯하다.

그런데 명리는 누구나 배울 수 있는 학문이지만 아무나 구사할 수 있는 학문은 아니다. 능력이 있으면 누구나 배울 수 있는 게 명리이나, 자질(資質)이 되지 않으면 쓸 수 없는 게 또한 명리이다.

남의 명운(命運)을 다루는 이에겐 측은지심(惻隱之心)이 있어야 한다. 명리 상담사에게는, 곤궁하고 불행한 사람에게 작은 희망이라도 찾아 주고 싶어 하는 따뜻한 마음이 있어야 한다.

명리는 바르게 배워야 하고 바르게 써야 하는 학문이다. 상담사가 되려면 가장 먼저 명리를 바르게 배워야 하는데, 요즘처럼 좋은 여건에서도 정작 바르게 배울 기회가 거의 없어 보이는 것 같아 필자의 마음은 무척 안타깝다. 무엇보다 좋은 스승을 만나는 것이 최선인데, 그런 행운을 만나기 어려운 게 현실이니, 좋은 책을 만나 그것을 스승으로 삼고 명리를 바르게 배울 기회를 얻는 것이 차선이라 생각한다.

그래도 내가 스승으로 삼을 만한 분이 어디엔가 있겠는지 한번 살펴보자.

요즘 인터넷을 통한 동영상 강의가 성행하고 있는데, 안타깝게도 그 강사들 대부분이 음양 공부를 소홀히 한 사람들로 보인다. 음과 양이 반대로 움직인다며 음포태를 강의하고 있는 것을 흔히 볼 수 있고, 대운이 순행하고 역행하는 이유를 알지 못하면서 대운을 강의하고 있는 모습도 볼 수 있다. 논리성과 합리성을 소홀히 하고 편법을 써서 적중(的中)하려 하는 모습도 보이고, 고서(古書)의 이론을 종교 경전(經典)으로 생각하는 사람들도 보인다. 누구나 문파(門派)를 창시해도 되는지 일인일파(一人一派)의 상황이 된 듯 보인다. 마침내 그 속에서 좋은 스승을 찾기란 매우 어려워 보인다.

명리를 바르게 배우지 못하면 바르게 쓰지 못하게 되어 있다. 명리를 잘못 배우면 끝내 구업(口業)을 짓게 되기 쉽다. 그리고 자신이 만든 그 업보를 후손에게까지 물려주게 되는지도 모른다.

좋은 스승 찾기가 어려우니 바른 책이라도 찾아 바르게 배우기를 바란다.

12. 지장간론(支藏干論)

'지장간(支藏干)'이란, 십이지지 오행에 각각 들어있는 천간(天干)의 기운을 말한다. 줄여서 '장간(藏干)'이라고도 한다. 지장간론(支藏干論)은 지장간의 실체(實體)를 논하는 이론이다.

12-1. 인원용사(人元用事)

천지인(天地人) 삼재(三才: 주역 및 유학의 원리) 중 천간을 천원(天元), 지지를 지원(地元), 지지 속에 감추어진 천간을 인원(人元)이라 하는데, 이 인원을 지장간(支藏干)이라고도 한다. 지장간은 십이 지지의 글자 속에 들어있는 기운을 천간의 오행들로 표시한 것을 말한 것이다.

당(唐) 때의 이허중은 명서(命書)에서, 천간은 천원(干爲天元), 지지는 지원(支爲地元), 납음은 인원(納音爲人元)이라고 했다. 그리고 송(宋) 때의 서자평은 낙록자삼명소식부주(珞琭子三命消息賦注)에서

"三元者 日干爲天元 支爲地元 納音爲人元 則三元九宮也"
"삼원이라는 것은 일간이 천원이 되고, 지지는 지원이 되고, 납음이 인원이 되니, 즉 삼원구궁이다."라고 하였다.

고법에서 구궁(九宮)은 구명(九命)이라고도 하는데, 이는 삼원(三元)과 사주(四柱: 胎月日時)와 록마(祿馬: 건록과 역마)를 합한 것이다.

고법에서는 년주의 천간을 녹(祿), 년주의 지지를 명(命), 년주의 납음오행을 신(身)이라고 하여, 녹명신(祿命身)을 삼원(三元)이라고 하였다. 그런데 이 삼원론이 송(宋) 때에 이르러 변화를 맞이하였는데, 삼원 중의 인원이 지장간 개념으로 바뀌어 통용되게 되었다. 즉 인원이 고법 명리에서 납음으로 존재하였다가 신법 명리로 넘어오면서 납음오행이 배제됨으로 인해 서서히 지장간이 인원을 대신하게 된 것이다. 원래 인원은 납음이었고, 지장간은 별도로 존재하고 있었던 것이었다.

인원용사(人元用事)는 인원사사(人元司事)라고도 하는데, 그 뜻은 '인원 집권(執權, 권력 장악)'이다. 즉 '지장간'을 뜻한다. 인원용사라는 용어는 잘 쓰지 않으며 통상 '지장간'이라는 용어를 많이 쓴다.

지장간의 연원(淵源)은 정확히 밝혀진 바가 없다. 수(隋) 때의 오행대의에 "辰中有餘木 未中有餘火 戌中有餘金 丑中有餘水"라는 문장이 있고, 당(唐) 때의 이허중 명서에 "辰中是乙 戌中是辛 乙丑為貴神 丑中有癸 未中是丁"이라는 문장이 있는 것으로 보아, 아마 수(隋) 때와 당(唐) 때 사이에 만들어졌을 가능성이 있어 보인다.

지장간의 구성요소(構成要素)를 나타내는 인원용사(人元用事)는 다음과 같다.

연해자평의 전신(前身)이라 할 수 있는 자평삼명통변연원은 子(癸), 丑(癸辛己), 寅(丙甲), 卯(乙), 辰(乙癸戊), 巳(庚戊丙), 午(己丁), 未(丁乙己), 申(戊壬庚), 酉(辛), 戌(辛丁戊), 亥(壬甲)로 논한다. 아래는 연해자평의 지지장둔가(地支藏遁歌) 장에 제시된 지장간인데, 전통적인 지장간 구성 이론으로 인정하고 있다.

地支	寅	卯	辰	巳	午	未	申	酉	戌	亥	子	丑
藏干	丙甲	乙	乙癸戊	庚戊丙	己丁	丁乙己	戊壬庚	辛	辛丁戊	壬甲	癸	癸辛己

연해자평(淵海子平)의 지지장둔가(地支藏遁歌)

"子宮癸水在其中 丑癸辛金己土同 寅宮甲木兼丙戊 卯宮乙木獨相逢 辰藏乙戊三分癸 巳中庚金丙戊叢 午宮丁火并己土 未宮乙己丁其宗 申位庚金壬水戊 酉宮辛字獨豊隆 戌宮辛金及丁戊 亥中壬甲是踪"

연해자평의 지장간인원용사표(支藏干人元用事表): 표준

地支	寅	卯	辰	巳	午	未	申	酉	戌	亥	子	丑
藏干	戊丙甲	乙	乙癸戊	戊庚丙	己丁	丁乙己	戊壬庚	辛	辛丁戊	戊甲壬	癸	癸辛己

12-2. 월령(月令)

월령(月令)이란 한 해 동안의 정사(政事)나 의식(儀式), 농가(農家)의 행사 따위를 월별로 구별하여 적어 놓은 표를 이르던 말이었는데, 명리에서는 계절(季節)의 변모(變貌)를 이르는 말로 쓰인다.

월령을 '제강(提綱)'이라 하였는데, 제(提)는 끌어당긴다는 뜻이고, 강(綱)은 벼리(그물의 위쪽에 코를 꿰어 잡아당길 수 있게 한 굵은 줄)를 말한다. 사주의 월령은 가장 강한 기운을 가진 오행이므로 주도권을 가진 중요한 기운으로 여긴다.

월령(月令)을 월지(月支)라고 이해하면 별 무리가 없다. 따라서 월지의 지장간 모두를 포괄하는 개념으로 보면 된다.

12-3. 지장간월률분야(支藏干月律分野)

지장간월률분야(支藏干月律分野)란 월령을 구성한 지지의 지장간에 대해 일정한 기간을 주재(主宰)하는 시기를 각각 할당한 이론이다. 고법으로 내려온 것인데 그 근거는 밝혀진 바가 없다.

십이지지(十二地支)는 계절의 변화를 나타내고 있으므로 월령(月令, 月支) 즉 월중(月中)에는 계절의 기운들이 남아 있게 마련이다. 월령의 기운은 입절일(入節日)부터 차례대로 여기(餘氣), 중기(中氣), 정기(正氣)로 구성되어 있다. 여기(餘氣)란 전월(前月)의 기운이고, 중기(中氣)란 전월부터 전해진 기운 또는 최후까지 남은 기운이며, 정기(正氣)란 해당 월의 본기(本氣)로서 그 월을 주도하는 기운이다.

지장간월률장간표(支藏干月律藏干表): 표준

地支	寅	卯	辰	巳	午	未	申	酉	戌	亥	子	丑
餘氣	戊	甲	乙	戊	丙	丁	戊	庚	辛	戊	壬	癸
中氣	丙		癸	庚	己	乙	壬		丁	甲		辛
正氣	甲	乙	戊	丙	丁	己	庚	辛	戊	壬	癸	己

아래는 연해자평의 절기가(節氣歌) 장에 있는 내용이다.

절기가(節氣歌)

"看命先須看日主 八字始能究奧理 假如子上十日壬 中旬下旬方是癸 丑宮九日癸之餘 除却三辛皆屬己 寅宮戊丙各七朝 十六甲木方堪器 卯宮陽木朝初旬 中下兩旬陰木是 三月九朝

仍是乙 三日癸庫餘戊奇 初夏九日生庚金 十六丙火五戊時 午宮陽火屬上旬 丁火十日九日己 未宮九日丁火明 三朝是乙餘是己 孟秋己七戊三朝 三壬十七庚金備 酉宮還有十日庚 二十辛 金屬旺地 戊宮九日辛金盛 三丁十八戊土具 亥宮七戊五日甲 餘皆壬旺君須記 須知得一擬三 分 此訣先賢與驗祕"

연해자평의 월률분야(月律分野)

月	寅月	卯月	辰月	巳月	午月	未月
餘氣	戊7日	甲10日	乙9日	戊5日	丙10日	丁9日
中氣	丙7日		癸3日	庚9日	己9日	乙3日
本氣	甲16日	乙20日	戊18日	丙16日	丁10日	己18日

月	申月	酉月	戌月	亥月	子月	丑月
餘氣	己7日	庚10日	辛9日	戊7日	壬10日	癸9日
中氣	戊3日 壬3日		丁3日	甲5日		辛3日
本氣	庚17日	辛20日	戊18日	壬18日	癸20日	己18日

명리정종의 지지조화(地支造化, 地支造化之圖)나 삼명통회의 인원사사(人元司事)에 관한 내용을 보면, 지장간의 구성 성분 및 각 분야의 수치들이 조금씩 다르다는 것을 알 수 있다. 자세한 것은 해당 고서를 참고하기를 바란다.

십이지지에 분포된 지장간들의 비율을 종합적으로 고찰해보면, 오행의 비율이 상호 균등하지 않다. 특히 土의 비율이 가장 높은데, 이는 이치에 맞지 않는 부분이다. 고서 낙록자삼명소식부주(珞琭子三命消息賦注)에서 서자평은 "四氣者 布木火水金 以爲四時 各旺七十二日 土旺四季各旺十八日"이라 하며 오행이 각각 72일씩 왕(旺)하다고 말하고 있다. 그런데 지장간의 戊己土만 살펴보아도, 己土의 등장 회수가 3회인데 비해 戊土의 등장 회수는 6회에 달한다. 후술하겠지만 그 배당된 기간도 戊土가 훨씬 더 길다. 이렇게 뭔가 잘못된 것임에도 불구하고 그냥 그대로 의심 없이 전해졌다.

※ 인원용사(人元用事)와 월률분야(月律分野)의 구분(區分)

월령 오행의 지장간과 여타 지지의 지장간을 다르게 인식하려 하는 이론이 있는데,

월령에서의 지장간월률분야는 卯午酉子의 각 여기(餘氣: 甲, 丙, 庚, 壬)도 포함하나 여타 지지에서는 卯午酉子의 여기(餘氣: 甲, 丙, 庚, 壬)를 무시하고 본기 및 중기만 있는 것으로 간주하여 서로 구분하고 있다. 그러나 이는 바른 법이 아니다. 지지의 성분은 모두 같은 것이며 월령만 특별히 성분이 다를 까닭이 없기 때문이다. 따라서 인원용사(人元用事: 지장간)든 월률분야(月律分野)든 같다고 인식해야 한다. 그리고 월률분야의 수치(數値)는 근거가 불확실한 것이므로 함부로 사용하기는 어렵다.

지장간의 구조에 대해서도 이를 두 가지 개념으로써 서로 비교하며 판단해 보아야 한다. 각 영역(領域)이 분명한 '경계구조(境界構造)' 개념과 영역 없이 뒤섞인 '혼합구조(混合構造)' 개념이다.

辰월의 지장간 구조(構造)

구조	9일	3일	18일
경계구조	乙乙乙乙 乙乙乙乙	癸癸癸	戊戊戊戊戊戊戊戊 戊戊戊戊戊戊戊戊戊戊
혼합구조	乙戊乙戊乙癸乙戊乙戊乙戊 乙戊乙戊戊戊乙戊戊癸戊戊癸戊戊戊		

월률분야는 월지(月支)에서만 적용되는 논리이다. 월지의 각 지장간이 일정한 기간(영역)을 맡아 주관하고 있다는 이론이 월률분야 이론인데, 이것은 불합리한 논리이다. 예컨대 辰월의 경우 "첫 9일까지는 오로지 乙 기운만 있고, 癸戊의 기운은 전혀 없다."라고 주장한다면, 그 첫 9일은 卯월이라는 논리가 되기 때문이다.

그러나 辰에는 乙癸戊의 기운만 있는 것이 아니다. 오행의 생멸 과정을 생각해보면 辰에는 火 기운도 분명히 있음을 알 수 있다. 그리고 기운의 강약을 비교해봐도 辰에 표시된 癸 기운보다 辰에 표시되어 있지 않은 丙 기운이 오히려 더 강하다고 말할 수 있다. 지장간에 표시되지 않았더라도 그 기운이 없다고 봐서는 안 되는 것이다.

고서(古書)에 제시된 배분율(配分率)이 고서마다 약간씩 다른데, 월률분야를 그렇게 산정한 근거나 원리는 아직 밝혀진 바가 없다. 또한 월률분야를 배분한 비율들을 총합해서 기간을 상호 비교해보면, 각 오행 기운들이 상호 균등하게 배분되어 있지도 않다. 365일을 십간의 수인 10으로 나누면 정확하게 36.5일이 나온다. 그러므로 甲도 36.5일, 乙도 36.5일, 그리고 癸도 36.5일로 균등하게 배당되어야 하는데, 고서에 제시된 배분율을 살펴보면 십간마다 평등하게 36.5일씩 배당하지 못하고 있다. 그러므로 고서에 합리적인 지장간 배분 원칙이 없었다는 것을 알 수 있다.

지장간에 표시되지 않은 기운을 생각한다면 월률분야는 아무런 의미가 없는 이론이 된다. 예컨대 寅月에 丙이 태동(胎動)했다면 그것이 卯月로 이어져야 하는데도 불구하고, 卯月에는 甲乙 기운밖에 없다며 10일, 20일을 배당했다면, 卯月에 와서 丙 기운이 완전히 죽었다는 말이 된다. 왜 丙은 태어난 지 한 달 만에 죽고 말았을까? 그러다가 석 달 뒤 巳月에 丙이 또 생긴다는데, 지지가 천간 기운을 숨기며 숨바꼭질이라도 한단 말인가? 상식적으로 이해가 되지 않는 이론이다.

글자만 보는 명리는 합리적인 명리가 아니다. 그런 공부를 하다가는 명리체득(命理體得)에 실패하기 쉽다. 자의명리(字義命理)보다는 심의명리(深意命理)를 해야 한다.

* 우리나라에서 통상적으로 인식하고 있는 월률분야는 다음과 같으니 참고하기를 바란다. 월률분야의 수치를 절대 외워서는 안된다.

寅월: 입춘 후 戊丙甲(7, 7, 16일) → '戊'를 '己'로 수정해야 한다(己丙甲).
卯월: 경칩 후 甲乙(10, 20일)
辰월: 청명 후 乙癸戊(9, 3, 18일)
巳월: 입하 후 戊庚丙(7, 7, 16일)
午월: 망종 후 丙己丁(10, 10, 10일)
未월: 소서 후 丁乙己(9, 3, 18일)
申월: 입추 후 戊壬庚(7, 7, 16일) → '戊'를 '己'로 수정해야 한다(己壬庚).
酉월: 백로 후 庚辛(10, 20일)
戌월: 한로 후 辛丁戊(9, 3, 18일)
亥월: 입동 후 戊甲壬(7, 7, 16일)
子월: 대설 후 壬癸(10, 20일)
丑월: 소한 후 癸辛己(9, 3, 18일)

여기서 각 성분을 모아보면, 戊는 64일, 己는 46일, 丁은 22일, 甲乙丙庚辛壬癸는 각각 32~33일이 된다. 이처럼 상호 균일하지 않으므로 월률분야 이론은 합리성이 없다.

土의 배치를 보면 너무 戊에 치중되어 있고 己는 아주 약소한데, 왜 그렇게 한쪽으로 치우치도록 배치하였을까?

丑에 있던 己가 寅으로 넘어온 것이니, 寅에는 戊가 아닌 己가 있어야 마땅하고, 未에 있던 己가 申으로 넘어온 것이니, 申에도 戊가 아닌 己가 있어야 마땅하다. 그런데 두 곳 다 戊가 있다고 논했으니, 균형이 맞으려야 맞을 수가 없게 되어 버렸다.

寅과 申에는 戊가 아닌 己가 들어있어야만 土의 균형이 맞아떨어진다. 그렇지 않은가? 보라. 이런 오류조차도 오류로 인지하지 못하고 있는 게 명리학계의 현실이다.

그렇다면 왜 寅의 지장간과 申의 지장간에 戊를 넣게 되었을까?

(십이운성론을 참고하라) 화토동궁법(火土同宮法)에 의하면 寅에서 戊가 장생(長生)이 되어야 하고, 수토동궁법(水土同宮法)에 의하면 申에서 戊가 장생이 되어야 하기에, 寅과 申 그 두 곳의 지장간 己를 戊로 바꾸어 놓지 않을 수 없었기 때문이다. 즉 화토동궁법을 쓰는 학자들이 寅의 지장간을 바꾸었기 때문이고, 수토동궁법을 쓰는 학자들이 申의 지장간을 바꾸었기 때문이다.

1년 365일을 십간에 배분한다면 각각 36.5일씩 공평하게 배분해야 한다. 그래야 년중(年中)의 음양 기운이 균형을 유지할 수 있게 된다. 다시 말하는데 월률분야 이론은 합리적인 이론이 아니다.

12-4. 지지기운(地支氣運)의 단절(斷切)

십이지지에서 木火金水의 기운들이 1년 동안 순환하면서 서로 이어지고 있는데, 자세히 보면 각각의 기운들이 3개월씩 시차를 두고 순차적으로 발생하고 있고, 또 9개월간 존속하다가 3개월간 사라지고 있다는 것을 알 수 있다. 그런데 문제는 그 앞의 9개월 동안에도 기운이 단절되어 맥이 끊긴 시기들이 있다는 것이다. 이것이 기존 지장간 이론의 가장 큰 의문점이다.

지지에 들어있는 천간 기운의 연속성(連屬性)에 대해 알아보자.

地支	亥	子	丑	寅	卯	辰	巳	午	未	申	酉	戌
支藏干	戊甲壬	壬癸	癸辛己	己丙甲	甲乙	乙癸戊	戊庚丙	丙己丁	丁乙己	己壬庚	庚辛	辛丁戊
木	→	✕	✕	→	→	→	✕	✕	→	소멸		

木 기운의 흐름이 子, 丑, 巳, 午에서 4번 단절되었다.

地支	寅	卯	辰	巳	午	未	申	酉	戌	亥	子	丑
支藏干	己丙甲	甲乙	乙癸戊	戊庚丙	丙己丁	丁乙己	己壬庚	庚辛	辛丁戊	戊甲壬	壬癸	癸辛己
火	→	✗	✗	→	→	→	✗	✗	→	소멸		

火 기운의 흐름이 卯, 辰, 申, 酉에서 4번 단절되었다.

地支	巳	午	未	申	酉	戌	亥	子	丑	寅	卯	辰
支藏干	戊庚丙	丙己丁	丁乙己	己壬庚	庚辛	辛丁戊	戊甲壬	壬癸	癸辛己	己丙甲	甲乙	乙癸戊
金	→	✗	✗	→	→	→	✗	✗	→	소멸		

金 기운의 흐름이 午, 未, 亥, 子에서 4번 단절되었다.

地支	申	酉	戌	亥	子	丑	寅	卯	辰	巳	午	未
支藏干	己壬庚	庚辛	辛丁戊	戊甲壬	壬癸	癸辛己	己丙甲	甲乙	乙癸戊	戊庚丙	丙己丁	丁乙己
水	→	✗	✗	→	→	→	✗	✗	→	소멸		

水 기운의 흐름이 酉, 戌, 寅, 卯에서 4번 단절되었다.

지장간의 진정한 실체는 위와 같은 단절된 구조가 결코 아니다. 작금의 지장간 이론을 그대로 믿어서는 안 된다. 왜냐하면 지지의 기운은 모두 천간의 기운이 와서 발현(發現)한 것이며, 그것이 발현할 때 어떤 특별한 규칙과 연속성(連續性)이 있어야 마땅한데 그것이 없기 때문이다. 즉 천간의 기운이 특정한 시기에 지지에서 발현한 다음에는 그 기운이 차츰 강해지다가 다시 약해지면서 마침내 사라지는 일정한 흐름을 갖는 게 정상인데, 기운이 잠시 나타났다가 금방 사라지고 또다시 금방 나타나고 하는 불규칙성(不規則性)을 보이기 때문이다. 따라서 현재의 지장간 구조 이론은 완전한 것이 아니라고 평가할 수 있다.

그렇다면 "현재의 지장간은 전부 틀렸다."라는 말인가? 그건 아니다. 일부분이 틀린 것은 분명하지만 전부가 틀린 것은 아니다.

지장간의 단절된 부분을 자세히 살펴보라. 자세히 보면 그 단절에도 일정한 규칙성이 있어 보일 것이다. 즉 공통으로 십이운성의 욕지, 관대지, 병지, 사지, 이 네 군데에서 단절이 발생했다는 것을 알 수 있을 것이다. 이것이 과연 무엇을 의미하는 것일까?

예컨대 우리가 등산하러 가면 멀고 높은 산길을 계속 걸어가게 될 때가 있는데, 가다 보면 간혹 이정표(里程標)를 볼 수 있고, 나뭇가지에 리본을 달아둔 것도 볼 수 있다. 이런 것들은 등산길을 안내해주는 표식들이며, 거기에는 그 지점의 위치나 방향 정보가 간략하게 적혀 있다. 그렇지만 거기에 그 산에 대한 모든 정보가 다 적혀 있지는 않다. 또한 그 표식들은 산의 곳곳마다 길마다 도배하듯이 연속으로 붙어 있지 않고 특별한 변화가 있는 길목에만 붙어 있다는 특징이 있다. 그건 무엇을 뜻하는 것일까? '여기부터 일정한 거리까지는 별 변화가 없으니 처음 안내한 대로 그대로 알고 지나가라.'라는 뜻이다. 현재의 지장간을 그와 같은 방식으로 이해해야 한다.

예컨대 寅월에서 丙이 탄생함을 이미 알렸는데, 卯월과 辰월에 丙을 표시하지 않았다면, '丙 기운에 별 뚜렷한 변화가 아직은 없다.'라는 뜻이며, '표시하지 않았으나 丙 기운이 그대로 내부에 존재한다는 것을 알고 있어라.'라는 뜻이다. 그리고 辛酉월에도 火(丁)를 표시하지 않았다면, 그것도 역시 그렇게 알고 있어야 한다.

지장간에 표시되어 있지 않다고 해서 "없다."라고 감히 단정해서는 안 된다. 현재의 지장간을 위와 같이 그렇게 이해하는 것이 올바르다고 하겠다.

12-5. 사령(司令)과 당령(當令)

사령(司令)이나 당령(當令)은 서로 같은 말이다. '권한을 맡았다.'라는 뜻이며, 용사(用事)나 당권(當權)과도 같은 말이다.

사령과 당령을 지장간 분야로 세분하여 논하기도 하는데, 예컨대 寅월이라면 지장간 己丙甲이 각각 용사(用事: 장악)하는 시기를 구분해서 논할 수 있다. 즉 寅월의 첫머리 약 7일간은 己土 사령기(司令期, 사령구간司令區間, 당령구간當令區間)이고, 다음 약 7일간은 丙火 사령기이며, 나머지 약 16일 동안은 甲木 사령기이다. 이같이 십이지지에는 각기 당령이 되는 천간이 들어있다. 그것은 지장간이다. 절기(節氣)가 들어온 시간에서 일정하게 자신의 당령이 되는 순서와 날짜가 있는데, 그 날짜에 해당하는 천간이 당령에 해당한다.

월률분야를 따져서 어떤 천간이 당시에 사령하는지 판단하는 일을 "당령을 살핀다."라고 한다.

예를 들어, 입춘이 지나면 寅월이 되는데, 입춘 지나서 10일 만에 태어났다면, 寅월의 지장간 己丙甲(7, 7, 16) 중에서 10일 만에 태어났으므로 중간 7일에 해당하는 丙火 당령이 되는 것이다.

고서마다 사령과 당령의 용례를 조금씩 다르게 논하고 있는데, 위의 당령 구간 구분은 삼명통회(三命通會)에 근거한 것이다.

그러나 사령이나 당령 개념은 이치에 맞지 않는다. 예를 들어 寅월은 己丙甲이 각각 당령하는 시기가 7일, 7일, 16일인데, 그것이 순차적인 개념이라면, 寅월의 초순 7일까지는 寅월이라도 己가 주인이라는 말이 되며, 그 7일 뒤는 寅월이라도 丙이 주인이라는 말이 된다. 그러므로 寅월에 들어선 경우 그 절반 가까운 14일간을 己土나 丙火가 甲木을 제치고 주도권을 행사한다고 인식하게 되는데, 이것은 이치에 맞지 않는 생각이다. 寅월은 입절하는 순간부터 寅이 주도하는 월이지 다른 누가 주도할 월이 될 수 없다.

당령기를 군이 이해하려고 한다면, 점유기간(占有期間)으로 이해할 것이 아니라 혼합비율(混合比率)로 이해해야 한다. 그러나 사실 寅에는 결코 己丙甲의 기운만 있는 것이 아니라는 점을 이미 밝혔듯이 己丙甲 그들만의 세상은 아니다. 寅에는 표시되지 않은 水(癸)의 기운이 분명히 있음에도 불구하고 당령 이론은 이를 무시하고 있다.

월률분야를 설정해서 지장간 사령을 수치(數値)로 배당한 이론은 합리적인 근거가 없는 이론이므로 취할 것이 못 된다. 그리고 지지끼리 형충(刑沖)으로 부딪히면 지지 속의 지장간들이 튀어나온다는 이론도 있는데, 무형(無形)의 지장간들이 형충이 생길 때 과연 지지에서 분리되어 나올 수 있는 것들인지 그것도 의문이다.

재차 강조하지만, 지지에 지장간으로 표시되지 않았다 해서 그 기운이 전혀 없다고 생각해선 안 된다. 비록 지장간에 표시는 되어 있지 않더라도 그 기운이 십이지지 속에 마땅히 존재한다는 것을 알아야 한다.

지장간에 표시되지 않은 기운까지 잘 이해하고 있지 않으면 올바른 간명(看命)을 할 수 없다. 글자로만 명리를 하려 해서는 안 되며, 생각으로도 명리를 할 줄 알아야 한다.

12-6. 지장간(支藏干)의 기능(機能)

지장간은 지지가 보유하고 있는 여러 가지 천간 기운을 뜻한다.

지장간을 이해할 때 주의해야 할 점은, 지지 내부의 지장간들이 서로 생극제화를 실행하는 것으로 이해하면 안 된다는 사실이다. 예컨대 '亥월은 지장간 戊甲壬이 水生木

하면 결국 甲이 가장 강한 오행이 되지 않겠는가?'라는 생각을 하기 쉬운데, 지지의 지장간을 그런 식으로 이해해서는 안 된다.

지장간은 기운이 혼재된 것이기 때문에 내부에서 생극제화가 일어나지 않는다.

> 그러나 지지 간의 생극 작용에 지장간이 참여하는 부분이 있다. 예컨대 辰이 巳를 만난다면, 巳가 辰에 대해 火生土 작용을 하게 되지만, 그 지장간들을 자세히 살펴보면 辰에는 木火土水의 기운이 있고, 巳에는 木火土金의 기운이 있으므로 표면적으로는 巳의 본기(本氣) 火 기운이 辰의 본기 土 기운을 강화하는 것으로 보이지만, 내부적으로는 辰의 木 기운이 巳의 火 기운을 도와주는 작용을 함으로써 辰의 木 기운이 약화한다는 것을 알 수 있는데, 이것은 木에서 火로 나아가는 진행(進行) 및 생(生)의 기능으로 이해해야 할 부분이다. 즉 지장간이 있음으로 인해서 지지가 서로 연결(連結)되어 나아갈 수 있음을 의미한다.
>
> 그리고 辰의 火 기운이 巳의 본기 火로 증폭됨을 관찰할 수 있는데, 이것은 계절이 봄에서 여름으로 이어지면서 확산 기운이 강화되는 것을 의미한다.
>
> 또한 巳의 金 기운이 辰의 木 기운을 약화하는 것도 관찰할 수 있는데, 이 역시 계절이 봄에서 여름으로 가면서 성장 기운을 약화하며 결실 기운(庚)을 태동하기 시작함을 알려주는 부분이다. 즉 지장간은 지지와 지지를 서로 이어주는 역할을 한다. 그리고 열두 지지 중에서 네 개의 지지는 체용(體用)의 음양이 서로 다르다고 하였는데, 子와 午는 체가 양이지만 용이 癸와 丁이기에 음이고, 巳와 亥는 체가 음이지만 용이 丙과 壬이기에 양이다. 지장간의 본기(本氣)가 용을 대표하며, 명리에서 용(用)을 위주로 쓴다.

사주에서 다시 생극을 구체적으로 알아보자.

○ 丙 ○ ○
○ 辰 巳 ○

문) 이 경우에, 辰의 木 기운이 일간 丙을 생(生)하는가?
답) 지장간의 여기나 중기가 천간을 직접 생하지는 않는다.
그러나 본기는 서로 생극한다. 丙이 辰에 의해서 약화하는 형상이다.
그리고 동시에 丙이 辰의 지장간 木火 기운에 도움을 받고 있기도 한 형상이다. 그러므로 辰의 木 기운이 丙을 직접 생하고 있지 않고 간접적으로 생하고 있다고 이해하면 된다. 즉 丙申이나 丙子일 때보다 丙辰일 때에 丙 기운의 소모가 덜하다고 이해하면 된다.

12-7. 원지장간(原支藏干)

삼명통회(三命通會)의 명통부(明通賦: 徐子平 撰, 萬育吾 解)에 "卯中丁火"라는 문장이 있고, 논천간음양생사(論天干陰陽生死) 편에 "酉中己土"라는 문장이 있는 것으로 보아, 과거에는 지장간에 관한 학설이 다양했었다는 점을 짐작할 수 있다.

송(宋) 초기에 지장간은 각 다섯 개씩이었다고 한다. 그러나 고서나 현대서, 그 어떤 책들에서도 지장간 이론의 근거를 찾을 수가 없다. 이것은 명리의 중요한 이론 중의 하나인 지장간 이론이 그 근거가 밝혀지지 않은 채 전해져 왔다는 얘기가 된다.

그렇다면 그 지장간을 전해 받아서 그대로 외웠다가 다시 후학들에게 그대로 전해 줄 것인가? 그럴 수는 없지 않겠는가!

본서에서 일기시종론에 근거하여 원지장간(原支藏干)의 실체를 밝히고자 한다.

木, 火, 金, 水의 기운이 각각 9개월 동안 존치(存置)하고, 3개월 동안 사라지며, 土는 12개월 동안 계속 존치한다는 가정하에 설정한 것이다(근거: 지지가 사상의 흐름인 점).

사계절 모두에 土를 배치하였고, 십간의 등장 회수도 균일하게 배치하였으며, 월률 분야 배당 일수(日數)는 근거가 없으므로 배정하지 않았다.

전통적 지장간 이론에 분명히 문제가 있다는 점을 누차 강조하였음을 상기하기를 바란다. 합리적인 명리를 할 생각이라면 본서에서 제시하고 있는 원지장간 이론에 주목하면서 이를 이해하는 것이 좋을 것이다.

아래에 본래의 지장간 구성요소를 표로써 제시한다.

이 표를 군이 외울 필요는 없다. 기존의 지장간 이론이 부분적으로 오류가 있고 지장간에 표시되지 않은 기운도 존재한다는 정도만 이해하고 있으면 된다.

본서의 일기시종론에서 원지장간 이론의 근거를 더욱 자세히 제시할 것이다.

원지장간표(原支藏干表)

	寅	卯	辰	巳	午	未	申	酉	戌	亥	子	丑
木	甲	甲乙	乙	乙	乙	乙				甲	甲	甲
火	丙	丙	丙	丙	丙丁	丁	丁	丁	丁			
土	己	己	己戊	戊	戊	己	己	己	己戊	戊	戊	戊己
金				庚	庚	庚	庚	庚辛	辛	辛	辛	辛
水	癸	癸	癸				壬	壬	壬	壬	壬癸	癸

표에 나타난 규칙성은 다음과 같다.

1. 지지의 오행 본기(本氣)가 월(月)을 주도(主導)하면서 부속 기운들을 거느리고 있다.

2. 십간의 음양 배치가 5대 5로 균등하다.

3. 4행의 기운들이 3개월 시차간격(時差間隔)으로 연속적으로 발생한다(木은 亥월, 火는 寅월, 金은 巳월, 水는 申월).

4. 4행의 기운들은 각각 9개월간 존속하고 3개월간 사라진다.

5. 지장간이 모두 4행으로 구성되어 있다.

6. 사왕지(卯午酉子)에서 음양의 기운이 교차한다. 즉 기운이 가장 왕성한 시기의 정점(頂點)에서 기운의 음양이 바뀐다.

7. 土는 12개월 전체에서 항상 존재한다.

8. 계월(季月: 辰未戌丑)에서 土의 음양이 교체된다.

9. 寅卯辰월에는 金 기운이 없음을, 巳午未월에는 水 기운이 없음을, 申酉戌월에는 木 기운이 없음을, 亥子丑월에는 火 기운이 없음을 각각 증명하였고, 사상(四象)의 특성을 정확하게 표시하였다.

10. 음양전화(陰陽轉化)가 일어난 곳에는 두 개의 글자를 표시하였다.

13. 십이운성론(十二運星論)

십이운성(十二運星)은 지지에서 하나의 오행 기운이 태어나서 사라지기까지의 과정을 사람의 일생에 비유하여 열두 단계로 인식한 것이다. 원래 이름은 포태(胞胎)이며 포태법 또는 장생법(長生法)이라고도 한다.

십이운성론(十二運星論)은, 천간 오행은 지지에서 절(絕, 受氣, 胞), 태(胎), 양(養), 장생(長生, 生), 목욕(沐浴, 浴), 관대(冠帶, 帶), 건록(建祿, 祿, 臨官), 제왕(帝旺, 旺), 쇠(衰), 병(病), 사(死), 묘(墓, 藏, 葬, 庫)의 순으로 열두 단계의 일생을 살게 된다는 순환 이론이다. 십이운성 이론은 지장간 이론의 근거가 되기도 한다.

13-1. 십이운성(十二運星)의 단계(段階)

지지의 기운은 모두 천간의 기운이 와서 발현(發現)한 것이다. 즉 천간의 기운이 특정한 시기에 지지에서 발현하고, 그것이 강해지다가 다시 약해지면서 사라진다. 그것을 단계별로 표시한 것이 십이운성이다.

십이운성은 열두 단계이며, 그것이 연속적으로 순환(循環)한다.

절(絕, 수기受氣, 포胞): 기를 받는 시기
태(胎): 잉태되는 시기
양(養): 모태에서 자라나는 시기
생(生, 장생長生): 갓 탄생한 시기
욕(浴, 목욕沐浴): 씻고 꾸미며 자라는 소년기
대(帶, 관대冠帶): 사춘기에서 성인이 되기까지의 시기(관례: 성인식)
록(祿, 건록建祿, 임관臨官): 사회에 나가서 활동하는 청년기
왕(旺, 제왕帝旺): 왕성하게 활동하는 장년기
쇠(衰): 노년기
병(病): 병드는 시기
사(死): 죽음이 임박한 시기
묘(墓, 장葬, 고庫, 장藏): 사망하여 육신을 움직이지 못하는 시기

13-2. 양포태(陽胞胎)와 음포태(陰胞胎)

십이운성법을 일명 포태법(胞胎法)이라 하는데, 양간(陽干)과 음간(陰干)을 분리하여 적용하면 두 가지 포태법이 성립한다. 양간을 중심으로 십이운성을 순행(順行) 적용하는 방법을 양포태(陽胞胎)라 하고, 음간을 중심으로 십이운성을 역행(逆行) 적용하는 방법을 '음포태(陰陽胞)'라 한다. 음포태론은 음과 양이 각각 따로 탄생하고 따로 성장하다가 따로 소멸한다는 음양생사 이론이다.

천간 甲을 중심으로 십이운성을 배속한 예를 들면, 甲이 申에서 절(絶)이 되고, 酉에서 태(胎)가 되며, 戌에서 양(養)이 되고, 亥에서 장생(長生)이 되며, 子에서 목욕(沐浴)이 되고, 丑에서 관대(冠帶)가 되며, 寅에서 건록(建祿)이 되고, 卯에서 제왕(帝旺)이 되며, 辰에서 쇠(衰)가 되고, 巳에서 병(病)이 되며, 午에서 사(死)가 되고, 未에서 묘(墓)가 된다(양포태).

표현법은 "亥는 甲木의 장생지이다.", "甲은 午에서 사한다." 등이다.

천간 乙을 중심으로 십이운성을 배속한 예를 들면, 乙이 酉에서 절(絶)이 되고, 申에서 태(胎)가 되며, 未에서 양(養)이 되고, 午에서 장생(長生)이 되며, 巳에서 목욕(沐浴)이 되고, 辰에서 관대(冠帶)가 되며, 卯에서 건록(建祿)이 되고, 寅에서 제왕(帝旺)이 되며, 丑에서 쇠(衰)가 되고, 子에서 병(病)이 되며, 亥에서 사(死)가 되고, 戌에서 묘(墓)가 된다(음포태). 표현법은 "亥는 乙木의 사지이다.", "乙은 午에서 장생한다." 등이다.

천간을 중심으로 지지를 대비하는 방법이 몇 가지 있다.
아래는 십이운성을 일간 기준으로 네 지지에 대비한 예이다.

丁甲壬丁	丁乙壬丁	乙戊丙戊	丁己丙戊
卯子寅酉	卯亥寅酉	卯午辰丑	卯未辰丑
왕 욕 록 태	록 사 왕 절	욕 왕 대 양	병 대 쇠 묘

음간(陰干)을 따로 구분하지 않고 양간(陽干)에 편입시켜 양간 중심으로 대비하였다.
즉 甲과 乙을 공히 木으로 간주하고 보는 방법이다.

丁乙壬丁
卯亥寅酉
왕 생 록 태

십이운성표(十二運星表: 화토동궁법火土同宮法으로 표시)

\	甲	乙	丙戊	丁己	庚	辛	壬	癸
절(絶)	申	酉	亥	子	寅	卯	巳	午
태(胎)	酉	申	子	亥	卯	寅	午	巳
양(養)	戌	未	丑	戌	辰	丑	未	辰
생(生)	亥	午	寅	酉	巳	子	申	卯
욕(浴)	子	巳	卯	申	午	亥	酉	寅
대(帶)	丑	辰	辰	未	未	戌	戌	丑
록(祿)	寅	卯	巳	午	申	酉	亥	子
왕(旺)	卯	寅	午	巳	酉	申	子	亥
쇠(衰)	辰	丑	未	辰	戌	未	丑	戌
병(病)	巳	子	申	卯	亥	午	寅	酉
사(死)	午	亥	酉	寅	子	巳	卯	申
묘(墓)	未	戌	戌	丑	丑	辰	辰	未

년간이나 월간, 시간을 중심으로 각각의 지지에 대비할 수도 있고, 원국과 운을 대비할 수도 있으며, 운의 천간을 그 지지에 대비할 수도 있다. 즉 원국, 대운, 태세, 월운 등 모든 경우에서 서로 대비할 수 있다.

그러나 이 모든 경우에서 반드시 천간이 기준이 되며, 지지는 기준이 될 수 없다. 그리고 지지의 지장간을 기준으로 십이운성을 찾을 수도 있다. 예컨대 亥에는 戊甲壬이 들었으므로 지장간 甲이 亥에서 장생(長生)에 해당하고 지장간 壬이 亥에서 건록(建祿)에 해당한다.

丁甲壬丁
卯子寅酉
사 왕 병 욕　　　　월간 壬을 기준으로 십이운성을 배속한 예이다.

13-3. 십이운성(十二運星)의 적용(適用)

십이운성은 천간을 지지에 대비함으로써 천간의 역량이나 상대적인 강약 등을 판단하는 데 주로 쓴다. 그런데 음간(陰干)을 따로 보지 않고 양간(陽干)에 편입시켜 양간 중심으로 보는 것이 좋다. 음간의 십이운성 이론, 즉 음포태(陰胞胎) 이론에 문제점이 있기 때문이다.

십이운성은 일간의 강약을 판단하는 수단으로 쓰지 않는 것이 좋다. 꼭 쓰고 싶다면 전술한 바와 같이 양간 중심으로 써야 통근법(通根法)이나 득령법(得令法) 등과 상치(相馳)됨이 적어진다.

십이운성의 단계를 살핌에 있어서 예컨대 천간이 사절지(死絶地)에 해당한다고 해서 죽음으로 판단한다거나, 욕지(浴地)에 해당한다고 해서 주색(酒色)에 빠진다고 판단한다거나, 건록지(建祿地)에 해당한다고 해서 출세(出世)한다고 판단하는 등의 오류를 범해서는 안 된다. 원국과 운의 생극비설상(生剋比洩傷) 작용으로 생기는 결과를 십이운성 때문에 생긴 결과로 판단해선 안 되기 때문이다. 십이운성으로는 길흉희비(吉凶喜悲)를 가릴 수 없다.

다음은 십이운성의 각각의 단계별 특성에 대한 해석 예(例)인데, 합리적인 근거는 약하거나 없는 것이니 다만 참고로만 보기 바란다.

1) 절(絶, 수기受氣, 포胞)
한 세대가 끝나고 공허한 상태가 되었으나
이때부터 새로운 탄생의 기미가 되는 미세한 기(氣)를 받기 시작한다.
외부에서 오는 충격에 흔들리기 쉬우며 인정에 이끌리고 거짓에 속기 쉽다.
년주가 절이면 조상의 음덕이 부족하여 초년에 고생이 많고 타향살이를 할 수 있다.
월주가 절이면 성장 과정에 고생이 많고 부모 형제와 인연이 없는 경우가 많다.
일주가 절이면 불안하며 부모 형제와 함께 살기 어려우며 주색으로 인해 부부불화가 잦다.
시주가 절이면 자식이 총명하나 중도에 애로가 있고 자식으로 인해 근심이 있다.

2) 태(胎)
모친의 뱃속에서 잉태되는 시기이다.
앞날에 대한 희망과 발전을 계획하지나 본격적인 활동력을 발휘하지는 못한다.
년주가 태이면 자식이 유년 시절에 고생이 많고, 말년에 가족 때문에 고민을 할 수 있다.
월주가 태이면 크게 성공하기는 어렵다.
일주가 태이면 부부 운이 좋지 않으며 자식 때문에 고민할 일이 생긴다.
시주가 태이면 자식이 가업을 계승하지 못하고, 딸을 많이 두게 된다.

3) 양(養)

모태 속에서 점점 자라나는 시기이다.

봉사심이 강하며 어려움을 당해 괴로워하고 물러서게 된다.

성실하며 낙천적이지만 추진력은 약하다.

년주가 양이면 장남인 경우가 많고, 일찍 분가하여 독립생활을 한다.

월주가 양이면 초년부터 타향살이하게 되며, 여자로 인해 패가망신할 수 있다.

일주가 양이면 모친과 연이 박하다.

시주가 양이면 자식 인연이 없어서 무자식인 경우가 있다.

4) 생(生, 장생長生)

이 세상에 처음 태어나는 시기이므로 어려움은 있으나 결과는 좋다.

온건하고 지혜가 있어서 매사에 처신을 원만히 하며 예술성과 창의성이 풍부하다.

년주가 장생이면 조상이나 부모의 덕이 많고 의식이 넉넉하며 늙어서 좋은 운이 온다.

월주가 장생이면 부모 형제 덕이 좋고 인덕이 있으며 중년부터 발전한다.

일주가 장생이면 부부 운이 좋으며 부모 형제와 화목하다.

시주가 장생이면 귀한 아들을 두게 되며 자녀가 효성이 깊다.

5) 욕(浴, 목욕沐浴)

목욕하고 몸을 깨끗하게 하는 단계이므로 모습은 아름다우나 춥고 숨 막히는 어려움과 고통이 있는 시기이다. 양간(陽干)은 도화살(桃花煞), 함지살(咸池煞), 패살(敗煞)에 해당한다.

이성 문제의 색정 관계에 빠지거나 허영심에 화려한 생활을 좋아하고 낭비하며

주색과 방탕한 생활 등으로 실패와 좌절을 겪기 쉽다.

년주가 목욕이면 조상과 부모 대에 실패가 있었고, 그 부부도 이별 수가 있었다.

월주가 목욕이면 부부 인연이 바뀔 수 있고 이성 관계에 문제가 생길 수 있다.

일주가 목욕이면 타향살이를 하게 되며, 부모와의 인연이 없어 생리사별할 수도 있다.

시주가 목욕이면 자식과 인연이 박하여 말년에 고독하게 지낸다.

6) 대(帶, 관대冠帶)

성장한 청년기에 해당하므로 성인으로서 의도대로 활동하기 시작하며

책임과 의무를 맡게 되는 시기이다.

타인과 경쟁하는 성향이 발휘된다.

년주가 관대이면 중년에 부부 인연이 바뀔 수 있고 노년기에는 운이 좋다.

월주가 관대이면 사회적으로 출세하나 가정적으로는 화목하지 못한 일이 자주 생긴다.

일주가 관대이면 자녀가 총명하고 영리하여 노후에 행복해진다.

시주가 관대이면 자식이 크게 출세하고 자신도 명망을 얻는다.

7) 록(祿, 건록建祿, 임관臨官, 관록官祿)

부모의 그늘을 완전히 벗어나 스스로 독립하는 시기이므로 자수성가하게 되는 시기이다.

공평무사하고 원칙을 지키며 치밀하게 생활하면서 명예와 체면을 유지한다.

년주가 건록이면 초년에 순탄하며 말년에도 평안하게 된다.

월주가 건록이면 부모가 성공하여 부모의 유산을 받을 수 있고 중년에 발전한다.

일주가 건록이면 집안을 이끌게 되고, 재물이 있으면 처가 흉하게 되고,

재물이 없으면 처가 장수하게 된다.

시주가 건록이면 자녀가 출세하게 되며, 자신은 노년기에 행복한 생활을 한다.

록(祿)은 건록(建祿), 관록(官祿), 관(官) 등으로도 불린다.

- 자평학에서 록(祿)은 두 가지 뜻이 있다. 하나는 십이운성 건록지(建祿地)를 뜻하는데, 예를 들면 甲의 건록은 寅, 乙의 건록은 卯, 丙戊의 건록은 巳, 이와 같은 것이다. 다른 하나는 정관(正官)을 뜻하는데, 예를 들면 壬午 일주나 癸巳 일주와 같이 정관(祿)과 정재(馬)가 한 지지의 지장간에 다 들어있어 녹마동향(祿馬同鄉)을 논할 경우의 록(祿: 정관)이 그것이다. 삼명학에서의 녹마(祿馬)는 건록(建祿)과 역마(驛馬)를 뜻하며, 이를 천록(天祿), 천마(天馬), 활록(活祿), 활마(活馬)로 상론(詳論)하고 있다. 대부분 비견에 불과한 건록을 벼슬(官祿)로 인식하려는 어정쩡한 오류를 갖고 있는데, 출세하는 시기라는 인식이 있기 때문이다. 벼슬은 건록(비견)과 무관한 것이며 십신 관성의 소관이다(십신론을 참고하라).

8) 왕(旺, 제왕帝旺)

많은 경험과 연륜이 쌓여 전성기를 누리는 시기이다.

간섭이나 지배를 받지 않고 투기와 요행을 바라며 물욕이 강해진다.

독선 때문에 괴로움을 겪기 쉽다.

년주가 제왕이면 조상이 부자이거나 높은 벼슬을 했으며, 자신은 자신감이 강하다.

월주가 제왕이면 모든 일에 앞장서려 하고 역량과 수완이 뛰어나다.

일주가 제왕이면 성격이 지나치게 강해질 수 있고, 타향살이하게 될 수 있다.

시주가 제왕이면 자녀가 가문을 빛내거나 혹 자식을 잃든지,

자신이 질병으로 고생할 때가 있다.

9) 쇠(衰)

서서히 쇠퇴하기 시작하는 시기이다.

기운이 쇠락하기 시작하므로 조용해지고 차분해진다. 뜻하지 않은 재액을 당할 때가 있다.

년주가 쇠이면 말년이 불길하고 부모의 덕이 없다.

월주가 쇠이면 유약하여 타인으로 인해 해를 입을 수 있다.

일주가 쇠이면 부모운이 없어서 타향살이한다.

시주가 쇠이면 자식 복이 없고 말년이 좋지 않아 쓸쓸하게 지낸다.

10) 병(病)

기혈의 순환이 활발하지 못하며 건강을 잃기 쉬운 시기이다.

고요함을 즐기고 무력하게 된다.

년주가 병이면 부모가 병약하거나 자신이 초년의 질병으로 고생한다.

월주가 병이면 중년부터 건강이 좋지 못하다.

일주가 병이면 어린 시절 질병을 앓고,

부부 운이 좋지 않아 이별하지 않으면 배우자의 질병으로 인해 고생할 수 있다.

시주가 병이면 자손 인연이 박하거나 자녀의 병으로 인해 고생하는 수가 있다.

11) 사(死)

모든 것을 정리하고 쉬는 시기이다.

기력과 의욕이 거의 사라져서 큰일을 처리하지 못하며 매사에 근심과 걱정을 하게 된다.

년주가 사이면 부모 곁을 떠나 타향살이를 한다.

월주가 사이면 형제 덕이 없고 머리는 좋으나 활동력이 부족하다.

일주가 사이면 초년에 질병으로 고생하게 되고 부부 운도 좋지 않다.

시주가 사이면 자식 운이 불리하고 괴로움이 생긴다.

12) 묘(墓, 장藏, 고庫, 장葬)

무덤 속에 갇힌 시기이므로 무력해지고 쓸모가 없게 되는 시기이다.

항상 걱정과 근심 그리고 괴로움이 있으며 부부 이별이 있을 수 있다.

년주가 묘이면 고향에서 집을 지키며 선조 봉사에 힘을 쓴다.

월주가 묘이면 부모 형제와 배우자 인연이 박하고 타인으로 인해 손해를 보는 수가 있다.

월주가 묘이면 부모의 덕이 없고 타향살이를 하며 중년 이후부터 발전한다.

시주가 묘이면 초년에 질병으로 고생하는 수가 있고 자식 운도 나쁘며 말년에 외롭게 된다.

13-4. 십이운성(十二運星)과 삼합(三合)

지지에서 발생하는 천간의 木火金水 네 가지 기운은 각각 생(生), 왕(旺), 묘(墓)의 세(맹월, 중월, 계월) 단계에서 서로 삼합을 결성하는 오행이 된다. 즉 순환의 중요한 세 시점(時點)은 서로 합(合)이 되는 특성을 가진다.

  木의 십이운성 생왕묘에서 亥卯未 삼합 木국이 되고
  火의 십이운성 생왕묘에서 寅午戌 삼합 火국이 되며
  金의 십이운성 생왕묘에서 巳酉丑 삼합 金국이 되고
  水의 십이운성 생왕묘에서 申子辰 삼합 水국이 된다.

木火金水는 자신의 묘지에서 입묘하지만, 십신의 측면에서 본다면, 木은 자신의 재성지에서 입묘하고, 火는 자신의 식상지에서 입묘하며, 金은 자신의 인성지에서 입묘하고, 水는 자신의 관성지에서 입묘한다. 그러므로 묘는 생극제화와 관련이 없으며, 辰未戌丑 운이 옴으로 인해서 발생하는 기운의 쇠락 현상이다.

土는 토국(土局)을 이루지 못한다. 생멸이 없기 때문이다.

13-5. 십이운성(十二運星)의 합리성(合理性)

음양순역(陰陽順逆, 양순음역陽順陰逆)의 원리는 합리적인 논리이다. 자연의 질서를 볼 때, 양이 순행 인식하면 음이 역행 인식하고, 음이 순행 인식하면 양이 역행 인식한다. 예를 들어서 양남이 양년에 태어나면 대운이 순행하고, 음남이 양년에 태어나면 대운이 역행하며, 음녀가 음년에 태어나면 대운이 순행하고, 음녀가 양년에 태어나면 대운이 역행하는 이치가 그것이다.

그런데 천간의 음양에 따라서 십이운성의 생왕묘절의 순환 방향이 상호 반대라고 주장하는 이론이 있다. 이를 '음양생사론(陰陽生死論)'이라 한다. 이 이론은 "음생양사(陰生陽死)하고 양생음사(陽生陰死)한다."고 보는 이론이다. 즉 양이 죽을 때가 되어서야 음이 태어난다는 관점의 이론이다. 예컨대 甲은 亥에서 장생지(長生地)가 되지만 乙은 午에서 장생지가 된다고 하고, 甲은 午에서 사지(死地)가 되지만 乙은 亥에서 사지가 된다고 한다. 그러나 이는 언뜻 생각하기에 순역 개념이 들어있어 보여 바른 법칙인 것 같지만 실제로는 바른 논리가 아니다.

이와 달리, "음양은 일체이기에 같이 태어나고 같이 죽는다."라고 보는 이론을 '음양동생동사론(陰陽同生同死論)'이라 한다. 예컨대 지지의 木은 亥월에 甲의 모습으로 생(生)하여 卯월에 왕(旺)해지면서 乙의 모습으로 전화(轉化)하고, 未월에 입묘(入墓)하며, 申酉戌월에 멸절(滅絶)한다고 본다. 즉 음과 양은 삶과 죽음의 시기를 각각 따로 겪는 존재가 아니며, 양이 극성하면 음으로 바뀐다는 음양전화(陰陽轉化)의 원리를 따라, 卯월에 甲이 乙로, 午월에 丙이 丁으로, 酉월에 庚이 辛으로, 子월에 壬이 癸로, 모습이 바뀐 동일체(同一體)로서 함께 생멸(生滅)을 겪는 존재라고 인식하는 이론이다.

고서들을 살펴보면 이 문제에 대해 취한 입장이 양분되어 있다.

◇ 음양생사론: 명서, 연해자평, 삼명통회, 신봉통고, 자평진전 등
◇ 음양동생동사론: 낙록자삼명소식부주, 오행대의, 원천강오성삼명지남, 명리약언, 적천수천미, 자평진전평주 등

두 이론 중에서 틀린 이론은 음양생사론이다. 왜 틀렸는지 살펴보자.

예를 들어, 만약 누군가가 돌멩이 하나를 전방(前方)을 향해 던졌을 때, 그 돌멩이의 앞면(양)과 뒷면(음)이 각각 서로 반대 방향으로 날아가겠는지 생각해보라. 아마 그런 일은 절대 일어나지 않을 것이다. 그러나 음양생사론에 기초한 음포태 이론은 실제 그런 일이 일어난다고 보는 이론이다(음과 양이 서로 반대 방향으로 움직인다고 여긴다).

고서에서 "천도는 좌선하고 지도는 우선한다(天道左旋, 地道右旋)"라고 하는데, 이 말도 자연과학의 측면에서 보면 거짓말이다. 천도는 양으로, 지도는 음으로 볼 수 있는데, 음양은 동체(同體)이므로 천도든 지도든 둘 다 똑같은 회전 방향을 가질 수밖에 없다. 은하계 사진을 보라. 모든 것이 은하계 중심을 향해 같은 방향으로 회전하고 있지 않은가?

또 예를 들어, 태극도(太極圖)를 보자. 음과 양이 순역이고 방향이 반대라면 각자 따로 멀어져야 할 것인데, 그림의 형상(形狀)을 보면 서로 멀어지는 형상이 아니다. 음은 양의 뒤를 따르고 있고, 양도 음의 뒤를 따르고 있다. 분명한 것은 음양이 움직이고 있는 방향이 서로 반대 방향이 아니라는 점이다. 즉 태극도에 나타난 음양은 서로를 마주 보며 항상 같은 방향으로 함께 가고 있는 형상이다.

양순음역은 움직이는 방향이 서로 반대라는 뜻이 아니라, 같이 움직임에도 불구하고 음과 양이 그 움직임에 대해 받아들이고 이해하는 방법이 서로 반대라는 뜻이다. 예를 들면, 달리는 기차 안에서 남녀가 서로 마주 보고 앉았을 때, 기차의 움직임에 대해 전방을 보고 앉은 쪽은 기차가 전진(前進)하고 있다고 인식하지만, 후방을 보고 앉은 쪽은 출발점에서 후퇴(後退)하고 있다고 인식하게 된다. 양순음역은 그런 개념으로 이해해야 바른 것이지, 음과 양이 정말 서로 반대 방향으로 움직인다고 이해해서는 안 되는 것이다. 음양은 일체인데 한 몸이면서 어찌 각자 반대 방향으로 움직이겠으며 서로 멀어질 수가 있겠는가?

또 예를 들어, 천간지지의 천간을 양으로 볼 수 있고, 지지를 음으로 볼 수 있는데, 음양생사론(陰陽生死論)에 따르자면, 천간이 생(生)하면 지지는 사(死)해야 하고 천간이 사(死)하면 지지는 생(生)해야 한다고 논해야 한다. 이것이 과연 맞는 논리이겠는가? 천간이 태어나면 지지가 죽어야 마땅하고, 지지가 태어나면 천간이 죽어야 마땅하다는, 정말 어처구니없는 논리가 바로 음양생사론(음포태론)이다.

음이 많아지면 양이 적어지고, 음이 적어지면 양이 많아진다는 음양소장(陰陽消長) 이론이 있는데, 이것을 음양생사(陰陽生死) 이론으로 오해하는 사람들이 아주 많다. 왜냐하면 '생(生)과 사(死)가 음양의 상대성을 뜻하고 있으니 음양의 이치에 잘 부합한다.'라고 여기기 때문이다. 그래서 "음양생사 이론은 진리가 분명하다."하며 단언한다. 그리고는 구체적인 증거들을 제시하기도 하는데, 사실 그 증거들이란 게 알고 보면 모두다 하나같이 음양소장의 예들인데도 그걸 음양생사의 예들로 착각하고들 있다. 단언컨대 음양생사 이론은 엉터리 이론이다.

음양은 동시공존(同時共存)하는 일체(一體)이며, 항상 같이 살고 같이 죽는 동일 운명체이다. 예컨대 사람의 육체는 음이고 정신은 양이라 할 수 있는데, 육체와 정신은 동생동사(同生同死)하는 것이지, 육체가 생(生)할 때 정신이 사(死)하고 정신이 생(生)할 때 육체가 사(死)하는 것이 아니다. 그러므로 둘을 생사의 순역 관계로 논할 수가 없다.

또 예를 들어, 어떤 물체(物體)가 생성(生成)되고 소멸(消滅)되는 현상을 살펴보자. 어떤 물체의 상하(上下), 좌우(左右), 표리(表裏)는 각각 양과 음이다. 그러므로 그 물체가 생성될 때 상하와 좌우 그리고 표리는 항상 동시에 생성된다. 그리고 그 물체가 소멸할 때도 그것들이 항상 동시에 소멸한다. 즉 위가 생길 때 아래가 동시에 생기고, 겉이 생길 때 속이 동시에 생긴다. 소멸할 때도 마찬가지이다. 그런데 음양생사(음포태) 이론은 그것들이 각각 따로 생성 및 소멸한다고 논하고 있다. 즉 "위가 생길 때 아래가 죽고, 아래가 생길 때 위가 죽는다." 이런 식으로 논하고 있다. 이것이 이해 가능한 논리이겠는가?

음양동생동사론은 음양이 동시에 태어나서 동시에 죽는다는 올바른 이론이지만, 현재의 십간(十干) 논리 체계로는 그것을 증명하기 어렵다. 십간들을 각각 순음 및 순양인 것처럼 분리하여 제시해 놓았기 때문이다. 즉 현재의 십간론이 '甲에는 오직 양(陽)만 있고, 乙에는 오직 음(陰)만 있다.'라고 착각하도록 이론을 제시해 놓았기 때문이다.

음양생사론은 음양을 잘못 배운 사람들이 만들어 낸 오류이다.

음양 공부를 소홀히 하고 오행 공부에만 집중하면 사이비 학자가 되기 쉽다는 점을 다시 한번 강조한다.

십이지지의 내부에 존재하는 천간의 기운 중에서, 사행(四行) 木火金水는 생멸(生滅)의 순환(循環)을 겪지만, 土는 생멸의 순환을 겪지 않는다. 즉 土에게는 십이운성이 없다. 그럼에도 불구하고 수토동궁(水土同宮: 신봉통고)이니 화토동궁(火土同宮: 연해자평)이니 하며 土를 水 혹은 火의 십이운성에 더부살이하도록 만들어 놓았는데, 서자평 이전의 고법 명리나 육효 이론, 풍수 이론 등에서는 土를 水에 편입시켰고(水土同法), 신법 명리에서는 水 혹은 火에 편입시켰다가 점차 火에만 편입시켰다(火土同法). 생각해보라. 土가 왜 이런 대접을 받아야 했겠는가? 적용 대상이 아니었던 것을 억지로 적용하려니 이리저리 보내버리는 그런 편법(便法)을 쓸 수밖에 없었을 것이다.

이제는 술사들이 합리적 의심도 없이 고서의 화토동궁(火土同宮) 이론을 그대로 믿으며 간명에 적용하고 있는데, 이래서는 안 된다.

삼명통회의 원조화지시(原造化之始) 장에서 土의 특성을 다음과 같이 논했다.

"其曰 春木夏火秋金冬水 皆假合之論 土無所歸配於四季 不知土之氣在天地內 何日不然 何處不有 何止流行於季月之晦 季月之晦尙有 而孟月之朔卽滅 其滅也歸於何所 其來也孰爲命之"

"그가(周子) 말하기를, '봄은 木이고, 여름은 火이며, 가을은 金이고, 겨울은 水이다.'라고 했는데, 모두 거짓된 이론이다. 土가 사계에 배속되지 않았다. 土의 기운은 천지의 내부에 존재하는데, 언제 그렇지 아니한지, 어디에 있지 아니한지, 어찌 계월 끝까지 유행하다 그치는지, 계월 끝까지 있다가 맹월 처음이면 사라지는데, 사라져도 어디로 돌아 가버리는지, 돌아와도 누가 명령한 것인지를 모른다."

위 문장은 土의 특성을 단적으로 표현하고 있다. 土는 천지에 존재하되 언제 태어나고 사라지는지 그 시종(始終)을 알 수 없다고 했다. 십이운성은 목화금수용(木火金水用)이지 토용(土用)이 아니다. 만약 십이 지지가 오행운동(五行運動)을 한다면, 土의 십이운성이 성립한다. 그러나 지지가 오행운동을 하지 않고 사상변화(四象變化)를 겪기 때문에 土의 십이운성은 성립할 수 없다.

음양생사를 논한 책인 연해자평과 신봉통고(명리정종)에 '토명불론포태(土命不論胞胎)'란 문장이 있는 걸 보고 필자는 놀랐다. '土 일간은 포태를 논하지 않는다.'라는 문장이었다. 이것저것 이론들을 모아 놓은 게 고서인데, 그 가운데 저런 문장이 있는 걸로 보아 옛사람 중에도 깨어 있는 사람이 있었던 것 같다.

그간 명리 이론이 土를 십이운성 대상으로 삼는 오류를 범한 이유는 지지의 운행이 사상변화라는 점을 학자들이 이해하지 못했기 때문이다.

土를 제외한 사행(木火金水)의 생장소멸의 시기는 십이지지의 지장간에 표시되어 있다. 예를 들면 木은 亥에서 甲으로 태어나 未에서 乙로서 죽고, 火는 寅에서 丙으로 태어나 戌에서 丁으로서 죽으며, 金은 巳에서 庚으로 태어나 丑에서 辛으로서 죽고, 水는 申에서 壬으로 태어나 辰에서 癸로서 죽는다. 그러므로 음포태를 생각할 필요가 없다.

십 천간이 각각 순양과 순음으로 구성된 것인 줄 학자들이 오해하고 있는데, 순양이나 순음으로만 구성된 사물은 있을 수 없다. 이것은 형이상학에서도 마찬가지이다. 즉 음과 양은 각각 단독으로 분리되어 존재할 수 없는 것이다. 그러므로 甲 안에도 음양(甲乙)이 있고, 乙 안에도 음양(甲乙)이 있다. 따라서 음양은 동생동사하는 것이 되지 않을 수 없다. 음포태 이론은 반드시 버려야 한다.

13-6. 장생(長生)과 생(生)의 구별(區別)

십이운성(十二運星)의 장생(長生) 개념과 생극비설상(生剋比洩傷)의 생(生) 개념은 서로 다른 것이다. 그러므로 장생(長生)과 생(生)을 서로 분명하게 구별하여 이해해야 한다.

십이운성의 장생(長生)은 해당 기운이 갓 탄생한 시점(時點)임을 뜻하고, 그 기운의 시발점(始發點)이자 미약(微弱)한 시기(時期)임을 뜻한다.

생극비설상의 생(生)은 상대에게서 도움을 받고 있음을 뜻하고, 상대에서 오는 작용력(作用力)을 뜻한다. 일기시종론을 참고하여 장생을 바르게 이해하라.

木, 火, 水, 金 이 네 종류의 일간을 지지 오행에 대비하면서 장생과 생을 구분해 보자. 戊 일간과 己 일간은 대비 대상이 아니다.

○甲○○	○丙○○	○壬○○	○庚○○
○○亥○	○○寅○	○○申○	○○巳○
장생 겸 생	장생 겸 생	장생 겸 생	장생 겸 극

천간의 木, 火, 水에 대해 지지 亥, 寅, 申은 각각 십이운성의 장생(長生)과 생극비설상의 생(生)을 겸한다. 이것은 태어난 시점에 생을 받고 있는 형상이다. 그런데 천간의 金에 대해 지지 巳는 장생이지만 극(剋)이 된다. 이것은 태어난 그 시점에서 극을 받은 형상이 된다.

壬乙甲丙	己丁乙乙	戊辛丙甲	乙癸癸丁
午巳午午	酉酉酉酉	子亥子子	卯卯卯卯
장생 겸 설	장생 겸 상	장생 겸 설	장생 겸 설

음포태(오류임)의 장생(長生)을 생(生)으로 오해하면 위와 같이 모두 신약(身弱)한 사주들을 신강(身强)한 사주들로 오판(誤判)하게 된다.

생극제화와 십이운성이 상치(相馳)되는 부분이 있다. 예컨대 丑은 金을 생(生)하는 오행이지만 金의 입묘지(入墓地)도 된다. 丑의 生은 명목상의 생금(生金)이지만 실제로는 金 기운이 쇠락하는 시기이다.

13-7. 십이운성(十二運星)의 수정(修正)

십이운성의 가치는 오행 기운의 생멸 시점을 제시했다는 점에 있다. 십이운성을 바르게 이해할 수 있는 방향을 제시한다. 음포태법에는 바른 이치가 없으므로 십이운성은 음양간 구별 없이 오행을 기준으로 적용해야 하고, 오행 중 土는 적용 대상이 아니므로 십이운성은 오행(五行)이 아닌 사행(四行)에 제한하여 적용되어야 마땅하다. 지지가 사상(四象)의 흐름으로 구성되어 있기 때문이다.

수정십이운성표(修正十二運星表)

段階	甲乙	丙丁	戊己	庚辛	壬癸
절(絶)	申	亥		寅	巳
태(胎)	酉	子		卯	午
양(養)	戌	丑	대	辰	未
생(生)	亥	寅	비	巳	申
욕(浴)	子	卯	불	午	酉
대(帶)	丑	辰	능	未	戌
록(祿)	寅	巳		申	亥
왕(旺)	卯	午		酉	子
쇠(衰)	辰	未		戌	丑
병(病)	巳	申		亥	寅
사(死)	午	酉		子	卯
묘(墓)	未	戌		丑	辰

명운(命運)도 음양이다.

명(命)은 체(體)이고 운(運)은 용(用)이다. 그러므로 명운은 음양이다.

명은 타고난 것이며 선천(先天)을 뜻하고, 운은 타고난 이후에 받게 되는 기운이며 후천(後天)을 뜻한다. 그런데 '타고난 명은 절대 변하지 않는다.'라고 잘못 생각하기 쉽다. 운이 명에 변화를 주기 때문에 명도 변한다. 음양을 반대 개념으로만 받아들이면 '고정불변과 변화'라는 극단적인 대비만 하게 되어 음양의 특성인 상대성(相對性)을 놓치게 된다. 명과 운은 체용 관계이며 음양 관계이다. 그러므로 '명은 운보다 변화가 적고, 운은 명보다 변화가 많다.'라고 판단하는 것이 적절하다.

명이 변화하는 예를 들어본다.

○甲丙○
○○寅○

이 사주에 庚午 운이 오면 월지가 어떻게 되겠는가? 寅이 본성을 잃고 午로 변할 것이다. 이것이 바로 명(원국)이 변하는 예이다. 내가 우리 집안에서 우리 부모의 유전자를 받아서 태어났다는 사실 등은 절대 변할 수 없는 부분이겠지만, 그런 걸 제외하면 명에도 변하는 부분이 분명히 있다.

생각해보라. 사주에 변화가 전혀 생기지 않는다면 운이 들어온들 무슨 소용이 있겠는가?

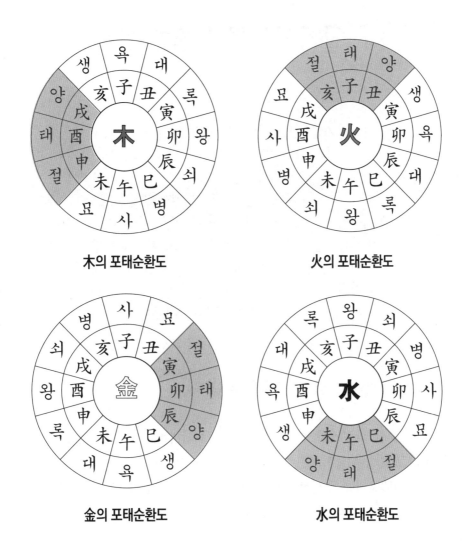

木의 포태순환도　　　火의 포태순환도

金의 포태순환도　　　水의 포태순환도

◆ 십이운성 이론과 유사한 왕상휴수(旺相休囚) 이론 또는 왕상휴수사(旺相休囚死) 이론이 있는데, 십이운성의 모태가 된 것으로 추정된다. 예를 들면,

"봄에는 木이 왕(旺)하고, 火가 상(相)하며, 水가 휴(休)하고, 金이 수(囚)하며, 土가 사(死)한다."

"겨울에는 水가 왕(旺)하고, 木이 상(相)하며, 金이 휴(休)하고, 土가 수(囚)하며, 火가 사(死)한다."

242쪽의 '왕상휴수사표(旺相休囚死表)'를 참고하라.

14. 일기시종론(一氣始終論)

　　지지의 기운은 모두 천간의 기운이 와서 발현(發現)한 것이다. 즉 천간의 기운이 특정한 시기에 지지에서 발현하고, 그 기운이 강해지다가 다시 약해지며 나중에는 사라진다. 그리고 다시 그 과정을 반복한다.
　　일기시종(一氣始終)이란 지지(地支)에서 생멸(生滅)하는 천간(天干)의 한 기운이 시작되었다가 마치기까지 걸리는 기간(期間)을 말한다.
　　일기시종론은 지지의 사상(四象) 속에 든 木火金水의 기운이 어떤 과정으로 발생(發生)하고 소멸(消滅)하는지를 밝힌 이론이다. 오행 기운의 시작과 마침을 잘 파악하면, 지지가 가진 지장간에 대해 바르게 이해할 수 있게 된다. 즉 지장간의 실체를 알 수 있게 된다.

14-1. 지지(地支) 목화금수(木火金水)의 시종(始終)

　　지지의 사상의 순환 과정에서 木火金水(천간의 기운)의 각 기운이 탄생(誕生)하고 소멸(消滅)하는데, 그 과정을 살펴보면 木 기운은 亥子丑월에서 시작하여 申酉戌월에서 마치고, 火 기운은 寅卯辰월에서 시작하여 亥子丑월에서 마치며, 金 기운은 巳午未월에서 시작하여 寅卯辰월에서 마치고, 水 기운은 申酉戌월에서 시작하여 巳午未월에서 마친다.

　　이를 더 세분하면 다음과 같다. 木 기운은 亥월에 발생하여 酉월에 소멸하고, 火 기운은 寅월에 발생하여 子월에 소멸하며, 金 기운은 巳월에 발생하여 卯월에 소멸하고, 水 기운은 申월에 발생하여 午월에 소멸한다. 다만 그 "소멸한다."는 것이 완전소멸인지, 극히 미미한 0.0000001%의 기운이나마 존재하는 것인지 알기 어렵다.

　　천간은 오행이 주재(主宰)하므로 오행의 순환이 일어나고, 지지는 사상(四象)이 주재하므로 계절의 순환이 일어난다. 계절에는 木, 火, 土, 金, 水의 천간 기운들이 들어있는데, 土를 제외한 木火金水의 각 기운은 사상의 흐름 속에서 태어났다가 사라지는 과정을 겪게 된다. 십이지지의 계절(사상)이 네 단계이므로, 각각의 기운들은 9개월씩 존재하다가 3개월간 사라진다. 土가 있어서 3개월마다 새로운 기운이 생기고 이어지므로 사상은 끊임없이 순환한다. 그러나 土는 시종(始終)하지 아니한다. 사상 속에서 木火金

水와 항상 동행하기 때문이다.

지지 속에 존재하는 천간의 기운들은 그 기운이 탄생하고 소멸하는 동안 연속성(連續性)을 가지면서 木火金水의 기운들을 서로 이어주고 있다. 예컨대 木 기운은 亥에서 시작하여 卯에서 가장 왕성해지고, 未에서 은퇴하며, 酉에서 완전히 사라지게 되는데, 亥에서 戌에 이르는 그 과정에 여타 오행들도 같이 편승(便乘)하면서 생멸한다. 즉 寅에서 火가 생하고, 巳에서 金이 생하며, 申에서 水가 생한다. 그리고 丑에서 金이 은퇴하고, 辰에서 水가 은퇴하며, 未에서 木이 은퇴하고, 戌에서 火가 은퇴한다(십이운성 이론과 맥락이 같다).

지지 속의 木火金水의 기운의 왕쇠(旺衰)는 기운의 상승과 하강의 측면으로 접근해서 이해해야 한다. 예컨대 木은 寅卯에서 강한 역량을 갖게 되어 기운이 표면으로 드러나고, 생극제화의 작용력을 분명하게 발휘할 수 있게 된다. 그러나 辰부터는 木이 표면적 작용력을 멈추며 내부적 역량(力量)만 갖게 된다. 그리고 그 역량은 점점 쇠퇴하면서 巳午未까지 木의 미미한 잠재적 역량을 유지하게 된다. 여타 지지의 천간 오행의 쇠왕도 그와 같이 이해해야 한다.

절태양(絕胎養)의 시기 3개월 동안에는 생명체에 작용하거나 생명체가 받아들이는 네 기운이 일시적으로 사라지지만(四象이 존재하는 원리임), 자연계 전체에서 그 기운이 완전히 사라져버리는 것은 아니다.

1) 목기(木氣)의 시종(始終)

木 기운은 亥월에서 甲으로 탄생(誕生)하고, 卯월에서 왕(旺)하여 乙이 되며(음양전화), 未월에서 입묘(入墓)하고, 申酉戌월에서 사라진다. 최강기(最强期)는 卯월이고, 최약기(最弱期)는 酉월이다.

			卯								
		寅	辰								
		丑			巳					丑	
	子				午				子		
亥					未			亥			
						申	戌				
						酉					

亥寅巳申월에 甲丙庚壬이 각각 태동하고 나서 나중에 乙丁辛癸 기운이 태동하는 게 아니라, 甲丙庚壬이 태동할 때 그 속에 乙丁辛癸 기운도 같이 포함되어 태동한다. 이것은 음

양공존(陰陽共存)의 원리에 의해 발생하는 현상이다. 그리고 卯午酉子월이 되면 甲丙庚壬의 주도권이 乙丁辛癸로 넘어간다. 이것은 음양전화(陰陽轉化)의 원리에 의해 발생하는 현상이다.

2) 화기(火氣)의 시종(始終)

火 기운은 寅월에서 丙으로 탄생하고, 午월에서 왕하여 丁이 되며(음양전화), 戌월에서 입묘하고, 亥子丑월에서 사라진다. 최강기(最强期)는 午월이고, 최약기(最弱期)는 子월이다.

			午						
		巳		未					
	辰				申				辰
卯						酉		卯	
寅					戌		寅		
					亥	丑			
					子				

3) 금기(金氣)의 시종(始終)

金 기운은 巳월에서 庚으로 탄생하고, 酉월에서 왕하여 辛이 되며(음양전화), 丑월에서 입묘하고, 寅卯辰월에서 사라진다. 최강기(最强期)는 酉월이고, 최약기(最弱期)는 卯월이다.

			酉						
		申		戌					
	未				亥				未
午						子		午	
巳					丑		巳		
					寅	辰			
					卯				

4) 수기(水氣)의 시종(始終)

水 기운은 申월에서 壬으로 탄생하고, 子월에서 왕하여 癸가 되며(음양전화), 辰월에서 입묘하고, 巳午未월에서 사라진다. 최강기(最强期)는 子월이고, 최약기(最弱期)는 午월이다.

			子						
		亥		丑					
	戌				寅				戌
酉						卯		酉	
申					辰		申		
					巳	未			
					午				

기초편 14 일기시종론

5) 토기(土氣)의 시종(始終)

십이지지 속의 土의 기운은 시종(始終)이 없다. 土가 십이지지 전체에 끊김이 없는 상태로 분산되어 있기 때문이다. 土가 십이지지 전체에 분산된 이유는 바로 지장간 때문이다. 즉 열두 지장간(원지장간 참고) 곳곳에 음양이 다른 기운들이 섞여 있기에, 그것들을 조화롭게 해주기 위해 土가 항상 존재하는 것이다.

십 천간의 양(木火)과 음(金水) 사이에 戊己土가 있듯이, 십이 지지 각각의 지장간에도 戊己土가 있어야 한다. 그렇기에 "십이지지 속의 土의 기운에 생왕묘절(生旺墓絶)이 없다."라고 하는 것이다. 그런 이치 때문에 土는 포태(십이운성)의 대상이 될 수 없다.

십이지지 속의 木火金水는 9개월만 살지만, 土는 12개월을 산다.

14-2. 원지장간(原支藏干)의 완성(完成)

이상의 일기시종 개념을 종합해서 결론을 내려 보면, 지지의 사행(四行)은 생멸(生滅)하는 과정을 겪게 되며, 십이지지에서 연차적(連次的)으로 그 기운들이 되살아나면서 이어지고 있다는 것을 알 수 있다. 그러므로 지장간은 아래와 같은 성분으로 구성되지 않을 수 없다.

	寅	卯	辰	巳	午	未	申	酉	戌	亥	子	丑
木	甲	乙	乙	乙	乙	乙				甲	甲	甲
火	丙	丙	丙	丙	丁	丁	丁	丁	丁			
土	己	己	戊	戊	戊	戊	己	己	戊	戊	戊	己
金				庚	庚	庚	庚	辛	辛	辛	辛	辛
水	癸	癸	癸				壬	壬	壬	壬	壬癸	癸

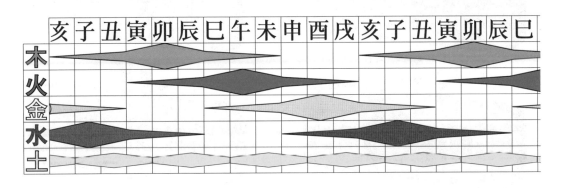

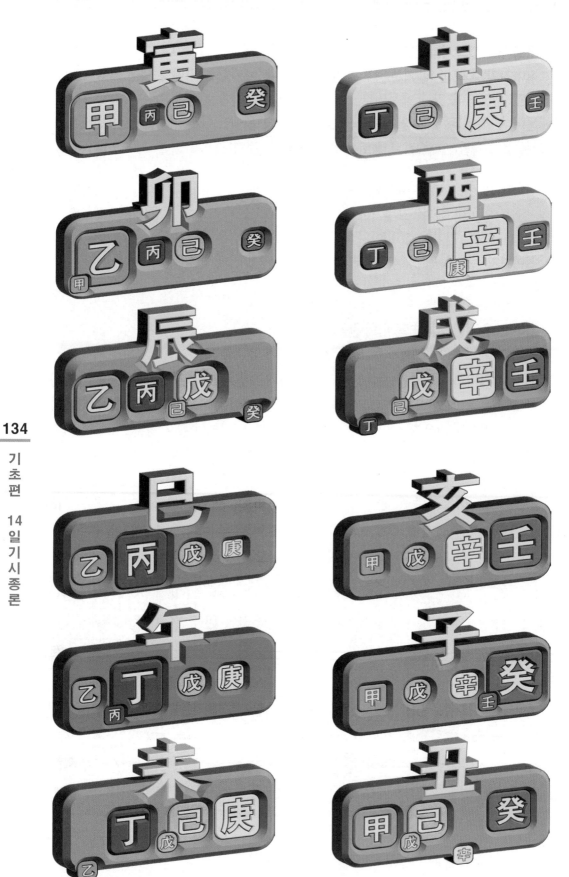

14-3. 토(土)의 이해(理解)

천간의 기운이 특정한 시기에 지지에서 발현하고, 그 기운이 강해지다가 다시 약해지며 나중에는 사라지는데, 유독 천간의 土는 지지에서 그런 과정을 거치지 않는다. 즉 천간의 土는 충기(沖氣: 가운데 기운)가 되기에 생왕묘절(生旺墓絶)을 거치지 않는다.

土는 장생(長生)도 없고, 왕(旺)도 없으며, 묘(墓)도 없고, 절(絶)도 없다. 그러므로 土는 십이운성의 적용 대상이 되지 아니한다.

언제 태어나는지 모르고 언제 가장 왕성해지는지 모르며 언제 소멸하는지 모르는 土인데, 그게 어찌 십이운성 적용 대상이 되겠는가? 그럼에도 불구하고 土를 억지로 십이운성에 넣고자 하여 무리수를 쓰게 되었는데, 土에게 독립된 생왕묘절을 지정할 수 없었기에 결국 土를 火처럼 취급하여 화토동궁법(火土同宮法)으로 처리하거나, 水처럼 취급하여 수토동궁법(水土同宮法)으로 처리하게 되었다. 예컨대 火의 장생지인 寅에다 土의 장생지를 같이 붙여 놓거나, 水의 장생지인 申에다 土의 장생지를 같이 붙여 놓는 것이 그 방식이다.

장생은 해당 기운이 탄생하는 시점을 뜻하는데, 丙火는 寅에서 탄생하지만, 戊土는 寅이나 申에서 탄생하지는 않음에도 불구하고 억지로 그곳을 土의 탄생 시점으로 만들어 버렸다. 이로 인해 십이운성 이론은 그 가치를 아예 망쳐버리게 되었다.

현재의 십이운성 이론이 처한 현실이 애석하게도 그러하다.

土는 천간 두 군데에, 지지 네 군데에 있으면서 중화적(中和的)인 역할을 하고 있으므로 천간의 土와 지지의 土를 분리하여 이해해야 한다.

표를 통해서 간략하게 알아보자.

◈ 천간 土와 지지 土의 차이

	구분	위치	기능
천간	戊己 중간토(中間土)	木火와 金水의 중간	火生土와 土生金을 순조롭게 이루어주는 음양중화(陰陽中和)의 기능
지지	辰未戌丑 사계토(四季土)	각 계절의 환절기	계절의 전환을 조화롭게 하는 사상중화(四象中和)의 기능

◆ 사계토의 작용

辰土	木(소양)에서 火(태양)로의 전환을 부드럽게 해주는 기능
未土	火(태양)에서 金(소음)으로의 전환을 부드럽게 해주는 기능
戌土	金(소음)에서 水(태음)로의 전환을 부드럽게 해주는 기능
丑土	水(태음)에서 木(소양)으로의 전환을 부드럽게 해주는 기능

그런데 이러한 지지의 土들을 대상으로 金에 대한 영향력을 비교하려는 시도를 많이 한다. 즉 어떤 土가 金을 더 잘 생(生)해 주느냐 하는 관점으로 지지의 土를 살피려는 경향이 있다(그 이유는 사주의 신강신약身强身弱을 따지기 위한 작업 때문이다). 그 예를 들어본다.

◆ 사계토의 생금 능력 비교

지지의 사계토는 모두 표면적으로는 土生金이지만, 실질적인 생금의 정도는 각각 다르다.

	동류 오행	입묘 오행	생금과 관련된 능력	생금능력 순위
辰土	木	水	木 기운이 있어서 금의 기운을 약화하므로 생금 능력이 약하다.	2
未土	火	木	火 기운이 있어서 생금하기 어렵다.	3
戌土	金	火	金 기운이 있고 火를 약화(입묘)하므로 생금 능력이 강하다.	1
丑土	水	金	水 기운이 있어서 금의 기운을 약화하고 金을 입묘하게 하여 크게 약화한다.	4

적천수천미에서 "조토불능생금(燥土不能生金: 건조한 土는 金을 생하지 못한다)"이라 하며 未戌土는 생금(生金)할 수 없고, 辰丑土만 생금이 가능하다고 보고 있는데, 지지 기운의 흐름을 생각해보면 이 이론은 잘못된 것임을 알 수 있다.

그런데 土를 토생금(土生金)의 측면으로만 즉 신강신약 판단의 도구로만 보기 시작하면 土를 바르게 이해하기 어렵다. 굳이 土의 쇠왕을 판단하자면, 土는 未에서 가장 왕하고 그 다음이 戌이며, 그 다음이 丑이고, 辰에서 가장 쇠약해진다고 볼 수 있겠다(내부의 木기운 때문).

그러나 土에 대한 위의 판단법들은 어디까지나 편법이다.

명리 공부는 土와의 싸움이다. 土를 잘 이해하면 많은 해법(解法)을 얻을 수 있다.

조토(燥土)와 습토(濕土)

지지의 土를 조토(메마른 토: 戌未)와 습토(축축한 토: 辰丑)의 관점으로 분류하려는 경향이 있는데, 지장간에 火 기운이 있으면 조토로 인식하고, 지장간에 水 기운이 있으면 습토로 인식하려는 것이다. 그러나 조토 및 습토라는 명칭은 火와 불을 그리고 水와 물을 동일시(同一視) 하려는 오류이다. 또한 辰을 수고(水庫: 물을 간직한 창고)로 보려 하고, 未를 목고(木庫: 나무를 간직한 창고)로 보려 하며, 戌을 화고(火庫: 불을 간직한 창고)로 보려 하고, 丑을 금고(金庫: 금을 간직한 창고)로 간주하려는 잘못된 인식도 있어서 지지의 土에 대해 오판할 때가 많은데, 辰은 水 기운이 끝나는 시기의 土로, 未는 木 기운이 끝나는 시기의 土로, 戌은 火 기운이 끝나는 시기의 土로, 丑은 金 기운이 끝나는 시기의 土로 각각 이해하는 것이 바르다. 조토 습토라는 용어는 오행과 물상(物象)을 일치시키려는 관점에서 만들어진 것이므로 土를 바르게 이해하는 데에 방해가 되는 용어들이다.

◆ 고서에서 운운하는 '조토'나 '습토' 또는 '조토불능생금' 등과 같은 용어는 한 번 각인되면 그것을 비판 없이 진리로 인식해 버리기 쉽다. 학계에 잘못된 용어들이 많으므로 정오(正誤)와 진위(眞僞)를 가려서 잘못된 선입견이 정착되지 않도록 해야 한다.

14-4. 지지(地支)에서 土와 土가 만나면 어떻게 될까

지지에서 土와 土가 만나면 土 기운에 변화가 생긴다. 각각의 土에 내재(內在)된 전월(前月)의 여기(餘氣)인 木火金水의 기운이 서로에게 영향을 미치기 때문이다.

辰과 未가 만나면, 辰의 木 기운이 未의 火 기운을 생하므로 未는 강해지고 辰은 약해진다.

 戌과 未가 만나면, 未의 火 기운이 戌의 金 기운을 극하므로 戌, 未 둘 다 약화된다.

戌과 丑이 만나면, 戌의 金 기운이 丑의 水 기운을 생하므로, 丑은 강해지고 戌은 약해진다.

 丑과 辰이 만나면, 丑의 水 기운이 辰의 木 기운을 생하므로 辰은 강해지고 丑은 약해진다.

辰과 戌이 만나면, 戌의 金 기운이 辰의 木 기운을 극하므로 辰, 戌 둘 다 약화된다.

 丑과 未가 만나면, 丑의 水 기운이 未의 火 기운을 극하므로 丑, 未 둘 다 약화된다.

14-5. 묘(墓)와 고(庫)

묘고(墓庫)는 지지의 사토(四土: 辰未戌丑)를 의미하는 용어이다.

묘(墓)는 작용력이 상실되어 무력해진다는 뜻이 있고, 고(庫)는 저장하였다가 조건이 되면 꺼내어 쓸 수 있다는 뜻이 있다.

십이운성의 핵심을 4단계로 간략하게 논할 때 '생왕묘절(生旺墓絕)'이라는 용어를 흔히 쓰는데, 그 중의 묘가 바로 묘고이다. 십이운성의 묘(墓)에 해당하는 위치의 명칭은 예부터 여러 가지 용어가 쓰이었는데, '묘墓, 장葬, 고庫, 장藏'이 그것들이다.

묘(墓)나 장(葬)을 쓴 학자들은 土를 쇠락지(衰落地)로 생각했기 때문에 묘(墓)나 장(葬)이라고 하였고, 고(庫)나 장(藏)을 쓴 학자들은 土를 창고(倉庫)로 생각했기 때문에 형충(刑沖)하여 개고(開庫: 창고를 엶)해야 한다는 이론을 논할 때 썼다.

고법(古法)에 辰未戌丑의 묘고(墓庫)를 형충하면 개고(開庫)가 된다하며 그 지장간의 기운들이 튀어나와야 쓸모가 있다는 식으로 개고를 논하는 이론이 있지만, 이는 土를 고(庫) 즉 보관창고로 이해한 잘못된 이론이다(자평진전에서도 묘고형충지설墓庫刑沖之說을 부정하고 있다). 형충이 발생하면 그 속의 지장간들이 모두 튀어나온다고 하는 이론은 합리적인 이론이 아니다. 더욱이 현재의 지장간 이론이 확증(確證)된 이론이 아닌데도 불구하고 이를 토대로 형충개고를 논하는 것도 적절한 발상이 아니다. 그리고 하루에도 시시각각 여러 번의 형충이 일어나는데, 그때마다 튀어나오는 것들이 생긴다면 그 결과로써 생기는 복잡다단한 생극제화 현상을 어떻게 일일이 다 설명할 수 있겠는가? 사람의 하루 일상은 아주 단순한데도 말이다.

혹자들은 특별한 조건을 내세우면서, 어떨 때는 묘가 되고, 또 어떨 때는 고가 된다며 묘와 고를 병행(竝行)시키기도 하는데, 이런 이론은 辰未戌丑에 대한 이해가 올바르다 하기 어려운 이론이다. 복잡한 건 진리가 되기 어렵다. 묘(墓)는 해당 오행의 기운이 급격히 쇠진(衰盡)되는 시기이므로 辰未戌丑을 묘(墓)로 이해하는 것이 올바르다.

14-6. 원지장간(原支藏干)을 확정(確定)함

지장간의 유래(由來)는 고서에도 정확하게 밝혀진 바가 없어 아무도 모른다. 하지만 지장간의 원형(原形)을 찾는 일은 명리 이론의 기초를 확립하기 위해 반드시 해야만 할 일이다.

지장간 이론의 원리와 근거를 찾기 위해 필자는 오랜 세월 동안 깊이 연구해 왔다. 고서를 통하여 土의 특성을 연구하였고, 십이운성 이론을 분석하면서 일기시종론을 도출해 내었으며, 이것들을 지장간 이론과 연계시켜 분석하고 연구한 결과, 결국 위와 같이 '원지장간(原支藏干)'을 찾아내게 되었다. 지장간 이론이 합리성을 가지려면 아마 그와 같은 구조를 지니지 않을 수 없을 것이라고 필자는 확신한다.

지지 속에 존재하는 천간의 기운들은 그 기운이 탄생하고 소멸하는 동안 연속성(連續性)을 가지면서 木火金水의 기운들을 서로 이어주어야 마땅하다. 그러나 현재의 지장간 이론은 그러한 연속성을 제대로 제시하지 못했다. 또한 土에 대한 이해가 잘못된 상태로 포태 이론을 전개하는 바람에 지장간의 구성 요소 일부가 뒤바뀌어 전해지기도 하였다. 지장간 이론에 그러한 결점들이 있었음에도 불구하고 그동안 우리가 무턱대고 그대로 써버렸으니, 오랜 세월 동안 큰 잘못을 범해 왔다고 볼 수 있다. 그러나 이제부터는 그런 일이 다시 반복되어서는 절대로 안 된다고 생각한다. 이에 필자가 원지장간을 찾아 확정하는 바이니, 독자들은 과연 어떤 이론을 취하는 것이 합리적인 선택일시 깊이 생각해보기 바란다.

필자는 명리를 과학(科學)으로 만들기 위해서는 지장간을 규명하는 일과 형파합충(관계)을 규명하는 일이 반드시 필요하다고 보았다. '명리를 근거 없는 잡술 미신으로 취급받지 않게 하려면 기초 명제부터 합리성을 확보해야 하지 않겠는가?' 이 공부를 하면서 항상 그것을 생각해 왔다. 아무도 관심을 두지 않은 분야였지만 필자는 지장간 이론과 관계 이론의 근거 확보를 위해 노력한 결과, 이에 새로운 이론들을 제시하게 되었다. 같이 계속 검증해 나갈 수 있었으면 좋겠다는 생각이다.

일기시종론은 십이운성 이론의 핵심이다.

똑같은 이론을 필자가 다시 논하는 이유는 십이운성의 진정한 가치를 정확하게 알려주고 싶었기 때문이다. 지지는 천간의 오행 기운이 언제 생겨서 언제까지 존재하다가 언제 사라지게 되는지를 표시하고 있는데, 그 과정을 정확하게 알 수 있게 해 주는 것이 바로 일기시종론이다. 이 이론이 아니면 지장간의 비밀을 풀 수가 없다.

지장간을 공부해야 하는 이유는 두 가지이다.

첫째는 일기시종(一氣始終)을 이해하기 위함이고 둘째는 사상(四象)을 이해하기 위함이다. 寅卯辰 봄에 木 기운이 왕강할 수 있는 이유는 金 기운이 없기 때문이고, 巳午未 여름에 火 기운이 왕강할 수 있는 이유는 水 기운이 없기 때문이며, 申酉戌 가을에 金 기운이 왕강할 수 있는 이유는 木 기운이 없기 때문이고, 亥子丑 겨울에 水 기운이 왕강할 수 있는 이유는 火 기운이 없기 때문이다.

'寅卯辰無金, 巳午未無水, 申酉戌無木, 亥子丑無火.' 이것이 일기시종론의 핵심이다.

지지의 기운(氣運)과 기온(氣溫)

태양의 고도가 가장 높아지는 午월에 양기(陽氣)가 가장 강해지고, 태양의 고도가 가장 낮아지는 子월에 양기가 가장 약해지는데, 우리가 느끼기에는 未월이 더 덥고 丑월이 더 춥다. 이것은 기상(氣象)이 형질(形質)로 드러나는 데 시간이 걸리기도 함을 보여주는 현상이다.

15. 형충파해론(刑沖破害論)

형충파해(刑沖破害)는 지지 오행 상호간의 관계(關係)를 나타내는 명제(命題)인데, 생극비설상(生剋比洩傷)의 작용(作用)과는 다른 것이다. 사주 원국과 운에서 형충파해 등이 생기면 좋지 않은 일이 발생할 수 있다고 고서들은 논하고 있는데, 대략 다음과 같다.

형(刑): 형액(刑厄), 관재(官災), 불화(不和), 쟁투(爭鬪), 과격(過激), 반목(反目), 수술(手術), 상신(傷身), 사고(事故), 구설(口舌), 고독(孤獨), 산액(産厄) 등
충(沖): 이별(離別), 손실(損失), 파괴(破壞), 이동(移動), 사망(死亡), 대립(對立), 원수(怨讐) 등
파(破): 충돌(衝突), 파손(破損), 분산(分散) 등
해(害): 질시(嫉視), 방해(妨害), 이간(離間), 경망(輕妄) 등
원진(元辰): 불화(不和), 이별(離別), 원망(怨望), 대립(對立), 갈등(葛藤), 증오(憎惡), 고통(苦痛), 분노(忿怒) 등

그러나 위와 같은 기존의 형충파해 이론의 원리나 근거는 아직 제대로 밝혀지지 않은 상태이다. 고서에서 논하는 형충파해와 원진을 아래에 자세히 소개한다.

15-1. 형(刑), 삼형(三刑), 자형(自刑)

형(刑)은 형벌(刑罰)을 뜻한다.
지지의 삼합(三合)과 방(方)이 서로 대립하는 과정에서 발생한다. 형(刑)을 통상 삼형(三刑)이라고도 하며, 자형(自刑)을 포함한다.
형(刑)은 寅巳申 삼형과 丑戌未 삼형, 子卯 형과 辰午酉亥의 자형(自刑)이 있다.

三合	申	子	辰	寅	午	戌	巳	酉	丑	亥	卯	未
(대립)	↕	↕	↕	↕	↕	↕	↕	↕	↕	↕	↕	↕
方	寅	卯	辰	巳	午	未	申	酉	戌	亥	子	丑

형(刑): 申寅, 寅巳, 巳申 - 무은지형(無恩之刑)

戌未, 丑戌, 未丑 - 시세지형(恃勢之刑)

子卯　　　　　 - 무례지형(無禮之刑)

삼형(三刑): 寅巳申, 丑戌未

자형(自刑): 辰辰, 午午, 酉酉, 亥亥

곽박(郭璞)은 옥조정진경(玉照定眞經)에서 논하기를, "子卯相刑門無禮德"이라 하였고, 이에 대해 서자평이 주(註)하기를, "卯爲三元之戶 子爲水神之元 命見子卯相刑 主無禮德之人"이라 했는데, 자묘상형이 있으면 예덕이 없는 집안의 사람이라고 하였다.

연해자평은 논십이지상형(論十二支相刑) 장에서 "寅刑巳 巳刑申 申刑寅爲恃勢之刑 丑刑戌 戌刑未 未刑丑爲無恩之刑 子刑卯 卯刑子爲無禮之刑 辰午酉亥自刑之刑"

"寅은 巳를 형하고, 巳는 申을 형한다. 申이 寅을 형하는 것은 시세지형이다. 丑은 戌을 형하고, 戌은 未를 형한다. 未가 丑을 형하는 것은 무은지형이다. 子가 卯를 형하고 卯가 子를 형하는 것은 무례지형이다. 辰午酉亥는 자형지형이다."라고 했다.

삼명통회에서는 음부경(陰符經)을 거론하면서

"陰符經曰 恩生於害 害生於恩 三刑生於三合 亦如六害生於六合之義 如申子辰三合 加寅卯辰三位 則申刑寅 子刑卯 辰見辰自刑 寅午戌加巳午未 則寅刑巳 午見午自刑 戌刑未 巳酉丑加申酉戌 則巳刑申 酉見酉自刑 丑刑戌 亥卯未加亥子丑 則亥見亥自刑 卯刑子 未刑丑 合中生刑 猶人夫婦相合 而反致刑傷 造化人事 其理一而已矣"

"음부경에서 이르기를, 은혜는 해에서 생하고, 해는 은혜에서 생한다. 삼형은 삼합에서 생기고 마찬가지로 육해는 육합의 뜻에서 생긴다. 가령 申子辰 삼합이 寅卯辰 삼위에 가세하면 申이 寅을 형하고 子가 卯를 형하며 辰이 辰을 보아 자형이 된다. 寅午戌이 巳午未에 가세하면 寅이 巳를 형하고 午가 午를 보아 자형이 되며 戌이 未를 형한다. 巳酉丑이 申酉戌에 가세하면 巳가 申을 형하고 酉가 酉를 보아 자형이 되고 丑이 戌을 형한다. 亥卯未가 亥子丑에 가세하면 亥가 亥를 보아 자형이 되고 卯가 子를 형하며 未가 丑을 형한다. 합 중에서 형이 생긴다. 마치 사람처럼 부부가 서로 합했다가 돌아서면 형상(刑傷)하듯 조화나 인사의 그 이치가 하나일 따름이다."라고 하였다.

여기서 형의 원리가 등장하는데, 申子辰에 寅卯辰이 가세하기에 형이 생긴다는 등의 논리를 펴고 있다. 그런데 申子辰에 반드시 寅卯辰을 대립시켜야만 하는 이유에 대해서는 전혀 설명이 없다. 申子辰에 寅卯辰 대신 巳午未를 대립시키거나, 申酉戌이나 亥子丑을 대립시키면 안 되는 이유도 설명이 없다. 그저 선언(宣言)하는 글이다.

1) 인사신(寅巳申) 삼형(三刑)

   일명 무은지형(無恩之刑)이라 하는데, 은혜를 모르는 흉함이 있는 형이라는 뜻이다.

2) 축술미(丑戌未) 삼형(三刑)

   일명 시세지형(恃勢之刑)이라 하며, 세력을 믿고서 함부로 행동하는 흉함이 있는 형이라는 뜻이다.

3) 자묘(子卯) 형(刑)

   일명 무례지형(無禮之刑)이라 하며, 예의범절을 모르는 흉함이 있는 형이라는 뜻이다.

4) 자형(自刑)

   스스로 형(刑)을 범하여 화(禍)를 자초하는 흉함이 있다는 뜻이다.

   * 무은, 시세, 무례 등의 용어도 형의 본래 뜻과 전혀 무관하므로 외울 가치가 있는 것들이 아니다.

15-2. 충(沖, 衝)

충(沖)은 서로 찌르고 맞부딪히는 것이다.

충(沖): 子午, 丑未, 寅申, 卯酉, 辰戌, 巳亥

삼명통회의 논충격(論衝擊) 장에서 "地支取七位爲衝 猶天干取七位爲殺之義"

"지지에서 칠위를 취하여 충으로 삼는다. 마치 천간에서 칠위를 취하여 살의 의미로 삼는 것과 같다."라고 하였다.

15-3. 파(破)

파(破)란 깨트린다는 뜻이다. 극(尅)과 혼용(混用)하기도 한다.

삼명통회에서는 卯午, 丑辰, 子酉, 未戌, 이 네 쌍의 조합만 파살(破殺)로 논하고 있으며, 寅申巳亥는 원래 파였지만 삼합을 물리치므로 취하지 않는다고 했다(破殺 此殺卯與午 丑與辰 子與酉 未與戌 皆相破 惟寅申巳亥原破 卻三合故不取). 모두 여섯 가지가 있다.

파(破): 子酉, 丑辰, 寅亥, 巳申, 卯午, 戌未

15-4. 해(害, 천穿)

해(害, 천穿)란 방해(妨害)가 생긴다는 뜻이다. 여섯 가지가 있다.
수평적인 육합(六合)을 수직적으로 교차시켜 연결한 것이다.
해(害): 子未, 丑午, 寅巳, 卯辰, 申亥, 酉戌

삼명통회의 논육해(論六害) 장에서 "因晝夜陰陽之氣感而六合 因六合而生六害 因六害而忌晝夜陰陽之氣 六害者 十二支凌戰之辰也"

"주야 음양의 기운이 감응함으로써 육합이 되고, 육합으로 인해서 육해가 생기니 육해는 주야 음양의 기운을 꺼리기 때문이다. 육해는 십이지지가 서로 달려들어 싸우는 것이다."

"六六親 害損也 犯之主六親上有損剋 故謂六害 子未直上穿心與沖 合恩未結而仇己生 乃曰害 如子生人畏午沖而未卻去合午 丑畏未沖而午卻去合未 寅畏申沖而巳合申 卯畏酉沖而辰合酉 申畏寅沖而亥合寅 酉畏卯沖而戌合卯 所以皆爲害也 凡人帶此 再見羊刃劫煞官府爲災尤甚"

"육은 육친을, 해는 손해를 말한다. 범하면 주로 육친 상에 손극이 있으므로 육해라 이른다. 子未는 마치 충처럼 곧게 올라가서 중심을 뚫으니 합의 은혜로움이 완결되지 않고 원수의 몸이 생기게 되니 이에 이르기를 해라 한다. 가령 子생의 사람이 午의 충을 두려워하는데 未가 도리어 가서 午를 합하고, 丑이 未의 충을 두려워하는데 午가 도리어 未를 합하며, 寅이 申의 충을 두려워하는데 巳가 申을 합하고, 卯가 酉의 충을 두려워하는데 辰이 酉를 합하며, 申이 寅의 충을 두려워하는데 亥가 寅을 합하고, 酉가 卯의 충을 두려워하는데 戌이 卯를 합하니, 이런 까닭에 모두 해가 되는 것이다. 평범한 사람이 이를 대하고 다시 양인(羊刃: 양 일간의 지지에 있는 겁재), 겁살, 관부를 보면 재앙이 더욱 깊다."라고 하였다. 연해자평의 논십이지상천(論十二支相穿) 장에서는 해(害)를 천(穿)으로 논하고 있다. 천(穿)은 구멍이 뚫린다는 뜻이다.

15-5. 원진(元辰)

원진(元辰)이란 서로 원망하고 미워하며 성을 낸다는 뜻이다.
서로 충이 되는 지지에서 한 칸 비켜서 만난 것이다.
일종의 살(煞)로도 취급하며, 원진살(怨嗔殺)과 동일하다.

원진(元辰): 子未, 丑午, 寅酉, 卯申, 辰亥, 巳戌

삼명통회의 논원진(論元辰) 장에서

"元辰者 別而不合之名 陽前陰後則有所屈 屈則於事無所伸 陰前陽後則直而不遂 於事暴而不治 難與同事 故謂之元辰"

"원진은 이별하고 합하지 못한다는 것인데, 양전음후이면 굴한 바가 있고 굴한 즉 매사에 펴는 바가 없으며, 음전양후이면 곧아서 순응함이 없고 매사에 사나워 다스리지 못하며 함께 일을 같이하기 어렵다. 그래서 원진이라 한다."라고 하였다.

15-6. 형파(刑破)의 원리(原理)에 대한 재고(再考)

형(刑)은 巳酉丑에 申酉戌이 가세하고, 亥卯未에 亥子丑이 가세함으로써 발생한다고 했다. 그래서 태어난 것이 子卯 형과 삼형, 그리고 자형인데, 특히 자형은 辰辰, 午午, 酉酉, 亥亥가 만나서 서로 형이 된다고 하는 이론이다.

모든 원리는 합리적이어야 하는데, 형(刑)의 원리에는 이해하기 힘든 부분이 있다. 첫째는 삼합(三合)과 방(方)을 그렇게 짝지을 만한 마땅한 이유가 없다는 점이고, 둘째는 그렇게 만들어진 자형(自刑)은 열두 지지 중에서 단 네 개의 지지에만 해당하는 불공평한 이론이 되어 있다는 점이다.

파(破)는 삼합을 다른 삼합이 방해함으로써 발생한다고 한다. 즉 亥卯未와 寅午戌이 서로를 방해하고, 巳酉丑과 申子辰이 서로를 방해해서 파(破)가 생긴다고 하는데, 왜 서로를 방해한다는지 그 이유 또한 알 수 없다. 특히 巳申 파는 파일 뿐만 아니라 형도 되면서 또한 육합도 되는 이상한 것이 되었다.

辰辰, 午午, 酉酉, 亥亥가 자형(自刑)이 되는 논리를 설명한 삼명통회(三命通會)는 음부경(音符經)을 운운하며 말하기를

"經云 金剛火強自刑其方 木落歸本 水流趨東 故巳酉丑金位其刑皆在西方 寅午戌火位其刑皆在南方 是金剛火強自刑其方也 亥卯未木位其刑皆在北方 亥者木之根言木落歸本者草木至冬而搖落歸根之謂也 申子辰水位其刑皆東方 辰者水之府 言水流趨東必東流逝而不返也"

"경에서 이르기를, 金은 강하고 火도 강하니 그 방향에서 자형이 되며, 나뭇잎은 떨어져 뿌리로 돌아가고, 물은 동쪽으로 흐른다. 그러므로 巳酉丑 金의 자리는 그 형이 모두 서방에 있고, 寅午戌 火의 자리는 그 형이 모두 남방에 있다. 이것이 金이 강하고 火가 강하여 자형이 그 방향에 있는 이유이다. 亥卯未 木의 자리는 그 형이 모두 북방에

있는데, 亥는 木의 뿌리이니 말하자면 나뭇잎이 떨어져 그 뿌리로 돌아가는 것이 초목이 겨울이 되면 떨어져 근본으로 돌아감을 일러주는 것이고, 申子辰 水의 자리는 그 형이 모두 동방에 있는데, 辰은 水의 관청이므로 말하자면 물이 동쪽으로 흐르면 반드시 동쪽으로 흘러가지만 되돌아오지는 않기 때문이다."

이렇게 이해하기 힘든 논거(論據)를 하면서 자형을 설명하고 있다.

> 형충파해는 고서에서 말하듯 각종 흉해(凶害)나 사고(事故)를 불러오는 용어가 아니며, 이것들은 오행들 서로의 호의성(好意性)의 정도를 가늠하는 용어일 뿐이다. 이점을 염두에 두기를 바란다.

삼합과 육합, 그리고 방이 서로 얽혀 있는 게 작금의 형파 이론의 처지이다. 형도 되고, 파도 되며, 합도 되고, 심지어 똑같은 오행끼리 자형도 된다. 이런 이론을 간명(看命)에 적용하고 나면 그 찜찜함에서 벗어나기 어렵다. 명제가 깔끔하지 않은데 간명이 어찌 깔끔하겠는가? 혼잡한 명제(命題)는 진정한 명제일 수 없다. 참된 명제는 단순(單純)하고 명료(明瞭)한 것이어야 한다.

동양학 특히 명학류(命學類)에서는 이론의 합리성보다는 현실에서의 적중 여부에 관심이 더 많다. 그러므로 방법론에 치중한 나머지 이론의 합리성이나 논리성을 상대적으로 경시해온 경향이 있다. 명제들이 합리적 근거 없이 만들어졌어도 그것에 무덤덤했고, 다른 학문에서 만들어진 이론을 뒤섞어 놓고도 이상하다고 생각할 줄 몰랐으며, 서로 충돌하는 명제들이 엉켜 있어도 별로 신경을 쓰지도 않았다. 그것을 그대로 천여 년 넘도록 다들 그냥 보고만 있었다. 그 까닭은 바로 명술(命術)의 그런 경향 때문이었다고 볼 수 있다. 명리가 만약 서양에서 발생한 학술이었다면 아마 이 정도는 아니었을 것이다.

명리 초학들이 무조건 암기(暗記)해야 하는 명제들이 여기서 덫을 놓고 기다리고 있는데, 여기에 걸려들지 않는 사람이 없고 피할 수 있는 사람도 없다. 이 참담한 현상은 아주 오랫동안 계속해서 반복에 반복을 거듭하고 있다.

다음 장의 '접우론(接遇論)'은 그런 악순환을 단호히 끊어버릴 이론이다. 이 이론을 개발한 이후 십여 년 동안 수많은 자료로써 명제를 실증해 보았는데, 마침내 진론(眞論)이라는 확신을 얻게 되었다. 이제 이것을 세상에 드러내어 명리를 과학으로 정착시킬 첫발을 내딛고자 한다.

16. 접우론(接遇論)

접우(接遇)란 복수(複數)의 간지(干支)가 서로 만나는 것을 말한다. 접우론(接遇論)은 합(合), 형파(刑破), 원진(元辰), 충(沖) 등의 원리(原理)와 근거(根據)를 밝히는 관계(關係) 이론이다.

16-1. 관계(關係)의 원리(原理)

명리의 기초 이론인 합(合)이나 형충파(刑沖破), 원진(元辰) 등의 근본 원리에 대해서 명쾌하게 이해하고 싶은 마음은 누구에게나 있을 것이다. 학자로서 자기 학문의 기초를 확고하게 해둘 필요가 있기 때문이다. 그러나 고서를 비롯하여 작금(昨今)의 그 어떤 책을 봐도 합리적(合理的)인 원리(原理)는 없다. 오히려 형충파해 등에 관한 명제(命題)들이 서로 상충(相衝)하고 있고 다시 복잡하게 얽혀 있다. 그런데도 장구(長久)한 세월 동안 "그런가 보다!" 하고 별 의심 없이 대를 이어 그대로 답습(踏襲)해 왔는데, 물론 합리성과 근거를 중시하는 학풍을 가진 학자들도 있어서 아마도 형충파해(刑沖破害)의 원리에 대해 꾸준히 의심해온 사람들도 있었겠지만, 누구도 과감히 개선(改善) 수정(修正)해 보지 못한 듯하다. 그리고 만약 그렇게 했더라면 아마도 이단(異端) 취급을 받았을 것이다.

스스로 힘들게 배워서 구사(驅使)하는 학문이 세인(世人)들이 존중하는 학문이라면 학자 스스로 자부심이 생기는 법이다. 이 학문이 과학적이고 합리적이라는 평가를 받는다면 얼마나 좋겠는가? 그러기 위해서는 먼저 이 학문을 배우는 학자 본인들의 확신(確信)이 필요하다. 그러나 현재의 명리 기초 이론은 그러한 확신을 뒷받침해줄 만한 과학적이고도 합리적인 근거(根據)를 아직 확보하지 못했다. 명리가 잡술(雜術)이나 미신(迷信) 취급에서 깨끗이 벗어나려면 가장 먼저 과학성(科學性)과 합리성(合理性)을 확보해야 할 것이다.

현재의 기초 이론은 어떤가? 예컨대 巳申은 합(合)도 되고, 형(刑)도 되며, 파(破)도 된다. 이렇게 상충된 난장판 명제로는 명운(命運)을 제대로 추명(追命)하고 통변(通變)하기 어렵다. 상충 이론으로는 합리성(合理性)과 일관성(一貫性)을 유지할 수 없기 때문이다. 이에 본서가 합리적인 원리를 찾아 이를 정연(整然)히 제시하고자 한다.

합이나 형, 파, 원진, 충 등은 지지의 두 오행이 서로 만나서 이루는 방위각(方位角)인 접우각(接遇角)에서 나온다. 즉 지지에서 두 오행이 서로 만남으로써 하나의 각(角)이 이루어지게 되는데, 그 각의 크기에 따라서 합, 형파, 원진, 충 등의 특별한 관계가 설정된다. 그리고 그 관계는 생극제화(生剋制化)와는 다른 별개의 현상(現象)으로서 발생한다.

"지지의 두 오행이 만나면 합이나 형파, 원진, 충 등이 생긴다고 하는데, 왜 그런 것이 생기는가?"라는 질문에는 적절한 답이 없다. 이유 없이 그냥 그런 현상이 생기기 때문이다.

예컨대 "지구가 왜 돌고 있는가?"라는 질문에는 답이 없듯이, 관계(關係)는 공리적(公理的) 현상으로 발생한다. 즉 이유를 밝힐 수 없는 자연적인 현상이다.

본서(本書)는 육합(六合)이나 방(方)을 합(合)으로 인정하지 않는다. 합으로 인정하지 않는 이유는 방합육합론에서 이미 밝혔고, 임상(臨床)에서 합이 아닌 것을 확신(確信)했기 때문이다.

또한 해(害)나 자형(自刑)을 논하지 않으며, 형파(刑破)나 원진(元辰) 등에 관해서도 본서는 앞으로 전개될 논리에 따라 전통이론(傳統理論)을 일부 수정(修整)하여 제시할 것이다. 점성학(占星學)에서 단초(端初)를 찾은 이론이다.

16-2. 접우(接遇) 및 접우각(接遇角)

둘 이상의 지지가 서로 만나는 것을 접우(接遇)라고 한다.
접우론(接遇論)은 오행의 생극제화론(生剋制化論)이 아닌 오행의 상호관계론(相互關係論)이다.

지지(地支)는 방향성(方向性)을 가지고 있으며, 그 흐름은 항상 순행(順行)한다. 왜냐하면 지지는 시간(時間)의 흐름을 표현한 것이기 때문이다. 그러므로 항상 寅…卯…辰…巳…午…未…申…酉…戌의 순방향으로 기운이 순환한다. 그러나 寅…丑…子…亥…

戌…酉…申…未…午…巳의 역방향으로 기운이 거꾸로 흘러가는 법은 없다(대운의 역행에 대해서는 대운태세론을 참고하라). 그리고 이런 속성(屬性)을 가진 지지의 오행들이 서로 만나면 특별한 관계(關係)를 이루게 되는데, 이러한 관계를 각도(角度)의 개념으로 이해할 수 있다.

십이지지(十二地支)를 구성하는 오행들이 총 360도의 방향을 취하고 있기 때문에 각각의 지지를 서로 30도씩 분할(分割)할 수 있다. 그리고 이렇게 분할된 각을 가진 지지의 오행들이 서로 만나게 되면 다양한 방위각(方位角)을 이루게 되는데, 이를 '접우각(接遇角)'이라 한다.

접우각(接遇角)의 종류는 다음의 총 여덟 가지가 있다.

동각(同角), 측각(側角), 협각(協角), 형각(刑角), 파각(破角), 합각(合角), 원진각(元辰角), 충각(沖角)이다.

접우각으로 인하여 오행 상호간에 생기는 관계는 동(同), 측(側), 협(協), 형(刑), 파(破), 합(合), 원진(元辰), 충(沖) 이 여덟 가지이다.

예컨대 子와 卯가 만나면 水生木의 작용(作用)이 이루어지면서 상호 형(刑)의 관계(關係)도 이루어진다. 즉 작용과 관계의 두 현상이 동시에 발생한다.

아래에 접우각도(接遇角圖)를 제시하며, 관계들을 논하고자 한다.

▸ 서로 같은 오행이 만나면 동(同)이 된다.

▸ 서로 30도의 각을 이루면 측(側)이 된다.

▸ 서로 60도의 각을 이루면 협(協)이 된다.

▸ 서로 90도의 각을 이루면 형(刑)이 된다.

▸ 서로 90도의 각을 이루면 파(破)가 된다.

▸ 서로 120도의 각을 이루면 합(合)이 된다.

▸ 서로 150도의 각을 이루면 원진(元辰)이 된다.

▸ 서로 180도의 각을 이루면 충(沖)이 된다.

접우각도(接遇角圖: 子 기준의 예)

1) 동(同)

같은 지지가 서로 방위각 0도로 만난 것이다. 동일 오행이므로 기운이 같고, 동일오행 내부에서 서로 기운이 전달되는 관계이다.

子子, 丑丑, 寅寅, 卯卯, 辰辰, 巳巳, 午午, 未未, 申申, 酉酉, 戌戌, 亥亥 등 열두 가지이다.

子가 子를 동(同)하고, 亥가 亥를 동한다.

동(同)이 되면 서로 동행(同行)하기 때문에 같이 움직이고, 같이 영향을 주며, 같이 영향을 받는다. 그러나 합(合)은 아니다. 동의 관계가 되면 상호 이질감이 없고 매우 호의적(好意的)인 관계가 된다.

2) 측(側)

서로 방위각 30도로 만난 것이다. 주체 쪽에서 대상 쪽으로 기운이 흐르는 관계이다.

子丑, 丑寅, 寅卯, 卯辰, 辰巳, 巳午, 午未, 未申, 申酉, 酉戌, 戌亥, 亥子 등 열두 가지이다. 子┈►丑 이와 같은 흐름이 형성하는 관계이다.

子가 丑을 측(側)하고, 亥가 子를 측한다.

측의 관계가 되면 상호 약간 비호의적인 관계가 된다.

3) 협(協)

서로 방위각 60도로 만난 것이다. 주체 쪽에서 대상 쪽으로 기운이 흐르는 관계이다.

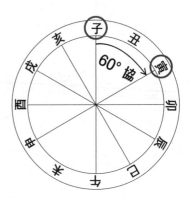

子寅, 丑卯, 寅辰, 卯巳, 辰午, 巳未, 午申, 未酉, 申戌, 酉亥, 戌子, 亥丑 등 열두 가지이다. 子┈►寅 이와 같은 흐름이 형성하는 관계이다.

子가 寅을 협(協)하고, 亥가 丑을 협한다.

협의 관계가 되면 상호 다소 호의적인 관계가 된다.

4) 형(刑)

서로 방위각 90도로 만난 것이다. 주체 쪽에서 대상 쪽으로 기운이 흐르는 관계이다.

寅巳, 卯午, 辰未, 巳申, 午酉, 未戌, 申亥, 酉子, 戌丑, 亥寅, 子卯, 丑辰 등 열두 가지이다. 寅┈▶巳 이와 같은 흐름이 형성하는 관계이다.

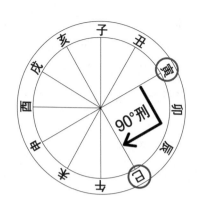

寅이 巳를 형(刑)하고, 卯가 午를 형하며, 子가 卯를 형하고, 丑이 辰을 형한다.

형의 관계가 되면 상호 다소 비호의적(非好意的)인 관계가 된다.

◇ 형(刑)이나 삼형(三刑)은 형액(刑厄) 등과 무관한 것이다.

5) 파(破)

서로 방위각 90도로 만난 것이다. 대상 쪽에서 주체 쪽으로 기운이 흐르는 관계이다.

寅亥, 卯子, 辰丑, 巳寅, 午卯, 未辰, 申巳, 酉午, 戌未, 亥申, 子酉, 丑戌 등 열두 가지이다. 寅◀┈亥 이와 같은 흐름이 형성하는 관계이다.

寅이 亥를 파(破)하고, 卯가 子를 파하며, 子가 酉를 파하고, 丑이 戌을 파한다.

파의 관계가 되면 상호 다소 비호의적인 관계가 된다.

6) 합(合)

서로 방위각 120도로 만난 것이다. 주체 쪽에서 대상 쪽으로 기운이 흐르는 관계이다.

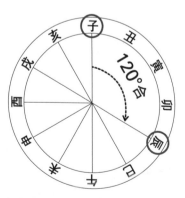

子辰, 丑巳, 寅午, 卯未, 辰申, 巳酉, 午戌, 未亥, 申子, 酉丑, 戌寅, 亥卯 등 열두 가지이다. 子┈▶辰 이와 같은 흐름이 형성하는 관계이다.

子가 辰을 합(合)하고, 丑이 巳를 합하며, 戌이 寅을 합하고, 亥가 卯를 합한다.

합의 관계가 되면 서로 호의적인 관계가 된다.

7) 원진(元辰)

서로 방위각 150도로 만난 것이다. 주체 쪽에서 대상 쪽으로 기운이 흐르지 않으며,

대상 쪽에서 주체 쪽으로 기운이 흐르는 관계이다.

　원진에는 양원진(陽元辰)과 음원진(陰元辰)이 있는데, 음양을 정하는 기준은 지지가 아닌 천간이다. 양원진은 양간이 음간을 지지로써 원진하는 것이고, 음원진은 음간이 양간을 지지로써 원진하는 것이다. 각각 여섯 개씩 있어서 원진은 모두 열두 가지이다.

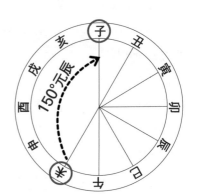

　　양원진: 子未, 寅酉, 辰亥, 午丑, 申卯, 戌巳
　　음원진: 丑申, 卯戌, 巳子, 未寅, 酉辰, 亥午

　子가 未를 양원진(陽元辰)하고, 寅이 酉를 양원진하며, 申이 卯을 양원진하고, 戌이 巳를 양원진한다.

　丑이 申을 음원진(陰元辰)하고, 卯가 戌을 음원진하며, 酉기 辰을 음원진하고, 亥가 午를 음원진한다.

　원진이 발생하는 원인은 주체 쪽에서 대상 쪽으로 지지의 기운이 흘러가지 않으면서 서로의 대립각(對立角) 크기 때문이다. 예컨대 子未 원진은 子에서 未로 기운이 흐르지 않으면서 서로의 대립각이 150도가 되는 것인데, 子에서 未로는 180도를 넘어서는 접우각이 형성되기 때문에 기운을 보낼 수 없다. 그러나 未에서는 子가 180도 미만인 150도이기 때문에 未에서 子로 기운을 보낼 수 있는 원리가 있다. 子↛未, 未⋯子 이와 같은 흐름이 형성하는 관계이다.

　음양을 구분하여 논했지만, 전체를 같이 12원진으로 이해하면 된다.

　원진의 관계가 되면 상호 상당히 비호의적인 관계가 된다.

8) 충(沖)

　서로 방위각 180도로 만난 것이다. 주체나 대상 어느 쪽으로도 기운이 흐르지 않는 관계이다.

　子午, 丑未, 寅申, 卯酉, 辰戌, 巳亥의 여섯 가지가 있다. 충은 충(衝, 맞부딪히다)의 뜻이 있다. 두 기운이 180도로 맞부딪히면서 어느 방향으로도 기운이 흐르지 못하는 관계가 된다. 子↔午 이와 같은 충돌 관계이다. 子가 午를 충(沖)하고 午도 子를 충한다.

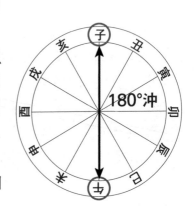

　충(沖)은 주체가 둘이다. 즉 서로를 충하므로 상충(相沖)이라 한다.

　충의 관계가 되면 상호 매우 비호의적인 관계가 된다.

16-3. 접우론(接遇論)의 유용성(有用性)

접우론으로 제정(制定)된 명제는 간결(簡潔)하고 명료(明瞭)하며, 명제들 사이에 서로 상충됨이나 혼탁함이 없다. 그리고 오랫동안 검증(檢證)을 거친 후에 확정(確定)한 것이기 때문에 정확하다. 따라서 간명(看命)의 원리(原理)로 사용할 수 있으며 매우 유용(有用)하다.

가설과 명제는 가장 단순한 것이어야 한다. '오컴의 면도날(Ockham's Razor)'을 생각하며 기존(旣存) 명제들을 아래와 같이 수정 보완하였다.

원진(元辰)은 상호 150도로 대응한 열두 가지의 관계이며, 신살(神煞)이 아니다.
子丑은 합이 아니며, 30도로 대응한 오직 측(側)의 관계이다.
寅亥는 합이 아니며, 90도로 대응한 오직 형파(刑破)의 관계이다.
卯戌은 합이 아니며, 150도로 대응한 오직 원진(元辰)의 관계이다.
辰酉는 합이 아니며, 150도로 대응한 오직 원진(元辰)의 관계이다.
巳申은 합이 아니며, 90도로 대응한 오직 형파(刑破)의 관계이다.
午未는 합이 아니며, 30도로 대응한 오직 측(側)의 관계이다.
辰辰, 午午, 酉酉, 亥亥는 자형(自刑)이 아니며, 동(同)의 관계이다.
午酉는 90도로 대응한 형파(刑破)의 관계이다.
申亥는 90도로 대응한 형파(刑破)의 관계이다.
해(害)라는 관계는 전혀 쓸모가 없다. 다만 卯辰과 酉戌은 30도의 측(側)의 관계이고, 申亥는 90도의 형파(刑破)의 관계이다.

16-4. 접우각(接遇角)의 예(例)

오행은 서로 친화성이 있거나 혹은 서로 배타성이 있는 경우가 있다. 두 오행이 서로 만나서 이루는 접우각(接遇角)이 동협합(同協合)의 관계를 이루면 상호 호의적(好意的)인 관계를 갖고, 측형파원진충(側刑破元辰沖)의 관계를 이루면 상호 비호의적(非好意的)인 관계를 갖는다. 이 관계는 원국 내에서 성립하고, 원국과 운에서도 성립하며, 운과 운에서도 성립한다.

접우각으로 인해 서로 호의성과 비호의성이 결정되는 것은 관계(關係)의 현상이며, 木火土金水가 서로 만나 생기는 생극비설상(生剋比洩傷)은 작용(作用)의 현상이다. 둘은 항상 동시(同時)에 이루어진다.

관계(關係)는 개척하고 발전시켜야 할 명리의 새로운 분야이다.

1) 동(同)의 관계(關係)

子子, 丑丑, 寅寅, 卯卯, 辰辰, 巳巳, 午午, 未未, 申申, 酉酉, 戌戌, 亥亥

○甲○戊　乙○丁○　○戊庚○　乙○○辛
○子○子　丑○丑○　○寅寅○　卯○○卯

○甲○戊　癸○丁○　○庚壬○　乙○○癸
○辰○辰　巳○巳○　○午午○　未○○未

○甲○庚　癸○丁○　○丙壬○　丁○○辛
○申○申　酉○酉○　○戌戌○　亥○○亥

2) 측(側)의 관계(關係)

子丑, 丑寅, 寅卯, 卯辰, 辰巳, 巳午, 午未, 未申, 申酉, 酉戌, 戌亥, 亥子

○甲乙○　○乙丙○　○丙○丁　乙○○庚
○子丑○　○丑寅○　○寅○卯　卯○○辰

○甲乙○　乙○○庚　○戊乙○　○癸○丙
○辰巳○　巳○○午　○午未○　○未○申

丙○○己　○癸甲○　○戊乙○　○癸○丙
申○○酉　○酉戌○　○戌亥○　○亥○子

3) 협(協)의 관계(關係)

子寅, 丑卯, 寅辰, 卯巳, 辰午, 巳未, 午申, 未酉, 申戌, 酉亥, 戌子, 亥丑

○甲丙○　○丁己○　○丙○甲　癸○○己
○子寅○　○丑卯○　○寅○辰　卯○○巳

○甲丙○　○己辛○　○戊○戊　丁○○乙
○辰午○　○巳未○　○午○申　未○○酉

○庚戌○　○丁乙○　○庚○戊　乙○○己
○申戌○　○酉亥○　○戌○子　亥○○丑

4) 형(刑)의 관계(關係)

寅巳, 卯午, 辰未, 巳申, 午酉, 未戌, 申亥, 酉子, 戌丑, 亥寅, 子卯, 丑辰

○甲癸○　○乙戊○　○戊○癸　乙○○庚
○寅亥○　○卯子○　○辰○丑　巳○○寅

○丙乙○　○癸庚○　○庚○己　乙○○庚
○午卯○　○未辰○　○申○巳　酉○○午

○甲乙○　○癸戊○　○戊○丁　丁○○戊
○戌未○　○亥申○　○子○酉　丑○○戌

5) 파(破)의 관계(關係)

寅亥, 卯子, 辰丑, 巳寅, 午卯, 未辰, 申巳, 酉午, 戌未, 亥申, 子酉, 丑戌

○○庚乙　○乙丙○　○庚癸○　己○庚○
○○寅巳　○卯午○　○辰未○　巳○申○

○○庚乙　○乙甲○　○戊癸○　丁○戊○
○○午酉　○未戌○　○申亥○　酉○子○

○○戊丁　○癸甲○　○戊乙○　癸○戊○
○○戌丑　○亥寅○　○子卯○　丑○辰○

6) 합(合)의 관계(關係)

子辰, 丑巳, 寅午, 卯未, 辰申, 巳酉, 午戌, 未亥, 申子, 酉丑, 戌寅, 亥卯

○甲丙○　○丁乙○　○丙○丙　乙○○癸
○子辰○　○丑巳○　○寅○午　卯○○未

○丙甲○　○癸○丁　○壬丙○　丁○辛○
○辰申○　○巳○酉　○午戌○　未○亥○

○庚○庚○　○乙丁○　○壬○丙　丁○○辛
申○子○　○酉丑○　○戌○寅　亥○○卯

7) 원진(元辰)의 관계(關係)

양원진: 子未, 寅酉, 辰亥, 午丑, 申卯, 戌巳
음원진: 丑申, 卯戌, 巳子, 未寅, 酉辰, 亥午

○癸○甲　○乙○甲　○癸○戊　乙○○庚
○未○子　○酉○寅　○亥○辰　丑○○午

○癸○壬　○乙○甲　○甲乙○　○庚○乙
○卯○申　○巳○戌　○申丑○　○戌○卯

○戊○癸　丙○○乙　○甲○乙　○庚○乙
○子○巳　寅○○未　○辰○酉　○午○亥

8) 충(沖)의 관계(關係)

子午, 丑未, 寅申, 卯酉, 辰戌, 巳亥

○戊○壬　○乙乙○　○丙○庚　丁○○辛
○子○午　○未丑○　○寅○申　卯○○酉

○戊○甲　○乙○癸
○辰○戌　○巳○亥

16-5. 육합(六合)의 원래위치(元來位置)

육합(六合)은 합(合)이 아니므로 원래의 위치로 돌아가야 한다. 육합의 원래 위치는 측이거나 형파이거나 원진이다.

○丙辛○　○戊○乙　○癸○丙　甲○○癸
○子丑○　○寅○亥　○卯○戌　辰○○酉
　子丑 측　　寅亥 형파　　卯戌 원진　　辰酉 원진

○癸○甲　　○壬○己
○巳○申　　○午○未
巳申 형파　　午未 측

16-6. 형파(刑破)에 추가(追加)된 것

午와 酉, 申과 亥의 관계가 형(刑) 또는 파(破)가 된다. 형이나 파는 같은 90도의 관계이므로 방향을 따지지 않고 같은 것으로 이해해도 무방하다. 즉 형과 파는 기운의 방향성을 살펴서 서로 구분할 수 있지만, 결국 같은 관계이므로 형은 파이고, 파는 형이나 마찬가지이다.

午와 酉, 申과 亥의 관계를 형파의 관계에 추가해야 한다.

乙○○庚　　○壬○辛　　○丁○戊　　庚○○乙
酉○○午　　○午○酉　　○亥○申　　申○○亥
酉午 형파　　午酉 형파　　亥申 형파　　申亥 형파

16-7. 원진(元辰)에 추가(追加)된 것

기존의 원진(양원진) 이론에 추가되는 원진(음원진)을 제시한다. 음원진 역시 같은 150도의 관계이므로 방향을 따지지 않아도 무방하다. 그러므로 양원진이나 음원진이나 똑같은 원진으로 이해할 수 있다.

기존의 양원진: 子未, 寅酉, 辰亥, 午丑, 申卯, 戌巳
추가된 음원진: 丑申, 卯戌, 巳子, 未寅, 酉辰, 亥午

○甲乙○　　○庚○乙　　○戊○癸　　丙○○乙
○申丑○　　○戌○卯　　○子○巳　　寅○○未
丑申 원진　　卯戌 원진　　巳子 원진　　未寅 원진

○甲○乙　　○庚○乙
○辰○酉　　○午○亥
酉辰 원진　　亥午 원진

관계(關係)의 명제는 접우각의 원리를 기반으로 하고 있으므로 그 체계가 명료하고 간결하다. 이 원리를 통해 드디어 명제끼리의 엉킴을 해소(解消)하였고 명제의 합리적인 근거를 확보하였으니, 새롭게 정비된 이 명제들을 명리 이론으로 써보기를 바란다.

본서의 명리 이론은 수십 년의 연구 끝에 이루어진 것이다. 이론을 확정한 뒤에도 약 18년간 비공개 상태로 검증을 해 왔다. 이로써 내린 결론은 "육합과 방합은 명리이론에서 반드시 제거되어야 한다. 그리고 관계 분야는 명리가 나아가고 개척할 새로운 분야가 분명하다."이다.

본서의 작용관계론에서 관계의 기본적인 원리를 논하고 있으므로 참고하기를 바란다. 관계 이론을 더 세밀히 논하자면 별도의 책 한 권 분량을 넘는다. 팔자와 운이 만나 이루어지는 관계는 그 경우의 수가 대단히 많으며 해석하는 방법 역시 복잡하고 다단하다. 그러나 관계의 형성, 관계의 변화, 관계의 해소 등에 관한 이론은 그 원리가 무척 간결하기에 어려운 것은 없다. 앞으로 이 분야가 제대로 정비되어야만 명리가 바르게 발전할 수 있을 것이라 본다.

접우론은 어디에 쓰이는 것인가?

나와 상대방(회사, 관공서 등 포함)의 심리 및 태도 변화를 살피는 데 쓰인다. 즉 대인관계와 사회관계 등을 파악하는 데 쓰인다.

접우론의 핵심은 접우각의 유형에 따라 심리 및 태도에 변화가 발생한다는 것이다. 동으로 만나면 상대방과 자신을 동일시하는 심리가 발생하므로 서로 잘 소통하며 이해하는 사이가 되고, 측으로 만나면 약간 싫은 감정이 들어 상대와 거리감을 두는 사이가 되며, 협으로 만나면 호감이 생겨 서로 가까이하고 싶은 사이가 되고, 형파로 만나면 험담하고 싶은 감정이 생겨 서로 비난하는 사이가 되며, 합으로 만나면 친근한 감정이 생겨 항상 함께하고 싶은 사이가 되고, 원진으로 만나면 서로 원망하는 감정이 생겨 크게 싸우고 싶은 사이가 되며, 충으로 만나면 극단적인 혐오감이 생겨 원수처럼 다투는 사이가 된다.

선학(先學)들이 명리의 관계(關係) 분야를 인식하지 못했기에 심리(心理) 측면으로 접근한 사례가 전무(全無)한데, 접우론은 이 분야를 심도 있게 다룰 수 있게 해 주는 이론이다.

많은 학자가 자신이 학문적으로 남다른 능력이 있다는 생각으로 새로운 이론을 만들어 내고는 한다. 스스로 정상에 있다고 착각한 상태이든지, 기초가 부실한 상태에서 명예욕이 발동한 상태이든지, 논리성의 결여를 느끼지 못한 상태에서 학문을 이루었다고 착각한 상태이든지, 아니면 이 학문의 과학화를 진정으로 원하는 상태이든지 등등, 새로운 이론은 그것 중의 한 가지 상태에서 만들어진 산물일 것이다. 이 책이 그 중 어디에 해당하는 것인지, 그리고 어떤 가치가 있는 것인지는 앞으로 독자들이 판단하고 평가해야 할 몫이다.

동측협형파합원진충일람표(同側協刑破合元辰沖一覽表)

\	子	丑	寅	卯	辰	巳	午	未	申	酉	戌	亥
子	同	側	協	刑	合	元	沖	元	合	破	協	側
丑	側	同	側	協	刑	合	元	沖	元	合	破	協
寅	協	側	同	側	協	刑	合	元	沖	元	合	破
卯	刑	協	側	同	側	協	刑	合	元	沖	元	合
辰	合	刑	協	側	同	側	協	刑	合	元	沖	元
巳	元	合	刑	協	側	同	側	協	刑	合	元	沖
午	沖	元	合	刑	協	側	同	側	協	刑	合	元
未	元	沖	元	合	刑	協	側	同	側	協	刑	合
申	合	元	沖	元	合	刑	協	側	同	側	協	刑
酉	破	合	元	沖	元	合	刑	協	側	同	側	協
戌	協	破	合	元	沖	元	合	刑	協	側	同	側
亥	側	協	破	合	元	沖	元	合	刑	協	側	同

생활(生活)에서의 음양(陰陽)

우리 조상들은 생활 전반에서 음양 사상을 실천(實踐)하고 구현(具顯)하며 살아왔다. 예컨대 남자는 좌측에 서고 여자는 우측에 서는 것도 남좌여우(男左女右)의 음양의 실천이었고(해가 동쪽에서 뜨므로 좌측을 양으로 인식함), 글을 우측에서 좌측으로 써 내려간 것도 부정적인 음의 기운을 모아서 긍정적인 양의 기운으로 마무리 짓겠다는 상징적인 뜻을 담은 것이었다. 여성의 옷에서도 저고리를 짧게 하고 치마를 길게 한 것은 양기보다 음기를 더 많이 받아들이고자 한 것이었고, 바지가 아닌 치마를 입은 것도 땅의 음기를 더 쉽게 받아들이고자 한 것이었다. 옷에 단추를 달아 끼울 때도 남자는 왼쪽으로 끼우고, 여자는 오른쪽으로 끼웠다. 이같이 음양의 원리를 지키고 실천하며 살아가고자 하였던 취지(趣旨)와 정서(情緒)가 예나 지금이나 생활 전반 곳곳에서 발견된다. 문화재(文化財)를 살펴보아도, 의식주(衣食住) 활동을 살펴보아도 그 속에 음양과 오행 사상이 담겨 있음을 쉽게 관찰할 수 있다. 예컨대 청(靑), 적(赤), 황(黃), 백(白), 흑(黑)의 오방색(五方色)을 기본적인 색으로 인식하여 복식(服飾) 등에서 이를 구현(具顯)하였는데, 일반 백성의 옷은 흰색이었고, 말단 형리(刑吏)나 나졸(邏卒)의 관복은 백색과 흑색이 섞였으며, 중간 관리인 당하관(堂下官)의 관복은 청색이었고, 상급 관리인 당상관(堂上官)의 관복과 임금의 관복은 적색이었으며, 구한말 황제의 관복은 황색이었다. 그 원리를 살펴보면 상생(相生)의 관계를 상징한 것임을 이해할 수 있다.

왕조(王朝)의 흥망(興亡)에도 오행이 관련되어 있다. 통일 신라(新羅)는 김(金) 씨가 세웠기에 金으로 인식하여, 경주(慶州)를 금성(金城)으로 바꾸었고, 행정구역을 구주오소경(九州五小京)으로 나누었는데, 이는 金과 土生金을 고려했기 때문이었다. 후삼국 시대의 궁예(弓裔)는 국호를 태봉(泰封)으로 바꾸면서 연호(年號)를 수덕만세(水德萬歲)라고 하였는데, 이는 金 다음의 水를 고려한 것이었다. 고려(高麗)가 행정구역을 경기(京畿)와 오도양계(五道兩界)로 정한 것도 일육(一六) 水를 고려하였기 때문이었으며, 고려 말에 목자득국설(木子得國說)이 나돈 것도 水 다음의 木을 인식했기 때문이었다. 조선(朝鮮)은 실제로 木에 해당하는 이(李) 씨가 세웠으며, 행정구역을 팔도(八道)로 나눈 것도 木을 고려하였기 때문이었다. 이같이 정치, 경제, 사회, 문화 등의 전반에 걸쳐 오행 사상이 녹아들어 있고 이는 후세(後世)까지 연결되어 전해지고 있다.

연구편

　명리를 독학(獨學)으로 공부하고 있는 사람이라면, 다음의 두 가지 사안에 주의해야 한다.

　첫째, 자신의 학술에 대한 객관성(客觀性) 점검을 수시로 해야 한다. 독학하면서 혹여 이론들을 자기 방식대로 편협하게 이해하는 일이 누적되기 시작하면 명리 공부가 이상한 엇길로 빠지게 될 수도 있고, 또 그것을 스스로 알아채기 힘들 수도 있기 때문이다(특히 편인이 있거나 왕한 사람은 더욱 주의해야 한다). 그러므로 많은 사람과 토론을 해보면서 피드백을 한다든지, 타인의 강의를 들어본다든지, 또는 좋은 스승을 모셔서 학문의 줄기를 다시 다듬어 본다든지 하는 등의 방법들을 쓰면서 자신의 학습 상태를 수시로 점검해 보면서 앞으로 나아가는 것이 바람직하다. 그리고 이 분야에는 '나 홀로 이론'이 아주 많은데, 그 이유는 오직 혼자서만 공부해 온 사람들이 '그래! 바로 이거야!' 하는 짧은 생각으로써 자신만 인정하는 이론을 만들어 내는 일이 흔하기 때문이다. 문제는 그 이론이 황당무계(荒唐無稽)하고 모순(矛盾)과 당착(撞着)을 내포하고 있음에도 본인들이 그것을 스스로 느끼지 못한다는 점이다. 그러므로 평소에 자주 외부(外部)와 교류하여야 하고, 자신의 학문을 객관적인 것이 되도록 잘 다듬으면서 나아가야 한다. 만약 그렇게 할 처지가 못 된다면, 많은 경험을 가진 사람이 지은 책을 교과서로 삼아 그런 노력을 계속하며 나아가는 것이 좋다.

　둘째, 고서에 적힌 글귀를 경전(經典)처럼 여기면서 공부하는 것은 좋지 않은 태도이다. 고서는 귀중한 교과서인 동시에 경계해야 할 책이므로 항상 비판적인 시각을 갖고 공부하는 것이 좋다. 거기에 진리(眞理)만 적혀 있지는 않기 때문이다. 스스로 궁구(窮究)해 보아서 원리 규명(糾明)이 되는 이론은 정법(正法)으로 받아들이고, 그렇지 않은 이론은 단호히 배척(排斥)하는 것이 바른 태도이다. "왜?"라고 질문했을 때, "~ 때문이다."라는 답이 나오지 않으면 그것은 정법이 아닐 가능성이 크니 그런 이론은 취하지 않는 것이 바람직하다. (본문중에서)

17. 육십갑자론(六十甲子論)

육십갑자(六十甲子)는 천간(天干)의 갑(甲), 을(乙), 병(丙), 정(丁), 무(戊), 기(己), 경(庚), 신(辛), 임(壬), 계(癸)와 지지(地支)의 자(子), 축(丑), 인(寅), 묘(卯), 진(辰), 사(巳), 오(午), 미(未), 신(申), 유(酉), 술(戌), 해(亥)를 서로 짝지어 예순 가지로 차례로 배열해 놓은 것이다. 시간에 대해 서양은 무한히 나아가는 직선의 개념으로 이해하고 있지만, 동양은 무한히 순환하는 원의 개념으로 이해하고 있다.

17-1. 갑자(甲子)의 시작(始作)

역법(曆法)은 왕조(王朝)가 바뀔 때마다 바뀌거나 개선해 왔으며, 역법을 천문현상(天文現象)과 일치시킴으로써 정치적 효과를 거두고자 하였다. 그러나 역법을 실제 천체 운행의 주기(週期)와 완전히 일치시키는 것이 불가능하다는 사실을 점차 깨닫게 되자 천문현상과는 무관한 별도의 체계를 갖춘 역법이 등장하게 되었다. 춘추전국시대까지만 하여도 천간은 날짜에만 사용하였고, 년월을 표시하는 데에는 사용하지 않았다.

태초력(太初曆) 및 삼통력(三統曆)에 의하면, 한 무제 태초 원년(기원전 104년) 11월 삭망 동짓날의 일진을 甲子로 하였다고 한다. 그리고 동지와 삭망의 두 기점에다 60갑자의 주기까지 일치시키는 주기를 일원(一元)으로 하여 상원(上元), 중원(中元), 하원(下元)으로 설정하였고, 최초의 상원 갑자년을 약 4500년 전인 황제 때의 건국 시기를 甲子年 甲子月, 甲子日, 甲子時로 설정하였다고 한다. 이는 고대 역법에 의거, 세수(歲首)는 동지 기준으로, 월건은 중기를 기준으로 했을 때, 음력 기원전 4617년 11월 20일의 간지가 甲子年 甲子月 甲子일이 될 수 있다. 그러나 역원(曆元)은 한(漢) 때에 와서 임의로 추정하여 설정한 것이다.

역원을 정할 때 수만 년을 추산(推算)하여, 11월 초하루 정자시(正子時)에 동지(冬至)가 되고, 일월오성(日月五星)이 자방(子方)에서 일렬(一列)로 모일 때를 상원(上元)이라 하여 역(曆)의 처음으로 삼았다고 하였는데, 이것은 언제부터 갑자(甲子)일로 정할 것이냐에 취지를 두어 甲子년 甲子月 甲子일 甲子시로 역원(曆元)을 찾아 삼기 위한 것이지, 24절기 기준으로 동짓날부터 子월이 된다는 것을 결정하기 위함은 아니다.

북송(北宋) 때의 역사서 통감(通鑑)에, "대요(大撓)가 별자리 점을 보아 甲子를 만들어 사용하여 이름하였다."라고 하였으니, 황제(黃帝)가 신하 대요를 시켜 십간십이지를 만들게 한 것으로 기록을 통해 추측할 수 있겠지만, 이런 기록은 후대(後代)에 와서 전대(前代)를 창조해 낸 행위의 결과일 개연성이 높다. 황제내경(黃帝內經)에는 황제가 기백(岐伯), 뢰공(雷公), 백고(伯高), 소사(少師), 소유(少兪), 귀유구(鬼臾區) 등과 문답한 내용이 실려 있는데, 대부분이 음양(陰陽), 오행(五行), 간지(干支) 등과 관련된 것들이다. 그러나 甲子를 짓게 했다는 대요(大撓)의 이름은 없다.

목성(木星)의 황도 순환 주기는 약 11.83년이다. 춘추전국시대에 목성의 운행 주기가 약 12년임을 파악하여 목성의 위치를 보고 세명(歲名)을 정하기로 하였는데, 이를 '세성기년법(歲星紀年法)' 혹은 '목성기년법(木星紀年法)'이라 한다. 그 후 목성의 운행에 근거하되 목성과 반대 방향으로 운행하는 가상의 목성인 '태세(太歲)'라는 것을 정하여 '태세기년법(太歲紀年法)'을 만들어 사용하기도 하였다.

한 무제 시대에 이르기까지 180여 년간 춘추전국시대 사람들이 써온 고육력(古六曆: 여섯 종류의 옛날 책력)을 계속 사용하였는데, 목성 주기가 정확하게 12년이 되지 못함으로 인해 생겨나는 오차 때문에 180여 년이 지나자 새로운 책력을 제정하기에 이르렀고, 태초력을 제정했던 전한 무제 원봉 7년(BC104년)에는 간지를 한 단계를 뛰어넘는 일이 발생하였다. 원래 '丙子'인데 '丁丑'으로 보정(補正)한 것이었다.

유흠(劉歆, 삼통력을 만듦)에 의해 목성의 주기가 11.86년이라는 사실이 밝혀짐에 따라 목성이나 태세를 기준으로 하는 12년 주기의 기년법이 불가능함을 깨닫게 되었고, 이에 삼통력(三統力)의 역원 이론에 따라 기원전 104년의 丁丑년을 태초원년(太初元年)으로 삼게 되었으며, 이것이 현재까지 년(年)을 표시하는 간지로 계속 이어져 내려오고 있다.

동한(東漢) 광무제 시대(AD57년)에 와서는 세성기년법을 완전히 폐지하고 간지(干支)만으로 기년(紀年)하게 되었다. 목성의 위치에서 탈피하여 시 태양년에 간지로 이름을 붙이게 된 것이었다. 이를 '간지기년법(干支紀年法)'이라 한다.

기원후 57년 이전에는 간지를 이용하여 세명(歲名)을 적은 역사 기록이 없으며, 그 이전 시대에 대한 간지 이름은 모두 당시로부터 추정한 것들이다. 즉 이전에는 간지가 아닌 다른 용어로써 세명을 기록하였다. 이 세성기년법의 용어 역시 열 가지와 열두 가지의 조합이었다.

갑골문에도 십간십이지가 고문자로서 존재하는데, 오늘날의 십간과 모양이 비슷한 것도 있지만 크게 다르다. 그러나 이후 세월이 흐르면서 십간십이지의 명칭은 달리 사용되게 되었는데, 이아(爾雅)와 사기(史記)에 기록된 고갑자(古甲子)는 다음과 같다.

甲: 알봉(閼逢), 언봉(焉逢)
乙: 전몽(旃蒙), 단몽(端蒙)
丙: 유조(柔兆), 유조(游兆)
丁: 강어(彊圉), 강오(彊梧)
戊: 저옹(著雍), 도유(徒維)
己: 도유(屠維), 축리(祝犁)
庚: 상장(上章), 상횡(商橫)
辛: 중광(重光), 소양(昭陽)
壬: 현익(玄黓), 횡애(橫艾)
癸: 소양(昭陽), 상장(尙章)

子: 곤돈(困敦), 곤돈(困敦)
丑: 적분약(赤奮若), 적분약(赤奮若)
寅: 섭제격(攝提格), 섭제격(攝提格)
卯: 단알(單閼), 단알(單閼)
辰: 집서(執徐), 집서(執徐)
巳: 대황락(大荒落). 대황락(大荒落)
午: 돈장(敦牂), 돈장(敦牂)
未: 협흡(協洽), 협흡(協洽)
申: 군탄(涒灘), 군탄(涒灘)
酉: 작악(作噩), 작악(作噩)
戌: 엄무(閹茂), 엄무(淹茂)
亥: 대연헌(大淵獻), 대연헌(大淵獻)

17-2. 육십갑자(六十甲子)

육십갑자표 (六十甲子表)

甲子	乙丑	丙寅	丁卯	戊辰	己巳	庚午	辛未	壬申	癸酉
甲戌	乙亥	丙子	丁丑	戊寅	己卯	庚辰	辛巳	壬午	癸未
甲申	乙酉	丙戌	丁亥	戊子	己丑	庚寅	辛卯	壬辰	癸巳
甲午	乙未	丙申	丁酉	戊戌	己亥	庚子	辛丑	壬寅	癸卯
甲辰	乙巳	丙午	丁未	戊申	己酉	庚戌	辛亥	壬子	癸丑
甲寅	乙卯	丙辰	丁巳	戊午	己未	庚申	辛酉	壬戌	癸亥

◆ 甲과 子에서 60갑자가 시작하는 이유는 천간이나 지지에서 양(陽)의 시작을 출발점으로 보았기 때문이다. 천간은 甲이, 지지는 子가 양의 출발점이다. 그러나 이것은 子월을 한 해의 시작으로 보던 고대(古代)에 형성된 순서이다. 한 해의 시작점은 子월이 아닌 寅월이므로, 십이지지의 순서는 子가 아닌 寅이 시작점이 되어야 옳다.

10개의 천간과 12개의 지지를 일정한 방법, 즉 양간(陽干)과 양지(陽支)끼리, 음간(陰干)과 음지(陰支)끼리 순차적으로 결속(結束)시키면 60개의 간지(干支)가 만들어지는데, 이를 '육십갑자(六十甲子)'라 한다.

항상 양 천간은 양 지지하고 결속하고, 음 천간은 음 지지하고 결속하게 되는데, 그 이유는 천간과 지지의 개수가 모두 짝수이기 때문이다.

육십갑자는 특정 시작 시점에서 다시 시작 시점으로 돌아오기까지 60년이 걸리는데, 이 기간을 일갑자(一甲子)라 한다. 갑자가 다시 돌아오는 것을 '환갑(還甲)' 또는 '회갑(回甲)'이라 한다. 육십갑자는 순(順)으로, 또한 역순(逆順)으로도 외우는 것이 좋다.

17-3. 육십갑자(六十甲子)의 쓰임

우주(宇宙)의 가장 원초적(原初的)인 법칙(法則)이 무엇인가? 그것은 '변화(變化)'다. 무질서(無秩序)와 질서(秩序)가 혼합(混合)된 우주의 현상(現象)에서 질서를 찾아서 인간 세상에 적용하는 것이 역학(易學)이다. 무질서한 것처럼 보이는 우주의 기운 중에서 규칙적인 변화를 역학적인 용어로 규정지은 것이 '음양(陰陽)'이고 '오행(五行)'이다. 그리고 그 오행 중에서 천간이 변하는 법칙은 木生火, 火生土, 土生金, 金生水, 水生木이다. 그리고 그것이 특별한 방위(方位: 십이지지)에 위치함에 따라서 성질(性質)이 규정되는 것을 표시하기 위하여 십간과 십이지의 결속 형태인 육십갑자로 표시되는 것이다. 명리(命理)는 육십갑자(六十甲子)를 이용하여 사람의 명운(命運)을 추단하는 학문이다.

17-4. 삼원갑자(三元甲子)

고대부터 역법에서 육십갑자를 3단계로 구분하여 인식하였는데, 상원(上元), 중원(中元), 하원(下元)이 그것이다. 매 60년 3회 180년을 주기로 갑자가 순환한다고 보았다. 즉 상원갑자 60년, 중원갑자 60년, 하원갑자 60년으로 갑자가 순환한다고 보았다. 기문학 등의 학문에서 쓰고 있는 이론인데, 명리에서는 굳이 삼원을 구분해서 쓸 필요가 없다.

17-5. 시간(時間)의 주체(主體)

시간(時間)은 누군가에게 탄생 시점을 제공하고, 또 누군가에겐 운을 제공하면서 끊임없이 흘러간다. 그 과정에서 하늘의 이치가 땅을 통하여 발현(發現)되므로 시간의 주체(主體)는 천간이 된다. 일지(日支)가 아닌 일간(日干)이 사주의 주체가 되는 건 그 때문이다. 따라서 운의 주체도 천간이 된다.

10개의 천간이 12개의 지지를 맡아서 주재(主宰)하게 되는데, 甲丙戊庚壬에게는 子寅辰午申戌이 짝이 되고, 乙丁己辛癸에게는 丑卯巳未酉亥가 짝이 된다.

예컨대 다섯 양간(陽干)이 조합하는 甲寅월, 丙寅월, 戊寅월, 庚寅월, 壬寅월은 다 같은 寅월이지만 각기 주재자(主宰者)가 다르다. 즉 甲이 주재하는 寅월, 丙이 주재하는 寅월, 戊가 주재하는 寅월, 庚이 주재하는 寅월, 壬이 주재하는 寅월이 된다.

운(運)도 마찬가지이다. 예컨대 甲子 대운이면, 甲이 대운의 주체가 되어 子를 주재하는 운이 된다. 癸亥 대운이면, 癸가 주체가 되어 亥를 주재하는 운이 된다.

17-6. 공망(空亡)

천간과 지지로써 육십갑자를 조합(組合)하여 년(年)의 순서와 흐름을 표시하는데, 천간은 10개이고 지지는 12개가 되니 서로 짝이 맞아떨어지지 않게 되므로 천간이 여섯 차례 순환되는 동안 결속(結束)되지 못한 지지가 여섯 번에 걸쳐 모두 12개가 생기게 된다. 이렇게 짝이 없이 남게 된 지지를 '공망(空亡)'이라 한다. 공망을 천중살(天中殺)이라고도 한다.

고법 명리에서는 년지(年支)를 기준으로 공망을 찾았는데, 신법 명리에서는 일지(日支)를 기준으로 공망을 찾는 편법을 쓰기도 한다.

가) 년지 기준의 공망 표출 예   나) 일지 기준의 공망 표출 예

壬甲戊乙　癸癸庚甲　　　壬甲戊乙　癸癸庚甲
申辰子未　亥酉午申　　　申寅子未　亥酉午申
　空　　　　空　　　　　　　空　　　空

공망은 비어있음(空), 망함(亡), 무인연(無因緣), 무덕(無德), 공허(空虛), 허무(虛無), 무력(無力), 부실(不實), 부존재(不存在), 이별(離別), 헛수고 등의 뜻이 있다.

요즘은 일반적으로 일지(日支)와 년지(年支) 둘 다 기준으로 삼아 공망을 찾는데, 년

주(年柱)에 공망이 걸리면 조상 덕이 없다고 보고, 월주(月柱)에 걸리면 부모덕이 없다고 보며, 일지(日支)에 걸리면 처 덕이 없다고 보고, 시주(時柱)에 걸리면 자식 덕이 없다고 본다. 즉 특정 육친이 공망이 되면 그 육친덕이 없다고 간주한다.

육십갑자공망조견표(六十甲子空亡早見表)

1	2	3	4	5	6	7	8	9	10	11, 12 空亡
甲子	乙丑	丙寅	丁卯	戊辰	己巳	庚午	辛未	壬申	癸酉	戌, 亥
甲戌	乙亥	丙子	丁丑	戊寅	己卯	庚辰	辛巳	壬午	癸未	申, 酉
甲申	乙酉	丙戌	丁亥	戊子	己丑	庚寅	辛卯	壬辰	癸巳	午, 未
甲午	乙未	丙申	丁酉	戊戌	己亥	庚子	辛丑	壬寅	癸卯	辰, 巳
甲辰	乙巳	丙午	丁未	戊申	己酉	庚戌	辛亥	壬子	癸丑	寅, 卯
甲寅	乙卯	丙辰	丁巳	戊午	己未	庚申	辛酉	壬戌	癸亥	子, 丑

◈ 공망을 쉽게 알아내는 법

예컨대 乙亥가 속한 순(旬)의 공망을 알고자 한다면, 乙亥부터 육십갑자를 계속 나아가다가 천간에 癸가 나타날 때 멈추고, 그다음 갑자의 지지를 살피면 된다. 여기서는 乙亥, 丙子, 丁丑, 戊寅, 己卯, 庚辰, 辛巳, 壬午, 癸未의 순이 되겠다. 그리고 癸未 다음의 甲申, 乙酉가 가진 지지를 살피면 申과 酉가 그 순(旬)의 공망자가 됨을 알 수 있다.

공망의 합리성(合理性)

공망은 헛된 이론이다.

모든 오행은 자신의 기(氣)를 엄연히 가지고 있는데, 그 오행이 팔자 속에서 만약 줄을 잘못 서게 되면 자신의 기를 모두 잃게 될까? 이 황당한 이론이 명리에 뿌리를 깊게 내리고 있다.

생극제화보다 공망이 우선(優先)할 리는 없다. 공망은 반드시 제거되어야 할 이론이다.

18. 년월일시론(年月日時論)

년월일시(年月日時)의 경계를 정하는 문제는 매우 중요하다.

이십사절기, 입춘세수설, 서머타임, 야자시설 등을 상세히 논한다.

18-1. 십이지지(十二地支)와 계절(季節)

십이지지(十二地支)는 절기(節氣)를 기준으로 각기 1개월의 기운을 담당하며 3개월씩 모여 계절을 이루기도 한다. 즉 寅卯辰은 봄철을, 巳午未는 여름철을, 申酉戌은 가을철을, 亥子丑은 겨울철을 나타낸다. 土는 계월(季月)이라 하며 환절기를 나타낸다.

18-2. 이십사절기(二十四節氣)

이십사절기(二十四節氣)는 태양의 운동에 근거한 것으로 춘분점으로부터 태양이 움직이는 길인 황도(黃道)를 따라 동쪽으로 15˚ 간격으로 나누어 24점을 정하였을 때, 태양이 각 점을 지나는 시기를 말한다. 좀 더 구체적으로 말하면, 천구(天球) 상에서 태양의 위치가 황도 0도, 15도, …… 345도 되는 지점들을 통과하는 순간을 춘분, 청명, …… 대한 등으로 이름을 정한 것이다. 즉 절기는 태양의 황경(黃經)에 맞추어 1년을 약 15일 간격으로 24등분하여 계절을 구분한 것이다.

24절기(節氣)는 24절후(節候) 또는 24절중(節中)이라 하는데, 12개의 절(節)과 12개의 중기(中氣)로 구성된 것이다.

절(節)은 그 절월(節月)의 기운이 시작되는 지점을 뜻하고, 중기(中氣)는 그 절월의 중간 지점을 뜻한다.

月	寅	卯	辰	巳	午	未	申	酉	戌	亥	子	丑
절(節)	입춘	경칩	청명	입하	망종	소서	입추	백로	한로	입동	대설	소한
기(氣)	우수	춘분	곡우	소만	하지	대서	처서	추분	상강	소설	동지	대한

절월(節月)이란 현재의 절기에서 다음 절기 직전까지의 기간을 말하며, 절기를 월건으로 삼는 역법(曆法)을 '절월력(節月曆)'이라 한다. 명리에서 이 역법을 쓴다.

사립(四立): 입춘, 입하, 입추, 입동
이분(二分): 춘분, 추분
이지(二至): 하지, 동지
이분이지(二分二至)는 황도상의 중요한 관측 기점이다.

절기를 정하는 방법은 두 가지가 있는데, 하나는 평기법(平氣法: 365.2422일÷12)이고, 다른 하나는 정기법(定氣法: 360도÷12)이다.

평기법은 1년을 균일하게 24등분하여 황도상의 점에 각각 절과 기를 지정하는 방법이다. 즉 동지를 기점으로 하여 순차적으로 기, 절, 기, 절을 반복 지정해가는 방법이며, 동지의 입기시각(入氣時刻)을 알고 여기에 15.218425일씩 더해 가면 24절기와 각각의 입절 및 입기 시각들을 구할 수 있다.

정기법은 6세기 중반에 북제(北齊)의 장자신(張子信)에 의해 태양 운행의 지속현상(遲速現像: 타원궤도 때문에 운행 속도가 불규칙한 현상)이 발견된 후, 수(隋)의 유탁(劉焯)이 정기법을 쓸 것을 제창하였으나, 그 후 천 년 이상 방치되었고, 청(靑) 때에 서양 천문학에 의한 시헌력(時憲曆)이 도입되면서 채택되었다. 정기법에서는 황도 상에서 동지를 기점으로 동으로 15° 간격으로 점을 지정하고 태양이 이 점을 순차적으로 지남에 따라 절, 기, 절, 기를 반복 지정해 나간다. 이 경우 각 구역을 지나는 태양의 시간 간격은 약간씩 차이가 나게 되므로 입절 및 입기 시각은 매년 매번 달라질 수 있다.

정기법에 따르면, 춘분에서 추분까지 186일이 넘고, 추분에서 춘분까지는 179일이 채 되지 않는다.

1年=4季, 1季=3月, 1月=2氣, 1氣=3候, 1候=5日, 1日=4辰, 1辰=3時(여섯 시간)

1년을 12절(節)과 12기(氣)로 나누고, 한 달 중 절(節)은 전반부 15일간이고 기(氣)는 후반부 15일간에 해당한다.

명리학에서는 12절(節)을 주로 쓴다. 초기의 삼명학에서는 중기(中氣)를 기준으로 월(月)을 정하여 사용하였으나(추정) 자평 명리에서는 절(節)을 기준으로 월(月)을 정하는 절월력(節月曆)을 사용하고 있다.

월(月)을 정하는 것을 월건(月建)이라 하는데, 월을 세운다는 뜻으로 이해하면 된다. 북두칠성의 자루인 두병(斗柄)이 가리키는 쪽을 두건(斗建)이라 하는데, 원래 건(建)은 거기서 따온 명칭이다. 만약 두병이 寅을 가리키면 월건이 寅월이 되고, 丑을 가리키면 월건이 丑월이 된다. 월건은 고천문학 및 육임학에서 건너온 용어이다. 명리에서는 월령(月令) 또는 월지(月支)라고 한다.

절기변화표(節氣變化表)

節氣		變化	月
입춘(立春)	節	봄이 시작됨.	寅月
우수(雨水)	中氣	비가 처음 옴.	寅月
경칩(驚蟄)	節	동면하던 동물들이 깨어남.	卯月
춘분(春分)	中氣	봄의 한가운데.	卯月
청명(淸明)	節	중국 황하의 물이 맑음.	辰月
곡우(穀雨)	中氣	곡식에게 이로운 비가 내림.	辰月
입하(立夏)	節	여름이 시작됨.	巳月
소만(小滿)	中氣	만물이 점차 생장하여 가득 참.	巳月
망종(芒種)	節	곡식을 심음.	午月
하지(夏至)	中氣	여름이 지극함.	午月
소서(小暑)	節	조금 더움.	未月
대서(大暑)	中氣	매우 더움.	未月
입추(立秋)	節	가을이 시작됨.	申月
처서(處暑)	中氣	더위가 물러감.	申月
백로(白露)	節	흰 이슬이 내림.	酉月
추분(秋分)	中氣	가을의 한가운데.	酉月
한로(寒露)	節	찬 이슬이 내림.	戌月
상강(霜降)	中氣	서리가 옴.	戌月
입동(立冬)	節	겨울이 시작됨.	亥月
소설(小雪)	中氣	눈이 조금 옴.	亥月
대설(大雪)	節	눈이 많이 옴.	子月
동지(冬至)	中氣	겨울이 지극함.	子月
소한(小寒)	節	조금 추움.	丑月
대한(大寒)	中氣	매우 추움.	丑月

◇ 24절기의 완성된 용어는 한나라 초기의 백과전서(百科全書)인 회남자(淮南子)의 천문훈(天文訓) 편에 기록되어 있다.

18-3. 입춘세수설(立春歲首說)

세수(歲首)란 한 해의 시작이 되는 첫 달(月)을 의미한다.

입춘세수설은 인월세수설(寅月歲首洩)이라고도 한다.

세수에 대한 고대 문헌 기록들을 살펴보면, 하(夏) 때에는 寅월이, 은(殷) 때에는 丑월이, 주(周) 때에는 子월이, 진(秦) 때에는 亥월이, 한(漢) 때에는 寅월이 세수(歲首)였다고 한다(夏以建寅之月, 殷以建丑之月, 周以建子之月爲正).

전국시대 인물 귀곡자(鬼谷子)가 남긴 유문(遺文)을 이허중이 주해한 것이 명서(命書)인데, 전국시대는 子월이 세수였음이 명서에 명시되어 있다.

귀곡자 유문: "子爲天正 歲時始於一陽 寅爲地首 陽備人興於甲"

이허중 주해: "建子之月一陽生焉 是爲歲首 則一日建子 子時當爲一日之首 建寅之月草木甲拆則陽氣備歲時興 建寅之時則人興寢日事始 非天道之始爲地首矣"

유문: "子는 하늘의 정위(正位)가 되고 세시는 일양에서 시작한다. 寅은 지수이니 (이때부터) 양이 사람과 함께 甲(寅)에서 흥한다."

주해: "子월을 세우니 일양이 생하고 이것이 세수가 되며, 하루는 子를 세우니 子시가 당연히 하루의 머리가 된다. 寅월을 세우니 초목이 씨앗을 틔우고 양기가 갖추어져 한 해가 발흥하며, 寅시를 세우니 인간이 기상하여 하루의 일을 시작한다. 천도의 시작이 땅의 머리가 되는 것은 아니다."

이것으로 보아 고법 명리(삼명학)는 동지(冬至)를 세수로 삼았을 가능성이 있어 보인다. 그러나 그 증거는 현재 남아 있지 않다.

상고시대부터 백성들이 농사일을 제대로 하려고 나라에서 정해주는 월령(月令)과 세수를 따랐으며, 음력 초하루부터 월건(月建)을 인식했다. 춘추전국시대(周代)에는 동지가 한 해의 시작점이었고, 당시의 고문헌들에 세수는 동지로 기록되어 있다. 그러나 한무제 때인 기원전 104년부터는 태초력(太初曆)에 의하여 세수를 입춘(立春)으로 변경하였고, 이후 2천 년이 넘도록 바뀌지 않았다. 명리는 이 태초력에 의하여 입춘을 세수로 정하며 입절시각(入節時刻)을 기준으로 월건을 세우는 이론으로 자리를 잡게 되었다.

자평 명리와 하락이수 등은 입춘을, 자미두수와 월령도는 음력 1월 1일을 세수로 삼는다. 동지를 세수로 쓰는 학술도 있다.

고법 명리 시기에는 중기(中氣)인 동지를 세수(歲首)로 삼았지만, 한(漢) 때부터 입춘(立春)이 세수로 확정되자 명리는 입춘(立春)을 세수로 삼아 왔다(고법 명리도 한대 이후부터 입춘을 세수로 썼을 개연성이 높다. 이허중 명서를 통해 당대에도 명리에서 동지를 세수로 썼다고 유추할 수도 있겠으나, 전국시대의 귀곡자 유문을 주해한 내용이므로 주해를 그 증거로 삼기는 어렵다고 본다).

시대별 세수의 변화

時代	歲首(月)	資料(根據)
하(夏)	寅월	
은(殷: 상商)	丑월	
주(周)	子월	귀곡자 유문, 맹자, 회남자, 예기 등
진(秦)	亥월	
한(漢)	寅월	태초력(太初曆)
수(隋)	寅월	
당(唐)	寅월	
송(宋)	寅월	각종 명리 고서, 朱子(子月)
원(元)	寅월	각종 명리 고서
명(明)	寅월	각종 명리 고서
청(淸)	寅월	각종 명리 고서
현대(現代)	寅월	각종 명리 서적

오늘날 자평 명리는 동지를 세수로 취하지 아니하고, 여전히 입춘을 세수로 취하고 있는데, 이를 학술적 측면에서 살펴보자.

년(年)은 사상(四象: 소양, 태양 소음, 태음)으로 이루어져 있기에 사상(계절)의 시작인 寅월이 일 년의 시작이 되고, 월(月)은 12절로 이루어져 있기에 입절시각(入節時刻)이 월의 시작이 되며, 일(日)은 음양(밤낮)으로 이루어져 있기에 음양의 시작이 하루의 시작이 된다. 따라서 생년의 간지는 입춘 일을 기준으로 세우고, 생월의 간지는 입절 일을 기준으로 세우며, 생일의 간지는 子시(엄밀히 말하면 자시의 한가운데)를 기준으로 세운다.

민간(民間)에서는 음력(陰曆) 초하루부터 그 월(月)이 시작되는 것으로 보지만, 명리에서는 입절일시(入節日時)부터 그 월이 시작된다고 보며, 일 년도 입춘(立春) 입절일시부터 시작된다고 보고 있다.

절기는 지구의 공전과 관계되는 것이므로, 지구의 자전과 관계되는 시간 개념과는 별개의 문제이다. 어느 절기이든 지구상에서는 똑 같이 동시에 입절(入節)한다. 다만 입절하는 그 순간 자전에 따른 지역마다 시간 체제는 다르므로 표기상의 시간 차이는 날수가 있다. 즉 세계 모든 나라가 동시에 함께 입절에 들고 있으며, 그 순간은 지구의 자전 상황에 따라 밤에 해당하거나 낮에 해당하거나, 또는 그 전날에 해당하는 경우가 있다는 것이다. 그러므로 입절 시점의 그 시각은 나라마다 다르다. 그러나 우리나라 출생이라면 우리나라 어느 지역 출생이든 시각을 고칠 필요가 없다. 같은 표준시를 쓰기 때문이다.

명리에서 월을 정하는 방법과 그 기간은 아래와 같다.

寅月: 입춘(立春)부터 경칩(驚蟄) 전(前)까지   卯月: 경칩(驚蟄)부터 청명(淸明) 전(前)까지
辰月: 청명(淸明)부터 입하(立夏) 전(前)까지   巳月: 입하(立夏)부터 망종(亡種) 전(前)까지
午月: 망종(亡種)부터 소서(小暑) 전(前)까지   未月: 소서(小暑)부터 입추(立秋) 전(前)까지
申月: 입추(立秋)부터 백로(白露) 전(前)까지   酉月: 백로(白露)부터 한로(寒露) 전(前)까지
戌月: 한로(寒露)부터 입동(立冬) 전(前)까지   亥月: 입동(立冬)부터 대설(大雪) 전(前)까지
子月: 대설(大雪)부터 소한(小寒) 전(前)까지   丑月: 소한(小寒)부터 입춘(立春) 전(前)까지

* 중기(中氣)를 기준으로 월건 정하는 법은 절기법에 비해 15일 정도 늦다. 참고로 알아두기를 바란다.

子月: 동지(冬至)부터 대한(大寒) 전(前)까지   丑月: 대한(大寒)부터 우수(雨水) 전(前)까지
寅月: 우수(雨水)부터 춘분(春分) 전(前)까지   卯月: 춘분(春分)부터 곡우(穀雨) 전(前)까지
辰月: 곡우(穀雨)부터 소만(小滿) 전(前)까지   巳月: 소만(小滿)부터 하지(夏至) 전(前)까지
午月: 하지(夏至)부터 대서(大暑) 전(前)까지   未月: 대서(大暑)부터 처서(處暑) 전(前)까지
申月: 처서(處暑)부터 추분(秋分) 전(前)까지   酉月: 추분(秋分)부터 상강(霜降) 전(前)까지
戌月: 상강(霜降)부터 소설(小雪) 전(前)까지   亥月: 소설(小雪)부터 동지(冬至) 전(前)까지

자월세수(子月歲首)가 더 정확한가?

이허중 명서에 '建子之月一陽生焉 是爲歲首'라는 문장이 있는데, 이것은 '子월에서 일양이 생하니 세수가 된다.'하는 뜻이다. 이것을 동지세수의 근거로 제시하는 사람들이 많은데, 이런 주장은 큰 오류이다.

"일양이 생한다."라는 말은 전한(前漢) 때의 유학자(儒學者) 맹희(孟喜)의 십이벽괘설(十二辟卦說: 일 년의 기운을 12개의 소식괘消息卦로써 표현한 이론)에서 나온 것이다. 즉 亥월괘 곤위지(坤爲地:䷁)가 子월괘 지뢰복(地雷復:䷗)으로 넘어가면서 양효가 하나 생긴 것을 보고 "일양이 생한다."라고 한 것이다.

卦												
卦名	復	臨	泰	大壯	夬	乾	姤	遯	否	觀	剝	坤
月	子	丑	寅	卯	辰	巳	午	未	申	酉	戌	亥

월괘(月卦)의 변화를 설명한 것에 불과한 이 문장을 동지세수의 근거로 삼으면서 "亥월에 양이 없다가 子월에 일양이 생겼으니 세수가 된다."라는 황당한 얘기를 하고 있다. "子월에 음이 최강(最強)하고 양이 최약(最弱)하다."고 하면 말이 되지만, "양이 생기기 시작한다."라는 것은 말이 되지 않는다. 음만 있고 양이 없던 시기가 존재했다는 게 말이 되는 소리겠는가? 음이나 양은 어느 한쪽만 나타나거나 어느 한쪽만 사라지는 법이 없이 항상 공존하고 있는데도 말이다.

벽괘설은 음양의 이치를 제대로 이해하지 못한 상태에서 주역괘의 일부를 월괘로 전용(轉用)하려 한 황당한 이론이다. 일양(一陽)이 시생(始生)한 이치가 대자연과 우주에서 나온 것이 아니라, 임의로 정해놓은 벽괘를 보고 하는 얘기라고 하니, 정말 한심하지 않은가?

또한 "역원(曆元)을 甲子년 甲子월 甲子일 甲子시로 정했으므로 이에 따라 子월을 년의 시작으로 봐야 한다."라는 주장도 있는데, 역원과 년의 시작이 반드시 일치해야 한다는 법칙은 없다. 역원으로 정했던 그 시각이 甲子년의 기운을 가졌던 게 아니라, 사실은 癸亥년의 기운을 갖고 있던 시기였다는 쪽으로 이해해야 한다. 역원에 맞추기를 고집하는 것은 년의 기운이 도래했는지에는 관심이 없고, 미리 정해놓은 규칙이니 규칙에 따라 년을 정해야 한다고 고집하는 것과 같다.

기원전 104년 이전에 나온 중국 고전들(맹자, 회남자, 예기 등)에서 말하는 세수(歲首)는 대부분 子월이다. 이를 근거로 동지세수설(冬至歲首說)을 주장하는 학자들은 입춘 기준을 잘못된 것이라 지적하면서 동지 기준으로 되돌려야 한다고 주장하는데, 명리 전문 서적이 아닌 것에서 근거를 가져와서는 안 되는 것이다. 서양 점성술에서는 춘분점을 일 년의 시작으로 보고 있고, 일반인들은 양력 1월 1일을 시작으로 보고 있는데, 왜 다 틀렸다고 비판하지 않는가? 명리는 명리 나름의 원리가 있고 점성술은 점성술 나름의 원리가 있다는 것을 인정해야 한다. 역법이 간지(干支)를 쓰고 있으니 간지를 쓰고 있는 명리도 역법을 따라야 한다는 말은 명리 문외한들이나 할 말이지 명리 전문가들이 할 말은 아니다.

만약 동지세수설에 따른 사주(역법사주)를 세우려면, 모든 월(月)의 시작점을 중기(中期) 기준으로 정해야 한다. 그리고 대운의 방향 및 주기도 중기 기준으로 계산해야 하고, 태세 운 및 월운의 경계 역시 중기 기준으로 계산해야 한다. 이것은 곧 초기의 삼명학(三命學)으로 되돌아가는 셈이 된다(추정). 그런데 현존하는 고법 명리 서적에 子월 세수 사주가 단 한 개도 없는 것으로 보아, 고법 명리가 초기에 잠시 子월 세수를 쓰다가 이후에 寅월 세수로 전환했다고 볼 수 있다. 이것이 子월 세수가 명리와 맞지 않았다는 것을 증명하고 있다.

한(漢) 때에 태초력이 나오면서 세수 문제는 입춘으로 확정이 되었고, 이후 다시는 변동이 없었다(夏-寅, 商-丑, 周-子, 秦-亥, 漢-寅).

명리는 십간십이지를 다루기 때문에 절(節)이 모든 월(月)의 시작점이 된다. 그래서 寅월이 세수이다. 중기(中氣)에 해당하는 동지는 월의 시작점이 될 수 없다. 그래서 동지를 세수로 쓰지 않는다.

남반구(南半球) 출생자의 사주

명리학은 북반구(北半球)에서 생긴 것이므로 사주의 입식(立式)은 북반구를 기준으로 세우게 되어 있다. 그런데 만약 남반구(南半球) 태생이라면, 월령(계절)의 흐름이 북반구와 반대이므로 월지(月支)를 충이 되는 월령으로 바꾸어줘야 한다. 예컨대 丙寅월은 丙申월로, 丁卯월은 丁酉월로 바꾸면 된다. 또한 대운의 방향은 바뀐 월령을 기준으로 하여 북반구와 완전히 반대(음순양역陰順陽逆)로 구해야 한다. 또한 그 나라 현지(現地)의 실제 년월일시(태양시)와 입절시각을 계산해서 사주를 세워야 한다(대운태세론을 익힌 후에 다시 살펴보라).

예) 체 게바라(1928년 5월 14일 03:05 ~ 1967년 10월 9일)
　아르헨티나 출신의 혁명가, 의사, 대학 교수, 쿠바의 정치 지도자

庚辛壬癸甲乙丙　丙甲丁戊 乾39 -1928 남반구 ◈ 001
辰巳午未申酉戌　寅寅亥辰
63 53 43 33 23 13 2,8

18-4. 십이시진(十二時辰)

태양이 지구를 한 바퀴 도는 데에 걸린 시간을 1일(日)이라 정하고, 1일을 12부분으

로 분할하여 십이시진(十二時辰)을 정하였다.

　1시진(時辰: 오늘날의 2시간과 같음)을 8각(刻)으로 나누었다.

　1각(刻)은 오늘날의 15분과 같다. 십이시진의 구간은 기본적으로 다음과 같다.

子시는 전일 23시부터 금일 01시까지

丑시는 01시부터 03시까지, 寅시는 03시부터 05시까지, 卯시는 05시부터 07시까지,

辰시는 07시부터 09시까지, 巳시는 09시부터 11시까지, 午시는 11시부터 13시까지,

未시는 13시부터 15시까지, 申시는 15시부터 17시까지, 酉시는 17시부터 19시까지,

戌시는 19시부터 21시까지, 亥시는 21시부터 23시까지이다.

　이러하나, 현행 한국표준시(KST)는 평균 태양이 동경(東經) 135도 자오선에 남중하는 순간을 12시로 정하는 시간 체계이다.

　평균 태양(平均太陽, mean sun)이란 천구의 적도 위를 등속(等速)으로 운행하는 가상(假想)의 태양이다. 실제의 태양은 천구(天球)의 황도(黃道) 상을 부등속(不等速)으로 운행한다. 이 때문에 진태양일(眞太陽日)의 길이는 매일 조금씩 달라진다. 일 년 중 진태양시와 평균태양시가 일치하는 순간은 4회 밖에 없다. 진태양시와 평균태양시의 차이를 균시차(均時差)라고 하며, 이 값도 매일 조금씩 달라진다. 좀 더 자세히 설명하자면 다음과 같다.

　과학에서 논하는 하루의 기준은 태양이 남중(南中)한 후 다시 남중하기까지의 시간이다. 하지만 실제 태양이 다시 남중할 때까지 걸리는 시간은 일정하지 않다. 그 이유는 지구가 23.5도 기울어진 상태로 공전하기 때문인데, 태양은 날마다 남중고도 위치가 조금씩(약 1도) 변하게 되고, 이로 인해 태양이 다시 남중하는 데 걸리는 시간은 하루에 약 30초 정도 오차가 생기게 된다. 그리고 지구가 공전하면서 원 궤도가 아닌 타원궤도를 따르므로(가까울 때는 약 1억 4,700만 km, 멀 때는 약 1억 5,200만 km의 거리) 북반구 중심으로 보면 겨울에는 태양에 좀 더 가까이 공전하고, 여름에는 조금 더 멀리서 공전한다. 그러므로 근일점(近日點)과 원일점(遠日點)이 존재하며, 이동할 때 면적속도(面積速度)는 일정하므로 공전 속도가 빨라지거나 느려지게 된다. 이런 현상 때문에 태양의 남중고도가 변하는 속도도 달라진다. 그래서 하루의 길이가 약 15분 정도 늘거나 줄게 된다. 이처럼 일정하지 않은 실제 태양 주기로 시간을 정하게 되면 하루의 길이가 일정하지 않아서 불편을 겪게 된다. 그래서 일정한 시간인 24시간으로 하루를 정해놓은 것이 평균태양시(平均太陽時)이다. 즉 지구 적도 상을 등속도(等速度: 일정한 속도)로

1년에 1회전 한다고 가정한 가상의 태양을 평균 태양으로 간주하고 이를 평균태양시로 인식하기로 한 것이다.

실제 태양 운동과 평균 태양 운동에서 시간 차이가 나는데, 이를 균시차(均時差)라고 한다.

현재 동경(東經) 135°를 표준시(標準時)로 채택하고 있는 우리나라에서는 실질적으로 약 32분가량(서울 기준) 더 기다려야 그 시각이 되므로, 예컨대 서울에서의 子시는 전일 23시 32분 5초부터 금일 01시 32분 4초까지이고, 대전에서의 子시는 전일 23시 30분 19초부터 금일 01시 30분 18초까지이며, 부산에서의 子시는 전일 23시 23분 48초부터 금일 01시 23분 47초까지의 시간에 해당한다. 이하 나머지 시간도 이와 같은 방식으로 계산한다. 경도가 다른 지방마다 약간씩 시간의 차이가 있게 되는 것은 태양의 위치를 기준으로 시간을 분할(分割)하기 때문이다.

동경(東經) 135°는 영국 그리니치 천문대의 동쪽 135도를 가리킨다. 동경 135도에 해당하는 경선(經線)은 일본 고베의 서쪽 20km 부근에 있는 '아까시'라는 작은 도시를 지난다. 서울은 동경(東經) 126° 59'에 있다.

지구 한 바퀴가 360°이고 하루가 24시간임을 고려하면, 1시간은 15°에 해당하고, 1°는 4분이 된다. 그러므로 태양이 지구상의 경도 1°를 움직이려면 4분이 걸린다.

일본의 수도 동경(도쿄)에서는 정오보다 약 10분 앞서서 11시 50분경에 태양이 남중(南中)하고, 서울에서는 정오보다 약 32분(경도 8도 차이 때문) 늦은 12시 32분경에 태양이 남중하게 된다. 동경 표준시를 쓰는 한, 정확히 동경(東經) 135° 자오선 상에 있는 곳이 아니면 한국이나 일본이나 지역마다 태양의 남중 시각이 차이가 나게 된다(이 경우 역시 균시차를 적용하여 고치면 그 시각이 달라질 수 있다).

출생 장소에 따라 정확하게 시간 산정을 해야 올바른 사주 명식을 결정할 수 있게 된다.

18-5. 년월일시(年月日時)의 구분(區分)

과거에는 동지(冬至)에 일양(一陽)이 시생(始生)한다며 잘못된 음양의 시각으로서 동지를 한 해의 시작점으로 보기도 하였지만, 이후에 이를 고쳐서 다시 입춘(立春)을 한 해의 시작점으로 확정하였다. 절후는 황도상의 지구의 위치와 관련이 있는 것이고, 하루는 지구의 자전과 관련이 있는 것이므로 하루의 시작은 태양의 태동과 함께 시작되는 것으로 인식하여 子시를 그 시작으로 보고 있다.

1) 년(年)의 구분(區分)

1년은 입춘(立春) 입절시(入節時)부터 그 다음의 입춘 입절 직전까지이다. 1년은 십이지지로 표시되는 사상(四象)이므로 년의 시작점은 소양(少陽)이 시작되는 寅월의 입춘이다.

2) 월(月)의 구분(區分)

1월은 그달의 입절시(入節時)부터 그다음 달의 입절 전까지이다. 예를 들면 사주 상 2000년(庚辰년) 庚辰월의 기간은 辰월 절기 청명(淸明)인 4월 4일 20시 21분부터 巳월 절기 입하(立夏)인 5월 5일 13시 41분 직전까지이다.

3) 일(日)의 구분(區分)

1일은 전통적으로 子시부터 다음 子시 직전까지로 본다. 서울일 경우, 23시 32분 47초부터 다음날 23시 32분 46초까지가 하루이다. 그러나 일의 시작점은 子시가 아닌 子시의 한가운데 즉 자정(子正)이 되어야 옳다. 하루는 음양으로 구성되어 있기 때문이다(야자시론에서 그 이유를 자세히 논한다).

4) 시(時)의 구분(區分)

시각은 태양의 위치를 기준으로 정한다. 자오선(子午線)이 자정(子正)과 정오(正午)의 기준이 된다. 예컨대 부산의 정오와 서울의 정오는 대략 8분의 차이가 난다(약 2도의 경도 차 때문: 동경129도-동경127도).

우리나라의 표준시는 일본의 명석천문대(明石天文臺)를 기준으로 하고 있다. 이는 1954년부터 1961년 사이에 표준시를 경기도 양평(동경 127도 30분)을 기준으로 써 오다가 미국의 군사 정치 외교적 편의를 도모하기 위해 '국가재건최고회의'에서 다시 환원했기 때문이다.

일본의 명석천문대(明石天文臺)는 동경 135도 11분 정도이고 서울은 동경 126도 59분 정도이므로, 그 차이는 약 8도 11분 59초이다. 이 차이 나는 것을 4로 곱하면 32분 47초이다. 명석천문대로부터 서울은 서쪽에 있기에 (균시차를 무시할 경우) 12시에다 32분 47초를 더하면, 12시 32분 47초가 서울의 정오이다. 그러므로 사주를 뽑으려면 이러한 점에 유의하여야 하고, 지방마다 경도에 의한 시간의 경계점(境界點)을 잘 알아야 정확한 사주를 뽑을 수 있다.

출생한 지역의 경도를 정밀하게 계산해야 할 경우도 있고, 균시차가 크게 발생하여 시각 보정을 해야 할 경우도 있다. 서울을 기준으로 했을 경우, 子시는 23시 32분 47초부터이고, 부산을 기준으로 했을 경우, 子시는 23시 24분 30초부터이다.

균시차 보정: 예컨대 출생 당시의 균시차가 만약 -730초라면, 子시는 12분 10초 정도 늦게 시작된다. 즉 서울은 23시 44분 57초부터 子시가 되고, 부산은 23시 36분 40초부터 子시가 된다.

명리에서 출생 시각을 정할 때 반드시 진태양시(眞太陽時)를 쓴다.

진태양시란 지구상에서 보이는 태양의 남중(南中)을 12시(정오)로 하는 시법(時法)에 따른 시간을 말한다.

출생 시각은 시계를 기준으로 정하지 않으며, 태양의 위치를 기준으로 정한다. 자오선(子午線)이 자정(子正)과 정오(正午)의 기준이 된다. 예컨대 부산의 정오와 서울의 정오는 대략 8분의 차이가 나는데, 약 2도의 경도 차 때문이다. 즉 동경 129도와 동경 127도의 위치 차이 때문에 서울에서는 태양의 남중(南中)이 부산보다 8분 뒤에 실현된다. 그러므로 단순히 시계만 보고 출생 시진을 정하는 방법은 바람직한 방법이 못될 수도 있다.

사시(巳時), 오시(午時) 등을 구분하는 시의 경계는 각자가 출생한 지역의 경도에 따라 다르다.

만약 서울에서 출생했더라도, 동대문구 출생과 강서구 출생은 진태양시가 서로 다르다. 경도 차이가 있기 때문이다. 만약 진태양시로 동대문구가 11시 32분이라면, 강서구는 11시 31분 정도가 되므로 그때 출생한 두 사람은 사시인지 오시인지 모를 애매한 시진(時辰)을 갖게 된다(균시차까지 생각하면 더욱 그렇다). 당시에 출생한 아기가 언제 첫 호흡을 시작했는지 그 시각을 알아내어 정확한 시진을 정해야 하는데, 그렇게까지 엄밀히 측정하기는 사실상 어렵다. 이럴 때는 오랜 세월을 지나면서 겪은 다양한 사건을 분석하면서 그에 맞아떨어지는 시진을 되찾아내는 귀납법(歸納法)을 쓸 수밖에 없다.

18-6. 서머타임(summer time) 실시기간(實施期間)

과거 군사적 목적이나 국가적 이익 또는 국제적인 행사를 위하여 '일광절약시간제(日光節約時間制: 서머타임)'를 실시하여 시각을 한 시간 당겨 시행한 시기가 더러 있었다. 그러므로 그 연도의 그 시기에 출생한 사람은 시각 계산을 정확히 해야 한다. 예컨대 서머타임 기간 중의 11:50의 시각은 午시에 해당하지만 실제로는 10:50의 시각이 되므로 巳시에 해당한다. 따라서 시진(時辰)과 시주(時柱) 등이 바뀔 수 있다.

사주팔자를 입식(立式)할 때 표준시와 서머타임을 반드시 확인하는 습관이 있어야 한다. 만약 잘못된 사주를 만들어 간명하는 일이 발생한다면 바람직하지 못한 결과가 생길 가능성이 있다.

◇ 서머타임 실시기간(양력)

1) 1948년 06월 01일 ~ 09월 12일　　2) 1949년 04월 03일 ~ 09월 10일
3) 1950년 04월 01일 ~ 09월 09일　　4) 1951년 05월 06일 ~ 09월 08일
5) 1955년 05월 05일 ~ 09월 08일　　6) 1956년 05월 20일 ~ 09월 29일
7) 1957년 05월 05일 ~ 09월 21일　　8) 1958년 05월 04일 ~ 09월 20일
9) 1959년 05월 03일 ~ 09월 19일　　10) 1960년 05월 01일 ~ 09월 17일
11) 1987년 05월 10일 02시 ~ 10월 11일 03시
12) 1988년 05월 08일 02시 ~ 10월 09일 03시

18-7. 한국표준시(韓國標準時) 적용기간(適用期間)

1908년 양력 4월 1일부터 1911년 12월 31일까지, 1954년 3월 21일부터 1961년 8월 9일까지의 기간에는 양평(동경 127도 30분)을 표준시의 기준으로 삼은 시기였으니, 서울에서의 子시는 전일 23시 02분 05초부터 금일 01시 02분 04초까지이고, 대전에서의 子시는 전일 23시 00분 19초부터 금일 01시 00분 18초까지이며, 부산에서의 子시는 전일 22시 53분 48초부터 금일 12시 53분 47초까지이다.

동경 표준시, 한국표준시, 그리고 서머타임까지 고려하여 출생 시각을 정확하게 산정하여야 한다. 명리는 시간 정보를 반영하는 학문이므로 시간의 정확성은 생명과도 같다.

한국표준시를 변경 적용한 시기(양력)는 다음과 같다.

1) 동경 127도 30분 기준 시기　　2) 동경 135도 기준 시기
1908년 4월 1일 - 1911년 12월 31일　　1912년 1월 1일 - 1954년 3월 20일
3) 동경 127도 30분 기준 시기　　4) 동경 135도 기준 시기
1954년 3월 21일 - 1961년 8월 9일　　1961년 8월 10일 - 현재

표준시(標準時)와 실제시각(實際時刻)의 차이(差異)

지역	경도	127도 30분 기준	135도 11분 기준
서울	126도 58분 46초	+ 02분 05초	+ 32분 47초
부산	129도 02분 53초	- 06분 12초	+ 24분 30초
대구	128도 37분 05초	- 04분 28초	+ 26분 12초
인천	126도 37분 07초	+ 03분 32초	+ 34분 12초
대전	127도 25분 23초	+ 00분 19초	+ 31분 01초
광주	126도 55분 39초	+ 02분 17초	+ 32분 59초
전주	127도 08분 55초	+ 01분 24초	+ 32분 04초
춘천	127도 44분 02초	- 00분 56초	+ 29분 46초
제주	126도 31분 56초	+ 03분 52초	+ 34분 32초
목포	126도 23분 27초	+ 04분 26초	+ 35분 08초
강릉	128도 54분 11초	- 05분 37초	+ 25분 05초
포항	129도 21분 42초	- 07분 27초	+ 23분 15초
경주	129도 13분 18초	- 06분 53초	+ 23분 49초

18-8. 만세력(萬歲曆)

'만세력(萬歲曆)'은 조선 후기 1777년(정조 1년)에서 1863년(철종14년)까지의 87년 간의 역법을 기록하여 출간한 역서(曆書)의 이름이다.

예로부터 한국에서는 중국의 책력을 따라 쓰다가 세종 때 비로소 역서를 만들어 민 간에 배포했으나, 자세하지 못하고 시차가 생겨, 정조 때에 중국의 역법을 참조하여 1782년 관상감에서 편찬 완성했다.

내용은 매년의 태세(太歲), 매월의 월건(月建) 및 대소(大小), 매월 1일, 11일, 21일의 일진(日辰), 24절기의 입절시각을 미리 추산해 미래의 역(曆)을 연대순으로 적어 놓았 다. 본래 이름은 '천세력(千歲曆: 왕급王級)'이었는데, 1904년(광무 8년) 광무황제(光武 皇帝)의 명력(名曆)으로 명시한 이후부터 그 사례가 구분되기 때문에 이름을 '만세력(萬 歲曆: 황제급皇帝級)'으로 바꾸었다. 현재 규장각에 소장되어 있다.

만세력은 사주를 정확히 세우는 데 필요한 입절시각(入節時刻)을 일일이 계산하는 번 거로움을 면할 수 있도록 도표로 정리한 책자이므로 명리를 하는 학자에게 꼭 필요한 역서이다.

우리나라에서 현재 사용하고 있는 만세력은 대부분 1975년에 간행한 남산만세력을 근거하고 있다. 이 만세력은 정기법에 의하여 조선 정조 원년(1777년)부터 2053년까지의 277년간을 기록하고 있는데, 1777년부터 2003년까지의 227년간은 고종 광무8년(1904)에 관상소에서 간행한 부분이고, 2004년부터 2053년까지의 50년간은 간행자가 보완한 것이다.

1977년에 간행된 새나라만세력은 남산만세력의 오류 부분을 수정한 것인데, 1777년부터 2076년까지 기록되어 있다.

시중의 만세력(책자 및 프로그램)들은 대부분 동경 135도 기준의 표준시에 의한 시각을 입절시각으로 표시해 놓고 있는데, 과거분 중 일부는 실측 시각을 표시하고 있으나, 미래분은 미리 계산하여 놓은 것이므로 실제의 입절시각과 약간의 오차가 있을 수 있다. 정확한 실제 입절시각을 알아보려면 한국천문연구원에서 제공하는 자료(미국의 NASA에서 제공한 자료를 기초로 한다)를 참고하는 것이 좋다.

입절시각의 보정(補正)

만약 만세력에 표기된 입절시각이 05:30이라면, 비록 지역에 따라 경도 차이가 있어서 서울, 부산, 대전 등이 실제 태양시는 서로 다르지만, 모두 같은 표준시간을 쓰는(같은 시계를 쳐다보며 시각을 측정함) 지역에 속하므로 결국은 같은 시각인 05:30이 입절시각이 된다. 따라서 동경 135도 기준의 표준시를 쓰고 있는 우리나라와 일본에서는 입절시각을 지역별로 다시 보정할 필요가 없다. 그러나 만약 미국에서 출생했다면, 서부 -16시간, 중부 -14시간, 동부 -13시간을 계산해서 입절시각을 재산정해야 한다. 예컨대 만세력의 입절시각이 7월 7일 0시 14분이라면, 미국 중부에서는 7월 6일 9시 46분이 입절시각이다.

팔자조식(八子造式)

만세력 등을 보고 팔자를 세우는 행위를 '팔자조식(八子造式)' 또는 '사주입식(四柱立式)'이라고 한다.

상담자에겐 팔자조식의 실수가 용납되지 않는다.

상담자는 상담 전에 내담자의 생년월일시 정보(특히 생시, 음력 양력 구분 등)를 정확하게 확보해야 하고, 그와 동시에 팔자조식도 정확하게 해야 한다. 상담 경험이 많은 경력자라도 그 부분에서 실수할 때가 간혹 있다. 만약 그런 실수가 생기면 두고두고 아주 부끄러운 경험이 되므로 그것을 두 번 세 번 확인하고 또 확인해야 한다. 사주입식에는 신중함과 철저함이 필요하다.

19. 사주팔자론(四柱八字論)

　　사람이 태어난 해의 간지(干支)를 년주(年柱)라 하고, 태어난 달의 간지를 월주(月柱)라 하며, 태어난 날의 간지를 일주(日柱)라 하고, 태어난 시의 간지를 시주(時柱)라 한다. 이들 네 기둥을 '사주(四柱)'라 하며, 각각의 기둥은 간지 두 글자로 구성되어 전부 여덟 글자가 되므로 '사주팔자(四柱八字)'라 한다. 사주팔자는 원국(原局)이 되는 동시에 태어나면서 받는 운(運)이 되기도 한다.

19-1. 사주팔자(四柱八字)의 표기법(表記法)

　　팔자 전체가 나(我)이지만, 그 중에서도 주체는 일간(日干)이 된다.
　　예컨대 '庚辰年 己卯月 甲戌日 壬申時'에 출생했다면 사주를 아래와 같이 적을 수 있다. 우측에서 좌측으로 쓰는 것이 전통적인 방식이지만, 좌측에서 우측으로 쓰기도 하고, 세로로 쓰기도 한다.

```
時 日 月 年      年 月 日 時      庚辰 年
壬 甲 己 庚      庚 己 甲 壬      己卯 月
申 戌 卯 辰      辰 卯 戌 申      甲戌 日
                                壬申 時
```

時	日	月	年
시간(時干)	일간(日干)	월간(月干)	년간(年干)
시지(時支)	일지(日支)	월지(月支)	년지(年支)

時	日	月	年
시주 (時柱)	일주 (日柱)	월주 (月柱)	년주 (年柱)

19-2. 년주(年柱) 작성법(作成法)

출생한 년도의 태세(太歲)로써 년주(年柱)를 삼는다. 예컨대 서기 2000년에 출생한 사람은 庚辰이 태세이며 년주가 된다. 2010년에 출생한 사람은 庚寅이 태세이며 년주가 된다. 명리에서 한 해의 시작 시점은 입춘의 입절일시(入節日時: 절기가 시작되는 날과 시각)이다. 즉 음력 1월 1일이 아니다. 그러므로 비록 음력 1월 태생이라 할지라도 입춘이 지나지 않았다면 전년도의 태세를 년주로 채용한다. 마찬가지로 비록 음력 12월생이라 하더라도 입춘이 지났으면 다음 해의 태세를 년주로 채용한다.

사주를 세울 때는 반드시 만세력(萬歲曆)을 참고해야 한다. 음력이든 양력이든 편한 것으로 쓰면 된다(그 날짜는 결국 같은 것이 된다).

예) 1966년 음력 1월 14일 13시 생인 경우, 음력 설날을 넘기고 태어났으므로 사회 관습상 말띠(丙午년생)라고 착각하기 쉽지만, 명리 이론상으로는 아직 입춘(양력 2월 4일 15:38)이 지나지 않았으므로 뱀띠인 乙巳년생이 되는 것이다. 그래서 년주는 乙巳가 된다.

예) 1967년 음력 12월 28일 17시 생인 경우, 아직 설날이 되기 전이기 때문에 사회 관습상 말띠(丙午년생)라고 착각하기 쉽지만, 명리 이론상으로는 이미 입춘(양력 2월 4일 21:31)이 지난 뒤이므로 양띠인 丁未년생이 되는 것이다. 그래서 년주는 丁未가 된다.

19-3. 월주(月柱) 작성법(作成法)

명리에서 월(月)은 십이 절(節)의 각각의 입절일시(入節日時)부터이다. 즉 음력 초하루부터가 아니다. 음력 초하루를 지나서 태어났더라도 입절일시를 넘기지 않았다면 전월(前月)의 월건(月建)을 채용하고, 음력 그믐께 태어났더라도 입절일시를 넘겼다면 다음 달의 월건(月建)을 채용한다. 입절일시는 아주 중요한 시점(時點)이자 경계(境界)가 된다.

예) 1991년 음력 10월 2일에 태어났다면, 10월의 절기인 입동(立冬)이 음력 10월 3일이므로, 비록 10월생이지만 전월의 월건인 戊戌을 채용한다.

예) 1991년 음력 2월 22일에 태어났다면, 비록 2월생이지만 3월의 절기인 청명(淸明)이 음력 2월 21일이므로, 다음 달의 월건인 壬辰을 채용한다.

예) 1955년 음력 1월 12일 22시 35분에 태어났다면, 이 해의 입춘(立春)은 음력 1월 22일 23시 18분경으로 아직 입절일시를 넘기지 않았으므로, 1954년의 태세인 甲午년 丁丑월이 월건이 되는 것이다. 1955년 음력 1월 22일에 태어나서 같은 일진인 丙申일 생이라도 입절일시를 넘기기 전인 22시 35분에 태어났다면 甲午년 丁丑월 丙申일이 되고, 입절일시를 넘긴 후인 23시 20분에 태어났다면 乙未년 戊寅월 丙申일이 된다.

예) 1977년 음력 12월 17일 08시 25분에 태어난 사람의 태세와 월건은 무엇인가? 만세력을 찾아서 알아보자.
답) 丁巳年 癸丑月이다.

한 해의 시작은 입춘(立春)이 있는 寅월부터 시작하게 되므로 최초로 甲子년은 (甲子월, 乙丑월을 무시하고) 丙寅월에서 월이 시작한다. 즉 甲년은 丙寅월부터 시작하여 丁丑월에 끝나며, 이를 이어받아 乙년은 戊寅월부터 시작하여 己丑월에 끝나고, 또 이를 이어받아 丙년은 庚寅월부터 시작하여 辛丑월에 끝난다. 이런 식으로 진행하면 戊년은 乙丑월에 끝나고 60갑자를 다 써 버리므로 己년은 다시 처음부터 丙寅월에서 시작하게 된다. 따라서 甲년과 己년은 월간이 같은 순서를 갖게 되고, 또한 乙년과 庚년도 월간이 같은 순서를 갖게 된다. 해마다 월의 천간이 달라지며 이를 뒤따르는 월건들도 자연히 천간의 운행 순서를 따르게 되어 월건의 천간에 규칙성이 부여된다.

예컨대 癸未년 寅월의 월건은 甲寅이 된다. 여기에 법칙(둔월법遁月法, 월두법月頭法)이 있는 듯하나, 실은 자연적인 순서에 의해 차례가 부여된 것일 뿐이다.

동지세수가 아닌 입춘세수이기 때문에 寅월이 년의 시작점이다.

월두(月頭)의 순서표(順序表)

년			월두	-	-	-끝
甲己年	甲子	乙丑	丙寅	丁卯	戊辰-	-乙亥
乙庚年	丙子	丁丑	戊寅	己卯	庚辰-	-丁亥
丙辛年	戊子	己丑	庚寅	辛卯	壬辰-	-己亥
丁壬年	庚子	辛丑	壬寅	癸卯	甲辰-	-辛亥
戊癸年	壬子	癸丑	甲寅	乙卯	丙辰-	-癸亥

월간지조견표(月干支早見表)

月 生年	1 寅 立春	2 卯 驚蟄	3 辰 淸明	4 巳 立夏	5 午 亡種	6 未 小暑	7 申 立秋	8 酉 白露	9 戌 寒露	10 亥 立冬	11 子 大雪	12 丑 小寒
甲己年	丙寅	丁卯	戊辰	己巳	庚午	辛未	壬申	癸酉	甲戌	乙亥	丙子	丁丑
乙庚年	戊寅	己卯	庚辰	辛巳	壬午	癸未	甲申	乙酉	丙戌	丁亥	戊子	己丑
丙辛年	庚寅	辛卯	壬辰	癸巳	甲午	乙未	丙申	丁酉	戊戌	己亥	庚子	辛丑
丁壬年	壬寅	癸卯	甲辰	乙巳	丙午	丁未	戊申	己酉	庚戌	辛亥	壬子	癸丑
戊癸年	甲寅	乙卯	丙辰	丁巳	戊午	己未	庚申	辛酉	壬戌	癸亥	甲子	乙丑

19-4. 일주(日主) 작성법(作成法)

일주(日主)는 년월(年月)에 상관없이 출생한 날의 일진(日辰)을 채용한다. 주의할 점은 전술(前述)한 바와 같이, 자시(子時)의 구분(夜子時와 朝子時)에 따라 일진(日辰)이 달라진다는 것이다. 과거 관습적으로 전날 23시 30분이 되면 다음 날의 일진을 적용하였다. 그러나 이것은 태양의 변화를 무시한 것으로서 올바른 일진 판단 기준이 아니다.

예) 1974년 음력 11월 12일 23시 35분에 태어난 경우, 11월 12일의 일진이 庚子이지만, 과거의 관습대로 하면 子시가 되었으므로 다음날의 일진인 辛丑일을 적용하게 된다. 그러나 이 시각에 태양이 아직 북중점을 통과하지 않았으므로 새로운 날의 기운이 발생하지 않았다. 그러므로 일진을 庚子로 판단해야 한다. 1974년 음력 11월 13일 00시 20분에 태어난 경우, 11월 13일의 일진이 辛丑日이지만, 이 시각에 태양이 아직 북중점을 통과하지 않았으므로 전날의 일진인 庚子일을 채용한다.

표준시와 서머타임 그리고 지방별 경도에 따른 실제 시각을 계산하여 일진의 경계로 삼아야 한다.

예) 1957년 양력 2월 25일 22시 55분 부산에서 출생한 사람의 삼주를 세워보자.
답) 丁酉년 壬寅월 戊辰일 (癸亥시)

예) 2000년 음력 7월 29일 00시 22분 서울에서 출생한 사람의 삼주를 세워보자.
답) 庚辰년 甲申월 丁巳일 (壬子시) - 야자시 사주
　　庚辰년 甲申월 戊午일 (壬子시) - 정자시 사주

19-5. 시주(時柱) 작성법(作成法)

시주(時柱)의 천간은 일간(日干)을 기준으로 정한다.

甲일에 甲子시가 처음이 되고 乙亥시로 끝나므로, 乙일이 이를 이어받아 丙子시가 처음이 되고 丁亥시로 끝난다. 또 丙일은 戊子시가 처음이 되고 己亥시로 끝난다. 이런 식으로 이어지며 시주가 형성되는데, 여기에 일정한 규칙(둔시법遁時法, 시두법時頭法)이 있어 보인다.

만약 壬일생이고 06:00 무렵에 태어났다면, 卯시이므로 庚子부터 세어서, 辛丑, 壬寅, 癸卯시에 이른다. 즉 癸卯시가 된다.

아래의 표가 제시하는 규칙 중, 첫 번째 子시가 일진의 시작이다.

일간	시두	-	-	-	-	-끝
甲己	甲子	乙丑	丙寅	丁卯	戊辰-	-乙亥
乙庚	丙子	丁丑	戊寅	己卯	庚辰-	-丁亥
丙辛	戊子	己丑	庚寅	辛卯	壬辰-	-己亥
丁壬	庚子	辛丑	壬寅	癸卯	甲辰-	-辛亥
戊癸	壬子	癸丑	甲寅	乙卯	丙辰-	-癸亥

둔월법과 둔시법

오호둔년기월법(五虎遁年起月法): 천간 합화 오행을 생하는 오행으로 천간이 시작한다(甲己合土의 土를 생하는 丙寅월이 출발점).

오서둔일기시법(五鼠遁日起時法): 천간 합화 오행을 극하는 오행으로 천간이 시작한다(甲己合土의 土를 극하는 甲子시가 출발점).

그러나 둔월법과 둔시법은 필요 없으며, 아래의 것만 외우면 된다.

갑기 갑자(甲己 甲子) 병인(丙寅)
을경 병자(乙庚 丙子) 무인(戊寅)
병신 무자(丙辛 戊子) 경인(庚寅)
정임 경자(丁壬 庚子) 임인(壬寅)
무계 임자(戊癸 壬子) 갑인(甲寅)

시두(時頭)와 월두(月頭)의 조견표(早見表)

년/일간	시두	월두	-	-	-끝
甲己	甲子	丙寅	丁卯	戊辰	-乙亥
乙庚	丙子	戊寅	己卯	庚辰-	-丁亥
丙辛	戊子	庚寅	辛卯	壬辰-	-己亥
丁壬	庚子	壬寅	癸卯	甲辰-	-辛亥
戊癸	壬子	甲寅	乙卯	丙辰-	-癸亥

시간지조견표(時干支早見表)

生時 / 日干	00:30 - 01:30 朝子時	01:30 - 03:30 丑時	03:30 - 05:30 寅時	05:30 - 07:30 卯時	07:30 - 09:30 辰時	09:30 - 11:30 巳時	11:30 - 13:30 午時	13:30 - 15:30 未時	15:30 - 17:30 申時	17:30 - 19:30 酉時	19:30 - 21:30 戌時	21:30 - 23:30 亥時	23:30 - 00:30 夜子時
甲己日	甲子	乙丑	丙寅	丁卯	戊辰	己巳	庚午	辛未	壬申	癸酉	甲戌	乙亥	丙子
乙庚日	丙子	丁丑	戊寅	己卯	庚辰	辛巳	壬午	癸未	甲申	乙酉	丙戌	丁亥	戊子
丙辛日	戊子	己丑	庚寅	辛卯	壬辰	癸巳	甲午	乙未	丙申	丁酉	戊戌	己亥	庚子
丁壬日	庚子	辛丑	壬寅	癸卯	甲辰	乙巳	丙午	丁未	戊申	己酉	庚戌	辛亥	壬子
戊癸日	壬子	癸丑	甲寅	乙卯	丙辰	丁巳	戊午	己未	庚申	辛酉	壬戌	癸亥	甲子

아래 예제에서 사주를 세워보자. 표준시와 출생지역의 경도와 서머타임 등을 세밀하게 고려해야 한다. 만약 실수하면 엉뚱한 남의 사주를 보게 되므로 신중해야 하고 작성 후에도 거듭 확인해야 한다.

예) 1953년 음력 10월 15일 07시 53분　　　　　壬 丙 癸 癸
　　서울 출생이면　　　　　　　　　　　　　　辰 子 亥 巳

예) 1966년 음력 윤3월 16일 09시 30분 　辛 乙 癸 丙
　　부산 출생이면 　　　　　　　　　　巳 丑 巳 午
　　서울 출생이면 庚辰시가 된다.

예) 1966년 음력 윤3월 16일 09시 30분 　庚 乙 癸 丙
　　인천 출생이면 　　　　　　　　　　辰 丑 巳 午

예) 1968년 음력 1월 7일 02시 40분이면 　丁 乙 癸 丁
　　　　　　　　　　　　　　　　　　　丑 巳 丑 未

예) 1949년 양력 5월 18일 23시 53분이면 　癸 戊 己 己
　　서머타임 시기이다. 　　　　　　　　亥 申 巳 丑

예) 1955년 음력 6월 3일 00시 20분　壬 壬 癸 乙　야자시　壬 癸 癸 乙　정자시
(127도 30분 기준, 서머타임),　　子 午 未 未　　　　子 未 未 未
서울 출생이면

19-6. 사주(四柱)의 이해(理解)

　사주는 년주(年柱) 60개, 월주(月柱) 12개, 일주(日柱) 60개, 시주(時柱) 12개의 조합으로 이루어지므로 모두 518,400개가 된다. 만약 야자시를 고려한다면, 시주가 13개가 되므로 모두 561,600개가 된다.

　지구가 태양의 주위를 공전하는데, 그 공전궤도 상에 561,600개의 점이 있다고 생각해보면, 그 점들 하나하나가 출생시점(出生時點)이자 공간(空間)이 되며, 그것이 그때 태어난 사람의 사주가 된다.

　명리의 기초 이론을 다 습득하고 나면 사주에 대한 이해가 쉽게 되겠지만, 지금은 사주팔자의 명식만 조식(造式)할 수 있는 수준이므로 아직은 아래의 내용을 다 이해하기 힘들 것이다. 하지만 본서를 익히다 보면 자연스럽게 이해가 될 내용이다. 일단 다음과 같은 내용들이 있다는 정도만 알아두면서 사주에 대한 대략적인 개념을 잡고서 다음으

로 넘어가자. 나중에 되돌아와서 다시 읽어보는 것이 좋다.

서대승은 자평삼명통변연원(子平三命通變淵源)의 계선편(繼善篇)에서 "전용일간위주본(專用日干爲主本)"이라고 논하였는데, 이 말은 "오직 일간을 주본으로 삼는다."라는 뜻이다. 고법 명리가 년주와 일주 두 곳에 무게를 두는 데 비해, 신법 명리는 일간만을 주본으로 삼는다고 선언한 것이었다. 그러나 연해자평(淵海子平) 논일위주(論日爲主) 장에서는, "以日爲主 年爲本 月爲提綱 時爲輔佐"라고 했다. 즉 "일을 주로 삼고, 년을 본으로 삼으며, 월을 제강으로 삼고, 시를 보좌로 삼는다."라고 하였는데, 이 문장은 서대승의 뜻에 어긋난 것이며, 원전에 없는 내용을 후대에 와서 첨가한 것이다(연해자평은 자평삼명통변연원을 모체로 하여 여러 번 출판된 것이며, 그 과정에서 첨가된 내용이 많으므로 자평 명리의 종서宗書로 삼기 어렵다. 자평삼명통변연원이 종서이다).

일간을 주체로 삼는 이유는 근묘화실(根苗花實)의 원리 및 귀납적(歸納的) 경험으로 찾은 것이기 때문으로 보인다.

만약 일(日)이 년월(年月)에 소속된 것이라면 일간이 주(主)가 될 수 없다. 항상 년월에 소속된 기운으로 다루어야 하기 때문이다.

년월일시의 천간지지는 서로 소속됨이 없으며, 순차적으로 다가오는 시각을 현재 시점의 간지로써 표현한 것이다. 즉 년월일시는 시각의 소속 관계나 포함관계를 표시한 것이 아니라 시각의 경계와 연결점(連結點)을 표시한 것이다.

사주의 주체는 일간(日干)이라고 했는데, 그렇다면 나머지 일곱 글자는 누구인가?
나머지 일곱 글자는 남(他)일 수도 있고 역시 나(我)의 일부(一部)일 수도 있다.
이 말을 이해하기 어렵겠지만 본서를 끝까지 익히고 나면 자연히 이해될 것이다.
일간은 나이고, 육친 면으로 보면 나머지 일곱 글자는 남이다.
일간은 나의 정신이고 나머지 일곱 글자는 나의 육체이다.
일간을 비롯한 팔자는 모두 나의 육체이자 정신이고 심리이다.

壬甲戊庚乾
申戌寅午

甲은 일간(日干)이며 나(我)이다.
庚은 자식이고, 戊는 부친이며, 壬은 어머니이다.

午는 장모이고, 寅은 친구이며, 戌은 처이고, 申은 자식이다.
庚과 申은 호흡계이고, 戌와 戌은 소화계이며,
甲과 寅은 신경계이고, 壬은 배설계이며,
午는 순환계이고, 戌은 소화계이다.

내 정신을 이루는 庚은 공명심이고, 戌는 타산성이며,
甲은 주체성이고, 壬은 논리성이다.
午는 표현성이고, 寅은 경쟁심이며, 戌은 현실성이고, 申은 준법성이다.

庚戌甲壬은 신체의 좌측이고, 午寅戌申은 신체의 우측이다.
庚午와 戌寅은 상체이고, 甲戌과 壬申은 하체이다.
庚午는 머리와 목이고, 戌寅은 가슴과 팔다리이며,
甲戌은 배와 아랫도리이며, 壬申은 다리이다.

본서를 다 읽고 나면 이해가 될 것이다.

19-7. 일간(日干)의 기능(機能)

격국(格局)과 용신(用神)에 집착하다 보면 일간(日干)의 기능(機能)에 대해 의심이 들 때가 있다. 격용(格用) 공부에 상당한 진척(進陟)이 있는 학자가 문득 이런 질문을 하는 경우가 있다.

"일간도 생극제화를 하는가?"

질문해놓고 스스로 답을 찾지 못해 고민하기도 한다.
그러나 이 질문은 명리학자로서 할 수 있는 가장 어리석은 질문이다.

격용(格用) 중심으로 명운(命運)을 해석하고 있는 대부분의 고서가 일간을 아무런 작용도 하지 않는 오행으로 인식하게끔 터무니없는 논리를 전개하였는데, 이로 인하여 많은 피해지가 생겨났다.
고서의 중세(中世) 명리가 현대(現代) 명리에 끼친 악영향의 하나가 바로 '일간도 생극제화를 하는가?'라고 의심하게 만들어 마침내 공부하던 학자들을 바보로 만들어 놓았다는 점이다.

사주는 팔자로 구성되어 있고, 팔자의 모든 글자는 생극제화를 한다.

일간은 여타의 오행들과 함께 생극비설상(生剋比洩傷)의 작용(作用)을 한다.

일간은 사주의 주인(主人)이며 나(我)이다. 나의 사주팔자 안에 있는 나의 십신들의 이름이 왜 식상이고 왜 재성이겠는가? 그것은 일간이 생하고 극하는 작용을 하고 있기에 식상이고 재성이다. 일간은 경쟁의 주체이고, 표현의 주체이며, 경제활동의 주체이고, 관리의 주체이며, 학습의 주체이다.

그러므로 일간이 인성을 만나면 생(生)을 받고, 관성을 만나면 극(剋)을 받으며, 비겁을 만나면 비(比)하고, 식상을 만나면 설(洩)하며, 재성을 만나면 상(傷)한다.

일간은 여타의 오행들과 함께 동측협형파합원신충(同側協刑破合元辰沖)의 관계(關係)를 형성한다. 일주는 팔자 안에 있는 타주(他柱) 또는 운에서 만나는 간지(干支)들과 다양한 접우각(接遇角)을 이룸으로써 그러한 관계를 형성한다.

일간인 내가 작용(作用)하기에 사회활동을 하고, 돈을 벌고 쓰며, 명예를 얻기도 하고, 공부도 하는 것이다. 일간인 내가 관계(關係)를 맺기에 잡다한 일이 생기며, 대인관계도 성립하는 것이다. 즉 일간은 사주체에서 가장 중심 역할을 하는 오행이다.

사주 원국의 오행들은 홀로 있을 때는 별것 아닌 듯 보이지만 여럿이 같이 있을 때는 구조적(構造的) 연계성(連繫性) 때문에 그 상징하는 의미가 다양하게 표출(表出)된다. 그리고 글자 하나하나가 포괄성(包括性)과 함축성(含蓄性), 그리고 확장성(擴張性)을 갖고 있기에 팔자 전체를 제대로 분석하기가 대단히 어렵다.

또한 여기에 운(運)이 가세하면 더욱더 어려워진다.

◈ **일간이 사주의 주체임을 어떻게 알았겠는가?**

선현들이 명리를 연구하는 과정에서 실험법칙(實驗法則)으로 찾아낸 것으로 추정된다. 즉 현상을 관찰하여 규칙을 찾은 것이라고 본다.

20. 십신론(十神論)

　　'십신(十神)'이란 열 가지의 신(神)을 말하는데, 신(神)은 오행을 뜻한다. 십신을 '십성(十星)' 또는 '통변성(通變星)'이라고도 한다.

　　십신은 신살(神煞)의 일종이며, 기문둔갑(奇門遁甲) 등의 육신법(六神法)을 본받아 만들었다고 하는 설이 있다.

　　십신은 신살의 처지를 벗어난 유일한 신살이라고 평가할 수 있으며, 십신 이론은 명리에서 가장 유용한 이론이다. 중국에서는 십신(十神)이라 하며, 우리나라와 일본에서는 십신(十神)과 십성(十星)을 혼용하고 있다. 십신론(十神論)은 십신의 정의(定義)와 상호관계를 논한 것이다.

20-1. 십신(十神)의 개념(概念)

　　십신(十神)은 특정 오행을 기준으로 삼아 그 주변에 있는 오행들에 생극관계(生剋關係: 生剋比洩傷)의 이름을 붙여준 것이다. 일간 혹은 특정 오행을 주체로 삼고, 나머지 오행들의 음양과 생극비설상의 관계를 구분하여 총 10개의 개념으로 확정하는데, 이것을 '십신(十神)' 또는 '십성(十星)'이라 한다. 그러나 상대 없이 오행 단독으로는 십신이 성립할 수 없다. 즉 반드시 비교 대상이 있어야 십신 개념이 성립한다.

　　비견(比肩): 일간과 比하는 오행이고, 일간과 음양이 같은 것
　　겁재(劫財): 일간과 比하는 오행이고, 일간과 음양이 다른 것
　　식신(食神): 일간이 生하는 오행이고, 일간과 음양이 같은 것
　　상관(傷官): 일간이 生하는 오행이고, 일간과 음양이 다른 것
　　편재(偏財): 일간이 剋하는 오행이고, 일간과 음양이 같은 것
　　정재(正財): 일간이 剋하는 오행이고, 일간과 음양이 다른 것
　　편관(偏官): 일간을 剋하는 오행이고, 일간과 음양이 같은 것
　　정관(正官): 일간을 剋하는 오행이고, 일간과 음양이 다른 것

편인(偏印): 일간을 生하는 五行이고, 일간과 음양이 같은 것
정인(正印): 일간을 生하는 五行이고, 일간과 음양이 다른 것

	比	食	財	官	印
	比我子	我生子	我剋子	剋我子	生我子
동일음양	比肩	食神	偏財	偏官	偏印
다른음양	劫財	傷官	正財	正官	正印

* 특히 지지의 巳는 丙을, 午는 丁을, 亥는 壬을, 子는 癸를 기준으로 음양을 살핀다.
체(體: 겉모습)는 양이지만 용(用: 쓰임)은 음이거나, 체는 음이지만 용은 양이기 때문에
용을 기준으로 음양을 살핀다.

비견과 겁재를 모아서 비겁(比劫) 또는 견겁(肩劫)이라 하고
식신과 상관을 모아서 식상(食傷) 또는 상식(傷食)이라고 하며
편재와 정재를 모아서 재성(財星) 또는 재(財)라고 하고
편관과 정관을 모아서 관성(官星) 또는 관살(官煞, 官殺)이라고 하며
편인과 정인을 모아서 인수(印綬) 또는 인성(印星)이라고 한다.
편관을 칠살(七煞, 七殺: 천간 기준으로 7번째의 살성)이라고도 하고,
편인을 도식(倒食: 식신을 죽임) 혹은 효신(梟神: 부모를 봉양하지 않는 올빼미와 같은 십신)이라고도 하며,
겁재를 패재(敗財)라고도 하고,
상관을 박관신(剝官神: 벼슬을 벗기는 신)이라고도 하며,
정인을 생기(生氣)라고도 한다.
관(官)이면 정관이고, 살(煞)이면 편관이다.

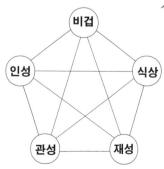
십신관계도(十神關係圖)

십신의 특성은 다양하지만 간략하게 본다면 다음과 같다.

1) 비겁(比劫): 탈재지신(奪財之神) - 재물을 빼앗는 것
2) 식상(食傷): 생육지신(生育之神) - 낳고 기르는 것
3) 재성(財星): 양명지신(養命之神) - 목숨을 기르는 것
4) 관성(官星): 권위지신(權威之神) - 권위를 주재하는 것
5) 인성(印星): 학문지신(學問之神) - 배움을 주재하는 것

* 남송(南宋) 때에는 십신(十神)의 명칭을, 비견을 수(數), 겁재를 손(損), 식신을 식신(食神), 상관을 잡신(雜神), 편재를 재(財), 정재를 합길(合吉), 편관을 귀(鬼), 정관을 관인(官印), 편인을 편인(偏印, 明 때: 倒食), 정인을 정인(正印, 明 때: 生氣)으로 명명(命名)하여 쓰기도 했다.

20-2. 생극비설상(生剋比洩傷)과 십신(十神)

생(生)은 水生木처럼 木의 처지에서 본 水이므로 나를 생해주는 상대인 인성(印星)의 개념이다. 예컨대 甲이 壬癸를 만났을 경우 壬과 癸를 각각 편인과 정인이라고 한다.

극(剋)은 火剋金처럼 金의 처지에서 본 火이므로 나를 극해오는 상대인 관성(官星)의 개념이다. 예컨대 甲이 庚辛을 만났을 경우 庚과 辛을 각각 편관과 정관이라고 한다.

비(比)는 水比水처럼 水의 처지에서 본 水이므로 나를 도와주는 상대인 비겁(比劫)의 개념이다. 방조(幫助)라고도 한다.

조(助)는 억부법(抑扶法)에서 사용하는 개념인데, 일간이 신약(身弱)할 때 일간을 돕는 비겁의 작용을 일컫는다. 그러나 비겁은 재성(財星)을 분탈(分奪)하므로 사실상 돕는 오행이 아니며 경쟁자이다. 그러므로 비(比)는 돕는 조(助) 개념과 경쟁하는 쟁(爭) 개념을 포괄하는 것이다. 예컨대 甲이 甲乙을 만났을 경우 甲과 乙을 각각 비견과 겁재라고 한다.

설(洩)은 水生木처럼 水의 처지에서 본 木이므로 내가 생해주는 상대인 식상(食傷)의 개념이다. 예컨대 甲이 丙丁을 만났을 경우 丙과 丁을 각각 식신과 상관이라 한다.

상(傷)은 火剋金처럼 火의 처지에서 본 金이므로 내가 극해주는 상대인 재성(財星)의 개념이다. 예컨대 甲이 戊己를 만났을 경우 戊와 己를 각각 편재와 정재라고 한다.

십신 표출(表出)은 사주 원국, 대운, 태세, 월운, 시운 등의 모든 간지에서 가능하다. 천간과 천간, 천간과 지지, 지지와 지지를 대비하여 십신을 표출할 수 있다.

지지는 지장간의 본기가 지지의 대표성을 지니므로 천간 및 시지에 대비한 십신 표출이 지지에서도 가능하다. 엄밀히 말하면, 지지는 내부의 지장간을 일일이 살피며 십신 명칭을 각각 붙이는 것이 옳으나, 고서 등에서는 지지의 본기를 대표로 삼아 십신과 격국을 명명하고 있으므로 지지를 그대로 대비해도 무방하다.

일간을 기준한 십신표출의 예

丁	乙	甲	癸		壬	甲	丁	丙
丑	未	寅	亥		申	子	酉	辰
식신	我	겁재	편인		편인	我	상관	식신
편재	편재	겁재	정인		편관	정인	정관	편재

丁	丁	甲	癸		庚	丙	丁	丙
未	酉	寅	丑		寅	戌	酉	子
비견	我	정인	편관		편재	我	겁재	비견
식신	편재	정인	식신		편인	식신	정재	정관

일간이 아닌 다른 오행을 기준한 십신표출의 예

丙	庚	丁	壬		癸	丁	丁	戊
子	午	未	午		亥	亥	巳	午
겁재	정재	主	정관		主	편재	편재	정관
편관	비견	식신	비견		겁재	겁재	정재	편재

己	壬	甲	戊		丁	丙	丁	戊
亥	午	子	午		亥	戌	巳	申
겁재	편재	편관	主		정인	편인	정인	비견
편재	정인	정재	정인		편재	主	편인	식신

십신일람표(十神一覽表)

六神	比肩	劫財	食神	傷官	偏財	正財	偏官	正官	偏印	正印
甲	甲	乙	丙	丁	戊	己	庚	辛	壬	癸
乙	乙	甲	丁	丙	己	戊	辛	庚	癸	壬
丙	丙	丁	戊	己	庚	辛	壬	癸	甲	乙
丁	丁	丙	己	戊	辛	庚	癸	壬	乙	甲
戊	戊	己	庚	辛	壬	癸	甲	乙	丙	丁
己	己	戊	辛	庚	癸	壬	乙	甲	丁	丙
庚	庚	辛	壬	癸	甲	乙	丙	丁	戊	己
辛	辛	庚	癸	壬	乙	甲	丁	丙	己	戊
壬	壬	癸	甲	乙	丙	丁	戊	己	庚	辛
癸	癸	壬	乙	甲	丁	丙	己	戊	辛	庚
甲	寅	卯	巳	午	辰戌	丑未	申	酉	亥	子
乙	卯	寅	午	巳	丑未	辰戌	酉	申	子	亥
丙	巳	午	辰戌	丑未	申	酉	亥	子	寅	卯
丁	午	巳	丑未	辰戌	酉	申	子	亥	卯	寅
戊	辰戌	丑未	申	酉	亥	子	寅	卯	巳	午
己	丑未	辰戌	酉	申	子	亥	卯	寅	午	巳
庚	申	酉	亥	子	寅	卯	巳	午	辰戌	丑未
辛	酉	申	子	亥	卯	寅	午	巳	丑未	辰戌
壬	亥	子	寅	卯	巳	午	辰戌	丑未	申	酉
癸	子	亥	卯	寅	午	巳	丑未	辰戌	酉	申

20-3. 십신(十神)의 확장성(擴張性)

십신(十神)은 오행(五行)이 그렇듯이 포괄성(包括性)과 함축성(含蓄性) 그리고 확장성(擴張性)을 가진 용어이다. 즉 십신은 여러 가지 속성을 함축하고 있기에 그것을 해석할 때는 다시 확장해서 해석해야 한다. 예컨대 재성(財星)이라면 남자 측면에서는 처(妻)와 여자(女子)에, 그리고 재물(財物), 부친(父親), 부하(部下), 고용인(雇傭人), 신체(身體), 경제활동(經濟活動), 일(事) 등에 대응(對應)시킬 수 있다.

十神	물상(物象), 육친(肉親), 심리(心理)
비겁 (比劫)	형제, 친구, 동료, 경쟁자, 동업자, 경쟁심 등
식상 (食傷)	아동, 제자, 수하인, 점포, 영업소, 유흥장, 병원, 가축, 애완용 동물, 식품, 음식, 섭생활동, 사업, 투자 등
재성 (財星)	여자, 재물, 재산, 경제활동, 신체, 일, 부하, 종업원, 부친, 현실성 등
관성 (官星)	조직체, 행정관, 관청, 직장, 승진, 명예, 직장 상사, 학교, 법 등
인성 (印星)	학문, 스승, 조상, 교사, 서류, 부동산, 증권, 문서, 서책, 종교, 보수성 등

* 십신에 대해 물상, 육친, 심리 등의 다양한 관점으로 접근할 수 있다.

20-4. 십신(十神)의 상호관계(相互關係)

십신의 상호관계를 정확하게 파악해야 사주와 운을 정확하게 볼 수 있다.
기준이 되는 십신을 중심으로 연속적인 관계를 설정할 수 있다.

비겁의 식상은 나의 식상이다. 식상의 식상은 나의 재성이다.
재성의 식상은 나의 관성이다. 관성의 식상은 나의 인성이다.
인성의 식상은 나의 비겁이다.

비겁의 재성은 나의 재성이다. 식상의 재성은 나의 관성이다.
재성의 재성은 나의 인성이다. 관성의 재성은 나의 비겁이다.
인성의 재성은 나의 식상이다.

비겁의 관성은 나의 관성이다. 식상의 관성은 나의 인성이다.
재성의 관성은 나의 비겁이다. 관성의 관성은 나의 식상이다.
인성의 관성은 나의 재성이다.

비겁의 인성은 나의 인성이다. 식상의 인성은 나의 비겁이다.
재성의 인성은 나의 식상이다. 관성의 인성은 나의 재성이다.
인성의 인성은 나의 관성이다.

20-5. 결핍십신(缺乏十神)과 대체십신(代替十神)

결핍십신(缺乏十神)이란 사주 원국에 나타나 있지 않고 운에도 나타나 있지 않은 십신을 말한다(이때 지장간은 고려하지 않는다). 결핍십신은 즉 결핍오행(缺乏五行)이다.

임상하다 보면 결핍십신을 가진 사주를 흔히 만나게 되는데, 이때 특정 십신이 안 보인다고 해서 명운(命運)을 함부로 속단(速斷)하다가는 크게 실수하게 되기 쉽다.

결핍십신이 있을 때 이를 대체(代替)할 십신을 정할 수 있는데, 이렇게 정해진 십신을 '대체십신(代替十神)'이라 한다. 예컨대 재성이 없으면 식상을, 식상이 없으면 비겁을, 비겁이 없으면 인성을, 인성이 없으면 관성을, 관성이 없으면 재성을 각각 대체십신으로 정할 수 있다. 즉 결핍십신의 인성(印星)에 해당하는 것이 대체십신이 될 수 있다.

십신을 인간관계(人間關係)에 적용한 것을 육친(六親)이라고 하는데, 육친의 예를 들면 남편, 처, 부친, 모친, 형제, 자식 등이다.
만약 육친을 대체할 때는 반드시 그 궁(宮)의 오행을 취해서 써야 한다(궁성론을 참조하라).

20-6. 십신(十神)의 길흉(吉凶)

고대(古代)부터 개인의 부(富)나 출세(出世)를 재물과 벼슬로 가늠하였는데, 명리에서 재성(財星)과 관성(官星)을 중심으로 이를 파악하려 하였기 때문에 원국의 재관(財官)을 매우 귀한 십신이자 길신(吉神)으로 취급하였다. 그리하여 만약 사주에 재관이 없으면, 비충(飛冲)하고 도충(倒冲)해서라도 그것을 마술처럼 끌어당겨 와서 사주에 재관이 있는 것으로 간주(看做)하는 황당한 편법을 쓰기도 하였다.

그리고 상관(傷官)을 오직 흉신(凶神)으로만 취급하였는데, 그 까닭은 정관(正官)을 극하기 때문이었다. 반면에 식신(食神)을 흉신이 아닌 길신으로 취급하였는데, 편관(偏官)의 흉함을 극하고 재성을 생하여 길한 작용을 한다고 여겼기 때문이었다. 겁재(劫財)도 재성(財星)을 극하므로 흉신이었고, 편인(偏印)도 식신(食神)을 극하므로 흉신으로 간주했다. 그리고 길신도 과다하면 그 기능을 달리 인식하기도 하였다. 즉 식신도 많으면 상관으로 취급하였고(상관이 많은 경우는 식신으로 취급하지 않았다), 역시 정관도 많으면 편관(칠살)으로 취급하였다(칠살이 많은 경우는 정관으로 취급하지 않았다). 즉 길신도 과다하면 흉신으로 취급하였다.

이러한 관점은 십신은 원천적으로 길신이 따로 정해져 있고 흉신도 따로 정해져 있다는 고정관념이었다. 그러나 이러한 분류와 인식은 음양의 표리성(表裏性)이나 양면성(兩面性)을 이해하지 못한 오류였다고 평가할 수 있다.

비견 겁재도 길신이자 흉신이고, 식신 상관도 길신이자 흉신이며, 편재 정재도 길신이자 흉신이고, 편관 정관도 길신이자 흉신이며, 편인 정인도 길신이자 흉신이다. 즉 모든 십신은 길과 흉의 양면성을 함께 갖고 있다. 따라서 십신에는 미리 정해진 길신과 흉신이 따로 없다. 그 점을 분명히 이해해야 한다.

명리에서 옛날부터 정관(正官)을 대표적인 길신으로 여겨 왔으나 이 정관도 많건 적건 불문하고, 길신인 동시에 흉신이다. 정관 운이 나에겐 명예와 승진 등이 되어 길한 운이 되기도 하지만, 내 사주에 있는 형제(겁재)에게는 칠살 운으로 작용하여 내 형제가 흉액(凶厄)을 당할 운이 되기도 하기 때문이다.

명리의 모든 이론은 어느 하나라도 음양의 원리에서 벗어나는 것이 없다.

충기(沖起, 衝起, 충동衝動)에 대하여

지지에서 두 오행이 충하면 그 내부의 오행들이 튀어나오고, 그것들이 각각 생극력(生剋力)을 발휘한다는 고서의 이론이다.

지지 속에는 천간의 기운들이 일정한 규칙을 따라 들어 있으며, 지장간의 구조는 경계구조(境界構造)가 아닌 혼합구조(混合構造)이다. 그러므로 분리될 수 있는 게 아니다. 비유해보라. 자장면과 짬뽕이 부딪히면 깨끗한 면과 자장과 채소와 국물이 완전히 분리되어 하늘로 솟구치겠는가? 21세기에도 이런 이론을 쓰면 '맹구명리'가 된다.

21. 육친론(六親論)

> 육친(六親)은 십신(十神)을 인간관계(人間關係)에 적용한 것이다.
> 육친론(六親論)은 십신을 인간관계에 다양하게 적용하여 연구하는 이론이다.

21-1. 육친(六親)

육친(六親, 肉親)은 혈연 관계에 있는 사람들을 일컫는 것이며, 부모(父母), 형제(兄弟), 처자(妻子) 등을 통틀어 이르는 말이다. 즉 나(我)를 중심으로 가장 가까이에서 펼쳐진 혈연적(血緣的) 인간관계(人間關係)를 표시하는 용어이다.

육친을 삼명통회에서는 "六親者父母兄弟妻子也"라 하였고, 연해자평에서는 "夫六親者父母兄弟妻財子孫是也"라 하였으므로, 예부터 육친은 부모, 형제, 처, 자손 등의 혈연 관계에 있는 사람들을 의미하였다.

육신(六神)은 본래 기문둔갑(奇門遁甲) 등의 학문에서 사용하던 용어였는데, 이는 나를 뜻하는 세(世), 부모를 뜻하는 부(父), 형제자매를 뜻하는 형(兄), 자식을 뜻하는 손(孫), 처를 뜻하는 재(財), 남편 등을 뜻하는 관귀(官鬼)를 일컫는 것이었다. 이것을 명리가 빌려와 약간 확장해서 사용한 듯하다. 그러므로 '육신(六神)'이라는 용어를 명리에서 그대로 재사용하는 것은 적절하지 않다고 볼 수 있다.

일간(日干)을 나(我)라 칭하고 여타의 육친들을 다른 이름으로 칭하여, 비견, 겁재, 식신, 상관, 편재, 정재, 편관, 정관, 편인, 정인의 열 가지 신(神)으로 부를 수 있다.

명리 이론 중에서 가장 중요한 이론이 십신 이론이다. 십신 이론을 익히지 않으면 명리 공부가 불가능하므로 반드시 익히고 외워야 한다.

육친 관계는 일간과 십신의 관계를 기초로 하여 정하며, 일간의 음양을 기준으로 다른 육친들의 음양 및 생극관계를 살펴 판단할 수 있다. 단 이때 일간의 생물학적 성별은 고려하지 않는다. 즉 오로지 일간의 음양(陰陽)이 그 기준이 된다.

	比	食	財	官	印
	比我子	我生子	我剋子	剋我子	生我子
동일음양	比肩	食神	偏財	偏官	偏印
다른음양	劫財	傷官	正財	正官	正印

21-2. 십신(十神)의 육친배속(六親配屬)

십신(十神)을 가까운 혈족관계의 육친(肉親)에 배속(配屬)할 수 있으며, 다시 더 광범위하게 확장(擴張)하여 배속할 수 있다. 이를 구체적으로 알아본다.

육친배속(六親配屬)에 대해 숙지(熟知)하고 숙달(熟達)해야 한다.

1) 비견겁재(比肩劫財, 비아자比我者)

비견과 겁재는 나와 같은 세대(世代)로서 비슷한 능력과 자격을 가진 동기간(同氣間)을 나타내는데, 비견은 음양이 동일한 동기이므로 형제나 자매를 나타내고, 겁재는 음양이 다르므로 오누이간을 나타낸다. 비겁은 친구, 동료, 경쟁자 등의 의미도 있다.

丁 辛 辛 戊
酉 巳 未 午　일간 辛(-)을 기준으로 월간 辛(-)과 시지 酉(-)가 비견이다.

丙 辛 庚 戊
申 巳 午 午　일간 辛(-)을 기준으로 월간 庚(+)과 시지 申(+)이 겁재이다.

2) 식신상관(食神傷官, 아생자我生者)

식신과 상관은 내가 생하는 자 또는 내 기운을 전해줄 대상자를 말하며, 여자에게는 자식이 되고, 남자에게는 장모가 된다. 여자에게 있어서 음양이 같은 식신은 딸이 되고, 음양이 다른 상관은 아들이 된다. 남자에게 있어서 음양이 같은 식신은 장모가 되고, 음양이 다른 상관은 의부 장모나 처 이모가 된다. 식상은 또한 손아랫사람, 제자, 아이 등이 되며, 직업적으로는 기술자, 연구자, 제조업자 등이 된다.

丁乙戊癸
丑未午巳　일간 乙(-)을 기준으로 월지 午(-)와 시간 丁(-)이 식신이다.

丙乙甲癸
子未寅巳　일간 乙(-)을 기준으로 년지 巳(+)와 시간 丙(+)이 상관이다.

3) 편재정재(偏財正財, 아극자我剋者)

편재와 정재는 내가 극하는 자, 즉 내가 통제하는 자, 내가 부리는 자, 나로 인하여 괴로운 자로서, 남자에게는 부인, 여자에게는 시어머니가 되고, 남녀 공히 부친이 되며, 또한 부하직원이 된다. 음대음(陰對陰)이거나 양대양(陽對陽)인 편재는 친아버지가 되고, 음대양이거나 양대음인 정재는 작은아버지 혹은 의붓아버지가 된다. 직업적으로는 상업인이 된다.

편재는 애인이나 첩을 나타내고 정재는 본부인을 나타내는데, 그 이유에 대해서는 명확하게 전해오는 것이 없지만 다음과 같이 생각된다. 편재는 일방적으로 자기 하고 싶은 대로만 하고 책임은 회피하는 비합리적인 사이를 나타내는 것이라서 그렇고, 정재는 극하면서도 한편으로 보살피고 의무를 다하는 합리적인 사이를 나타내는 것이라서 그런 듯하다.

삼명통회에서 "一陰一陽配成夫婦 有夫婦然後有父子 有父子然後有兄弟 六親者父母兄弟妻子也"라고 하였는데,

"일음일양이 짝을 이루어 부부가 되고, 부부가 있은 연후에 부자가 있고, 부자가 있은 연후에 형제가 있으니, 육친은 부모 형제 처자이다."라고 하였다.

'일음일양배성부부(一陰一陽配成夫婦)'를 다시 오행의 측면에서 살펴보면, 왜 일양과 일음이 상극관계(相剋關係: 관성+재성)로 만나야만 부부가 되는 건가? 여기에는 한쪽이 다른 쪽을 극해야만 그 결합관계가 유지될 수 있다는 원리가 있다. 즉 다른 쪽이 벗어나지 않게 하려면 한쪽이 이를 통제할 수 있는 조건이 되어야 한다는 원리가 있다. 그래서 부부는 서로 관성과 재성의 관계로 결합된 것이다.

庚丙丙丙
寅戌申子　일간 丙(+)을 기준으로 월지 申(+)과 시간 庚(+)이 편재이다.

辛丙丁丙
卯戌酉子　일간 丙(+)을 기준으로 월지 酉(-)와 시간 辛(-)이 정재이다.

4) 편관정관(偏官正官, 극아자剋我者)

　편관과 정관은 나를 극하는 자, 즉 나를 통제하는 자, 나를 부리는 자, 나를 괴롭게 하는 자, 나에게 정신적 부담을 갖게 하는 자로서, 남자에게는 자식, 여자에게는 남편이 되고, 남녀에게 상관(上官)이 된다. 남자에게는 아들이 편관이 되고, 딸은 정관이 된다. 여자에게 정당한 남편은 정관, 떳떳하지 못한 사이(情夫, 愛人)는 편관이 된다. 직업적으로는 공무원, 경찰, 군인이 된다.

甲戊甲戊
寅子寅午　일간 戊(+)를 기준으로 월주와 시주의 甲(+)과 寅(+)이 편관이다.

乙戊乙戊
卯子卯午　일간 戊(+)를 기준으로 월주와 시주의 乙(-)과 卯(-)가 정관이다.

5) 편인정인(偏印正印, 생아자生我者)

　편인과 정인은 나를 생하여 주는 자, 나를 낳아준 자, 나를 길러주는 자로서, 남녀 공히 어머니나 손윗사람이나 선배가 되며, 직업적으로는 선생님(스승)이 된다. 인수(印綬, 정인正印)는 친모, 편인은 편모로서 서모, 계모, 이모, 유모가 된다.

庚壬庚戊
戌子申午　일간 壬(+)을 기준으로 월주 庚(+)과 申(+), 시간 庚(+)이 편인이다.

辛壬辛戊
亥子酉午　일간 壬(+)을 기준으로 월주 辛(-)과 酉(-), 시간 辛(-)이 정인이다.

21-3. 육친(六親)의 상호관계(相互關係)

명리는 윤리나 도덕을 지향(志向)하지 않으며, 개인의 추길피흉(追吉避凶)과 현명한 처신(處身)을 목표로 삼는다. 그러므로 윤리 및 도덕적 측면에서 육친 관계를 살피고자 한다면 그 명제가 성립되지 못한다. 예컨대 편재를 아버지에 대응시키는데, 이는 자식이 아버지를 극한다는 관점이다. 인륜(人倫)에 의하면 절대 용납되지 않을 논리이지만 다만 명리에서만 통하는 논리이다.

나 일간(日干)을 甲木으로 가정하고 육친 관계를 설명하여 본다.

甲木(비견)은 나와 같은 동질(同質)이면서 음양이 같으므로 성(性)이 같은 형제인 형제나 자매가 되는 것이다.

乙木(겁재)은 나와 같은 동질(同質)이면서 음양만 다르므로 성(性)이 다른 형제인 오누이가 되는 것이다.

丙火(식신)는 내가 생해주는 오행이니, 여자이면 내가 낳은 나의 다음 세대인 자식이 되는데, 음양이 같으므로 딸이 되는 것이다. 식신이 남자에게 장모가 되는데, 이것은 다단계(多段階)의 문제이므로 다음에 설명하기로 한다.

丁火(상관)는 내가 생해주는 오행이면서 음양이 다르므로 여자에게는 아들이 되는 것이다.

戊土(편재)는 내가 극하는 오행이며, 인간관계에 있어서 극하는 사이는 남녀 사이인데, 그중에서도 음양이 같은 것은 비합리적인 사이인 애인 사이가 된다. 또 한편으로는 아버지와 자식 사이가 극하는 사이가 되는데, 그것은 음양(상대성)의 원리에 의하여 부부간에 재성(처)을 극한 주체인 아버지가 재성이 낳은 자식인 관성에 의해서 다시 극을 당하는 처지가 되기 때문이다. 그래서인지 아버지가 아버지다운 것은 그 자식에 대한 책임감 때문이라 하겠다. 반대로 극을 당한 어머니는 그 자식의 아버지에 대한 견제로써 보호를 받게 된다.

己土(정재)는 내가 극하는 오행이면서 음양이 다르므로 순수하게 극하기만 하는 사이가 아닌 처(妻)가 되는 것이다. 그러므로 아내는 자기 마음대로 소유하면서도 보살피는 책임을 져야 하는 대상이라는 것을 남성들은 인식하여야 한다.

庚金(편관)은 나를 극하는 오행이면서 음양이 같으므로 여성에게는 정상적인 지아비가 아닌 정부(情夫)가 되며, 또한 지아비와 음양이 다른 시누이가 된다. 그리고 남성에게는 나를 견제하는 자식이 되는데, 음양이 같으므로 아들이 된다.

辛金(정관)은 나를 극하는 오행이면서 음양이 다르므로 여성에게는 남편이 된다. 그리고 남성에게는 자식 중에서 딸이 된다.

壬水(편인)는 나를 생하는 오행이므로 나보다 앞선 세대이지만 음양이 같으므로 나를 보살피기만 하고 보답으로 나의 보살핌을 받을 수 없는(끈끈한 정이 없는: 비합리적) 관계인 계모나 유모가 되고, 또한 어머니와 동격이면서 음양이 다른 외삼촌이 된다.

癸水(정인)는 나를 생하는 오행이면서 음양이 다르므로 보살펴준 뒤에 보답을 받는(끈끈한 정이 있는: 합리적) 관계인 친모가 된다.

이제 육친배속 문제에서 다차원적인 고찰을 해보면

丙火(식신)가 장모가 되는 것은, 나의 처는 정재인 己土인데, 己土를 생해주는 오행이면서 음양이 다른 것이 丙火(식신)이기 때문이다.
戊土(편재)가 아버지가 되는 것은, 나의 어머니는 정인인 癸水인데, 癸水를 극하는 오행이면서 음양이 다른 것이 戊土(편재)이기 때문이다.
戊土(편재)가 여성에게 시어머니가 되는 것은, 나의 남편은 辛金인데, 辛金을 생하면서 음양이 다른 것이 戊土(편재)이기 때문이다. 고부(姑婦)간의 관계는 이처럼 상극(相剋)의 관계로 규정되어 있다.

시어머니는 며느리 때문에 마음대로 행동할 수 없고 언행에 제약을 받는다(모범을 보여야 한다). 그 때문에 시어머니의 측면에서 보면 며느리가 심리적으로 나를 통제하는 부담스러운 존재가 되는 것이다. 그러나 손자가 태어나면 사이를 중재하므로 서로의 관계가 부드러워지게 된다. 자식이 태어나면 남편도 자식이라는 기운의 심리적 통제를 받기 때문에 책임감을 느끼게 되고 언행에 주의하게 된다. 이처럼 가족은 오행 및 십신 관계로 서로 연결되어 있다.

壬水(편인)가 조부(祖父)가 되는 것은, 나의 부친은 戊土인데, 조부는 부친의 부친이므로 戊土(편재)가 극하면서 음양이 같은 것이 壬水(편인)이기 때문이다.

이같이 육친 관계는 나를 중심으로 생극관계와 음양을 잘 살피면 얼마든지 확장연결이 가능하게 된다. 그런데 여기서 한 가지 유념할 것은, 때에 따라 예컨대 정재가 부친일 수도 있고 혹은 편재가 처일 수도 있으며, 정관이 아들이고 편관이 딸일 수도 있다는 점이다. 정편(正偏)의 육친은 고정된 것이 아니라 상황에 따라 가변성(可變性)이 있게 드러나기 때문에 정편에 따른 성별 판단에 주의해야 한다.

특정 조건에서 오행의 음양이 변화한다는 점에 착안(着眼)하면 성별을 엄밀히 구분할 수 있는 성별법(性別法)을 알 수 있다.

여성의 경우, 어머니는 동성(同性)이므로 인성 중에서 음양이 같은 편인이 되어야 하지만, 이것은 좁은 의미(가족관계)의 육친이다. 어머니의 성별은 구별 대상이 아니다(여자 어머니나 남자 어머니로 구별되는 것이 아니므로). 넓은 의미(심리와 인간관계)의 어머니는 남녀 공통으로 정인(正印, 인수印綬)으로 통용한다. 어머니는 나를 길러주지만, 내가 성장하고 어머니가 나이 들면 내가 어머니를 돌보아야 하는 상대성(음양)이 있기에 남녀 불문하고 정인이 된다.

가족적인 인간관계

〈남성〉
비견: 형제, 동서, 아들의 애인
겁재: 누이, 며느리, 처제의 애인
식신: 장모, 사위, 조부의 첩, 외조부의 형제자매
상관: 장인의 첩, 장모의 형제자매, 조모, 외숙모, 외조부, 딸의 애인
편재: 애인, 부친, 백부, 숙부, 처남, 형제의 처
정재: 처, 고모, 모친의 애인
편관: 아들, 외조부
정관: 딸, 외조부의 첩
편인: 부친의 첩, 외숙부, 조부, 장모의 애인
정인: 모친, 이모, 왕고모, 징인, 처남의 댁

〈여성〉

비견: 자매, 동서

겁재: 오빠, 시부

식신: 딸, 시누이의 애인, 조부의 첩, 외조부의 형제자매

상관: 아들, 조모, 외숙모, 시누이의 남편, 외조부

편재: 부친, 백부, 숙부, 시모

정재: 고모, 모친의 애인

편관: 애인, 자매의 애인, 며느리, 시누이, 외조모

정관: 남편, 자매의 남편, 아들의 애인, 시동생, 외조부의 첩

편인: 부친의 첩, 외숙부, 조부, 딸의 애인

정인: 모친, 이모, 왕고모, 사위

사회적인 인간관계

〈남녀 공통〉

비견: 친구, 동료, 동업자, 사업가

겁재: 이성 친구, 동료, 경쟁자, 사업가

식신: 아랫사람, 어린이, 기술자(연구가), 언론인, 영업인, 제자

상관: 아랫사람, 어린이, 기술자, 언론인(비평가), 영업인, 제자

편재: 상인(도매상), 비 고정 수입자, 종업원, 부하직원

정재: 상인(소매상), 고정 수입자, 종업원, 부하직원

편관: 공무원(군인, 경찰), 정치가, 상관(上官)

정관: 공무원(일반 행정직), 정치가, 상관(上官)

편인: 스승, 종교인, 철학가, 윗사람

정인: 스승, 학자, 윗사람

육친의 원리와 인간관계

가정에서 부부가 살아가는 것을 보면, 남편은 자신의 의도대로 살아가려 하기에 알게 모르게 아내를 힘들게 하지만, 한편으로는 타인으로부터 아내를 보호하기도 한다. 그래서 남편에게 아내는 정재가 된다. 아내는 자신의 욕구를 억누르고 남편의 의도에

맞추어 살아가는데, 이런 과정에서 아내는 육체적, 정신적으로 피해를 보는 대신에 보호를 받기에 남편은 정관이 된다. 그런데 아내는 자식(식상)을 낳고 나면 남편의 집안에 대해 상당한 자신감을 가지게 된다. 즉 아내가 남편(관성)의 극(통제)에 당당하게 대항하면서 자신의 의지를 관철해 나갈 수 있게 된다. 이것은 자식(식상)의 기운이 남편(관성)의 기운을 극하기 때문에 일어나는 현상이다.

또한 "자식 이기는 부모 없다."는 속언도 있는데, 이를 명리의 관점에서 보면, 부모가 자식을 극할 수 없고 오히려 극을 당하거나 생해줘야 하는 관성이나 식상의 관계에 놓여 있으므로 부모가 자식을 이기고 다스리기 어려운 것이다.

회사에서 사장과 종업원의 관계를 보면, 종업원(재성)은 사장(비겁: 주체)의 권한과 명령에 복종할 수밖에 없다. 그러나 종업원은 자신의 노력과 정성으로 만든 조직(종업원의 식상: 관성)이 어느 정도 힘이 생기면, 이 조직(관성)의 힘으로 사장(비겁)을 압박하여 자신을 지켜 가는 것이다.

사회 전체의 각 조직 간의 관계

나를 비롯한 국민(비겁)은 정치인이나 관료조직(관성)으로부터 억압을 받게 되므로 이들을 두려워하고, 이 억압에 대항하기 위하여 언론단체나 시민단체(식상)를 후원하여 부당한 권력에 대항하려 한다. 이처럼 언론단체와 정치 및 관료조직은 서로 상극관계가 됨으로써, 정치인과 관료들은 기자를 포함한 언론인들을 가장 어렵게 생각한다. 그러나 이 언론(식상)도 학자나 종교인(인성) 앞에서는 어려워지고 상대를 존중하게 되는 것이며, 또한 학자나 종교인은 돈을 가진 재력가(재성)에게 약한 면을 갖고 있다.

21-4. 결핍육친(缺乏六親)과 과다육친(過多六親)

원국에 특정 육친이 많다고 해서 실제로 그 육친이 반드시 여러 명이 되는 것은 아니다. 없다고 해서 반드시 없는 것도 아니다. 사주에 드러난 육친의 수와 실제 육친의 수가 반드시 일치(一致)하지는 않는다. 해당 육친이 없는 경우는 원국의 궁(宮)을 살피는 것이 가장 좋다. 즉 결핍육친(缺乏六親)이 있는 경우, 해당 육친궁의 오행을 그 육친으로 간주해야 한다.

만약 원국에 보이는 배우신(配偶神, 배우성配偶星)이 여럿(混雜)일 때, 여러 번 결혼할 것이라고 섣불리 추단해서는 안 된다. 운을 보고 신중히 판단해야 한다. 운을 제대로 볼 줄 알 때 비로소 육친의 수를 논할 수 있다.

사주의 천간과 지지에 다수의 육친 신(神, 星)이 있을 때, 예컨대 여자 사주에서 지지에 관성이 있고 또 천간에 관성이 있는 경우, 모두 남편 신으로 간주해야 한다. 또 남자 사주에서 일지에 재성이 있고 또 천간에 재성이 있는 경우, 모두 처 신으로 간주해야 하고 모두 부친 신으로 간주해야 한다. 만약 재성에 관한 변화가 발생한다면 처의 사주나 부친의 사주를 살펴서 해당하는 육친을 구분해야 한다.

21-5. 육친(六親)의 확정(確定)

육친 배속법은 고서마다 약간 다른 부분이 있다. 부모 신과 자식 신에 대해 통일되지 않은 학설들이 존재하는데, 어떤 고서에서는 남자를 기준으로 할 때, 식상을 자식 신으로 보기도 하고, 어떤 고서에서는 관성을 자식 신으로 보기도 한다. 여자를 기준으로 할 때만 식상을 자식 신으로 보기도 하며, 부모를 공히 인성으로 보기도 하고, 부친을 재성으로, 모친을 인성으로 보기도 한다.

고서에서 논하고 있는 육친배속 이론 중에서 특이한 사항은 다음과 같다.

연해자평, 신봉통고(명리정종), 삼명통회, 자평진전: 남자의 경우 관성을 자식으로 보고, 여자의 경우 식상을 자식으로 본다. 남녀 공히 부친은 편재로, 모친은 정인으로 본다. 이 중 삼명통회에서는 양일간은 모친을 정인으로, 부친을 편재로 간주하였고, 음일간은 모친을 편인으로, 부친을 정재로 간주하였다.

적천수 및 원주: 남자의 경우 관성을 자식으로 보고, 여자의 경우 식상을 자식으로 본다.

궁통보감: 조후용신을 자식으로 보고, 조후희신을 처로 본다.

명리약언, 적천수천미: 남녀 공히 식상을 자식으로 보고, 인성을 부모로 본다.

고서에서 배속한 부친과 모친의 십신을 정리하면 아래와 같다.

고서 명	부친	모친
연해자평	편재	정인
적천수(원주)	재성	인성
명리정종	편재	정인
자평진전	편재	정인
삼명통회	재성	인성
궁통보감	희기를 살펴 정함	희기를 살펴 정함
명리약언	인성	인성
적천수천미	인성	인성

연해자평의 육친총론(六親總論) 장의 내용을 육친 이론의 표준으로 삼고 계속 연구하는 것이 좋겠다.

"夫六親者 父母兄弟妻財子孫是也 用日干爲主 正印正母 偏印偏母及祖父也 偏財是父 乃母之夫星也 亦爲偏妻 正財爲妻 偏財爲妾 爲父是也 比肩爲兄弟姐妹也 七殺是男 正官是女 食神是男孫 傷官是女孫及祖母也"

"육친은 부모, 형제, 처재, 자손이다. 일간으로써 주인을 삼으면, 정인이 정모이고, 편인이 편모 및 조부이다. 편재는 부친이자 모친의 남편이고, 또한 편처이다. 정재는 처이며, 편재는 첩이고 부친이다. 비견은 형제와 누이이고, 칠살은 아들이며, 정관은 딸이고, 식신은 손자이며, 상관은 손녀 및 조모이다."

◇ 처는 재성(정재), 남편은 관성(정관), 부친은 재성(편재), 모친은 인성(정인), 자식은 관성(여자에게는 식상)이라는 것이 정설(定說)이다. 그러나 아직 더 연구해야 할 부분이 남아있다.

◇ 육친의 출발점은 일간 자신(我)이며, 기준은 모친(정인)과 부친(편재)이다. 이 삼자를 중심으로 여타 육친을 확장해 나가면 틀림이 없다. 그러나 너무 지나치게 다단계(多段階)로 가지를 뻗어나가면 적중(的中)하기 힘들어진다.

◇ 십신(十神)과 육친(六親)은, 생극제화를 살펴서 정한 것이기에 같은 것이다. 그러나 결핍(缺乏) 상태일 때 십신은 다른 십신으로써 대체할 수 있으나, 육친은 사람이기에 다른 육친으로써 그 육친을 대체할 수 없다. 그래서 다른 것이기도 하다.

21-6. 육친(六親)의 배속례(配屬例)

지지의 오행은 전일(專一)하지 않으므로 지지의 지장간에만 육신을 붙일 수 있고 지지 자체에는 단독(單獨) 육친을 배속할 수 없다하는 주장도 있지만, 그렇지 않다. 지지의 본기를 대표로 삼아서 지지 자체에도 단독 육친을 붙일 수 있다. 예컨대 甲 일간에 대해 寅(甲)을 비견으로, 辰(戊)을 편재로, 申(庚)을 편관으로, 戌(戊)을 편재로, 亥(壬)를 편인으로 간주할 수 있다. 지지 오행들의 작용으로 인한 육친변동이 실제로 발생하므로 그것을 통해 충분히 증명되고 있다. 그러므로 지지의 본기를 대표로 삼아서 지지 자체에도 단독 육친을 배속할 수 있다.

사주에 정재가 없고 편재만 있는 경우, 부친만 있고 처가 없다고 판단해서는 안 된다. 편재를 처로 겸하여 볼 수 있다. 여타 십신도 마찬가지이다. 정(正)과 편(偏)은 확고부동한 것이 아니고 서로를 넘나들 수 있는 관계이므로 정편에 구애받을 필요는 없다. 예컨대 정재를 처로 간주하고 편재를 첩이나 불륜의 애인으로 간주하는 것도 불변의 법칙이 아니다. 만약 정재가 지지에 있고 편재가 천간에 있다면, 편재를 처로, 정재를 첩으로 볼 수도 있다. 천간은 쉽게 드러나는 것이고 공개된 것이며, 지지는 쉽게 드러나지 않는 것이고 공개되지 않은 것이기 때문이다.

육친 궁위(宮位)의 위상(位相)이나 십신의 속성을 고려해서 수상(手上)인지 수하(手下)인지 등을 살피는 방법도 있다. 예컨대 년주와 월주에 있는 육친은 수상으로 간주하고, 시주에 있는 육친은 수하로 간주하거나, 관성과 인성을 수상으로 간주하고, 식상과 재성을 수하로 간주하는 방법이 있다.

십신론 및 육친론은 '통변의 꽃'이라고 평가할 정도로 유용하고 중요한 이론이다. 표출(表出)을 정확하고 빠르게 할 수 있어야 한다.

1) 남성인 경우

```
己  癸  甲  戊     丁  壬  丁  戊
未  巳  子  午     未  子  巳  午
편관  我  상관  정관     정재  我  정재  편관
편관정재 비견  편재     정관  겁재  편재  정재
```

丁　乙　甲　癸　　　壬　甲　丁　丙
丑　未　寅　亥　　　申　子　酉　辰
손자　我　형제　조부　　외삼촌　我　처이모　장모
처남　처　형제　모친　　아들　모친　딸　처제

丁　丁　甲　癸　　　庚　丙　丁　丙
未　酉　寅　丑　　　寅　戌　酉　子
동생　我　조부　아들　　여자　我　누나　형
사위　처　모친　장모　　모친　장모　처　아들

丙　己　丁　壬　　　癸　戊　丁　戊
子　卯　未　寅　　　亥　子　巳　午
회장　我　회장　부하　　부하　我　회장　경쟁자
부하　부장　동료　사장　　부하　부하　회장　회장

(연습문제)

己　辛　甲　戊　　　丁　庚　丁　戊
亥　巳　子　午　　　亥　子　巳　午

己　癸　甲　戊　　　丁　壬　丁　戊
未　巳　子　午　　　未　子　巳　午

辛　戊　乙　戊　　　甲　甲　乙　丁
酉　戌　丑　申　　　戌　午　巳　未

2) 여성인 경우

己　癸　甲　戊　　　丁　壬　丁　戊
未　巳　子　午　　　未　子　巳　午
편관　我　상관　정관　　정재　我　정재　편관
편관　정재　비견　편재　　정관　겁재　편재　정재

丁 乙 甲 癸　　壬 甲 丁 丙
丑 未 寅 亥　　申 子 酉 辰
딸　我　시부　손녀　　외삼촌　我　아들　딸
삼촌　부친　언니　모친　　시동생　손자　남편　부친

丁 丁 甲 癸　　庚 丙 丁 丙
未 酉 寅 丑　　寅 戌 酉 子
동생　我　모친　남자　　부친　我　오빠　사촌
딸　시모　사위　딸　　조부　제자　백부　남편

丙 己 丁 壬　　癸 戊 丁 戊
子 卯 未 午　　亥 子 巳 午
회장　我　회장　부하　　부하　我　회장　경쟁자
부하　사장　동료　스승　　부하　부하　회장　회장

(연습문제)

己 辛 甲 戊　　丁 庚 丁 戊
亥 巳 子 午　　亥 子 巳 午

己 癸 甲 戊　　丁 壬 丁 戊
未 巳 子 午　　未 子 巳 午

◇　지지의 巳午亥子는 각각 지장간 본기를 기준으로 음양을 정하여 십신 및 육친을 표출해야 한다. 즉 巳(丙+), 午(丁-), 亥(壬+), 子(癸-)로 간주하고 서로 대응시켜야 한다.

　육친은 인간관계의 상대적 명칭을 나타낸 것이다. 그러므로 육친 자체를 십신의 작용력으로 이해하면 안된다.　예컨대 여자에게 자식이 식상에 해당하지만, 자식이라는 존재가 내게 불명예(식상)를 가져오는 작용을 하는 것은 아니다.
　즉 육친을 단순한 지칭대상으로만 이해해야 한다.

22. 궁위론(宮位論)

　　궁위(宮位)란 팔자를 형성하는 여덟 개의 궁(宮)과 그 위치 (位置)를 말한다.

　　십신(十神)과 궁위(宮位)는 서로 보완하는 관계이다.

　　궁위론(宮位論)은 각 궁의 위치와 그 역할을 논한 이론이다.

22-1. 궁위(宮位)의 명칭

時柱	日柱	月柱	年柱
시간 (時干)	일간 (日干)	월간 (月干)	년간 (年干)
시지 (時支)	일지 (日支)	월지 (月支)	년지 (年支)

22-2. 천간(天干)과 지지(地支)의 의미(意味)

時	日	月	年
양(陽), 　기(氣)			
음(陰), 　기(氣) + 질(質)			

時	日	月	年
외부적(外部的)인 일, 드러난 것 소질			
내부적(內部的)인 일, 숨겨진 것 역량			

22-3. 각종(各種) 궁위(宮位)

1) 년월일시(年月日時)의 시제궁(時制宮)

時	日	月	年
미래 (未來) 내세 (來世)	현재 (現在)	과거 (過去) 전생 (前生)	대과거 (大過去) 전전생 (前前生)

팔자의 년월일시는 출생 당시의 현재 시점을 표시한 것이므로 과거나 미래가 있을 수 없으나(體), 시간의 계통성(순차성)을 고려하여 단계별로 시제(時制)를 부여하여 간명(看命)에 활용하기도 한다(用).

2) 근묘화실(根苗花實)의 궁위(宮位)

궁위를 식물에 비유하여 뿌리, 싹, 꽃, 열매의 관점으로 보는 법이다. 연해자평에서는 일주를 신(身)으로, 시주를 화실(花實)로 보았다(根, 苗, 身, 花實). 일반적으로는 아래 표와 같다. 육친궁위(六親宮位)이다.

실實	화花	묘苗	근根
자식	나	부친	조부(조상)
자식의 배우자	배우자	모친	조모(조상)

고서에서는 대체로 년주를 조상 궁으로, 월주를 부모형제 궁으로, 시주를 자식 궁으로 보고 있는데, 이것은 이치에 맞지 않는 부분이 있다. 그리고 천간과 지지의 각 궁을 세밀하게 구분해야 한다.

3) 시간(時間)의 궁위(宮位)

時	日	月	年
노년기(老年期)	장년기(壯年期)	청년기(靑年期)	유년기(幼年期)

4) 공간(空間)의 궁위(宮位)

時	日	月	年
사용하지 않는 공간, 빈자리 자식	사용 중인 공간, 가정, 자기 자리, 부부	거주 지역, 사회, 근무처 부모	오래된 공간, 고향, 조국 조상

5) 사건(事件)의 궁위(宮位)

時	日	月	年
자식에 관한 일 (子女)	개인적인 일 (私生活)	사회적인 일 (社會)	국가적인 일 (政治)

6) 인체(人體)의 궁위(宮位)

時	日	月	年
다리	배와 생식기	가슴과 팔	머리와 목

時	日	月	年
신체의 좌측(陽)			
신체의 우측(陰)			

22-4. 결핍육친(缺乏六親)의 궁위(宮位)

원국에 특정한 육친이 없는 경우, 그 육친의 궁위를 찾고 그 궁위에 있는 오행을 해당 육친으로 간주하면 된다. 예를 들면,

乙甲乙己乾
丑子亥巳

사주에 자식 신에 해당하는 金이 드러나 있지 않다. 이때는 巳 중의 庚이나 丑 중의 辛을 자식 신으로 고려하는 것보다 시간 乙을 자식 신으로 고려하는 게 좋다. 운에서 金이 나타나기 전까지는 木이 자식 신이 된다. 사실 亥 속에도 金 기운이 있고 子 속에도 金 기운이

있으니(원지장간 참고) 지장간을 살펴 육친을 찾는 방식은 바람직하지 않다.

壬 壬 乙 癸 乾
寅 寅 丑 亥

　배우(配偶) 신에 해당하는 火가 드러나 있지 않다. 이때는 寅 중의 丙을 배우 신으로 고려하는 것보다 일지(日支) 寅을 배우 신으로 고려하는 게 좋다. 운에서 火가 나타나기 전까지는 木이 배우 신이 된다. 즉 寅과 乙 둘 다 처(妻)에 해당한다.

　만약 대운(大運)에서 火가 나타나지 않더라도 태세(太歲, 년운年運)에서 火가 나타나면 그것이 처에 해당한다. 대운에서 나타나면 십 년 동안 火가 처에 해당하며, 태세에서 나타나면 일 년 동안 火가 처에 해당한다. 월(月)에서 나타나면 한 달 동안 火가 처에 해당한다. 운에서 전혀 나타나지 않는다면 계속해서 木이 처에 해당한다.

　이 사주에서 부친(父親)도 역시 결핍육친이 되므로 월간(月干) 乙을 부친으로 간주하면 된다. 즉 부친 신도 木이 된다. 그런데 부친 궁과 처 궁이 서로 다르므로, 寅을 처로, 乙을 부친으로 각각 구분해서 볼 수도 있다.

　결핍십신이나 결핍육친이 있을 때 흔히들 지장간(支藏干)을 들여다보려 하는데, 바람직하지 않다고 본다. 필자의 경험에 비추어보면, 어떤 간명 상황에서든 지장간을 쓸 일은 거의 없었다. 즉 명리의 기초 이론을 공부할 때를 제외하면, 실제 간명 현장에서 지장간 이론을 쓸 일은 거의 없었다. 각자의 간명 방식에 따라 다르겠지만 필자의 경우는 그러했다.

22-5. 남편궁(男便宮)

　여자 사주에 있어서 남편 궁의 위치에 대해 두 가지 학설이 있는데, 하나는 일지(日支)를 남편 궁으로 본다는 학설이고, 다른 하나는 월지(月支)를 남편 궁으로 본다는 학설이다.

　고서로서 부궁(夫宮)을 단정하여 논한 책은 명리정종이다. '편관격부기명종살격(偏官格附棄命從殺格)'에서 다음과 같이 논하고 있다.

　"丙申 癸巳 己亥 乙亥 女貴命多有餘財不足格 楠曰 己臨亥日坐夫宮 申巳刑沖作病神 運入東方夫旺地 豈同閨閣等閑人 己土生臨巳月 庚金得祿得生 兩重亥中夫星 克去明矣 惟有時

上一點殺星爲夫也 夫星孤秀 所以行東方旺夫之地 夫爲參政 五子俱非常人 子星得祿故也"
라고 하였다.

乙己癸丙坤
亥亥巳申

일주 己亥에 대해 "己가 亥일의 남편 궁에 좌하였다."라고 한 것으로 보아 옛날부터 일지를 남편 궁으로 간주하고 있었음을 알 수 있다.

월지를 남편으로 보는 학설은, 남자 사주에서 일지를 처궁(妻宮)으로 보되 여자 사주에서는 월지를 남편 궁으로 본다는 입장을 취하고 있는 최근의 소수(小數) 학설이다. 대만(臺灣, 타이완)의 하건충(何建忠)은 팔자심리추명학(八字心理推命學)에서 월지를 남편 궁으로 보고 있다.

그렇다면 위 사주에서 월간 癸가 부친 궁이 되고 월지 巳는 부친의 처, 즉 모친 궁이 되는데, 결국 모친 자리가 남편 자리도 된다는 논리이다. 따라서 월지 남편 궁 이론에 다소 불합리한 부분이 있음을 알 수 있다. 년주, 월주, 일주, 시주는 각각 세대(世代)를 뜻한다. 그러므로 여자에게 있어서 남편을 자신보다 윗세대로 간주하기는 어렵다.

천간과 지지는 음양 및 짝의 개념이므로 천간과 그 지지를 서로의 배우자로 보는 게 보다 합리적이다. 위의 근묘화실 궁의 배치가 육친 궁의 표준이자 정설이다.

22-6. 형제궁(兄弟宮)

형제궁을 부모궁에 넣어서 같이 보는 것이 통설(通說)인데, 이는 불합리한 이론이다. 부모와 형제는 위상(位相)이 다르고 세대(世代)가 다른데 어찌 같은 궁위에 배당(配當)할 수 있겠는가?

아동기(이성 교제 시기 전)까지는 일지(日支)가 형제궁이 된다. 그러나 아동기를 지난 때에는 일지가 배우자 궁으로 전환되므로 형제궁은 존재하지 않게 된다. 형제의 일을 살피려면 비견이나 겁재를 찾아서 살펴야 한다.

22-7. 궁(宮)과 신(神)의 우선순위(優先順位)

예컨대 일지는 배우자 궁인데, 남편의 신이나 처의 신이 다른 궁에 있다면 궁과 신이 혼재(混在)된 것이다. 이런 경우에는 신(神, 성星)이 우선이고 궁(宮)은 차선이다. 해당 신이 없는 경우에는 궁을 봐야 하므로 해당 궁위에 있는 오행을 해당 육친으로 삼아야 한다.

신이 다수(多數)일 때는 그 모두가 그 육친에 해당한다.

만약 궁(宮)을 위주(爲主)로 삼는 간법(看法)을 가진 학자라면 당연히 궁이 우선일 것이다.

신 위주의 간법과 궁 위주의 간법은 각각 장점과 단점이 있다.

궁과 신을 자유자재로 넘나들며 명운을 감정할 수 있어야 한다.

삼재(三災)와 아홉수에 대하여

삼재는 두 가지가 있다. 도병재(刀兵災), 질역재(疾疫災), 기근재(飢饉災)와 수재(水災), 화재(火災), 풍재(風災)이다. 사람에게 드는 삼재년(三災年)은, 巳酉丑년에 태어난 사람은 亥子丑년에 삼재가 들고, 申子辰년에 태어난 사람은 寅卯辰년에 삼재가 들며, 亥卯未년에 출생한 사람은 巳午未년에 삼재가 들고, 寅午戌년에 출생한 사람은 申酉戌년에 삼재가 든다. 따라서 사람은 9년마다 주기적으로 3년간 삼재년을 맞이하게 되는데, 삼재운(三災運)이 든 첫해를 '들삼재', 둘째 해를 '누울삼재(눌삼재)', 셋째 해를 '날삼재'라 한다.

가장 불길한 삼재년은 들삼재이고, 다음의 불길한 삼재년은 누울삼재, 날삼재의 차례이다. 삼재액이 들면 그에 대한 예방법으로 동국세시기(東國歲時記)에서는 세 마리 매(鷹)를 그려 방문 위에 가로 댄 나무인 문미(門楣)에 그것을 붙인다고 하였다.

삼재는 민간용어(民間用語)이면서도 삼재팔난(三災八難)의 신살이다.

그러므로 근거가 없고 허황한 것이며 믿을 것이 못된다.

아홉수란 9, 19, 29, 39, 49, 59, 69 등 아홉이 든 나이 수를 말한다. 당 나이에 아홉수가 들면 그 해는 조심해야 한다는 속설(俗說)이 있다. 그래서 그해에는 결혼, 이사, 사업 등을 피하는 경우가 많았다. 아마도 우리의 조상들은 아홉수 나이마다 고난과 위험을 겪었던 적이 많았기에 그렇다고 판단했던 것 같다. 하지만 이것은 우연(偶然)을 필연(必然)으로 간주하려는 미신(迷信)이다. 아홉 수에 잘되는 사람도 많기에 그렇다. 각 개인의 명운(命運)에 의해 나타나는 길흉을 아홉수와 결부시키는 일은 합리성이 없는 것이다.

아홉수 사상과 삼재(三災) 사상이 민간(民間)에 널리 퍼져 있는 게 현실인데, 명리학자들이 이런 속설들을 청산(淸算)하는 데 앞장서야 할 것이다.

23. 심리론(心理論)

　　심리(心理)나 성격(性格)은 일간 주변에 포진(布陣)한 십신의 영향을 받아 나타난다. 그러나 명리로써 심리나 성격을 완벽하게 알아내기는 어렵다. 사주는 시간 정보만 반영한 것이므로 그 사람의 성격을 100퍼센트 완벽하게 반영하지 못한다. 조상이나 부모로부터 물려받은 유전적 요인이나 환경적 요인, 경험적 요인 등은 사주에 전혀 반영되지 않기 때문이다. 그러므로 똑같은 사주라도 성격이 다를 수 있다.

23-1. 정편(正偏)의 심리(心理)

　　사람의 성격에는 다양한 측면이 있다. 그러므로 사주가 같더라도 성격은 다양한 모습으로 나타날 때가 많다. 그리고 팔자에 나타난 십신의 심리는 자신의 의지와 운의 작용으로 조절되고 변화되기도 한다. 특히 때에 따라 특별한 십신의 심리가 한시적(限時的)으로 나타날 때도 있으므로 현재 드러나 보이는 것을 전부라고 생각해서는 안 된다. 그리고 심리는 복합적인 요인에 의해 나타나는 것이므로 여러 가지 십신들의 특성과 운의 작용을 고려하여 종합적으로 판단해야 한다.

　　팔자에서 일간을 중심으로 포진한 십간십이지의 십신들이 가진 심리적 성향을 알아본다.

　　고서 등에서 십신을 길신(吉神)과 흉신(凶神)으로 갈라놓았기 때문에 십신의 정(正)과 편(偏)에 대해 잘못된 판단을 하기 쉽다.

　　'재성, 정관, 정인, 식신 등은 길신이기에 성격에 좋은 영향을 미칠 것이고, 편관, 상관, 편인, 겁재 등은 흉신이기에 성격에 좋지 않은 영향을 미칠 것이다.'라고 인식하기 쉬운데, 이것은 크게 잘못된 선입견이다. 정과 편의 특성(차이)에 대해 올바르게 이해해야 한다.

　　일간 대비 음양이 같은 편 십신(비견, 식신, 편재, 편관, 편인)과 일간 대비 음양이 다른 정 십신(겁재, 상관, 정재, 정관, 정인)의 차이는 다음과 같다.

편(偏)은 '절반' 또는 '한쪽'을 뜻한다. 편은 대상의 양면(兩面)을 고르게 보지 못하고 한쪽 면(나와 같은 대상이나 나와 같은 입장)만 보는 것이므로 다소 비합리적이고 일방적이며 객관적이지 못한 면이 있다. 그러므로 편은 심리의 바탕에 대체로 자신의 주관과 감정이 개입되어 있다.

정(正)은 음양이 다른 대상의 양면(나와 다른 대상)을 고르게 보는 것이므로 합리적이고 상호 보완적이며 효율적인 면이 있다. 정은 심리의 바탕에 대체로 보편타당한 객관과 이성이 개입되어 있다.

예컨대 남자가 남자를 만나면 남자 입장만 생각하게 되지만, 남자가 여자를 만나면 양쪽 입장을 같이 생각하게 되는 것과 이치가 같다.

편은 자기 마음 내키는 대로, 감정적으로, 자기 방식대로, 자기 주관대로 표출하는 성향(性向)이다. 편 오행이 많으면 남들이 이해하기 어려운 엉뚱하고 괴팍한 면모를 가지기 쉽다.

정은 누구나 수긍하는 방식으로, 합리적으로, 객관성을 유지하며 표출하는 성향이며, 남의 처지를 생각할 줄 아는 성향이다.

예를 들면, 일반 공직자에 어울리는 정관은 보편타당한 명령에 순응하는 심리가 있어서 합리적인 명령이 내려지면 순순히 수행하지만, 만약 불합리한 명령이 내려지면 순순히 수행하지 않고 적극적으로 반발한다. 그러나 군인이나 경찰 같은 직종에 어울리는 편관은 불합리한 명령도 수용하는 면이 있기에, 명령이 내려지면 죽을 곳인 줄 뻔히 알면서도 전장(戰場)에 곧바로 뛰어든다. 또한 편인(계모)은 부친의 처지에서 보면 내게 모친이 되는 육친이지만, 내 처지에서 보면 모친이 아닌 사람임에도 불구하고 모친으로 여겨야 하는 육친이 된다. 편은 이같이 받아들이기 어려운 비합리적인 일면(一面)을 가진 것이다.

23-2. 표면심리(表面心理)와 내면심리(內面心理)

세상 만물에는 상대적 가치인 음양이 존재한다. 이것은 겉과 속이 서로 상대(相對)되는 가치가 존재한다는 뜻이다. 그러므로 십신의 심리에도 표면심리(表面心理)와 내면심리(內面心理)가 존재한다. 밖으로 나타나는 표면심리는 주변 사람들이 쉽게 알 수 있지만, 내면심리는 표면심리의 근원이 되는 심리이므로 타인은 물론 자기 자신도 잘 모르는 경우가 있다. 표면심리가 내면심리를 극하기 때문이다.

십신의 심리는 다섯 가지의 유형이 서로 비스듬히 교차하고 있기에 상대적인 측면이 이중적이다. 예컨대 인성에 대해 초점을 맞추려면 그 반대 성향인 식상과 재성의 두 성향을 역으로 고려해야 한다.

천간은 겉으로 드러나기 쉬운 심리이고, 지지는 좀처럼 드러나지 않아 남들이 잘 알아채지 못하는 심리이다.

그리고 뭐든지 지나치면 부정적인 기운이 드러나기 쉽고, 부족하면 긍정적인 부분이 약해지기 쉽다. 십신의 심리도 마찬가지이다.

일간의 오행에 따른 심리를 중시하는 경향도 있는데, 필자는 그것을 권장하지 않는다. 예컨대 木 일간은 자존심(甲을 최고로 봄)이 강하고 인자하다(仁) 하며, 火 일간은 불같이 급하나 예의 바르다 하고, 土 일간은 중후하고 신용이 있다 하며, 金 일간은 의리가 있고 냉철하다 하고, 水 일간은 지혜롭다 한다. 이런 식으로 판단하기도 하는데, 물론 우연히 맞는 부분도 있겠지만 그렇지 않은 경우가 더 많으므로 심리 분석 시에 신중할 필요가 있다. 木이 자존심과 인자함을 가진다는 근거는 없다. 상승하는 기운이 자존심이거나 인자함일 수 없기 때문이다. 중국(土)의 정신(관성: 木)이 공자의 이념인 인(仁)이기 때문에 木을 어진 성분이라 하는 것도 억지에 가깝다. 그리고 중국은 土가 아니고 중국의 사상도 木이 아니다. 중국인들은 자기 나라를 세계의 중심이라 하면서 土로 보고 있다 하는데, 土는 중심을 뜻하는 오행이 아니다. 또한 불같이 급하나 예의 바르다는 것은 火 일간에만 있는 성격이 아니며, 모든 일간에 고루 분포하고 있는 성격이다. 또한 水 일간만 지혜롭고 나머지는 다 멍청하다고 판단할 참인가? 그런 식으로 단식 판단해서는 안 된다. 오행 한 글자를 대상으로 심리 판단이나 성격 판단까지 하는 건 마땅하지 않은 일이며 너무 앞서 나가는 일이다. 즉 과잉일반화(過剩一般化)가 되는 일이다.

심리란 십신의 상호작용으로 나타나는 현상이지 일간 오행이 단독으로 발현시키는 현상이 아니다. 여러 십신의 작용을 복합적으로 고려해서 심리나 성격을 판단해야 옳은 것이다.

23-3. 비견겁재(比肩劫財)의 심리(心理)

재성을 극하므로 재물을 소유하고 통제하려는 욕심이 있고, 소비 욕구도 있다.
자아의식 및 주인의식을 뜻하므로 자존심과 우월감이 강하다.
경쟁심이 있다.

주체성을 뜻하므로 소신과 주관이 있다.

동일성을 뜻하므로 평등사상을 가진다.

주체로서 추진력을 뜻하므로 끈기가 있다.

자신을 믿는 성분이며 의지력을 뜻하므로 자신감과 투지가 있고 배짱이 있다.

권한(관성)을 가진 자에게는 약한 면을 보인다.

종업원에게는 당당하게 군림하며, 자신이 직접 일하기보다 시키기를 좋아한다.

남의 처지를 잘 이해하기는 어렵다. 독선의 성향이 있다.

비견은 겉으로 드러나는 외형에 대한 경쟁심이 있고, 겁재는 외형보다는 실속을 따지는 경쟁심이 있다.

23-4. 식신상관(食神傷官)의 심리(心理)

자신을 드러내기 좋아하며 사교성이 있다.

자기 마음대로 하려 하므로 통제가 잘되지 않는다.

감성과 감정을 뜻하므로 기분의 변화를 느끼는 것이 예민하다. 감정변화가 많다.

자유로움을 뜻하므로 규제나 간섭을 받는 것을 싫어한다.

호기심이 있어 연구하는 분야에 관심을 가진다.

풀어내는(해설, 설명) 것이나 드러냄을 뜻하므로 글과 말을 이용하여 자기 생각을 잘 표현하며, 예술적 재능이 있다.

정감이 풍부하고, 먹이는 것이나 기르는 것에 흥미를 느낀다.

즐거움을 뜻하므로 재치와 유머 감각이 있다.

참을성과 인내심이 약하므로 정신적 스트레스를 부담하기 어렵다.

주기를 좋아하며 인정이 많다. 나를 드러내기 위한 이기적 봉사심이 있다.

지혜를 뜻하므로 현실 적응력이 높고 총명하다.

계산(이해타산)이 빠르다.

수단과 수완을 뜻하므로 손재주가 있고, 처세술이 좋으며, 장사 수완이 있다.

과거의 전통을 거부하고 새로운 가치관을 형성하기 위하여 투쟁을 주저하지 않는다.

체제나 사회 규범에 대한 불만이 많거나, 사회 개혁의 반골 성향이 강하며, 진보적이고 혁신적인 생각을 많이 한다. 창의성이 있다.

활동성을 뜻하므로 민첩하고 활기가 있고, 한곳에 머물러 있는 것을 좋아하지 않으며, 몸이 항상 움직이며 활발하다.

자신의 기운을 소모하는 일(운동, 활동, 표현)을 잘한다.

관성을 극하므로 권력에 대항하거나 권위에 맞서며, 명령에 불복종하는 기질이 있다.

법을 무시하거나 관청에 소송 및 대항하기를 좋아하며, 공무원을 두려워하지 않고 잘 이용한다.

윗사람이나 부모 말을 듣지 않고 마음대로 행동하기 좋아한다.

정신적 부담(관성)과 반대 개념이므로 낙천성을 나타낸다.

구속받지 않으려 하며 법을 어기려는 심리가 있다.

타인의 명예를 손상하는 성분이므로 남을 이기려 한다. 따라서 질투심과 호승심(好勝心)이 강하다.

개방적이고 낭만적이며 진취적이다.

식신은 비합리적인 명령이나 규범(편관)에 대해 반발하지만, 상관은 합리적인 명령이나 규범(정관)에 대해서도 반발한다.

23-5. 편재정재(偏財正財)의 심리(心理)

물질에 관심을 가지며 경제활동에 대한 열의가 있다.

물질의 본성(가치)을 파악하는 능력이 있고 분석적이다. 세밀하고 꼼꼼하다.

외형보다 본질에 관심이 많아 실속을 추구하므로 물건은 외형보다 사용 용도에 맞는 기능을 우선 생각한다.

현실 인식력이 높고 생활력이 강하다.

공간 및 방향에 대한 감각이 좋다.

물질적이며 현실적이므로 부지런하고 성실하다.

당장 효용이 드러나는 일인 쾌락을 좋아하며 장래에 효과가 드러나는 일인 공부를 싫어한다.

재화(財貨)를 관리하는 능력이 있고 이재(理財)에 밝다. 돈(재물)을 잘 다룬다.

일을 뜻하므로 일의 속성을 잘 알고 일머리를 잘 안다.

정재는 합리적인 재물(봉급)을 얻는 생활을 선호하고, 편재는 비합리적인 재물을 얻는 일(사업)을 선호한다.

23-6. 편관정관(偏官正官)의 심리(心理)

남의 처지를 이해하고 자신을 제어할 줄 안다.

내면심리가 비겁이므로 기본적으로 자존심에 대한 잠재적 욕심이 있다.

불특정 다수를 위한 순수한 봉사 심리나 희생 심리가 있다.

모범적인 태도나 행위를 취하며 공평무사하다.

책임감이 강하고 남 앞에 나서려는 성향이 있으며, 타인을 장악하려는 카리스마가 있다.

재성(물질)을 보호하므로 절약 정신이 강하고 검소하다.

정신력이 강하고 기억력이 좋다.

다양성(식상)과 반대 개념인 단일성과 핵심을 뜻하므로 복잡한 것을 싫어하고 단순 명료한 것을 좋아하며, 현상의 설명보다 대책이나 결론을 선호한다. 그러므로 정책 입안이나 기획을 잘한다.

변화(식상)의 반대 개념인 일관성을 뜻하므로 행동이나 마음이 변하지 않고 의리가 있다.

명령을 뜻하므로 지시나 명령에 의해서만 움직이는 수동적인 경향이 있고, 상관(上官)을 잘 섬기고 위계질서를 숭상하며 단체에 소속되는 것을 좋아한다.

자유로움(식상)과 반대 개념인 통제를 뜻하므로 권위적이다.

개인의 이익보다는 타인의 이익이나 집단 및 국가의 이익을 우선 생각한다.

인내심과 절제력이 강하고, 자기희생을 두려워하지 않는다.

정신을 뜻하므로 실리보다 명분을 중요시하여 물질적 만족보다 정신적 만족을 추구한다.

명예를 뜻하므로 어떤 조직의 책임을 맡아서 일하면서 자신의 얼굴을 대중 앞에 내세우기를 좋아하는 명예욕이 있다.

명성을 뜻하므로 자신에 대한 타인의 평가(체면)에 관심이 강하며 양심에 따라 행동한다.

차분하고 젊잖다. 안정적이다.

판단을 뜻하므로 어떤 일의 핵심을 꿰뚫는 직관력(靈感)을 가진다.

대상이나 현상을 보고 즉각적으로 느끼는 깨달음이 직관이므로 논리적 과정 없이 깨닫는 능력이 있다.

결단성이 있다.

편관은 비합리적인 결단이므로 과단성(果斷性)을 가진다. 따라서 과감(果敢)하다.

객관성을 뜻하므로 공평무사함을 숭상하여 명분이나 원리 원칙을 중시한다.

관료적 성향으로 인해 융통성 없이 곧이곧대로 행하며, 대충 넘어가는 경우가 없고 깐깐하며 철저하다.

정신적 부담감을 견디며 책임감이 강하고 성실하다.

핵심을 뜻하므로 매사를 분명하고 정확하게 처리한다.

치밀하고 빈틈이 없는 완벽주의자이다. 따라서 잔소리를 하는 유형이 되기 쉽다.

관성의 기질을 가진 사람이 쓴 글은 본론이나 결론만 있는 딱딱하고 재미가 없는 보고서 형식의 글이 되기 쉽다.

물질(재성)을 보호하는 성분이므로 물건을 잘 관리하고 정리정돈을 잘한다.

체면을 차리고 남을 눈을 많이 의식하여 소심하다.

편관은 자기를 인정해주는 사람이나 상관(上官)을 위해서는 비합리적인 일도 수행할 수 있으나, 정관은 공평하고 타당한 일만 수행하려 하므로, 이런 면에서 보면 편관보다 정관이 더 융통성이 없다.

23-7. 편인정인(偏印正印)의 심리(心理)

새로움과 변화(식상)를 극하므로 보수적이다.

현실(재성)의 반대 개념인 이상(理想)을 뜻하므로 이상주의자이며 생각(몽상)이 많은 사색가이다.

활동성 및 행동(식상)을 극하므로 몸을 움직이기 싫어하고 게으른 편이다. 그러나 내면심리가 식상이므로 기본적으로 활동성에 대한 잠재적 의욕은 있다.

감성(식상)의 반대 개념인 이성과 논리를 뜻하므로 이지적(理智的)이고 논리적이며 형이상학적이다.

표현을 잘 하지 않거나 말을 잘 않아 입이 무겁고 과묵하다.

계산(식상)을 잘하지 못한다. 눈에 보이는 현상(식상)의 이면(裏面)을 생각하는 심리가 있어서 의심을 잘한다. 속내를 잘 털어놓지 않고, 감성교류(식상)를 잘하지 않는다.

외톨이 성향이 있거나 외롭다. 감각 및 육체(재성)와 반대 개념인 마음을 뜻하므로 금욕적이다. 정신세계(관성)가 생하는 종교를 뜻하므로 종교를 숭상하고 인자하다.

너그럽고 자상하다.

나 및 주체성(비겁)을 확립하는 교육과 학문을 뜻하므로 공부하기를 좋아하고 공부에 소질이 있는 학자풍이다.

실천(식상)의 반대 개념인 이론을 뜻하므로 이론에 치중하여 실천이 따르지 않아서 용두사미가 되기 쉽다.

나(비겁)를 세우는 경향을 뜻하므로 고집이 있다.

이성(理性)을 뜻하므로 자신의 감정을 잘 드러내지 않으며 과묵하고 냉철하다.

외로움과 고독함을 괴롭게 느끼지 않는다.

배우는 데 소질이 있어 예술, 기술, 어학 등에 노력형 소질을 갖는다.

상상이나 망상을 많이 하는 경향이 있다. 생각이 많고 잡념이 많을 수 있다.

형이상학적인 것에 관심이 많다.

옛것을 좋아하고 새로운 환경에 접하는 것을 두려워한다. 그래서 보수적이다.

마음을 다스리는 철학에 관심을 가지며 윤리적이고 도덕적이다.

단순한 사실에서 도출된 결론(관성)들을 묶어서 이론화하는 능력이 있다.

이기심을 뜻하며 자기중심적이다.

폐쇄적이고 보수적이다. 조용하고 사색적이다.

이론적이고 논리적이므로 모순점이나 흠결을 잘 찾아내고 잘 따진다. 그래서 융통성이 부족하다.

변화보다 그대로 내버려 두기 좋아한다. 뒷마무리를 잘하지 않는다.

편인은 비합리적 학문이므로 눈에 보이지 않는 신비한 현상을 다룬 학문(천문학, 역학, 종교, 한의학 등 형이상학적 학문)에 관심이 많고, 정인은 합리적 학문이므로 객관적으로 받아들일 수 있는 현실적이고 실용적인 학문(과학, 어학, 수학, 정치학, 고고학, 생물학, 농학 등 형이하학적 학문)에 관심이 많다.

편인과 정인은 똑같은 문장(이론)을 읽더라도 이해하는 방법이 서로 다르다.

편인은 자기 주관에 맞는다 싶으면 이론을 무조건 받아들이면서 자기 방식으로 이해하려는 주관적인 성향이 있으나, 정인은 이론의 합리성을 살피면서 가려서 받아들이려는 객관적인 성향이 있다.

편인은 이론의 합리성을 판단하는 능력이 약하여 객관적으로 수용하기 어려운 엉뚱한 논리를 펴기도 하고, 자신의 이론에 논리적 흠결이 있음에도 그것을 스스로 느끼지 못하는 경향이 있으며, 상대가 논리적으로 설득해 와도 그것을 인정하지 않으려 하는 고집이 있다.

정인은 누구나 수긍하는 논리와 이론을 펼치려 하며, 상대가 논리적으로 설득해 오면 그것을 이해하고 자신의 견해를 수정할 줄도 안다.

만약 명리를 독학(獨學)으로 공부하고 있는 사람이라면, 다음의 두 가지 사안에 주의해야 한다.

　첫째, 자신의 학술에 대한 객관성(客觀性) 점검을 수시로 해야 한다.

　독학하면서 혹여 이론들을 자기 방식대로 편협하게 이해하는 일이 누적되기 시작하면 명리 공부가 이상한 엇길로 빠지게 될 수도 있고, 또 그것을 스스로 알아채기 힘들 수도 있기 때문이다(특히 편인이 있거나 왕한 사람은 더욱 주의해야 한다).

　그러므로 많은 사람과 토론을 해보면서 피드백을 한다든지, 타인의 강의를 들어본다든지, 또는 좋은 스승을 모셔서 학문의 줄기를 다시 다듬어 본다든지 하는 등의 방법들을 쓰면서 자신의 학습 상태를 수시로 점검해 보면서 앞으로 나아가는 것이 바람직하다.

　그리고 이 분야에는 '나 홀로 이론'이 아주 많은데, 그 이유는 오직 혼자서만 공부해 온 사람들이 '그래! 바로 이거야!' 하는 짧은 생각으로써 자신만 인정하는 이론을 만들어 내는 일이 흔하기 때문이다.

　문제는 그 이론이 황당무계(荒唐無稽)하고 모순(矛盾)과 당착(撞着)을 내포하고 있음에도 본인들이 그것을 스스로 느끼지 못한다는 점이다.

　그러므로 평소에 자주 외부(外部)와 교류하여야 하고, 자신의 학문을 객관적인 것이 되도록 잘 다듬으면서 나아가야 한다.

　만약 그렇게 할 처지가 못 된다면, 많은 경험을 가진 사람이 지은 책을 교과서로 삼아 그런 노력을 계속하며 나아가는 것이 좋다.

　둘째, 고서에 적힌 글귀를 경전(經典)처럼 여기면서 공부하는 것은 좋지 않은 태도이다. 고서는 귀중한 교과서인 동시에 경계해야 할 책이므로 항상 비판적인 시각을 갖고 공부하는 것이 좋다. 거기에 진리(眞理)만 적혀 있지는 않기 때문이다. 스스로 궁구(窮究)해 보아서 원리 규명(糾明)이 되는 이론은 정법(正法)으로 받아들이고, 그렇지 않은 이론은 단호히 배척(排斥)하는 것이 바른 태도이다. "왜?"라고 질문했을 때, "~ 때문이다."라는 답이 나오지 않으면 그것은 정법이 아닐 가능성이 크니 그런 이론은 취하지 않는 것이 바람직하다.

24. 태과불급론(太過不及論)

　　오행이 어느 한쪽으로 지나치게 왕(旺)해서 힘이 넘치는 것을 태과(太過)라 하고, 어느 오행이 너무 약하고 부족하여 그 힘이 미치지 못하는 것을 불급(不及)이라 한다.

　　사주는 사주의 오행들이 서로 균형을 얻어 중화(中和)의 도(道)를 이루는 것이 가장 좋다. 특정 오행이 지나치게 많거나 지나치게 부족하면 그로 인한 병폐(病廢)가 발생한다. 사주팔자의 오행은 골고루 있는 것이 가장 좋다.

24-1. 태과(太過, 태왕太旺, 태다太多, 과다過多)

　　특정 오행이 지나치게 많은 경우에 그 폐해(弊害)가 다른 오행에까지 영향을 미치게 된다는 것을 논한 글이 있다. 아래는 서대승(徐大升)의 논오행생극제화의기(論五行生 剋制化宜忌) 장의 내용 일부를 정리한 것인데, 물상론의 관점에서 과다의 불리함을 논한 것이다. 연해자평의 논오행생극제화각유소희소해례(論五行生剋制化各有所喜所害例) 장, 삼명통회 등에도 있는 글이다.

1) 생(生)이 많은 경우(인성과다印星過多)

金賴土生 土多金埋(금뢰토생 토다금매)

金은 土의 생함을 의지하나 土가 많으면 金이 묻히고

土賴火生 火多土焦(토뢰화생 화다토초)

土는 火의 생함을 의지하나 火가 많으면 土가 그을리며

火賴木生 木多火熾(화뢰목생 목다화치)

火는 木의 생함을 의지하나 木이 많으면 火가 치열하고

木賴水生 水多木漂(목뢰수생 수다목표)

木은 水의 생함을 의지하나 水가 많으면 木이 표류하며

水賴金生 金多水濁(수뢰금생 금다수탁)

水는 金의 생함을 의지하나 金이 많으면 水가 탁해진다.

2) 설(洩)이 많은 경우(식상과다食傷過多)

金能生水 水多金沉(금능생수 수다금침)
金은 능히 水를 생하나 水가 많으면 金이 가라앉고
水能生木 木盛水縮(수능생목 목성수축)
水는 능히 木을 생하나 木이 많으면 水가 줄어들며
木能生火 火多木焚(목능생화 화다목분)
木은 능히 火를 생하나 火가 많으면 木이 불살라지고
火能生土 土多火晦(화능생토 토다화회)
火는 능히 土를 생하나 土가 많으면 火가 어두워지며
土能生金 金多土變(토능생금 금다토변)
土는 능히 金을 생하나 金이 많으면 土가 변질된다.

3) 상(傷)이 많은 경우(재성과다財星過多)

金能剋木 木堅金缺(금능극목 목견금결)
金은 능히 木을 극하나 木이 단단하면 金이 이지러지고
木能剋土 土重木折(목능극토 토중목절)
木은 능히 土를 극하나 土가 중하면 木이 꺾이며
土能剋水 水多土流(토능극수 수다토류)
土는 능히 水를 극하나 水가 많으면 土가 떠내려가고
水能剋火 火炎水熱(수능극화 화염수열)
水는 능히 火를 극하나 火가 뜨거우면 水가 더워지며
火能剋金 金多火熄(화능극금 금다화식)
火는 능히 金을 극하나 金이 많으면 火가 꺼진다.

* 목다화치(木多火熾)와 목다화식(木多火熄)
"木이 많으면 火가 치열해진다.", "木이 많으면 火가 꺼진다." 이렇게 두 용어가 쓰이는데, 적천수천미에서는 둘 다 혼용하고 있어 논명(論命)에 일관성이 없고, 신봉통고, 삼명통회, 연해자평 등에서는 목다화치(木多火熾)로 바르게 적고 있다. 원문은 목다화치이다.

4) 태과(太過)의 해석(解釋)

사주 원국에 특정한 오행의 기운이 지나치게 많으면 그로 인한 피해가 있기 쉬운데, 과유불급(過猶不及)의 원리가 통하기 때문이다. 예를 들어 土가 지나치게 많으면 소화기 계통의 질환 등을 겪을 가능성이 있고, 사주에 木이 지나치게 많으면 신경 계통의 질환 등을 겪을 가능성이 있다. 아울러 土가 많으면 水가 극을 받는 형상이므로 신장이나 방광 혹은 호르몬 계통의 질환을 겪을 가능성도 있다. 木이 많으면 土가 극을 받는 형상이므로 역시 소화기 계통의 질환을 겪을 가능성도 있다. 십신의 측면에서 봐도 마찬가지이다.

이같이 특정 오행의 기운이 지나치게 많으면 골고루 있는 것보다 불리하다 할 수 있다.

원국에 특정 십신이 많을 경우, 해당 육친의 수가 많다고 함부로 말해서는 안 된다. 예컨대 인성이 많다 해서 어머니가 여럿이라고 속단(速斷)해서는 안 된다.

사주의 강약(強弱)을 판단하는 문제에 있어서는 태과를 있는 그대로 받아들여야 한다. 즉 인성이 많으면 강한 사주가 되고, 비겁이 많으면 왕한 사주가 되며, 식상이나 재성 그리고 관성이 많으면 쇠약한 사주가 된다.

24-2. 불급(不及, 태약太弱, 태소太少, 결핍缺乏)

불급(不及)은 결핍(缺乏), 즉 모자람을 말한다.

사주 원국 내에 특정 오행이 없거나 매우 약한 경우에도 역시 이를 조심스럽게 해석해야 한다. 특정한 오행이 없다면 그 방면에 다소 취약할 가능성은 있다. 그러나 그렇다고 해서 그 오행의 결핍에 대한 표현을 극단적으로 해서는 안 된다. 예컨대 火가 없다면 심장의 기능이 약할 가능성은 있으나 심장이 없다고 말할 수 없으며, 재성이 없다고 해서 처(妻)나 부친(父親)이 없다고 함부로 말할 수 없다.

특정한 십신이 없으면 그 십신의 기운을 발휘하는 능력이 상대적으로 약하거나, 그 십신의 기운을 발휘함에 다소 서툰 경향이 있을 수 있다. 그러나 그 능력이 전혀 없다고 함부로 판단해서는 안 된다.

결핍(缺乏) 오행이 있더라도 이를 보완(補完: 생生)해주는 오행이 있으면 불리함의 가능성도 약해지게 된다.

24-3. 태다(太多)에 대한 오해(誤解)

　태다(太多)에 대해 이해를 잘못하면 명리를 망칠 수 있으니 주의해야 한다. 예컨대 '수다목표(水多木漂, 수다목부水多木浮)'에 대해 잘못 이해하는 경우가 있다. 오행의 과다현상을 물상 관점으로 비유한 용어인데, 만약 물이 너무 많으면 나무가 뿌리를 내리지 못하고 떠내려가 버린다는 뜻이다. 즉 인성(印星)이 과다하면 일간 등이 균형과 중화를 얻기 어렵다는 취지를 가진 용어이다. 그런데 이것을 "水가 많으면 木이 생(生)을 받지 못한다." 혹은 "수다극목(水多剋木)이다." 혹은 "수극목(水剋木)이다." 이렇게 잘못 받아들이기 쉽다.

　水가 아무리 많아도 木을 극하는 법은 없다. 물이 과도하면 죽는 식물도 있고, 물이 많을수록 더 잘 자라는 식물도 있는데, 식물의 생태적(生態的) 특성이 그러하다면 그것은 어디까지나 식물의 특성일 뿐이지 오행 木의 특성도 그렇다고 단정할 수는 없는 것이다.

　수다목표(水多木漂)는 生이 안 된다는 뜻이 아니라, 生이 너무 많으면 좋지 않다는 뜻이다. 그러나 실제로는, 만약 사주에 水가 너무 많으면 水에 해당하는 장부(신장, 방광, 호르몬 계통 등)가 약한 사주가 될 수 있고, 木에 해당하는 장부(간, 담 등)가 강한 사주가 될 수가 있다.

　또한 목견금결(木堅金缺) 같은 용어는 木이 지나치게 많음으로 인해서 金이 상대적으로 약해 보일 수 있음을 지적한 표현인데, "이건 金剋木이 아니라 木剋金이다. 생극제화가 거꾸로 돌아가기도 함을 증명하는 용어이다." 이렇게 착각하는 일이 있어서도 안 된다. 아무리 金이 약해도 木이 金을 극하는 일은 없다. 만약 사주에 木이 너무 많고 金이 약하다면 木과 金에 해당하는 장부(간, 담, 호흡기, 피부 등)가 약한 사주가 될 수 있다. 그러나 이것은 木이 태과하고 金이 태약하기 때문이지 木이 金을 극했기 때문이 아니다(질병론 참고).

　생극제화의 명제는 명제 그대로 바르게 돌아가는 것이며, 앞뒤가 바뀌어 거꾸로 돌아가는 법이 없다. 위의 논오행생극제화의기(論五行生剋制化宜忌)는 생극제화를 오도(誤導)하기 쉬운 것이니 특히 주의해야 한다. 후술하겠지만 물상론(物象論)이 제공하는 함정이다.

　특정 오행이 태다(太多)하면 종격(從格)이 되어 아주 좋은 것 아니냐는 관점을 가질 수 있는데, 그것은 큰 착각이다. 사주에 특정 오행이 지나치게 많아서 좋다고 할 경우는 거의 없다. 골고루 있는 게 좋다.

25. 격용론(格用論)

격용(格用)은 격국(格局)과 용신(用神)을 뜻한다.

격용을 살펴서 희신(喜神)과 기신(忌神)을 정하거나 길흉(吉凶)을 판단하는 이론을 격용론(格用論) 또는 격용희기론(格用喜忌論)이라 한다.

격용법은 다수의 고전을 통하며 오랫동안 맥을 이어 온 전통적인 명운 해석 방식이므로 이에 대해 자세히 공부해 두는 것도 나쁘진 않다. 그러나 이 방식이 반드시 옳은 것은 아니며, 오히려 다소의 문제점을 가진 방식이라는 점을 염두에 두고 공부하는 것이 좋다.

25-1. 격용법(格用法)의 개요(概要)

명리 고전들에는 공통적으로 격국(格局)과 용신(用神)에 관한 이론들이 다양하게 들어 있다.

격(格)은 다양한 사주들을 일정한 틀에 넣어 분류함으로써 형식과 체계를 갖추고자 했던 노력의 결과물이다. 격은 주로 월령이나 월령에서 투간(透干, 투출透出: 지장간과 같은 오행이 천간에 드러남)한 오행으로써 그 이름을 붙인다. 격국(格局)은 격의 짜임새나 형태라는 뜻이므로 격명(格名)이라고 보면 무난하다(단 자평진전은 격格+국局이다).

용신(用神)은 처음에는 '유용지신(有用之神)'과 '월령용사지신(月令用事之神)'을 뜻하는 용어였는데, 후자는 월지의 지장간 본기(本氣)를 지칭하는 개념이었다. 이후 용신의 개념은 월령오행(格局論), 중화오행(抑扶論) 및 조후오행(調候論) 등의 개념으로 확대해 왔다.

격국법의 용신은 주로 월령을 뜻하지만 억부법의 용신은 사주의 강약 등을 조화롭게 하는 중화오행(中和五行)을 뜻한다.

25-2. 통근(通根)과 투출(透出)

통근(通根)은 '뿌리를 통한다.'라는 뜻인데, 천간에 있는 오행이 지지의 오행에서 자신과 같은 기운을 찾을 수 있을 때 "천간이 지지에 통근했다."라고 말한다. 예컨대 甲이나 乙은 지지의 亥, 寅, 卯, 辰, 未 등에서 木 기운을 느낄 수 있으므로 통근한다. 또 예컨대 壬이나 癸가 지지에 申, 亥, 子, 丑, 辰 등에서 水 기운을 느낄 수 있으므로 통근한다. 통근은 천간을 기준으로 삼아 지지의 기운을 살피는 것이며, 지지를 기준으로 삼지는 않는다.

통기(通氣)는 지지에 비겁 기운이 있을 때와 지지에 인성 기운이 있을 때를 포괄(包括)한 개념이다. 즉 비겁이 있으면 통근이면서 동시에 통기가 되고, 인성이 있으면 통기가 된다.

투출(透出)은 지지의 오행이 천간으로 기운을 드러냈을 때를 말하며, 투간(透干)이라고도 한다. 예컨대 甲寅은 寅의 木 기운을 甲을 통하여 드러낸 것이므로 甲은 寅에서 투간했다고 말하고, 庚申은 申의 금 기운을 庚을 통하여 드러낸 것이므로 庚은 申에서 투간했다고 말한다. 투간은 좌지(座支)뿐만 아니라 타지(他支)에 뿌리를 두고 투출한 것도 역시 투출로 논한다. 예컨대 寅월에 생한 시간(時干) 甲이라면, 그 甲은 월령에 뿌리를 두고 시간에 투출한 십신으로 볼 수 있다. 또한 투출은 지지의 통근 여부와 관계없이 단순히 천간에 홀로 존재해 있는 십신도 천간에 투출(투간)했다고 판단하기도 한다. 따라서 전자를 통근투출(通根透出)로, 후자를 단순투출(單純透出)로 보아 서로 구분할 수도 있다.

통근한 상태는 통근하지 못한 상태보다 힘이 강하다고 판단한다. 그러므로 천간 오행이 지지에 기반을 두어 통근하고 있는지 그 여부가 강약 판단에 매우 중요한 요소가 됨을 알 수 있다. 그리고 통근과 투출은 일주에만 국한하여 살펴보는 게 아니라 다른 천간과 지지에서도 판단할 수 있다.

통근에도 강약(强弱)의 차이가 있다. 먼저 어느 자리에 통근했는지를 살펴야 하는데, 일간의 경우에는 월지에 통근한 것이 가장 강하고, 일간의 좌지(座地)인 일지에 통근한 것이 그다음으로 강하다. 그다음이 시지와 년지이다. 그리고 같은 월지에 통근했더라도 어떤 오행에 통근하고 있는지를 또 살펴야 한다. 예컨대 甲이 卯에 통근한 것이 가장 강하고, 그다음이 寅이며, 그다음이 辰이다.

통근하면 유근(有根) 또는 착근(着根)으로 논하며, 유기(有氣), 득기(得氣)로 논하기도 한다. 통근하지 못하면 무근(無根) 또는 무기(無氣)로 논한다.

아래는 현재의 지장간 이론에 근거하여 '천간이 통근할 수 있는 지지'를 표시한 것인데, 사실 이것은 결코 올바른 이론이 아니다.

木(甲乙): 亥, 寅, 卯, 辰, 未

火(丙丁): 寅, 巳, 午, 未, 戌

土(戊己): 寅, 辰, 巳, 午, 未, 申, 戌, 亥, 丑

金(庚辛): 巳, 申, 酉, 戌, 丑

水(壬癸): 申, 亥, 子, 丑, 辰

진정 올바른 이론은 아래의 '원지장간(原支藏干)' 이론에 근거한 것이다.

천간이 통근할 수 있는 지지

天干	地支	備考
木(甲乙)	亥, 子, 丑, 寅, 卯, 辰, 巳, 午, 未	申酉戌 제외
火(丙丁)	寅, 卯, 辰, 巳, 午, 未, 申, 酉, 戌	亥子丑 제외
土(戊己)	寅, 卯, 辰, 巳, 午, 未, 申, 酉, 戌, 亥, 子, 丑	사계절 전체
金(庚辛)	巳, 午, 未, 酉, 申, 戌, 亥, 子, 丑	寅卯辰 제외
水(壬癸)	申, 酉, 戌, 亥, 子, 丑, 寅, 卯, 辰	巳午未 제외

원지장간(原支藏干)의 부속물들을 다 외워 적용할 필요는 없다.

'봄에는 金 기운이 없고, 여름에는 水 기운이 없으며, 가을에는 木 기운이 없고, 겨울에는 火 기운이 없다.' 이 정도면 충분하다.

팔자를 논할 때, 일간이 지지에 뿌리가 있다느니 없다느니, 그래서 종격이 된다느니 만다느니 논쟁할 때가 많은데, 지장간의 진정한 실체(實體)도 모르면서 그런 얘길 한다는 건 정말 안타까운 일이다.

천간은 활용성(活用性)을 가진 것이고, 지지는 힘의 근원(根源) 즉 역량(力量)을 가진 것이다. 천간은 언제든지 쓰일 수 있는바, 그것이 통근하였다면 활용성이 강한 것이고, 통근하지 못했다면 활용성이 약한 것이다. 지지는 역량이지만 그것이 투출하지 못했다면 비록 역량은 있으나 상시(常時)로 사용하기는 어려운 것이다. 즉 십신은 천간에 드러난 것이 지지에 있는 것보다 쓸모가 더 있는 것이다.

통근에 대한 실례를 들어본다.

甲 庚 戊 乙
申 辰 寅 巳

질문) 乙이 寅에 통근하는 것처럼 대각선으로 통근할 수 있는가?

답변) 대각선 통근이 가능하다. 寅의 甲에 乙의 뿌리가 있기에 년간 乙은 월령 寅에 통근하고 있다.

원래 통근은 좌지(座地) 통근이 가장 효과적인데, 대각선 위치에서도 통근할 수 있다. 그러나 좌지만큼 충분하거나 효과적인 것은 아니다. 다만 월령은 사주 전체에서 모든 천간의 통근처(通根處) 역할을 충분히 할 수 있다. 월령에 대해 가장 큰 영향을 받는 유리한 위치는 월간이다.

시간 甲도 월령 寅에 통근하고 있고, 월간 戊도 월령에 통근하고 있다. 일간 庚은 巳중 庚과 申중 庚 그 양처(兩處)에 통근하고 있다.

25-3. 득령(得令)과 실령(失令)

득령(得令)은 일간이나 천간 오행이 월지에서 생비(生比)를 얻은 것을 말한다. 즉 월령이 인성이나 비겁일 때 일간이나 천간이 득령했다고 한다. 즉 득령은 왕상(旺相)함을 얻음과 같다.

실령(失令)은 일간이나 천간 오행이 월지에서 극설상(剋洩傷)을 얻은 것을 말한다. 즉 월령이 관성이거나 식상이거나 재성일 때 일간이나 천간이 실령했다고 한다. 즉 휴수사(休囚死)함을 얻음과 같다.

월령(月令)은 제강(提綱)으로 인식될 만큼 힘이 강한 오행이므로 강약을 가늠할 때 여타 간지의 오행보다 2~3배 정도 더 강하다고 인식해도 무방하다.

같은 득령이라도 생(生)에서의 득령보다 비(比)에서의 득령이 더 강하고, 같은 실령이라도 관성에 의한 실령이 가장 심하고 그다음이 재성, 식상의 순이다. 다만 金 일주에게는 火 월령에서의 실령이 木 월령에서의 실령과 엇비슷하다.

○甲○○	○丙○○	○戊○○	○庚○○
○○子○	○○巳○	○○子○	○○午○
득령	득령	실령	실령

25-4. 득지(得地)와 실지(失地)

득지(得地)란 일간이나 천간 오행이 그 좌지(座地)에서 생비(生比)를 얻은 것을 말한다. 즉 그 지지가 인성이나 비겁일 때 일간이나 천간이 득지했다고 한다.

실지(失地)란 일간이나 천간 오행이 그 좌지(座地)에서 극설상(剋洩傷)을 얻은 것을 말한다. 즉 그 지지가 관성이나 식상이거나 재성일 때 일간이나 천간이 실지했다고 한다.

○甲○○	○丙○○	○戊○○	○庚○○
○子○○	○午○○	○子○○	○午○○
득지	득지	실지	실지

25-5. 득세(得勢)와 실세(失勢)

득세(得勢)란 일간이 월지와 일지를 제외한 나머지 천간과 지지로부터 생비(生比)를 많이 받은 것을 말한다. 보통 인성이나 비겁이 삼 자 이상 있어서 나름대로 일주를 돕는 강한 세력을 형성하고 있을 때 득세했다고 하는데, 득세하지 못했을 때 실세(失勢)했다고 한다.

乙甲丙丙
亥寅申寅   실령했으나 득지하고 득세하였다.

乙辛癸辛
未亥巳巳   실령하였고 실지하였으며 실세하였다.

25-6. 월령(月令)과 격신(格神)

격용 이론은 주로 월령(月令)을 기준으로 삼아 전개(展開)된다.

사주에서 가장 강한 오행으로써 일정한 틀을 만든다는 왕자입격(旺者立格)의 취지(趣旨)에서 탄생시킨 것이 격(格)이다. 사주에서 대체로 월령오행 또는 월령에 뿌리를 두고 천간에 투간(透干)한 오행을 최강 기운으로 인식하여 격으로 삼는데, 그보다 더 강한 것이 있으면 그것으로써 격을 삼을 수 있다. 그러나 설령 월령보다 강한 오행이 있더라도 월령을 중심으로 격을 정하는 것이 통상적인 추세이다. 과거에는 재성이나 관성의 위치를 중심으로 정하기도 하였고, 신살이나 십이운성을 찾아 정하기도 하는 등 다양한 방식으로 격을 정하기도 하였다.

　격을 이루는 오행을 격신(格神)이라 하는데, 주로 월령 자체가 격신이 되거나 월령에 뿌리를 두고 천간에 투출한 오행이 격신이 되기도 하며, 최강(最强)한 오행이 격신이 되기도 한다. 그러므로 정격방식(定格方式)에 따라 똑같은 사주에 대해서 학자마다 서로 다른 격명을 붙일 수도 있다.

25-7. 격(格)의 분류(分類)

　격(格) 혹은 격국(格局)은 일간(日干)을 기준으로 월지(月支)를 살펴서 그 이름을 정하거나, 사주의 특별한 상황을 보아 정하는데, 격국의 구분은 일반적으로 내격(內格)과 외격(外格)의 두 가지로 나눈다.

격(格)	내격(內格, 정격正格)	팔정격(십정격), 용신격 등
	외격(外格, 변격變格)	종격, 화격, 특별외격 등

　내격(內格)은 일명 정격(正格)이라고도 하며 사주 전체의 대다수가 여기에 해당한다. 십신(十神)을 써서 식신격(食神格), 상관격(傷官格), 편재격(偏財格), 정재격(正財格), 편관격(偏官格), 정관격(正官格), 편인격(偏印格), 정인격(正印格)으로 나누며 팔정격(八正格)이라 한다.

　월지(月支)가 비겁(比財)이 될 때에는 격으로 취용(取用)하지 않거나, 자평진전처럼 월지가 양인(陽刃)이거나 건록(建祿) 혹은 겁재(劫財)에 해당될 때 양인격(陽刃格)과 녹겁격(祿劫格)으로 구분하고 팔정격에 이 두 격을 더하여 십정격(十正格)으로 나누기도 한다.

　외격(外格)은 일명 변격(變格), 잡격(雜格), 편격(偏格), 별격(別格)이라고도 하는데, 사주의 상황에 따라 종격(從格)과 화격(化格), 특별외격(特別外格) 등 크게 세 종류로 나눈다.

　종격(從格)은 종왕격(從旺格), 종아격(從兒格), 종재격(從財格), 종살격(從殺格), 종강격(從强格), 종왕격(從旺格), 강왕격(强旺格), 종세격(從勢格) 등으로 구분하며, 일간이 막강한 세력을 따르려는 격이다.

화격(化格: 化氣格)은 천간 합화를 위주로 화목격(化木格), 화화격(化火格), 화토격(化土格), 화금격(化金格), 화수격(化水格)으로 구분한다.

특별외격(特別外格)은 일행득기격(一行得氣格, 전왕격專旺格)으로서 곡직인수격(曲直仁壽格), 염상격(炎上格), 가색격(稼穡格), 종혁격(從革格), 윤하격(潤河格)이 있고, 양신성상격(兩神成象格), 괴강격(魁彊格), 일귀격(日貴格), 시묘격(時墓格), 잡기재관인격(雜氣財官印格), 천원일기격(天元一氣格), 비천록마격(飛天祿馬格) 등 수십 가지가 있다.

그밖에, 용신(用神)의 활용이나 신강신약(身弱身强)에 따라 이름을 붙인 식신생재격(食神生財格), 득비리재격(得比理財格), 진가상관격(眞假傷官格), 살인상생격(殺印相生格), 식신제살격(食神制殺格) 등은 정격의 범주에 속하는 격들을 다른 각도에서 바라본 이름들이다. 아래에 다양한 격명들의 예를 들어본다. 이런 격들이 있구나하는 정도로 여기고 참고로만 보기 바란다. 격 이론은 허망한 것이다.

癸癸癸丁	甲戊庚丁	庚戊己壬	乙戊辛丙
丑亥卯未	子子戌亥	申午酉午	丑午丑戌
식신격	식신격	상관격	상관격

庚丙甲乙	辛癸乙壬	丁乙乙乙	戊乙壬甲
寅申申未	酉巳巳辰	丑卯酉亥	寅巳申申
편재격	정재격	편관격	정관격

壬丁己乙	戊辛戊丙	丙壬丙己	癸癸戊庚
寅酉卯亥	子酉戌寅	午寅子酉	亥酉子戌
편인격	정인격	양인격	녹겁격

甲辛甲丙	乙壬甲丙	己辛癸癸	丙己己甲
午巳午午	巳午午午	亥亥亥亥	寅巳巳午
종살격	종재격	종아격	종강격

癸乙乙甲	甲丙甲丙	丙戊己戊	甲庚庚癸
未卯亥寅	午午午午	辰戌未戌	申申申酉
곡직격	염상격	가색격	종혁격

癸癸癸癸　　己甲戊己　　庚乙乙庚　　壬丙辛壬
亥亥亥亥　　巳辰辰巳　　辰酉酉申　　辰子亥子
윤하격　　　갑기화토격　을경화금격　병신화수격

壬丁乙癸　　丁戊癸丙　　丁癸丁甲　　丙丙己甲
寅卯卯亥　　巳午巳午　　巳未卯辰　　寅午巳午
정임화목격　무계화화격　종세격　　　종왕격

* 기명종격(棄命從格: 종격從格)

일간이 뿌리나 세력을 얻지 못해 극약(極弱)한 경우, 일간이 자기 자신을 버리고 막강한 오행을 따라 가버리는 격이며(일간의 기능이 사라지는 것은 아님), 중화의 원리를 포기한 격이다. 기명종재격이나 기명종살격이 대표적인 격인데, 주도(主導) 오행을 강화하는 운을 길운으로 보고, 일간을 강화하는 운을 흉운으로 본다(바른 판단이 아니다).

* 가종격((假從格)

종격(從格)이 성립되었는데, 그래도 일간에게 도움(뿌리)이 미약하게나마 있을 때 해당하는 격이다. 그러나 종이면 종이고 아니면 아니지, 별도로 어정쩡한 격을 또 만든 것은 논리적 모순이 된다.

* 신왕신쇠(身旺身衰)와 신강신약(身強身弱)

고서에서 대체로 신왕(身旺)과 신강(身強)을 구분하였는데(혼용하기도 함), 일간에게 비겁이 있으면 신왕으로(生祿旺支가 있을 때, 득령했을 때 旺으로 보기도 함), 인성이 있거나 많으면 신강으로 표현하였다.

고서에서 말하는 왕쇠(旺衰)는, 특정 오행이 지지에서 하나 이상의 비겁(比劫)을 얻었다면 왕(旺)으로, 얻지 못했다면 쇠(衰, 약弱)로 판단하는 개념이다. 만약 일간이 왕하다면 신왕(身旺, 불약不弱)이라 표현하며, 일간이 웬만한 극설상을 감당할 수 있다는 의미로 쓴다. 그러나 적천수천미에서 말하는 신강(身強)이나 신약(身弱)은 다른 개념이다. 즉 일간 기준의 피아(彼我) 양대 세력의 우열(愚劣)을 표시하는 억부법 관점의 개념이다. 그러므로 둘을 구분해서 이해해야 한다.

왕상휴수사표(旺相休囚死表)

月令＼日干	甲乙	丙丁	戊己	庚辛	壬癸
寅卯월	왕旺	상相	사死	수囚	휴休
巳午월	휴休	왕旺	상相	사死	수囚
辰未戌丑월	수囚	휴休	왕旺	상相	사死
申酉월	사死	수囚	휴休	왕旺	상相
亥子월	상相	사死	수囚	휴休	왕旺

25-8. 용신(用神)의 의미(意味)

'용신(用神)'이라는 용어는 이허중의 명서에도 등장하는 것으로 보아 고법 명리에서도 사용했던 것으로 보인다. 그런데 고서마다 표방하는 용신 개념이 서로 다르다. 즉 연해자평, 자평진전, 적천수 및 적천수천미, 난강망 및 궁통보감 등은 제각각 용신의 개념이 서로 다르다. 그러므로 '용신(用神)'이라 하면, 그것을 한 가지 뜻을 가진 용어로 인식해서는 안 된다. 어떤 이론에서 쓰이는 용신인가에 따라서 각기 다른 각도로 구분하여 이해해야 한다.

만약 격국법으로 논한다면 용신은 주로 '월령용신(月令用神)'을 의미하고, 억부법으로 논한다면 '중화용신(中和用神)'을 의미하며, 조후법으로 논한다면 '조후용신(調候用神)'을 의미한다. 그리고 조후용신은 넓은 의미의 중화용신에 속한다. 조후용신도 역시 과불급(過不及)을 조절하는 방식의 용신이기 때문이다. 중화용신을 통상적으로 '억부용신(抑扶用神)'이라 부른다. 용신을 쓰는 주체는 일간(日干)이다.

* 자평삼명통변연원(子平三命通變淵源)의 계선편(繼善篇)에서
"용신불가손상 일주최의건왕(用神不可損傷 日主最宜健旺)"
"용신은 손상되어서는 안 되고, 일주는 건왕해야 가장 마땅하다."
라고 하였는데, 이 문장만으로는 용신이 정확히 무엇을 뜻하는지 알 수 없다. 추측하건대 월령용사지신(月令用事之神) 즉 월령(月令)을 뜻하는 것으로 짐작한다.
고전들을 살펴보면 각기 용신(用神)에 대해 접근법이 다르다.

체용(體用) 개념: 연해자평, 자평진전 등 - 월령용신(격국법)
희신(喜神) 개념: 명리약언, 적천수천미 등 - 중화용신(억부법)
조후(調候) 개념: 난강망 및 궁통보감 등 - 조후용신(조후법)

격국법의 용신은 고정성(固定性) 용신이며, 비겁을 제외한(비겁은 일간과 같은 오행이므로 용신으로 쓸 수 없다하는 본신불가위용本身不可爲用의 원칙 때문) 모든 십신이 용신이 될 수 있지만, 억부법의 용신은 기능성(機能性) 용신이므로 어떤 십신도 다 용신이 될 수 있다.

25-9. 격국법(格局法, 자평진전子平眞詮)

격국법은 조절(調節)의 원리를 바탕으로 성립한 이론이다. 격국법은 월령을 가장 중요하게 여기며 거의 모든 격을 월령을 중심으로 논하고 있다. 따라서 사길신(四吉神)과 사흉신(四凶神)이 월령에서 격을 이루면 그에 맞춰서 순용(順用)하거나 역용(逆用)하는 원칙을 적용하여 격용(格用)을 조절(돕고 보호하거나 약화)해주는 오행을 찾아 그것을 '상신(相神)'이라 명명(命名)하였다. 그리고 그 상신의 상태를 살펴서 사주의 품격(品格)을 논하였다. 자평진전은 격국의 유형에 따라 각각 운의 길흉을 판단하고 있다.

고정된 격명과 용신, 그리고 그에 따를 상신을 구하는 원칙을 표로 나타내면 아래와 같다(예외 사례도 있다).

월령 격명	용신	용법	상신
정관격	정관	순용	여러 십신
편관격	편관	역용	여러 십신
재격	재성	순용	여러 십신
식신격	식신	순용	여러 십신
상관격	상관	역용	여러 십신
인수격	인성	순용	여러 십신
양인격	정관, 칠살, 재성	역용	여러 십신
건록월겁격	재성, 관성, 칠살, 식상	역용	여러 십신
잡격	격마다 다름		

자평진전은 주로 월령을 용신으로 삼으므로 용신이 바로 격 이름이 되는 경우가 대부분이다. 즉 주로 월령이 격명이자 용신명이 된다. 그리고 상신(相神)은 그 용신을 조절하기 위해 구한다. 상(相)은 격이 완성되도록 돕는다는 뜻이다. 그 상신이 바로 국(局)이다.

월령이 일간과 같은 종류의 오행일 때는 격명과 용신명이 달라진다. 즉 월령이 비견이나 겁재인 경우에는 양인격, 녹겁격(건록격, 월겁격)이라는 이름을 붙이며, 양인격과 녹겁격은 월령에서 용신을 찾지 못하고(일간과 같은 오행은 용신으로 쓰지 않음) 월령을 벗어난 곳에서 별도로 찾는다. 상신 역시 별도로 찾은 그 용신에 기초하여 구한다.

월령이 잡기(辰未戌丑)인 경우 투간자(透干者)를 격(용신)으로 취하는데, 그 투간자가 여의치 않을 경우(합거合去, 피극被剋, 일간과 동일 오행일 때 등)에는 월령 자체를 격(용신)으로 취한다. 월령이 子卯午酉, 寅巳申亥인 경우에는 투간자를 무시하고 월령을 격으로 취한다.

자평진전은 격국명(格局名)을 붙일 때 用用, 봉逢, 대帶, 패佩, 생生, 제制, 로露, 우遇 등의 다양한 용어를 사용한다. 격국명은 예컨대 '정관용재(正官用財)'는 월령 및 용신이 정관이라는 뜻이며, 재성을 상신(局)으로 삼고 있다는 뜻이다. 여타의 격국들도 모두 이와 같은 원리(격格+국局)로 명명한다. 그러나 양인격과 녹겁격은 다르다. 예컨대 '양인용관(陽刃用官)'은 월령이 양인이고 용신이 정관이라는 뜻이며, '녹겁용살(祿劫用煞)'은 월령이 녹겁이고 용신이 칠살이라는 뜻이다. 즉 이 두 격국은 상신을 표시하지 않고 있다(즉 "양인용관용○"이나 "녹겁용살용○" 등으로 상신을 표시해야 하는데 그것을 생략하고 있다).

상신을 구할 때도 용신이 무엇이냐에 따라서 순용(順用) 혹은 역용(逆用)의 원리로 구한다. 대체로 격이나 용신의 기운을 돕거나 보호하는 십신을 찾는 방법을 순용이라 하고, 격이나 용신의 기운을 극하거나 빼 주는 십신을 찾는 방법을 역용이라 하는데, 원칙적으로는 재격, 정관격, 인수격, 식신격 등은 순용으로 상신을 찾고, 편관격, 상관격, 양인격, 녹겁격 등은 역용으로 용신이나 상신을 찾는다.

용신이나 상신이 제대로 갖추어지거나 건강하면 성(成)이라 하고, 용신이나 상신이 없거나 극을 받아 허약하면 패(敗)라고 한다. 이렇게 격국의 성패로써 사주의 품격(品格)을 논하는데, 만약 성격(成格)이 되면 고급(高級) 사주로, 파격(破格)이 되면 저급(低級) 사주로 판단한다. 또한 원국을 패(敗)로 만들 법한 십신이 있으나 이를 막아주는 십신이 있어서 다시 성(成)이 될 때에는 이를 구응(救應: 패중유성敗中有成)이라 한다. 물론 성(成)이 다시 패(敗)가 되는 경우(성중유패成中有敗)도 논하고 있다

자평진전의 격국론은 용어 이해에 어려운 면이 있어서 정확히 배우고 이해하기가 어렵다는 단점이 있다. 자주 쓰이는 글자인 '용(用)'의 의미도 '쓴다.', '용신', '상신' 등으로 다양하였으므로 문장을 정확하게 이해하기 어려운 점이 있고(모든 용用을 '쓴다.'로 이해하는 것이 좋다), 또한 사길신(四吉神: 재관인식)과 사흉신(四凶神: 살상효인)이라는 편파적(偏頗的)인 분류를 단행함으로써 모든 십신이 가진 양면성을 무시한 편협(偏狹)한 시각이 순역용 이론의 바탕에 깔려 있다는 문제점도 있다. 그리고 격국의 상황에 따라 운세의 길흉을 해석하는 방법이 각각 다르므로 억부법에 비해 운세 해석법에 간편성이나 편의성이 부족하고, 특히 상신이 없는 파격 사주는 국(局)을 알 수 없으므로 운

세를 해석할 방법(기준)이 없다는 중대한 허점(虛點)도 있다.

자평진전(경촌집)의 생극 논리에 특이한 점이 있는데, 다음과 같다.

지지의 삼합(三合)은 왕지(子卯午酉)가 없으면 회국(會局)을 이루지 못하지만, 만약 寅戌이 회합하고 천간에 丁이 투출하거나, 巳丑이 회합하고 천간에 辛이 투출하는 등의 경우라면 국을 이룰 수 있다고 보며, 원국의 지지에서 발생한 회국이 만약 천간에 방해 자가 투출해 있으면 지지의 회국이 성립하지 못한다고 보고 있다. 또한 천간은 동(動) 하므로 항상 간지 전체에 대해 생극력(生剋力)을 가진다고 보지만, 지지는 정(靜)하므로 직접적인 생극력을 갖지 못하고 다음과 같은 조건이 되었을 때 동하여 생극력을 가진다 고 보고 있다(合=六合, 會局=三合).

1) 원국 지지에서 서로 회국할 때(지지회국地支會局)
2) 원국과 운의 두 지지가 회국할 때(명운회국命運會局)
3) 운의 천간이 지지와 같은 오행으로 들어올 때(봉운투청逢運透淸)
4) 지지의 土가 土와 충이 될 때(지지토충地支土沖)
이 네 가지 경우에만 지지가 생극력을 가진다고 보고 있다.

그런데 자평진전의 이 이론은 동정(動靜)에 관한 음양의 상대성을 절대성으로 착각 한 것이므로 합리적인 이론이라고 평가하기 어렵다(음은 양과 비교했을 때 정적일 뿐이 지 음이 절대적으로 정적인 것은 아니다. 음양을 남녀에 비유해보라. 여자가 움직이지 못하는 존재인가?). 오행은 어떤 위치에 있든 기본적으로 생극력을 갖고 있다고 봐야 옳은 것이다. 자평진전 이론은 이해하기 어려운 부분이 많이 있다.

○甲○戊
○○酉○

'정관용재'인데, 격이자 용신인 酉를 보호하는 천간 戊가 상신(相神)이 된다. 즉 천간 戊가 지지의 酉를 생할 수 있다는 전제를 허용한다.

丙癸○○
○卯亥未

'월겁용재(月劫用財)'인데, 지지의 亥가 합복(合木)하여 천간 丙을 생하니, 상신 卯未

가 격국을 성격(成格)하게 한 것으로 본다.

지지에서 상신을 찾고자 할 때는 지지가 회국(會局: 육합 제외)해야 한다는 전제가 있다. 그렇지 않으면 생극력이 없어 쓸 수 없다고 한다.

자평진전(경촌집)은 월령을 중심으로 격용을 논했으나, 월령에서 투간한 오행들을 고려하여 변격(變格)이나 겸격(兼格)을 논하기도 하였고, 운에서의 변격을 논하기도 하였다. 격국론을 자세히 공부하고 싶으면 자평진전을 보기 바란다.

25-10. 억부법(抑扶法, 적천수천미滴天髓闡微)

억부법은 중화(中和)의 원리를 바탕으로 성립한 이론이다. 중화는 일간을 중심으로 오행의 힘이 균등하게 배치된 상태를 말하는데, 사주가 중화를 이룬 상태를 최선의 상태로 간주하면서 이를 이루기 위한 십신을 찾아 명(命)을 논하는 이론이다.

억부법은 배우기 쉬워서 초보들이 입문(入門)할 때 많이 선택한다.

억부법은 사주를 강왕한 사주와 신약한 사주로 구분하여 다룬다. 강왕함과 신약함을 구분하려면 먼저 억부법이 가진 생극(生剋)에 대한 인식을 이해해야 한다. 생(生)은 그 개념이 '태어나게 한다.'라는 뜻이고, 극(剋)은 '상대를 이긴다.'라는 뜻이다. 그런데 억부법은 주로 생(生)을 '강화한다.'라는 측면으로, 극(剋)을 '약화한다.'라는 측면으로 이해하려 한다. 그러므로 일간을 기준으로 하여 생(生)이 많으면 강(強)한 사주로 인식하고, 비(比)가 많으면 왕(旺)한 사주로 인식하며, 극설상(剋洩傷)이 많으면 약(弱)한 사주로 인식한다.

억부법(抑扶法)은 일간을 중심에 놓고, 나머지 일곱 개의 십신 기운들의 분포를 살펴 사주의 강약을 살핀 다음, 힘의 균형을 맞추는 기능을 가진 억부용신(抑扶用神)을 찾는다. 일간과 용신을 돕는 오행을 희신(喜神)으로, 그 반대의 오행을 기신(忌神: 용신을 극하는 오행)과 구신(仇神: 희신을 극하는 오행)으로, 이것도 저것도 아닌 어중간한 것을 한신(閑神)으로 각각 구분한다.

통상적으로, 사주가 인성과 비겁이 강하여 신강하면 재관(財官)을 희신(喜神: 길신吉神)으로 간주하고 인비(印比)를 기신(忌神: 흉신凶神)으로 간주하며, 사주가 식재관이 강하여 신약하면 인비(印比)를 희신으로 간주하고 식재(食財)를 기신으로 간주한다. 용신(用神)은 당연히 희신에 속하며, 한신은 사주의 상황에 따라 다르겠지만 대체로 관살을 한신의 범주에 넣는다. 그러나 그렇게 하지 않고 대체로 식재관과 인비로 양분하여 희기(喜忌)를 구분하기도 한다. 운세는 만약 희신 운이 오면 길하다고 판단하고, 기신 운이 오면 흉하다고 판단한다(문제가 많은 방법이다).

　일간의 신강신약은 득령과 득지, 그리고 득세를 따져서 판단한다. 득령하고 득지하거나, 득지하고 득세한 때에 일간에 대해 신강하다고 판단한다. 즉 신강 사주가 된다. 그 반대의 경우는 신약 사주가 된다. 신강신약 자체는 길흉과 관련이 없다.

　다음은 필자가 쓰는 신강신약 판단법인 '사사법(四四法)'인데, 일간을 포함하여 인성과 비겁의 세력을 찾고, 식상과 재성 그리고 관성의 세력을 찾은 다음에 두 세력을 비교하는 방법이다.

> 壬庚戊丙
> 午子戌戌

　이 사주는 득령하고 실지했으나 득세하였기에 신강 사주이다.

　일간 庚을 중심으로 土金의 세력이 넷이고, 水木火의 세력이 넷이다. 이렇게 4대 4가 된다면 월지를 차지한 편을 강한 쪽으로 보면 된다. 즉 戌이 일간 편이므로 신강한 사주가 된다. 따라서 壬이나 子가 용신이고 木火가 희신이다. 만약 운이 水木火를 돕는 방향으로 흐르면 성공한다고 보고, 土金을 돕는 방향으로 흐르면 실패한다고 본다.

> 壬庚辛丙
> 午子卯戌

　이 사주는 실령, 실지, 실세했다. 세력 비가 3대 5라서 신약 사주이다. 중화(中和)의 원리를 따라, 일간 편을 강하게 해줄 수 있는 戌이 용신이고 金이 희신이다. 만약 운이 土金을 돕는 방향으로 흐르면 길하다고 판단하고, 水木火를 돕는 방향으로 흐르면 흉하다고 판단한다.

> 壬辛戊丙　　甲丁丙乙　　辛丙辛辛　　己丙辛庚
> 辰未戌戌　　辰酉戌酉　　卯辰卯亥　　亥午巳子
> 신강 壬用　　신약 甲乙用　　신약 卯用　　신강 己用

　그러나 모든 사주가 다 이렇게 단순히 세력의 개수만 비교하여 간단히 신강약이 판별되는 것은 아니다. 강약 판단에 있어서 힘은 지지가 주도하며, 천간은 지지의 기반이 얼마나 튼튼한가에 따라서, 즉 통근(通根) 여부에 따라서 힘의 강약이 정해지기에 단순히 서로의 개수만 비교하여 강약을 판단하는 방식은 그리 완벽하지 않다. 그리고 신강신약이 애매한 사주가 많기에 억부법으로 선정되는 용신은 보는 사람마다 다를 수 있다. 그 때문에 보는 사람의 자질(資質) 및 안목(眼目)에 따라 서로 상이(相異)한 용신을 선정하게 됨으로써 종내(終乃)에는 길흉 및 성패득실(成敗得失)을 각각 다르게 해설하는 일이 흔히 일어나고 있다.

※ 용신격(用神格)

격과 억부용신을 찾아 격 이름을 만든 것이다. 격명과 용신을 고려하기도 하고, 희용신의 흐름을 고려하기도 하는 등 다양한 방식으로 격명을 정한다. 억부법에서 주로 사용하는 정격방식(定格方式)이다.

1) 인성(印星)이 용신인 경우: 용인격(用印格)
신약용인격(身弱用印格), 상관용인격(傷官用印格), 살중용인격(殺重用印格),
살인상생격(殺印相生格), 재중용인격(財重用印格), 탐재괴인격(貪財壞印格) 등

庚丙丙乙	壬甲甲乙	庚戊己壬	辛丙庚戊
寅申戌未	申申申酉	申午酉午	卯辰申午
신약용인격	살인상생격	상관용인격	탐재괴인격

2) 비겁(比劫)이 용신인 경우: 용비격(用比格), 용겁격(用劫格)
신약용비격(身弱用比格), 재중용비격(財重用比格), 살중용겁격(殺重用比格) 등

丁庚癸癸	戊庚丁甲	辛甲甲乙
亥申亥酉	寅申卯寅	未申申丑
신약용비격	재중용비격	살중용겁격

3) 식상(食傷)이 용신인 경우: 용식신격(用食神格), 용상관격(用傷官格)
식신생재격(食神生財格), 상관생재격(傷官生財格), 식신제살격(食神制殺格), 상관적살격(傷官敵殺格, 상관가살격傷官駕殺格), 가상관격(假傷官格) 등

己乙甲戊　　庚庚丙壬　　庚己丁戊　　辛壬戊乙
卯卯寅午　　辰午午申　　午卯巳午　　亥戌寅亥
식신생재격　　식신제살격　　가상관격　　상관가살격

4) 재성(財星)이 용신인 경우: 용재격(用財格), 생재격(生財格)
기인취재격(棄印就財格), 식신생재격(食神生財格), 상관생재격(傷官生財格) 등

辛丁甲戊　　辛丁甲戊　　甲丁丙戊
丑未寅寅　　丑未寅寅　　辰卯辰申
기인취재격　　식신생재격　　상관생재격

5) 관살(官殺)이 용신인 경우: 용관격(用官格), 용살격(用殺格)
정관격(正官格), 편관격(偏官格), 재관격(財官格), 재자약살격(財滋弱殺格) 등

庚庚甲乙　　庚辛甲乙　　庚丙丁癸　　辛丁乙癸
午申申丑　　午酉申丑　　寅午巳酉　　亥未卯酉
정관격　　　편관격　　　재관격　　　재자약살격

6) 외격(外格)으로서 격명이 용신이 되는 경우
종살격(從殺格), 종재격(從財格), 종아격(從兒格), 종강격(從强格), 종왕격(從旺格), 종세격(從勢格), 종아생재격(從兒生財格, 아우생아격兒又生兒格), 화기격(化氣格) 등

甲辛甲丙　　乙壬甲丙　　己辛癸癸　　丁癸丁甲
午巳午午　　巳午午午　　亥亥亥亥　　巳未卯辰
종살격　　　종재격　　　종아격　　　종세격

丙癸壬丁　　丙己己甲　　丙丙己甲　　丁戊癸丙
辰卯寅卯　　寅巳巳午　　寅午巳午　　巳午巳午
아우생아격　　종강격　　　종왕격　　　무계합화격

억부법을 논한 대표적인 서적은 적천수(滴天髓), 명리약언(命理約言), 적천수천미(滴天髓闡微)이다. 억부법을 자세히 공부하고 싶으면 적천수천미를 보기 바란다.

* 격국법과 억부법 학습 시 주의할 점

두 이론을 학습할 때, 격국법을 먼저 배운 뒤에 억부법을 배우는 것이 좋다. 만약 순서를 바꾸어 배우면, 격국법의 용어나 이론에 적응하기 어렵다. 특히 용신(用神)과 상신(相神)의 개념을 혼동하면, 이것도 저것도 아닌 학문이 되어버릴 수 있다. 주의해야 한다.

25-11. 조후법(調候法, 난강망欄江網)

조후법(調候法)은 조후(調候)의 원리를 바탕으로 성립한 이론이다. 즉 조후용신(調候用神)을 중시하는 이론이다.

난강망이나 궁통보감에서 일간과 월령을 대비하여 특별한 조합(組合)의 사주들을 제시하였는데, 이것을 본 후학들이 "한난조습(寒暖燥濕)을 살펴서 정한 조후용신"이라고 판단하였다. 그러나 조후가 되는 원리가 제시되어 있지 않다. 따라서 엄밀히 말하면 조후법(調喉法)이라기보다는 조합법(組合法)이라고 보는 것이 더욱 정확할 것이다.

조후법을 자세히 공부하고 싶으면 난강망이나 궁통보감을 보기 바란다. 난강망은 조후를 논한 책이지만 궁통보감은 조후와 물상을 섞어서 논한 책이다(궁통보감은 난강망을 증보增補한 책이다).

오행이 과연 추위와 더위를 느끼는 존재인지, 그래서 과연 조후가 꼭 필요한 것인지 깊이 생각해야 한다. 만약 적도나 극지방 출신의 사주라면 조후를 구분하여 적용할 수 있겠는가? 오행은 추위나 더위와 무관한 것이다.

조후용신표(調候用神表)

月 日干		寅	卯	辰	巳	午	未	申	酉	戌	亥	子	丑
甲	調喉	丙	庚	庚	癸	癸	癸	庚	丁	庚	庚	丁	丁
	補佐	癸	戊丙 己丁	丁壬	庚丁	丙丁	庚丁	壬丁	丙庚	壬甲 癸丁	戊丁 丙	丙庚	丙庚
乙	調喉	丙	丙	癸	癸	癸	癸	丙	癸	癸	丙	丙	丙
	補佐	癸	癸	戊丙	-	丙	丙	己癸	丁丙	辛	戊	-	-
丙	調喉	壬	壬	壬	壬	壬	壬	壬	壬	甲	甲	壬	壬
	補佐	庚	癸	甲	癸丙	庚	庚	戊	癸	壬	庚戊壬	己戊	甲
丁	調喉	庚	甲	甲	甲	壬	甲	甲	甲	甲	甲	甲	甲
	補佐	甲	庚	庚	庚	癸丙	壬庚	丙戊庚	丙戊庚	戊庚	庚	庚	庚

戊	調喉	丙	丙	甲	甲	壬	癸	丙	丙	甲	甲	丙	丙
	補佐	癸甲	癸甲	癸丙	癸丙	丙甲	丙甲	癸甲	癸	癸丙	丙	甲	甲
己	調喉	丙	甲	丙	甲	癸	癸	丙	丙	甲	丙	丙	丙
	補佐	甲庚	癸丙	癸甲	庚	丙	丙	癸	癸	癸丙	戊甲	戊甲	戊甲
庚	調喉	戊	丁	甲	壬	壬	丁	丁	丁	甲	丁	丁	丙
	補佐	甲丁丙壬	甲丙庚	丁壬癸	戊丙丁	癸	甲	甲	丙甲	壬	丙	丙甲	丁甲
辛	調喉	己	壬	壬	壬	壬	壬	壬	壬	壬	壬	丙	丙
	補佐	壬庚	甲	甲	癸甲	癸己	庚甲	戊甲	甲	甲	丙	戊壬甲	壬戊己
壬	調喉	庚	戊	甲	壬	癸	辛	戊	甲	戊	戊	丙	
	補佐	戊丙	辛庚	庚	庚辛癸	辛庚	甲	丁	庚	丙	庚丙	丙	丁甲
癸	調喉	辛	庚	丙	辛	庚	庚	丁	辛	辛	庚	丙	丙
	補佐	丙	辛	辛甲	-	壬癸辛	壬癸辛	-	丙	壬癸甲	辛戊丁	辛	丁

25-12. 격용법(格用法)의 문제점(問題點)

격국법, 억부법, 조후법 이 삼 법은 격용법의 대표적인 기법이다. 삼 법에는 팔자 중의 어느 한두 글자를 중심으로 명운을 간단하게 평단(評斷)할 수 있게 해준다는 이점이 있다. 그러나 팔자의 나머지 오행들의 역할을 상대적으로 소홀하게 취급함으로써 간명(看命) 적중률을 높이기 어렵게 한다는 단점도 있다. 특히 보는 사람마다 길흉을 달리 볼 수 있도록 이론이 허술하게 만들어졌다는 점은 큰 문젯거리가 되고 있다.

옛날부터 사주로써 그 사람의 품격과 지위를 판단하려고 했고, 또한 운으로써 그 사람의 앞길의 길흉을 예측하려 했는데, 이러한 것들을 판단하기 위해 어떤 간편하면서도 정형화(定型化)된 틀을 만들게 되었다. 그것이 바로 격용(格用) 이론이다. 격용 이론은 많은 종류의 사주를 단 몇 십 개의 유형으로 재분류하여 축소해 놓은 것이기 때문에 수렴(收斂) 이론이라는 특징을 갖고 있다. 따라서 간편함을 얻었으나, 반면에 세밀함을 놓치고 만 이론이 되었다.

천여 년이 흐른 지금까지 격용 이론은 여전히 흡족하지 못한 이론으로 남아있다. 격용 이론을 적용해도 배운 대로 맞아떨어지지 않는 사주가 수없이 나타나니 학자들은 고민에 빠지지 않을 수 없게 되었다.

임상을 잘해보면 사주는 수렴(收斂) 공부가 아니라 확산(擴散) 공부라는 것을 느끼게 된다. 초학 때는 격과 용신만 구하면 다 되는 줄 알고 자신만만하다가, 조금 더 연구하다 보면 '아, 이게 아니구나!' 하고 곧 방향을 틀 필요성을 깨닫게 된다. 이것도 그나마 사람이 현명해야만 그것을 느끼고 깨닫는 행운을 얻을 수가 있다.

격용 공부에만 천착(穿鑿)하면 명리 터득이 어렵다. 격용은 팔자 중에서 겨우 한두 개의 오행을 뽑아서 정하는 것인데도 불구하고, 옛날부터 그것을 팔자를 쥐락펴락하는 대단한 것으로 격상(格上)시켜 다루어 왔다. 이것은 선학들이 과거의 형식주의와 권위주의 시대를 살아오면서 체득하고 적응한 체질적인 학풍을 그대로 명리에 반영하였기 때문이고, 그에 따라 사주를 정형화(定型化)된 틀에 넣어서 일률적으로 간편하게 다루고자 하였기 때문이다.

수십 만 가지의 사주들이 가진 각각의 개성(個性)들을 거의 묵살(黙殺)해버리는 그런 방법을 여전히 오늘날까지 답습한다면 명리의 핵심 터득은 아예 불가능할 수도 있을 것이다.

사주의 종류는 518,400가지이다. 이에 야자시 사주까지 더하면 더 많아진다. 모든 사주가 다 다르다고 전제한 상태에서 공부하고 연구해야 한다. 그게 명리 공부하는 사람이 취할 바른 자세이다.

격국이나 용신은 사주팔자 중에서 겨우 한두 글자에만 초점을 맞추는 방식이므로 이 방식에는 결정적인 흠결(欠缺)이 있다. 그것은 팔자 원국 분석에 매우 취약하거나 소홀하기 쉽다는 점이다. 사주를 대하면 팔자 전체를 살펴서 특별한 상황이나 구조를 찾아내는 것이 중요한데, 격용에 천착한 사람들은 그럴 생각이나 겨를이 없다. 월령 살피고 신강신약 살펴서 격국과 용신 먼저 찾느라 바쁘기 때문이고, 격국과 용신만 찾으면 모든 것이 다 통변(通變)이 되는 줄 알기 때문이다. 그런데 막상 격용을 찾고 나면, "좋다." 혹은 "나쁘다." 외엔 내담자에게 해줄 말이 별로 없다. 또한 구체적으로 무엇이 좋고 무엇이 나쁜지를 구분하지도 못한다. 통변의 확장성(擴張性)이 격용으로 인해 제한(制限)을 받았기 때문이다.

격용법은 사주를 다양한 각도에서 관찰하지 못하게 만들고, 시야를 한정적으로 만들어 버리기 쉽다. 사주에서 어떤 글자가 어떤 위치에 놓여 있는지, 이 글자가 어떻게 다른 글자와 연결되어 있는지, 운에 대해 어떤 반응체계를 가지고 있는 구조인지 등등, 원국의 구조 분석 작업이 최우선이 돼야 함에도 그런 작업에 무관심하게 만들어 버렸고, 격과 용신 찾는 것을 최우선으로 하도록 만들어 버렸다. 결국 사주를 처음 대하면, 그냥 천편일률적으로 "이 사주는 무슨 격이니까 무슨 운이 좋다."라며 성급하게 판단하도록 만들었다.

사주에는 그 사람의 소질과 역량이 십신(十神)을 통해 드러나 있고, 관련된 육친과의 관계가 궁위(宮位)를 통해 나타나 있다. 그러므로 원국의 짜임과 구조를 분석하는 일은 격용 파악보다 훨씬 중요하다.

명리를 하는 학자들이나 사주와 운을 감정하는 사람의 대부분이 격국과 용신 찾는 일을 필수 과정이라고 생각하고 있고, 또 그것을 정통(正統)이라고 생각하고 있으며, 격용을 찾지 않고서는 사주를 볼 수 없다고까지 생각하고 있다. 그러나 실제 감정의 목표는 격용 잘 찾는 것이 아니라 정확한 감정(鑑定)이다. 그러므로 격용을 모르거나 무시해도 사주 감정에 하등의 지장이 없다는 것을 알아야 한다. 명운을 보는 방법은 다양한데 굳이 정형화된 옛날 방식을 고집할 필요가 없다. 즉 자기 나름으로 새로운 방식을 도입해서 간명해도 전혀 문제될 게 없다. 명리의 목표는 간명 방법에 있지 않고 간명 정확성에 있기 때문이다. 따라서 전통적인 격용법에서 벗어나는 일을 주저할 필요가 없다. 사주와 운에 접근하는 방법은 얼마든지 재개발할 수 있다.

사주의 여덟 글자 중에서 어느 한두 오행이 전체를 좌지우지할 만큼 사주가 그렇게 단순하다면 얼마나 좋을까? 그러나 현실은 전혀 그렇지 않다. 사주를 편하게 보려고 한 나머지 만들어 낸 것이 격국과 용신인데, 그런 편법을 쓰다가는 헛다리 짚는 일을 자주 겪게 된다.

팔자에서 어느 한 오행이라도 쓸모없는 게 없고 모두 소중한 오행들이다. 만약 희신과 기신으로 편을 가르며 선입견으로써 오행을 편파적으로 대하게 되면 실전간명(實戰看命)에서 크게 실수하게 된다.

사주를 격용이라는 틀에 집어넣고 한두 오행만 살피면서 간편하게 다루어 보겠다는 생각은 아예 버리는 것이 현명한 태도이다.

"격과 용신은 길흉화복과 상관없다. 운에 팔자 모두가 반응하지, 격용만 반응하지는 않는다."

이 말이 간명 원리의 핵심이다.

25-13. 억부법(抑扶法)의 오류수정법(誤謬修正法)

억부법으로 간명하던 사람들이 더러 이런 말을 한다.

"용신 운에도 죽거나 망하는 수가 있다."

이 말은 '용신 운'을 '좋은 운'이라고 확실하게 단정하지 못하는 억부법의 문제점을 인정한 말인데, 이는 '용신 운'과 '좋은 운'을 같은 개념으로 취급할 수 없다는 것을 자인(自認)한 것이다.

억부법의 약점은 '용신 운'을 찾을 순 있어도 '좋은 운'을 찾기 어렵다는 점이다. 계속 억부법으로 명운을 해석하다 보면 운세의 길흉이 이해가 안 가는 사주들을 자주 만나게 되는데, 그때마다 '용신 운인데 왜 좋지 않은 일이 발생하고, 기신 운인데 왜 좋은 일이 발생할까?' 하는 의문이 자연히 들게 된다. 그러다가 오랜 궁리 끝에 다음과 같이 자신을 스스로 이해할 수 있는 답을 찾아낸다.

"내가 용신을 잘못 찾았구나!"
"용신 운에도 발복하기가 어려운 팔자가 있구나!"
"알고 보니 용신이 변질이 되어 기신으로 바뀌는 때도 있구나!"
"이건 분명히 생시(生時)가 잘못된 사주다. 그게 아니라면 정격이 아니고 종격이 틀림없다."

이런 식이다. 격용법에 문제가 있다는 것을 모르고 있으며, 억부법에 한계가 있다는 것을 전혀 모르고 있다. 문제의 근본 원인은 '고서 이론은 틀림없고 아주 정확하다.'라는 착각 때문이고, '용신만 정확하게 잘 찾으면 모든 사주가 다 쉽게 풀린다.'라는 용신 만능주의 인식 때문이다. 아래에 그 실례를 들어본다.

壬癸甲乙丙丁戊　　辛壬己乙乾37 -1965 ◆ 002
申酉戌亥子丑寅　　丑戌卯巳
61 51 41 31 21 11 1,0

丁丑 대운 16세 辛酉년에 발생한 교통사고로 인해 좌측 다리를 다쳤고, 이후 다리를 전다.

"이 사주는 신약하므로 시간 辛이 억부용신이다. 태세 辛酉는 용신 운이다. 어? 용신 운에 불구가 됐네! 그렇다면 신약 사주가 아니다. 일간 壬水가 뿌리가 약하므로 종살격으로 봐야 한다. 용신은 辛이 아니라 土이다. 辛酉 운은 기신 운이기 때문에 사고를 당한 것이다."

이렇게 정보를 바탕으로 격용을 끼워 맞춘다. 운세 해석을 이렇게 줏대 없이 하면 안 된다.

◈ 해석: 丁丑 대운에 일간과 연결된 뼈 金이 입묘했기 때문이고, 태세 辛이 대운 丁과 결합했기 때문에 명주가 다치게 된 것이다.

己庚辛壬癸甲乙　辛乙丙癸 乾39 -1973 ◈ 003
酉戌亥子丑寅卯　巳酉辰丑
65 55 45 35 25 15 4,8

癸丑 대운, 결혼 전에 사업을 시작했으나 31세 甲申년에 사업을 접었고 그해에 결혼하였다. 잠시 직장을 다니다가 다시 빚을 내어 33세 丙戌년에 제조업을 시작했는데, 역시 실패하였다.

壬子 대운 35세 戊子년에는 부부가 객지로 내려가 맞벌이를 시작하였고, 빚과 경제난에 허덕이다가 이어진 불화에 결국 39세 壬辰년 말에 이혼하기로 협의했다.

"辰월은 木의 기운이 여전히 남은 시기이기 때문에 일간 乙木이 충분히 뿌리를 둘 수 있으므로 癸水가 용신이고 木이 희신인 정격 신약 사주이다(水用木喜)."라고 판단한다.

그런데 정보를 보니, 壬子 용신 대운에 흉한 결과를 얻었다고 한다. 그러므로 다시 생각한다.

"용신 대운에 흉할 리 없다. 그러므로 용신을 잘못 잡은 것이다. 다시 보니 사주가 정격 신약 사주가 아니고 종격 같아 보인다. 왜냐하면 지지에 巳酉丑 금국이 있고 辰월이므로 일간 乙木의 지지가 모두 土金만 일색이라서 종격이 되지 않을 수 없다. 그렇기에 종을 거부하는 인성 운이 흉했다. 이 사주는 분명히 火土金 운이 길한 종재격 사주다." 이렇게 스스로 자신을 이해시킨다.

◈ 해석: 癸丑 대운과 壬子 대운은 水 기운이 강하여 결국 재성 土 기운을 약화하는 운이 되기 때문에 명주가 치부(致富)에 실패한 것이다.

이같이 한 개의 사주에 대해 상반된 두 개의 격명 판단 견해가 나오고, 용신도 극과 극으로 서로 엇갈리는데, 결국 용신 논리에 의거, 종격으로 단정하지 않으면 안 되는 상황이 된다. 이런 상황과 경험이 자꾸 반복되면 결국 자기 학문에 중심을 잡지 못하고 간명에 자신감을 상실하게 되기 쉽다.

어떤 학문이 과학으로 인정받으려면 그것이 일관성 있는 이론이어야 하고, 보편타당성이 있어야 하며, 객관성이 있어야 한다. 그런데 이 사람이 보면 신약하고 저 사람이 보면 신강하여, 용신이 보는 사람마다 다르고 길흉 판단도 보는 사람마다 달라지는 그런 이론이라면, 그걸 과학으로 인정하기는 어렵다. 왜냐하면 보편타당성과 객관성이 없기 때문이다. 누가 판단해도 같은 결론에 이를 수 있는 이론이어야만 과학으로 인정받을 수 있는 것이다. 보는 사람마다 다른 판단이 나오게 만드는 이론은 과학이 아니라 감수성에 의지하는 흡사 문학과도 같은 것일 수밖에 없다.

명리의 생극제화 이론과 형파합충 이론에 객관성이 이미 확보되어 있다. 그런데 격을 판단하려 하고, 강약을 판단하려 하고, 희기를 판단하려 하면, 그 순간부터 객관성은 사라진다. 보는 이의 주관이 개입하기 시작하기 때문이다. 그래서 격용법은 합리적인 간명법이 되기 어렵다.

만약 사주공부를 오랫동안 한 입장인데도 불구하고 실제 사주를 대했을 때 눈앞이 캄캄해지거나 입이 떨어지지 않는 등의 경험을 하고 있다면, 스스로 통변력 부족 상태에 있다는 것을 깨달아야 한다. 그리고 그 원인은 원국 분석력 부족 때문이라는 것을 인지해야 한다.

원국 분석력을 기르려면, 격용에 대한 집착을 버리고 반드시 십신의 기능을 위주로 하여 공부해야만 한다.

庚壬丙乙　　辛壬丙乙
戌戌戌未　　亥戌戌未

빌 게이츠 Bill Gates. 마이크로소프트 기술고문

알려진 출생 시각이 두 개이다. 재물 획득 및 유지에 더 유리한 사주는 어느 것이겠는가? 만약 전자를 택했다면, 당신은 원국 분석력 부족 상태이다.

관살이 비겁을 극하고 있는 후자가 더 낫다(용어해설: 유병유약有病有藥 참고). 미국 시애틀에서 22:00에 출생했다고 본인이 밝혔다.

오행의 운동성을 잘못 이해한 사례

음양 및 오행의 운동 성향을 간략하게 표현한다면 아래와 같다.
陰(수렴), 陽(발산)
木(성장), 火(확산), 土(조절), 金(수축), 水(응축)
수많은 학자가 水를 '흐름(流)'으로 인지하는 오류를 범하고 있는데, '水' = '물'이라는 생각이 뇌리에 고착되어 있기 때문이다. 水는 운동성이 가장 약한 것이다.
오행을 물상(物象) 측면으로만 다루게 되면 명리를 망칠 수도 있다.

26. 대운태세론(大運太歲論)

사주원국(四柱原局)은 운(運)에 대해 자신만의 반응 체계(反應體系: 반응 시스템)를 갖고 있으므로, 운은 사주원국이 가진 시스템의 특성(特性) 및 암시(暗示)를 실현(實現)시키기도 하고 변화(變化)시키기도 하는 동적(動的)인 요인(要因)이 된다.

대운(大運)은 십 년 단위로 변화하면서 사주에 영향을 미치는 큰 운을 뜻한다(일반인들은 이것을 '좋은 운'으로 오해하기도 한다).

태세(太歲)는 일 년 단위로 변화하면서 사주에 영향을 미치는 년운(年運)을 뜻한다. 지구상의 모든 사람이 해마다 똑같이 받게 되는 운이다. 유년(流年) 또는 유년운(流年運)이라고도 한다.

세운(歲運)은 고서에서 운(運)을 통칭하는 뜻으로 쓰였다. 그러므로 이것을 태세와 대운을 합친 용어로 이해해야 한다. 세운(歲運)은 현재의 중국에서 대운과 년운 등의 운들을 통칭하는 용어로 쓰고 있으며, 운세(運歲)라고도 한다. 그러나 요즘 한국과 일본에서는 년운(年運)을 뜻하는 용어로 바꿔 쓰고 있다. 즉 용어를 잘못 쓰고 있다.

자평 명리에서의 운(運)은 대운(大運), 태세(太歲, 유년流年), 월운(月運), 일운(日運), 시운(時運)으로 구성된다.

대운이나 태세 등의 주체(主體)는 운의 천간(天干)이다. 드러난 것이기 때문에 천간이 대표성을 지닌다.

26-1. 대운(大運)

사주에 나타난 월령(月令)은 출생 당시의 태양 주위를 공전하던 지구의 특정 위치를 간지(干支)로 나타낸 것이다. 즉 입운(入運)인 월주(月柱)는 출생 시점의 지구의 공전궤도 상의 위치를 표시한 정보이다. 그리고 그 위치는 월(月) 단위로 변

하면서 반드시 정해진 위치에 가도록 예정되어 있는데, 약 45억 년 동안 그렇게 운행해 왔으므로 앞으로도 계속 그렇게 운행될 것이라는 가정하에서 연속적으로 예측할 수 있는 위치 정보이다. 그러므로 우리가 태양계 안에서 사는 한 대운(大運)은 거부할 수 없는 기운으로 우리에게 작용하게 된다(대운의 원리를 현대적 관점으로 이해한 것이며, 옛 사람들이 지구의 공전을 인식하고 대운을 만들었다는 뜻이 아니다).

대운은 출생 후 세월이 흘렀을 때의 지구의 예정된 위치를 10년 주기로 표시한 것이다. 예를 들어 戊년 甲寅월에 출생한 사람이 다시 戊년 甲寅월을 맞이하려면 10년 즉 120개월을 기다려야 한다. 이것은 대운의 주기가 천간이 1회 순환하는 기간(10년)임을 뜻하며, 운의 주체는 지지가 아닌 천간이기 때문에 천간을 중심으로 대운의 주기가 설정됨을 뜻한다.

세상 만물은 고정되지 않고 변화한다. 변화하지 않을 것 같은 바위나 흙도 오랜 세월에 걸쳐서 변화하여 간다. 여기에 인간도 예외일 수 없을 것이다. 그래서 사람의 사주도 변화할 것이라는 생각으로 관찰한 결과, 대운(大運)이라는 것을 찾아 그 이론을 확립한 것으로 생각된다. 대운의 기산점(起算點)이 월(月)인 이유는 가장 크고 뚜렷한 변화를 담당한 것이 월주(月柱)이기 때문이다.

대운(大運)은 사주(四柱) 원국(原局)이 장래(將來)에 맞이하게 될 변화(變化)의 암시(暗示)를 간지(干支)로 표시한 것이다.
사주 원국은 변화가 적은 체(體)이자 음(陰)이고, 운(運)은 변화가 많은 용(用)이자 양(陽)이다. 운에 의해 원국도 변화한다.
태양이 순환하듯 절후(節侯)도 순환하면서 사주체에 영향을 미치는데, 절후의 순환은 바로 월령(月令)의 순환이며, 월령의 순환이 바로 대운의 순환이다. 그러므로 대운을 또 하나의 월주(月柱)로 간주할 수 있다.

대운을 구하는 목적은 운의 순환 흐름을 파악하기 위한 것이다.
원국과 운이 음과 양의 이치로 결연(結緣)되어 상호작용을 하는데, 그것이 명운(命運)이다.
천지 기운의 순환 과정 중에서 어느 한 시점(時點)을 얻어 태어난 게 사주이다. 그 많은 시점(時點)을 이어가는 천지의 운행은 태초부터 정해진 법칙이며, 앞으로도 여전히 계속될 우주 대자연의 섭리(攝理)이다. 따라서 운은 앞으로도 항상 존재한다.

26-2. 대운(大運)의 순역(順逆)

남자의 사주를 '건명(乾命)' 또는 '남명(男命)'이라고 하고, 여자의 사주를 '곤명(坤命)' 또는 '여명(女命)'이라 한다. 건(乾)은 하늘을 뜻하고, 곤(坤)은 땅을 뜻한다.

건명과 곤명은 대운을 서로 다르게 받아들인다.

대운에는 방향이란 것이 있으며, 대운의 방향 역시 음양의 원리가 적용되어 순운(順運)과 역운(逆運)이 존재한다.

대운은 월주(月柱)의 변화인데, 대운의 방향이 미래로 향하면 이를 순행(順行)이라 하고 미래절(未來節)이라고도 하며, 대운의 방향이 과거로 향하면 이를 역행(逆行)이라 하고 과거절(過去節)이라고도 한다. 월령이 곧 계절임을 뜻하기 때문이다.

순행(順行)이든 역행(逆行)이든 방향 자체에는 좋음과 나쁨이 없다.

미래 방향(순행)	기준점	과거 방향(역행)
←… 미래절(未來節)	월주(月柱)	과거절(過去節) …→

대운은 태어난 달의 월주(月柱)가 기준이 되며, 거기서 시작되어 순행(順行)하는 것을 '순운(順運)'이라 하고, 역행(逆行)하는 것을 '역운(逆運)'이라 한다.

순행이란 예컨대 甲子, 乙丑, 丙寅, 丁卯의 차례로 앞으로 나아가는 운의 방향을 말하고, 역행이란 예컨대 丁卯, 丙寅, 乙丑, 甲子의 차례로 거꾸로 물러가는 운의 방향을 말한다(方을 논한 곳을 참고하라).

대운의 방향을 결정하는 방향변수(方向變數)는 두 가지인데, 하나는 태세의 음양이고, 다른 하나는 남녀의 음양이다.

사주 명식에서 년간의 음양은 그 해가 양이 주재(主宰)하는 해인지, 음이 주재하는 해인지를 나타낸다. 예컨대 甲丙戊庚壬년이면 양이 주재하는 해이고, 乙丁己辛癸년이면 음이 주재하는 해가 된다. 그러므로 태어난 해(太歲)의 천간이 양이면 양년(陽年)이라 하고, 음이면 음년(陰年)이라 한다.

음양론에서 남자는 양이고 여자는 음이라 하였으므로, 남자가 양년에 태어났거나 여자가 음년에 태어났다면 순리(順理)를 따랐다며 순운을 적용하고, 남자가 음년에 태어났거나 여자가 양년에 태어났다면 순리를 거슬렀다며 역운을 적용한다.

이 이론은 두 개의 큰 가설을 바탕으로 하고 있다. 하나는 태세의 양년과 음년이 가진 운기(運氣)의 운행질서(運行秩序)가 각기 반대라는 가설이다. 즉 양년에는 운기의 순행 체계가 형성되고, 음년에는 운기의 역행 체계가 형성된다는 가설이다. 또 하나는 남자는 순행 체계에 순응하는 체질을 갖고 태어나며, 여자는 역행 체계에 순응히는 체질을 갖고 태어난다는 가설이다.

이 두 가설을 바탕으로 하여, 양년이 가진 운기의 순행 체계에는 남자가 순응하고, 음년이 가진 운기의 역행 체계에는 여자가 순응한다는 규칙을 설정하였다.

대운의 순역을 그림(표)으로 살펴보자.

1) 만약 甲년생이라면, 양년이므로 운행은 순행체계이다.

←⋯ 양년 순행	←男	女→
←⋯ 정상적인 방향	순행 적응 체계	역행 적응 체계

남자는 순행(정상적인 방향)으로 인식하고 여자는 역행으로 인식한다.

2) 만약 乙년생이라면, 음년이므로 운행은 역행체계이다.

←男	女→	음년 역행 ⋯→
순행 적응 체계	역행 적응 체계	정상적인 방향 ⋯→

여자는 순행(정상적인 방향)으로 인식하고, 남자는 역행으로 인식한다.

순(順)은 기점(起點)에서 전진하고, 역(逆)은 기점(起點)에서 후퇴한다. 따라서 순행은 새로운 대운을 만나며 나아가고, 역행은 과거의 대운을 거슬러 올라간다(월주가 점점 멀어진다. 23쪽 음양순역 그림 참고).

양년: 甲, 丙, 戊, 庚, 壬년   순운 적용: 양년 생 남자, 음년 생 여자
음년: 乙, 丁, 己, 辛, 癸년   역운 적용: 양년 생 여자, 음년 생 남자

운은 우주의 기운인데, 양년과 음년이 가지는 운기 역시 순역 방향의 흐름이 존재한다. 남자는 양의 기운을 가진 존재이므로 운기에 대해 순행 적응 체계를 갖고 있고, 여자는 음의 기운을 가진 존재이므로 운기에 대해 역행 적응 체계를 갖고 있다. 따라서 양년에 생한 남자는 양의 방향에 쉽게 적응하게 되므로 양년에는 순행의 흐름을 타게 된다. 그러나 여자는 양의 방향에 적응하지 못하는 역행 적응 체계를 갖고 있으므로 운의 흐름을 역행으로 받아들이게 된다. 이것은 흡사 전진하는 기차 안에 남자는 전방을 향해 앉아 있고 여자는 후방을 향해 서로 마주 앉아 있는 형상과 같아서, 기차가 달릴 때

남자가 인식하는 방향과 여자가 인식하는 방향이 서로 달라지는 것과 같은 것이다.

　양년의 전진하는 기차에 여자가 탔다면, 거꾸로 앉은 여자 쪽에서 보면 기차는 전진이 아닌 후퇴를 하는 것처럼 보이게 된다. 음년의 후진하는 기차에 여자가 탔다면, 거꾸로 앉은 여자 쪽에서 보면 기차는 전진하는 것처럼 보이게 된다.

　대운의 순역은, 음양이 '시간(時間)과 공간(空間)의 변화'를 인식하는 방법이 서로 다르기에 나타나는 현상이다. 즉 양은 '시공간이 나아간다.'라고 인식하나, 음은 '시공간이 물러난다.'라고 인식하기에 나타나는 현상이다. 예컨대 KTX 열차가 서울에서 부산으로 한 시간 동안 나아갔다고 가정했을 때, 열차의 머리(양)와 꼬리(음)가 가진 인식이 서로 다를 수 있다. 그 머리(양)는 '내가 한 시간 동안 부산역 쪽으로 나아갔구나!' 하고 인식하지만, 그 꼬리(음)는 '나는 가만히 있었는데 서울역이 점점 멀어졌구나!' 하고 인식한다(시간 변화에 대한 인식도 마찬가지이다).

　양순음역(陽順陰逆)은 이같이 '시공간(時空間)에 대한 인식의 순역'이다. 대운이 순행하거나 역행하는 이치는 바로 그런 것이다.

　음양을 제대로 이해하지 않으면 명리가 가진 원리나 이치에 대해 의심하게 되고 명제에 대해 확신하기도 어렵다. 대운이 남녀에게 순행하고 역행하는 것은 전술한 바와 같이 양순음역(陽順陰逆)의 이치에 따른 것이다. 음양론을 참고하라.

26-3. 대운(大運)의 변환주기(變換週期)

　대운은 월주에서 시작하므로 월주에서 주기가 형성된다. 자신의 년월주가 다시 돌아오는 데 걸리는 시간(주기)은 120개월 즉 10년이다.

삼명통회의 논대운(論大運) 장에서

"蓋一月之終 晦朔周而有三十日 一日之終 晝夜周而有十二時 總十年之運氣"
"대개 1개월의 끝은 그믐에서 초하루까지 두루 30일이고, 1일의 끝은 낮에서 밤까지 두루 12시인데, (1개월이) 모두 10년의 운기이다."라고 하였다.

　일생에 여러 번 대운이 바뀌는데, 각각의 대운이 원국에 영향을 미치는 기간은 10년씩이다. 그러나 "人生以百二十歲爲周天"이라 하여 "인생은 120세로써 주천(온 하늘: 일생의 운세)을 삼는다."라며 지지의 1회 순환 기간인 120년을 대운의 총 기간으로 정하려 하였는데, 삼명통회의 이 논리는 명리에서 사람의 수명(壽命)을 120년으로 산정하고 있는 듯 오해를 불러일으켰다. 사람의 평균 수명은 명리 이론으로 결정되는 것이 아니며, 사람의 수명과 대운의 주기는 서로 관련이 없다.

태세의 천간이 甲에서 癸까지 1회 순환하기 위해서는 10년이 걸리는데, 이 기간이 한 대운의 기간이자 주기이다. 즉 출생년의 천간과 생월(生月)의 간지(干支) 조합이 다시 일치하는 데에 10년이 걸린다. 예컨대 戊년 甲寅월이 한 번 더 오려면 120개월이 걸린다.

26-4. 대운(大運)의 변환시점(變換時點)

대운은 10년을 주기로 계속 바뀌며 나아가는데, 모든 사주가 이에 해당한다. 그러나 대운이 바뀌는 시점(時點: 교운기交運期)은 사주마다 각각 다르다. 대운이 바뀌는 시점을 알아보기 위해서는 절기(節氣) 여분(餘分) 계산을 해야 하는데, 그 방법은 입절(入節) 시각과 관련이 있다.

만약 명주가 다음 달 절기에 가까운 시점에 출생했다면 다음 대운(절기)을 곧 맞이하게 되고, 다음 절기에서 먼 시점에 출생했다면 다음 대운(절기)을 오래 기다렸다가 맞이하게 된다.

예컨대 그 절기와 그다음 절기 사이의 절기 간격(間隔)을 30일로 잡았을 때, 1일에 태어났던 사람은 장장 29일 동안 기다려 다음 절기를 맞게 되지만, 29일에 태어났던 사람은 단 하루만 기다리면 다음 절기를 맞게 된다. 대운이 바뀌는 시점은 그렇게 절기의 여분(餘分)을 고려하여 계산할 수 있는데, 양남음녀에 따라서 산정(算定)하는 방법이 다르다.

대운의 변환시점을 알아보려면 만세력(萬歲曆)이 필요하다. 시중의 서점에서 쉽게 구할 수 있으므로, 보기 편한 것을 고르면 된다. 명리학자라면 만세력은 필수 서적이다. 또한 요즘은 휴대전화의 응용프로그램으로서 무료로 제공되는 만세력이 있으므로 그것을 사용하는 것도 좋은 방법이다.

대운수를 구하는 목적은 운의 변화시점(變化時點) 즉 교운기(交運期)를 파악하기 위함이다. 대운수는 생년월일로부터 얼마의 기간이 지나야 운이 바뀌는지 그것을 알 수 있게 해 준다.

26-5. 대운수(大運數) 계산법(計算法)

대운의 수치(數値)는 절기 여분(餘分)을 3(또는 2.9, 3.1, 3.2)으로 나눈 몫을 취한다 (절기 간격이 30일이면 3으로, 31일이면 3.1로 나눈다).

예) 2000년 음력 2월 2일 12:00 생인 경우(남자와 여자)

대운의 수는 사주마다 다르다. 만세력을 보자. 庚辰년은 양의 해이므로 태어나면 양남이나 양녀에 해당한다. 己卯월을 기준으로 양남의 경우에는 순행하므로 庚辰, 辛巳, 壬午, 癸未의 방향으로 흐르며, 양녀의 경우에는 역행하므로 戊寅, 丁丑, 丙子, 乙亥의 방향으로 흐른다.

만세력에 적힌 숫자를 보면 남자는 9로, 여자는 1로 되어 있으니 그 숫자를 아래와 같이 적는다(적는 위치는 위 또는 아래가 좋다).

丙乙甲癸壬辛庚　　庚甲己庚乾 +2000.03.07. 12:00
戌酉申未午巳辰　　午子卯辰
69 59 49 39 29 19 09

壬癸甲乙丙丁戊　　庚甲己庚坤 +2000.03.07. 12:00
申酉戌亥子丑寅　　午子卯辰
61 51 41 31 21 11 01

대운수(大運數)의 계산 원리는 아래와 같다. 이를 절일법(折日法) 또는 절제법(折除法: 삼명통회)이라 한다.

먼저 남녀를 구분한 뒤, 사주의 년간(年干)을 보고 음양을 판단한다.
만약 남성이 甲子년생이면 천간 甲이 양이므로 양남(陽男)이 된다.
만약 여성이 癸亥년생이면 천간 癸가 음이므로 음녀(陰女)가 된다.
태어난 달의 앞뒤 절기를 관찰하여 절기 간격과 여분을 계산하고, 이것을 3으로 나눌지, 2.9로 나눌지, 3.1로 나눌지 등을 정한다.

1) 양남·음녀(순행): 생일 이후부터 다가오는 절기까지 걸리는 시간(절기 여분)을 3으로 나눈 수를 취한다.

(다음 입절시각 - 생년월일시) ÷ 3

2) 음남·양녀(역행): 절기를 지나서 생일이 되기까지의 지나온 시간(절기 여분)을 3으로 나눈 수를 취한다.

(생년월일시 - 입절시각) ÷ 3

이때 흔히, 나머지가 1이 되면 버리고, 2가 되면 올림 하여 정수(定數)만 취하기도 하는데, 이는 권장할 만한 법이 아니다. 나머지 수가 몇 개월 며칠에 해당하는지 더 정밀하게 계산하는 것이 좋다.

만세력에서 찾는 비교적 정밀한 방법

만세력에 나와 있는 숫자를 변환하여 관찰하는 방법이 있다.

예컨대 2000년 음력 2월 2일 12시 생인 경우, 만세력을 찾아보면, 절기(춘분)인 壬戌일이 2일 지난 시점에 '甲子'가 기록되어 있고 숫자(9, 1)가 같이 적혀있다. 이를 우측의 표와 같이 바꿔서 생각하면 된다.

陰曆	日辰	男	女
01.30.	**壬戌**	10	0
02.01.	癸亥	10	0
02.02.	**甲子**	**9**	**1**
02.03.	乙丑	9	1
02.04.	丙寅	9	1
02.05.	丁卯	8	2

→

陰曆	日辰	男	女
01.30.	**壬戌**	10년 0개월	0년 0.01개월
02.01.	癸亥	9년 8개월	0년 4개월
02.02.	**甲子**	**9년 4개월**	**0년 8개월**
02.03.	乙丑	9년 0개월	1년 0개월
02.04.	丙寅	8년 8개월	1년 4개월
02.05.	丁卯	8년 4개월	1년 8개월

위 표와 관련하여 남자의 경우를 예를 든다.

위 왼쪽의 표 중에서 甲子, 乙丑, 丙寅에 9가 세 개 보이는데, 가운데 있는 乙丑의 9가 정확한 9에 가까운 수치이다. 그 아래와 위에 있는 9는 사실 정확한 9가 아니며, 위의 甲子의 9는 10에 근접한 수치이고, 아래의 丙寅의 9는 8에 근접한 수치이다. 이는 3일 단위로 같은 대운 수가 되더라도 1일당 4개월씩의 오차가 있다는 뜻이다. 그러므로 왼쪽의 표를 오른쪽의 표로 재인식하면 쉽게 이해가 된다.

오른쪽 표에서 2월 2일 甲子일 출생자의 대운 주기가 9년 4개월로 표시된 것은 명주가 태어난 후 약 9년 4개월이 지나면 새로운 첫 대운을 맞이하게 된다는 뜻이다(이를 간단히 '9,4'로 표시하기로 하자).

위의 만세력 표에서 알 수 있듯이 대운 수 1일은 4개월에 해당하므로 한 칸마다 4개월씩 차이가 난다는 것을 알 수 있다. 따라서 만세력에 기재된 숫자가 다 같은 9라도 9년 0개월이 될 수도 있고, 8년 8개월이 될 수도 있으며, 또 9년 4개월이 될 수도 있다. 그러나 10년을 초과하는 일은 있을 수 없으므로(대운수의 최대치는 9.99999999…이며 10 미만이다) 표의 오차를 적절히 고려하고 만세력을 읽어야 한다. 만세력 표를 통해서 대략 파악하는 방법은 그렇다.

시중의 만세력들은 절기 간격(間隔)을 30일 기준으로 계산한 수치를 적어 둔 것이 대부분이므로 오차가 있다. 만약 절기 간격이 29일, 31일, 32일이 될 때는 그 수치가 달라질 수 있으므로 이를 보정(補正)해서 취해야 하며, 만세력에 있는 숫자를 그대로 믿어서는 안 된다.

정밀하게 계산하는 방법

뺄셈 결과를 갖고 아래 자료를 참고로 하여 몇 년 몇 개월 며칠 몇 시간까지 계산해 보면 비교적 세밀한 교운기를 알 수 있다.

절기 여분	대운 주기
30일	10년
15일	5년
3일	1년(12개월, 약 365일 5시간 48분)
2일	8개월(약 243일 12시간)
1일	4개월(약 121일 18시간)
1시간	5일
1분	2시간

예) 2000년 음력 2월 2일 12:00 생인 경우의 대운 주기는?

가) 남자의 경우

庚辰년생이면 양남이 되어 순행하므로 출생 후부터 미래절(未來節: 생일 이후에 바로 다가오는 다음 절기)까지의 남은 기간인 절기 여분을 계산한다. 즉 2000년 음력 2월 30일 20시 21분(다음 입절시각)에서 2000년 음력 2월 2일 12시 00분(생년월일시)을 뺀 다음 위 표를 보고 계산한다(양력으로 계산해도 된다). 결과는 약 9년 5개월 12일이다.

나) 여자의 경우

양녀가 되어 역행하므로 과거절(過去節: 생일 직전에 지나왔던 절기)에서부터 출생시까지 지나온 기간을 계산한다. 즉 2000년 음력 2월 2일 12시 00분(직전 입절시각)에서 2000년 음력 1월 30일 15시 36분(생년월일시)을 뺀 다음 위 표를 보고 계산한다. 약 7개월 11일이다.

이렇게 계산하여 나온 남녀의 각 수치를 더했을 때 반드시 10년 0개월이 되어야 하는데, 실제 10년 23일이 된 이유는 절기 기간이 30일 0시간이 아니라 약 30일 4시간 45분이었기 때문이다. 따라서 남녀의 대운 수를 적절히 보정한다면, 남자는 약 9년 5개월로, 여자는 약 7개월로 대략 조정할 수 있을 것으로 보인다.

황경(黃經)으로 대운 주기 구하는 법 – 정기법(定氣法)

황경이란 춘분점으로부터 황도(黃道)를 따라 동쪽으로 잰 천체의 각거리(角距離)를 말한다. 황경 360도를 12개월로 나누는 방식이다.

황경을 쉽게 쓰는 방법은, 만약 절기 간격이 29일이면 절기 여분을 2.9로 나누고, 절기 간격이 30일이면 절기 여분을 3.0으로 나누며, 절기 간격이 31일이면 절기 여분을 3.1로 나누고, 절기 간격이 32일이면 절기 여분을 3.2로 나누는 것이다. 즉 대운 주기가 10년인데 이것을 한 달(29일, 30일, 31일, 32일)로 나누어 1일 평균치를 구하고, 그 1일 평균치에 다시 절기 여분을 곱해주는 방식이다.

현재의 24절기는 태양 황경을 기준으로 정하고 있는데, 춘분이 0도이고, 하지가 90도, 추분이 180도, 동지가 270도이다. 나머지 20개의 절기는 각각 15도씩 차이가 나게 된다. 입춘의 황경각은 315도이다.

24절기의 각 시점을 정확하게 계산하기 위해서는 고도의 천문학적 지식이 필요하다. 황경을 이용하여 계산한 대운 수치가 가장 정확하다고 할 수 있다.

지구가 공전하는 속도는 일정하지 않으며 지속현상(遲速現象: 느리거나 빠른 현상: 여름과 겨울)이 있기에 황경을 날짜별로 정확히 계산하기 어려우나 다음과 같은 방법으로 구할 수 있다.

황경 30도의 각거리를 지구가 29일에서 32일 사이에 이동하는데, 근일점 근처에서는 각속도가 빨라져서 절기간격(節氣間隔)이 짧아지고, 원일점 근처에서는 그 반대라 절기간격이 길어진다.

만약 망종부터 소서까지 32일이 걸린다면, 그 30도의 각거리를 32일간 (등속으로 공전한다는 가정 속에) 이동했다고 간주하고, 그 각속도를 계산하면 1일 평균 0.9375도가 된다. 입절일과 생일 시점의 날짜 수를 뺄셈하여 나온 수에 0.9375를 곱하면 생일 시점의 황경이 나온다. 예를 들어 2008년 6월 30일 출생이라면, 하지(90도)를 9일 지났으므로 9x0.9375=8.4375이니, 출생일의 황경은 90도+8.4375도=98.4375도가 된다. 입절일인 6월 5일 망종(75도)과의 차이를 구하면 약 23.4도가 되는데, 이를 3으로 나누면 약 7.8이 나온다. 이것이 바로 대운의 주기이다. 약 7년 9개월 18일 정도 되는 셈이다.

만세력을 이용하는 일반적인 방법(30일 기준)으로 계산을 하면 30일-5일=25일이므로 이를 3으로 나누면 약 8.33이 나오고, 약 8년 4개월의 대운 주기를 갖게 된다. 그러므로 황경을 이용한 방법과는 차이가 좀 난다. 즉 25를 3.0으로 나눈 것과 25를 3.2로 나눈 결과의 차이가 무려 5개월 정도나 된다는 것을 알 수 있다.

만세력을 이용하는 편법으로서, 6월 5일의 망종을 기준으로 하지 않고, 7월 7일의 소서를 기준으로 계산하면 그 오차를 좀 더 줄일 수 있다. 즉 소서인 7월 7일에서 6월 30일까지의 기간이 7일인데, 이 절기 여분 7일은 대운 주기로는 2년 4개월에 해당한다. 이것을 역으로 계산하여, 10년에서 2년 4개월을 뺀 7년 8개월을 취하면 된다. 이같이 입절일로부터 먼 쪽을 기준으로 삼는 것보다 입절일로부터 가까운 쪽을 기준으로 삼는 게 정확한 수치를 얻을 수 있는 편법이다.

26-6. 대운수(大運數)의 이해(理解)

대운은 10년 주기의 운세의 변화를 나타내는데, 월주의 변화를 바탕으로 한다.

대운수(大運數)는 운세가 10년마다 어느 지점에 와서 바뀌는지를 나타내는 숫자이며, 출생일로부터의 기간을 표시한 숫자이다.

대운의 수가 예컨대 '9,5'라는 것은, 출생 후 9년 5개월 만에 대운이 처음 바뀌고, 두 번째는 그로부터 10년 후인 출생 후 19년 5개월 만에 바뀌고, 세 번째는 또 그로부터 10년 후인 출생 후 29년 5개월 만에 바뀌게 된다는 것을 뜻한다. 즉 처음 이후부터는 계속 10년씩 더할 때마다 대운이 바뀐다는 뜻이다.

위 甲子일 생 여자의 경우에는 9,5가 아니라 0,7이므로 생후 약 7개월 만에 금방 첫 대운으로 들어가게 된다는 것을 알 수 있다. 그다음 바뀌는 시기는 물론 출생일로부터 약 10년 7개월 후이다.

대운 수를 세는나이(당 나이)로 적용하는 경우가 있는데, 이는 잘못된 것이다. 만 나이를 적용해야 한다. 왜냐하면 대운 수는 생년월일시를 기준으로 계산한 결과이기 때문이며, 사주는 출생 시점을 기준으로 정립된 것이기 때문이다. 이것은 생년월일시가 대운 주기의 출발점이 된다는 뜻이다. 고서 삼명통회의 논대운(論大運) 장에서도 대운 수 계산법의 실례를 들면서 "必自十二月生日後......"라고 논했는데, 이 문장이 바로 대운 수를 생일 이후부터 적용해야 함을 적시(摘示)한 부분이다. 따라서 대운 수는 만 나이로 적용하는 것이 정법(正法)이다.

태어나면서부터 한 살을 부여하는 방식은 동아시아 방식 나이 계산법이며 중국에서 비롯되었고, 한국, 일본, 베트남 등 한자 문화권 국가들 사이에서 전통적으로 널리 통용해 왔다. 이를 허세(虛歲)라 한다. 만 나이는 주세(周歲)라 한다.

예) 음남인데, 절기 여분이 45일이면 대운 수는 얼마일까?

45일은 약 0.123년에 해당하므로 대운 주기는 0.123이다.

만약 대운 주기를 소수로 구한다면, 이것이 몇 개월 며칠인지 다시 변환해야 이해하기 쉽기에 좀 번거롭다. 필자가 대운 수를 소수로 구하지 않고 코머(,)를 이용하는 편법을 쓰고 있는데(예를 들어 5,11,7이라면 대운 주기가 5년 11개월 7일이라는 뜻이다), 대운 수를 소수로 표시하든지, 필자처럼 년의 수와 개월의 수와 일의 수를 동시에 표시하든지, 각자 편리한 것을 선택해서 쓰면 된다. 위 예의 경우에는 대운 주기를 그냥 45일 또는 0,1,15로 보는 것이 더 편리하다.

대운은 원국이 겪게 될 변화의 시기(時期) 및 경계(境界)를 나타내는 것이며, 그것을 규칙성이 있는 수치(數値)로 나타낼 수 있다. 그리고 그 수치는 반드시 만 연령(年齡)으로 계산된다. 즉 대운 수는 명주가 태어난 날로부터 몇 년 며칠 만에 바뀐 대운을 맞이하게 되는지 그 시기와 경계를 나타내는 것이기에 만 나이로 계산된다. 대운수를 만약 당 나이로 이해하게 되면, 결과적으로 엉뚱한 운을 원국에 대입(代入)하게 되어, 명운(命運)에 대해 바른 판단을 할 수 없게 된다. 다시 강조하는데, 대운 수는 만 나이이다.

26-7. 대운(大運)의 중요성(重要性)과 적용(適用)

사주 원국이 일차적인 분석 대상이지만, 그보다 더 중요한 것이 대운 분석이다. 대운은 팔자의 주인이 어떤 삶을 살 것인지 개략적인 흐름을 표시한 것이므로, 그 사람의 일생을 전반적으로 추정하기 위한 또 하나의 필수적인 분석 대상이다. 대운으로써 그 사람의 삶의 방향이나 수준 그리고 흥망성쇠까지 그의 일생을 모두 다 가늠해야 하므로 그 몇 안 되는 오행 글자로써 많은 것을 추리해 낼 수 있어야 한다. 그런 능력을 갖추려면 올바른 명제(命題)를 사용하면서 원국에 대한 대운 적용법과 분석법을 부단히 연구해야 한다.

대운은 사주팔자 원국에 영향을 미치는 기운이며 간지로 표시되는데, 천간지지는 분리할 수 없는 음양일체(陰陽一體)의 기운이므로 대운의 간지를 끊어서 순차적으로 원국에 적용할 수 없다. 예컨대 처음 5년 동안은 대운의 천간만 적용하고 그다음 5년 동안은 대운의 지지만 적용한다든지, 천간과 지지를 4대 6의 비율 혹은 6대 4의 비율 등으로 기간을 분리하여 적용하는 등의 오류를 범해서는 안 된다. 대운은 10년 동안 천간과 지지가 반드시 동행하면서 동시(同時)에 작용한다.

대운 간지를 둘로 쪼개어 원국에 대비해 보는 방법을 취하는 학자는 대운 간지를 하나로 합쳐서 보는 방법을 모르는 사람이기도 하지만, 음양의 이치를 모르고 있기에 그렇게 해도 되는 줄 잘못 알고 있는 사람이다. 음양을 잘 이해하고 있는 사람은 대운을 둘로 쪼갠다는 말을 절대 할 수 없다.

대운에 의해 일어나는 사건을 살펴보면, 천간이 원인이 되어서 지지로 결과가 나타나거나, 지지가 원인이 되어서 천간으로 결과가 나타난다. 그 이유는 간지가 음양의 한 몸이 되어 서로 긴밀히 연결되어 있기 때문이다. 그러므로 대운은 통간(通看)해야 하고 분간(分看)해선 안 된다.

26-8. 입운(入運)

대운이 생후부터 처음으로 바뀌기 직전까지 그대로 유지되는 기간이 있는데, 이를 '유년운(幼年運)' 또는 '입운(入運)'이라 한다. 입운은 사주의 월주(月柱)가 담당하므로 모든 사주는 월주 입운기를 거친다.

아래 남자 사주에서는 생후 9년 4개월이 되기 직전까지는 월주 己卯가 입운기(入運期) 대운이 되고, 여전히 그 대운의 영향 아래 놓이게 된다. 생후 9년 4개월이 되면 庚辰 대운으로 바뀌면서 10년 동안 庚辰 대운의 영향을 받게 된다.

丙乙甲癸壬辛庚　己　庚甲己庚 乾 +2000.03.07. 12:00
戌酉申未午巳辰　卯　午子卯辰
69 59 49 39 29 19 9,4　입운

※ 입운(入運) 적용법(適用法)

예컨대 아래와 같은 사주인 경우, 입운 己卯에 해당하는 만 1세 辛酉년의 운을 보고자 할 때는 입운이 되는 월주 己卯를 대운으로 간주하고 태세 辛酉를 대응시켜 보면 된다. 대운수는 9,8이다.

辛酉년 음력 4월에 소아마비를 앓아 좌측다리가 마비되었다.

월운 태세 입운　　　입운
癸 辛 (己)　辛 戌 己 庚 乾01 -1980 ◆ 004
巳 酉 (卯)　酉 寅 卯 申

입운 己卯가 시주의 식상 辛酉를 충하니 건강에 이상이 발생할 수 있어 보이는데, 辛酉년이 시주와 동행(同行)하므로 己卯의 충이 재현되어 질병을 얻게 되었다.

26-9. 소운법(小運法)

소운(小運)은 대운(大運) 외에도 또 다른 기운이 운으로써 사주에 작용한다고 간주한 이론인데, 고법 명리의 소운법과 신법 명리의 소운법이 있다.

고법 명리에서의 소운법은 음양을 막론하고 남자는 누구나 01세에 丙寅으로 시작하여, 02세에 丁卯, 03세에 戊辰......의 순으로 흘러가고, 11세에 丙子 21세에 丙戌, 31세에 丙申, 41세에 丙午 이런 식으로 흘러가며, 女子는 누구나 01세에 壬申으로 시작하여, 02세에 辛未, 03세에 庚午......의 역행 순으로 흘러가고, 11세에 壬戌, 21세에 壬子...... 이런 식으로 흘러간다고 보는 이론인데, 육임(六壬)에서 온 것이다.

丙寅은 남성 기운의 대표성을 갖고, 壬申은 여성 기운의 대표성을 갖는다고 본 것이며, 서로 상극되는 간지를 출발점으로 설정한 것이다.

대운이 바뀌기 전까지 유년운(幼年運)으로써 소운법의 일부를 채용하기도 한다. 그러나 이것은 대운이 월주(月柱)의 변화라는 사실을 이해하지 못한 것이니, 소운법(小運法)은 바른 이치를 가진 행운법(行運法: 운세 해석법)이라는 평가를 받기 어렵다.

바뀌는 첫 대운이 시작되기 전까지는 원국의 월주가 당시의 대운이다. 그것이 이치에 맞다. 그러므로 합리적인 근거가 없는 소운을 만들어 취할 필요가 없다.

신법 명리에서의 소운법은 소운이 생시(生時)에서 시작한다며 이를 논하고 있다. 그리고 이 소운법은 처음 바뀐 대운이 들어오기 이전의 시기에 적용한다(童限未交大運 專用此法)고 하였다. 아래는 이와 관련된 삼명통회의 논소운(論小運) 장의 내용이다.

"醉醒子以爲男女小運皆由時生而行之 逆順亦以年定 如陽命陽年甲子時生墮地 即行乙丑 二歲丙寅 一位一年 周而複始 陰命陽年逆行亦然"

"취성자는 남녀 소운은 모두 생시에서 말미암아 나아가며, 역 혹은 순도 역시 년으로써 정한다 하였다. 가령 남자가 양년 생이고 甲子시에 생했다면 乙丑으로 행하고, 2세는 丙寅이며, 일 위를 일 년으로 하여 두루 이어 나간다. 여자가 양년 생이면 역행으로 역시 그렇게 이어 나간다."

취성자(醉醒子: 왕전王佺)가 취한 소운법은 년(年)에서 유년 태세가 나오고 월(月)에서 대운이 나오니, 시(時)에서도 뭔가 나올 듯하다는 인식에서 출발한 것으로 보인다. 그렇다면 일(日)에서도 또 하나의 운이 나온다고 논했어야 마땅한데, 그에 대해 논한 바는 없다.

또 한 가지 소운법은 칠정사여산(七政四餘算, 五星術, 果老星宗)에서 온 것인데, 남녀 구분 없이 명궁(命宮, 명궁태원론 참고)에서 역으로 나아가는 방법이다. 이를 별도로 소한(小限)이라 한다.

소운이 일 년을 관장하고 태세도 일 년을 관장하는데, 소운과 태세를 어떻게 조화시킬 수가 있을지가 관건이다. 필자의 생각으로는 태세가 있으니 굳이 소운을 만들어 낼 필요는 없을 것 같다.

26-10. 한운법(限運法)

한운법(限運法)은 사주의 네 기둥 각각에 일정한 기간을 배당하여 운(運)을 적용하는 고법 명리 이론이다.

년주(年柱)는 1세부터 15세까지를 주재(主宰)하고(소년기)
월주(月柱)는 16세부터 30세까지를 주재하며(청년기)
일주(日柱)는 31세부터 45세까지를 주재하고(중장년기)
시주(時柱)는 46세부터 종명(終命)까지를 주재한다(노년기)고 간주한다.

사람의 수명이 점차 늘어가는 추세를 생각한다면 한운의 기간을 재조정하여 설정할 필요가 있다. 그러므로 학자에 따라서 20년 주기로 보기도 하고, 15년 주기를 그대로 적용하되 다시 년주로 순환하는 방식을 취하기도 한다. 그러나 대운이 정설(定說)로 굳어졌기에 한운 이론은 크게 환영받지 못하고 있다. 한운 이론과 대운 이론은 양립(兩立)하기 어려운 면이 있기도 하다.

한운 이론은 대운을 부정하거나 대운을 보지 않는 학자들이 주로 이용하는 이론인데, 신법 자평 명리에서는 소운법과 더불어 한운법을 거의 취하지 않고 있다.

26-11. 태세(太歲)

태세(太歲)는 일 년 주기로 해마다 찾아오는 운이다. 년운(年運) 또는 유년운(流年運)이라고도 한다.

대운(大運)과 태세(太歲)는 다르다. 대운은 사주의 구조에 따라서 사람마다 다르게 오는데, 남녀가 운의 방향이 각기 다르고 월주(月柱)의 종류가 60가지이므로 120가지의 기본 유형이 있다. 그리고 거기에 다양한 주기(週期)까지 고려하면 경우의 수는 무척 많아진다.

태세는 만인(萬人)에게 똑같은 모습으로 와서 영향을 미치지만, 그 결과를 보면 만인이 다 똑같은 결과를 얻지는 않는다. 그 이유는 각자의 사주 원국이 다르고, 각자의 대운도 다르기 때문이다.

태세는 원국에 영향을 미치는 중요 요인이 된다. 그러나 원국에 대해 대운만큼 심대한 영향을 미치지는 않는다. 즉 원국을 대운이 좌지우지하며 태세가 좌지우지하지는 않는다. 그러므로 태세만 갖고 원국의 변화를 논할 수 없으며, 반드시 대운의 영향을 우선으로 고려하면서 태세의 영향을 함께 논해야 한다.

그리고 태세를 대운에 복속(服屬)된 운으로 생각하기 쉬운데, 그렇지 않다. 만약 태세가 대운에 복속된 운이라면 대운 10년 동안 내내 똑같은 일만 되풀이될 것이다. 그러나 겪어보면 실상은 그렇지 않다.

태세는 대운 외에 별도로 오는 운이니만큼 태세는 대운에도 영향을 미치며 당연히 사주 원국에도 영향을 미친다. 대운 역시 태세에 영향을 미치며 사주 원국에도 영향을 미친다. 즉 상위(上位) 운은 하위(下位) 운에 영향을 미치고, 하위 운 역시 상위 운에 영향을 미치며, 같이 원국에도 영향을 미친다. 예를 들어서

○ ○ ○ ○
寅 申 巳 辰

寅이 申에 막혀서 巳에게 영향을 미칠 수 없다고 생각해선 안 된다. 오행의 기운은 가지 못하는 곳이 없기 때문이다. 申일이기 때문에 寅시가 없어진다고 하는 법도 없다. 寅이 申을 약화하고, 申도 寅을 약화한다. 만약 寅시에 비가 많이 내렸다면 申일에 비가 많이 온 결과가 되고, 나아가서 巳월에 비가 많이 온 결과가 된다. 그러므로 팔자에서든 운에서든 오행의 기운은 서로가 서로에게 영향을 미친다.

대운이 원국과 형파합충(刑破合沖)이 되더라도 10년 내내 형파합충이 되는 것은 아니다. 태세가 그것을 해소(解消)할 수도 있고 더 심화(深化)할 수도 있다. 그러므로 태세를 살피는 일은 매우 중요한 일이다. 태세는 대운의 암시를 완성하면서 실행시키는 운이다.

원국, 대운, 태세 이 삼자의 관계를 잘 보는 법을 체득해야만 남의 명운(命運)을 제대로 감정(鑑定)할 능력이 생기게 된다. 팔자 원국을 보아 명주가 가진 뚜렷한 특징을 찾을 수 있어야 하고, 대운을 보아 특징적인 사건과 그 관련 대상을 찾을 수 있어야 하며, 태세를 보아 그 시기를 파악할 줄 알아야 한다. 대체로 대운의 암시를 태세가 실현한다고 보면 별 무리가 없다.

옥정오결(玉井奧訣)은 "運以支重爲基 歲以干重乘氣(대운은 지지를 중시하고, 태세

는 천간을 중시하되 타고 있는 기를 본다"라고 했고, 적천수(滴天髓)를 원주(原注)한 유백온은 세운(歲運) 장(章)에서 다음과 같이 논하였다(고서의 세운歲運은 태세와 대운이다).

"日主譬如吾身 局中之神 譬之舟馬引從之人 大運譬所蒞之地 故重地支 未嘗無天干 太歲譬所遇之人 故重天干 未嘗無地支"

"일주는 비유하자면 나의 몸과 같고, 원국 중의 오행은 비유하자면 배나 말을 끄는 사람과 같다. 대운은 다다르는 땅과 같으므로 지지가 중하나 천간도 무시할 것이 아니다. 태세는 만나는 사람과 같으므로 천간이 중하지만 지지도 무시할 것이 아니다."

원국이든 운이든 천간과 지지는 똑같이 중요하다. 흡사 남성과 여성 중 어느 쪽이 더 중요한가를 따지는 일이 무의미한 일이듯이, 천간(양)과 지지(음)의 중요도는 서로 비교할 대상이 아니다. 그러므로 어디 한 쪽에도 소홀함이 없어야 한다.

26-12. 월운(月運)과 일운(日運)의 작용(作用)

월운은 대운에도 영향을 미치고, 태세에도 영향을 미치며, 원국에도 영향을 미친다. 월운 역시 어디에도 복속된 운이 아니기 때문이다. 그리고 당연히 대운이나 태세의 영향을 받기도 한다.

월운이 큰 작용력을 갖는 경우는 월운이 대운이나 태세의 도움을 많이 받았을 때이고, 월운이 미미한 작용력을 갖는 경우는 월운이 대운이나 태세의 방해를 많이 받았을 때이다.

일운(日運)이나 시운(時運) 역시 전술(前述)한 바와 마찬가지이다.

시운	일운	월운	태세	대운		원국		
己	癸	丁	癸	庚		庚	甲	己	庚
未	酉	巳	巳	辰		午	子	卯	辰

26-13. 운(運)의 작용위치(作用位置)

운이 사주 원국에 작용할 때는 팔자 전체에 빠짐없이 작용하며,

천간은 천간끼리, 지지는 지지끼리 작용하고, 천간과 지지도 서로 작용한다.

그러나 운의 천간이 원국 지지로 내려가서 작용할 수 없으며,

운의 지지가 원국 천간으로 올라가서 작용할 수 없다.

음이면 음의 위치에 존재하면서,

양이면 양의 위치에 존재하면서 음과 양이 서로에게 영향을 미친다.

그러므로 운을 원국에 대비해 볼 때는 천간은 천간끼리 대비해 보아야 하고,

지지는 지지끼리 대비해 보아야 한다.

즉 자기 고유의 위치에서 생극을 살펴야 한다.

26-14. 원국(原局)의 영향력(影響力)

팔자 원국은 체(體)이고, 운은 용(用)이다.

운은 영향을 가하는 주체(主體)이고, 원국은 영향을 받아들이는 객체(客體)이다. 그러므로 원국은 운을 피할 수 없으며 운에 직접적인 영향을 미치지 못한다.

예컨대 甲寅 운이 왔는데, 원국에 庚申이 있다해도 원국이 甲寅의 기운을 무효화하거나 거부할 능력이 있는 것은 아니다.

다만 자신이 가진 오행인자를 써서 甲寅을 약화하여 받아들일 수 있을 뿐이다.

26-15. 대운(大運)과 태세(太歲)의 강약(强弱)

명운(命運)을 식물에 비유한다면, 팔자 원국은 씨앗이고, 대운은 씨앗이 뿌려진 땅이며, 태세는 그 땅이 겪는 날씨이다.

어떤 씨앗인지, 어떤 땅에 뿌려졌는지, 어떤 날씨를 맞게 되는지 등을 잘 살펴야 한다.

대운과 태세 중 어느 것이 더 강하게 작용하는 운인가를 살피려면 대운과 태세의 방향성과 생극 관계를 살펴서 판단해야 한다.

대운이 태세를 생하는 시기에는 태세가 더 강하게 작용하고,

태세가 대운을 생하는 시기에는 대운이 더 강하게 작용한다.

태세　대운

丁 ← 甲

卯 ← 子

　예컨대 甲子 대운 丁卯년이면, 甲子 대운의 기운이 10년 동안 원국에 작용하고 있는 상태에서 丁卯 태세의 기운이 1년 동안 원국에 추가로 작용하게 된다.

　丁卯년이 되면, 대운의 기운이 태세를 생하므로 丁卯 태세의 기운이 더욱 강화되어 원국에 작용한다.

태세　대운

己 ← 甲

酉 → 子

　그런데 만약 甲子 대운 己酉년이면, 甲子 대운의 水木 기운이 태세에 의해 金生水 水生木으로 강화되므로, 태세로 인해 대운의 기운이 더 강화되어 원국에 작용한다. 그리고 己酉 태세의 기운은 대운 甲에 의해 己가 많이 약화한 상태로, 酉 역시 설기하였으니 조금 약해진 상태로 원국에 추가로 작용한다. 己는 甲의 극을 받으므로 酉를 생할 기운이 없는 상태이다.

　이같이 서로에게 영향을 미친 대운과 태세는 원국에 반드시 함께 작용력을 행사하게 된다.

6-16. 운(運)의 실효성(實效性)

　명(命)을 떠나서 운(運)을 논할 수 없고, 운을 떠나서 명을 논할 수 없다. 그러나 명과 운으로만 매사가 이루어지는 것은 아니다. 명과 운과 노력이 조화되어야 모든 것이 이루어진다. 그러므로 명운만 믿고 노력을 하지 않으면 명운도 실효성이 없다. 제 입에 감 떨어지기를 기다리는 사람은 감나무 밑에 드러누워 기다리는 노력을 할 줄 알아야 하고, 복권 당첨을 바란다면 복권을 꾸준히 사는 노력을 해야 한다.

　객관적으로 흐르는 시간(時間) 크로노스(chronos)를 특별한 의미가 있는 시간 카이로스(Kairos)로 표시한 것이 운(運)이다. 시간은 누구에게나 특별한 의미가 있다.

그리고 그 시간이 명을 인도하기 때문에 명운(命運)이란 것이 분명히 존재한다. 그러나 명운에 시간이 아닌 다른 요인들(노력, 환경, 인연, 지능, 의사결정 등)도 간섭작용(干涉作用)을 하므로 동일사주라 할지라도 삶이 다를 수 있다. 잘살고 못사는 것이 명운 탓이기도 하지만 일면 내 탓이기도 하다는 그런 얘기이다.

운(運)에도 음양(陰陽)이 있다.

명(命)은 팔자를 뜻하고, 운(運)은 팔자가 받아들이는 돌고 도는 기운을 뜻한다.
팔자는 변화가 적은 것이기에 음이고, 운은 변화가 더 많은 것이기에 양이다.
운은 양이지만 그 속을 들여다보면 그 안에 또 음양이 있다. 음양은 아무리 잘게 쪼개어도 그 속에 또 음양이 들어있다고 했으니, 당연히 운 안에도 음양이 있을 수밖에 없다.
운의 음양을 어떻게 이해해야 할까?
내가 선택할 수 없는 부분이 음이고, 내가 선택할 수 있는 부분이 양이다.
예컨대 나의 진로를 결정해야 할 상황일 때(이 회사로 갈 것인지, 저 회사로 갈 것인지), 기회가 왔다는 점은 내가 선택할 수 없는 부분(음)이 되고, 어디로 갈 것인지 결정할 수 있다는 점은 내가 선택할 수 있는 부분(양)이 된다.

세상의 일이 음양이 아닌 것이 없다.

내 사주의 오행 기운을 상대방에게 전해 줄 수 있는가?

불가능하다.
예를 들어 土 기운이 매우 허약하여 소화기(消化器) 계통의 장부(臟腑)가 취약한 사람은, 그의 배우자의 사주가 아무리 火土의 기운이 강해도 그의 소화기 건강에 전혀 도움이 되지 않는다. 즉 내 사주의 오행 기운을 상대방에게 전해줄 수 없다. 나와 배우자는 각각 육친(관성 또는 재성)으로서 서로의 역할과 성격이 서로에게 전해질 뿐, 각자의 사주가 가진 오행의 기운들이 상대방에게 전해지는 건 아니다. 다시 말해서 각 개인이 가진 木火土金水의 기운을 그대로 남에게 전할 수가 없고, 그 오행들이 만든 총체적(總體的)인 기운을 남에게 전할 수 있다.

27. 작용관계론(作用關係論)

천간(天干)과 지지(地支)에서 오행끼리 서로 생극비설상(生剋比洩傷)하거나 입묘(入墓)하는 현상을 '작용(作用, Action)'이라 한다. 작용의 결과로서 기운이 강해지거나 약해지는 현상이 발생한다.

천간지지가 서로 만나서 특별한 관련을 맺는 현상을 '관계(關係, Relation)'라 한다. 관계의 결과로서 호의성(好意性)과 비호의성(非好意性)이 나타난다. 십신과 십신 사이에 그러한 성향이 형성된다.

여러 오행이 만나면 작용 현상과 관계 현상이 동시에 발생한다. 명리의 모든 이론은 작용과 관계에 바탕을 두고 있다.

고서에서 생극제화와 형파합충이 무엇인지 개념을 제대로 정의하지 않았기 때문에 두 분야의 체계가 제대로 잡혀 있지 않다. 관계 분야는 명리의 미래이다.

27-1. 작용(作用, Action)

오행이 서로 생극비설상(生剋比洩傷)하는 현상과 사행(四行)이 입묘(入墓)하는 현상을 '작용(作用)'이라 한다. 이것은 오행이 서로 만났을 때 일어나는 양(陽)의 현상이며, 사건의 직접적인 원인을 만드는 현상이다. 작용은 오행 상생상극의 흐름 등을 살펴서 판단한다.

1) 생극비설상(生剋比洩傷)
천간은 천간의 오행끼리, 지지는 지지의 오행끼리, 그리고 천간과 지지의 오행끼리는 서로 생(生)하고, 극(剋)하며, 비(比)하고, 설(洩)하며, 상(傷)한다.

2) 사행입묘(四行入墓)
입묘(入墓)란 木火金水의 사행(四行)이 십이지지의 순환 기간 중 특정한 시기에 그 기운이 급격히 쇠약(衰弱)해지는 현상을 말한다. 이것은 시기에 따른 기운의 쇠락현상(衰

落現象)이며, 생극보다 우선한다.

辰의 시기에 水가 입묘하고, 未의 시기에 木이 입묘하며, 戌의 시기에 火가 입묘하고, 丑의 시기에 金이 입묘한다.

癸 戊 壬 丁
亥 辰 寅 酉

☞ 이 사주에서 辰 운이 오면 壬癸亥水의 기운이 쇠락(衰落)하고, 未 운이 오면 寅의 기운이 쇠락하며, 戌 운이 오면 丁이 기운이 쇠락하고, 丑 운이 오면 酉의 기운이 쇠락한다. 그러나 묘지(辰未戌丑) 운이 충극을 받으면 입묘능력을 잃게 된다.

운의 간지가 乙未, 丙戌, 辛丑, 壬辰인 경우, 운의 천간이 운의 지지에 입묘하지 않는다.

27-2. 관계(關係, Relation)

천간에서 합(合)이 이루어지고, 지지에서 동(同), 측(側), 협(協), 형(刑), 파(破), 합(合), 원진(元辰), 충(沖)이 이루어지는 현상을 '관계(關係)'라고 한다. 이것은 오행이 서로 만났을 때 일어나는 음(陰)의 현상이며, 사건의 간접적인 원인을 만드는 현상이다. 관계는 접우각(接遇角)을 살피는 것이므로 십이 지지의 순서를 따라서 판단한다.

세상사(世上事)의 모든 일(사건, 인간관계 등)은 십신의 작용으로 인해 특정 현상이 발생하고 십신의 관계로 인해 심리가 영향을 받는다. 즉 어떤 일이 발생하면서 그와 관련된 관계가 호의관계가 되면 심리적으로 편안하고 즐거우나 비호의관계가 되면 불안하고 괴롭다. 관계 이론은 그것을 설명해주는 이론이다.

십신들이 호의관계가 되면 서로 좋은 관계가 되어 원만하나, 비호의관계가 되면 서로 좋지 않은 관계가 되어 갈등이 발생한다.

관계의 종류는 '결속관계(結束關係)', '호의관계(好意關係)', '비호의관계(非好意關係)' 이 세 가지이다.

관계는 지지에서 십신들이 이루는 접우각(接遇角: 방위각方位角)에 의해 결정되며, 지지의 관계는 곧 천간의 관계로 직결(直結)된다.

지지가 서로 동(同: 0도), 협(協: 60도), 합(合: 120도)의 관계이면 서로 호의관계가 된다. 지지가 서로 측(側: 30도), 형파(刑破: 90도), 원진(元辰: 150도), 충(沖: 180도)의 관계이면 서로 비호의관계가 된다.

천간 및 지지의 합(동행 포함)은 결속관계를 의미하며, 천간 합이 있는 경우에는 결속 호의관계가 되거나, 결속 비호의관계가 된다.

지지에서의 기운의 흐름은 서로의 방위각이 180도 미만일 때 순행(順行)하지만, 역행(逆行)하지 않으며, 만약 180도 이상이 되면 기운이 흐르지 않는다.

예컨대 子⋯⋅丑(30도), 未⋯⋅子(150도) 등으로 순행하지만, 丑⋯⋅子(320도), 子⋯⋅未(210도) 등으로 역행하지 않으며, 丑⟷未(180도), 巳⟷亥(180도) 등이면 어느 쪽으로도 기운이 흐르지 않고 서로 극단적(極端的)인 대치(對峙) 상태가 된다.

○甲壬○
○子寅○

월지 寅과 일지 子가 寅子 협(協: 60도)의 호의관계를 맺고 있다. 따라서 壬寅과 甲子는 서로 호의관계가 된다. 壬과 寅, 甲과 子, 壬과 子, 甲과 寅 등의 관계도 호의관계가 된다.

○甲戊○
○子申○

월지 申과 일지 子가 申子 합(合: 120도)의 호의관계를 맺고 있다. 따라서 戊申과 甲子는 서로 결속 호의관계가 된다.

○甲戊丁
○寅申巳

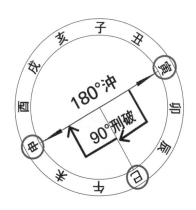

　巳, 申, 寅이 형파(刑破: 90도) 및 충(沖: 180도)의
비호의관계를 맺고 있다. 따라서 丁巳와 戊申과 甲寅
은 서로 비호의관계가 된다.

乙○○丁
酉○○卯

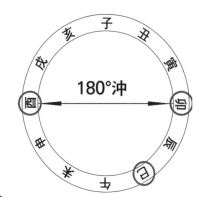

　년지 卯와 시지 酉가 卯酉 충(沖: 180도)의 비호의
관계를 맺고 있다. 따라서 丁卯와 乙酉는 서로 비호의
관계가 된다.

　◈ 비호의성의 강도(强度)는 접우각이 클수록 강하
다.
　충이 가장 강하고, 그다음이 원진이며, 형파, 측(側)의 순이다.

27-3. 작용(作用)과 관계(關係)의 동시성(同時性)

　작용(陽) 현상과 관계(陰) 현상은 항상 동시에 발생한다.

○○○○　　○○○○
寅戌酉巳　　酉戌寅巳

　巳는 酉를 극하려 하고, 戌은 酉를 生하려 하며, 寅은 戌을 극하려 하고, 寅은 巳를 생
하려 한다. 그와 동시에 巳와 酉는 합하려 하고, 戌과 寅도 합하려 하며, 寅과 酉는 원진
하려 하고, 巳와 寅은 형파하려 하며, 酉와 戌은 측하려 하고, 戌과 巳는 원진하려 한다.

○○○○　○○○○
○○未卯　卯○○未

卯와 未는 木剋土인 동시에 卯未 합(合)이다. 즉 작용
의 측면에서는 卯의 기운이 未로 인해 약해지고, 未의
기운 역시 卯로 인해 약해지며, 관계의 측면에서는 卯
와 未가 합이라는 상호 호의관계를 맺는다.

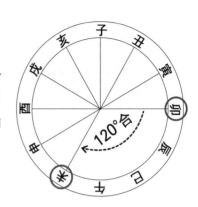

◈ 작용 = 목(卯) 극 토(未) ◈ 관계= 합(호의관계)

○○○○　○○○○
○○子卯　卯午○○

子와 卯는 水生木이자 형파(刑破: 90도)의 관계이고,
卯와 午도 木生火이자 형파의 관계인데, 이를 오해하여
子가 卯를 생할 수 없다고 여기거나, 卯가 午를 생하지
않고 파괴한다고 여기는 등의 일이 있어서는 안 된다.
즉 작용의 측면과 관계의 측면을 교차(交叉)시키는 오
류를 범해선 안 된다. 작용 현상과 관계 현상은 동시에
발생하나 각각 별개의 현상으로 이해해야 한다.

◈ 작용 = 수(子) 생 목(卯) ◈ 관계= 刑破(비호의관계)

27-4. 연결합(連結合)

둘 이상의 지지나 천간이 서로 결속될 때, 그 천간이나 지지도 같이 결속된다. 육십
갑자(六十甲子)의 천간과 지지가 일체(一體)이기 때문에 이러한 현상이 발생한다. 따라
서 지지의 관계는 곧 천간의 관계로 이어진다.

1) 지지(地支)의 연결합(連結合)

천간의 합으로 인한 지지의 결속을 '지지의 연결합'이라 한다.

❶ 甲子와 己卯가 만나면 甲+己의 천간합이 성립하고,
❷ 동시에 子와 卯의 연결합이 발생한다.
즉 천간 합에 의해 지지가 형파의 관계로 연결합된다.
따라서 두 간지는 **결속 비호의관계**가 된다.
甲子와 丁卯는 천간에 합이 없으므로 서로 연결합되지 않는다.

◈ 지지가 모든 관계를 주관(主管)하며, 천간은 천간 결속관계만 주관한다.
　결속된 천간도 지지의 관계에 따라 호의관계 또는 비호의관계를 다시 얻게 된다.
　지지의 합도 결속관계이면서 호의관계이다.

2) 천간(天干)의 연결합(連結合)

지지의 합으로 인한 천간의 결속을 '천간의 연결합'이라 한다.

甲子와 庚辰이 만나면
❶ 子+辰의 지지 합이 성립하고, 동시에
❷ 甲과 庚이 결속되어 **甲+庚의 연결합**이 발생한다. 이것도 결속 호의관계가 된다.
甲子와 辛巳는 지지에 합이 없기에 甲과 辛의 연결합이 발생하지 않는다.

27-5. 동행(同行)

복수의 동(同)이 모인 것을 '지지의 동행'이라 한다.

戊 ○ 壬 丙
辰 ○ 辰 辰

세 개의 辰이 서로 동(同: 0도)이므로 丙과 壬과 戊가 동행(同行)한다. 동행은 합(合)이 아니지만, 서로 결속(結束)된 것이다. 즉 년주와 월주와 시주가 동으로 결속되어 있다. 동행은 결속 호의관계이다.

○ ○ 戊 戊
○ ○ 午 辰

동행은 지지에서만 발생하며, 천간끼리는 같은 십신이라도 동행을 만들지 못한다. 천간이 戊戊이지만 이로 인해 지지 辰午가 동행하지는 않는다.

辰과 午는 이미 협(協: 60도)의 관계가 되어 있기 때문이다.

◆ 지지가 이미 관계를 확정했다면 천간은 이에 따를 수밖에 없고, 천간이 지지의 관계를 다시 바꿀 수 없다.

◆ 결속(結束: 합, 연결합, 동행)은 십신 간의 거리나 십신의 개수에 제한(制限)이 없으며, 서로 다중(多重: 운+원국)으로 결속될 수 있다.

27-6. 관계(關係)의 변화(變化)

'형파합충의 성립'에는 다들 관심을 가지지만, '형파합충의 변화'에는 비교적 무관심한 것이 현실이다. 음양의 이치가 그렇듯이 성립이 있으면 해소도 있고 변화도 있기 마련이다.

현재 '관계의 변화'에 대한 이론이 학계에 제대로 정립되지 않은 상태이며, 고서에도 그런 이론이 없다. 따라서 학자들이 검증되지 않은 각자의 소견으로 그것을 판단하고 있다.

호의관계나 비호의관계는 원국의 구조나 운에 의해 변화할 수 있다.

주체가 호의 또는 비호의 기운을 표방할 때 상대가 만약 다른 곳으로 회피(回避)할 수 있게 되면, **회피한 만큼 관계가 변하게 된다.**

관계는 유무(有無) 및 변화(變化)의 관점으로 접근할 수 있다.

○ ○ 丙 癸
○ ○ 辰 酉

癸酉와 丙辰이 서로 원진(元辰)의 비호의관계이다. 이것이 해소되거나 변화하려면 원국에 중간자(中間字)가 있어야 한다. 만약 중간자 쪽으로 酉나 辰이 회피할 때 회피한 각도로써 관계가 재설정된다.

관계의 변화는 삼자(三者)로써 파악한다(三者而變).

관계의 변화가 발생하는 원리

관계는 주체가 대상을 향해, 또는 대상이 주체를 향해 어떤 반응을 보일 것인지를 표방함으로써 성립한다. 주체는 누가 되어도 상관없다.

예를 들어 辰과 酉는 원진 관계가 되는데(辰…酉), 거기에 만약 午가 끼어들면(辰…午…酉), 辰은 "나는 午로 기운을 보내며 酉와 원진 관계를 맺을 생각이 없다."라고 입장을 표방하고, 酉는 이것을 받아들인다(회피하지 않는다). 그러므로 둘의 관계는 원진이 아닌 협의 호의관계로 변한다(酉를 주체로 보면 辰이 회피한 것이다).

辰과 午는 협의 호의관계이지만(辰…午), 午는 "나는 辰과 협 관계를 맺을 생각이 없다. 酉로 기운을 보내어 형파의 관계를 맺는다(辰…午…酉)."라고 입장을 표방하고, 辰은 이것을 받아들인다. 그러므로 辰과 午는 형파의 비호의관계로 변한다.

午와 酉의 관계는 형파의 비호의관계인데(午…酉), 둘 다 자신의 기운을 다른 곳에 보낼 수 없기에 서로의 관계가 변하지 않는다(二者不變).

辰과 酉 사이를 午가 중재하여 관계 개선을 해주었으나, 午는 辰과 酉 그 양자와 비호의관계에 놓이게 된다.

상대에게 관계를 응답하는 방법이 각도 표방이다. 즉 자신을 옮겨가는 각도로써 자기 입장을 상대에게 밝히는 것이다.

甲 〇 丙 癸
午 〇 辰 酉

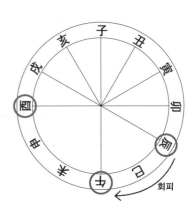

辰→午→酉의 흐름이 있다(상생의 흐름이 아닌 순서의 흐름이다). 酉를 주체로 보면, 酉가 辰을 원진하려 하지만 辰이 午 협처(協處: 60도)로 회피하므로 丙辰과 癸酉는 협(協) 수준의 호의관계로 변한다. 辰을 주체로 보면, 辰이 午로 기운을 먼저 보내므로 酉를 원진할 뜻이 없다. 그러므로 역시 호의관계가 된다.

丁 〇 丙 癸
未 〇 辰 酉

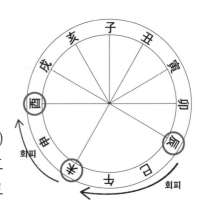

辰→未→酉의 흐름이 있다.

酉가 辰을 원진하려 하지만 辰이 未 형파처(刑破處)로 회피하므로 癸酉와 丙辰은 형파(刑破) 수준의 비호의관계로 변하게 된다. 辰은 未로 기운을 먼저 보내므로 酉를 원진할 뜻이 없고 형파할 뜻이 있다.

丁未와 丙辰도 형파의 비호의관계이지만, 未가 酉 협처(協處)로 회피하므로 협(協) 수준의 호의관계로 변하게 된다.

丁未와 癸酉도 협의 호의관계가 된다. 酉가 회피할 곳이 없기에 관계가 변하지 않는다(酉에서 辰으로는 180도가 넘기 때문에 기운이 흐르지 못한다).

관계는 쌍방이 공평하게 서로 똑같은 관계가 된다.

辛 〇 壬 庚
丑 〇 午 子

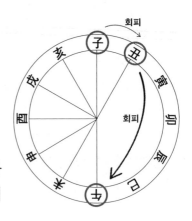

子→丑→午의 흐름이 있다.

午와 子가 충하려 하지만 子가 丑 측처(側處)로 회피하므로 庚子와 壬午는 측(側) 수준의 비호의관계로 변하게 된다.

庚子와 辛丑은 측의 비호의관계이지만, 丑이 午 원진처(元辰處)로 회피하므로 庚子와 辛丑은 원진(元辰) 수준의 비호의관계로 변하게 된다.

壬午와 辛丑은 원진의 비호의관계이지만, 이를 해소할 중간자가 없다. 午가 子로 회피할 수 없고(180도가 되어 기운을 보내지 못한다), 또한 丑도 子로 회피할 수 없기(丑에서 子로 역행하지 못한다) 때문이다. 그러므로 壬午와 辛丑은 여전히 원진(元辰)의 비호의관계가 된다.

> 👉 사주와 운을 기록하면서 십신 간의 연결 상태를 한눈에 알아보기 쉽도록 연결선을 그어주면 관계를 이해하는 데 큰 도움이 된다. 예를 들면, 연결합은 ⌒, ⌣, ⌒ 등의 모양으로, 충은 ∨ 등의 모양으로, 동행은 ⊔ 등의 모양으로 선을 그어주면 되고, 해소되는 충이나 합은 점선으로 그어주면 된다(이 작업은 반드시 하는 것이 좋다).

癸丁壬庚
卯亥午子

壬午+丁亥+癸卯처럼 연결합이 있는 집단은 기운의 흐름이 그 내부에서 먼저 조정된 다음에 외부로 연결된다. 즉 (卯⋯午⋯亥)⋯子의 흐름이 된다. 물론 子⋯(卯⋯午⋯亥)의 흐름으로 보아도 된다.

子와 午는 亥로 인해 원진 수준의 비호의관계로 변하고,
午와 亥는 子로 인해 측 수준의 비호의관계로 변하며,
子와 亥는 卯로 인해 합 수준의 호의관계로 변하고,
午와 卯는 亥로 인해 원진 수준의 비호의관계로 변한다.

❶❷ 원국 전체가 연결합되어 있는데, 대운 戊戌은 辛巳, 癸巳, 戊辰, 癸丑의 각각에 대응하기 때문에 ❸ 대운 戊戌과 원국 戊辰과의 충이 발생하면, 이로 인해 모든 결속이

한꺼번에 다 해소된다.

그런데 대운 천간에 戊가 있어서 원국의 癸와 합하려 하는 경우, 대운 천간 戊는 원국과 결합하지 못한다. 왜냐하면 지지의 충이 결합을 방해하기 때문이다.

만약 태세에 의해 충이 해소될 때는 대운이 원국과 결합할 수 있다.

◆ 원국에서의 관계는 전술(前述)한 원리를 따르지만, 운에서는 조금 다르다.

운은 원국의 네 개의 각 주(柱)에 개별적으로 대응하기 때문에 원국이 주에서 주로 회피하지 못하며, 원국이 주에서 운으로만 회피할 수 있다.

그러나 만약 운과 연결합한 주가 있다면 그 주로 회피할 수 있다.

회피가 발생하면 그 관계는 다시 변화한다.

즉 호의관계이던 게 비호의관계로 변하기도 하고, 비호의관계이던 게 호의관계로 변하기도 한다. 그리고 비호의관계의 수준도 변한다.

관계는 상생상극의 관점으로 보지 않으며, 오직 십이지지의 순행 흐름의 관점으로 본다. 예컨대 巳와 辰의 관계를 살필 때 화생토(巳生辰)의 관점으로 보지 않으며, 辰→巳의 흐름의 관점으로 본다. 왜냐하면 관계는 접우각(接遇角)과 관련이 있기 때문이다.

기운의 흐름은 평각(平角: 180도) 미만일 때 순행하며, 평각 이상이 되면 기운이 아예 흐르지 못한다(역행 불가).

대운 己亥가 왔을 경우, 원국의 酉巳 합을 대운 亥가 충하기 때문에 원국의 酉巳 합과 丙辛 합 등이 다 해소된다. 원국에서는 시지 亥의 충을 받아들이지 않고 다른 곳으로 피했으나(巳→酉→亥→子), 운은 피하기 어렵다. 운은 원국 각각의 주(柱)에 개별적으로 작용하기 때문이다.

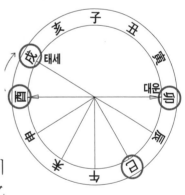

충하려는 대운이 태세 쪽으로 회피하면 충이 해소된다.

대운 己亥가 와서 충이 발생했으므로 원국의 酉巳 합과 丙辛 합 등이 모두 해소되었는데, 태세 己丑년이 왔을 경우, 대운 亥의 기운이 태세 丑으로 유도되므로 대운이 태세로 회피하게 된다. 따라서 亥와 巳의 충이 해소된다(亥→丑→巳).

이로 인해 丙子+丁酉+辛巳+己丑으로 원국과 태세가 합하고, 아울러 대운 己亥가 원국 己亥와 동행하며, 원국과 대운과 태세가 한 집단으로 결속된다.

충하는 대운 亥를 태세가 직접 유도하려면 태세에서 子, 丑, 寅, 卯, 辰이 와야 한다. 즉 대운 기점(基點)의 순행(順行) 태세가 와야 한다.

합과 충은 운에 따라 형성되었다가 해소되기도 하고, 해소되었다가 다시 재형성되기도 한다. 형파나 원진 등도 마찬가지이다.

태세가 원국에게 회피처를 제공하기도 한다.

원국의 지지는 酉丑이 결속되었고, 천간은 壬壬己丁이 모두 연결되어 원국 전체가 연결합된 상태이다. 대운 乙卯가 원국 酉를 충함으로써 원국의 모든 연결합이 해소된다. 그런데 태세 甲戌은 대운 卯의 기운을 유도하지 못하므로(卯→戌은 180도가 넘기 때문) 대운의 충을 태세가 직접 해소할 수는 없다. 그러나 원국 酉가 태세 쪽으로 충을 회피할 수 있게 되므로 결국 충이 해소된다. 즉 酉→戌→卯의 흐름이 생겨서 충이 해소된다. 따라서 원국 전체의 연결합이 회복된다.

이렇듯 태세가 대운의 충을 해소해 줄 때가 있고, 태세가 원국에게 회피처를 제공해 줄 때가 있다. 즉 대운 기점(基點)의 순행(順行) 태세가 오면 대운이 태세로 회피할 수 있고, 대운 기점의 역행 태세가 오면 원국이 태세로 회피할 수 있다.

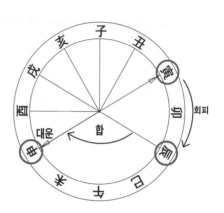

만약 운과 연결합한 주가 있다면 주에서 주로 회피할 수도 있다. 대운 申과 원국의 辰이 결합하므로 (辰申) 대 寅의 관계가 되어, 申의 충을 寅이 받아들이지 않고 대운 합자인 辰 쪽으로 충을 회피할 수 있다. 따라서 寅→辰→申의 흐름이 형성되어 대운에 의한 충이 발생하지 않는다.

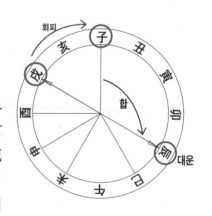

대운 壬辰이 왔을 경우, 辰은 원국의 戌巳(丙+辛으로 연결됨)의 戌과 충이 되지 않는다. 원국과 子辰 합이 발생하면 (子辰) 대 (戌巳)의 관계가 되므로 辰의 충을 戌이 받아들이지 않고 대운 합자인 子 쪽으로 회피하기 때문이다. 즉 戌→子→辰의 흐름이 형성되어 대운에 의한 충이 발생하지 않는다.

운과 연결합된 원국이 있다면, 그곳도 회피처가 될 수 있다.

대운의 충을 해소할 수 있는 조건을 정리하면, 태세가 회피처를 제공할 때와 운과 결합한 원국이 회피처를 제공할 때이다.

원국의 지지는 卯未未가 합하고, 천간은 癸丁壬丁

으로 연결합되어 원국 전체가 연결합된 상태이다. 만약 대운 戊申이 오면, 원국 寅을 충하므로 모든 연결합이 해소된다. 당연히 대운 천간 戊도 원국과 합하지 못한다. 충이 합을 방해하기 때문이다. 그런데 태세 戊戌이 오면, 대운 申의 기운을 유도하여(申→戌) 申에게 戌이라는 회피처를 제공하므로 대운의 충이 해소된다. 그리고 태세 戊戌은 동시에 원국 寅과 결합하므로, 戊申을 비롯한 모든 간지들이 연결합이 된다.

이때 관계의 측면에서 보면 충은 해소되지만, 작용의 측면에서 보면 태세가 대운을 土生金하므로, 대운 申의 寅卯에 대한 극은 여전히 유지된다. 작용과 관계는 항상 유기적으로 관련이 있으므로 같이 볼 줄 알아야 한다. 관계에만 집중하면 작용을 놓치기 쉬우니 항상 양쪽을 같이 보는 습관을 길러야 한다.

◆ 연결합이 발생하면 대부분 하위(下位) 운에서 변화를 맞이하게 된다. 이렇게 연결합이 된 상태에서 하위 운을 기다리게 된 것을 '연결합류(連結合留)'라고 한다. 즉 '연결합 = 연결합류'이다.

원국의 년월일 삼주가 연결합이 되었는데, 대운 乙亥가 시주 乙卯를 합하기 때문에 亥→卯의 흐름이 발생하여 巳亥 충이 생기지 않는다(亥→卯→巳). 따라서 원국 삼주의 연결합이 유지된다. 대운 亥가 원국 卯를 합함으로써 충을 회피한 것이다.

이것이 바로 '**탐합망충(貪合忘沖)**'의 원리이다.

庚乙　丙癸戊甲
寅亥　辰巳辰子

이 경우도 탐합망충이 된다. 대운 乙亥와 태세 庚寅이 연결합되므로 원국의 巳와 충이 되지 않는다. 즉 (亥寅)과 巳의 관계에서 亥가 寅으로 회피하므로 亥→寅→巳의 흐름이 생겨 巳亥 충이 해소된다.

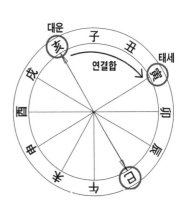

戊　癸癸戊甲　　　甲戊　癸癸戊甲
戌　丑巳辰子　　　戌戌　丑巳辰子

　대운 戊戌이 원국의 전체 연결합을 辰戌 충으로써 해소한다. 이때 천간의 甲+戊+癸+癸+戊의 연결합도 지지의 子+辰, 巳+丑의 합들도 모두 해소된다. 당연히 대운의 천간 戊도 원국과 결속하지 못한다. 그런데 대운과 원국의 戊癸 합이 태세에서 다시 재생될 수 있는 구조이므로, 태세에 따라서 다시 전체가 연결합될 가능성이 있다. 하위 운을 잘 살펴야 한다. 이렇게 대운의 천간이 원국과 합이 되면서 동시에 대운의 지지가 원국과 충이 되는 때(天合地沖)가 있는데, 태세가 들어오면 대운의 충이 대부분 해소되므로 천합지충 대운은 결국 원국과 합이 된다고 볼 수 있다. 다만 태세에서 戊이 오면 대운과 태세가 동행하므로 반드시 충이 재발한다.

辛壬戊　癸癸戊甲
亥寅戌　丑巳辰子

　대운 戊戌에 이어 만약 태세 壬寅이 오면, 辰戌 충이 해소되면서 대운과 원국의 전체 연결합이 재생된다. 그리고 거기에 태세까지 붙어서 연결합이 된다. 이렇게 원국과 대운, 그리고 태세가 결속하여 연결합류가 되면, 다시 월운에서의 변화를 기다리게 된다. 만약 辛亥월이 되면 다시 충이 발생하게 된다. 연결합류는 큰 변화를 예고(豫告)하는 현상이므로 명주는 육친과의 이별, 재물의 이탈, 타인과의 갈등 등 다양한 일을 겪게 될 수 있다.

戊　戊癸戊甲
戌　午巳辰子

　원국이 전체 연결합되어 있으므로, 대운 戊戌이 원국 戊午와 합하지 못한다. 왜냐하면 원국 戊辰과 충이 되므로 전체 연결합이 해소되기 때문이다. 즉 원국이 전체 연결합이 된 상태에서는 원국의 어느 한 주라도 운과 충이 되면, 운이 원국과 합을 이루지 못하게 된다. 이런 경우에는 비록 대운에서는 연결합류가 되지 못하지만, 태세로 넘어가면 대부분 연결합류가 되므로, 원국과 대운 戊戌은 잠재적 연결합류 상태가 된 것으로 볼 수 있다. 예를 들어 丙申, 丁酉년 등이 되면 충이 해소되어 원국과 운이 전체 연결합 되지만, 戊戌년이 되면 다시 원국과 충이 되기 때문에 전체 연결합이 해소되기도 한다.

원국의 천간은 甲+戊+癸의 연결합이 성립하고, 지지는 子+辰의 합, 巳巳의 동행이 성립한다. 이 경우도 원국 전체가 연결된 것이나 마찬가지이다. 동행은 합이 아니나 같이 붙어 다니게 하는 기능이 있으므로 합과 유사하게 결속(結束)으로 취급할 수 있다. 만약 대운 午에 의해 충이 발생하면 합도 끊어지고 동행도 끊어진다.

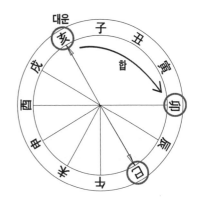

원국과 대운 사이에 충이 없다(亥⋯卯⋯巳). 태세 丙午가 원국 甲子를 충하므로 원국 삼주(甲子+戊辰+ 癸巳)의 연결합이 해소된다. 원국 乙卯와 대운 乙亥의 연결합은 그대로 유지된다.

己乙戊　癸戊癸辛
卯未戌　丑辰巳丑

대운 戊戌이 원국의 전체 연결합을 해소하였는데, 태세 乙未로 인해 충이 해소되는 듯싶지만, 未가 丑을 충하므로 모든 연결합이 다시 해소된다. 己卯월이 되면 丑이 卯로 회피하므로 연결합이 재생된다. 일운이나 시운에 대해서도 같은 원리가 적용된다. 이처럼 형파합충은 운에 따라 변하고 또 변하는 것이다.

戊　辛壬戊己
戊　丑午辰亥

　　戊戌 대운과 원국 壬午가 결속하여 (戊戌+壬午)의 집단이 되며, 집단 내부에 서로 결
속 호의관계가 형성된다. 원국의 己亥는 (戊戌+壬午)와 측(側)의 비호의관계가 되며, 亥
가 합자 午로 회피하지 못한다. (戊戌+壬午)의 집단에서 壬午는 戊戌로 기운이 흐르기
때문에 戌이 최종 주자가 되어 亥에게 영향을 미치려 한다. 그러므로 戌과 亥가 만나면
측의 비호의관계가 되는데, 亥는 午에게로 기운을 보내지 못한다. 평각(平角: 180도)을
넘기 때문이다. 그러므로 (戊戌+壬午)와 己亥는 측의 비호의관계가 된다.
　　대운 戊戌이 원국의 戊辰을 충하려 하나 辰이 충을 받아들이지 않고 합자 午로 회피
하게 된다(辰→午→戌). 따라서 戊辰과 戊戌은 충이 되지 않고 辰午 협(協)의 호의관계로
변한다. 辛丑은 대운과 형파가 되나 丑이 午로 회피하므로 원진 수준의 비호의관계로
변한다.

丁　庚壬甲癸
卯　子午子亥

　　대운과 원국이 결속하여 (丁卯+癸亥+壬午)의 집단이 형성되었고, 甲子와 庚子는 동
행이 되었다. 따라서 (亥卯午)-子의 관계 구조가 되고, 기운은 亥→子→卯→午의 흐름
이 되어 亥가 子에게 기운을 보낸다. 亥子는 측(側)의 비호의관계인데, 子가 卯로 회피하
므로(운을 만나면 원국에서 원국으로 회피할 수 없고, 원국에서 운으로 회피할 수 있다)
결국 형파 수준의 비호의관계로 변한다.
　　(丁卯+癸亥+壬午)의 내부에서는 대운 丁卯가 원국 (癸亥+壬午)에게 영향을 미치는
구조가 되어 삼자가 서로 원진 수준의 비호의관계가 된다. 즉 卯→午→亥의 흐름에서
午가 卯의 형파를 회피하여 午亥의 원진으로 가버린다. 이렇게 원국에서 원국으로 회
피할 수 있는 이유는 운이 원국과 결합하였기 때문이다. (癸亥+壬午)는 집단이므로 일
부가 비호의관계가 되면 전체가 비호의관계가 된다.

癸戌　辛壬辛己
酉戌　丑午未亥

戊戌 대운이 壬午와 결속 호의관계가 되었으나(戊戌+壬午), 태세 癸酉와 辛丑이 거기에 또 결속한다(戊戌+壬午+癸酉+辛丑). 이렇게 되면 태세 癸酉가 (戊戌+壬午+辛丑)에 대해 최종 영향을 미치게 된다. (戊戌+壬午+辛丑)은 癸酉의 입장에서 보면 원국이나 마찬가지이다. 그러므로 癸酉가 (戊戌+壬午+辛丑) 중의 어느 하나와 비호의관계가 되면 집단 전체가 비호의관계가 된다. 살펴보면 癸酉가 壬午와 형파의 비호의관계가 되고 午에게는 회피처가 없다. 그러므로 癸酉, 戊戌, 壬午, 辛丑이 모두 함께 형파 수준의 비호의관계가 된다. 이로써 보건대 합(合)이란 건 바람직한 현상이 되기 어렵다는 것을 짐작할 수 있다.

관계의 변화는 무엇을 뜻하는가?

만약 사주에 두 십신만 존재한다면 두 십신 사이의 관계가 고정불변(固定不變)하겠지만, 원국에 다른 십신이 있거나 운(運)이 들어온다면 그 관계에 반드시 변화가 발생하게 된다. 그래서 서로 나쁘던 관계가 좋은 관계가 되기도 하고 그 반대로 되기도 한다. 예컨대 어떤 두 친구가 사이좋게 잘 지내고 있는데 둘 사이에 다른 친구가 끼어드는 바람에 나쁜 관계로 변해버리기도 하고(갈등과 괴로움 유발), 서로 앙숙이었는데 다른 친구로 인해 마침내 좋은 사이로 변하기도 한다(편안함과 즐거움 유발). 아마 살면서 누구나 그런 걸 경험해 봤을 것이다. 관계 이론은 바로 이런 것들을 규명해 주는 이론이다. 심리가 변하면 행동이 변하고 행동이 변하면 대인관계가 변한다. 친구들과의 관계도 변하고, 일가친척들과의 관계도 변하며, 직장 동료들과의 관계도 변한다. 이런 모든 것들이 나아가 생활 전반에 걸쳐 많은 변화를 일으키게 된다.

생극제화 현상만이 변화를 일으키는 게 아니며 형파합충 현상도 변화를 일으킨다. 생극제화에 의해 드러나는 현상은 대외적으로 표면화되는 현상이기에 객관적이고도 분명한 면이 있지만, 형파합충에 의해 드러나는 현상은 심리 내부에서 발생한 대내적인 현상이기에 주관적이고도 불분명한 면이 있다. 그래서 생극제화는 양(陽)의 현상이고 형파합충은 음(陰)의 현상이라 할 수 있는 것이다.

관계에 변화가 발생하면, 십신과 관련된 일들의 관계가 변하게 된다. 그 일들이 진행되는 과정에서 심리적으로 편안함과 즐거움이 느껴지기도 하고, 그 일들이 진행되는 과정에서 심리적으로 갈등과 괴로움이 느껴지기도 한다. 예를 들어 생극제화에 의해 손재(損財)가 일어났다 했을 때, 누구는 괴로움을 느끼겠지만 또 누구는 편안함을 느낀다. 사기를 당하거나 사업에 실패하여 내 재물에 큰 손실이 발생했다면 괴롭겠지만, 남을 도와주어 내 재물에 손실이 발생했다면 오히려 편안한 것이다. 자식이 결혼할 때 경제적 도움을 주는 일이 괴로운 일이겠는가? 이처럼 작용 현상의 내면에는 항상 관계 현상이 연결되어 있다. 작용 현상과 관계 현상은 동시에 일어나며, 그 과정에서 관계는 편안함과 괴로움을 구별해 준다.

28. 물상론(物象論)

물상론(物象論)은 천간지지의 오행들을 자연(自然)의 물상(物象)과 연결하여 해석하는 이론이다. 오행은 기상(氣象)이며 기상이 모이면 형상(形質)을 이룬다. 형상을 이룬 것은 오행을 거의 다 갖춘 것이기 때문에 눈에 보이는 물체(物體)가 된다. 이 물체로써 오행을 논하고자 하는 것이 물상론이다. 그러나 이것은 오행의 본성을 기상이 아닌 형상으로 오해하게 될 위험성이 있는 이론이다. 물상론을 본격적으로 다룬 고서는 궁통보감이다.

28-1. 물상론(物象論)의 의의(意義)

오행(五行) 및 십신(十神)은 포괄성(包括性)과 함축성(含蓄性) 그리고 확장성(擴張性)을 가지고 있기에 사주의 천간지지를 물상에 비유하여 통변하는 일은 매우 어렵다. 그 사주에 대해 모든 정보를 알고 나서 하는 사후통변(事後通變)은 누구든 멋지게 짜 맞춰서 잘할 수 있지만, 아무런 정보를 모르고 하는 사전통변(事前通變)은 요행(僥倖)이 없으면 정확하게 구사(驅使)하기가 거의 불가능하다.

명리의 특성이 역시 그러하다. 사후(事後)에 이해하기는 용이(容易)하나 예측(豫測)이 쉬운 학문은 아니다.

물상론은 통변(通變)에 있어서 수사적(修辭的)인 기법이나 수단으로서의 유용성이 어느 정도 있다. 그러나 오행의 본성과 물상이 일맥상통할 때 물상론이 유용하겠지만 자칫 편협(偏狹)한 물상론은 오행의 본성을 왜곡할 수도 있으므로 주의해야 한다. 예를 들면 木을 나무로, 火를 불로, 土를 흙으로, 金을 쇠로, 水를 물로 완전히 동일시(同一視)하는 일은 오행의 본성을 왜곡(歪曲)하는 일이다. 그런데 거기서 그치지 않고 더 나아가서 심각한 오류까지 저지를 때도 있다. 예를 들면, "火가 金을 제련(製鍊)하여야 쓸모 있는 용기(用器)를 만들 수 있다. 그러므로 화생금(火生金)이다."라고 하거나, "오행 중에서 유일한 생명체가 木이다."라고 하거나, "나무는 火를 보아야 성장하고 꽃을 피우고 열매를 맺으므로 화생목(火生木)이다."라고 하거나, "나무는 흙이 있어야 뿌리를 내리고 성장하므로 토생목(土生木)이다."라고 하거나, "나무는 물을 많이 주면 죽는다. 그러므로 수극목(水剋木)이다."라고 하는데, 이런 비유들은 오행과 물상을 동일시한 심각한 오류(誤謬)들이다. 또한 "乙木은 습목(濕木)이다."라고 하는데, 천간 乙에 물의 기운이 있다고 하는 주장이다. 십간(十干)의 특성이 진정 그렇겠는가?

물상론의 이런 오류들은 명리의 기본 원리인 오행의 상생상극 체계를 혼탁하게 하고 나아가서 명리 공부를 망치게 한다.

명리는 오행이 가진 무형의 원리를 다루는 형이상학(形而上學) 위주임에 반해, 물상론은 유형의 사물을 다루는 형이하학(形而下學)이다. 오행의 속성을 자연계에 존재하는 물체나 자연현상에 비유하면서 이해를 해도 좋으나, 그 물상이 오직 한 가지 오행만 가진 것처럼 논해서는 안 된다. 물상론자들의 최대 실수는 바로 이 부분에서 일어난다. 뚜렷한 형체를 가진 물상이라면 그 물상은 다수의 오행 기운을 갖고 있다. 그것을 찾아낼 줄 알면 그런 실수를 하지 않게 된다.

오행을 자연물에 비유할 때는 반드시 그 자연물의 내부 속성에 비유해야 한다. 태아가 어머니 배 속에 있을 때 혈액을 통하여 산소를 공급받다가 자궁 밖으로 나와 탯줄이 잘리는 순간부터는 독자적으로 호흡을 해야 하고, 그 호흡을 돕는 조치를 받는 순간에 기도가 열리면서 첫 호흡을 하게 된다. 그리고 그 순간의 대기의 기운을 내부(한의학적인 표현으로 리裏)로 받아들이면서 각자의 고유한 기운이 자리를 잡게 된다. 그런 이유로 명리에서는 어디까지나 리(裏)를 논하는 것이지 표(表: 외부)를 논하는 것이 아니다. 그러므로 자연에서 표(表)의 현상을 가져다가 명리에 적용하는 것은 적용체계가 다른 것들을 서로 동일시하는 잘못된 처사이다. 예컨대 木을 나무에 비유한 것은 나무가 곧게 뻗어 자라는 속성을 리(裏)로 이해하기 위함이지, 나무의 겉모습인 목질(木質)을 표(表)로 이해하기 위함이 아니다. 火를 불에 비유한 것은 불의 확산하는 속성을 리(裏)로 이해하기 위함이지, 불의 겉모습인 화염(火焰)을 표(表)로 이해하기 위함이 아니다. 土를 흙에 비유한 것은 土의 조화성을 리(裏)로 이해하기 위함이지, 토양의 겉모습인 흙을 표(表)로 이해하기 위함이 아니다. 金을 쇠에 비유한 것은 金의 굳은 성질을 리(裏)로 이해하기 위함이지, 철의 겉모습인 쇠를 표(表)로 이해하기 위함이 아니다. 水를 물에 비유하는 것은 물의 응집력을 리(裏)로 이해하기 위함이지, 물의 겉모습인 액체(液體)를 표(表)로 이해하기 위함이 아니다.

명리에서 가장 주의해야 할 이론이 자연론으로 포장한 물상론(궁통보감)이다. 잘못 이해하면 명리를 망치게 되니 특히 주의해야 한다.

특정한 기운(氣運)이나 물형(物形)이 어떤 오행의 영역(領域)에 속하는지 그 근거(根據)를 생각하며 분류(分類)해 보자. 절대적인 것은 아니므로 참고하기만 바란다.

28-2. 木火土金水의 물상(物象)

1) 木의 물상

가구(家具): 木으로 이루어진 물건

강목(剛木): 굳센 나무

노함(怒): 치밀어 오르는 기운

눈(眼目): 신체 중 시력과 시신경을 담당하는 부위

대림목(大林木): 커다란 숲

동방(東方): 동쪽 방향

따뜻함(暖): 추위가 가신 봄철의 기운

모발(毛髮): 신체에서 솟아난 모양을 가진 것

묘목(苗木): 갓 자란 어린나무

미래지향(未來指向): 나아가는 성분

바람(風): 손(巽) 괘에 해당하는 것

봄(春): 사계절 중 처음의 시기

상승(上昇): 위로 올라가는 성분, 자라는 성분

색욕(色慾): 양기가 뻗어나가는 기운

서점(書店): 나무 재료 제품을 취급하는 곳

성장(成長): 자라는 기운

시작(始作): 처음

신경계(神經系): 뻗어나간 형체를 가진 것

아침(朝): 시작의 시기

약제(藥劑): 약초에서 얻은 것

어깨(肩): 위를 향한 신체 부위

어짊(仁): 木이 가진 성향(中國 土의 情神 木이 孔子의 仁 思想)

우레(雷): 뢰(雷)괘에 해당하는 것

유덕(有德): 온화하고 인자하여 덕이 있는 모습

의류(衣類): 나무에서 얻은 옷감

인후(咽喉): 신체의 목구멍 부위

제지(製紙): 나무로 종이를 만듦

지물(紙物): 종이류

청록색(靑綠色): 푸른색이거나 초록의 색

청소년기(靑少年期): 소년기 혹은 청년기의 시절

초목(草木): 풀과 나무

풍질(風疾): 木과 관련된 질병

간담(肝膽): 신체에서 木 기능을 담당한 장부

곡직(曲直): 나무가 굽거나 곧은 성장 기운

뇌(腦): 신체 중 신경계를 담당하는 부위

다정다감(多情多感): 정이 많고 감성이 풍부함

동량목(棟梁木): 용마루와 들보로 쓰는 나무

동양(東洋): 서양의 맞은편

머리(頭): 뇌와 관련이 있는 부위

목재(木材): 나무로 이루어진 물체

문방구(文房具): 나무 재료 문구류

미성년자(未成年者): 아직 어린 사람

발생(發生): 시작

삼림(森林): 숲

새벽(晨): 하루 중의 시작 시기

샘(泉): 솟아오르는 기운을 가진 것

섬유(纖維): 나무를 재료로 만든 실과 의복

수족(手足): 몸통에서 자라난 것

식품(食品): 식물에서 얻은 먹을거리

신맛(酸味): 木의 기운을 가진 맛

악기(樂器): 나무로 만든 것

양류목(楊柳木): 나무

원예(園藝): 화훼류를 다루는 일

유목(柔木): 부드러운 나무

인자(仁慈): 木이 가진 성향

정욕(情慾): 양기를 발산하고자 하는 성정

조경(造景): 풀과 나무로 꾸미는 일

지엽목(枝葉木): 가지와 잎이 있는 나무

청룡(靑龍): 육수(六獸) 중 푸른 용

초년시절(初年時節): 어린 시절

풀뿌리(草根): 풀과 그 뿌리

화원(花園): 꽃을 키우는 동산

희망(希望): 새로운 것

甲: 큰 나무, 대들보, 큰 기둥, 전봇대, 말뚝, 장작, 이정표 등
乙: 화초, 잔디, 잡초, 풀, 곡식, 넝쿨식물, 새(鳥) 등

2) 火의 물상(物象)

가전제품(家電製品): 밝은 것, 퍼지는 것을 이용한 제품

광채(光彩): 퍼지는 성분

난방(煖房): 따뜻하게 데우는 일

달변(達辯): 말을 널리 퍼지게 하는 기운

명랑(明朗): 밝고 활발한 기운

발전(發展): 퍼지는 기운

번개(雷電): 빛과 소리가 퍼지는 기운

보일러: 끓어서 퍼지는 기운

분산(分散): 널리 퍼지게 하는 일

색욕(色慾): 양의 기운을 퍼지게 함

순환계(循環系): 돌면서 널리 퍼트리는 작용을 하는 기관

시력(視力): 밝음을 인식하는 능력

심장(心腸)과 소장(小腸): 신체 장부 중 火에 해당하는 부위

쓴맛(苦味): 火에 해당하는 맛

열(熱): 더움

유동(流動): 가만히 있지 않고 움직이는 모습

유류(油類): 폭발하는 성분을 가진 재료

자색(紫色): 붉은색

전기(電氣): 널리 퍼져나가는 기운

정신(精神): 두루 판단할 수 있는 능력

조급(躁急): 성급한 성정

주류(酒類): 퍼지게 하는 성질을 가진 음식물

청년기(青年期): 성년으로 성장한 시기

컴퓨터: 火의 기운을 가진 기기

통신(通信): 널리 소통하는 일

항공(航空): 널리 돌아다니는 기운을 가진 것

혀(舌): 말을 만들어 내는 신체 부위

화공(火工): 불을 다루는 직종

화약(火藥): 폭발하는 기운을 가진 것

기쁨(喜): 몸 전체에 퍼지는 기운

남방(南方): 火 기운이 강한 방향

더위(暑): 열기가 강한 기운

미용(美容): 밝고 아름다운 기운

밝음(明): 火의 속성

별(星): 밝은 성분

분명(分明): 밝게 구별하는 일

불타오름(炎上): 퍼지는 형상

솔직(率直): 숨김없이 모두 드러내는 성정

여름(夏): 더운철

예의(禮義): 밝음을 관장하는 덕목

유통업(流通業): 확산 기운을 가진 일

의욕(意慾): 펼쳐 실행하고자 하는 뜻

적색(赤色): 붉은색

전등(電燈): 밝은 기운

정열(情熱): 더운 뜻을 가지는 일

조명(照明): 밝게 하는 일

주작(朱雀): 육수(六獸) 중 주작

청춘(青春): 청년기

태양(太陽): 더운 열기를 가진 물체

폭발물(暴發物): 널리 퍼지는 기운을 가진 물체

허세(虛勢): 흩어져 실속이 없는 형상

혈압(血壓): 혈액이 가진 퍼지는 기운

화려함(華麗): 밝고 아름다운 기운

화염(火焰): 널리 퍼지는 기운

화장품(化粧品): 밝고 빛나 보이게 하는 재료
화학(化學): 섞이고 퍼져서 새로운 물질을 형성하게 하는 기운
확산(擴散): 널리 퍼지는 기운
확장(擴張): 널리 퍼지는 기운
흩어짐(離散): 서로 멀어지는 기운

丙: 태양, 큰불, 용광로, 폭발, 예의, 선명함 등
丁: 달, 별, 등불, 촛불, 손전등, 등대, 꽃, 문명 등

3) 土의 물상(物象)

간방(間方): 정방(正方)의 틈새 방향
고원(高原): 높은 지역
공정무사(公正無私): 공평하고 바르며 사사로움이 없는 것
구진(勾陳)과 등사(螣蛇): 육수(六獸) 중 土에 해당하는 상상의 동물
단맛(甘味): 여러 가지 맛을 조화롭게 해주는 것
대지(大地): 만물을 포용하는 것
땅(載物): 만물을 싣고 있는 지표면
목구멍(喉中): 土의 소리를 내는 부위
믿음(信): 중후하며 중도를 지키는 것
복부(腹部): 신체 중 가운데 부위
비만(肥滿): 살이 찐 상태
비밀(祕密): 속을 자세히 알 수 없는 것
비장(脾腸)과 위장(胃腸): 소화를 담당하는 기관
사계(四季): 계절과 계절 사이의 조절 기간
산(山): 흙으로 이루어진 형체
살집(肌肉): 신체의 살점
생각(思): 실행에 옮기기 전의 판단
순응(順應): 거슬림이 없는 처신
순탄치 않음(蹇滯): 더디고 막힘
신용(信用): 믿을 수 있는 위치
심고 거둠(稼穡): 흙의 생산과 수확 작용
안개(霧): 조화롭게 하는 것
어머니(母): 주역의 곤(坤) 괘에 해당하는 육친
언덕(岸): 흙으로 이루어진 높은 형체
오래된 일(久事): 세월이 일정 기간 지나간 일
인사(人事): 사람들을 조화롭게 배치하는 일
전답(田畓): 흙으로 이루어진 물체
정지(停止): 조절하기 위한 멈춤
제방(堤防): 막고 정지하게 해주는 사물
조절(調節): 조화롭게 해주는 일
중년기(中年期): 인생의 중간 시기
중매(仲媒): 사람과 사람을 맺어주는 일
틈새나 사이(토는 결코 중앙이 아님)
중용(中庸): 치우치지 않는 처세술
중화(中和): 치우치지 않고 조화롭게 응함.
집결(集結): 모인 상태
탄소(炭素): 숯의 성분을 가진 물체
포용(包容): 감싸 안는 자세
허리(腰): 인체의 가운데 부위
허경(虛驚): 헛된 것을 실체로 착각하고 놀람
혼합체(混合體): 섞여서 조화롭게 된 것
화순(和順): 조화롭고 순조로움
환절기(換節期): 바뀌기 직전의 조절기
황색(黃色): 누런 흙색
황제(皇帝): 황제를 상징하는 색
두텁고 무거움(厚重): 중후한 속성을 가진 것
흙(土): 만물을 자생하게 하는 근원

戊: 대지, 산, 벌판, 둑, 언덕, 성곽, 담, 운동장, 고독, 신의 등
己: 논밭, 습토, 화단, 마당, 도로, 모래밭, 구름, 임산부, 어머니 등

4) 金의 물상(物象)

가을(秋): 계절 중 세 번째의 거둠의 시기

결실(結實): 열매를 맺는 시기

경찰(警察): 법을 집행하는 기관

공구(工具): 형체를 가진 도구

광산(鑛山): 금속류를 채취하는 곳

국방(國防): 형체나 정체성을 유지하기 위한 일

근심(憂): 걱정하는 일

금은(金銀): 단단하면서도 값이 나가는 물체

기계(機械): 단단한 물체

냉정(冷情): 부드럽지 않고 차가운 성정

메마름(燥): 건조함

백색(白色): 돌이나 금속이 가진 본래의 색

변혁(變革): 바꾸고 고치는 일

보석(寶石): 단단하고 빛나는 돌

사업(事業): 직업으로 삼은 일

서늘함(凉): 차가운 성분

서방(西方): 해가 지는 곳

석양(夕陽): 서산으로 넘어가는 해

세공(細工): 금속을 가공하는 일

수축(收縮): 형체를 가지고 줄어들려 하는 기운

암석(巖石): 단단하고 차가운 물체

운수업(運輸業): 형체를 가진 것이 돌아다니는 것

장년기(長年期): 성장을 멈추고 내실을 다지는 시기

저녁(夕): 하루 중 늦은 시기

종혁(從革): 바뀌는 일에 종사하는 것

철물(鐵物): 단단한 것

코(鼻): 호흡을 담당한 신체 기관

견고(堅固): 단단하고 굳은 것

공업(工業): 형체가 있는 물건을 만드는 일

골격(骨格): 단단하고 형체가 있는 신체 부위

관절(關節): 단단한 부위

교통(交通): 서로 소통하는 일

군인(軍人): 살기를 가진 사람

금속(金屬): 단단한 물체, 쇠

급변(急變): 급히 바뀜

기관지(氣管支): 호흡을 담당하는 신체 부위

매운맛(辛味): 고통을 가져오는 자극적인 맛

발성(發聲): 소리를 내는 물체나 일

백호(白虎): 육수 중의 흰 호랑이

병기(兵器): 사람을 다치게 하는 기구

뼈(骨): 인체의 형체를 유지해주는 부위

상업(商業): 서로 교류하면서 돈을 버는 일

서리(霜): 차가운 기운

서양(西洋): 해가 지는 지방

성숙(成熟): 잘 익은 시기

표피(表皮): 겉껍질

숙살(肅殺): 가을의 기운이 풀, 나무를 말려 죽임

열매(實): 형체가 있으며 씨앗을 만드는 물체

의리(義): 법과 규범을 따르는 일

재물(財物): 눈에 보이는 유용한 물건

정비(整備): 형상을 제대로 갖추는 일

차량(車輛): 단단한 형제를 가진 물체

치아(齒牙): 인체의 단단한 부위

탐욕(貪慾): 욕심, 가지려고 하는 성정

폐(肺)와 대장(大腸): 수축 작용을 할 수 있는 호흡기 및 소화기

피를 봄(血光): 살기를 띠는 일

피부(皮膚): 호흡을 담당하거나 형체를 유지하는 일을 맡은 부위

호흡계(呼吸系): 호흡을 담당하는 신체 부위 횡액(橫厄): 다치는 일

후각(嗅覺): 호흡을 통해 냄새를 맡는 기관

庚: 원석, 철광석, 큰칼, 기계, 철제 등
辛: 보석, 작은 칼, 기구, 가위, 바늘 등

5) 水의 물상(物象)

강(江)과 바다(海): 응집력을 가진 큰물

겨울(冬): 사계절의 씨앗을 만드는 시기

결빙(結氷): 차갑고 단단하게 굳음.

권모술수(權謀術數): 속을 알 수 없는 것

귀(耳): 모으고 압축하는 인체 기관

기만(欺瞞): 핵심을 알 수 없게 만들고 감추며 속이는 일

도적(盜賊): 속이 어두운 사람

두려움(恐): 소름이 돋는 일

바닷물(海水): 응집된 물

밤(夜): 어두운 시기

배설물(排泄物): 압축하여 걸러낸 물질

북방(北方): 춥고 어두운 곳

비뇨기(泌尿器): 배출을 담당한 인체 부위

비밀(祕密): 속을 알기 어려운 것

비와 이슬(雨露): 물로 이루어진 것

생식기(生殖器): 정액, 호르몬의 인체 기관

수분(水分): 물

신음(呻吟): 괴롭고 고통스러운 일, 굳어서 풀리지 않는 것

신장(腎臟)과 방광(膀胱): 짜내고 걸러내는 일을 담당한 인체 부위

씨앗(核): 응집된 기운을 만드는 것

암매(暗昧): 어두워서 알 수 없는 일

오랜 병(久病): 오래되어 고치기 힘든 굳은 병

음흉(陰凶): 속을 알 수 없는 것

응축(凝縮): 굳어지고 단단하게 되는 것, 응고(凝固)

응고되는 액체

인내(忍耐): 단단하고 굳어야 이겨내는 일

참모(參謀): 지혜를 써서 남을 보좌하는 일

적응(適應): 마땅히 따라가야만 하는 일

정(精): 가장 중요한 핵심, 호르몬

정적(靜的)인 일

지능(知能): 지혜를 발휘하는 능력

지혜(知慧): 알고 슬기롭게 대처하는 능력

짠맛(鹹味): 水 기운이 가진 맛

청각(聽覺): 모으고 응집해서 전달하는 역할을 맡은 기관

타액(唾液): 소량으로 이루어진 액체

포용(包容): 모으고 감싸는 기운

한랭(寒冷): 춥고 차가운 기운

현기(玄氣): 현묘한 기운

현무(玄武): 육수 중 북쪽을 담당한 거북처럼 생긴 상상의 동물

호르몬(精): 정기가 모인 액체

호수(湖水): 물이 모인 것

흑색(黑色): 어두운색

壬: 바다, 호수, 강, 지혜 등
癸: 샘물, 옹달샘, 비, 눈, 시냇물 등

* 오행 水는 응축(凝縮)된 것이며 정적(靜的)인데, 이것을 자연계의 물과 동일시하여 흐름(木)이나 유통(火)으로 오인하기 쉽다.

※ 천간 오합의 물상 - 남녀의 조화(調和)와도 같은 것이다.

1) 갑기합(甲己合)
자연계에서 보면, 나무와 흙은 서로 조화가 잘 된다. 이것은 성장의 기운과 조절의 기운이 서로 잘 어울리기 때문이다.

2) 을경합(乙庚合)
바위에 뿌리를 내리고 있는 소나무가 아름다운 자연 정원의 모습을 보여주듯 성장의 기운과 형체 유지의 기운은 서로 조화가 잘된다.

3) 병신합(丙辛合)
불과 쇠가 서로 만나면 뜨거운 금속이 되어 서로 조화가 잘된다. 즉 확산하려는 기운과 형체를 유지하려는 기운이 서로 조화롭게 공존하게 된다.

4) 정임합(丁壬合)
불과 물이 서로 만나면 뜨거운 물이 되어 서로 조화가 잘된다. 확산하는 기운과 응축하는 기운이 서로 조화롭게 공존하게 된다.

5) 무계합(戊癸合)
흙과 물이 만나면 서로 잘 섞여서 조화된다. 즉 조절하는 기운과 응축하는 기운이 서로 조화롭게 공존하게 된다.

28-3. 지지(地支)의 물상(物象)

1) 寅木
큰 나무(巨木), 양지(陽地)의 나무, 장작, 땔감, 초봄의 나무, 어린나무, 어린 물고기, 기둥, 바람, 호랑이 등

2) 卯木
작은 나무, 화초, 음지(陰地)의 나무, 덩굴식물, 나물, 늙은 물고기, 늙은 나무, 바람, 토끼 등

3) 辰土

넓은 논, 평야, 습한 흙(濕土), 생토(生土), 전답(田畓), 저수지 제방, 용(龍) 등

4) 巳火

빛, 화산(火山), 큰불, 용광로, 폭발물, 광선(光線), 연료, 화약, 폭발물, 화공약품, 미용, 화장품, 전기, 전신전화, 뱀 등

5) 午火

빛, 더위, 촛불, 전등, 난롯불, 가로등, 등불, 말(馬) 등

6) 未土

메마른 흙(燥土), 푸석한 흙, 사막의 흙, 양(羊) 등

7) 申金

바위산, 가공하지 않은 원석(原石), 철광석, 단단한 금속, 큰 바위, 선박, 기계류(機械類), 원숭이 등

8) 酉金

금, 은, 주옥, 보석, 장신구, 반지, 침, 가위, 낫, 도끼, 칼, 시계, 반도체, 액세서리, 닭, 항아리, 술병, 관악기 등

9) 戌土

메마른 흙(燥土), 논밭, 들판, 평야, 사막, 화로(火爐), 돌이 섞인 흙, 광산(鑛山), 개(犬) 등

10) 亥水

바닷물, 호수, 강물, 큰물, 염전, 어장, 돼지(豚) 등

11) 子水

맑은 물, 깨끗한 물, 시냇물, 찬물, 이슬, 음료수, 씨앗, 콩, 호르몬, 쥐 등

12) 丑土

축축한 흙, 언 땅(凍土), 습토(濕土), 소(牛) 등

☞ 입문기 때는 오행 이해를 위해 물상법을 써도 되나, 길게 잡고 있으면 명리를 망치게 된다. 입문기를 벗어나면 반드시 물상법을 버리고 형이상학 수준의 명리를 해야 한다. 고서 궁통보감은 '습을상정(濕乙傷丁)'을 논하고 있는데, 이것은 '습목은 정화를 상하게 한다.'라는 뜻이며, '卯나 乙은 습기(濕氣)가 있기에 丁을 생(生)하지 못한다.'라는 논리이다. 卯나 乙에 도대체 무슨 습기가 있기에 木生火조차 부정하려 하는가? 수십 년의 경력자들도 이 이론을 당연한 듯 쓰는 걸 보면, 물상법의 폐해(弊害)가 어느 정도인지 쉽게 짐작할 수 있다.

십이지지와 띠

십이지지에 동물 이름이 부여된 것은 후한(後漢)의 학자 왕충(王充)의 논형(論衡)에 그 내용이 있는 것으로 보아 당시 또는 그 이전부터였던 것으로 추측할 수 있다. 그런데 이 열두 동물의 특성을 명리에 적용하는 것은 문제가 있다.

예컨대 돼지(亥)는 뱀(巳)의 천적이지만 잔나비(申)는 호랑이(寅)의 천적이 아니다.

용(辰)은 실존하는 동물도 아니며 쥐는 사실상 子가 가진 상징성과 아무런 관련이 없다. 명리가 다만 문자(文字)를 빌려서 기(氣)를 표시하고 있을 뿐이니, 띠가 가진 동물적 특성을 사람의 심리나 인격에 비유하는 오류를 범하지 않아야 한다.

띠 궁합(宮合) 이론 역시 권장할 만한 이론이 아니다.

28-4. 명리(命理)와 기후(氣候)

명리에서 월(月)의 경계는 절후(節候)이다. 절후를 기준으로 간지를 배치하여 명리를 연구하는데, 이때 날씨나 기온을 고려하지는 않는다. 국지적(局地的)인 날씨나 기온이 천간지지의 기운을 대표하는 건 아니기 때문이다.

천간의 木火土金水는 계절과 무관하다. 지지는 계절 그 자체이다. 그러므로 한난조습(寒暖燥濕)은 지지에서 논해야 하며, 천간에서 논해서는 안 된다. 천간은 계절이나 기후를 표시한 것이 아니기 때문이다.

십이지지의 흐름이 계절의 흐름과 관련이 있기에 월령에 변화가 생기면 계절이나 기후 또는 날씨의 변화가 나타나서 우리가 피부로 직접 느낄 수 있게 된다. 그러나 겉으로 드러난 기후와 날씨가 명리의 본성은 아니다. 그러므로 명리에서는 기온이나 강수량을 고려하지 않는다. 따라서 한난조습 이론은 별로 바람직하지 않은 이론이다.

기본적으로 북방(水)은 음이 지극하여 한(寒)을 생하고, 남방(火)은 양이 지극하여 열(熱)을 생하며, 동방(木)은 양이 분산되어 풍(風)을 생하고, 서방(金)은 음이 수렴되어 조(燥)를 생한다고 한다. 따라서 풍열조한(風熱燥寒)은 봄, 여름, 가을, 겨울의 사상(四象)에 대응된다.

한난조습(寒暖燥濕)은 계절적 특성을 표현한 용어인데, 한(寒)은 겨울에, 난(暖)은 여름에, 조(燥)는 가을에, 습(濕)은 봄에 대응된다고 한다.

그러나 巳午未의 여름을 난(暖)으로, 亥子丑의 겨울을 한(寒)으로 이해하기는 쉬우나, 寅卯辰의 봄을 습(濕)으로 이해하기는 좀 어렵다. 申酉戌 가을의 조(燥)와 반대 위치에 있기에 그렇게 이해하려 할 수도 있지만, 사실상 봄을 습한 계절로 인지하기가 쉽지 않다. 습을 느낄 만한 근거가 존재하지 않기 때문이다. 이같이 한난조습 이론은 그 경계 구분이 아주 명확한 것이 아니므로 크게 중요하게 다룰 개념은 아니라고 본다.

물상론에 심취하게 되면 기온과 습도 등의 날씨 현상까지 명리에 적용하려 하게 되는 수도 있는데, 이는 명리의 본질에 올바르게 접근하는 태도가 아니라고 할 수 있다. 그러므로 물상론 학습에는 각별한 주의가 필요하다.

28-5. 물상(物象)이 가진 오류(誤謬)

물상이 가져온 오류와 폐해가 있는데, 이로 인해서 명리를 바르게 이해하지 못하고 언어도단(言語道斷)의 논리를 펴는 경우가 있다.

水生木의 명제를 물상 측면에서 부정하고 있는 잘못을 한 번 살펴보자.

"언 물은 나무를 생하지 못한다(凍水不能生木)."
이런 논리가 있는데, 구체적으로 살펴보면, 子월에는 子水가 甲乙 木이나 寅卯 木을 생하지 못한다는 논리이다.
자평진전(경촌집)에서 이런 논리를 찾을 수 있다. 水生木의 정확한 개념을 알아야 하는데, 서두에 기술했으나 생(生)의 정확한 개념은 '태어나게 하는 것'이다.
즉 水가 木을 태어나게 한다는 것이 水生木이다.
그러므로 水生木은 정확한 명제이고 부정할 수 없는 진리이다. 이 水生木의 명제를 자연계의 물상에 비유하더라도 정확하게 비유해야 한다.
언 물은 水가 아니다. 이미 얼어 있는 것은 水가 아니라 나무를 죽게 만드는 차갑고 딱딱한 金이다. 그러므로 언 물이 나무를 생하지 못하는 것과 水生木은 관련이 없다. 나무는 잎과 꽃으로 기운을 보내는 봄여름에 약해지고, 모든 기운을 뿌리로 보내는 겨울에 강해진다. 그래서 겨울에 죽지 않고 살아남는다. 만약 나무가 겨울에 생을 받지 못한다면 봄에 다시 살아나지 못해야 한다. 나무가 겨울에 생장(生長)을 멈추고 죽은 듯이 있는 자연현상을 보고서 水生木에 대해 의심을 한다면 명리를 잘못 배운 것이다.

사실, 초목(草木)이 겨울에 생장을 멈추는 것은 자연환경에 적응하고자 하는 초목의 생존 방식일 뿐, 오행 木의 생존 방식이 아니다.
그러므로 물상을 오행과 완전히 똑같이 보아 학문적 오류를 스스로 만드는 그런 일을 하지 말아야 한다. 명리를 잘못 익힌 학자들을 관찰해보면 거의 다 이 물상을 잘못 이해하고 있는 사람들이다.

28-6. 물상통변(物象通變)의 실례(實例)

戊丁丙乙甲癸壬　　己丁辛戊乾 -1968 ◈ 005
辰卯寅丑子亥戌　　酉酉酉申
65 55 45 35 25 15 4,8

酉는 술독이라, 지지에 여럿 있으니 이 사람은 술고래이다.

丁戊己庚辛壬癸　　己庚甲乙乾 -1935 ◈ 006
丑寅卯辰巳午未　　卯申申亥
61 51 41 31 21 11 1,4

卯와 申은 뾰쪽한 것이며 침과 주사를 뜻하니 직업이 의사이다.

戊己庚辛壬癸甲　　己癸乙丁乾12 -1987 ◈ 007
戌亥子丑寅卯辰　　未亥巳卯
63 53 43 33 23 13 2,8

甲辰 대운 12세 己卯년에 교통사고로 사망하였다.
　일간(日干) 癸水는 초여름에 내리는 비(雨)이다. 己未는 전답(田畓)이고, 乙木은 화초(花草)이자 곡식(穀食)이다. 가뭄이 든 전답(田畓)에 丁火 화기(火氣)가 있어 초목(草木)이 메마른데, 未土 더운 흙은 亥水 수원(水源)을 고갈(枯渴)시키고, 乙木은 물을 빨아들여 癸水가 말라버리는 상이니, 만 12세로 요절(夭折)하였다.

壬辛庚己戊丁丙　　乙乙乙乙坤 -1955 ◈ 008
辰卯寅丑子亥戌　　酉亥酉未
69 59 49 39 29 19 9,0

乙木은 콩나물이다. 그러므로 콩나물을 직접 길러 파는 장사를 하면 좋겠다. 乙木이 丙火 햇빛을 보지 않아 곧게 잘 자라고 있으며, 酉는 콩나물시루로서 金生水를 잘해주고 있다.

'명제(命題)의 늪'에 빠지지 않아야 한다.

어떤 이론과 법칙을 공식(公式)처럼 만들어 놓은 것을 명제(命題)라고 한다. 명리에도 다수의 명제가 있다. 예를 들면 '수생목(水生木)', '목극토(木剋土)', '합화(合化)' 등의 용어들인데, 명운을 해석할 때 유용하게 쓰인다. 그런데 이들 명제에도 우선순위(優先順位)가 있고 계통성(系統性)이 있다. 그러니 사용함에 특별한 주의가 필요하다.

예컨대 亥가 卯를 만난 게 보이면, "합화하니 亥의 본성이 사라질 것이다.'라고 즉각 판단하게 된다. 그런데 만약 그 중간에 子나 丑이나 寅이 끼어들면 어떻게 되겠는지 생각해본 적이 있는 가?

'亥-子-卯'가 되어 있거나 '亥-寅-卯'가 되어 있다면(글자의 순서가 어떻게 배열되었든 관계없 다. 卯-丑-亥라도 된다), 이때도 합화를 논할 수 있겠는지 생각해보라.

십이지지의 흐름과 합화, 그 둘 사이에 우선순위가 분명히 있다는 얘기이다.

또 예를 들어 甲이 己를 만난 게 보이면, "육친법을 적용하면 甲은 남편이고 己는 아내이다." 라고 즉각 판단하게 된다. 그런데 '사주의 구조에 따라 甲을 아내로 己를 남편으로 판단할 때가 있다.'라고 생각해본 적이 있는가? 만약 없다면, 지금부터라도 생각해보기를 바란다.

음양의 가장 뚜렷한 특성은 상대성(相對性)이라고 할 수 있다. 명리도 음양의 원리를 벗어나지 않는다. 그러므로 음이 양이 될 때가 있고 양이 음이 될 때가 있듯이 육친 문제도 상대적 변화를 일으킬 때가 있다. 즉 배우자를 의미하는 십신이 바뀔 때가 있다. 배우자가 바뀌면, 자식을 의미 하는 십신도 당연히 바뀔 것이다. 그 얘기이다.

배우정상(配偶正常)이 대부분이지만 배우전환(配偶轉換)이 될 때도 있고, 이것이 운의 영향에 따라 다시 배우환원(配偶還元)이 될 때도 있다. 그런 현상이 분명히 있다. 그러니 과연 어떤 조건 일 때 그런 현상이 생기는지 독자들이 꼭 연구해보기를 바란다.

필자가 육친론에서 "그러나 아직 더 연구해야 할 부분이 남아 있다."라고 언급했는데, 육친 이 론에 있는 명제에도 역시 계통성(系統性)이 있음을 확인했기에 그런 말을 했다.

음양의 상대성은 진리이다. 그러므로 명제의 고정불변성(固定不變性)을 고집해서는 안 된다는 걸 대충 짐작할 수 있을 것이다. 필자가 명제의 늪에 빠지지 말라는 말을 하는 취지를 잘 이해했으 면 좋겠다. 모든 명제가 다 그렇다는 건 아니니 안심해도 된다.

쉬어가는 코너에서 쉬어야 하는데, 쉬지 못하게 만들었고 오히려 두 개의 과제(課題)를 내었 다. 미안한 마음이다.

실
전
편

　　고전의 어느 한 서적이라도 완벽에 가까운 것이 있었다면 명리가 어려울 리도 없 겠고 세상은 명리 대가(大家)들로 꽉 차 있겠지만, 작금(昨今)의 형편은 그렇지 못하 다. 책에 적힌 대로 다 되지는 않는다.

　　명리와 같은 편학(偏學)은 자신만의 생각(이론)에 빠지게 하는 특성이 있기에 특 히 주의해야 한다. 공부하면서 이론을 자기 방식대로 편협하게 이해하게 되기쉽고, 한 번 잘못 배운 이론이 고착(固着)되면, 그 이후에는 어떤 새롭고 바른 이론을 접하 더라도 그것을 인정할 줄 모르게 되기 쉬우며, 자신의 학문이 최고라는 착각과 자기 도취에 빠져 큰 오류를 범하기도 쉽다. 그러므로 어떤 책을 택하여 명리 이론을 바 르게 습득하여 기초를 잘 닦아 둘 것인가 하는 문제는 실로 중요한 문제가 아닐 수 없다. 사주를 잘 보기 위해서는 우선 갖추어야 할 기초가 매우 중요하다는 뜻이며, 시작이 잘못되면 좋은 결과를 기대할 수 없다는 뜻이기도 하다.

29. 간명방법론(看命方法論)

　　명운(命運)을 감정할 때, 상담자는 내담자에게 과거와 현재와 미래를 얘기해 줄 수 있어야 한다.

　　명운 감정 시에 여러 가지 방법(간명법看命法, 관명법觀命法)을 쓰고 있는데, 그 대표적인 것이 고전을 기초로 한 격국용신법, 억부용신법, 조후용신법, 이 삼법이다. 그러나 각각의 간법에 분명히 한계가 있고 문제점도 있다.

29-1. 격국용신법(格局用神法)

　　격국용신법은 용신격국의 성패(成敗)를 살펴서 사주의 품격(品格)을 위주로 평가하는 이론이다.

　　격국법은 사길신(四吉神: 財官印食)과 사흉신(四凶神: 煞傷梟刃)을 미리 분류해 둔 상태에서 성패(成敗) 이론을 전개하는데, 여기에 문제가 있다. 십신은 길신과 흉신의 양면성을 가졌음에도 이를 무시하고 길신과 흉신이 각각 따로 있다며 이를 바탕으로 품격을 논하는 오류를 범했다.

　　격국용신법은 이론이 난해(難解)하고 그 쓸모도 적다. 특히 행운법(行運法: 운세 해석법)이 체계적이지 않고 실제에 잘 부합(附合)하지도 않는다. 그래서 격국법은 비교적 적중률이 낮은 편이다.

29-2. 억부용신법(抑扶用神法)

　　억부용신법은 일간의 신강신약을 판단한 후 중화(中和)를 위해 선정된 오행을 기준으로 길흉을 판단하는 이론이다.

　　사주는 일간을 중심으로 해석이 되어야 마땅한데, 억부법을 취하는 학자들은 억부용신을 사주의 핵심으로 간주하고 있기에 일간보다 용신을 더 중시(重視)하며 모든 것을 용신 중심으로 해석하려는 경향이 있다. 이것이 문제점이다.

　　또한 고서 적천수천미에서 임철초는 다음과 같이 논했는데,

"然命內用神 不特妻財子祿 而窮通壽夭 皆在用神一字定之 其可忽諸"

"그러나 사주에서의 용신은 특히 재와 재물과 자식과 관록에만 특별한 것이 아니라, 가난함과 부귀함, 오래 삶과 일찍 죽음도 다 용신 한 글자에 의해 정해지는 것이니 어찌 소홀히 하겠는가?"

책이 이 문장을 제시하는 바람에 학자들이 그걸 액면 그대로 믿게 되었다. 이로 인해 오행 하나를 억부용신으로 삼아서 그것에다 무소불위(無所不爲)의 거대한 능력을 부여하였다는 게 또 하나의 문제점이다. 오행 하나는 한 가지 기능이 있고, 나머지 네 오행에는 네 가지 기능이 있는데도 불구하고 말이다.

용신의 효용성(效用性)을 잘못 이해하는 사례를 아래에 제시한다.

용신을 구해야만 길흉을 판단할 수 있으므로 반드시 구해야 한다.
용신이 강하면 건강하고 의지력이 강하며 능력이 출중하다.
용신이 강하면 품격이 높은 사주이다.
용신이 약하면 허약하고 의지력이 약하며 능력이 부족하다.
용신이 약하면 품격이 낮은 사주이다.
제반 조건이 나빠도 용신 운이 오면 좋아진다.
용신 운이 오면 병이 낫고 출세하며 돈을 많이 벌게 된다.
용신이 충극을 당하는 운이면 극히 나쁘고 죽을 수도 있다.

억부용신법의 큰 단점은 용신에 현혹(眩惑)되어 그 용신을 기준으로 삼아 모든 길흉을 일괄(一括) 판정해버린다는 점이다. 재물, 출세, 결혼, 건강, 수명, 육친 관계 등등 모든 것은 그 각각의 해석법이 따로 있음에도 불구하고, 억부법은 오직 용신을 기준으로 그 모든 것을 한꺼번에 판단해버리는 방법이다.

용신 운이 왔다고 해서 모든 것이 다 잘 된다는 법은 있을 수 없다. 인생은 좋은 일과 나쁜 일이 뒤섞여 나타나기 마련인데, 억부법은 다 좋다고 하든지 아니면 다 나쁘다고 하든지, 아니면 그 중간이라고 판단할 수밖에 없는 막연한 방법이다. 그러므로 간명 수단으로 삼기에 심히 부적합한 것이다. 그래도 억부법은 격국법이나 조후법에 비해 상대적으로 적중률이 나은 편이다.

29-3. 조후용신법(調候用神法)

조후용신법은 한난(寒暖)과 조습(燥濕)을 조절하고자 하는 관점으로 접근하여 조후용신을 찾고 그것을 기준으로 길흉을 판단하는 방법이다. 그런데 사주 통변이 전적으로 조후의 측면만 고려할 수는 없기에(조후라는 용어도 사실은 합당하지 않다. 특정한 십신들의 조합을 근거도 없이 강조한 이론에 불과하다) 합리성이 부족한 편이다.

조후용신을 논한 이론은 애석하게도 그 근거 제시가 되어있지 않기 때문에 은유법(隱喩法)으로 표시된 시결(詩訣)을 전적으로 믿기는 어려운 것이다. 더욱이 궁통보감은 오행을 물상(物象) 측면으로 치우쳐서 논하고 있기에 간지의 속성을 정확히 간파한 책으로 평가받기 어려운 면도 있다.

조후법도 비교적 적중률이 낮은 편이다. 조후법으로 아래 사주를 살펴보자.

辛壬癸甲乙丙丁　壬辛戊癸乾58 -1943 ◈ 009
亥子丑寅卯辰巳　辰丑午未
62 52 42 32 22 12 2,0

午月 辛金이면 壬을 쓰고 癸와 己를 조합하여 쓰는 사주가 된다. 癸丑 대운 후반부터 壬子 대운까지 서울역에서 거지 생활을 10년 이상 해온 사람인데, 壬子 대운은 조후용신에 해당하는 길운임에도 불구하고 오히려 거지 생활을 하였다고 한다. 그러니 조후법 이론이 현실과 맞지 않는다.

식신이 인성을 만나 그 기능을 제대로 수행하지 못하였기 때문에 그러했다(인극식). 실제로 乙卯, 甲寅 대운에는 발전했었다고 한다.

실전편 29 간명방법론

29-4. 신약사주(身弱四柱) 해석에서의 문제점(問題點)

격국법이나 억부법은 신약 사주에 대해 공통적인 오류를 갖고 있다. 일간이 허약하면 인비(印比) 운을 길운으로 취급하려 한다는 점이다. 이것은 십신의 기능을 생극제화의 측면으로 받아들이지 않고 힘의 균형 유지 측면으로 받아들이려 하는 잘못된 인식에서 비롯된 것이다.

일간은 아무리 허약해도 기본적으로 재성을 극하는 능력이 갖추어져 있다. 그런데도 일간을 왕강하게 만들어주면 '재성을 감당할 능력'이 생기는 줄 착각하는데, 이것이 문제점이다. 사실은 '감당할 능력'이 아닌 '극할 능력'이 생긴다. 그러므로 재물 측면에서 보면, 신약 사주에게 인비 운이 좋은 운이 되는 경우는 (특별한 사주를 제외하고는) 극히 드물다. 일간이 강해지면 재성이 극을 받으니 재력(財力)이 당연히 약해진다. 그러므로 인비 운이 일간을 강화하면 결국 재성이 죽게 된다는 걸 알아야 한다.

29-5. 고전(古典)의 무리수(無理數)

고서 적천수천미에 등장하는 동중당(董中堂)의 사주를 보자. 중당 벼슬은 재상 벼슬이다. 이 책 지명(知命) 장에서는 신약 인성 용신으로 다루었고, 이 책 지위(地位) 장에서는 신강 식상 용신으로 다루었다. 같은 책에서도 해설이 앞뒤가 다르게 무리수를 둔 그 해법을 다시 살펴보자.

적천수천미 지명(知命) 장

戊丁丙乙甲癸壬辛　戊戊庚庚乾◆010
子亥戌酉申未午巳　午辰辰申

"董中堂造 日干戊土 生于季春午時 似乎旺相 第春時虛土 非比六九月之實也 且兩辰蓄水爲濕 足以泄火生金 干透兩庚 支會申辰 日主過泄 用神必在午火 喜水木不見 日主印綬不傷 精神旺足 純粹中和 一生宦海無波 三十餘年太平相業 直至子運會水局不祿 壽已八旬矣"

"……(초중략) 용신은 반드시 午火에 있는데, 水木이 보이지 않음이 기쁘다. 일주와 인수가 손상되지 않아 정신이 왕족하고 순수하여 중화를 이루었다. 일생 벼슬의 바다에서 파란이 없었으며 30여 년 동안 태평한 시기에 재상 일을 했다. 바로 子 운이 되자 水국이 되어 죽었으니 수명은 이미 팔순이었다."

적천수천미 지위(地位) 장

戊戊庚庚
午辰辰申

"此天然淸氣在庚金也"
"이 사주는 천연의 청기가 庚金에 있다."

억부용신이 기신의 극을 받으면 탁(濁)이라 하고, 억부용신이 기신의 극을 받지 않고 (희신을 생하거나) 건강한 경우에 청(淸)이라 하므로 청기는 결국 억부용신을 말한다. 따라서 위와 반대로 신강 사주로 본 것이다.

그런데 위 사주는 관운이 들어온 시기에 출세했고, 인성 운이 들어온 시기에 식상을 극제하여 벼슬을 유지할 수 있었으며, 용신과는 아무런 상관이 없었다. 사주와 운은 이렇게 십신법으로 봐야 한다.

29-6. 억부법(抑扶法)의 견강부회(牽强附會)

억부법이 존립(存立)하려면 왕쇠강약 판단을 정확하게 할 수 있어야 하는데, 실상(實狀)은 그렇지 않다. 왕쇠강약 판단이 학자들끼리 서로 일치하지 않는 경우가 많다. 그렇기에 지목하는 용신도 다르다.

사실 지지의 土는 같은 오행인 듯해도 다른 오행이기 때문에 이 점이 강약판별(强弱判別)에서 장애 요소로 작용한다. 辰未戌丑은 각각 木火金水와 土가 섞인 상태이기 때문에 그렇다. 따라서 土가 있는 한 정확한 강약판별이 사실상 불가능하다.

억부법은 일간(日干) 중심의 중화를 지향하는 간법이므로 어디까지나 일간이 중심이다. 그러나 작금의 억부법은 주객(主客)이 전도(顚倒)되어 일간이 아닌 용신이 중심이 되어버렸다. 용신이 최고이므로 용신을 위해서는 일간이 어떻게 되든 관심이 없고 오로지 초점이 용신에만 가 있다. 용신을 정하는 목적은 일간을 위함이고, 일간을 강화하거나 약화하여 사주를 균형이 잡히도록 만들어 줄 수 있는 오행을 찾기 위함인데, 마치 사주가 용신을 위해 존재하는 것인 것처럼 목적을 바꿔 버렸다. 그 때문에 희신(喜神)을 찾을 때도 (일간이 아닌) 용신을 돕는 오행을 찾는 오류를 범하고 있다. 희신이란 것은 일간을 위한 차선(次善)의 용신인데도 불구하고, 희신을 용신을 위한 것으로 만들어 버렸다. 즉 용신 지상주의(至上主義)가 돼버렸다.

격용은 또한 보는 학자마다 다를 수 있어서, 하나의 특정 사주를 놓고 상호 토론해보면, 이를 정격으로 보는 사람도 있고 종격으로 보는 사람도 있으며, 정격으로 보는 사람 중에서도 보는 사람마다 억부용신이 제각각 다르다. 심지어 木火土金水 다섯 가지 용신이 다 나올 때도 있는데, 그 제각각의 용신으로도 각각 사후(事後) 통변을 멋지게 잘해내기도 한다. 그래서 "명리는 이현령비현령(耳懸鈴鼻懸鈴)이다."라는 말까지 나오기도 한다. 귀에 걸면 귀걸이요, 코에 걸면 코걸이다.

억부법의 이러한 문제점들로 인해 간명(看命)이 학자의 주관적인 판단에 좌우될 수밖에 없게 되었고, 간명이 들어맞지 않으면 명주가 살아온 결과를 보고서 거기에 강약과 용신을 거꾸로 끼워 맞추어 나가는 어처구니없는 행위를 흔히들 하게 되었다.

임철초는 명리 고전 중에서 거의 유일하게 임상 사례를 제시한 책을 지은 사람이다. 적천수천미에서 그는 용신을 희신 개념으로 처리하였는데, 용신을 격을 구성하는 오행이나 월지 오행으로 인식하지 않고, 사주에서 좋고 길한 작용을 하는 기능성(機能性) 오행으로 간주하였다. 그런데 이런 관점은 임상 실례에서 맞기도 하고 안 맞기고 한 점이 있었기에, 그는 길흉이 안 맞으면 정격을 종격으로 바꿔서 반대로 해석하는 방법을 자주 택했다. 그런 까닭에, "적천수천미에 천착하면 종격 병(病)에 걸리니 주의해야 한다."라는 우려의 이야기도 생겨났다.

아래에 적천수천미에 나오는 명례(命例)를 소개한다. 임철초 선생이 만든 억지 종살 격들인데, 종살로 풀지 않으면 정격으로는 도저히 풀 방법이 없어서 종살로 다룰 수밖에 없었던 것 같다. 억부용신법의 한계가 분명히 드러나는 대표적인 명례들이다.

戊己庚辛壬癸甲　癸己乙癸乾◆011
申酉戌亥子丑寅　酉亥卯巳

"春土虛脫 殺勢當權 財遇旺支 喜其巳亥逢冲 格成從殺 第卯酉冲殺 巳酉半會金局 不作眞從而論 所以出身寒微 妙在中隔亥水 謂源濁流淸 故能崛起家聲 出類拔萃 早遊泮水 壬子運中 連登科甲 以中書而履黃堂 擢觀察 辛亥運 金虛水實 相生不悖 仕途平坦 將來庚戌土金並旺 水木兩傷 恐不免意外風波耳"

"춘토가 허탈하고 살세가 당권했다. 지지에서 왕한 재를 만났는데 기쁘게도 사해 충을 만났으니 종살격을 이루었다. 다음으로 卯酉로 살을 충했고 巳酉 반합 금국이 되었다. 진종으로 논하지 않는데 그래서 출신이 한미하였다. 묘한 것은 亥水가 중간에 따로 떨어져 있는 것인데, 말하자면 원탁류청(원래 탁하였으나 흘러가면서 맑아짐)이라, 그러므로 능히 굴기가성(어려운 집안을 일으킴)하고 무리에서 빼어나고 뽑혀 일찍이 반수(귀족 학교)에서 활동했다. 壬子 운 중에는 연이어 과거에 급제해서 중서 벼슬을 거쳐서 황당에 올랐고 관찰사에 뽑혔으며, 辛亥 운에는 金은 허하고 水는 실해서 상생이 어그러지지 않아 벼슬길이 평탄했는데, 장차 庚戌 운에는 土金이 모두 왕하니 水木이 손상을 받게 되어 의외의 풍파를 면하지 못할까 두렵다."

만약 위 사주를 정격으로 본다면 인성 용신에 재성이 기신(忌神)이다. 그런데 재성 운에 출세했으니, 인성 용신으로 풀면 도저히 맞지 않게 된다. 따라서 종살격으로 다루지 않을 수 없었다. 지지는 酉-亥-卯-巳로 순환상생(循環相生)이 되면서 자연스럽게 흘러가므로 충이 있을 수 없다.

己庚辛壬癸甲　甲戊乙癸乾◆012
酉戌亥子丑寅　寅午卯亥

"戊土生於仲春 官殺並旺 臨祿 又財星得地 生扶 雖坐下午火印綬 虛土不能納火 格成棄命從煞 官煞一類 旣從不作混論 至子運 冲去午火 庚子年 金生水旺 冲盡午火 中鄉榜"

"무토가 묘월에 생하여 관살이 병왕하니 록에 임하였지만 또 재성이 득지하여 생부를 받고 있으니, 비록 좌하의 午火가 인수지만 허약한 토가 불을 받아들이기 불가능하

니 기명종살격이 되었다. 관살은 다 한 가지 종류이니 이미 종을 하면 혼잡에 대해서는
논하지 않는다. 子 운에 이르러 午火를 충거하고 庚子년에 金生水로 왕해져서 (水가) 午
火를 완전히 제거하니 향시에서 합격했다.”

이 사주를 정격사주로 봤을 때 기신 재성 운에 출세한 결과가 됐으니, 인성 용신으로
풀면 도저히 맞지 않게 된다. 따라서 종살격으로 다루지 않을 수 없었다. 지지의 寅午卯
亥 역시 水生木, 木生火의 자연스러운 흐름이며, 일간 戊가 午의 생을 받지 못할 이유가
없음에도 불구하고 용신에 끼워 맞추기 위해 격을 바꿔놓은 그런 사례이다.

위 사주들을 격과 용신을 배제하고 십신의 측면으로 다시 보자.

己庚辛壬癸甲　癸己乙癸乾 ◈ 011-1
酉戌亥子丑寅　酉亥卯巳

먼저 원국을 분석해보면, 관성이 강왕(强旺)하여 출세의 자질이 갖추어져 있다. 壬子,
辛亥 운은 재생관(財生官)하여 관성을 생하므로 관성이 생을 받는 운에 출세하게 된 것
이다.

戊己庚辛壬癸甲　甲戊乙癸乾 -1743 ◈ 012-1
申酉戌亥子丑寅　寅午卯亥
68 58 48 38 28 18 7,8

적천수천미가 1846년에 지어졌으니, 대운을 고려하여 추측하자면 아마 1743년생
이지 싶다. 壬子 대운이 水生木 즉 재생관(財生官)하였고, 庚子 태세가 그 재성을 생하고
그 재성이 원국의 관성을 생하였으므로 출세한 것이다.

乙甲癸壬辛庚己　戊丁戊庚乾 -1940 ◈ 013
酉申未午巳辰卯　申亥寅辰
67 57 47 37 27 17 7,0

중국인 자료: “명주는 고교 때 여자에 빠져 학업을 전폐했고, 10년간 대학 시험에 떨
어졌으며, 壬午 운에는 평지풍파를 일으켰다. 午 운은 일간을 도우니 이치상 크게 발전

해야 했으나 잠시 좋고 오래가지 않았다. 부모의 재산을 거의 다 날릴뻔했다."

　모 술사의 해석: "丁火가 정월에 태어나 상관과 재성이 아주 왕하다. 마치 火가 용신으로 보인다. 실제 亥水가 寅木과 합을 하고 亥水가 寅木 중의 丙火를 합으로 꺼트린다. 습한 나무로는 불을 피우지 못한다. 일주가 매우 쇠약해서 의지처가 없으니 반드시 종해야 한다. 寅亥의 합이 있어서 亥水가 합거(合去: 합이 되어 제거됨)되므로 관에 종(從)하지 않고 상관에 종하니 土金이 용신이 된다. 이렇게 분석하면 午 운에 실패한 것을 쉽게 이해할 수 있다. 종격이 비겁을 만나면 격국이 깨어지고 용신이 손상된다. 자신을 어둡게 하는 운을 만난 것이다."

　필자: 명운 해석을 위와 같은 식으로 하면 안 된다. 격용(格用)으로 풀리지 않는 사주를 격용을 바꾸면서 끼워 맞추어 해석하려 해서야 되겠는가? 명운 해석은 격용으로 하는 게 아니다. 그것을 깨우치지 못한 사람은 위와 같은 사주를 만났을 때, 반드시 정격을 종격으로 바꾸는 편법을 쓰게 된다. 그 사람에겐 그 방법밖에 없기 때문이다.
　이 명주가 壬午 운에 손재(損財)한 이유는 의외로 간단하다. 壬午 운에는 寅의 도움을 받아 더욱 강해진 午가 원국의 申 재성을 극했기 때문이다. 즉 명주가 손재한 이유는 비겁 운이 원국의 재성을 극했기 때문이다. 이것이 바로 오행의 생극제화를 적용한 십신법(十神法)이다.
　격용법은 격용 및 운세를 판단할 때 두 번의 생극제화를 적용하고 그 과정에 주관(主觀)이 개입되지만, 십신법은 단 한 번의 생극제화를 적용하며 그 과정에 주관이 개입되지 않는다.

29-7. 격용(格用)의 굴레

　격용법(格用法)은 사주 관법을 정형화(定型化)한 것이다. 그 방법은 사주를 있는 그대로 보지 않으려 하는 방법이고, 각각의 사주가 가진 다양한 개성을 무시하고 천편일률적(千篇一律的)으로 보려 하는 방법이다. 그러나 격국이나 용신으로 간명하는 방법은 분명히 그 한계가 있다. 격용법으로 풀리는 사주도 많지만, 풀리지 않는 사주도 많다.
　사주가 배운 대로 맞아떨어지지 않으면, 대부분의 학자는 판정했던 정격을 종격으로 바꾸거나, 신약을 신강으로 바꾸거나, 정했던 용신을 다른 오행으로 바꾸거나 하지, '격용 이론에 문제가 있다.'라는 생각은 할 줄 모른다. 격용법으로 풀리지 않는 사주를 만나도 역시 격용법으로 해결하려 한다. 그것이 바로 격용의 굴레이다.
　초학자(初學者)의 처지에서 보면, 필자의 견해가 기존 학설에 대해 의문점을 가지며 공부해야 하는 부담을 주는 것이지만, 임상의 현실이 그렇다는 것을 숨길 수 없다.

격과 용신의 굴레를 벗어나지 않으면 명리체득은 요원(遙遠)해진다. 보는 사람마다 격국이 다르고, 보는 사람마다 용신이 다르면, 결국 보는 사람마다 간명 결과도 다르다. 어떤 학자는 운이 좋으니 사업하라고 권하고, 어떤 학자는 운이 나쁘니 절대 사업하지 말라고 한다. 또 어떤 학자는 몇 년 기다렸다가 하라고 하고, 이곳저곳을 돌아다니며 수십 차례 명리 상담을 받아보아도 모두가 다 제각각 다른 얘기를 해준다. 결단을 내리기 위해 상담하러 갔건만 도리어 혼란함만 얻어 오는 경우가 많다. 이 모두가 격용 이론 때문에 생긴 결과이다.

격국법이나 억부법, 그리고 조후법은 명리 초창기 혹은 성숙하지 않은 초기의 명리 이론이다. 그때는 격국법이나 억부법 조후법 등이 주로 인생의 전반적인 큰 줄기와 흐름을 살피는 법수로 이용되었고 길흉을 이분법(二分法)으로 판단하는 데 쓰였다. 하지만 요즘은 한 해 한 해가 중요한 시대에 와 있으니, 간명도 옛날과는 달리 무척 세밀해지지 않을 수 없게 되었다. 그런데 방법은 예전 방법이고 간명은 세밀하게 해야 할 상황이 되었으니 문제가 생기지 않을 수 있겠는가?

명리 상담하러 오는 사람은 단순하게 인생의 길흉을 물으러 오는 사람도 있지만, 구체적인 사안을 물으러 오는 경우가 더 많다. 예를 들면, 결혼, 궁합, 인연, 부부 문제, 이성 문제, 승진, 합격, 부동산 매매, 부채환수, 재물, 영업, 투자, 주식, 자녀의 적성과 진로, 건강 및 질병, 수명, 자식 잉태, 자식 성별, 이사, 택일, 소송 등등 다양하다. 그런데 문제는 대답이다. 그 다양한 질문에 학자들이나 술사들은 어떻게 대처할까?

현재의 격국법이나 용신법으로는 답하기 어렵다. 격국법이나 용신법에는 집이 언제 팔리는지 알아낼 방법이 없다. 상신 운에 팔리겠는가? 아니면 용신 운에 팔리겠는가? 둘 다 아니다. 특히 육친과 인연의 변동 문제는 용신 기신과 전혀 관련이 없다. 오직 십신의 변화를 살펴서 그 기미(幾微)를 찾아야 할 문제들이다.

명리를 배우는 사람들은 다들 고전을 통해 내려온 이론들을 배우고 익힌다. 공부를 다 하고 나면 격국이나 용신으로 모든 것이 다 해결되는 줄 알게 되고, 그런 착각 속에서 스스로 그걸 자신감이라고 믿게 된다. 그러나 실전에서 뼈아픈 경험을 하고 나면, '아, 공부의 방향이 이게 아니구나!' 하고 비로소 느끼게 된다.

취직이 언제 되겠으며, 자식은 언제 생기겠는지, 합격하겠는지 등등에 대한 답은 격이나 용신에 있는 것이 아니다. 용신 운에 취직이 되고, 용신 운에 자식을 가지겠으며, 용신 운에 합격하겠는가? 아니다. 임상해보면 모두 격이나 용신과 무관한 문제들이라는 것을 자연히 알게 된다.

답은 십신법에 있다. 그러니 십신의 작용과 기능을 명리의 핵심으로 여기고 꾸준히 연구하며 익혀야 한다.

30. 십신명리론(十神命理論)

십신명리법(十神命理法)은 시중의 명리와 다르다.

십신명리법(十神命理法)의 10가지 특징

1. 명운의 십신을 있는 그대로 본다.
2. 격국과 용신을 중시하지 않는다.
3. 작용과 관계를 길흉의 근거로 본다.
4. 접우각(방위각)을 형파합충의 근거로 본다.
5. 포태의 묘(墓)를 중시하며 음포태를 인정하지 않는다.
6. 천간 오합과 지지 삼합만 쓴다(방합과 육합을 인정하지 않는다).
7. 지지의 본기를 중시하며 지장간을 중시하지 않는다.
8. 연결합 이론을 쓴다.
9. 대체십신법과 동류오행법을 쓴다.
10. 신살을 보지 않는다.

30-1. 통변(通變)

명운(命運)을 해석하는 행위를 '통변(通變)'이라 한다. 사주와 운을 감정(鑑定)하는 행위는 통변(通變)이 주축이 된다. 통변(通變)은 변화를 꿰뚫고 안다는 말이며, 변통(變通: 형편에 따라서 융통성 있게 잘 처리함)과 같은 말이다.

천간과 지지의 변화를 통찰(通察)하는 방법을 통변법(通變法)이라 하고, 명리 이론을 배워 깨우친 원리를 간명(看命)에 적용하는 행위를 "통변한다."라고 한다. 통변은 음양 이론, 오행 이론, 십신 이론, 육친 이론 등등의 명리 이론들을 그 바탕으로 삼는다.

30-2. 십신명리법(十神命理法)으로 간명(看命)해야 한다

십신명리법은 매우 객관적(客觀的)인 간명법이다. 주관(主觀)을 배제하기 때문이다. 그 예를 들어본다.

丙甲甲壬　　戊甲丁乙　　戊乙庚乙　　乙丙辛庚
寅戌辰寅　　辰辰亥酉　　寅未辰卯　　未辰巳申

이런 사주들을 대하면, 신강 또는 신약 판단이 쉽지 않다. 누구는 신약한 사주라고 판단하겠지만 다른 누구는 신강하다고 판단한다. 지지의 土가 오직 土의 기운만 가지고 있다고 보지는 않기 때문이다. 이같이 격용법은 학자에 따라 서로 다른 견해가 나올 가능성이 크고, 주관적인 견해가 가미될 수 있으므로 논쟁의 여지가 많은 관법이다.

그러나 십신법은 그렇지 않다. 십신법은 서로 다른 견해가 나올 가능성이 작고, 또한 누가 봐도 인정할 수 있는 객관적인 관법이기 때문에 논쟁의 여지가 거의 없는 관법이다. 강약 판단을 할 필요가 없고 십신의 생극제화를 다루는 방식이므로 주관적인 판단이 끼어들 틈이 없기 때문이다.

십신명리법은 신강신약 판단을 하지 않고 사주를 있는 그대로 본다. 그래서 객관적이다.

명리의 핵심과 해법은 격용이 아닌 십신에 있으므로 미래의 명리는 '격국명리'나 '용신명리'가 아닌 '십신명리'가 될 것이다.

30-3. 십신명리법(十神命理法)을 써야 할 이유(理由)

십신명리법은 생극제화(生剋制化)의 원리를 바탕으로 성립한 이론이다. 그러므로 십신법이야말로 가장 합리적인 간명 이론이다.

고전의 어느 한 서적이라도 완벽에 가까운 것이 있었다면 명리가 어려울 리도 없겠고 세상은 명리 대가(大家)들로 꽉 차 있겠지만, 작금(昨今)의 형편은 그렇지 못하다. 책에 적힌 대로 다 되지는 않는다. 명리와 같은 편학(偏學)은 자신만의 생각(이론)에 빠지게 하는 특성이 있기에 학습에 특히 주의해야 한다. 공부하면서 이론을 자기 방식대로 편협하게 이해하게 되기 쉽고, 한 번 잘못 배운 이론이 고착(固着)되면, 그 이후에는 어떤 새롭고 바른 이론을 접하더라도 그것을 인정할 줄 모르게 되기 쉬우며, 자신의 학문이 최고라는 착각과 자기도취에 빠져 큰 오류를 범하기도 쉽다. 그러므로 어떤 책을 택하여 명리 이론을 바르게 습득하여 기초를 잘 닦아 둘 것인가 하는 문제는 실로 중요한 문제가 아닐 수 없다. 사주를 잘 보기 위해서는 우선 갖추어야 할 기초가 매우 중요하다는 뜻이며, 시작이 잘못되면 좋은 결과를 기대할 수 없다는 뜻이기도 하다.

명운(命運)을 예단(豫斷)함에 과연 어떤 이론을 어떻게 적용해야 할 것인가 하는 문제 역시 커다란 과제가 아닐 수 없다.

사주는 사주에 있는 천간과 지지를 있는 그대로 보는 것이 좋다. 만약 사주를 가공하여 단순화하고 격국(格局)과 용신(用神)이라는 일정한 틀에 집어넣어 일률적으로 살피려 한다면 그만큼 통변의 확장성(擴張性)은 줄어들고 시야는 좁아지기 마련이다. 동일 사주도 다른 삶을 사는 판국인데 다양한 개성들을 무시하고 오히려 축약(縮約) 관법을 쓴다면 결국 간명 한계에 부딪히지 않을 수 없게 된다. 물론 격국과 용신 중심으로 보는 관법이 완전 엉터리라는 뜻은 아니다. 다들 그 나름으로 일정 부분 적중률을 갖고 있다. 하지만 그 관법들에도 일정 부분까지의 한계가 있다. 임상 경험이 쌓이면 그것을 저절로 느끼게 된다.

팔자에 있는 어떤 한두 오행에만 집중적으로 관심을 가지면서 격용을 찾아 통변하는 것이 전통적인 방식인데, 그 방법은 사실 팔자 전체에서 어느 한두 오행이 팔자를 주도한다는 잘못된 인식에서 출발한 것이다. 사주에 있는 여덟 글자는 각기 팔자의 팔분의 일씩 그 역할을 담당하고 있음을 알아야 한다. 월령이라 해서 특별한 것 없고 용신이라 해서 특별한 것 없이 다들 각각 팔분의 일이다.

격용(格用)은 명리의 함정(陷穽)이다. 한 번 빠지면 헤어 나오기 어렵다. 사주를 격용으로 풀 수도 있으나 정확성은 무척 낮고 풀리지 않는 사주가 많이 발생한다. 그러나 십신의 생극제화와 형파합충을 이용하면 풀리지 않을 사주가 없다. 사주의 바른 해법은 격용법(格用法)이 아니라 십신법(十神法)이다. 십신으로 간명해야 한다.

만약 사주가 신약하고 재성이 많다면(財多身弱), 억부법에서는 인성 운과 비겁 운이 희신 운과 용신 운이 되므로 매우 길하다고 판단한다. 허약한 일주가 비로소 재성을 다스리는 힘이 생긴다는 논리(得比理財)를 적용하기 때문이다. 그러므로 인비(印比) 운이 오면 재물도 늘어나고, 하는 일이 잘 성사되며, 명예를 얻고 건강도 얻는다는 식으로 예단(豫斷)을 하게 된다. 그리고 이 방식은 격국법에서도 같은 논리로 통한다. 재격(財格)이 신약하면 방신(幫身)하는 운을 기뻐하므로 역시 격국법에서도 인비 운을 길운으로 보게 된다. 그러나 생극비설상의 측면에서 보면, 인성은 재성을 약하게 만들고 비겁은 재성을 극하게 되어 있지, 둘 다 재성을 생해주게 되어 있지는 않다. 그게 법칙이다. 그러므로 신강신약이나 용신 여부를 불문(不問)하고 실제로 인비 운을 맞이하게 되면, 대부분 손재(損財)를 경험하게 된다. 그것이 실제 현실이다. 그렇게 격용 이론과 생극제화 이론이 이율배반(二律背反)하는 결과가 현실에서 엄연히 생기며, 그 현실이 책에 적힌 이론대로 진행되어 주지 않는다.

아래에 그런 사례를 들어본다.

신약 사주가 인비 운에 패망한 사례들이다.

乙甲癸壬辛庚己　己丁戊庚乾43 -1960 ◆ 014
酉申未午巳辰卯　酉丑寅子
65 55 45 35 25 15 5,0

辛巳 대운 30세 庚午년에 회사를 그만두고 바로 자영업을 시작하였다. 잘 나가다가 壬午 대운 42세 壬午년에 완전히 망했고, 43세 癸未년에 빚잔치를 했다.

壬癸甲乙丙丁戊　戊甲己戊坤41 -1958 ◆ 015
子丑寅卯辰巳午　辰寅未戌
69 59 49 39 29 19 9,0

부잣집에서 출생하였고 학력을 갖추었다. 무역업을 하여 거액의 자산을 이루었는데, 乙卯 대운 40세 戊寅년, 41세 己卯년에 크게 패하여 주저앉았다. 옛날에 그 많았던 재산이 물처럼 흘러가 버렸다.

실전편

30
십신명리론

己戊丁丙乙甲癸　辛乙壬戊乾31 -1968 ◆ 016
巳辰卯寅丑子亥　巳丑戌申
65 55 45 35 25 15 5,4

젊어서 광고회사에 근무하다가 乙丑 대운 29세 丁丑년 IMF 사태 때 회사가 부도가 나서 급여와 퇴직금을 한 푼도 못 건졌다. 1년간 다른 직종에 일하다가 1999년에 사업을 시작했다. 丙寅 대운 37세 乙酉년부터 힘들어지기 시작했다. 丙寅 대운 45세 癸巳년 당시 하루하루가 고통의 연속이며 헤어 나오고 싶어도 그러지 못할 처지에 있다.

사업을 하고자 하는 사람이 사업을 시작하기 전에 먼저 명리 상담자를 찾아 사업의 성패(成敗) 운을 문의하기도 하는데, 명리 상담자로부터 "사업해도 되겠다."라는 권유를 받으면 그 말을 그대로 믿고 사업을 시도하게 된다. 그런데 그랬다가 실패하고 손재한 사람이 또한 한둘이 아니다.

책에서 배운 대로 상담자가 정확하게 봐주었는데, 결과가 정반대로 나왔다면, 그 책임은 누구에게 있는 것일까? 신약한 사주에 비겁 운이 오면 분명히 길하다고 배웠기에 그렇게 봐주었는데, 오히려 흉한 결말을 보게 되었다면, 책에 책임이 있을까? 아니면 책을 그대로 믿은 상담자에게 책임이 있을까? 당연히 상담자에게 책임이 있다. 그리고 그런 결과를 얻게 된 내담자(來談者)는 실패하고 손재할 운을 피하지 못했다. 먼저 상담자를 만나 미리 운을 물어보는 신중함을 발휘하고서도 말이다.

또한 사주가 신약하다면 인성이나 비겁을 용(用)해야 하므로, 만약 재성 운을 만나게 된다면 이를 결코 길운(吉運)이라고 여기지 않는다. 그러므로 재성 운에는 손재(損財)하게 된다고 판단하게 되는데, 실제로는 재성 운에 오히려 득재(得財)하고 축재(蓄財)하게 되는 경우가 대부분이다. 이 역시 실제 현실이다.

다음은 신약 사주가 재성 운에 부자가 된 사례이다.

戊己庚辛壬癸甲　　己丙乙戊坤 -1948 ◆ 017
午未申酉戌亥子　　丑午丑子
63 53 43 33 23 13 3,4

庚申 대운에 시내 중앙 통에 상가를 몇 개 가지게 되었는데, 100억대의 재산이었다.

庚己戊丁丙乙甲　　戊辛癸戊乾 -1958 ◆ 018
午巳辰卯寅丑子　　戌卯亥戌
69 59 49 39 29 19 9,4

丙寅, 丁卯 대운에 철강업을 해서 수백억을 벌었다.

보통의 학자들은 스스로 오행의 생극제화를 살핀다고 말하고들 있지만 실제로는 그것을 무시하고 용신과 격국의 생극제화만 살피고 있을 뿐이다. 작금의 간명법에 있어서 오행의 생극제화는 이미 실종되었다고 평가해도 지나치지 않다. 비겁 운에 재물이 늘어난다고 간주하는 논리는 오행의 생극제화 논리가 아니라 격용의 생극제화 논리이다. 또한 아래와 같은 사주들을 보면, 종격으로 취급하기 쉽다.

丁戊己庚辛壬癸　　乙己甲癸乾 -1963 ◆ 019
巳午未申酉戌亥　　亥亥子卯
65 55 45 35 25 15 5,0

辛酉, 庚申 대운에 철강업으로 많은 축재를 했다.

이 사주에 대해 종격인지 정격인지 분석할 필요가 없다. 격용을 무시하고 있는 그대로 보면서 "식상이 생재(生財)하여 재물을 벌었나."라고 해석하면 된다.

乙丙丁戊己庚辛　　己丁壬己乾 -1949 ◆ 020
丑寅卯辰巳午未　　酉酉申丑
69 59 49 39 29 19 8,8

戊辰 대운에 돈을 많이 벌어 좋은 집도 샀고, 따로 부동산도 마련했으며 사업도 잘되었다. 丁卯 운에 들어와서는 마련했던 부동산도 손해 보고 넘겼고, 남 보증 선 것도 대신 갚아 주었고, 하던 일도 그만두었다. 일정 기간 백수 생활했으며, 가장 고통의 기간이었다.

이 사주 역시 격용을 무시하고, "식상 운이 재성을 생하였기에 재물을 벌었고, 인성과 비겁 운에는 재성 기운이 약해졌기에 경제적 형편이 좋지 않았다."라고 해석하면 된다.

명리를 하는 사람이면 누구나 인정하고 있는 대명제가 있다. '생극제화'가 그것이다. 그러나 이 생극제화라는 명제에 대해 현재 대부분의 명리학자가 착각하고 있는 점이 있다. 간명할 때 보통 억부용신 잘 뽑아놓고 원국에다 운을 대입하면서 길흉을 판단한다. 이때 주로 억부용신을 길흉 판단의 준거(準據)로 삼는데, 그렇게 하면서 '나는 지금 생극제화의 원리로 간명하고 있다.'라고 생각한다는 점이다.

억부용신을 길흉의 잣대로 대비하는 건 중화를 기준으로 삼은 법수이지 생극제화를 기준으로 삼은 법수가 아니다. 그런데도 생극제화의 원리로 간명하고 있다고 착각하는 것이다. 그런데 그 착각의 절정이 어딘가? 바로 종격 부분이다. '생극제화'는 글자 그대로 '생하고 극하고 제하고 화하는 것'인데, 종격이 가진 원리에서는 이것이 통하지 않는다. 물론 중화의 원리도 여기엔 없다. 예컨대 "비겁이 태다한 사주이면 종왕격이 된다. 종왕격이면 비겁 운이나 인성 운이 좋다." 이런 식이다. 그러나 이건 생극제화의 원리도 아니고 중화의 원리는 더욱 아니다. 생극제화의 원리는 다음과 같다.

"비겁은 재성을 극한다."
"관성은 비겁을 극한다."
"식상은 재성은 생한다."
"식상은 관성을 극한다." 등등이다.

그런데 비겁이 태다하여 종왕격이 된 사주에서, 비겁 운이 오면 재물이 늘어날까? 종왕격에서는 비겁이 재성을 극하지 않고 오히려 재성을 생할까?

종왕격의 원리는 중화를 포기한 원리이고, 더 나아가서 생극제화의 원리에 정반대가 되는 원리이다.

재다신약의 정격 사주를 보자. 재다신약 사주에 비겁 운이 오면 좋을까? 고서를 배운

명리학자들은 대부분 "좋다."고들 한다. 이유가 뭘까? 비겁이 재성을 생하기 때문일까?

물어보면 꼭 이렇게 대답한다.

"재물을 다룰 힘이 없다가, 용신 운인 비겁 운에 재물을 다룰 힘이 생기기 때문에 비겁 운이 좋은 것이다. 즉 득비리재(得比理財)이다."

"그럼 비겁이 재성을 생하는 셈인가? 비겁이 재성을 극한다는 생극제화의 원리는 어디에 쓰이는 것인가?"

이렇게 되물어보면 함구해버리거나, 아니면 아전인수 방식으로 억지 이론을 갖다 대며 얼버무린다.

생극제화의 원리가 이렇게 격용의 원리에 밀려나는 바람에 명리의 길흉 판단법이 엉망이 된 듯하다. 오행의 생극제화는 온데간데없고 격용의 생극제화만 논하고 있으니, 작금의 명리엔 오행의 생극제화가 실종되었다.

중화(中和)의 원리는 생극제화의 원리가 아니다. 종격의 원리 역시 생극제화의 원리와 거리가 멀다.

"일간이 인비가 용신이면 식재관 운이 흉하다."라고 한다.

"왜 흉한가? 용신을 극설하기 때문이다."라고 한다.

이것이 바로 용신의 생극제화이다.

'신약하면 인비 운이 좋고 신강하면 식재관 운이 좋다.'라는 간명 원리는 오행의 생극제화를 엎어버린 이론이기에, 이로 인해 간명(看命) 현장에서 실제로 많은 오판(誤判)이 일어나고 있다.

모든 것을 용신 중심으로만 해석하려는 억부법의 간명 원리에는 근본적으로 문제가 있다. 그렇기에 한번 용신을 잘못 잡아버리면 모든 것이 틀어지고 간명 전체가 큰 오류에 빠져버리고 마는 것은 물론이거니와, 설사 용신을 정확하게 잡았다 하더라도 실제 간명 현실이 용신과 제대로 맞아떨어지지도 않는다.

억부법의 간명원리를 무조건 맹신하는 경우 반드시 간명 실패 경험을 하게 된다. 명리의 핵심은 오행의 생극제화일 수밖에 없다.

용신이라는 명함으로 인해 그 십신의 기능이 바뀐다고 하는 법은 없다. 아무리 용신이라도 비겁은 비겁이고, 재성은 재성이다.

격용 찾던 시대는 이미 지났고, 십신법을 쓸 시대가 왔다.

30-4. 간명(看命)의 방향(方向)

사람들이 가장 관심을 가진 분야는 재물과 명예이므로 사주를 감정하는 방향은 주로 재성과 관성 쪽에 초점을 맞추는 것이 좋다. 이어서 배우자 관계 및 그 인연을 추정해주고 명주의 성격이나 소질, 여타 육친 관계, 건강 문제 등을 운과 함께 살펴서 통변해주면 무난하다.

재물 운 등을 간단하게 살피는 원리는 다음과 같다.

△ 재성 운에 재물을 벌고 비겁 운에 재물을 잃게 된다.
△ 식상 운에 재물을 버는 활동을 하고, 인성 운에 쉬게 된다.
△ 관성 운에 명예를 얻고 식상 운에 명예를 잃게 된다.
△ 관성 운에 직장을 얻고 식상 운에 직장을 잃게 된다.
△ 관성 운에 합격하고, 식상 운에 낙방한다.

육친 변동 문제도 마찬가지이다.
△ 비겁 운에 부친과 처가 위태하고
△ 재성 운에 모친이 위태하며
△ 식상 운에 남편이 위태하고
△ 식상(남자) 운이나 인성(여자) 운에 자식이 위태하다.

질병도 마찬가지이다.
△ 木 운에 土에 관련된 장부가 약해지고
△ 火 운에 金에 관련된 장부가 약해지며
△ 土 운에 水에 관련된 장부가 약해지고
△ 金 운에 木에 관련된 장부가 약해지며
△ 水 운에 火에 관련된 장부가 약해진다.

그러므로 모든 것을 오행과 십신의 생극비설상 측면으로 판단하면 된다. "그렇다면 명리와 명운 해석이 그렇게 간단한 것을, 선학(先學)들이 그걸 몰라서 격국 만들고 용신을 만들었겠는가?"라는 질문이 당연히 나오게 된다. 답은 "간단하다는 것은 원리가 그렇다는 것이다. 모든 사주들이 모두 단순하다는 뜻은 아니다."이다.

사주를 해석하는 원리는 간단하지만 사주의 개수만큼이나 개성도 다양하므로 사주 해법은 561,600가지라고 생각하는 것이 좋다. 격용법에 의한 사주는 내격과 외격을 다 합해봐야 100가지가 채 못 되므로 해법의 가짓수도 그 정도 된다. 그러나 십신명리의 관점에서 보는 해법의 가짓수는 561,600가지이다. 그래서 적용 원리는 간단해도 실제의 해법은 사주의 가짓수만큼 다양하다고 봐야 한다.

운을 해석할 때 특히 주의해야 할 점은, 운의 간지 자체에만 관심을 가져서는 안 된다는 사실이다. 운이 와서 원국의 어떤 글자와 결합하는지 잘 살피는 것이 매우 중요하다. 예를 들면, "재성 운이 왔으니 재물이 늘어나겠다."라고 판단하는 게 원칙적인 판단이지만, 실제 사주 상황에서는 정반대의 결과가 나타날 수도 있다. 예컨대 만약 재성 운이 원국의 비겁과 결합하게 된다면 이 재성 운은 오히려 파재(破材)하는 운이 되고 만다. 또한 만약 관성 운이 원국의 식상과 결합하게 된다면 이 관성 운은 오히려 명예 손상(낙직, 관재 등)이 발생하는 운이 되고 만다. 임상해보면 이런 유형의 사례가 아주 많이 보인다. 그래서 사주 해법의 가짓수가 561,600가지나 된다는 것이다. 그러므로 운을 너무 단순하게 생각하지 말고, 운이 원국과 어떤 식으로 결합하는지 주의 깊게 살핀 후에 판단해야 한다.

음과 양이 서로서로 변화를 일으키는 것이지, 양이 일방적인 변화만 일으키고 가는 것이 아니다.

그리고 운을 평가할 때, "火 운이 좋다. 水 운은 나쁘다." 이런 식으로 운운해서는 안 된다. 만약 그렇게 운운한다면 그 사람은 운을 전혀 볼 줄 모르는 사람이다. 운의 간지가 어떤 십신인지, 운이 원국의 어떤 십신과 연결되는지, 운이 원국의 십신과 어떤 상호작용을 하는지 등을 구체적으로 논할 수 있어야 운을 볼 줄 아는 사람이다.

戊丁丙乙甲癸壬　　壬壬辛甲乾45 -1964 ◆ 021
寅丑子亥戌酉申　　寅戌未辰
69 59 49 39 29 19 8,8

乙亥 대운 45세 己丑년에 승진할 수 있을는지를 봄에 그 처가 물어 왔다.

乙은 식상이므로 승진에 부정적인 운이다. 그렇다면 단번에 "승진 불가하다."라고 판단할 수 있을까? 아니다. 乙이 원국의 辛과 결합하여 그 기능을 잃게 되기 때문에 오히려 좋은 운이 될 수 있다는 것을 알 수 있다. 태세 己丑년은 관성 운이므로 이 해 말에 승진했다.

이처럼 운이 원국의 어떤 십신과 연결되면서 어떻게 상호작용을 하는지 잘 살펴야 정확한 간명을 할 수 있다.

30-5. 원국(原局)과 운(運)

사주를 그 원국만 보고서 어떻다 평가하기도 하는데, "어떻나."까지는 괜찮으나, 원국만 보고서 "어떻게 될 것이다."까지는 곤란하다. 운을 고려하지 않으면 미래를 추단할 수 없기 때문이다.

예컨대 만약 '종재격'이라는 판단이 선 경우, "종재격은 귀격(貴格)이니까 이 명주는 재물 복이 많고 잘살 것이다."라고 하며 격 이름과 원국만 보고서 섣불리 판단하는 경우가 있는데, 이것은 아주 위험천만한 간명이다. 무슨 격이 되었든 간에 운을 살피지 않고서는 장래를 추측할 수 없다는 사실을 명심해야 한다.

원국(陰, 체體): 그 사람의 자질, 품성, 역량에 관한 정보
운(陽, 용用): 원국에 작용하는 변화의 기운에 관한 정보

원국은 타고난 자질(資質)과 품성(稟性) 그리고 역량(力量)을 볼 수 있는 정보이고, 운은 그 자질과 품성 그리고 역량이 향후 어떻게 변화되어 가는지를 가늠케 하는 정보이다. 그러므로 원국에서 그릇의 크기가 정해진다고 하지만 그 그릇은 항상 고정된 것이 아니다. 운에 의해서 그 그릇 크기에 변화가 생길 수 있다는 것을 알아야 한다.

적천수천미에서 "명호불여운호(命好不如運好)"라고 하였듯이, 팔자 좋은 것이 운 좋은 것만 못하다고 말했다. 그러므로 원국도 중요한 요소지만 운은 더욱 중요한 요소이다.

원국과 운은 체(體)와 용(用)의 관점에서 둘 다 적절히 살펴야 하는 요소임에 틀림이 없다. 그러므로 간명(看命)하는 순서(順序)는 첫째가 원국(原局) 분석(分析)이고, 둘째가 운세(運勢) 분석(分析)이다.

30-6. 답변방법(答辯方法)

고전 방식의 운세 해석은 주로 길흉(吉凶)의 관점에서 행해진다. 그래서 "좋다." 아니면 "나쁘다." 또는 "그저 그렇다." 이런 식의 해석을 하게 되는데, 옛날에는 통할 수 있었던 방법이었겠지만 요즘같이 복잡하고 다단한 세상에서는 그렇게 단순하게 접근하기가 곤란하다. 좋고 나쁨의 판단은 개인의 가치관에 따라 각기 다를 수 있고, 또한 살다 보면 좋은 일과 나쁜 일이 확연히 구분되지 않는 때도 있고, 좋은 일과 나쁜 일이 겸해서 생길 경우도 많기 때문이다.

예컨대 금년에 어떤 사람이 교통사고가 나서 다리가 부러졌는데, 보험 보상금으로 몇 천만 원을 받았다고 한다면, 이것이 길운일까 아니면 흉한 운일까? 명주가 돈을 아

주 좋아하고 조금 다친 것을 대수롭지 않게 여기는 사람이라면 길운이라 판단할 것이고, 그 반대라면 흉한 운이라 판단할 것이다. 즉 길흉은 명주 당사자의 가치관의 몫이다.

명리 상담자가 관심을 가져야 할 것은 사안별(事案別) 예측이다. 재성(재물) 측면에서 예상되는 일, 관성(직장, 시험 등) 측면에서 예상되는 일, 육친이나 건강 측면에서 예상되는 일 등등으로 사안을 구체화(具體化)하여 부문별로 예측해 주는 것이 바람직하다.

명운을 보아 명주에게 어떤 일이 생길 것이며, 그 일로 인해 길할 것인지 흉할 것인지 추측해야 하는 상황에 직면했을 때, 그 추측을 가능케 하는 가장 효과적인 방법은 격용법(格用法)이 아닌 십신법(十神法)이다. 격용법은 흑백 판단이나 이분법적 판단을 하도록 짜 놓은 이론이기 때문에 사안별 접근이 거의 불가능하다. 이것을 능히 극복하고자 한다면, 격용법을 버려야 하고 그 대안(代案)으로서 십신법을 취하지 않으면 안 된다는 것을 알아야 한다.

명리 상담자는 실력을 잘 갖추어서 통변을 신중하게 해야 한다. 한 마디 한 마디 던지는 말이 상대방에게 비수(匕首)가 되어 가슴에 꽂힐 수도 있고, 무심코 한 말이 내담자의 뇌리(腦裏)에 평생 떠나지 않을 암시(暗示)를 각인(刻印)할 수도 있기 때문이다.

내담자(來談者)가 한 곳이 아닌 여러 곳을 다니며 상담하는 경우가 많다. 따라서 여러 가지 다른 조언을 듣게 되는데, 이로 인해 내담자가 누구의 말을 듣고 판단해야 할는지 고민에 빠지게 되는 경우도 흔하다. 결국 선택의 상황에 이르러서는 본인 혼자 결정해야 하는 상황이 되기도 한다. 이런 경우에는 명리 상담자가 아무리 정확하게 간명해주었어도 다수(多數)의 견해 중 하나로 묻혀 버리기에 결과적으로는 상담이 별 효과가 없다. 또한 내담자가 스스로 결정한 뒤에 명리 상담자를 찾아다니는 경우도 많다. 자신이 내린 내심(內心)의 결정에 동의해줄 명리 상담자를 찾아 나서는 것이다. 이 경우도 대부분은 결국 본인이 처음에 결정한 대로 일을 추진하게 된다. 이런 현상들은 모두가 자기의 운을 벗어나지 못하는 현상들이다.

내담자가 찾아와 조언을 구할 때 그 답변은 상담자의 개성에 따라서 차이가 있을 것이다. 아래와 같은 때에 어떤 내용으로 답변해야 좋을까?

1) 구체적인 목적사가 없이, 살기가 힘들어서 언제쯤 형편이 풀릴지 물어왔을 경우
2) 구체적인 일(특히 사업이나 투자)의 향후 전망을 물어왔을 경우

1)의 경우는 그저 세파(世波)에 찌들어서 힘들어 찾아온 내담자인데, 이런 경우는 미래가 사실은 그렇지 않더라도 "이후에는 풀릴 것이니 조금만 참아라."나, "자식이 잘 풀려서 호강한다."라고 희망을 주는 것이 좋다고 본다. 그래야 살아갈 희망을 얻을 수 있

기 때문이다. 대개 이런 경우에는 세월이 지나서 그 말이 맞지 않았다는 것을 알더라도 또다시 상담하러 온다.

2)의 경우에는 명리 상담자가 자신의 견해대로 정확하게 답변해 주어야 한다. 투자나 사업의 미래가 부정적일 경우에는 정확하게 표현해 주어야 내담자가 그에 대해 적절한 대처를 할 것이기 때문이다. 미래가 부정적인데 희망적인 표현을 하여서는 내담자에게나 상담자에게나 결코 좋을 일은 없을 것이다.

이같이 답변 방법은 크게 보아 명리 상담자가 두 가지 방향을 적절히 선택해야 한다. 답변은 내담자에게 진실을 말하는 것만이 능사인 것은 아니다. 진실보다는 희망을 듣고 싶어 하는 때도 있다.

그리고 함부로 불길한 예언(豫言)을 하거나 부적(符籍)을 쓰라고 권하는 그런 상담사가 되어서는 안 된다.

30-7. 동일사주(同一四柱)와 쌍둥이

세상에는 동일 사주가 많다. 동일명조(同一命造)를 가진 사람들의 사는 모습들을 비교해보면 다 똑같은 삶을 살아가지는 않는다. 각자가 살아온 환경이 다르고, 부모 형제와 배우자가 다르며, 생각이 다르고, 노력이 다르며, 하는 일이 다르기에 사는 모습이 제각각 다르다. 그러므로 같은 사주가 같은 운을 만났더라도 발현(發現)하는 일이 서로 다를 수 있다.

그리고 한 개인의 사주만 놓고 간명을 할 경우라도, 그 해에 어떤 일이 발현할 것인지 가늠하기가 무척 어렵다. 만약 재성 운이 왔다면, 처에 대한 일이 일어나거나, 부친에 대한 일이 일어나거나, 재물에 대한 일 등이 일어나거나 하겠지만, 그중에서 과연 어떤 일이 또 몇 가지가 동시에 발생할는지 짐작하기가 어렵다. 이럴 때는 당사자 명조만 볼 것이 아니라 관련된 육친들의 사주를 같이 살피고 비교해서 추정 판단하는 것이 좋다.

동일 사주의 쌍둥이는 삶이 서로 비슷할 때도 있고, 다를 때도 있다. '명리로 이것을 어떻게 이해하고 풀어낼 것인가?'라는 문제는 명리가 가진 한계를 느끼게 하는 문제이기도 하다. 그러나 "가능할 것이다. 임계치(臨界値)에 이를 때까지 한 번 연구해보자."라며 명리의 유용성을 믿는 의지가 있는 한 풀 수 없는 과제는 아니라고 생각한다.

쌍생아(雙生兒) 명조를 작성할 때 동생 사주를 합(合) 사주로 바꿔서 봐야 한다는 설이 있는데, 이 이론은 명리가 무엇을 바탕으로 삼는 학문인지를 망각한 사람들이 만들어낸 착각이다. 태중(胎中)의 아기가 출생할 때 첫 호흡을 통해 천지자연의 기운을 받아들이게 되는데, 그 순간을 간지로 표시한 것이 사주이다. 그런데 그 천지자연의 기운을 누가 함부로 바꿀 수 있겠는가? 만약 동생의 사주를 임의(任意)로 창조해서 그것으로써 간명하려 한다면, 그것은 명주와 무관(無關)한 엉뚱한 타인(他人)의 사주를 만들어 간명하려 하는 일이 된다.

쌍둥이의 사주는 하나이지만, 대체로 그 속에 언니와 동생이 같이 들어 있다. 한 사주 안에서 둘 이상의 주체(主體)를 찾아 간명해야 하며, 그 주체들이 어떤 오행들과 연결되어 있는지 잘 살펴야 한다.

30-8. 시(時)의 추정(推定)

내담자 중에는 의외로 자신의 출생 시각을 모르고 있거나 시각을 애매하게 알고 있는 사람이 많다. 특히 시계(時計)를 접하기 어려웠던 구시대(舊時代) 출신일 때 자신의 출생시각을 대략적으로만 알고 있거나, 시각을 아예 모르고 있거나, 잘못 알고 있는 경우가 많다. 흔히들 "새벽에 닭 울 때 태어났다.", "소에게 여물 줄 때라던데.", "보리쌀 삶을 때다.", "낳고 보니 해가 뜨더라.", "한밤중에 태어났다.", "새벽인 것 같다.", "子시라 하던데." 등등 이런 식으로 알고 있다.

시를 모르거나 시가 애매하면 정확한 간명이 어려운데, 참고할 만한 정보가 있으면 시를 추정해보는 것도 나쁘진 않다. 다만 섣부른 실력으로 추단하다가 크게 오판할 수도 있으므로 신중히 접근해야 한다.

시를 추정하는 방법에는 특징적인 사건(부모 형제의 사망과 같은 육친변동, 승진, 계약, 결혼, 자녀 출생, 이혼, 퇴직, 다침 등의 객관적 사실)의 년월일시를 대입하는 방법과, 성격 특징을 대입해보는 방법 등이 있는데, 후자(後者)보다 전자(前者)의 방법이 객관성을 더 얻을 수 있는 방법이다. 이 중 성격 특징을 대입해보는 방법은 십신의 심리 특성을 잘 이해하고 있어야만 가능하다.

출생시각이 두 시진(時辰)의 경계에 걸려서 애매한 경우가 많고, 특히 새벽(子시~卯시)에 출생한 경우에 시를 모르거나 착각하고 있는 사례가 흔하다. 이런 경우에는 자식을 잉태한 시기 및 그 성별을 대입하여 찾는 방법이 가장 정확하다. 그러나 이 방법은 기존의 이론(육합과 방합을 사용하는 방식)으로는 불가능하다.

30-9. 고서이론(古書理論)과의 괴리문제(乖離問題)

고서의 간명비결(看命祕訣) 문장들은 현장에 나오면 무용지물(無用之物)이다. 명운은 다양함에 반해 고서의 문장들은 일괄적이고도 두루뭉술하므로 간명비결들이 각각의 사주와 잘 맞아떨어지지 않는다. 그리고 고서들끼리도 서로 이론이 맞지 않고 상호 대립하는 견해를 가진 경우를 볼 수 있는데, 그중에서 정확한 이론을 가려서 취하는 일이 쉬운 일은 아니다. 깊이 생각해보고 이치에 맞는 이론인지를 잘 판단해야 한다. 그런데 사주에 편인(偏印)이 있는 사람은 이것을 잘하기 어렵다. 이론의 합리성을 우선으로 따지기보다는 자기 마음에 드는 것이면 그냥 선뜻 받아들여 버리는 경향이 있기 때문이다.

고서에 실려 있는 명례(命例)들은 그 출생시각(出生時刻)이 정확하다는 보장이 없으므로 적혀있는 그대로 믿기 어려운 것들이다. 그러므로 고서에 있는 사주들로만 연구 자료로 삼아서 자신의 학설(學說)을 다듬어 나아가는 방식은 일면 위험한 방식이다. 현대인의 사주 임상을 통해 정확한 경험을 얻으며 나아가는 것이 너 현명한 연구 방식이다. 거기에서 만약 이론과 현실이 다르다면 단호히 현실을 취해야 한다.

많은 유형의 사주를 임상하다 보면 책 이론대로 안 되는 사주를 자주 만나게 되는데, 그 시점에서 자신의 길이 갈린다. 어떤 이는 새로 눈이 뜨여 정법(正法)을 깨닫기도 하고, 또 어떤 이는 얼토당토않은 망상명리(妄想命理)를 만들기도 한다. 그렇게 길이 갈려 평생을 종사(從事)하게 되는데, 학자로서의 소질과 명성도 그 길에서 결정된다. 자질(資質)이 되지 않으면 책을 넘어서기 어렵다.

실전편 30 십신명리론

30-10. 원국(原局) 분석법(分析法)

간명(看命)할 때 가장 먼저 사주팔자 원국을 보므로 원국 분석이 가장 먼저 하는 일이 된다.

사주 원국을 분석하는 법은 다양하며 특별히 정해진 규칙이나 방식이 없다. 그러므로 각자 나름대로 분석하면 된다. 그러나 입문자들은 어떻게 접근해야 할지 감이 잡히지 않을 수 있으므로 어느 정도 안내가 필요할 것이다. 이에 필자가 쓰고 있는 방법을 소개하니, 도움이 되었으면 좋겠다.

보통 격용법(格用法)을 배운 사람들은 가장 먼저 월지(月支)에 눈이 가겠지만, 필자의 경험으로는 월지가 특별하다는 걸 확인하지 못했다. 그래서 "월지도 그냥 팔분의 일에 불과하다."라는 결론을 내리고 있고 월지를 중히 보는 걸 권장하고 싶지도 않다. 오히려 월령 격국은 원국 분석에 방해가 된다.

십신명리(十神命理)는 격국과 용신을 찾지 않고 원국을 분석한다.

필자가 가장 먼저 보는 건 일지이다. 일지는 그 사람을 지탱하는 뿌리이며 동시에 그 사람의 기본 정신을 의미하고 있기 때문이다. 그다음이 천간이다. 천간은 드러난 재주(활용성)를 의미하므로 (지지는 역량을 의미함) 그 사람이 가장 잘 써먹을 수 있는 십신은 천간에 있다고 할 수 있다. 그러므로 일지와 천간을 살피면 그 사람이 추구하는 바와 그 사람의 소질을 파악할 수 있다. 그다음으로는 나머지 지지를 하나도 놓치지 않고 살피는 것이다. 그리고 십신 간의 위치와 상하좌우 배열을 살펴서 어떤 게 생이 되고 어떤 게 극이 되는지 살핀다. 십신 배열을 살필 때의 초점은 재성(재물)과 관성(명예와 직장)이다. 또한 가장 취약한(또는 지나치게 왕한) 십신이 어떤 것인지 살핀다. 정리하면

1. 일지를 살핀다.
2. 천간을 살핀다.
3. 나머지 지지를 살핀다(1-3: 소질과 적성과 성격 파악).
4. 재관 중심으로 십신의 생극과 배열을 살핀다(처세 파악).
5. 허약한 십신, 과다한 십신, 결핍 십신 등을 살핀다(건강 파악).

30-11. 명운(命運) 해석례(解釋例)

명운(命運)을 해석하는 방법은 다양하지만, 그 방법들의 공통된 점은 '순서(順序)를 지켜서 살핀다.'라는 점이다. 순서라는 것은 '원국 분석'이 먼저이고 '운세 분석'이 나중이라는 그 차례를 말하는 것이다.

원국 분석은 사주팔자의 특성을 살피는 일인데, 이것을 격용(格用) 찾는 일로 오해하기 쉽다. 물론 그것도 원국 분석의 일부(一部)가 되긴 하지만, 그것이 원국 분석의 가장 중요한 부분이 되는 것은 아니다. 격용보다는 십신(十神)의 배치(配置) 상태를 살피는 것이 더 중요하다. 그리고 명운을 살피는 방법은 '간명의 정확함'만 얻을 수 있다면 그 어떤 방식을 취해도 무방하다. 아래에 건명과 곤명에 대한 간명 예를 들어본다.

1. 건명(乾命)

1) 원국(原局) 분석(分析)

원국은 운에 대해 고유(固有)의 반응체계(反應體系)를 갖고 있다.

△ 일간 戊가 비겁 辰을 깔고 있으니 경쟁심, 주관, 평등의식, 추진력, 배짱 등이 강하겠다.

△ 丁壬 합이 있고 戊癸 합이 있으며 지지도 연결합류가 되어 있다.

△ 인성 丁이 투출하였으니 학문적 역량과 능력이 우수하겠고 논리적일 것이다. 그리고 겉으로는 보수적이라는 인상을 줄 것이다.

△ 재성 壬과 癸가 투출하였으니, 정재의 영향으로 인해 착실하게 금전을 얻으려는 심리가 있겠지만 편재의 영향으로 인해 한꺼번에 큰 돈을 벌겠다는 생각도 없지 않다. 실리주의

정재	일원	편재	정인
癸	戊	壬	丁
亥	辰	寅	酉
편재	비견	편관	상관

木(1)	火(1)	土(2)	金(1)	水(3)

戊甲壬	乙癸戊	戊丙甲	庚辛

87	77	67	57	47	37	27	17	7.0
癸	甲	乙	丙	丁	戊	己	庚	辛
巳	午	未	申	酉	戌	亥	子	丑

성향이 강할 것이고 또한 분석적인 성격일 것이다.

△ 丁과 酉가 동주하므로 인성의 보수적인 면이 있기도 하지만 식상의 혁신적인 성향도 같이 갖고 있을 것이다.

△ 식상 酉가 숨어 있으니 말솜씨나 손재주, 유머 감각, 융통성 등이 있겠고, 지지에 있으니 그것이 남에게 잘 드러나지는 않을 것이다.

△ 酉金이 약하니 호흡기나 대장 쪽이 취약할 것이다.

△ 일간이 재성들과 합해 있으니 여자 문제가 생길 수도 있는 구조로 보인다. 지지에서 土生金 金生水 水生木으로 흘러가니 자기 통제력을 강하게 갖추고 있는 사람일 것이다.

△ 寅이 숨어 있으니 과단성이나 군인 기질이 숨어 있을 것이다. 내심 희생정신이 강한 면이 있겠으며, 품행이 방정하고 모범적인 언행을 할 것이다. 따라서 공직이나 교직, 군인, 검찰, 경찰 계통의 직장이 성향에 맞을 것이다.

2) 대운(大運) 분석(分析)

대운은 원국이 장래(將來)에 맞이하게 될 변화(變化)의 암시(暗示)를 간지(干支)로 표시한 것이다.

△ 辛丑 대운: 상관이 들어오는데 재성이 그것을 보호하므로 두각을 나타내지 못하나 재치와 사회성은 발휘된다. 비겁이 들어오므로 친구 관계에 갈등이 발생하기 쉽다. 상관이 입묘하기도 하므로 사회성의 역량은 약해지는 시기이다. 따라서 학창 시절의 교우관계의 폭은 좁아질 것으로 보인다.

△ 庚子 대운: 식신과 재성이 들어오므로 일찍 경제활동을 시작하거나 직장생활을 시작해서 돈을 벌게 될 것이다. 여성과의 인연 및 이별도 발생할 것이다. 식상 운이므로 일류 대학에 진학하기는 어려울 것 같다.

△ 己亥 대운: 비겁과 재성 운이므로 벌기도 하지만 나가는 게 많을 것이다.

△ 戊戌 대운: 비겁이 왕하게 들어오나 부분적으로 상생이 되므로 돈을 벌게 될 것이다. 그
러나 간혹 지출도 발생할 것이다. 호르몬 계통의 질병이 발생하기 쉬운 시기이다.

△ 丁酉 대운: 인성과 상관이 들어오므로 학문에 관심을 가지게 되고 문서를 취득하는 일
이 잦아지게 된다. 상관이 생재하므로 금전 운은 좋을 것이다.

△ 丙申 대운: 丁酉 대운과 비슷할 것이다.

△ 乙未 대운: 관성 및 비겁 운이다. 외부에 이름과 명예를 드러낼 것이고 재물 운은 크게
나쁘지는 않을 것이다. 상생되기 때문이다.

3) 태세(太歲) 분석(分析)

태세는 대운의 암시(暗示)가 구체적으로 실현되는 시기이다.

△ 戊戌 대운 44세 辛巳년: 戊戌 대운에 비겁이 들어오므로 壬癸에게 위협이 된다는 암시
가 있다. 그런데 辛巳년에 충을 받게 되므로 육친 재성과 이별하는 일을 겪기 쉽다. 부친
이 사망할 가능성이 있다.

△ 丙申 대운 60세 丁酉년: 대운 및 태세의 인성과 재성이 재성 쪽으로 연결되므로 이 해에
부동산 문서를 취득하게 될 것이고, 재산도 늘어나게 될 것이다.

△ 丙申 대운 61세 戊戌년: 火生土 土剋水가 발생하므로 재물 지출이 발생하고 더하여 건
강도 나빠질 수 있다.

4) 월운(月運) 분석(分析)

△ 戊戌 대운 44세 辛巳년: 부친이 사망할 가능성이 있다. 그 시기는 재성과 동행(同行)이
되는 庚寅월이나 재성이 충이 되는 丙申월일 것이다. 일운(日運)과 시운(時運)도 같은 맥
락(脈絡)이다.

2. 곤명(坤命)

1) 원국(原局) 분석(分析)

△ 丁壬 합이 있고 庚子와 壬子의 동행이 일주와 연결합되어 있다. 정관 壬과 합하고 정관
亥를 깔고 있으므로 정직하고 품행이 방정하며 사회 규범을 잘 지키려 노력할 것이다.

△ 식상 戊가 투출하였으니 자신을 표현하는 활동(언어, 예술, 기술 등)에 소질을 가질 수
있겠다. 또한 식상 戊로 인하여 성격이 다소 강한 면이 있겠고 남편을 무시하는 성정이
있겠으나 재성이 있으니 큰 문제가 될 정도는 아니다.

△ 식상 戊와 재성 庚이 투출하였으니 자신을 표현하는 활동을 하게 되면 소득이 있을 것이다. 식상이나 재성이 투출한 여성은 사회활동을 하는 것이 좋다. 특히 식상이 투출한 여성이 전업주부 생활만 하면 그 식상이 기운이 남편에게로 집중되어 부부불화가 생기기 쉽다.

정관	일원	상관	정재
壬	丁	戊	庚
子	亥	寅	子
편관	정관	정인	편관
木(1)	火(1)	土(1)	金(1)	水(4)

壬癸		戊甲壬		戊丙甲		壬癸		
88	78	68	58	48	38	28	18	8.0
己	庚	辛	壬	癸	甲	乙	丙	丁
巳	午	未	申	酉	戌	亥	子	丑

2026	2025	2024	2023	2022	2021	2020	2019	2018	2017	2016
丙	乙	甲	癸	壬	辛	庚	己	戊	丁	丙
午	巳	辰	卯	寅	丑	子	亥	戌	酉	申
67	66	65	64	63	62	61	60	59	58	57

[2021年 (62歲) 月 運]

甲	癸	壬	辛	庚	己	戊	丁	丙	乙	甲
辰	卯	寅	丑	子	亥	戌	酉	申	未	午
4	3	2	1	11	10	9	8	7	6

△ 水 기운이 태다(太多)하니 신장 및 방광 계통 등의 기능이 약할 수 있고, 土金 기운도 약하니 소화기 계통이나 폐 대장 계통의 기능이 약할 수 있다. 식상의 생식기 계통도 강하지 않다고 본다.

△ 관성과 식상과 재성이 투출하였으니 표면적으로는 보수적 성향과 개혁적 성향이 공존한다. 관성과 인성이 지지에 왕강하게 있으므로 속마음은 보수성이 더 강하다 할 수 있겠다.

2) 대운(大運) 분석(分析)

△ 丁丑-丙子 대운: 천간으로 비겁 운이 오므로 경쟁 관계에 놓이게 되고 대운이 식상(불명예)을 극해주지 못하므로 경쟁에서 불리하다. 따라서 학업 등에서 두각을 나타내기 어렵다. 丙子 대운에 관성이 들어오므로 결혼하게 된다.

△ 乙亥 대운: 천간으로 인성 乙의 기운이 들어오므로 사회활동을 하기 어려운 여건이다. 전업주부로 지내기 쉽다.

△ 甲戌 대운: 지지로 식상 戌의 기운이 재성 金 기운도 갖고 있으므로 이때부터 재물이 조금씩 모이기 시작한다.

△ 癸酉 대운: 천간으로 관성 기운이 들어오므로 이때부터 사회활동이 가능하고 이로 인해서 이름을 약간 드러내거나 감투도 쓰게 된다. 지지로 재성 酉가 들어오므로 재산은 더 늘어난다.

△ 壬申 대운: 癸酉 대운과 유사하다. 다만 재성이 연결합류되므로 질병이나 다침을 주의해야 한다. 아울러 간혹 재물 지출도 발생하기 쉽다.

△ 辛未 대운: 재성 辛이 들어오므로 외부적으로 경제활동이 더욱 활발해지고 표면적인 소득도 커진다. 그러나 식상 未의 기운으로 인해 지지에 쌓이는 재물 운은 예전보다 못하다.

△ 庚午 대운: 재성 庚과 비겁 午가 동주하므로 이때부터는 재물 지출과 건강 손상에 주의해야 한다. 인성이 입묘하므로 모친의 건강도 염려된다.

3) 태세(太歲) 분석(分析)

△ 壬申 대운은 재성이 연결합류되므로 태세에서 충격을 받기 쉽다. 庚子년에 다시 동행이 되므로 특히 주의해야 한다. 실제로 골절 사고를 겪었다.

4) 월운(月運) 분석(分析)

△ 壬申 대운 庚子년 辛巳월은 대운의 합과 태세의 동행에 이어 월운의 충이 이루어지므로 넘어져 손목뼈를 다치게 되었다.

이상과 같이 대략적인 명운 해석의 예를 들었는데, 운세를 해석할 때 주의할 점은 대운, 태세, 월운의 위계(位階)를 순차적으로 적용해야 한다는 점과 각 하위(下位) 운을 그 상위(上位) 운에 복속(服屬)된 운으로 취급해서는 안 된다는 점이다.

사주의 한두 글자를 크게 부각(浮刻)하는 간법(看法)은 바람직한 게 아니다.

예를 들면 격국과 용신만 찾는 격용론(格用論)이나, 일지의 글자 하나를 부각한 일주론(日柱論)이나, 십이운성 명칭 하나를 부각하여 소설을 쓰는 일 등은 군맹무상(群盲撫象: 장님 코끼리 만지기)에 불과하다. 사주는 팔자로 되어 있으니 여덟 글자 모두를 볼 줄 알아야 한다.

고서 삼명통회(三命通會)에 있는 잘못된 결구(決句)

'재다신약정위부옥빈인(財多身弱正爲富屋貧人)'

'사주에 재성이 많은데 일간이 허약하다면 틀림없는 부옥빈인(부잣집으로 보이지만 사실은 가난뱅이)이다.'라는 뜻이다.

재다신약 사주가 재물을 벌고자 하면 인성 운이나 특히 비겁 운이 좋다고 하는데, 왜냐하면 일간이 강왕해져야 재물을 다룰 수 있기 때문이라고 한다.

그러나 (특수한 사례를 제외하고) 그럴 경우는 없다. 인성 운은 재성을 약화하고 비겁 운 역시 재성을 극하기 때문이다. 특히 비겁은 재물에 있어서 '도적'일 수밖에 없다. 그러므로 인비 운으로 흐르면 가난뱅이가 되기 쉽고, 식상 운이나 재성 운으로 흐르면 부자가 되기 쉽다. 사주에 재성이 많으면 재물 소유의 측면에서는 유리한 조건이 된다. 즉 부자가 될 가능성이 오히려 더 크다.

위 용어가 사계에 만연(蔓延)해 있는데, 고서에 진실만 적힌 건 아니다.

명운(命運)은 힘의 균형(均衡) 논리가 통하지 않는다.

고전에 '일주최의건왕(日主最宜健旺)'이란 말이 있다. '일주는 건왕해야 가장 마땅하다.'라는 뜻이다. 또한 억부법의 논리에도 '일간이 신약(身弱)하면 식재관(食財官)을 감당하지 못한다.'라는 말이 있다. 이것은 '일간은 왕강(旺强)해야 식재관을 다스릴 수 있다.'라는 뜻이다.

그런데 이 두 이론에 큰 문제점이 있다. 즉 '일간은 힘이 있어야만 제 기능을 발휘할 수 있고, 일간이 힘이 없으면 제 기능을 발휘하지 못한다.'라는 잘못된 인식이 깔려 있다는 문제점이 있다.

사주팔자는 명(命: 타고남)이며, 명주가 태어나는 그 순간, 일간과 그 주변에 포진한 십신들의 기능이 곧바로 결정된다. 그러므로 만약 일간 주변에 식재관이 있다면, 그것이 '일간의 능력(能力)'으로 즉시 자리를 잡는다. 그런데 이것은 일간이 강하냐 약하냐 하는 그 문제와 전혀 관계가 없다. 즉 일간이 강하든 약하든 그것과 무관하게 주변 십신들의 기능이 '일간의 능력'으로 즉시 자리를 잡는다. 사주의 예를 보자.

戊甲己戊坤
辰寅未辰

일간 甲이 태어난 순간, 일간 주변에 다수의 土 재성이 일간의 능력으로 자리를 잡고 있다. 즉 일간이 다량의 재물을 소유하고 관리할 구조로 태어났다. 그런데 자세히 보니, 재물을 소모할 능력도 같이 타고났음을 알 수 있다. 일지의 寅이 土 재성을 극하고 있기 때문이다.

이런 구조는 '일간이 재물을 다량 소유하면서도 또한 남에게 빼앗기기도 할 구조'가 된다. 하지만 이것을 '일간이 다수의 재성을 감당하지 못할 처지에 다행히 寅을 만나 힘을 얻으니, 일간이 다수의 재성을 다스릴 힘을 갖게 되었다.'라고 인식해서는 안 된다. 왜냐? 寅은 도적(盜賊)이지 결코 구원자가 아니기 때문이다. 즉 寅이 '일간의 손재(損財) 능력'이 되기 때문이다.

"명운은 힘의 균형 논리가 통하지 않는다."

이 말은 생극의 논리는 그냥 생극의 논리이지, 그게 균형의 논리로 바뀌는 일은 없다는 뜻이다. 다시 말해서 寅은 土를 극하는 십신이지, 힘의 균형을 잡아주는 오행이 될 수 없다는 뜻이다.

마침 구 씨 종친회에서 이 문제를 거론하고 있었다.

친구: "만약 저 사주에서 乙卯 운이 온다면, 재물 운을 어떻게 해석할 참이냐?"

맹구: "약한 일간이 힘을 얻었잖아? 재물이 늘어나는 거 당연한 거 아닌감?"
영구: "음. 그래도 4대 6 싸움이군. 일간이 약해. 돈 나가겠어."
축구: "일간이 힘이 넘치지. 반드시 손재가 일어날 거구먼."
띵구: "일간과 재성이 힘의 균형을 이루지. 그럼 어마어마한 재물을 얻을 거여."
방구: "으윽! 난 지금 그 문제를 다룰 때가 아니다."
에구: "야. 책 사본 지 사흘 됐다."

친구: "다 틀렸다. 일간의 힘과 무관하다. 그냥 목극토(木剋土)이기에 손재가 일어난다.

이것이 십신명리(十神命理) 관점의 정답이다. 乙卯 운 역시 '일간의 손재 능력'이 된다.
寅이 득비리재(得比理財: 비겁의 힘을 얻어서 재를 다스린다)의 용신(用神)이 된다는 논리는 황당한 이론이다.
"명운은 힘의 균형 논리가 통하지 않는다. 명운의 모든 십신은 그 자체가 일간의 능력이다."

교주(敎主)와 소설가(小說家)

명리 강의를 할 때 아무런 이유나 근거를 밝히지 않고, 또한 은유법(隱喩法)을 쓰며 설법(說法)하듯 이론을 펼치는 사람이 많다. 예를 들면 "癸水는 발산(發散)이야." "金은 돈이야." 이렇게 가르치는 사람은 교주 스타일이다.

그런데 제자가 그 이유를 묻고 그 근거를 물으면, 일단 자신에 대한 도전으로 받아들인다. 대답할 말이 없으면 당황한 기색을 감추며 그냥 씩 웃고 만다. 내심 '번거로운 X이군!' 이렇게 점을 찍어 둔다.

이런 사람은 강의를 듣는 제자들 가운데 맹구가 많으면 많을수록 바람직하다고 생각한다.

명리 강의를 할 때 자기도취에 빠져 소설을 쓰는 사람도 많다. 예를 들면 "水는 흘러. 그러니 유통업(流通業)이야." "사주에 물이 많지? 그러니까 음탕해." 이렇게 가르치는 사람은 소설가 스타일이다.

그런데 제자가 그 이유를 묻고 그 근거를 물으면, (당황하지 않는다는 특징이 있다) 확대법과 비약법을 써가며 질문자의 정신을 빼놓는다. 제자들은 뭘 들었는지 모른다.

이런 사람은 강의를 듣는 제자들 가운데 영구가 많으면 많을수록 바람직하다고 생각한다.

이건 다 농담이지만, 자질도 안 되고 실력도 안 되는 사람이 너도나도 강의하는 현실이니, 교주와 소설가가 너무 많아 걱정이다.

31. 직업론(職業論)

직업(職業)은 그 종류가 무척 다양하므로 사주로써 명주(命主)의 직업을 세밀하게 추론하기 어렵지만, 대략적인 직업 성향(性向)을 알아볼 수는 있다. 그 방법으로는 억부용신(抑扶用神)을 살피는 방법, 일간(日干) 주변의 십신(十神)을 살피는 방법, 격(格)을 살피는 방법, 운(運)을 살피는 방법 등이 있다.

31-1. 적성(適性)과 직업(職業)

어떤 이들은 자기 적성에 맞는 직업에 종사하고, 어떤 이들은 자기 적성에 맞지 않는 직업에 불가피하게 종사하기도 하며, 어떤 이들은 다양한 소질이 있어서 이것저것 다 해보기도 하고, 어떤 이들은 한 가지 소질도 없어서 무엇을 해야 할지 진로를 뚜렷이 정하지 못하기도 하는 등 직업 선택의 유형과 관련해 여러 가지 사례를 볼 수 있다.

명주의 적성과 그의 직업이 잘 연결된다면, 직무와 관련하여 상승효과를 얻을 수도 있고, 성취감과 보람을 느낄 가능성도 커진다. 그러므로 진로 선택이나 직업 선택에 있어서 가장 우선으로 고려해야 할 부분은 바로 명주의 적성을 파악하는 일이라 할 수 있을 것이다.

적성은 심리(心理)와도 연결된 것이므로 적성을 파악하려면 먼저 십신(十神)의 심리를 정확하게 파악하고 있어야 한다.

사람들이 명예와 권력이 있고 소득이 높은 직종을 선호하는 것이 현실이고, 소득이 높으면 싫은 일에도 기꺼이 적응할 수 있으므로 적성만으로 직업 문제에 접근하기는 사실상 어렵다.

명리로써 정확한 적성과 알맞은 직종을 찾는 일 역시 쉬운 일은 아니다. 명리로써는 명주가 처한 인문환경이나 자연환경, 부모의 능력, 자신의 의지, 지능 등을 고려하기 어렵기에 진로 분석 기능에 한계가 있다. 어쨌든 원국과 운을 분석하여 판단하는 것이 기본이다.

직업을 통한 성공의 여부(與否) 역시 원국과 운을 살펴서 판단해야 한다.

31-2. 직업(職業) 판단법(判斷法)

우리나라의 관공서에 등록된 직업의 종류는 13,000가지를 넘는다고 한다. 그러므로 사주의 유형을 살펴 직업을 구체적으로 추리하는 일은 매우 어렵다. 그리고 같은 사주라 해도 살아온 환경이나 인간관계 등이 서로 다르므로 각각 다른 직종에 종사하는 사례가 많다.

직업은 일간(日干)을 중심으로 하여 용신(用神), 십신(十神), 격국(格局), 대운(大運) 등을 종합적으로 살펴서 판단하는 것이 좋다.

진로 적성이나 직업 성향을 판단하는 방법들이 다양하나 기본적으로는 대부분 십신(十神)에 기초하고 있으므로 서로 유사(類似)하다. 아래에 대략 네 가지 방법을 제시한다.

1) 용신(用神)의 직업(職業)

억부용신이나 희신을 찾아서 적성을 파악하고 진로를 결정하는 방법이다. 용신이나 희신은 명주가 선호하고 지향하는 방향을 의미하므로 용신 및 희신 방향으로 진로를 선택하면 심리적인 만족감을 느낄 가능성이 크다.

2) 십신(十神)의 직업(職業)

일간 주변에 포진한 십신들을 살펴서 진로를 결정하는 방법이다.

3) 격(格)의 직업(職業)

일간과 월령을 대비하여 찾은 격으로써 진로를 결정하는 방법이다. 격국법(격과 상신)으로 살피기도 한다.

4) 대운(大運)의 직업(職業)

대운의 영향을 기회로 삼아 명주의 진로를 결정하는 방법이다. 직업이나 직종의 변화와도 관련이 있다.

31-3. 진로(進路)의 방향(方向)

앞서 제시한 네 가지의 직업 선택 방법에 대해 공히 적용될 수 있는 방안들을 대략 제시한다.

아래에서 '용신'으로 논한 것은 곧 억부용신을 뜻한 것이며, 용신은 또한 격 이름에도 적용되고, 일간 주변의 십신에도 적용되며, 운에도 적용된다.

문과(文科) 계통(系統)은 비교적 정적(靜的)이므로 인성 용신인 사람에게 적절하다. 인성이 일간 주변에 있는 사람에게도 적절하고, 인성격인 사람에게도 적절하며, 인성 운이 든 사람에게도 적절하다.

학자에게 맞는 성향은 인성이다. 인성은 배움을 뜻하고 비활동적인 것을 뜻하기 때문이다.

연구직은 인성이나 식상이 용신인 사람에게 적절하다.

교직 계통 역시 인성 용신이거나 식상 용신인 사람에게 적절하다. 식상은 드러내는 성분이고 남을 돕는 성분이기 때문이다.

문학이나 예술, 연예 계통은 식상 용신인 사람에게 적절하다. 배움이 쌓이면 드러낼 욕구가 발생하므로 인성 용신인 사람에게도 적절하다.

법(法) 계통은 관성이나 인성 용신인 사람에게 적절하다.

봉급생활자는 인성이나 관성이 용신인 사람에게 적절하다. 식상이 용신인 사람은 조직 생활이 적절치 않다.

이과(理科) 계통은 비교적 활동적(活動的)이므로 식상이나 재성이 용신이 사람에게 유리하다. 식상이나 재성이 일간 주변에 있는 사람에게도 유리하고, 식상격이나 재성격인 사람에게도 유리하며, 식상 운이나 재성 운이 든 사람에게도 유리하다.

기술, 제조업, 전문직, 영업직, 자영업, 상업, 금융, 의료 계통 등은 식상이나 재성이 용신인 사람에게 유리하다.

보험모집인, 영업직 등 사람을 상대하는 직종은 비겁 용신인 사람에게 유리하다.

이같이 십신의 속성을 이용하여 바람직한 진로를 제시해줄 수 있다. 그러나 "넌 반드시 이 일을 해야 해. 다른 일은 절대로 못 해."라고 단정해줄 수는 없다. 명리로써 진로의 유리함과 적절함을 판단해주는 방향 제시 수준까지는 용납이 되나, 이를 넘어서서 가능성과 선택의 여지를 무시하는 횡포 수준까지 용납되는 것은 아니다. 사람에겐 주어진 환경과 여건에 적응하는 능력이 있기에 사실은 못할 일이 없는 것이다. 그러므로 진로의 방향 제시는 양자택일 식이 되어서는 안 되며, 그야말로 '가장 바람직한 방향' 식으로 제시되어야 한다.

31-4. 십신(十神)의 직업(職業)

1) 비견 겁재의 직업
독립 사업, 청부업, 보험업, 영업직, 노동, 체육인, 프리랜서, 중개업, 컨설팅 등

2) 식신 상관의 직업
기술, 예술, 언어와 관련된 직업

기계 기술자, 정보 기술자, 발명가, 교사, 강사, 변호사, 예술가, 문학가, 음악가, 연구직, 방송, 연예, 언론, 컨설팅, 육영사업, 자선사업 등

3) 편재 정재의 직업
일반사업, 제조업, 금융업, 사채업, 무역업, 도소매업, 유통업, 주식, 복권, 투기, 부동산 개발, 상업 등

4) 편관 정관의 직업
경찰, 군인, 정치인, 일반직 공무원, 법조인, 회사원 등

5) 편인 정인의 직업
학자, 교사, 의사, 약사, 예술인, 작가, 연예인, 역술가, 종교인, 언론, 부동산업 등

31-5. 오행별(五行別) 업종(業種)

오행(五行)이 가진 속성을 직업의 속성과 연결할 수 있다.

사주의 억부용신이나 희신에 해당하는 업종을 선택하거나, 사주에 꼭 필요한 오행에 해당하는 업종을 선택하는 것이 바람직하다 할 수 있다.

아래 자료는 복합적인 오행 기운을 가진 업종들이지만 보다 주된 성질을 취하여 분류한 것이다.

1) 木
작가, 문학, 문예, 문구류, 문인, 교육자, 교육 관련 물품, 서점, 출판업, 공무원, 사법계통, 경찰, 정치인, 설계, 생명공학, 학자, 원예, 재배, 학원, 목재, 목제품, 가구, 식물,

꽃, 묘목, 청과, 약사, 인재 양성, 포목, 향료, 종교용품, 종교사업, 식물성 식품, 임업, 제지, 신발, 차(茶), 과수원, 건축, 섬유 등

2) 火

교통, 관광업, 수산업, 주류, 숙박업, 유통업, 유류, 화약, 화공약품, 주류, 식품, 수공예품, 공장, 제조, 의류, 모자, 이발, 미용, 화장품, 수리 가공, 육체노동, 재생, 연소물, 가스, 수공예, 장식물, 조명, 광학, 보일러, 장식품, 예술, 백화점, 도장, 조각가, 평론가, 심리학자, 연설가, 전자, 전기, 정보통신, 패션, 실내장식, 항공, 자동차 업종, 액세서리, 서비스업, 광고업, 잡화 등

3) 土

토지개발, 토목업, 임대업, 부동산업, 농업, 임업, 축산업, 중개업, 상담업, 토산품, 농작, 목축, 원자재, 중개인, 직업소개소, 방수사업, 사료, 자연 원자재, 건축업, 택지 및 가옥매매, 우산, 천막, 제방축조, 그릇, 전당포, 골동품, 감정사, 음식점, 소개업, 대서, 변호사, 법관, 대행업, 심부름센터, 중매업, 매매, 설계, 고문, 비서, 부속품, 장의사, 묘지 관리, 종교인, 회계사 등

4) 金

기계, 금속, 설비, 철강업, 차량, 중장비, 정비업, 원석, 보석, 석재, 철재, 고물상, 공구 재료, 굴착, 발굴, 광업, 감정사, 자동차, 금융계통, 무술 및 무예, 군인, 무기류 등

5) 水

소방, 음향기기, 냉온 설비, 어업, 얼음, 수산업, 음료수, 냉장, 냉동, 생수, 세탁, 청소, 수영장, 목욕탕, 냉장식품, 스포츠맨, 가이드, 마술, 탐정, 소화 기구 등

31-6. 격(格)의 직업(職業)

일간을 월령에 대비하여 직업 성향을 살피는 방법이다. 이는 최강(最强) 오행을 직업과 연계시킨 것이다.

1) 식신격(食神格)과 상관격(傷官格)

자유분방하고 명령이나 구속을 싫어하며 조직 및 직장생활이 성격에 잘 맞지 않아 독립 사업이나 특수기술 분야, 그리고 언론 등에 종사하는 경우가 많다.

교사, 강사, 변호사, 예술가, 문학가, 발명가, 연구직, 방송, 언론, 연예, 정보, 기술직, 자선사업, 농어민, 애완 등이 알맞다. 식상생재의 구조이면 사업가가 좋다.

2) 편재격(偏財格)과 정재격(正財格)

현실적이고 이재(理財)에 밝아 금융계통이나 상업 등에 종사하는 경우가 많다.

일반사업에 적합하고 사채업, 금융, 중개, 무역업, 도소매, 유통업, 제조업 등이 알맞다.

3) 편관격(偏官格)과 정관격(正官格)

품행이 바르고 명령을 잘 수행하므로 조직 생활이 성격에 맞아 일반 기업체나 국가 기관 등의 공직에 종사하는 경우가 많다.

법조인, 정치가, 회사원, 경찰, 군인, 검찰, 공무원 등이 알맞다.

4) 편인격(偏印格)과 정인격(正印格)

비활동적인 일에 성격이 맞으며, 일반 사무원, 학자나 연구원 등이 성격에 맞다.

의사, 약사, 예술인, 작가 등 전문 직종, 연예인, 정치인, 역술가, 종교인, 언론인, 학자 등이 알맞다.

5) 양인격(陽刃格)과 건록월겁격(建祿月劫格)

주관이 강하므로 독립적으로 움직이는 경우가 많고 사용자나 우두머리가 되어 남을 부리려는 성향이 있다.

체육인, 청부업, 사업, 노동, 영업 등에 알맞다.

31-7. 기타방법(其他方法)

결핍된 십신을 찾는 방법, 강력한 십신을 찾는 방법,

천간만 고려하여 판단하는 방법,

오행을 물상(物象)으로 변환하여 판단하는 방법, 관성의 동향을 살피는 방법 등이 있다.

戊丁丙乙甲癸壬　　癸辛辛戊 乾52 -1948 ◈ 022
辰卯寅丑子亥戌　　巳丑酉子
68 58 48 38 28 18 8,8

丙寅 대운 52세 庚辰년 당시 교사이다.

癸甲乙丙丁戊己　　甲壬庚丁 乾53 -1947 ◈ 023
卯辰巳午未申酉　　辰午戌亥
67 57 47 37 27 17 7,0

乙巳 대운 53세 庚辰년 당시 사업가이다.

丙丁戊己庚辛壬　　己庚癸戊 坤37 -1968 ◈ 024
辰巳午未申酉戌　　卯戌亥申
70 60 50 40 30 20 9,8

庚申 대운 37세 乙酉년 당시 치과 의사이다.

甲乙丙丁戊己庚　　己乙辛癸 乾55 -1963 ◈ 025
寅卯辰巳午未申　　卯酉酉卯
70 60 50 40 30 20 9,11,15

戊午 대운 검사로 재직하다가 30대 말경 변호사로 전직하였다.

戊己庚辛壬癸甲　　戊庚乙乙 乾46 -1955 ◈ 026
寅卯辰巳午未申　　寅辰酉未
63 53 43 33 23 13 2,8

庚辰 대운 46세 辛巳년 당시 직업군인이다.

乙丙丁戊己庚辛　　乙丙壬丁乾44 -1957 ◆ 027
巳午未申酉戌亥　　未寅子酉
64 54 44 34 24 14 4,4

丁未 대운 44세 辛巳년 당시 회사원이다.

癸甲乙丙丁戊己　　壬庚庚己乾40 -1959 ◆ 028
亥子丑寅卯辰巳　　午辰午亥
67 57 47 37 27 17 7,0

丙寅 대운 40세 己卯년까지 무용가로 활동하였다.

丙丁戊己庚辛壬　　壬庚癸丁乾69 -1937 ◆ 029
申酉戌亥子丑寅　　午申卯丑
69 59 49 39 29 19 9,4

丙申 대운 69세 丙戌년 당시 스님이다.

癸甲乙丙丁戊己　　壬壬庚丁乾50 -1957 ◆ 030
卯辰巳午未申酉　　寅午戌酉
69 59 49 39 29 19 9,4

乙巳 대운 50세 丁亥년 당시 면장(공무원)이다.

庚辛壬癸甲乙丙　　己戊丁癸乾57 -1953 ◈ 031
戌亥子丑寅卯辰　　未午巳巳
60 50 40 30 20 10 0,4

30년가량 공직에 있다가 辛亥 대운 57세 庚寅년에 퇴직하였다.

31-9. 직업(職業)의 변동(變動)

직업 변동은 대개 환경 변화와 의지의 변화에서 일어나므로 세밀히 추정하기가 어렵다. 보통 식상 운, 재성 운, 관성 운 등이 들어오는 시기에 직업의 변화가 일어날 가능성이 크다. 큰 흐름이면 대운에서 주로 변화가 나타난다.

식상 운 등이 온 경우 새로운 투자를 실행하거나, 새로운 직업을 시작하거나, 새로운 사업을 시작하거나, 새로운 직장을 선택하는 등의 일이 발생하기 쉽다.

丙乙甲癸壬辛庚　　己丙己丙乾43 -1966 ◈ 032
午巳辰卯寅丑子　　丑申亥午
61 51 41 31 21 11 1,4

甲辰 대운 42세 戊子년에 15년간 다니던 직장을 퇴직하고 화물중개업을 시작하였다.

戊己庚辛壬癸甲　　己庚乙丁乾33 -1967 ◈ 033
戌亥子丑寅卯辰　　卯子巳未
70 60 50 40 30 20 9,8

壬寅 대운 31세 戊寅년에 퇴직하였다.
壬寅 대운 32세 己卯년에 사업을 시작하였다.

31-10. 직업군(職業群)

1) 경영·금융·기획 관련 직업

CEO(최고경영자), 공무원, 호텔업, 회계사, 변리사, 펀드 관리자, 관세사, 보험계리사, 경영컨설턴트, 노무사, 행사기획자, 은행사무원, 증권사무원, 광고 및 홍보전문가

2) 교육·연구 및 공공서비스 관련 직업

특수학교 교사, 사회과학연구원, 변호사, 교도관, 교사, 교수, 생명과학연구원, 경찰관, 소방관, 직업군인, 해수 담수화 연구원, 기후변화전문가, 과학수사원

3) 의료·보건·사회복지 관련 직업

의사, 치과의사, 영양사, 헤드헌터, 보육교사, 수의사, 약사, 간호사, 물리치료사, 안경사, 응급구조사, 사회복지사, 상담전문가, 사회단체 활동가

4) 문화·예술·디자인 및 언론 관련 직업

작가, 통역사, 기자, 패션디자이너, 큐레이터, 사서, 가수, 만화가, 연기자, 제품디자이너, 감독, 연출자, 촬영기사 및 방송 장비 기사, 운동선수, 심판, 아나운서, 프로게이머, 미술가, 사진작가

5) 운송·여행 및 개인 서비스 관련 직업

항해사, 도선사, 항공교통관제사, 텔레마케터, 스타일리스트, 애완동물미용사, 바텐더, 항공기 조종사, 항공기객실 승무원, 영업사무원, 경호원, 미용사, 체형관리사, 커플매니저, 조리사, 제과제빵사

6) 전기·전자 및 정보통신 관련 직업

컴퓨터프로그래머(웹·시스템·소프트웨어·응용소프트웨어개발자), 전자공학 기술자, RFID 시스템개발자(통신공학 기술자), 컴퓨터 보안전문가, 컴퓨터 하드웨어 기술자, 가전제품 수리, 네트워크 시스템 개발자

7) 건설·기계·환경·화학·섬유·임업 관련 직업

건축가, 토목공학 기술, 건설기계 운전, 조경기술, 항공기 정비, 선박 정비, 방송 통신 장비 설치 수리, 로봇공학, 기계공학 기술, 자동차 정비, 화학공학 기술, 환경공학 기

술, 해양공학 기술, 재료공학 기술, 농림 어업 기술 등

사주와 직업(職業)

사람은 자신이 처한 환경에서 시시각각 선택과 의사결정을 하고 그 결과를 받아들이면서 살고 있기에 사람마다 인생이 각각 다르다. 그러므로 사주가 같아도 직업이 서로 다를 수 있다.

사주와 개운(開運)

'개운(開運)'이란 '좋은 운수(運數)가 트인다.'라는 뜻이고, 나빴던 운이 좋은 운으로 바뀐다는 뜻이다. 일반인들을 대상으로 간혹 개운을 빙자하면서 팔자나 운을 고쳐주겠다고 나서는 사람들이 있는데, 명리를 바르게 배운 사람은 그런 행위를 하지 않는다. 그 어떤 방책을 썼다 하더라도 인위적인 개운은 만들어 낼 수 없다. 그것을 개운으로 믿고 싶겠지만 그것은 개운이 아니라 '다른 선택'일 뿐이다.

나쁜 운을 좋은 운으로 고칠 수 있는 사람은 이 세상에 존재하지 않는다.

우리는 부모의 선택으로 '명(陰)'을 받고, 살아가면서 '운(陽)'을 받는다.

그 운이 주는 기회를 최대한 활용하는 것이 아마도 최선의 인생을 살 수 있는 길일 것이다. 따라서 사람이 길을 찾아 스스로 노력하면 자신의 그릇이 커질 수 있다. 그러나 노력하지 않으면 그릇이 커지지 않는다. 같은 운이라도, 운은 명주의 그릇에 합당한 결과를 가져다준다. 그러므로 동일 사주가 모두 같은 운을 받으면서 사주대로 살지만, 각각 그릇과 수준에 합당한 다른 삶을 살게 된다.

주어진 인생을 최선을 다해 살아야 한다.

32. 질병론(疾病論)

　　질병(疾病)은 사주의 구조(構造)와 관련이 있는데, 원국의
오행이 태과(太過)이거나 불급(不及)인 상태에서 운(運)의 영
향을 받으면 해당 장부(臟腑)에 문제가 생겨 발병(發病)하게
된다.
　　명리로써 질병의 원인을 판단할 수 있으나 치료법을 찾기
는 어렵다.

32-1. 장부(臟腑)의 오행(五行)

　　오장육부에 대해 간, 심장, 비장, 폐장, 신장을 각각 木火土金水의 음(陰)에 배속했으
며, 담, 소장, 위장, 대장, 방광을 각각 木火土金水의 양(陽)에 배속했다.
　　장(臟)은 내부가 차 있어 변화가 적은 음의 기관이고, 부(腑)는 내부가 비어 있어 변화
가 많은 양의 기관이다.

	木	火	土	金	水
五臟(-)	간(肝)	심장(心腸)	비장(脾臟)	폐장(肺臟)	신장(腎臟)
六腑(+)	담(膽)	소장(小腸)	위장(胃腸)	대장(大腸)	방광(膀胱)

　　오행이 관장(管掌)하는 기능(機能)과 병변(病變)을 알아본다. 오행의 음양이 엄밀히
구분되어 적용되는 것은 아니다.

　1) 木이 관장하는 기능과 병변
　간, 담, 신경, 근육, 정신, 머리, 팔다리, 모발, 분노 조절
　간 질환, 시력, 근육병, 신경증, 신경통, 뇌 질환, 정신병, 접신 등

　2) 火가 관장하는 부위와 병변
　혈액, 혈관, 소장, 심장, 눈, 혀, 희열 조절

백혈병, 혈관 질환, 소장 질환, 심장 질환, 안질환 등

3) 土가 관장하는 기능과 병변
위장, 식도, 입, 비장, 췌장, 허리, 복부, 생각 조절
위장 질환, 췌장 질환, 요통, 당뇨병, 비만 등

4) 金이 관장하는 기능과 병변
뼈, 골수, 이빨, 관절, 피부, 폐, 코, 대장, 근심 조절
골절, 치과 질환, 관절 질환, 피부 질환, 폐 질환, 호흡기 질환, 대장 질환, 치질, 우울
증 등

5) 水가 관장하는 기능과 병변
신장, 방광, 호르몬계, 전립선, 청력, 공포 조절, 수면
신장 질환, 방광 질환, 요도 질환, 갑상선 질환, 임파선 질환, 전립선염, 공황장애, 난
청, 중이염, 불면증 등

6) 뇌출혈, 뇌졸중: 木火의 손상, 혈압: 火水의 불균형, 조울증: 火金의 손상

32-2. 인체(人體)의 계통(系統)

인체의 계통을 오행 및 십신으로 분류하면 다음과 같다.

1) 비뇨기계(水): 신장, 수뇨관, 방광, 요도, 전립선 등
2) 생식계(食傷): 생식선, 생식기, 서혜부(사타구니), 유방, 자궁 등
3) 순환기계(火): 심장, 비장, 편도선, 임파선 등.
4) 내분비계(水): 부신, 뇌하수체, 갑상선, 부갑상선, 생식선 등
5) 신경계(木): 대뇌, 소뇌, 삼차신경, 대퇴 신경, 좌골신경 등
6) 골격계(金): 경추, 요추, 고관절, 무릎 관절, 어깨 관절, 턱 등
7) 근육계(木): 승모근, 견갑골근, 늑골근 등
8. 호흡기계(金): 목, 성대, 인후, 폐와 기관지, 횡격막 등
9) 감각기계(五行): 코, 눈, 귀, 평형기관 등

10) 소화기계(土): 위장, 췌장, 십이지장, 담, 맹장, 직장, 항문 등

32-3. 질병(疾病)의 발생(發生)

사주에 특정 오행이 약하거나 결핍되면 그 오행에 해당하는 장기가 약한 상태일 가능성이 크다. 그리고 운이 작용하면 그 시기에 발병하기도 한다.

사주에 특정 오행이 지나치게 많으면 그 오행에 해당하는 장기가 역시 약한 상태일 가능성이 크다. 과유불급(過猶不及)이라 했으니 지나친 것은 부족한 것과 같은 것이다. 그리고 운이 작용하면 그 시기에 발병하기도 한다. 질병은 해당 오행이 충극을 받거나 약해지는 시기에 주로 발생한다.

명리로써 질병을 대략 판단할 수 있지만 세밀한 영역까지 판단하기는 어렵다. 특히 치료 분야는 전문 의사에게 맡기는 것이 좋다.

庚辛壬癸甲乙丙　　甲甲丁甲坤 -1974 ◈ 034
午未申酉戌亥子　　子寅丑寅
61 51 41 31 21 11 0,8

원국에 土가 약하여 乙亥 대운 당시 위장병을 앓았다.

丁戊己庚辛壬癸　　庚甲甲己乾 -1949 ◈ 035
卯辰巳午未申酉　　午戌戌丑
61 51 41 31 21 11 1,0

원국에 水가 약하니 선천성 신장병이 있어 癸酉 대운부터 고생하였다.

甲癸壬辛庚己戊　　丁辛丁戊乾 -1978 ◈ 036
子亥戌酉申未午　　酉巳巳午
66 56 46 36 26 16 6,4

원국에 火가 태다(太多)하여 선천성 심장병이 있다.

32-4. 식품(食品)의 오행(五行)

사주 원국에 약하거나 결핍된 오행이 있을 때, 해당 장부의 기능을 보완해줄 수 있는 음식을 섭취하는 것도 도움이 될 수 있다.

오행별로 식품들을 아래와 같이 분류할 수 있는데, 절대적인 것은 아니다. 실물(實物)들은 한 가지 오행으로만 구성된 것들이 아니기 때문이다. 식품의 맛을 기준으로 오행에 배속(配屬)했으나 질병의 예방 및 치료를 위한 대체의학으로 활용할 때에는 장부의 병태생리를 잘 파악하고 약리적(藥理的) 효능(效能)까지 감안하여 활용하여야 한다. 다음은 일반적으로 장기의 기능을 도와주는 분류이니 섭생(攝生)에 참고하기 바란다.

1) 木에 속하는 식품
신맛을 많이 함유한 식품으로서 간과 담의 기능을 돕는다.
곡식: 보리, 밀, 귀리, 팥, 메밀 등
야채: 깻잎, 부추, 신 김치 등
과일: 귤, 포도, 딸기, 사과, 앵두, 모과, 매실, 유자 등
육류: 각종 동물의 간과 쓸개, 닭고기, 개고기, 메추리, 계란 등
차류: 유자차, 오미자차, 오렌지주스 등
조미료: 식초 등
근건과: 우엉 등

2) 火에 속하는 식품
쓴맛을 많이 함유한 식품으로서 심장과 소장의 기능을 돕는다.
곡식: 옥수수, 수수, 등
야채: 풋고추, 상추, 냉이, 쑥갓, 쑥, 더덕, 도라지, 셀러리, 근대, 고들빼기, 취나물, 씀바귀, 등
과일: 은행(金), 살구, 해바라기 씨, 자몽 등
육류: 각종 동물의 염통과 피, 곱창, 염소, 메뚜기, 칠면조 등
차류: 홍차, 작설차, 버섯 차, 쑥차, 커피 등
조미료: 술, 면실유 등
근건과: 도라지(金), 더덕 등

떫은맛이 있는 식품은 심포장과 삼초부를 돕는다.

곡식: 옥수수, 녹두, 조 등

과일: 토마토, 바나나, 오이, 가지 등

육류: 양고기, 오리고기, 오리알, 꿩고기, 번데기 등

근과: 감자, 도토리, 토란, 죽순, 당근 등

차류: 요구르트, 코코아, 로열젤리, 덩굴차, 알로에, 화분 등

3) 土에 속하는 식품

단맛을 많이 함유한 식품으로서 비장과 위장의 기능을 돕는다.

곡식: 기장쌀, 피쌀 등

야채: 시금치, 미나리, 호박, 고구마, 고구마 줄기, 칡, 연근, 마 등

과일: 감, 대추, 참외 등

육류: 각종 동물의 위장과 지라, 췌장, 쇠고기, 닭고기 등

차류: 인삼차, 꿀차, 칡차, 대추차 등

조미료: 설탕, 꿀, 엿, 엿기름, 포도당 등

근건과: 연근, 고구마, 칡뿌리 등

4) 金에 속하는 식품

매운맛을 많이 함유한 식품으로서 폐장과 대장의 기능을 돕는다.

곡식: 현미, 율무 등

야채: 붉고 매운 고추, 겨자, 파, 양파, 달래, 배추, 마늘, 무, 생강, 등

과일: 배, 복숭아 등

육류: 각종 동물의 허파 및 대장, 말고기, 생선, 조개류 등

차류: 로즈마리차, 율무차, 생강차, 수정과 등

조미료: 고추, 생강, 후추, 겨자, 박하 등

근건과: 무, 양파 등

5) 水에 속하는 식품

짠맛을 많이 함유한 식품으로서 신장과 방광의 기능을 돕는다. 주로 검은색을 띤 식품이다.

곡식: 각종 콩류 등

야채: 다시마, 김, 미역, 파래 마, 등의 각종 해초류, 콩 떡잎 등

과일: 수박, 밤 등

육류: 각종 동물의 신장, 방광 및 생식기, 돼지고기, 각종 해산물로 담근 젓갈류 등

차류: 두향 차, 두유, 들깨 차, 땅콩 차 등
조미료: 참기름, 들기름, 된장, 간장, 소금 등
근건과: 마 뿌리, 참깨, 들깨, 호도, 땅콩, 잣 등

32-5. 오운육기론(五運六氣論)

오운육기론(五運六氣論)은 자연계의 기후변화 및 우주 만물의 변화과정과 상호관계 등을 해석하는 이론으로서 한의학의 고전인 황제내경(皇帝內徑)에 기록된 것이다.

오운(五運)과 육기(六氣)는 음양오행으로써 운기(運氣)를 논한 이론인데, 오운(五運) 이란 목화토금수(木火土金水)의 다섯 가지 기운을 말하고, 육기(六氣)란 풍(風), 열(熱), 화(火), 습(濕), 조(燥), 한(寒)의 여섯 가지 기운(氣運)을 말한다.

甲己년은 土가 주관하고, 乙庚년은 金이 주관하며, 丙辛년은 水가 주관하고, 丁壬년은 木이 주관하며, 戊癸년은 火가 주관한다고 본다.

삼양삼음(三陽三陰: 소양, 태양, 양명, 소음, 태음, 궐음)과 십이지(十二支)가 결합하면, 子午년에는 소음(少陰)이 주관하고, 丑未년에는 태음(太陰)이 주관하며, 寅申년에는 소양(少陽)이 주관하고, 卯酉년에는 양명(陽明)이 주관하며, 辰戌년에는 태양(太陽)이 주관하고, 巳亥년에는 궐음(厥陰)이 지배한다고 본다.

오운육기론은 운기학(運氣學)의 일종인데, 명리와 잘 부합하지 않는 이론이다. 명리의 천간 합화 이론도 의학서적인 황제내경에서 가져온 것이므로 그 근본은 운기학 이론이다.

32-6. 질병(疾病)의 사례(事例)

1) 木에 관한 질병

```
丁丙乙甲癸壬辛    甲庚庚辛 坤46 -1931 ◈ 037
未午巳辰卯寅丑    申申子未
62 52 42 32 22 12 2,0
```

乙巳 대운 46세 丁巳년에 간암으로 사망하였다.

◇ 원국 분석: 원국의 甲이 申에 좌하여 木 기운이 약하다. 따라서 신경 계통이나 간담 계통의 질환에 주의해야 한다. 술을 마시지 않는 것이 현명한 태도라고 판단할 수 있다.

戊己庚辛壬癸甲　壬丁乙癸乾42 -1953 ◈ 038
申酉戌亥子丑寅　寅卯卯巳
64 54 44 34 24 14 3,8

辛亥 대운 41세 甲戌년부터 42세 乙亥년까지 정신병으로 입원하고 치료하였다.
◇ 원국 분석: 원국에 木 기운이 태왕(太旺)하여 신경 계통에 문제가 생기기 쉽다. 부족한 것도 문제이지만, 너무 많은 것도 문제가 된다.

2) 火에 관한 질병

甲癸壬辛庚己戊　辛甲丁己坤50 -1949 ◈ 039
申未午巳辰卯寅　未辰丑丑
61 51 41 31 21 11 1,0

壬午 대운 50세 己卯년에 심장병으로 혼수상태를 겪었다.
◇ 원국 분석: 원국에 火 기운이 약하다. 월간 丁이 일간 甲의 생을 받기 어렵게 되어 있다. 시간 辛 때문이다.

癸甲乙丙丁戊己　甲丙庚甲坤52 -1944 ◈ 040
亥子丑寅卯辰巳　午午午申
62 52 42 32 22 12 1,8

丙寅 대운 심장병이 발병하였다.
甲子 대운 52세 丙子년에 심장 수술하였다.
◇ 원국 분석: 원국에 火 기운이 태왕하다.

3) 土에 관한 질병

壬癸甲乙丙丁戊　　甲己己乙乾 -1955 ◆ 041
申酉戌亥子丑寅　　子卯卯未
64 54 44 34 24 14 4,4

乙亥 대운 후반에 위암 수술하였다.
◇ 원국 분석: 원국에 土 기운이 많기는 하나, 土를 극하는 木 기운이 강하며 또한 木
이 土와 동주(同柱)하여 극하므로 위장과 관련된 병을 얻기 쉽다.

辛庚己戊丁丙乙　　丙癸甲壬乾47 -1952 ◆ 042
亥戌酉申未午巳　　辰未辰辰
69 59 49 39 29 19 9,4

戊申 대운 47세 己卯년에 위암 수술하였다.
◇ 원국 분석: 원국에 土 기운이 태왕하므로 소화기 계통에 문제가 생기기 쉽다.

4) 金에 관한 질병

癸壬辛庚己戊丁　　壬戊丙壬乾52 -1942 ◆ 043
丑子亥戌酉申未　　戌戌午午
67 57 47 37 27 17 7,4

辛亥 대운 52세 甲戌년에 폐암으로 사망하였다.
◇ 원국 분석: 원국에 金 기운이 약하다.

戊丁丙乙甲癸壬　　庚己辛乙坤47 -1955 ◆ 044
子亥戌酉辛未午　　午卯巳未
66 56 46 36 26 16 6,0

丙戌 대운 47세 壬午년에 대장암 수술을 하였다.

◇ 원국 분석: 원국의 庚辛이 火에 좌하여 허약하다.

5) 水에 관한 질병

戊丁丙乙甲癸壬　　甲壬辛丙 乾53 -1946 ◈ 045
戌酉申未午巳辰　　辰寅卯戌
62 52 42 32 22 12 2,4

丁酉 대운 53세 己卯년에 신장암 수술하였다.
　◇ 원국 분석: 원국에 水 기운이 약하다. 辛이 있으나 丙으로 인해 도움이 되기 어렵다.

己庚辛壬癸甲乙　　癸癸丙己 乾54 -1949 ◈ 046
巳午未申酉戌亥　　亥未子丑
64 54 44 34 24 14 4,0

庚午 대운 54세 癸未년에 방광암 수술하였다.
　◇ 원국 분석: 원국에 水 기운이 태왕하다.

※ 질병(疾病)과 종격(從格)

　사주의 오행은 인체 장부와도 직결되는데, 오행이 편고(偏枯)하거나 태다(太多)하여 균형이 맞지 않으면 해당 장부의 기능이 약하여 질병에 걸릴 가능성이 크다. 그런데 사주에 어떤 특정한 오행이 태다(太多)한 것이 유리하고 좋은 것임이 증명된다면, 사주의 격(格)에도 종격(從格)이 존재한다는 증명이 될 수 있다.

壬癸甲乙丙丁戊　　己乙己乙 乾39 -1975 ◈ 047
申酉戌亥子丑寅　　卯卯卯卯
61 51 41 31 21 11 1,4

乙亥 대운 39세 甲午년에 위암으로 위중한 상태이다.
약한 土를 다수의 木이 극한다. 지나치게 많아서 좋을 게 없다.

癸壬辛庚己戊丁　甲丙丙丁坤31 -1977 ◆ 048
丑子亥戌酉申未　午午午巳
66 56 46 36 26 16 6,0

己酉 대운 30세 丁亥년에 백혈병이라는 진단을 받았다.
己酉 대운 31세 戊子년에 사망하였다.
위 사주는 火가 태다이니 균형을 잃었다. 火로 기운이 집중되는 구조가 좋은 것이라면, 위 명주는 火와 관련된 혈액의 기능이 최강(最强)인 사람이어야 마땅하다. 사주가 木火에 종하는 종격이라면 火가 많을수록 유리하고 좋아야 하는데, 실상은 그렇지 않은 것이다. 그러므로 종격의 논리는 모순이 아닐 수 없다.

십신명리는 간명할 때 격용(格用)과 희기(喜忌)를 다루지 않는다.

격용을 살피는 일은 특정한 한두 글자에만 집중하는 방식이기에 그다지 바람직하지 않다. 팔자 전체가 어떤 구조로 되어 있는지 살피는 게 격용보다 더 중요하다. 임상해보면 격용에서 배제된 십신으로 인해 길흉이 발생하는 일이 더 많다는 사실을 확인할 수 있다. 그러므로 격용에 집착하다 보면 더 큰 걸 놓치게 될 수가 있다.

격용에 따른 희기 판단 역시 큰 착각이다. 희신(喜神)이면 그게 생극 작용을 하지 않고 오직 길한 일만 만들어 내겠는가? 그건 절대 아니다. 예컨대 식상이 제아무리 희신이라 해도 식상 운이 오면 관성을 극하는 일(명예 손상 등)이 생기기 마련이다. 희신이라 해서 생극을 건너뛰고 길한 일만 만들어 오는 게 아니며, 기신(忌神)이라 해서 생극을 건너뛰고 흉한 일만 만들어 오는 게 아니다. 희기는 잘못된 선입견이기에 십신명리는 희신 및 기신을 판단하지 않는다.

"격과 용신은 길흉화복과 상관없다. 운에 팔자 모두가 반응하지, 격용만 반응하지는 않는다."

33. 간명요결론(看命要訣論)

사건(事件)과 그 결과(結果)의 길흉(吉凶)은 격명(格名)이나 격국(格局)과 관련이 없고, 용신(用神)과도 관련이 없으며 신강신약(身强身弱)과도 관련이 없다.

신살이나 공망, 십이운성, 허자 등을 써서 간명하기 시작하면 잡술가(雜術家)로 전락하게 될 가능성이 있으므로 그 방법은 지양(止揚)하는 것이 바람직하다.

매사(每事)의 원인과 결과를 정확하게 분석하려면 그와 관련된 십신(十神)을 찾아서 작용과 관계를 잘 살펴야 한다.

명리 상담 시 자주 다루게 되는 사안을 중심으로 기본적인 원리를 밝히며 사례를 제시하니, 격용은 염두에 두지 말고 각 사례를 통하여 각자의 방식대로 명운 해석의 핵심을 터득하기를 바란다.

33-1. 십신운(十神運)의 해석(解釋)

대운의 기운이 10년 동안 원국에 영향을 미쳐서 각종 사건이 발생한다.

태세의 기운이 대운과 원국에 영향을 미쳐서 각종 사건이 발생한다.

월운은 대운과 태세의 기운이 이루어내는 사건의 구체적인 시기를 알려준다. 월운에서 새로운 사건이 발생하는 일은 드물다.

십신 운이 와서 내 사주의 십신과 어떤 관계를 맺는지를 잘 분석해서 해석해야 한다.

특정 십신 운이 오는데, 내 사주에 피극(被剋) 오행이 없다면 특정 십신과 관련된 일이 단순하게 일어나며, 만약 피극 오행이 있다면 피극 오행에 관해 흉한 일이 일어나기 쉽다.

예컨대 재성 운이 오면, 재물을 얻게 되고, 관성 운이 오면 명예를 얻게 될 수 있다. 내 사주에 재성이 있는데 비겁 운이 오면 재물을 잃게 될 수 있다. 내 사주에 관성이 있는데 식상 운이 오면 관성(명예, 직장, 직위, 합격)이 손상당하는 일이 일어날 수 있다. 내 사주에 비겁이 있는데, 재성 운이 오면 손재(損財)할 수 있고, 내 사주에 식상이 있는데 관성 운이 오면 낙직(落職) 또는 명예 손상이 발생할 수 있다.

십신 운의 기본적인 특징을 대략 정리해 본다.

1) 비겁 운이 오는 경우
  비겁과 경쟁 관계가 형성된다.
  재물 지출과 재산 감소 현상이 생긴다.
  건강 문제가 생긴다.
  대인관계에 문제가 생긴다.
  형제, 친구, 동업자 등과의 갈등 문제가 생긴다.

2) 식상 운이 오는 경우
  투자나 신규 도모의 일이 생긴다.
  명예가 손상되거나 구설수가 생기거나 구속되거나 퇴직하기 쉽다.
  영업이 활발해진다.
  학교를 중퇴하게 되기 쉽다.
  자식이나 제자, 장모, 남편 등의 육친 문제가 생긴다.

3) 재성 운이 오는 경우
  금전 수입과 재산 증대 현상이 생긴다.
  부동산을 매도하게 된다(소유재산으로서의 부동산은 재성에 속하지만,
  부동산 거래 시에는 문서가 오고 가므로 인성에 속한다).
  경제활동을 활발하게 한다.
  남명에게는 여자가 생길 수 있다.
  부친이나 처 등의 육친에 관한 문제가 생긴다.
  건강 문제가 생긴다.

4) 관성 운이 오는 경우
  승진, 합격 등의 명예로운 일이 생긴다.
  사고를 당하거나 아플 일이 생긴다.
  여명에게는 남자가 생길 수 있다.
  자식, 며느리, 남편 등에 관한 육친 문제가 생긴다.

5) 인성 운이 오는 경우

문서를 얻거나 부동산을 매입하게 된다.

영업활동의 저조 현상, 사업 부진 현상 등이 생긴다.

무직 현상 또는 일을 하지 않고 편하게 지내는 현상이 생긴다.

선생님, 모친, 장인 등에 관한 육친 문제가 생긴다.

6) 기타

위와 같은 일들이 복합되어 발생할 수 있다.

33-2. 품격(品格) 분석(分析)

원국을 살펴 품격(品格)의 고하(高下)를 판단하는데, 사람의 품격은 원래 그의 인격(人格)이나 인간성(人間性)을 우선하여 살피는 것이 마땅하지만(존경받는 사람의 사주가 귀격貴格 아니겠는가?), 직위가 높고 재산이 많은 것을 품격의 기준으로 삼으려는 세속적인 시각도 있으므로 품격 판단의 기준은 가치관에 따라 달라질 수 있다.

인간성을 판단 기준으로 본다면 주로 관성과 인성을 살펴야 하고, 부귀를 판단 기준으로 본다면 주로 관성과 재성을 살펴야 한다.

원국에 관성이 투출하고 재성이 적절히 포진한 사주가 대체로 격이 높다. 그러나 뭐든 너무 많거나 너무 적은 것은 품위를 떨어뜨리는 요인이 될 수 있으니 편고(偏枯)한 사주는 하격(下格)이 되기 쉽고, 오행이 골고루 포진되어 조화가 잘 된 사주는 상격(上格)이 되기 쉽다.

품격이나 품위 역시 심리와 무관한 것이 아니므로 십신의 양면성을 고려하여 판단 기준을 정하면 된다.

비겁은 주체성이나 독선성을 판단하는 기준으로, 식상은 진취성이나 위법성을 판단하는 기준으로, 재성은 현실성이나 세속성을 판단하는 기준으로, 관성은 준법성이나 통제성을 판단하는 기준으로, 인성은 도덕성이나 나태성을 판단하는 기준으로 쓸 수 있으므로 각자의 가치관에 따른 평가 기준을 적용하면 된다.

원국의 품격이 운에 의해서 개선(改善)되기도 하고 개악(改惡)되기도 하므로 원국과 운을 같이 살펴서 판단해야 한다.

丙丁戊己庚辛壬　甲戊癸辛乾87 -1931 ◈ 049
戌亥子丑寅卯辰　寅辰巳未
62 52 42 32 22 12 2,4

辛卯 대운 후반에 사법고시에 합격했다.

검사를 거쳐 법무부 장관을 지냈다.

◇ 원국 분석: 시간에 관성이 투출하였고, 재성이 식상의 기운을 통관(通關)하며 관성을 생하니 격이 높은 사주로 볼 수 있다.

◇ 운세 분석: 대운이 관성을 생하는 흐름이므로 명주가 크게 출세하였다.

庚辛壬癸甲乙丙　癸癸丁己乾69 -1949 ◈ 050
午未申酉戌亥子　亥亥丑丑
68 58 48 38 28 18 7,8

서울법대를 졸업했다.

甲戌 대운 28세 丁巳년에 사법시험에 합격했다. 판사 재직 후 변호사로 활동했다.

癸酉 대운에 2선 국회의원과 민선 지사를 역임했다.

壬申 대운에 장관과 국회의원을 역임했다.

◇ 원국 분석: 관성이 투출했고 재성의 생을 받으므로 격이 높은 사주이다.

◇ 운세 분석: 대운의 비겁을 원국의 관성이 잡아주니 원국의 품격이 떨어지지 않았다.

辛壬癸甲乙丙丁　壬辛戊癸乾68 -1943 ◈ 051
亥子丑寅卯辰巳　辰丑午未
62 52 42 32 22 12 2,0

辛亥 대운 58세 辛卯년 당시 10년 이상 거지로서 노숙 생활을 해왔다.

◇ 원국 분석: 천간에 드러난 인성이 일간을 통해 식상을 생하므로 품격이 높지 않은 사주이다. 일간 주변에 인성이 많으므로 게으른 삶을 살고자 할 생각이 강하다.

◇ 운세 분석: 乙卯, 甲寅 대운은 재성이 들어왔으므로 잘살았다고 볼 수 있다. 癸丑, 壬子, 辛亥 대운은 원국의 인성 때문에 식상생재(食傷生財)를 하지 못하는 운이 되었다.

甲癸壬辛庚己戊　　甲丁丁丙乾46 -1956 ◆ 052
辰卯寅丑子亥戌　　辰酉酉申
64 54 44 34 24 14 3,8

청년기에 도박 및 폭행죄로 5년 복역했고, 다시 유흥업소에서 마약을 상습 흡입하다
가 3년 복역했다. 辛丑 대운 36세 壬申년 무렵에 공사판에서 일하다가 허리를 다쳤다.
壬寅 대운 46세 壬午년 당시 구걸하고 다녔다.

　◇ 원국 분석: 비겁과 재성이 동주(同柱)하였는데 인성이 투출하여 비겁을 생하고 있
으니 사주 구조가 좋지 않다. 관성이 있어서 비겁을 극제(剋制)해 주었다면 격이 높은
사주가 되었을 것이다.

　◇ 운세 분석: 庚子, 辛丑 대운은 재성이 원국의 비겁과 결합하므로 재물과 인연이 약
한 시기이다. 壬寅 대운은 천간에서 관생인, 인생비로 기운이 흐르므로 비겁을 극제해
주기 어려운 운이다. 또한 대운 지지의 인성은 원국의 재성을 다시 약하게 하므로 경제
적 상황이 나아지기 어렵게 되었다.

33-3. 육친덕(六親德) 분석(分析)

　덕(德)은 베풀어 준 은혜나 도움을 뜻하므로, 경제적 덕과 심리적 덕의 양 측면으로
이해할 수 있다. 그런데 두 측면에 공히 해당하는 육친이 있는가 하면, 어느 한 측면에
만 해당하는 육친이 있기도 하니 이를 잘 판단해야 한다.
　부모 형제나 처 혹은 남편의 덕을 분석하는 데는 주로 억부용신이 쓰인다.

　해당 육친이 용신(用神)이나 희신(喜神)에 해당한다면 그 덕이 있다고 판단할 수 있는
데, 대체로 경제적인 덕과 심리적인 덕이 둘 다 있는 경우가 대부분이다. 그러나 그렇지
않은 때도 있으므로 정확히 판단하기 어렵다. 경제적 덕은 해당 육친을 기준으로 사주
와 운을 보고 그 능력을 살핀 뒤에 판단하는 것이 좋다.

　해당 육친이 기신(忌神)이나 구신(仇神)에 해당하면 대체로 덕이 없다고 판단할 수 있
다. 한신(閑神)에 해당하면 그 중간이다.

戊己庚辛壬癸甲　　戊乙乙己乾49 -1969 ◈ 053
辰巳午未申酉戌　　寅巳亥酉
66 56 46 36 26 16 6,4

모친 덕은 별로 없었고 부친의 덕이 있었다.
　◇ 원국 분석: 사주가 강왕하다. 재성이 용신이 되고 인성이 구신(仇神)이 되므로, 부친의 덕이 있었고 모친 덕은 없었다고 판단할 수 있다.

辛壬癸甲乙丙丁　　甲甲戊戊坤60 -1958 ◈ 054
亥子丑寅卯辰巳　　子申午戌
70 60 50 40 30 20 9,8

어릴 때부터 고생을 많이 하였고, 부친의 덕은 전혀 없었다.
　◇ 원국 분석: 사주가 약하다. 인성이 용신이 되고 재성이 구신이 되므로, 모친 덕이 있었고 부친의 덕은 없었다고 판단할 수 있다.

乙甲癸壬辛庚己　　壬丁戊癸坤55 -1963 ◈ 055
丑子亥戌酉申未　　寅酉午卯
65 55 45 35 25 15 5,4

남편이 포악무도하여 항상 남편에게 폭력을 당하고 살았다.
　◇ 원국 분석: 남편 壬癸가 인성을 생하므로 구신에 가깝다. 식상과 관성이 가까이 맞닥뜨리고 있으므로 부부불화가 잦을 가능성이 있는 사주이다.

壬癸甲乙丙丁戊　　甲甲己癸乾55 -1963 ◈ 056
子丑寅卯辰巳午　　戌寅未卯
61 51 41 31 21 11 0,8

형이 키워주고 공부시켜 주었다.

◇ 원국 분석: 신약한 사주이며, 비겁이 원국의 힘의 균형을 맞추어 주고 있으므로 형제 덕이 있었다.

33-4. 성격(性格) 분석(分析)

사람의 성격을 명리로써 어느 정도 분석할 수 있으나, 한계가 있다. 성격 형성과정에 유전적 요인과 환경적 요인 등이 작용하기 때문이다. 그러므로 같은 사주라 할지라도 성격이 서로 다를 수 있다.

십신의 속성에 기초하여 성격을 분석할 수 있는데, 십신이 다양한 만큼 성격도 복합적으로 나타난다.

辛庚己戊丁丙乙　庚戌甲戌乾50 -1958 ◆ 057
酉申未午巳辰卯　申辰寅戌
65 55 45 35 25 15 4,8

己未 대운 당시의 자평(自評)이다.

인내심(관성)과 남을 배려하는 마음(관성)이 있다. 주관(비겁)이 있다.

할 말은 하고 산다(식상). 자기밖에 모르고(비겁) 고리타분하며 보수적인(관성) 면이 있다는 말을 많이 듣고, 남의 말을 수용하지 못하고(식상) 사교성이 부족하며(관성) 새로운 것(식상)보다는 옛것(관성)을 중시하는 경향이 있다.

◇ 원국 분석: 비겁이 강하면 주관이 강하고 자기중심적인 성향도 강하다. 관성과 인성이 강하면 보수적인 성격이 되면서 사교성도 다소 떨어질 수 있다.

壬辛庚己戊丁丙　癸壬乙己坤49 -1959 ◆ 058
午巳辰卯寅丑子　卯戌亥亥
61 51 41 31 21 11 0,8

庚辰 대운 당시의 자평이다. 현실감각(재성)이 약하다. 불평과 욕구불만이 있다(식상). 주체성(비겁)이 뚜렷하고 자존심(비겁)이 강하다. 누가 부탁하면 거절하지 못한다(관성). 나보다 남을 생각하는 봉사심과 참을성이 있다(관성). 지기 싫어하며 남에게 소

속되는 것을 싫어한다(식상).

◇ 원국 분석: 관성은 남을 먼저 생각하는 성분이며, 식상은 자유분방함을 추구하는 성분이다. 재성은 물질을 뜻하므로 현실 적응력을 관장하는 성분이 된다.

癸壬辛庚己戊丁　庚戌丙甲 乾29 -1974 ◆ 059
未午巳辰卯寅丑　申戌子寅
65 55 45 35 25 15 4,8

己卯 대운 29세 癸未년 당시 부인의 남편에 대한 평이다.

"남편의 사고방식 자체가 고지식하고 이기적이다."

◇ 원국 분석: 관성과 인성이 강하면 보수적이고 고지식한 성격이 되기 쉽다. 이기적인 성향은 인성과 비겁 때문이다. 년주와 일주가 합이 되어 있으므로 관성의 성향이 강하게 표출되고, 월주와 시주가 합이 되어 있으므로 식상의 성향은 드러나기 어렵다. 인성의 극을 받기 때문이다. 그러나 일간의 생을 받기 때문에 식상의 기질이 조금은 발휘되는 사람이다.

庚己戊丁丙乙甲　壬癸癸戊 乾45 -1968 ◆ 060
午巳辰卯寅丑子　子卯亥申
63 53 43 33 23 13 2,8

2013년 당시 부인의 남편에 대한 평이다.

"술을 좋아하고 경제관념이 없다. 빚내서 술 마시니 늘 생활고에 시달리며 내가 남편 빚 치다꺼리를 하고 있다."

◇ 원국 분석: 일지 식상의 영향으로 책임감이 부족하고, 재성이 결핍되어 있으면서 비겁이 강하니 명주가 경제관념이 약한 것이다.

33-5. 인연(因緣) 및 결혼(結婚) 분석(分析)

남녀에게 인연이 생기는 경우나 남녀가 결혼하는 경우는 배우자 운이 들어오는 때,

일지를 합할 때 등이다. 남자에게는 재성 운이, 여자에게는 관성 운이 오는 시기에 인연이 생기거나 인연이 맺어진다.

　원국에 재성이나 관성이 없으면 인연을 당겨 오기가 상대적으로 어려울 수도 있으나 반드시 그런 것은 아니니, 이런 경우에 결혼하기 어렵다는 단정적인 판단을 하는 것은 바람직하지 않다. 배우자 신이 없어도 누구에게나 일지가 있기에 일지를 기준으로 운을 살펴 판단하면 되고, 운에서 오는 배우자 신을 기다려 판단하면 된다.

壬癸甲乙丙丁戊　　乙丁己甲 坤31 -1974 ◆ 061
戌亥子丑寅卯辰　　巳巳巳寅
63 53 43 33 23 13 3,4

유학 중이던 丁卯 대운 23세 丁丑년에 지금의 남편을 만났다.
　◇ 운세 분석: 원국에 관성이 없지만 丁卯 대운에 일지를 생하므로 남자와 인연이 닿을 수 있다. 丁丑년에 일지에 합이 발생하므로 남자를 사귀게 되었다.

丁戊己庚辛壬癸　　乙丙甲癸 乾28 -1983 ◆ 062
未申酉戌亥子丑　　未子寅亥
64 54 44 34 24 14 4,4

辛亥 대운 28세 辛卯년에 여자와 사귀게 되었다.
　◇ 운세 분석: 辛亥 대운은 재성이 합신(合身)하므로 여자와 인연이 쉽게 닿을 수 있는 운이다. 辛卯년에도 역시 재성이 합신하므로 여자를 사귀게 되었다.

丙乙甲癸壬辛庚　　丁辛己戊 乾26 -1948 ◆ 063
寅丑子亥戌酉申　　酉丑未子
67 57 47 37 27 17 7,4

辛酉 대운 26세 甲寅년에 결혼했다.
　◇ 운세 분석: 辛酉 대운은 일지에 합이 발생하여 배우자 궁에 변동이 생기므로 여자 인연이 생길 운이다. 甲寅년에 재성이 들어오니 이 해에 결혼하게 되었다.

甲癸壬辛庚己戊　　乙庚丁己 坤23 -1979 ◈ 064
申未午巳辰卯寅　　酉辰丑未
69 59 49 39 29 19 9,4

己卯 대운 20세 己卯년에 남자를 만나서 23세 壬午년에 결혼했다.

◇ 운세 분석: 己卯 대운은 일지와 동류오행이 들어오므로 배우자 인연이 발생할 수 있는 시기가 된다. 己卯년도 마찬가지이다. 壬午년에 관성이 들어오므로 결혼하게 되었다.

33-6. 궁합(宮合) 분석(分析)

궁합보는 법은 다양한데, 공통적으로 배우자 궁인 일지(日支)를 중시한다. 궁합은 관계(關係)이므로 서로의 일지 오행끼리 호의관계이면 좋다고 볼 수 있고, 비호의관계이면 나쁘다고 볼 수 있다. 그러나 궁합에 영향을 주는 요인이 다양하기에 다른 조건들도 참고하는 것이 좋다. 예컨대 배우자 덕의 유무, 운의 흐름 등을 종합해서 판단해야한다. 주의할 점은 궁합이 좋다고 해서 불화 및 이별이 발생하지 않는 건 아니란 점이다. 운이 들면 피하기 어렵다.

丁乙癸己 乾49 -1969 ◈ 065　　　癸己丙己 坤49 -1969 ◈
丑巳酉酉　　　　　　　　　　　　酉卯子酉

丙丁戊己庚辛壬　　　　　　　　　癸壬辛庚己戊丁
辰卯寅丑子亥戌　　　　　　　　　未午巳辰卯寅丑
66 56 46 36 26 16 6,4　　　　　　62 52 42 32 22 12 2,4

1997년에 결혼한 부부로서 금슬이 아주 좋다.

◇ 원국 분석: 일지끼리 서로 협(協)이므로 좋은 궁합이 될 수 있다.

乙乙庚辛 乾57 -1961 ◈ 066　　　丙己甲己 坤59 -1959 ◈
酉未寅丑　　　　　　　　　　　　寅卯戌亥

癸甲乙丙丁戊己　　　　　　　　　申庚己戊丁丙乙
未申酉戌亥子丑　　　　　　　　　巳辰卯寅丑子亥
69 59 49 39 29 19 9,0　　　　　　65 55 45 35 25 15 5,0

대학 때 만나 7년 연애 후 결혼했는데, 남편이 아내에게 헌신적이다.

◇ 원국 분석: 일지끼리 서로 합이 되므로 좋은 궁합이 되었다.

乙甲辛丙　乾35 -1976 ◈ 067　　　壬己甲丙 坤35 -1976 ◈
丑戌丑辰　　　　　　　　　　　　申丑午辰

戊丁丙乙甲癸壬　　　　　　　　　丁戊己庚辛壬癸
申未午巳辰卯寅　　　　　　　　　亥子丑寅卯辰巳
66 56 46 36 26 16 6,0　　　　　　60 50 40 30 20 10 0,4

辛卯년 당시까지 부부 사이에 갈등이 너무 많았다.

◇ 원국 분석: 일지끼리 서로 형파(刑破)가 되므로 좋은 궁합이 되기 어렵다.

庚庚庚丙　　乾26 -1976 ◈ 068　　庚辛辛己 坤23 -1979 ◈
辰戌子辰　　　　　　　　　　　　寅巳未未

丁丙乙甲癸壬辛　　　　　　　　　戊丁丙乙甲癸壬
未午巳辰卯寅丑　　　　　　　　　寅丑子亥戌酉申
64 54 44 34 24 14 4,0　　　　　　68 58 48 38 28 18 8,4

辛巳년 결혼 직후부터 壬午년 당시까지 하루에 몇 번씩 싸우며 서로를 헐뜯는다.

◇ 원국 분석: 일지끼리 서로 원진(元辰)이 되므로 좋은 궁합이 되기 어렵다.

33-7. 이별(離別) 및 이혼(離婚) 분석(分析)

남녀가 이별하거나 이혼하는 경우는 배우자 신이 극을 받거나 입묘될 때, 일지가 충극 당할 때 등이다.

壬辛庚己戊丁丙　　戊甲乙乙 坤26 -1985 ◆ 069
辰卯寅丑子亥戌　　辰寅酉丑
69 59 49 39 29 19 8,8

丁亥 대운 26세 辛卯년에 사귀던 남자와 이별했다.

◇ 운세 분석: 丁亥 대운은 상관이 투출하였으므로 명주의 언행이 바람직하지 않은 방향으로 표현될 수 있다. 즉 남자를 깔보며 무시하거나, 말을 함부로 하여 예절을 지키지 못하는 등등의 언행을 하게 됨으로써 상대에게 실망감을 안겨 줄 가능성이 크다. 辛卯년은 관성을 충하므로 남자와 결국 이별하게 되었다.

辛庚己戊丁丙乙　　壬丁甲戊 乾33 -1969 ◆ 070
未午巳辰卯寅丑　　寅巳子申
68 58 48 38 28 18 7,9

丙寅 대운 25세 甲戌년 5월에 결혼하고, 많이 다투었다.

丙寅 대운 26세 乙亥년에 자살기도한 후 이혼했다.

丁卯 대운 33세 壬午년에 전 처와 재결합했다.

◇ 운세 분석: 丙寅 대운은 일지를 생하고 또한 일지와 같은 오행이 투출하였으므로 결혼할 수 있는 운이 된다. 甲戌년은 일지와 같은 오행을 가진 대운 丙寅을 生하므로 결혼하게 되었다. 그러나 대운의 木火 기운은 비겁을 생왕(生旺)하게 하는 기운이므로 재성을 극하는 작용도 하게 된다. 그래서 부부불화를 피하기 어려운 운이 되기도 한다. 乙亥년에 일주를 치므로 극단적인 행동을 하게 되었고, 일간이 生을 받으므로 위험한 고비를 넘기게 되었다. 丁卯 대운에 관성과 합이 되므로 안정을 찾게 되었고 壬午년에는 일지 오행과 함께 합이 되므로 재결합하게 되었다.

甲癸壬辛庚己戊　　癸甲丁癸 坤38 -1963 ◆ 071
子亥戌酉申未午　　酉子巳卯
65 55 45 35 25 15 5,3

辛酉 대운 38세 辛巳년에 이혼했다.

◇ 원국 분석: 곤명에게 식상은 남편 운에 도움을 주는 십신이 아니다. 특히 식상이

관성과 합해 있는 상황이라면 더욱 좋지 않다. 巳酉 합이 된 구조이므로 부부인연이 위태로운 사주가 되었다.

◇ 운세 분석: 辛酉 대운은 원국의 상황이 재현(再現)되는 시기이다. 巳酉 합이 발생하여 관성이 식상의 극을 받으므로 남편과의 인연이 약해지게 된다. 辛巳년에도 마찬가지로 관성이 식상의 극을 받으므로 이 해에 서로 이별하게 되었다.

甲癸壬辛庚己戊　　庚戌丁乙 坤48 -1955 ◆ 072
午巳辰卯寅丑子　　申寅亥未
68 58 48 38 28 18 8,2,20

辛卯 대운 48세 癸未년에 이혼했다.

◇ 원국 분석: 곤명의 일지에 관성이 있는 것은 바람직한 형상인데, 그 옆에 식상이 강하게 붙어 있으면 반대로 위태로운 형상이 된다. 천간의 乙 관성은 丁 인성의 보호를 받으므로 안정적이다.

◇ 운세 분석: 辛卯 대운은 辛 식상이 乙卯 관성과 맞닥뜨리게 되므로 좋지 않은 상황이 된다. 丁 인성이 있어서 무난한 면도 있지만 丁이 무력해지면 상황이 나빠질 수 있다. 따라서 이 대운은 부부불화의 가능성이 커지는 운이 된다. 癸未년이 되자 인성이 무력해지고 관성이 입묘하게 되니 결국 서로 이별하게 되었다.

33-8. 질병(疾病) 분석(分析)

질병이 발생하는 경우는 일간이나 재성 또는 장부(臟腑)에 해당하는 오행이 충극(冲剋) 당하는 때 등이다.

丙乙甲癸壬辛庚　　甲辛己乙 坤35 -1975 ◆ 073
戌酉申未午巳辰　　午巳卯卯
60 50 40 30 20 10 0,1

癸未 대운 35세 庚寅년 당시 대장암 3기가 되었다.

◇ 원국 분석: 金 기운이 약하고 火 기운이 강하므로 호흡기나 대장 쪽의 질환에 주의해야 한다.

◇ 운세 분석: 壬午 대운은 원국의 火 기운을 더욱 강하게 하므로 金이 견디기 어려운 시기가 되어 질환이 발생할 수 있다. 癸未 대운으로 火 기운이 이어지면서 재성이 입묘하니 丙戌년 즈음에 발병했을 가능성이 커 보이고, 己丑년에는 金이 입묘하므로 질환이 악화될 수 있겠다. 庚寅년에도 火 기운을 강화하므로 호전될 가능성은 낮아 보인다.

庚己戊丁丙乙甲　　丁己癸壬乾57 -1942 ◈ 074
戌酉申未午巳辰　　卯卯卯午
63 53 43 33 23 13 3,0

己酉 대운 57세 己卯년에 위암이 발병했다.

◇ 원국 분석: 일간 己가 좌지(坐地)에 木이 많아 허약한 모습이다. 丁이 있어 도움이 된다. 그러나 壬癸가 있으므로 안심할 구조는 아니다. 소화기 계통의 질환에 주의해야 할 사주이다.

◇ 운세 분석: 己酉 대운은 卯를 충하므로 일간 己의 상황이 나아질 것 같지만, 그렇지 않다. 좌지가 충을 받는데 그 천간이 온전하겠는가? 己卯년에 다시 木을 강화하므로 위암이라는 병을 얻게 되었다.

癸甲乙丙丁戊己　　丁癸庚甲坤46 -1954 ◈ 075
亥子丑寅卯辰巳　　巳亥午午
69 59 49 39 29 19 9,4

丙寅 대운 46세 庚辰년 당시 고혈압과 당뇨로 고생한다.

◇ 원국 분석: 혈압 관련 질환은 火 기운의 과부족에서 발병하는 것이다. 火 기운이 지나치게 강하므로 심혈관 계통의 질환에 주의해야 한다. 아울러 土 기운도 약하므로 소화기 계통의 질환을 겪을 수도 있다.

◇ 운세 분석: 丙寅 대운은 원국의 火 기운을 더욱 왕하게 하므로 심혈관 계통의 질환을 얻게 되었다. 또한 원국에 土 기운이 결핍된 상태이므로 소화기 계통 질환도 얻게 되었다.

33-9. 합격(合格) 및 승진(昇進) 분석(分析)

합격하고 승진하는 경우는 인성 또는 관성 운이 들어온 때 등이다.

壬辛庚己戊丁丙　　壬乙乙辛坤23 -1981 ◆ 076
寅丑子亥戌酉申　　午巳未酉
64 54 44 34 24 14 4,0

丁酉 대운 23세 甲申년에 공무원시험에 합격했다.

◇ 원국 분석: 관성이 강하고 식상이 관성에게 큰 장애가 되지 않는 구조이므로 공직에 종사해도 좋을 사주이다. 다만 일지에 식상이 있는 것이 공직 풍토에 적응함에 약간 장애가 될 수 있는 요소이다.

◇ 운세 분석: 丁酉 대운은 壬 인성이 丁 식상을 잡아주므로 천간의 식상이 관성을 극하기 어렵다. 지지 酉가 관성 기운을 강화하므로 관운이 길한 시기가 될 수 있다. 甲申년에 관성 기운이 강화되므로 시험에 합격할 수 있었다.

戊己庚辛壬癸甲　　甲癸乙癸乾32 -1973 ◆ 077
午未申酉戌亥子　　寅丑丑丑
62 52 42 32 22 12 2,0

辛酉 대운 33세 丙戌년에 과장으로 승진했다.

◇ 원국 분석: 관성이 왕하고 일지에도 관성이 좌하므로 조직체계 속에서 생활하는 것이 좋을 사주이다. 그러나 식상도 왕하므로 적응하는 과정에서 심리적 애로를 크게 겪을 수도 있겠다.

◇ 운세 분석: 辛酉 대운은 식상을 극해주는 인성 운이므로 관운에 유리한 시기가 된다. 丙戌년에 관성이 들어오므로 승진하게 되었다. 원국의 寅은 대운 酉에게 극을 받으므로 태세 戌에게 장애가 되지 않는다.

己庚辛壬癸甲乙　　戊乙丙乙乾35 -1965 ◆ 078
卯辰巳午未申酉　　寅卯戌巳
67 57 47 37 27 17 6,8

癸未 대운 35세 庚辰년에 경찰관 승진시험에 합격하여 경사로 승진했다.

◇ 원국 분석: 관성이 없는 사주에 재성이 투출하였으므로 관성에 대한 바람이 있는 사주이다. 식상이 재성을 생하므로 별 무리가 없다. 공직에 투신해도 좋겠다.

◇ 운세 분석: 癸未 대운은: 재성을 생하면서 관성을 기다릴 수 있는 운이다. 庚辰년에 관성이 합신하므로 승진하게 되었다.

33-10. 불합격(不合格) 및 퇴직(退職) 분석(分析)

불합격하거나 퇴직하는 경우는 관성이 충극을 받았거나 식상 운이 왔을 때 등이다.

丙丁戊己庚辛壬　　丙庚癸戊 坤24 -1978 ◈ 079
辰巳午未申酉戌　　子子亥午
69 59 49 39 29 19 9,0

실전편

33 간명요결론

辛酉 대운 24세 壬辰년에 대학원 시험에 불합격했다.

◇ 운세 분석: 辛酉 대운은 식상을 생하므로 관운에 불리한 시기이다. 壬辰년에 식상이 투출하였으므로 명예를 얻지 못했다.

乙甲癸壬辛庚己　　己己戊戊 乾32 -1968 ◈ 080
丑子亥戌酉申未　　巳未午申
66 56 46 36 26 16 5,8

辛酉 대운 32세 庚辰년에 미국 공인회계사 시험에 불합격했다.

◇ 운세 분석: 辛酉 대운은 식상이 왕한 운이므로 관운에 매우 불리하다. 庚辰년에 또 식상이 투출하였으므로 시험에 합격하지 못했다.

壬辛庚己戊丁丙　　庚丙乙甲 乾40 -1954 ◈ 081
午巳辰卯寅丑子　　子戌亥午
64 54 44 34 24 14 4,0

己卯 대운 40세 甲戌년에 공직에서 퇴직했다.

◇ 운세 분석: 己卯 대운은 식상이 투출한 상태에서 원국의 관성을 약화하므로 관운에 장애가 있을 수 있는 시기가 된다. 甲戌년에 관성을극하니, 이 해에 퇴직하게 되었다.

壬癸甲乙丙丁戊　　丙庚己癸乾49 -1953 ◈ 082
子丑寅卯辰巳午　　戌午未巳
64 54 44 34 24 14 3,8

甲寅 대운 49세 壬午년에 직장에서 명예퇴직 했다.

◇ 원국 분석: 식상과 관성이 동주(同柱)한 사주는 직장 변동이 잦을 가능성이 크다. 조그만 자극에도 퇴직하려는 마음을 먹기 쉽다.

◇ 운세 분석: 甲寅 대운은 식상을 약화하고 관성을 강화하는 운이지만 원국의 위태로움을 근본적으로 해결해주기 어렵다. 壬午년의 식상으로 인해 퇴직을 선택했다.

33-11. 관재수(官災數) 분석(分析)

관청과 관련된 일에서 불리한 일을 당하거나 명예가 손상되는 경우는 관성이 충극 및 입묘를 당했을 때 등이다.

癸壬辛庚己戊丁　　庚辛丙壬乾40 -1972 ◈ 083
丑子亥戌酉申未　　子卯午子
63 53 43 33 23 13 2,8

庚戌 대운 40세 壬辰년 법정 구속되었다.

재판 일이 癸丑월 戊戌일이다.

◇ 원국 분석: 관성이 식상과 마주한 구조이면 관재수를 겪거나 퇴직수를 겪기 쉽다. 식상이 왕하고 일간이 재성에 좌하면 사기 성향을 띨 수도 있으므로 처신을 바르게 하려고 노력해야 한다.

◇ 운세 분석: 庚戌 대운은 관성이 입묘하는 운이므로 처신에 주의해야 한다. 庚 비겁운이 같이 오므로 대인관계에서 문제가 생길 수도 있다. 壬辰년에 식상이 관성을 극하므로 명예를 잃고 구속되었다.

甲癸壬辛庚己戊　　辛辛丁辛 坤42 -1951 ◆ 084
辰卯寅丑子亥戌　　卯酉酉卯
67 57 47 37 27 17 6,8

辛丑 대운 42세 癸酉년에 사기사범으로 구속되었다.

◇ 원국 분석: 비겁이 왕한 사주이면서 식상이 없고, 관성이 약하다. 이런 경우에 비겁 운은 바람직하지 않다. 태세에서 식상을 만나면 모든 기운이 식상으로 몰려가기 때문이다.

◇ 운세 분석: 辛丑 대운은 비겁 기운을 더욱 왕하게 하므로 다소 불안한 운이 되는데, 癸酉년이 되자 식상 기운이 표출되므로 구속되게 되었다. 아마 壬申년에 저지른 일을 제대로 수습하지 못하면서 불명예를 겪다가 결국 癸酉년에 구속되게 되었을 것이다.

甲乙丙丁戊己庚　　己丁辛丙 坤40 -1966 ◆ 085
申酉戌亥子丑寅　　酉亥卯午
68 58 48 38 28 18 7,8

丁亥 대운 40세 丙戌년에 간통죄로 구속되었다.

◇ 원국 분석: 재성을 사이에 두고 비겁과 일간이 서로 쟁합(爭合)이 되어 있으니 바람기가 있는 사주이다. 일지의 亥 관성은 卯로 인해 제 역할을 하지 못하므로 통제력과 준법정신이 약한 사람이다.

◇ 운세 분석: 丁亥 대운은 亥 관성이 원국의 卯로 인해 관성의 역할을 제대로 하지 못하므로 명예를 잃기 쉬운 시기가 될 수 있다. 丙戌년에 관성이 극을 받으므로 구속되었다.

癸壬辛庚己戊丁　　庚乙丙戊 乾47 -1958 ◆ 086
亥戌酉申未午巳　　辰亥辰戌
63 53 43 33 23 13 2,8

己未 대운 27세 乙丑년에 결혼하였고, 옷 장사를 시작했다.
己未 대운 28세 丙寅년에 오락실을 개업했고, 하반기에 일식집을 차렸다.

이후 하는 것마다 잘 돼서 다시 넘기고 다른 것을 또 차렸다.

己未 대운 30세 戊辰년에 룸살롱을 운영했다.

己未 대운 32세 庚午년에 룸살롱을 하나 더 운영했다.

庚申 대운 33세 辛未년에 가게 일로 인해 한 달 정도 구속되었다.

◇ 원국 분석: 원국에 식상과 재성이 많으면 자영업이나 사업이 적성에 맞는다. 재성운에 부자가 될 수 있다. 식상이 투출하여 관성을 보고 있으니 관재 수나 낙직 등에 주의해야 할 사주이다.

◇ 운세 분석: 己未 대운은 재성 대운이므로 발재(發財)하게 된다. 庚申 운은 관성이 식상을 만나는 운이므로 불명예를 안기 쉬운 운이다. 辛未년에는 영업과 관련하여 법을 어긴 일로 인해 구속 수감되기에 이르렀다. 관성 辛이 또 원국의 식상을 만나게 되었기 때문이다.

33-12. 잉태(孕胎) 및 유산(流産) 분석(分析)

잉태하는 경우는 자식 신이나 시간(時干) 오행이 들어온 때 등이고, 유산하는 경우는 자식 신이 충극을 받았거나 입묘되었을 때 등이다.

丙乙甲癸壬辛庚　　壬丙己丁 坤30 -1977 ◈ 087
辰卯寅丑子亥戌　　辰戌酉巳
64 54 44 34 24 14 4,0

壬子 대운 30세 丁亥년에 딸을 잉태했다.

◇ 운세 분석: 壬子 대운은 자식 궁의 오행과 동일한 오행이 들어오므로 자식 운이 있는 시기가 된다. 태세 丁亥년에 역시 동일한 오행 亥가 들어오므로 자식을 잉태하게 되었다.

◇ 성별 분석: 일간 丙(+)이 丁亥년에 자식 궁의 壬과 같은 오행인 亥(+)를 얻으므로, 일간과 동일한 음양을 가진 딸을 잉태하게 되었다.

庚辛壬癸甲乙丙　　丙庚丁辛 乾36 -1961 ◈ 088
寅卯辰巳午未申　　戌午酉丑
69 59 49 39 29 19 8,8

甲午 대운 36세 丁丑년에 처가 딸을 잉태했다.

◇ 운세 분석: 甲午 대운은 관성이 들어오는 시기이므로 자식을 가질 수 있는 운이다. 丁丑년에 또 관성이 들어오므로 처가 자식을 잉태하게 되었다.

◇ 성별 분석: 일간 庚(+)이 丁丑년에 자식 신인 丁(-)을 얻으므로, 일간과 다른 음양을 가진 딸을 그의 처가 잉태하게 되었다.

잉태한 자식의 성별을 미리 구분하는 일이 명리로써 가능하다.

여기서는 비교적 단순한 사례를 예를 들었는데, 아주 복잡한 규칙이 적용되는 사례가 많다.

| 癸 | 甲 | 乙 | 丙 | 丁 | 戊 | 己 | | 乙 | 壬 | 庚 | 壬 | 坤29 -1982 ◈ 089 |
| 卯 | 辰 | 巳 | 午 | 未 | 申 | 酉 | | 巳 | 申 | 戌 | 戌 | |

63 53 43 33 23 13 2,8

丁未 대운 29세 辛卯년에 유산했다.

◇ 원국 분석: 식상이 인성과 합해 있어서 좋은 모습은 아니지만 壬이 있어서 식상을 생하므로, 원국에는 자식 잉태에 장애를 일으킬 만한 요인이 없다.

◇ 운세 분석: 丁未 대운은 식상이 입묘하므로 자식을 얻는 과정에서 어려움을 겪을 가능성이 큰 시기가 된다. 辛卯년은 인성과 식상이 동주하므로 식상이 극을 받게 되어 잉태한 자식을 잃게 되었다.

| 甲 | 癸 | 壬 | 辛 | 庚 | 己 | 戊 | | 乙 | 己 | 丁 | 庚 | 乾31 -1980 ◈ 090 |
| 午 | 巳 | 辰 | 卯 | 寅 | 丑 | 子 | | 亥 | 酉 | 亥 | 申 | |

62 52 42 32 22 12 1,8

庚寅 대운 31세 辛卯년에 처(위의 사주)가 유산했다.

◇ 원국 분석: 자식 신 乙이 庚과 합해 있으니 바람직한 형상이 아니다. 자식을 갖는 일에 애로를 겪을 수 있는 구조이다.

◇ 운세 분석: 庚寅 대운은 식상이 관성과 합하므로 관성이 극을 받게 된다. 辛卯년에 다시 식상이 관성과 결합하므로 결국 그 처가 잉태한 자식을 잃게 되었다.

33-13. 육친변동(六親變動) 분석(分析)

육친변동(주로 사망하는 경우)이 일어나는 경우는 해당 육친이 충극을 받았거나 입묘되었을 때 등이다.

壬癸甲乙丙丁戊　　辛丁己乙 乾46 -1955 ◈ 091
申酉戌亥子丑寅　　丑亥卯未
67 57 47 37 27 17 6,9,15

乙亥 대운 46세 辛巳년에 모친이 사망했다.
◇ 원국 분석: 인성이 크게 약하지 않고 비교적 건왕(健旺)하므로 모친이 일찍 타계할 가능성은 낮아 보인다.
◇ 운세 분석: 乙亥 대운은 인성 운이므로 모친에 관련된 일이 발생할 가능성이 큰 시기이다. 따라서 태세에 의해 그 모친에게 변동이 일어날 수 있다. 합이 된 인성을 辛巳년이 충하므로 모친이 종명(終命)하게 되었다.

辛壬癸甲乙丙丁　　癸丁戊辛 乾40 -1941 ◈ 092
卯辰巳午未申酉　　卯酉戌巳
63 53 43 33 23 13 3,4

甲午 대운 40세 辛酉년 모친이 사망했다.
◇ 운세 분석: 甲午 대운은 甲 인성이 午 비겁으로 기운이 화하는 시기이므로 모친에게 변고가 생길 수 있는 운이다. 辛酉년에 재성 운이 와서 인성을 극하므로 모친이 종명(終命)하게 되었다.

丁丙乙甲癸壬辛　　癸乙庚庚 乾34 -1940 ◈ 093
亥戌酉申未午巳　　未酉辰辰
68 58 48 38 28 18 7,8

癸未 대운 34세 甲寅년에 처가 사망했다.

◇ 운세 분석: 癸未 대운은 시주와 간지 동행(同行)하는 운이므로 태세의 영향을 곧바로 받게 된다. 甲寅년에 비겁이 재성을 극하므로 처가 종명(終命)하게 되었다.

丁戊己庚辛壬癸　　己己甲庚 坤30 -1950 ◈ 094
丑寅卯辰巳午未　　巳丑申寅
65 55 45 35 25 15 4,8

辛巳 대운 30세 庚申년에 사고로 남편이 사망했다.

◇ 원국 분석: 관성과 식상이 인접하면서 또한 동주하고 있다. 남편 운이 매우 위태로운 구조이다.

◇ 운세 분석: 辛巳 대운은 식상이 관성을 극하므로 위태함이 가중(加重)되는 운이다. 庚申년에 다시 관성을 극하므로 남편이 종명(終命)하게 되었다.

33-14. 출세(出世) 분석(分析)

출세하는 경우는 관성 운이나 인성 운이 장기간 들어왔을 때 등이다.

己戊丁丙乙甲癸　　甲庚壬庚 乾48 -1960 ◈ 095
丑子亥戌酉申未　　申午午子
68 58 48 38 28 18 8,4

丙戌 대운 당시 법조인 출신으로서 국회의원에 당선되었다.

◇ 원국 분석: 일지에 관성이 있으므로 명예욕이 어느 정도 있다고 볼 수 있다.

◇ 운세 분석: 丙戌 대운은 천간으로 관성이 들어와 명주의 격을 높여주므로 명예를 취하게 되었다. 丁亥 대운도 마찬가지이다. 이처럼 원국의 품격이 높지 못해도 운에서 받쳐주어 품격이 높아지는 경우가 있다.

戊丁丙乙甲癸壬　　戊辛辛丙 乾82 -1936 ◈ 096
申未午巳辰卯寅　　子丑丑子
67 57 47 37 27 17 7,4

장관 출신이며, 戊申 대운 초반에 국회의원에 당선되었다.

◇ 원국 분석: 관성이 투출하여 인성의 보호를 받고 있으니 품격이 비교적 높은 사주이다.

◇ 운세 분석: 戊申 대운이 원국의 관성을 보호하니 명예를 얻게 되었다.

壬癸甲乙丙丁戊　　丙己己癸 乾51 -1943 ◈ 097
子丑寅卯辰巳午　　寅丑未未
67 57 47 37 27 17 7,4

지오바니 고리아(Giovanni Goria) 전 이탈리아 총리

丙辰 대운 33세 丙辰년(1976년)에 하원의원에 당선되었다.

乙卯 대운 38세 辛酉년(1981년)에 예산기획부 차관이 되었다.

乙卯 대운 40세 癸亥년(1983년)에 예산기획부 장관이 되었다.

乙卯 대운 44세 丁卯년(1987년)에 총리가 되었다.

甲寅 대운 48세 辛未년(1991년)에 농업부 장관이 되었다.

甲寅 대운 49세 壬申년(1992년)에 재정부 장관이 되었다.

甲寅 대운 50세 癸酉년(1993년)에 부정부패 스캔들로 사임했다.

1994년 초에 부정부패 사건의 재판이 시작되었다.

甲寅 대운 51세 甲戌년 5월에 폐암으로 사망했다.

◇ 원국 분석: 서양인 사주도 동양인 사주와 똑같이 취급할 수 있다. 원국에 관성이 투출하지 않아 품격이 그렇게 높은 사주가 아니다.

◇ 운세 분석: 대운이 관성 운으로 흘러가므로 품격이 올라가게 되었고 명예 또한 장기간 유지할 수 있게 되었다.

33-15. 축재(蓄財) 분석(分析)

재산을 많이 갖게 되는 경우는 식상 운이나 재성 운이 장기간 왔을 때 등이다.

壬癸甲乙丙丁戊　　庚己己甲 坤49 -1964 ◈ 098
戌亥子丑寅卯辰　　午未巳辰
62 52 42 32 22 12 1,8

甲子 대운 49세 당시 재산이 100억 정도 되었다.

◇ 원국 분석: 비겁이 왕하면서 재성이 없고 식상도 약한 사주이다. 이런 사주가 운을 잘못 만나면 곤고한 삶을 살기 쉽다.

◇ 운세 분석: 乙丑 대운과 甲子 대운이 비겁을 극제해 주므로 발재할 수 있었다.

庚辛壬癸甲乙丙　　甲癸丁庚 坤64 -1950 ◆ 099
辰巳午未申酉戌　　寅亥亥寅
65 55 45 35 25 15 5,4

辛巳 대운 당시 700억대 이상의 부자이다.

◇ 원국 분석: 재성이 비겁 위에 좌하여 위태하므로 원국만 보면 부자가 되기 어려운 사주이다.

◇ 운세 분석: 대운이 癸未, 壬午, 辛巳의 재성 운으로 흘렀으니 발재하였다.

실전편　33 간명요결

丁戊己庚辛壬癸　　甲戊甲癸 乾38 -1973 ◆ 100
巳午未申酉戌亥　　寅寅子丑
60 50 40 30 20 10 0,4

30대 후반의 나이에 100억 이상의 재산을 주식으로써 이루었다.

◇ 원국 분석: 재성이 상당히 왕하다. 丑이 비겁이지만 재성 기운도 갖고 있고 관성도 왕하므로 쟁재(爭財)가 발생하기 어려운 구조의 사주이다. 따라서 재물을 취득함에 큰 애로를 겪지 않을 사주이다.

◇ 운세 분석: 辛酉, 庚申 대운은 강한 식상 운이 원국의 재성을 생하므로 크게 발재하게 되었다.

丙乙甲癸壬辛庚　　甲壬己壬 乾61 -1952 ◆ 101
辰卯寅丑子亥戌　　辰申酉辰
65 55 45 35 25 15 5,0

甲寅 대운부터 사업을 벌여 乙卯 대운 61세 癸巳년 당시 큰 기업을 운영하는 부자가 되었다.

◇ 원국 분석: 기운이 土生金, 金生水, 水生木으로 흐르므로 사업가 또는 전문가 사주이다. 재성이 없는 사주이지만 식상이 그것을 대체한다. 그러므로 식상이 왕해지거나 재성이 왕해지는 운에 득재하게 된다.

◇ 운세 분석: 甲寅, 乙卯 대운은 식상이 강한 운이므로 장기간 크게 축재하게 되었다.

33-16. 득재(得財) 및 손재(損財) 분석(分析)

재물을 얻게 되는 경우는 식상 운이나 재성 운이 왔을 때 등이고, 재물을 잃게 되는 경우는 인성 운이나 비겁 운이 왔을 때나 재성이 충극을 받을 때 등이다.

辛壬癸甲乙丙丁　　戊丙戊辛 乾33 -1971 ◆ 102
卯辰巳午未申酉　　戌子戌亥
63 53 43 33 23 13 3,2

癸巳 대운 33세 甲申년에 10억가량 벌었다.
◇ 운세 분석: 癸巳 대운은 지지가 비겁이지만 원국에 식상이 왕하므로 재물 운에 별 무리가 없다. 甲申년에 재성이 들어오니 큰돈을 벌게 되었다.

戊丁丙乙甲癸壬　　庚辛辛庚 乾38 -1960 ◆ 103
子亥戌酉申未午　　寅亥巳子
65 55 45 35 25 15 4,8

乙酉 대운 38세 戊寅년에 7억의 복권에 당첨되었다.
◇ 운세 분석: 乙酉 대운은 비겁이 관성의 극을 받으므로 득재(得財)에 길한 운이라고 볼 수 있다. 戊寅년에 재성이 들어오니 큰돈을 벌게 되었다.

庚己戊丁丙乙甲　　己丁癸戊乾27 -1978 ◈ 104
午巳辰卯寅丑子　　酉丑亥午
69 59 49 39 29 19 9,0

乙丑 대운 26세 甲申년부터 27세 乙酉년까지 사업으로 20억 가까운 돈을 벌었다.
　◇ 원국 분석: 식상생재의 흐름이 있으므로 사업을 해도 괜찮을 사주이다.
　◇ 운세 분석: 乙丑 대운은 비겁의 기운을 설기(洩氣)시켜 재성을 간접적으로 보호하
므로 태세 재성 운에서 발재(發財)가 가능했다.

辛庚己戊丁丙乙　　壬壬甲戊乾24 -1978 ◈ 105
酉申未午巳辰卯　　寅寅寅午
68 58 48 38 28 18 8,4

丙辰 대운 24세 壬午년에 사업을 시작하여 그 해에 5억 이상의 수익을 얻었다.
　◇ 원국 분석: 식상생재의 흐름이 있으므로 사업을 해도 좋을 사주이다.
　◇ 운세 분석: 丙辰 대운은 재성 운이므로 재물을 획득할 수 있는 운이다. 재성 태세
에 크게 발재하였다.

丙乙甲癸壬辛庚　　丁丁己戊乾33 -1968 ◈ 106
寅丑子亥戌酉申　　未未未申
61 51 41 31 21 11 0,8

癸亥 대운 33세 辛巳년에 공사 대금 2억 정도를 못 받아서 부도가 났다.
　◇ 원국 분석: 식상생재의 구조이므로 사업가 사주이다.
　◇ 운세 분석: 癸亥 대운은 관성이 식상과 결합하므로 일이 잘 풀리지 않을 시기이다.
辛巳년은 비겁이 재성을 극하므로 자금 조달이 어려운상황에 처하게 될 수 있다. 태세
가 대운 관성을 충하므로 사업체가 그 빛을 잃게 되었다.

庚己戊丁丙乙甲　丙己癸丙乾54 -1946 ◈ 107
子亥戌酉申未午　寅酉巳戌
61 51 41 31 21 11 0,8

己亥 대운 52세 戊寅년과 53세 己卯년에 원청업체에 의해 수백억대 부도가 나 많은 손재를 당했다.
　◇ 운세 분석: 己亥 대운은 천간 비겁 및 지지 재성 운이므로 재물이 나가기도 하고 들어오기도 하는 시기이다. 태세 戊寅년과 己卯년은 천간 비겁으로 인해 재물 지출 현상이 일어나게 된다.

己戊丁丙乙甲癸　乙丙壬壬乾40 -1972 ◈ 108
酉申未午巳辰卯　未戌寅子
63 53 43 33 23 13 3,0

丙午 대운 39세 辛卯년에 펀드투자로 1억 원 정도 손해를 보았다.
　◇ 운세 분석: 丙午 대운은 비겁 운이지만 경제적 위험이 심각한 운은 아니다. 원국에 재성이 없고 식상이 있기 때문인데, 그렇다고 안심할 수 있는 운이 되는 것은 아니다. 만약 태세에서 재성이 온다면 주의해야 한다. 辛卯년에 대운의 비겁이 재성을 극하므로 파재(破財)가 일어나게 되었다. 庚寅년과 辛卯년 양년에 걸쳐 일어난 일로 보인다.

33-17. 계약(契約) 분석(分析)

주택, 토지 등의 부동산을 매입 계약하는 경우는 관성 운이나 인성 운이 올 때 등이다. 매도 계약하는 경우는 재성 운이 와서 인성을 극할 때 등이다.

乙甲癸壬辛庚己　壬丙戊庚乾40 -1970 ◈ 109
酉申未午巳辰卯　辰辰寅戌
70 60 50 40 30 20 9,8

壬午 대운 40세 庚寅년에 아파트를 새로 구입하여 이사했다.
　◇ 운세 분석: 壬午 대운은 관성 운이므로 계약 관계 일이 생길 수 있다. 庚寅년에 인

성이 오므로 부동산을 취득하게 되었다.

癸壬辛庚己戊丁　壬丙丙戊乾37 -1968 ◆ 110
亥戌酉申未午巳　辰寅辰申
63 53 43 33 23 13 3,0

庚申 대운 37세 乙酉년에 토지를 구입했다.
◇ 운세 분석: 庚申 대운은 관성을 生하는 운이므로 계약사가 생길 수 있는 운이다.
乙酉년에 인성이 들어오므로 부동산을 취득하게 되었다.

辛壬癸甲乙丙丁　己辛戊乙乾50 -1955 ◆ 111
未申酉戌亥子丑　亥酉寅未
68 58 48 38 28 18 8,4

癸酉 대운 50세 乙酉년에 내놓았던 집이 매매되었다.
◇ 운세 분석: 癸酉 대운은 식상과 인성이 합이 되는 운인데, 식상으로는 문서에 변동
을 가져오기 어렵다. 그러나 태세를 잘 만나면 매도가 이루어질 수도 있다. 乙酉년은 재
성이 인성을 극하는 운이므로 이 해에 부동산을 처분할 수 있게 되었다.

33-18. 사망(死亡) 분석(分析)

사망하는 경우는 일주나 재성이 충극을 받을 때, 편관 운이 올 때, 일간이 입묘할 때
등이다. 동일사주들이 동일시기에 사망하지는 않으므로 가족들의 사주에서 나타난 인
과(因果)를 같이 분석해야 한다.

丙乙甲癸壬辛庚　癸丙己己坤54 -1929 ◆ 112
子亥戌酉申未午　巳辰巳巳
68 58 48 38 28 18 8,4

甲戌 대운 54세 癸亥년에 자궁암으로 사망했다.

◇ 원국 분석: 비겁의 生을 받아 식상이 강왕(强旺)한 상태이다. 너무 약해도 문제가 생기지만 너무 왕해도 문제가 생기게 된다. 부인병에 주의해야 할 사주이다.

◇ 운세 분석: 甲戌 대운은 일간 丙이 입묘하는 시기이므로 사고나 질병에 특히 주의해야 한다. 癸亥년에 식상을 충하므로 종명(終命)하게 되었다.

甲乙丙丁戊己庚　丁庚辛壬 坤41 -1962 ◈ 113
辰巳午未申酉戌　亥申亥寅
63 53 43 33 23 13 3,4

丁未 대운 41세 癸未년 壬戌월에 남편이 병으로 사망했다.

◇ 원국 분석: 식상이 관성과 합하고 있는데, 다시 관성이 식상에 좌하였다. 즉 관성이 불안한 상태이다.

◇ 운세 분석: 丁未 대운의 관성이 원국의 식상과 합하고, 태세 癸未가 다시 관성과 합하므로 식상이 관성을 극하는 일이 발생한다. 壬戌월에 관성이 입묘하므로 이 시기에 남편이 사망했다.

33-19. 복합적(複合的)인 사례(事例)

운이 어떤 일에는 길하게 오면서 같이 오는 다른 일에는 흉하게 오는 경우도 있다.

己庚辛壬癸甲乙　癸丁丙辛 乾51 -1931 ◈ 114
丑寅卯辰巳午未　卯巳申未
67 57 47 37 27 17 7,0

우주비행사 잭 스와이거트(Jack Swigert)

辛卯 대운 51세 壬戌년 11월에 의회의원 선거에서 당선되었으나, 골수암으로 인해 12월 27일에 사망했다.

◇ 운세 분석: 辛卯 대운은 관성을 生하므로 명예로운 일이 생길 수 있고, 인성이 비겁을 生하므로 재성이 약해지는 일도 생길 수 있다. 辛이 丙으로 인해 癸를 생하지 못할듯하지만, 癸가 丙을 극하므로 그것이 가능하다. 壬戌년은 천간 관성 운이므로 명예로운 일이 생기지만, 지지 戌은 일간을 입묘하는 운이 되므로 이 해에 결국 세상을 등지게 되었다.

戊丁丙乙甲癸壬　　己戊辛甲乾54 -1954 ◆ 115
寅丑子亥戌酉申　　未辰未午
69 59 49 39 29 19 9,0

선대의 유업을 이어받아 농장을 경영하였다.

甲戌 대운에 자신보다 많이 배운 여성과 결혼했고, 아들 1명과 딸 2명을 두었다.

乙亥 대운에 농장 경영에 어려움을 겪었다.

丙子 대운에 사업이 순탄하여 농장 경영을 크게 하였다. 주택을 재건축하고 땅을 매입하여 재물을 모았다. 그러다가

丙子 대운 54세 戊子년 乙丑월 乙亥일에 교통사고로 사망했다.

◇ 원국 분석: 기운의 흐름이 土生金의 식상으로 끝나게 된 구조이므로 전문인 사주이다. 흙에서 무언가를 기르고 가꾸는 것이 체질에 맞는다. 甲과 午가 있어서 좀 보수적인 일에도 관심을 갖기 쉽다.

◇ 운세 분석: 乙亥 대운은 관성이 식상을 만나므로 일이 순탄하게 진행되지 않을 시기이다. 관성은 자신의 직장이므로 식상 운을 만나면 직장 일이 순조롭지 않게 된다. 또한 지지에서 재성이 비겁을 만나게 되므로 경제적 성취도 어려운 시기이다. 丙子 대운은 인성이 상생하여 식상을 강화하므로 생재하는 일이 비교적 원만하게 이루어질 수 있다. 그러나 지지의 재성이 비겁을 또 만나게 되므로 파재나 질병 또는 사고에 주의해야 한다. 戊子년은 비겁이 또 재성을 극하므로 좋지 않은 상황이 가중되는데, 乙丑월에 다시 재성이 극을 받았고, 乙亥일에 재성이 다시 비겁을 만나 극을 받으니 결국 흉한 일을 겪게 되었다.

33-20. 야자시(夜子時) 사례(事例)

정자시 사주와 야자시 사주를 비교해보면, 정자시로 봐도 운세가 이해되고, 야자시로 봐도 운세가 이해되는 경우가 많다. 그러나 일간이 바뀌는 경우에는 사주가 달라지므로 운도 달라질 수밖에 없기 때문에 두 경우를 엄밀히 구분해야만 하고, 또 둘 중에서 반드시 적절한 것을 가려 취해야만 한다.

야자시법의 유용성을 증명하는 일은 쉽지 않다. 왜냐하면 학자마다 적용하는 관법이 달라서 운세를 이해하는 방법이 서로 다르기 때문이다. 특히 신왕신약을 가려 용신을 기준으로 길흉을 보려 하는 억부법으로는 시(時) 천간이 달라져도 그 차이를 분별하기 어렵다.

아래에 야자시 사주의 예를 들어 야자시 이론의 유용성을 증명하고자 한다. 관법의 객관성을 얻기 위해 개인의 주관(主觀)의 개입이 적은 분야인 육친(六親) 변동 측면 위주로 자료를 검증하고자 하는데, 만약 야자시법이 잘못된 이론이라면, 아래에 제시된 자료에서 당해 연도의 운세 분석이 야자시법으로는 해석이 불가하거나 오류가 생겨야 마땅할 것이다. 그러나 만약 야자시법으로 해석이 가능한데 오히려 정자시법으로 해석이 불가하다면, 정자시법이 잘못된 것임을 반증(反證)한다 할 수 있을 것이다.

야자시와 정자시 문제는 선택(選擇)의 문제가 아니라 정오(正誤)의 문제이다. 그러므로 잘못된 것은 단호히 없애야 한다.

다음의 자료를 통해 정법(正法)을 찾아보기 바란다.

1) 양력 1974년 10월 23일 23시 45분에 출생한 여성

丁戊己庚辛壬癸　　壬丁甲甲 坤34 -1974 (야자시) ◈ 116
卯辰巳午未申酉　　子酉戌寅
65 55 45 35 25 15 4,10

辛未 대운 34세 戊子년에 오랜 남자 친구와 이별했고, 직장도 그만두게 되었다.
◇ 운세 분석: 戊子년에 관성(水, 남자, 직장)을 극하는 기운이 왔다.

丁戊己庚辛壬癸　　壬戊甲甲 坤34 -1974 (정자시) ◈ 117
卯辰巳午未申酉　　子戌戌寅
65 55 45 35 25 15 4,10

辛未 대운 34세 戊子년에 사귀던 남자 친구와 이별했고, 직장도 그만두게 되었다.
◇ 운세 분석: 戊子년에 관성(木, 남자, 직장)을 극하는 기운이 없다.

2) 양력 1965년 2월 17일 00시 10분에 출생한 여성

乙甲癸壬辛庚己　　庚辛戊乙 坤31 -1965 (야자시) ◈ 118
酉申未午巳辰卯　　子丑寅巳
66 56 46 36 26 16 6,2

辛巳 대운 31세 丙子년 초겨울에 남편이 뇌진탕으로 사망했다.

◇ 운세 분석: 남편에 해당하는 오행이 火인데, 丙子년에 극을 받았다.

乙甲癸壬辛庚己　　庚壬戊乙坤31 -1965 (정자시) ◆ 119
酉申未午巳辰卯　　子寅寅巳
66 56 46 36 26 16 6,2

辛巳 대운 31세 丙子년 초겨울에 남편이 뇌진탕으로 사망했다.

◇ 운세 분석: 남편에 해당하는 오행이 土인데, 丙子년에 극을 받지 않았다.

3) 양력 1973년 11월 21일 23시 50분에 출생한 여성

庚己戊丁丙乙甲　　庚辛癸癸坤26 -1973 (야자시) ◆ 120
午巳辰卯寅丑子　　子酉亥丑
65 55 45 35 25 15 5,2

丙寅 대운 26세 己卯년에 모친이 사망했다.

◇ 운세 분석: 모친에 해당하는 오행이 丑인데, 己卯년에 극을 받았다.

庚己戊丁丙乙甲　　庚壬癸癸坤26 -1973 (정자시) ◆ 121
午巳辰卯寅丑子　　子戌亥丑
65 55 45 35 25 15 5,2

丙寅 대운 26세 己卯년에 모친이 사망했다.

◇ 운세 분석: 모친에 해당하는 오행이 庚인데, 己卯년에 극을 받지 않았다.

4) 양력 1956년 11월 17일 子시에 출생한 남성

丙乙甲癸壬辛庚　　戊丁己丙乾43 -1956 (야자시) ◈ 122
午巳辰卯寅丑子　　午亥亥申
67 57 47 37 27 17 6,10

공무원이었는데, 잦은 음주 및 상관 폭행 등으로 癸卯 대운 43세 己卯년에 자진 퇴직하였다.

◇ 운세 분석: 원국 천간에 식상이 투출하여 반항기질이 드러나 있어 보인다. 특히 식상과 관성이 동주(同柱)해 있으므로 하극상 기질이 다분하다. 癸卯 대운 己卯년에 관성이 합화하므로 직장을 잃게 되었다.

丙乙甲癸壬辛庚　　戊戊己丙乾43 -1956 (정자시) ◈ 123
午巳辰卯寅丑子　　午子亥申
67 57 47 37 27 17 6,10

공무원이었는데, 잦은 음주 및 상관 폭행 등으로 癸卯 대운 43세 己卯년에 자진 퇴직하였다.

◇ 운세 분석: 癸卯 대운 己卯년은 관성이 강한 운이므로 출세할 운이지 퇴직할 운이 아니다.

◈ 子시 생 사주를 대할 때는 항상 야자시 생이 아닐까 의심해보는 것이 좋다.
　야자시와 조자시를 반드시 구분해야 한다.

33-21. 기타사례(其他事例)

甲癸壬辛庚己戊　　乙戊丁丙乾58 -1946 ◈ 124
辰卯寅丑子亥戌　　卯申酉戌
64 54 44 34 24 14 3,8

庚子 대운 26세 壬子년 1973년 1월에 결혼했다.

辛丑 대운 39세 乙丑년부터 42세 戊辰년까지 4년간은 사업상 어려운 시기였다.

壬寅 대운 48세 甲戌년부터 49세 乙亥년까지 2년간도 무척 어려웠다.

壬寅 대운 51세 丁丑년 1997년 IMF 구제금융 사태 당시에 사업체를 헐값에 매입하여 기계제조업을 새로 시작했다.

癸卯 대운 56세 壬午년에 공장을 매각하였다. 이후 휴식 중이다.

◇ 원국 분석: 월지와 일지에 식상이 있으므로 조직생활보다는 자영업이 적절하다.

◇ 운세 분석: 辛丑 대운은 식상이 입묘하므로 사업에 어려움이 있게 되는 운이다. 壬寅 대운도 재성과 관성이 동주한 운이므로 태세에 따라 힘든 시기가 올 수 있다. 또한 재성과 인성이 만나므로 문서(부동산)를 사고파는 기회가 올 수 있다. 丁丑년에 인성 운을 만나 문서를 취하게 되었고, 壬午년에 인성이 극을 받으므로 문서를 넘기게 되었다.

丙乙甲癸壬辛庚　　癸丁己己坤53 -1949 ◈ 125
子亥戌酉申未午　　卯未巳丑
67 57 47 37 27 17 6,8

여고를 수석으로 졸업하고 모 섬유회사 연구부에 근무하다 현재는 가정을 방문하는 피부 마사지 일을 하고 있다. 평소 심장이 약한 편이다.

독신으로 살고 있는 특이한 성품의 소유자이며 나이 50이 넘도록 교제가 없는 처녀의 몸이다.

◇ 원국 분석: 곤명 사주가 관성이 약한데 식상이 왕하면서 특히 일지에 식상이 있는 경우에 독신을 선택하는 경향이 있다. 일간이 丁이고 未와 巳로 인해 화 기운이 강왕하므로 실증(實症)으로 인해 심장이 약한 편이다.

甲乙丙丁戊己庚　　壬丁辛丁乾48 -1957 ◈ 126
辰巳午未申酉戌　　寅未亥酉
68 58 48 38 28 18 8,0

큰 회사를 운영한다. 자식이 없어서 입양하려 한다.

戊丁丙乙甲癸壬　　庚丁辛辛 坤44 -1961 婦 ◈ 127
戌酉申未午巳辰　　戌卯卯丑
60 50 40 30 20 10 0,4

위 명주의 부인이다. 자식이 없다.

◇ 원국 분석: 건명은 관성이 약하지 않으나, 대운이 식상 운으로 흘러서 자식을 얻지 못했다. 곤명 역시 인성이 강하고 식상이 약한 구조가 되어 자식을 얻기 어려운 사주가 되었다.

辛壬癸甲乙丙丁　　己壬戊甲 坤38 -1974 ◈ 128
酉戌亥子丑寅卯　　酉辰辰寅
65 55 45 35 25 15 5,4

갓 입문한 무속인이다.

◇ 원국 분석: 빙의된 사주나 무속인 사주는 원국의 관성이 약하거나 식상이 관성을 극하고 있는 구조에서 많이 보이고, 木 기운이 약하거나 너무 강한 경우, 또한 관성이 태왕한 구조에서도 많이 보인다. 이 사주는 관성이 식상의 극을 받고 있으며, 木 기운이 상당히 강한 구조이다.

◇ 운세 분석: 甲子 대운은 木 기운이 더욱 강해지고 관성의 기운이 약해지는 시기이다.

戊己庚辛壬癸甲　　壬壬乙癸 乾54 -1963 ◈ 129
申酉戌亥子丑寅　　寅申卯卯
68 58 48 38 28 18 8,0

사기꾼이다.

◇ 원국 분석: 식상이 왕하면서 천간에 투출하였는데 인성의 극제(剋制)가 제대로 되지 않는다. 즉 인생비, 비생식으로 흐르므로 인성이 제 역할을 하지 못한다. 따라서 식상의 부정적인 면이 크게 드러난다.

己庚辛壬癸甲乙　　乙癸丙己乾55 -1949 ◈ 130
未申酉戌亥子丑　　卯巳寅丑
69 59 49 39 29 19 9,4

중장비 사업을 한다.

2001년에 계약해서 공사를 해 주었는데, 발주자가 공사대금을 지불하지 않고 애를 먹여 辛酉 대운 53세 壬午년에는 그로 인해 많은 금전적 손해를 보았다.

2003년에 소송을 제기하여 辛酉 대운 55세 甲申년 辛未월에 패소판결이 났다.

◇ 운세 분석: 辛酉 대운은 인성 운이어서 사업성과를 기대하기 어려운 시기이다. 壬午년은 천간 비겁으로 인해 손재가 발생하였고, 甲申년은 천간 식상이 원국의 도움을 받아 강해지므로 패소하게 되었다.

소송 운 보는 법은 관운 보는 법과 같다.

己戊丁丙乙甲癸　　壬戊壬丙乾55 -1946 ◈ 131
亥戌酉申未午巳　　戌午辰戌
67 57 47 37 27 17 7,4

의처증이 심하다. 전화기에 도청장치까지 하고 옆방에서 엿듣는다.

◇ 원국 분석: 재성이 비겁들과 동주하거나 합이 되어 있으니 일간이 처의 행동을 의심하게 된다.

壬辛庚己戊丁丙　　辛庚乙丁坤24 -1977 ◈ 132
子亥戌酉申未午　　巳辰巳巳
65 55 45 35 25 15 4,8

의부증이 있다.

◇ 원국 분석: 관성 남편이 비겁과 동주하고 있으니 일간이 남편의 행동을 의심하게 된다.

戊己庚辛壬癸甲　　甲甲乙甲坤37 -1964 ◆ 133
辰巳午未申酉戌　　戌申亥辰
68 58 48 38 28 18 8,0

이복형제로서 언니가 두 명 있다.
◇ 원국 분석: 년월의 비겁이 일주와 합신(合身)하면 이복형제가 있을 수 있다.

戊丁丙乙甲癸壬　　乙戊辛戊乾43 -1968 ◆ 134
辰卯寅丑子亥戌　　卯子酉申
67 57 47 37 27 17 7,4

乙丑 대운 42세 庚寅년에 이사를 했고
乙丑 대운 43세 辛卯년에 다시 이사를 했다.
◇ 운세 분석: 乙丑 대운은 土가 木에게 극을 받는 시기이다. 庚寅년과 辛卯년 역시 土가 극을 받으므로 살던 자리를 이동하게 되었다.
일지(日支)가 충극(沖剋)될 때도 이사를 하게 될 수 있다.

壬辛庚己戊丁丙　　壬壬乙乙坤27 -1975 ◆ 135
辰卯寅丑子亥戌　　寅申酉卯
65 55 45 35 25 15 5,4

장애인
乙酉 대운, 선천적인 소아마비로 좌측 다리에 장애가 있다.
◇ 원국 분석: 신체의 팔다리는 식상에 해당하는데, 木 식상과 金 인성이 동주하면서 식상 木이 극을 받고 있는 구조이다. 木은 신경계통을 뜻하기도 한다.
◇ 운세 분석: 乙酉 대운은 木을 충하고, 乙卯년은 金木을 충하니 명주의 근골에 이상이 생기게 되었다.

乙丙丁戊己庚辛　丁丁壬戊坤36 -1968 ◈ 136
卯辰巳午未申酉　未卯戌申
65 55 45 35 25 15 5,4

庚申 대운 25세 癸酉년에 아이를 낳고 얼마 되지 않아 정신분열증이 발생하여 심각한 상태이다.

己未 대운 32세 庚辰년에는 병이 심하여 7층 건물에서 뛰어내려 중상을 입었다.

戊午 대운 38세 丙戌년에는 심각한 화상을 입었고, 그 후 물에 빠져 죽을 뻔했다.

◇ 원국 분석: 木이 약하고 관성 역시 약한 구조이다.

◇ 운세 분석: 庚申 대운에 木이 극을 받았고, 癸酉년에 木이 충극을 받았다. 己未 대운에 木이 또 입묘하므로 호전되지 않았다.

丙乙甲癸壬辛庚　戊庚己庚乾53 -1950 ◈ 137
戌酉申未午巳辰　寅戌卯寅
67 57 47 37 27 17 6,8

팔공산의 모 암자 주지 스님

庚辰 대운 15세 乙巳년에 출가해 해인사에서 공부했다.

◇ 원국 분석: 종교적 성향은 인성과 관련이 있다. 일지에 인성이 좌하고 또한 천간에 인성이 투출하였으므로 도력 높은 스님이 되었다.

庚己戊丁丙乙甲　己辛癸壬乾65 -1952 ◈ 138
申未午巳辰卯寅　丑酉丑辰
69 59 49 39 29 19 8,8

험지(險地)에서 근무하는 신부이다.

◇ 원국 분석: 원국에 인성이 태왕하여 종교계에 몸을 담게 되었다.

戊己庚辛壬癸甲　　丁戊乙丁 乾60 -1947 ◈ 139
戌亥子丑寅卯辰　　巳申巳亥
67 57 47 37 27 17 7,4

평소 고부갈등이 있다.
己亥 대운 59세 丙戌년에도 처와 모친의 갈등으로 곤욕을 치렀다고 한다.

癸壬辛庚己戊丁　　壬丙丙辛 坤55 -1951 婦 ◈ 140
卯寅丑子亥戌酉　　辰戌申卯
68 58 48 38 28 18 8,0

위 명주의 부인이다.
己亥-辛丑/ 고부 갈등이 심하다.
◇ 원국 분석: 건명의 사주에서 상극오행인 인성과 재성이 동주(同柱)하고 있으니 고부가 서로 맞부딪힐 일이 자주 생긴다. 곤명의 사주에서도 비겁과 재성이 동주 및 합하고 있으므로 서로 갈등을 겪을 소지가 많다. 또한 辛과 일간 丙이 비호의관계를 이루고 있다.

壬癸甲乙丙丁戊　　庚壬己乙 乾26 -1986 ◈ 141
午未申酉戌亥子　　戌戌丑丑
64 54 44 34 24 14 4,3,10

의대생
丁亥 대운 23세 己丑년에 의사 국가고시에 불합격했다.
丙戌 대운 24세 庚寅년에 합격했다.
◇ 운세 분석: 己丑년은 식상과 관성이 동행하니 불길하였고, 丙戌 대운에 관성 운이 들고, 庚寅년에 인성이 와서 식상을 극제하였으니 길하였다.

乙甲癸壬辛庚己　　辛甲戊癸 坤37 -1963 ◈ 142
丑子亥戌酉申未　　未辰午卯
63 53 43 33 23 13 2,8

庚申 대운 19세 壬戌년에 지금의 남편을 만났고

辛酉 대운 24세 丁卯년에 결혼하였다.

딸을 한 명 둔 당시 37세의 자영업자인데, 남편에게 항시 여자가 있었다. 본인이 알게 된 후로는 아예 노골적으로 외도를 하였는데, 유부녀와 바람피워 그녀를 이혼하게 만들었고, 또 다른 유부녀와 바람을 피우자 그녀를 본인이 설득하여 헤어지게 했으나 남편은 또 전화방에 드나들며 외도를 하였다. 너무 지친 나머지 동의하에 별거하기 시작하였는데, 별거하자마자 남편이 다른 여자와 동거를 시작하였고, 庚辰년 당시 2년이 지난 상태였다. 그러나 아이 키울 자신은 없다며 이혼 이야기에는 남편이 함구한다.

◇ 원국 분석: 이 사주에서 남편은 辛인데, 십이운성의 未 쇠지(衰地)에 좌하였다. 남편이 바람꾼이라면 욕지(浴地)에 앉아야 할 텐데 그렇지 않았다. 辛酉 대운에서 남편 辛은 酉 건록지(建祿地)에 좌하였고, 壬戌 대운에서 남편 辛은 戌 관대지(冠帶地)에 좌하였다. 남편의 바람과 관련이 없는 위치들이다. 남편이 바람을 심하게 피우는 이유는, 남편 辛이 지지 未를 통해 卯와 연결되어 있기 때문이다(연결합 이론을 증명하는 사례이다).

壬辛庚己戊丁丙　丁癸乙丙乾78 -1936 ◆ 143
寅丑子亥戌酉申　巳巳未子
61 51 41 31 21 11 1,0

戊戌/ 아주 힘들었다.

己亥/ 공장에 취직하여 다녔다.

庚子/己未43 己未년에 퇴직하고, 자영업을 했으나 실패했다.

庚子/辛酉45 辛酉년에 다시 공장에 취직했다.

辛丑-/ 생활이 항상 쪼들렸다.

처는 丁丑년생이고, 1남 1녀를 두었다.

◇ 원국 분석: 일간 癸가 지지에 火 기운이 강하므로 재물을 소유할 역량은 충분하다 하겠다. 子 비겁을 未가 견제해 주니 원국의 모양새가 좋은 편이다. 다만 丙과 子가 동주(同柱)한 것이 재물 운에 흠으로 보인다. 이런 구조이면 未가 子를 견제하더라도 타인으로 인한 손재가 발생할 수 있다.

관성이 천간에 드러나지 않았으니 품격이 그리 높은 사주는 아니라고 볼 수 있겠다. 식재(食財)가 투출했으므로 사업을 해도 되고, 관성이 월지에 있으므로 직장생활 해도 괜찮은데, 문제는 운이다.

◇ 운세 분석: 재물을 얻으려면, 사주의 구조에 따라 다르겠지만 원칙적으로 운이 식

재(食財) 운으로 흘러야 한다. 이 명주처럼 金水의 인비(印比) 운으로 흐르면 경제적 상황이 어려울 수밖에 없다. 그러므로 壬寅 대운이 되어야 경제적 형편이 나아지게 된다고 볼 수 있다.

이 같은 사주를 인비 희용(喜用)으로 판단하면서 대운이 金水로 흐른 것을 보고, "대부(大富)가 되었을 것이다."라고 오판하기 쉽다.

戊戌 대운은 재성이 입묘(入墓)하므로 경제적으로 어려운 시기이다.

己亥 대운은 己 관성이 들어오므로 직장을 갖게 된다. 己와 未가 亥 비겁을 잡아주니 재물을 보호할 수 있게 된다. 그러므로 비교적 형편이 나은 시기가 될 수 있다.

庚子 대운은 인성과 비겁의 조합이어서 재물 운에 불리하다. 대운 庚子가 년주 丙子와 동행하면서 비견 子를 강화하므로 더욱 불리하다. 그리고 己未년은 원국의 乙에 의해 己가 극을 받으므로 퇴직 수가 들게 되고, 또한 己未년의 未로 인해 새로운 직업을 갖게 된다. 未가 子를 극제해 주니 그해 재물 운은 길했을 것이다. 그러나 庚申년은 다시 비겁을 살리게 되므로 손실을 볼 수밖에 없게 된다. 辛酉년은 辛이 乙을 극제하므로 다시 취직이 되었다.

辛丑 대운은 재성과 거리가 먼 운이기 때문에 경제적 형편이 풀리지 않는다.

壬癸甲乙丙丁戊　戊癸己丁乾40 -1967 ◆ 144
寅卯辰巳午未申　午卯酉未
69 59 49 39 29 19 9,0

대학 졸업 후, 지방 신문사에서 박봉으로 기자 생활을 하다가

丙午/ 학원 강사로 이직했다.

丙午/戊寅31 31세 戊寅년에 결혼을 하였으나

丙午/庚辰33 채 만 2년도 지나지 않아 庚辰년에 이혼했으며, 그로 인해 마음고생을 했다. 자식은 없었으며, 홀로 지내다가

丙午/癸未36 36세 癸未년 겨울에 11살 차이가 나는 제자와 결혼하여, 자식을 낳고 잘살고 있다. 이혼의 아픔이 있었지만, 火 대운에 승승장구하여 지금은 타의 추종을 불허할 만한 강사가 되어 있다.

36세경에 조그마하게 차린 학원이 크게 번창하였고, 38세에 학원을 다시 크게 차려 엄청난 연봉의 강사(원장)가 되었다.

◇ 운세 분석: 신약 사주가 재성 운에 발복한 사례이다. 특별한 경우를 제외하고, 대

부분의 사주는 재성 운에 발재(發財)한다. 재성 운은 곧 재물의 유입을 의미하기 때문이다. 그러나 만약 그 재성 운이 원국의 비겁을 만나 합이 된다면 그건 내 재물이 아니라 남의 재물이 되어 버린다. 즉 득재(得財)가 아닌 손재(損財)가 된다.

丁戊己庚辛壬癸　乙甲甲己 乾54 -1949 ◆ 145
卯辰巳午未申酉　丑午戌丑
67 57 47 37 27 17 7,4

己巳/ 주식과 도박으로 수억 원을 손재하였다.

부친은 부동산 재벌이며 임대업을 한다.

지금까지 부모에게 의지하여 생활하였으며, 부친이 운영하는 회사에서 일을 했다.

◇ 원국 분석: 천간이 군겁쟁재(群劫爭財) 상황이 되어 있다. 따라서 이런 사주는 사업을 시도하지 않는 것이 현명하다. 내 재물 근를 비견겁재들이 합하고 동행하고 있으므로 내 재물이 아니라 남에게 뺏기는 재물이 되기 쉽다.

◇ 운세 분석: 己巳 대운의 재성 운이어서 득재(得財)할 운이라고 성급하게 판단해서는 안 된다. 근가 甲을 만나므로 남에게 빼앗길 재물인 것이다. 그리고 이때의 근는 들어오는 새로운 재물이 아니라 내가 갖고 있던 재물이다. 庚午 대운에는 庚이 비겁을 잡아 주므로 손재가 발생하지 않았다는 것을 짐작할 수 있겠다.

己庚辛壬癸甲乙　乙壬丙癸 乾44 -1973 ◆ 146
酉戌亥子丑寅卯　巳辰辰丑
67 57 47 37 27 17 6,8

壬子/ 여태까지 경마장에 가서 많은 돈을 잃었다.

"안 가야지! 안 해야지!" 하면서도 안 된다고 한다.

◇ 원국 분석: 일간과 비겁이 재성을 두고 경쟁하고 있으나, 다행이 乙이 있어서 군겁쟁재는 면했다. 그러나 비겁이 투출했으므로 여전히 경쟁심이나 재성에 대한 욕구가 강한 사주이다. 따라서 투기나 도박을 해서라도 재물을 취하려하기 쉽다.

◇ 운세 분석: 壬子 대운은 비겁 운이므로 비겁은 재성을 극하게 되어 있다. 그러므로 손재는 당연한 것이다. 乙이 있기에 그나마 적은 돈을 잃기도 하고 또한 간혹 따기도 하

곤 하는 것이지, 만약 乙이 없었다면 전 재산을 이미 다 잃고 노숙자 신세가 되었을 수도 있겠다.

辛庚己戊丁丙乙　戊甲甲乙坤43 -1955 ◆ 147
卯寅丑子亥戌酉　辰辰申未
69 59 49 39 29 19 9,0

丁亥-戊子/ 그동안 남편이 바람을 많이 피웠다. 그래서 부적도 많이 썼다.

◇ 원국 분석: 남편 申이 비견 甲과 동주해 있고 乙까지 보고 있으니 남편이 바람을 많이 피울 수 있는 구조이다.

여명 사주에 비겁이 많으면 부부 운이 순탄치 않을 가능성이 크다.

모친이 여러 명 보이고 비겁도 여럿이므로 부친이 외도(外道)하였거나 재혼하였을 가능성이 큰데, 실제 모친이 두 분이고 이복형제가 있다고 하며, 부친이 재혼하고도 바람을 피웠다고 한다. 오빠도 재혼하였다고 한다.

◇ 운세 분석: 부친은 戊인데 배우자를 辰 중의 癸로 볼 수도 있지만 드러난 십신으로 보는 것이 더 좋다. 좌지(座地) 辰이 부친의 배우자가 된다. 土를 다봉(多逢)하니 부친에게 바람기가 있거나 중혼(重婚)했을 수 있다고 볼 수 있다. 오빠 乙 역시 재성을 다봉하고 있으므로 중혼할 수 있다.

壬辛庚己戊丁丙　壬戊乙庚乾50 -1960 ◆ 148
辰卯寅丑子亥戌　子辰酉子
60 50 40 30 20 10 0,4

己丑/戊寅38 1998년 戊寅년에 이혼했다.

◇ 원국 분석: 건명의 일지가 비겁이면 원칙적으로 부부 운이 좋지 않다고 볼 수 있다. 그러나 반드시 좋지 않은 것은 아니며, 다른 구조에 비해 상대적으로 좋지 않은 것이다. 그리고 이런 구조이면 약간만 불리한 운이 와도 부부불화가 쉽게 발생할 수 있다. 특히 子+辰으로 재성과 비겁이 연결합되어 있을 경우에는 더 좋지 않은 구조가 된다. 따라서 이런 사주를 만나면 운을 보지 않은 상태에서도 부부 운이 불미(不美)하다는 판단을 미리 내릴 수 있으며, 그것이 지나친 통변이 될 가능성도 낮아진다.

◇ 운세 분석: 己丑 대운은 비겁이 재성을 극하는 운이므로 부부불화나 파재를 주의해야 하는데, 戊寅년이 되자 다시 재성을 극하게 되었으므로 부부가 이별을 하게 된 것이다. 위자료도 많이 나갔음을 짐작할 수 있겠다.

辛壬癸甲乙丙丁　壬壬戊庚坤46 -1960 ◆ 149
巳午未申酉戌亥　寅辰子子
68 58 48 38 28 18 8,0

丙戌/辛酉21 1981년 辛酉년 초여름에 결혼했다.
甲申/壬午42 남편의 잦은 외도 때문에 2002년 壬午년에 이혼했다.
◇ 원국 분석: 戊 남편이 子 비겁에 좌하고 있고 비겁을 다봉(多逢)하고 있으니, 남편의 주변에 여자가 많은 형상(形象)이다. 또한 戊와 辰이 연결합류되어 있으므로 본인 역시 남자 인연이 많을 수 있는 사주라고 볼 수 있다.
◇ 운세 분석: 甲申 대운에는 戊 남편에게 다시 한 번 비겁과의 합이 이루어지므로 남편이 마음만 먹으면 한눈을 팔 수 있는 시기가 된다. 壬午년에는 일지에 충이 들어오므로 남편과의 이별을 피하기 어렵게 되었다.

戊己庚辛壬癸甲　己癸乙壬坤49 -1962 ◆ 150
戌亥子丑寅卯辰　未丑巳寅
63 53 43 33 23 13 3,0

庚子/庚寅48 2010년 庚寅년에 남편이 이혼하자하는데, 결정을 못 내리겠다.
남편이 갱년기 우울증으로 인해 밖으로 다니며 가족에겐 관심도 없이 2년 쯤 지내다가, 급기야 사귀는 여자가 있다하며 이혼하자한다. 그동안의 억울한 사연을 다 말할 수는 없지만 이제 질릴 만큼 질렸다.
庚子/辛卯49 결국 2011년 辛卯년 초반에 이혼했다.
◇ 원국 분석: 곤명 사주에 관성이 다자(多字)이면 남편으로 인한 괴로움이 있기 쉽다. 이 사주는 乙과 합해 있기에 남편이나 남자에 대한 애착이 상대적으로 약한 심리를 갖게 되기 쉽다. 그러나 일지에 관성이기 때문에 남자와의 인연을 마다하지는 않는다. 지지에서는 다행히도 寅 재성이 중간에서 유통(流通)하고 있으므로 결혼은 할 수 있게

된다고 볼 수 있다. 그러나 문제는 천간의 乙이다. 己를 노리고 있기에 주의해야 한다.

　◇ 운세 분석: 庚子 대운은 다행히 천간 庚이 乙을 극제(剋制)해주고 있다. 그러므로 안심할수 있겠다. 그러나 불행히도 지지 子가 巳를 극하고 寅을 살리므로 안심했던 지지에서 오히려관성이 위험한 상황에 놓이고 말았다. 庚寅년이 되어 관성이 또 극을 받게 되니 부부불화가발생하게 되었고, 辛卯년에 와서 또 관성을 극하니 결국 서로 이별하게 되었다.

丁丙乙甲癸壬辛　　己甲庚壬乾37 -1972 ◈ 151
巳辰卯寅丑子亥　　巳午戌子
63 53 43 33 23 13 2,8

甲寅/乙酉33 2005년 乙酉년에 결혼하였다.

　그간 성격차이로 인해 불화가 심했고, 처가 남편에게 자존심을 깎아내리는 언행을자주 하였다.

　甲寅/己丑37/丁卯/丙子 결국 2009년 己丑년 4월 1일에 법적으로 이혼했다. 15개월된 아들은 본인이 키우기로 하였다.

　◇ 원국 분석: 일간 甲이 戌과 己를 연결합하고 있으므로 재혼 또는 외도할 수 있는사주이다. 甲午의 午가 처의 사주 丁酉의 酉와 상생하지 않으므로 궁합이 좋지 않다. 성격차이로 불화할 가능성이 큰 궁합이다.

　◇ 운세 분석: 甲寅 대운은 비겁이 시간의 己를 합하는 시기이다. 따라서 부부생활에위기가 올 가능성이 큰 시기이다. 그러나 庚이 있기에 그 위험성은 현저히 낮아진다. 하지만 己丑년에는 庚이 입묘(入墓)하기 때문에 그 위기를 막아주기 어렵다. 따라서 己丑년에 이별하게 되었고, 재성 戌을 극하는 丁卯월에 그 서류처리를 끝내었다.

戊丁丙乙甲癸壬　　乙丁辛辛坤38 -1971 婦 ◈ 152
申未午巳辰卯寅　　巳酉丑亥
70 60 50 40 30 20 9,8

위 사주의 부인이다.
甲辰/乙酉34 결혼하였다.
甲辰/己丑38/丁卯/丙子 이혼하였다.

◇ 원국 분석: 일지 酉가 남편을 살리는 십신인데, 丑에 의해 그 기운이 쇠락(衰落)해 져 있다. 따라서 이 여성은 남편에게 공손하지 않고 언행을 마음대로 하는 사람이 될 가능성이 높다.

◇ 운세 분석: 乙酉년은 일지와 같은 오행이 들어오므로 결혼 인연을 얻게 된다. 甲辰 대운은 관성 亥를 입묘하게 하므로 남편과의 관계에 위기가 발생할 수 있다. 己丑년에 다시 관성 亥를 극하므로 이별하게 되었다.

辛 壬 癸 甲 乙 丙 丁　　辛 甲 戊 戊 坤14 -1998 ◆ 153
亥 子 丑 寅 卯 辰 巳　　未 申 午 寅
60 50 40 30 20 10 0,1

丙辰/ 천성이 너무 게으르다.

◇ 원국 분석: 원국에 결핍십신이 있는 경우, 대체십신을 살피는 것이 중요하다. 일지가 관살(인성)이고, 관살(인성)이 투출하였으므로 편안한 삶을 살고자 하는 의식이 평소의 행동으로 발현(發現)된다.

壬 癸 甲 乙 丙 丁 戊　　乙 戊 己 甲 坤26 -1974 ◆ 154
戌 亥 子 丑 寅 卯 辰　　卯 午 巳 寅
64 54 44 34 24 14 3,8

산업 디자인 전공

다양한 업종에서 직장생활을 해보았다. 무역, 항공, 신문사, 디자인, 편집, 기타 등등. 한동안 프리랜서로 디자인 일을 했고, 요즘은 모 학원에 전임 강사로 있다. 개인 교습도 하고 있다. 이런 저런 일과 사람들도 다양하게 만나다 보니 와서 이런 일 좀 해주면 어떻겠느냐하는 등의 제의가 가끔 들어온다. 천성인지 자신이 조금 게으르고 간섭하는 걸 무척 싫어한다.

◇ 원국 분석: 사주가 강왕하고 식상이 없으므로 식상을 추구하는 삶(예술, 기술, 디자인, 어학, 강의 등)을 사는 것이 바람직하다. 지지에 인성이 왕하므로 다소 게으른 면이 있을 수 있겠고, 식상을 추구하므로 남 밑에 있는 것은 성격에 맞지 않는다. 따라서 자유업종이 적성에 맞는다.

丁丙乙甲癸壬辛　　乙癸庚辛 坤 -1921 ◆ 155
酉申未午巳辰卯　　卯卯寅酉
68 58 48 38 28 18 8,4

辛卯/ 결혼했다.
丙申/ 남편이 사망했다.
　◇ 원국 분석: 원국에 남편 신(神)이 없다. 이런 경우는 寅 중의 己(寅의 지장간 여기는 戊가 아니라 己이다)를 남편으로 보는 것보다 일지의 배우 궁을 보는 것이 더 정확하다. 즉 卯를 남편으로 보는 것이 좋다.
　◇ 운세 분석: 辛卯 대운은 일지와 같은 오행이 들어오므로 결혼할 수 있는 운이다. 丙申 대운은 卯를 극하는 운이므로 남편에게 좋지 않은 일(질병, 사고)이 일어날 수 있다.

己庚辛壬癸甲乙　　丁乙丙己 乾39 -1959 ◆ 156
巳午未申酉戌亥　　丑丑子亥
60 50 40 30 20 10 0,4

이혼 고비가 많았다.
　장남으로서 퇴직금을 모친에게 맡겼으나 고부갈등이 심하여 결국 살림을 나왔는데, 모친이 겨우 전세금 200만 원정도만 마련해 주더라고 한다. 결국 후회하고 처의 편에 서게 되었다. 친모가 첩일 가능성이 크다고 하니, 이복형이 있으며 모친이 첩으로 있다가 누나가 초등학교에 입학할 때 혼인신고를 해서 들어왔다고 한다.
　고부 갈등이 심각해서 처가 스트레스로 갑상선을 앓는다고 한다.
　◇ 원국 분석: 부친 己가 재성을 다봉하고 있고, 일주가 편인과 가까우니 모친이 정실(正室)이 아닐 가능성이 있다. 재성과 인성이 떨어져 있지 않고 서로 이웃해 있으니 처와 모친이 상극하여 서로 반목하게 된다.

壬辛庚己戊丁丙　　癸甲乙戊 乾39 -1978 ◆ 157
申未午巳辰卯寅　　酉午丑午
63 53 43 33 23 13 2,8

己巳/-戊戌39 약 5년간 정신병(피해망상과 우울증)으로 고생하고 있다.

◇ 원국 분석: 木火가 동주(同柱)하여 상생하니 甲이 약한 상태이다. 그러므로 간담질환이나 신경증 등의 질환에 주의해야 한다. 특히 일주가 甲午에 해당할 경우에는 그런 계통으로 발병할 가능성이 더 크다.

◇ 운세 분석: 己 재성 운이 들어와 원국의 乙과 결합하므로 건강 유지나 재물 유지에 문제가 생길 수 있는 상황이다. 巳는 酉에 합화하므로 己를 돕기 어렵다. 己巳 대운이 원국과 전체 연결합류되면서 천간이 水生木, 木剋土의 상황이 되었다. 따라서 건강을 잃거나 재물을 잃게 되기 쉽다. 甲午년에는 木이 더욱 약해지고, 乙未년에는 木이 다시 입묘하게 되므로, 각각 발병하고 악화되는 시기가 된다.

戊丁丙乙甲癸壬　　丁庚辛壬乾53 -1952 ◈ 158
午巳辰卯寅丑子　　亥辰亥辰
62 52 42 32 22 12 2,4

壬子-癸丑/ 초년에 부유한 집안에서 성장하였다.

丙辰/庚辰48 2000년 庚辰년에 믿었던 친구한테 15억 원을 빌려주었는데, 떼었다.

丁巳/乙酉53 2005년 현재 100억대 재산가라고 한다.

조부 때부터 내려온 것이 부친에게 가고, 그것이 밑천이 되어 자기도 벌고 한 재산이다. 생색만 내고 폼만 재는 성품이다.

◇ 원국 분석: 재성이 없으나 식상이 많으므로 기회가 있으면 발재(發財)할 잠재력이 큰 사주이다. 생색만 내는 것은 丁의 관성이 壬과 亥를 만나서 제대로 관성 역할을 하지 못하기 때문이다. 결국 식상이 관성을 극하는 불명예를 은연중에 얻게 된다.

◇ 운세 분석: 甲寅 乙卯의 재성 대운이 원국의 식상 기운의 도움을 받으므로 발재(發財)하게 되었다. 丙辰 대운은 원국의 식상 기운이 입묘하고 극을 받기 때문에 재물을 지닐 역량이 감소하게 된다. 庚辰년 역시 대운의 지지와 동일한 기운으로 작용한다.

戊丁丙乙甲癸壬　　丙辛辛乙坤18 -1985 ◈ 159
子亥戌酉申未午　　申未巳丑
62 52 42 32 22 12 2,4

癸未/癸未18 2003년 癸未년에 부친이 사망했다.

◇ 운세 분석: 癸未 대운과 癸未년이 공히 재성을 입묘하였다.

辛庚己戊丁丙乙　庚壬甲戊乾45 -1958 ◈ 160
酉申未午巳辰卯　戊戊寅戊
67 57 47 37 27 17 6,8

이 사주는 유명한 분이 완전한 종재격이라고 판단한 사주이다.

조부 및 부친으로부터 유산을 물려받았고, 화 대운에 계속 발전 중이라니 종재를 의심할 여지가 없다고 한다.

◇ 운세 분석: 간명할 때 격용을 볼 필요가 없다. 재성 대운으로 운이 흘러가므로 부친 덕을 볼 수 있고, 또한 부자가 될 수 있는 것이다. 즉 격과 운은 상호 관련이 없다.

辛庚己戊丁丙乙　乙己甲乙坤50 -1955 ◈ 161
卯寅丑子亥戊酉　丑酉申未
63 53 43 33 23 13 2,8

해운화물업을 하며, 직원이 60여 명이다.

己丑/ 200억 원 정도의 재산을 가진 여성이다.

이기적 성품과 수전노적 행태로 주변의 비난을 사고 있다.

◇ 원국 분석: 일지에 식상을 깔고 있으면서 재성이 없는 경우, 재성에 대한 애착이 강해질 수 있고, 사업 쪽으로 나아가게 될 수 있다.

◇ 운세 분석: 운로가 재성 대운이고, 원국의 식상이 운을 도우므로 사업 수완을 발휘하여 많은 재산을 가질 수 있게 되었다.

戊丁丙乙甲癸壬　庚癸辛丙乾39 -1966 ◈ 162
申未午巳辰卯寅　申未丑午
66 56 46 36 26 16 5,8

명주의 판단: "제 사주가 신약이라면, 지금 乙巳 대운의 巳 대운은 아주 어려운 처지

에 있어야만 합니다. 또 비견 겁이 대운에서 사라진 때부터 질퍽거렸어야 했지요. 그런데 乙巳 대운의 경제적 상황은 나쁘지 않습니다. 중상(中上) 이상이라고 평가한다면 자만 같겠지만요."

◇ 원국 분석: 명리를 어느 정도 공부한 사람의 자평(自評)이다. 통상적으로 억부법으로 공부한 학자들이 한 결 같이 인성을 용신으로 생각하면서 재성 운을 나쁘게 볼 만한 사주이다. 그러나 그렇지 않다. 특별한 경우를 제외하곤, 재성 운에 재물이 들어온다는 것을 명심하는 것이 좋다. 그리고 대운을 이처럼 끊어서 보는 일은 바람직하지 않다.

◇ 운세 분석: 乙巳 대운은 식신과 재성이 동주하여 식상생재하므로 재성 운이 좋으면 좋았지 나쁠 까닭이 전혀 없다. 다시 강조하지만 격국과 운은 서로 관련이 없다. 그러므로 격을 논하면서 간명을 정확하게 하기는 어렵다.

戊丁丙乙甲癸壬　　丙庚辛丁 坤47 -1957 ◈ 163
午巳辰卯寅丑子　　戌寅亥酉
68 58 48 38 28 18 8,0

수백억 재산을 가진 부자이다.

甲寅 대운부터 식당업을 하면서 고생하였고, 돈을 모아서 乙卯 대운 현재 가진 빌딩이 여러 채라 한다.

부인 말에 따르면, 남편은 총각 때는 건달이었고, 현재는 부인 가게를 도와주는 백수로서 골프 치러 다니는 등 한량이라 한다.

◇ 원국 분석: 일간이 좌지에 편재를 깔고 있으므로 사업가 기질이나 상업 방면의 소질이 있다.

◇ 운세 분석: 甲寅, 乙卯 대운은 재성이 왕한 운이므로 이 시기에 명주가 크게 발재하였다.

乙甲癸壬辛庚己　　壬丙戊己 坤39 -1979 ◈ 164
亥戌酉申未午巳　　辰寅辰未
62 52 42 32 22 12 2,4

미용 체인점 여사장

壬申/ 불같이 일어나 현재 미장원 다섯 개를 체인화 하여 운영 중이다. 돈 버느라 정신이 없다한다.

◇ 원국 분석: 식상이 태다(太多)한데 인성이 적절히 제어하므로 뭘 배워서(인성) 재주를 써먹는 일(식상)에 적합하다.

◇ 운세 분석: 壬申 대운은 천간 관성 운이므로 사업에 이름이 나고, 지지 재성 운이므로 원국의 식상의 도움을 받아 식상생재가 되어 재물 운이 더욱 좋아졌다.

戊丁丙乙甲癸壬　　丙壬辛甲乾54 -1954 ◆ 165
寅丑子亥戌酉申　　午申未午
68 58 48 38 28 18 8,0

사업가

乙亥/辛巳47 일이 잘 되지 않아서 2001년 辛巳년에 중국으로 가서 사업을 했다.

丙子/戊子54 2008년 戊子년에 전부 손실하고 귀국했다.

◇ 원국 분석: 일간이 인성에 좌하였으므로 체질적으로 사업이 몸에 맞지 않는다. 그러나 식상이 재성을 생하는 흐름도 있으므로 사업을 시도해 보기도 한다.

◇ 운세 분석: 乙亥 대운은 식상과 비겁이 동주하여 재성을 생하므로 그런대로 경제활동이 가능하다. 丙子 대운은 비겁이 인성의 도움을 받아 재성을 극하므로 재물 운이 흉하다.

甲乙丙丁戊己庚　　壬丙辛己乾37 -1969 ◆ 166
子丑寅卯辰巳午　　辰申未酉
64 54 44 34 24 14 4,4

戊辰/ 돈을 저축하였고

丁卯/甲申35 2004년 甲申년까지 무난하였다.

丁卯/-丙戌37 대전광역시 모처에 레스토랑을 개업하면서 2억이 넘는 돈을 투자했으나, 영업도 부실하고 가게 매매도 여의치 않아 이러지도 저러지도 못하고 있다. 투자한 돈을 다 날릴 판이다.

◇ 원국 분석: 일지에 편재가 있고 식상이 생재하는 흐름이 있으니 사업 명이다. 식

상이 재성과 동주하면 요식업 등의 서비스 업종이 잘 맞는다. 그러나 원국만 갖고 모든 것을 판단하는 어리석은 일은 하지 않는 것이 좋다. 이 사례는 명리를 어느 정도 배운 사람의 상황인데, 그 스승의 조언을 듣고 乙酉년에 사업을 시작한 것 같다.

◇ 운세 분석: 재다신약 사주이므로 인비 운에 발복한다는 말을 믿고 사업을 권유한 듯하다. 그러나 현실은 그렇게 책대로 따라주지 않는다. 丁卯의 인비 운에 오히려 낭패를 당한 것이다. 일간이 강해질 때 재성을 다스릴 힘이 생겨서 재물을 취하게 된다하는 논리는 어리석은 이론이 만들어 낸 함정이다. 일간이 강해지면 재성을 극하는 힘도 강해진다는 것을 알아야 한다. 재성을 극하게 되는데 어찌 그 재물이 자기 손에 남아 있겠으며, 또 어찌 재물이 늘어나게 된다 말하겠는가?

甲申 乙酉년에는 재성이 좀 강해지니 위기를 느끼지 못했던 것이다.

己庚辛壬癸甲乙　壬癸丙丁 乾30 -1987 ◈ 167
亥子丑寅卯辰巳　子卯午卯
65 55 45 35 25 15 5,4

대학 졸업 후 무직으로 있다가
癸卯/丙申29/庚寅 2016년 2월 중순에 입사하여, 공장에서 일했다.
癸卯/丁酉30/甲辰 2017년 4월 말에 퇴직했다.

◇ 원국 분석: 원국에 관성이 없으므로 취업이나 승진 등에 상대적으로 불리한 면이 있고, 일지에 식상이 있어서 조직생활에 적응하기 어려운 면도 있다.

◇ 운세 분석: 癸卯 대운은 식상 기운이 강하기 때문에 관운(官運)에 도움이 되는 기운은 아니지만 원국에 재성이 있으므로 큰 문제가 되지는 않는다. 丙申년은 재성 운이므로 경제활동을 할 수 있게 되고, 庚寅월은 인성 운이므로 취직의 기회를 잡게 될 수 있다. 그러나 丁酉년은 다시 재성을 충하므로 경제활동을 쉬게 되는 해이다. 甲辰월에 식상과 관성이 동주하므로 결국 회사를 그만두게 되었다.

庚己戊丁丙乙甲　丙辛癸壬 乾43 -1962 ◈ 168
戌酉申未午巳辰　申酉卯寅
64 54 44 34 24 14 4,0

丁未/乙酉43 2005년 乙酉년에 계장으로 승진했다.

◇ 원국 분석: 식상이 투출하여 조직 생활에 적응이 어려울 수도 있으나, 일간이 관성과 합이 되어 있으니 그런대로 버틸 만한 구조이다.

◇ 운세 분석: 丁未 대운은 관성이 투출하여 길한 시기이다. 그러나 그 관성이 원국의 식상과 맞닥뜨리므로 승진 기회가 늦어질 수도 있다. 乙酉년은 식상 기운을 소통하여 관성을 생하므로 승진할 수 있었다.

己戊丁丙乙甲癸　庚丁壬丙乾68 -1936 ◆ 169
亥戌酉申未午巳　戌亥辰子
60 50 40 30 20 10 0,4

己亥/甲申68/戊辰 2004년 甲申년에 국회의원 선거에 출마하여 낙선했다.

◇ 원국 분석: 일간이 관성과 합이 되어 있고, 일지에도 관성이 있어 명예욕이 강한 사람이다. 재성 운으로 흘러왔으니 재력이 좀 있는 상황이 되었고, 이를 바탕으로 명예에 대한 욕구가 발동하게 된다.

◇ 운세 분석: 己亥 대운은 식상이 투출하였으므로 관운에 불리한 시기이다. 지지 亥로 인해 명예를 취할 역량은 충분히 갖추게 된다고 볼 수 있다. 甲申년은 인수 운이라 유리할 듯하지만, 戊辰월은 관성이 입묘하는 시기이므로 결국 낙선하게 되었다. 이처럼 유년 운을 끝으로 운세 판단을 끝내어서는 안 된다. 월운도 자세히 살펴야 한다.

癸甲乙丙丁戊己　丁甲庚壬坤43 -1962 ◆ 170
卯辰巳午未申酉　卯辰戌寅
68 58 48 38 28 18 8,0

丙午/乙酉43/辛巳 2005년 乙酉년에 공인중개사 시험에 합격했다.

◇ 운세 분석: 丙午 대운은 식상이 강한 운이므로 시험이나 승진 등에 불리한 시기이다. 그러나 태세에 따라 변동이 있을 수 있으므로 유년 운을 잘 살펴야 한다. 乙酉년은 관성 기운을 강화하므로 합격할 수 있다. 辛巳월에 관성의 기운이 들어오니 이 시기에 합격하게 되었다.

壬辛庚己戊丁丙　辛丙乙戊乾42 -1968 ◈ 171
戌酉申未午巳辰　卯子卯申
69 59 49 39 29 19 9,4

己未/庚寅42/癸未 2010년 庚寅년 7월말에 직장에서 퇴직 당했다.

◇ 원국 분석: 일지에 관성이 있고 인성이 식상을 극하므로 직장인 체질이다.

◇ 운세 분석: 己未 대운은 식상 기운이 강하므로 직장 변동이 잦을 수 있는 시기이다. 庚寅년은 관성이 충을 받으므로 퇴직이나 불명예를 겪을 가능성이 있다. 癸未월에 관성이 극을 받으므로 퇴직하게 되었다.

甲癸壬辛庚己戊　庚乙丁甲乾32 -1974 ◈ 172
戌酉申未午巳辰　辰丑卯寅
64 54 44 34 24 14 3,8

庚午/癸未29/丙辰 2003년 癸未년 4월 하순에 취직했다.

◇ 원국 분석: 일간이 관성과 합이 되어 있고 인성이 왕하므로 직장인 생활에 적합한 사주이다.

◇ 운세 분석: 庚午 대운은 관성 운이므로 직장 운에 유리한 시기이다. 癸未년은 천간 인성 운이고 지지 午의 기운을 未로 화하므로 취직할 수 있었다.

己庚辛壬癸甲乙　丙丙丙丙坤20 -1966 ◈ 173
丑寅卯辰巳午未　申寅申午
69 59 49 39 29 19 8,8

丙申/丙午00 1966년 丙午년 가을에 모친이 교통사고로 사망했다.
계모 슬하에서 성장했다.

◇ 원국 분석: 寅의 기운이 午로 흘러가니 인성 기운이 허약하다.

◇ 운세 분석: 丙申 대운이 인성을 충하므로 이 시기에 모친에게 변고가 생길 수 있음을 알 수 있다. 丙午년에는 인성이 합화하니 명주가 출생한 지 얼마 되지 않은 시기에 모친과 이별하게 되었다.

乙甲癸壬辛庚己　　丙戊戊戊乾51 -1938 ◈ 174
丑子亥戌酉申未　　辰子午寅
64 54 44 34 24 14 4,4

癸亥/己巳51 1989년 己巳년에 처가 사망했다.
　◇ 원국 분석: 원국의 재성이 생을 받지 못해 허약한 상태이다.
　◇ 운세 분석: 癸亥 대운은 재성이 원국의 비겁을 만나 합이 되는 시기이므로 재성에게 위험한 시기가 된다. 己巳년은 그 재성이 다시 충을 받게 되었으므로 처와 사별하게 되었다.

丁戊己庚辛壬癸　　癸辛甲丁乾47 -1957 ◈ 175
酉戌亥子丑寅卯　　巳亥辰酉
61 51 41 31 21 11 1,4

己亥/甲申47 2004년 甲申년에 강제추행 죄로 구속되었다.
　◇ 원국 분석: 관성이 식상과 연결합류되었고, 일지에도 식상이 좌(座)하였다. 즉 관성이 약한 구조이다. 법을 지킬 생각이 강하지 못한 사주가 되었다.
　◇ 운세 분석: 己亥 대운은 원국의 관성을 극하므로 명예훼손을 겪기 쉽다. 甲申년은 식상을 생하므로 원국의 관성의 기운이 더욱 약해지는 시기가 된다.

甲乙丙丁戊己庚　　癸乙辛壬坤32 -1972 ◈ 176
辰巳午未申酉戌　　未巳亥子
61 51 41 31 21 11 1,0

丁未/甲申32 2004년 甲申년에 향정신성의약품관리법 위반으로 구속되었다.
　◇ 원국 분석: 관성이 약하고 일지에 식상이 있어서 자신을 통제할 수 있는 능력이 약하다. 위법적인 일에 대해 주의하지 않는 심리를 갖게 되기 쉽다.
　◇ 운세 분석: 丁未 대운은 식상이 원국의 관성과 연결합류되어 관성을 극하고, 甲申년은 관성이 인성으로 화하므로, 이 해에 명예를 잃게 되었다.

壬癸甲乙丙丁戊　　壬壬己己乾09 -1989 ◈ 177
戌亥子丑寅卯辰　　寅午巳巳
65 55 45 35 25 15 5,4

戊辰/戊寅09/丙辰/丁亥/戊申 1998년 戊寅년 양력 4월 10일 15:40경에 교통사고를 당해 사망했다.

◇ 원국 분석: 일간과 관성이 천간에서 마주하므로 사고나 질병을 겪기 쉬운 구조이다. 정관이라 하더라도 일간을 극하지 않는 것이 아니다.

◇ 운세 분석: 戊辰 대운은 일간이 입묘하는 시기이므로 주의해야 하는데, 戊寅년에 편관(칠살)이 합신(合身)하므로 일간이 무정한 편관의 극을 받게 되었다. 丙辰월에 또 한 번 일간이 입묘하므로 사고를 당한 것이다.

己庚辛壬癸甲乙　　戊庚丙辛乾55 -1961 ◈ 178
丑寅卯辰巳午未　　寅辰申丑
62 52 42 32 22 12 2,4

庚寅/丙申55 2016년 丙申년에 교통사고로 뇌손상을 입었다.

◇ 운세 분석: 庚寅 대운에 일간이 충을 당했고, 丙申년에 편관이 일간을 극하였으니 몸을 다치게 되었다.

戊己庚辛壬癸甲　　丙乙乙壬坤54 -1962 婦 ◈ 179
戌亥子丑寅卯辰　　戌巳巳寅
60 50 40 30 20 10 0,4

위 명조의 부인이다.

己亥/丙申54 丙申년에 남편이 교통사고로 뇌손상을 입어 중환자실에 입원하였다.

◇ 운세 분석: 己亥 대운은 일지가 충을 당하고, 丙申년에는 결핍 육친이었던 관성이 나타나 원국과 충이 되니, 남편에게 좋지 않은 일이 발생했다.

丙乙甲癸壬辛庚　　戊丙己癸坤24 -1973 ◈ 180
寅丑子亥戌酉申　　戌辰未丑
66 56 46 36 26 16 6,0

辛酉/甲戌21 21세 甲戌년부터 여자와 동거를 시작했다.
辛酉/丁丑24/丙午 1997년 丁丑년 6월 하순에 음주운전 교통사고로 사망했다.
　◇ 원국 분석: 식상이 태다(太多)하고 관성이 약하여 준법정신이 결여될 수 있는 구조
이다.
　◇ 운세 분석: 辛酉 대운은 일간과 재성이 연결합류되는 시기인데, 이때 태세에 戌이
나 丑이 오면 위험해진다. 丁丑년은 재성이 입묘하는 운이므로 결국 흉사를 겪게 되었
다. 丙午월에 재성을 또 다시 극하게 되므로 사고를 당했다.

辛庚己戊丁丙乙　　癸癸甲壬乾00 -1982 ◈ 181
亥戌酉申未午巳　　丑亥辰戌
68 58 48 38 28 18 8,4

甲辰/壬戌00/丁未 1982년 본인 출생 99일 만에 부친이 갑자기 사망했다.
　◇ 원국 분석: 재성이 없으니 월간 甲을 부친으로 보는 것이 좋다.
　◇ 운세 분석: 입운기(入運期)의 壬戌년은 월간을 충하므로 부친이 위험한 시기이다.
丁未월에 木이 입묘하므로 이 시기에 흉사(凶事)가 발생하였다.

壬癸甲乙丙丁戊　　甲甲己癸乾42 -1963 ◈ 182
子丑寅卯辰巳午　　戌寅未卯
61 51 41 31 21 11 0,8

戊午/乙巳02 1965년 乙巳년에 부친이 사망했다.
戊午/癸丑10 1973년 癸丑년에 모친이 사망했다.
형이 본인을 키우고 공부시켰다.
　◇ 원국 분석: 지지의 재성이 비겁의 극을 받고 있고, 인성 역시 천간 재성의 극을 받
고 있는 형상이므로 부모를 일찍 잃기 쉬운 구조이다.

◇ 운세 분석: 戊午 대운은 재성이 비겁과 만나므로 부친에게 좋지 않은 일이 발생할 수 있는데, 乙巳년에 또 재성을 극하므로 결국 부친이 일찍 사망했다. 또한 戊午 대운은 癸를 합하여 연결합류되었는데, 癸丑년이 이를 충하므로 모친과도 이별하게 되었다.

乙甲癸壬辛庚己　　己甲戊庚乾00 -1950 ◆ 183
未午巳辰卯寅丑　　巳申子寅
68 58 48 38 28 18 7,8

유복자 戊子/庚寅00/壬午 1950년 庚寅년 壬午월에 부친이 교통사고로 사망했다.
◇ 운세 분석: 재성이 일간과 연결합류된 상태인데, 庚寅년이 이를 충하므로 부친과 이별하게 되었다.

丙丁戊己庚辛壬　　庚壬癸癸乾41 -1963 ◆ 184
辰巳午未申酉戌　　子午亥卯
69 59 49 39 29 19 9,0

庚申/ 독일문학 전공으로 학위를 취득해서 강의도 조금 했었는데, 생활이 안 되다 보니 다른 길을 찾아야 했다.
己未/癸未40/戊午 2003년 6월 중순에 보습학원을 인수했다.
운영하다가 학생들이 줄었고, 본인 건강도 좋지 않았다.
己未/甲申41/丁卯 2004년 3월 중순에 학원을 매도했다.
◇ 운세 분석: 庚申 대운은 인성 운이므로 재물 운과 거리가 멀다. 따라서 경제적 형편이 좋아지기 힘든 시기가 된다.
사무실, 공장, 가게(매장), 주택 등을 취득하는 것은 물건을 취득하는 것이 아니라 문서를 취득하는 것이므로 주로 인수 운에 그것이 이루어진다. 또한 관성 운이 인성을 생하는 시기에도 그것이 이루어질 수 있다. 己未 대운은 관성이 인성을 생하고, 癸未년은 그 관성을 다시 받쳐주는 운이므로 문서를 쥐게 되는데, 문제는 己未 대운이 식상을 입묘하는 운이기 때문에 영업이 잘되기 어려운 시기라는 것이다. 건강이 좋지 않아진 것도 그와 무관하지 않다. 甲申년에 식상이 인성을 만나게 되었으므로 업을 중단하게 되었다.

己戊丁丙乙甲癸　壬己壬癸 坤22 -1993 ◈ 185
巳辰卯寅丑子亥　申丑戌酉
61 51 41 31 21 11 1,0

乙丑/甲午21 2014년에 남자를 만나 사귀다가
乙丑/乙未22/-戊寅 2015년 2월에 이별했다.
　◇ 운세 분석: 남녀가 인연을 만나는 시기는 배우자에 해당하는 십신의 운이 들어오는 때이거나, 일지와 같은 오행의 운이 들어오는 시기, 또는 배우자 십신을 생하는 시기 등이다. 乙丑 대운은 乙이 남자에 해당하므로 인연이 올 수 있겠는데, 甲午년에 다시 일간이 관성과 합하므로 이 해에 남자와 인연이 되었다. 그러나 乙未년은 일지와 충이 되고 관성이 입묘하게 되므로 인연이 오래가지 않게 되었다. 戊寅월에 寅이 酉를 만나 이별하였다.

丙丁戊己庚辛壬　辛辛癸辛 乾32 -1971 ◈ 186
戌亥子丑寅卯辰　卯丑巳亥
63 53 43 33 23 13 3,4

庚寅/乙亥24 1995년 乙亥년에 여자를 만났다.
庚寅/丁丑26 1997년 丁丑년에 결혼했다.
庚寅/癸未32 2003년 癸未년에 큰돈을 벌려다가 모아둔 재산까지 모두 탕진했다.
　◇ 운세 분석: 庚寅 대운은 비겁과 재성이 동주하여 들어온 운이므로 파재(破財)에 주의해야 한다. 乙亥년에 재성이 들어오므로 여자를 만나게 되었고, 丁丑년에 일지와 같은 오행이 동행(同行)하므로 결혼을 하였다. 그런데 癸未년에는 재성이 입묘하므로 이 해에 크게 손재하게 되었다.

辛庚己戊丁丙乙　癸辛甲乙 坤32 -1985 ◈ 187
卯寅丑子亥戌酉　巳丑申丑
63 53 43 33 23 13 3,0

丁亥/辛卯26/-丙申 2011년 8월에 3살 연하의 남자와 사귀게 되었다.
丁亥/壬辰27 2012년에 유산했다.

丁亥/丁酉32/庚戌 2017년 10월에 남자와 이별했다.

◇ 원국 분석: 시주에서 식상과 관성이 동주해 있는 형상은 배우자와의 인연에 바람직하지 않은 모습이다. 이런 구조는 연애할 때 이별을 겪기 쉽고, 결혼 후에도 불화나 이별을 겪기 쉽다.

◇ 운세 분석: 丁亥 대운은 관성을 충하는 운이므로 남자 운이 불길하다. 그런데 辛卯년에는 식생재 및 재생관이 되므로 남자 인연이 들어올 수 있게 된다. 壬辰년은 식상이 입묘하므로 유산하게 되었다. 丁酉년은 관성이 합하므로 불길한데, 庚戌월이 되어 관성이 입묘하므로 결국 남자와 이별하게 되었다.

癸甲乙丙丁戊己　丁壬庚丙坤23 -1996 ◈ 188
未申酉戌亥子丑　未辰寅子
67 57 47 37 27 17 7,0

戊子/戊戌22/甲子/乙亥 2018년 12월 9일에 동갑인 남자와 교제를 시작하였다.

◇ 운세 분석: 戊子 대운은 관성이 합신(合身)하는 시기이므로 남자와 인연이 닿을 수 있다. 戊戌년 역시 관성 운이므로 이 해에 남자를 만났고, 甲子월에 일지와 합이 되므로 교제를 시작했다. 그러나 己亥년에 이별할 가능성이 크다. 식상을 생하기 때문이다.

戊丁丙乙甲癸壬　癸戊辛丙乾23 -1996 男 ◈ 189
戌酉申未午巳辰　丑辰卯子
61 51 41 31 21 11 1,0

甲午/戊戌22/甲子/乙亥 위의 동갑 여성과 교제를 시작했다.

◇ 운세 분석: 甲午 대운은 일지의 비겁과 년지의 재성을 충하므로 여자 인연에 길함과 흉함이 교차하게 되는 운이다. 戊戌년에 일지와 같은 오행이 들어오므로 여자를 만났고, 甲子월에 재성이 합신하므로 인연이 되었다. 그러나 己亥년에는 비겁과 재성이 동주하므로 위태할 것이다. 辛未월이 고비이다.

庚己戊丁丙乙甲　癸戊癸戊乾50 -1958 ◈ 190
午巳辰卯寅丑子　亥申亥戌
64 54 44 34 24 14 3,8

丁卯-戊辰/ 도박을 즐긴다.

◇ 원국 분석: 일간이 많은 재성과 합하여 있으면 도박이나 외도 등에 관심을 갖기 쉽다.

丁戊己庚辛壬癸　丁癸甲癸乾40 -1963 ◈ 191
巳午未申酉戌亥　巳巳子卯
63 53 43 33 23 13 2,8

辛酉-庚申/ 너무 오랫동안 도박에 빠져 헤어나지 못하고 있다.

◇ 원국 분석: 일간이 재성을 다봉(多逢)하면서 동주(同柱)하고 있으면 노름에 빠질 수 있다.

癸甲乙丙丁戊己　癸癸庚丙坤43 -1966 ◈ 192
巳午未申酉戌亥　亥卯子午
61 51 41 31 21 11 1,0

동성연애자. 여자끼리 부부로 살고 있다.

◇ 원국 분석: 비겁이 일지로 합신하여 배우자 궁을 차지하므로 동성 여자를 배우자로 삼고 있다.

庚辛壬癸甲乙丙　癸甲丁辛乾26 -1971 ◈ 193
寅卯辰巳午未申　酉寅酉亥
66 56 46 36 26 16 5,8

乙未/ 대운 후반부터 동성연애를 시작했다.

◇ 원국 분석: 원국에 재성이 없어서 일지 비겁을 배우자로 인식하는 구조이다.

戊丁丙乙甲癸壬　己庚辛癸坤43 -1963 ◈ 194
辰卯寅丑子亥戌　巳辰酉卯
62 52 42 32 22 12 1,8

동성연애자

◇ 원국 분석: 관성이 비겁과 합하여 합화(合化)하므로 비겁을 배우자로 인식하게 되었다.

己庚辛壬癸甲乙　　癸癸丙庚 坤51 -1950 ◈ 195
卯辰巳午未申酉　　亥巳戌寅
65 55 45 35 25 15 5,4

-辛巳/ 독신이다.

◇ 원국 분석: 원국에 식상이 과다한 경우 독신인 경우가 많다. 곤명 사주에서 식상이 관성과 결합해 있는 구조일 때도 독신인 경우가 많다.

戊己庚辛壬癸甲　　壬丁乙癸 乾39 -1963 ◈ 196
申酉戌亥子丑寅　　寅丑卯卯
70 60 50 40 30 20 9,8

무정자증. 자식이 없다.

戊丁丙乙甲癸壬　　甲辛辛丁 坤35 -1967 婦 ◈ 197
午巳辰卯寅丑子　　午卯亥未
65 55 45 35 25 15 5,0

남편이 무정자증으로 현재 자식이 없다. 본인은 이상이 없다고 한다.

◇ 원국 분석: 건명에게 정자(精子)는 식상에 해당한다. 자신이 生하는 성분이기 때문이다. 건명 원국에 인성이 강왕하고 식상이 태약(太弱)하므로 무정자증을 얻게 되었다. 곤명은 식상 亥가 역시 약하여 자식 인연이 좀 어려운 구조가 되었다.

辛壬癸甲乙丙丁　　甲辛戊戊 坤28 -1948 ◈ 198
亥子丑寅卯辰巳　　午未午子
63 53 43 33 23 13 3,0

임신만 하면 유산됨으로써 시집에서 구박 받았다.
乙卯/乙卯27 1975년에 임신 7개월에 유산했다.
乙卯/丙辰28 1973년에 임신 3개월에 유산했다.
◇ 원국 분석: 인성이 강하고 식상이 약하여 임신에 성공하기 어려운 구조를 가졌다.
◇ 운세 분석: 乙卯 대운 乙卯년은 인성을 약화하는 운이어서 임신이 가능하지만, 또한 식상을 약화하는 운이기도 하므로 자식을 생산하지 못했다. 丙辰년은 식상이 입묘하므로 역시 자식을 얻지 못하게 되었다.

己庚辛壬癸甲乙　　丙辛丙壬 坤17 -1982 ◈ 199
亥子丑寅卯辰巳　　申酉午戌
60 50 40 30 20 10 0,4

무속인. 박수무당과 일찍 결혼하여 1998년 9월 초에 아들을 낳았다.

庚己戊丁丙乙甲　　己辛癸丙 坤23 -1976 夫 ◈ 200
子亥戌酉申未午　　亥巳巳辰
62 52 42 32 22 12 2,4

박수무당
◇ 원국 분석: 곤명은 관성이 태왕한 경우에 해당하며, 건명은 관성 기운이 태왕하면서 木 기운이 약한 경우에 해당한다.
빙의된 사주나 무속인 사주도 분석하기 어렵다. 집안 내력 등의 요인이 작용하기 때문이다.

戊己庚辛壬癸甲　　丙癸乙癸 乾32 -1973 ◈ 201
午未申酉戌亥子　　辰亥丑丑
66 56 46 36 26 16 6,4

사기꾼

壬戌/ 의류사업과 중계 등을 하는데, 납품 추진 금을 갈취하는 사기를 쳤다.

◇ 원국 분석: 식상이 투출하였는데 인성의 극제가 없고, 비겁이 식상을 생하고 있다. 식상은 진실(관성)을 극하는 성분이다.

◇ 운세 분석: 壬戌 대운은 관성이 충을 받으므로 바른 판단을 하지 못하고 스스로 명예가 훼손되는 행위를 하게 되는 운이 된다.

丙丁戊己庚辛壬　　己乙癸戌坤46 -1968 ◈ 202
辰巳午未申酉戌　　卯巳亥申
68 58 48 38 28 18 8,0

己未/辛卯43 2011년 辛卯년에 사업(약국)을 추진하다 2억 넘게 사기를 당하고 사업을 접었다.

◇ 원국 분석: 재성이 비겁과 동주하고 있으니 타인으로 인해 파재가 발생할 수 있는 구조이다. 그러므로 이런 사주는 동업이 불가하며, 사업 추진 시에도 금전거래 관계에 특히 주의해야 한다.

◇ 운세 분석: 己未 대운은 재성을 비겁이 합하는 형상이 되므로 재물 손실이 발생하기 쉬운 시기이다. 辛卯년에 또 비겁이 들어와 재성을 극하므로 이 해에 사기를 당해 파재하게 되었다.

癸甲乙丙丁戊己　　乙己庚己乾41 -1969 ◈ 203
亥子丑寅卯辰巳　　亥卯午酉
69 59 49 39 29 19 9,0

치과 의사

丙寅/戊子39-庚寅41 최근 3년간의 상황이 그리 좋지 않다.

치과를 계속 유지를 해나가야 할지, 아니면 병원에 취직하여 월급쟁이 생활을 해야 할지 생각 중이다.

◇ 원국 분석: 식상과 관성이 천간에 투출하고 또한 서로 떨어져 있는 구조는 전문인 사주에서 많이 볼 수 있다.

◇ 운세 분석: 자영업자나 사업가에게 인비 운이 오면, 영업 실적이 좋지 않고, 식재

운이 오면 실적이 좋다. 丙寅 운은 지지의 관성이 천간의 인성을 생하는 운이므로 영업 실적이 좋지 않게 된다.

壬癸甲乙丙丁戊　　乙癸己乙乾56 -1955 ◆ 204
申酉戌亥子丑寅　　卯巳卯未
69 59 49 39 29 19 9,0

甲戌/辛卯56 사업이 부도나기 직전이다.

근 15년간 너무 고생을 하였다. 언제쯤 이 고통에서 벗어날는지?

◇ 원국 분석: 지지에서 식상이 생재하는 흐름을 타고 있으니 사업가로서 소질이 있는 사주이다. 그러나 원국만으로 모든 것을 판단할 수는 없는 법이다.

◇ 운세 분석: 甲戌 대운은 천간으로 식상이 들어오므로 영업은 이루어지는 운이지만, 지지에서 재성이 입묘하므로 남는 것이 없고 지출만 늘어나는 시기가 된다.

己戊丁丙乙甲癸　　戊甲壬壬乾25 -1962 ◆ 205
酉申未午巳辰卯　　辰午寅寅
63 53 43 33 23 13 3,0

3형제 중 장남인데, 하반신 마비 장애인이다.

부친이 첩을 얻어 딴 살림을 했다. 이복형제가 있다.

乙巳/丁卯25 1987년 丁卯년에 사망했다.

◇ 원국 분석: 木 기운이 태왕하여 문제가 되었다. 이복형제가 있는 이유는 년월의 비겁이 일주와 합신(合身)하고 있기 때문이다.

◇ 운세 분석: 대운 乙巳가 재성을 극하고 丁卯년 역시 재성을 극하므로 종명(終命)하게 되었다.

癸甲乙丙丁戊己　　甲丙庚丁乾34 -1967 ◆ 206
卯辰巳午未申酉　　午寅戌未
67 57 47 37 27 17 6,8

프리랜서 작곡가인데 하반신 장애자이다.

◇ 원국 분석: 木이 합화로 인해 약해져 있다. 木은 신경을 관장하기도 하므로 이로 인해 신경계통에 이상이 있을 수 있다.

◇ 운세 분석: 庚戌 대운에 일간이 입묘하고, 丁未년에 목이 입묘하므로 신경계에 문제가 생긴 것이다.

丁戊己庚辛壬癸　　癸丁甲癸 乾38 -1963 ◈ 207
未申酉戌亥子丑　　卯亥寅卯
63 53 43 33 23 13 3,0

庚戌/ 공고 졸업 후 여태까지 거의 백수로 지내고 있다.

결혼은 물론 꿈도 못 꾸며, 정신이상 증세까지 있어 가끔 온 집안을 혼란에 빠뜨릴 때도 있다. 모친이, 자식이지만 그냥 죽어버렸으면 한다하는 얘기까지 한다.

◇ 원국 분석: 정신질환은 木과 관성에 관련된 병증이다. 木이 지나치게 강왕하고 일간을 편관이 극하고 있으므로 정신적인 문제가 발생할 수 있는 구조이다. 그리고 관성이 인성으로 기운을 흘려보내고 있으므로 관성(직장 등)과 관련된 일이 뜻대로 되기 어려운 형상이다.

◇ 운세 분석: 庚戌 대운은 金이 木을 극하므로 정신적 문제가 발현할 수 있는 시기이다. 또한 庚이 관성을 생하여도 기운이 다시 인성으로 흘러가버리므로 관운의 효과를 보기도 어려운 운이 된다.

辛庚己戊丁丙乙　　丁甲甲庚 乾60 -1920 ◈ 208
卯寅丑子亥戌酉　　卯寅申申
65 55 45 35 25 15 4,8

戊子 대운부터 간 질환으로 고생했고, 많은 노력을 했지만 결국 병이 더 심해졌다.

庚寅/庚申60 1980년 庚申년에 사망했다.

◇ 원국 분석: 金과 木이 상전(相戰)하는 사주이다. 木이 극을 받으므로 간담 질환에 주의해야 한다.

◇ 운세 분석: 庚寅 대운은 편관(칠살)이 일주와 동행하면서 일간을 치는 운이고, 庚

申년 역시 일간을 충극하는 운이다.

辛庚己戊丁丙乙　　壬甲甲庚乾42 -1950 ◈ 209
卯寅丑子亥戌酉　　申申申寅
67 57 47 37 27 17 7,4

戊子/壬申42 1992년 壬申년에 폐암으로 사망했다.

◇ 원국 분석: 金木이 상전하고 있으므로 간담 질환에 주의해야 한다. 물론 金도 태왕
하므로 호흡기 질환에도 주의해야 한다.

◇ 운세 분석: 戊子 대운에는 金은 급격히 약해지고 木은 강해지므로 호흡기 질환이
발생할 가능성이 커진다. 인성의 생을 받은 비겁이 재성을 극하므로 위태한 시기이다.
결국 壬申년에 재성이 비겁의 극을 견뎌 내지 못하였다.

丙乙甲癸壬辛庚　　庚丁己丙乾30 -1476 ◈ 210
午巳辰卯寅丑子　　子未亥申
61 51 41 31 21 11 1,6

연산군(음력 1476년 11월 7일 생)

庚子/壬寅06/戊申/壬子 음력1482년 8월 16일 모친 폐비 윤씨가 사사(賜死)되었다.

庚子/癸卯07/乙卯/己巳 음력 1483년 2월 6일에 세자로 책봉되었다.

辛丑/甲寅18/丁丑/己卯/庚午 음력 1494년 12월 24일 오시에 부친이 사망하였다.
곧 왕으로 등극하였다. 이후 10여 년간 폭정을 펼쳤다.

壬寅/丙寅30/丁酉/丁丑 음력 1506년 9월1일 중종반정으로 폐위되고, 유배되었다.

壬寅/丙寅30/戊戌/庚子 음력 1506년 9월 24일 아들인 세자와 창녕대군과 양평군이
각각 사사되었다.

壬寅/丙寅30/己亥/辛巳 음력 1506년 11월 6일 강화도에서 사망했다.

◇ 근거 자료: 조선왕조실록 성종 7년 음력 11월 7일 丁未일 기록, "전날 밤 삼경오
점(새벽 1시)에 원자가 탄생하여 대사령과 백관의 하례를 시행하기로 했다."

◇ 원국 분석: 火 일간이 식상들과 합이 되어 있고, 관성 역시 식상들과 연결합되어
있으므로 성격이 포악하거나 법과 인륜을 무시하는 성격이 되기 쉽다.

◇ 운세 분석: 壬寅 대운은 壬 관성이 원국의 己 식상과 연결합되는 운이므로 명예(권력)의 손상이 염려되는 시기인데, 丙寅년이 다시 己 식상을 강화하였고, 丁酉월 역시 己 식상을 강화하였기에 결국 왕권과 자식들까지 잃게 되었다.

戊丁丙乙甲癸壬　　癸戊辛辛 坤66 -1951 ◈ 211
申未午巳辰卯寅　　丑寅丑卯
61 51 41 31 21 11 1,0

경북 구미에서 새벽 3시 막 넘어간 시간에 출생하였다.
甲辰/甲寅23/壬申/戊子/丁巳 1974년 8월 15일 모친이 사망하였다.
甲辰/己未28/甲戌/丙寅/戊戌 1979년 10월 26일 부친이 사망하였다.
丁未/壬辰61/壬子/乙卯 2012년 12월 20일 대통령에 당선되었다.
비 공직자 신분의 측근이 국정을 농단하도록 방조했던 사실 등이 밝혀지자 국민들이 퇴진을 요구하며 지속적인 시위를 하였다.
戊申/丁酉66/癸卯/丙申/癸巳 2017년 3월 10일 巳시에 대법원에서 탄핵 인용 판결이 되어 대통령 직에서 파면되었다.
戊申/丁酉66/癸卯/丁巳 2017년 3월 31일 巳시에 구속 수감되었다.
◇ 원국 분석: 戊 일간이 일지에 寅을 갖고 있으므로 명예욕이 있을 수있겠고, 癸를 통해 비겁 丑과 합이 되어 있으므로 친밀한 동료나 친구가 있을 수 있겠다. 또한 부친 癸가 丑에 놓여 있으니 위태하고, 인성도 결핍되어 있으니 부모와의 인연이 짧을 가능성도 보인다.
◇ 운세 분석: 丁未 대운은 식상을 극하므로 나의 명예가 회생할 수 있는 시기가 된다. 壬辰년에 식상 기운이 재성으로 화하고 辰이 가진 관성 기운이 작용하여 대통령에 당선되었다. 戊申 대운은 관성이 극을 받으므로 명예를 잃게 되기 쉬운 시기이다. 丁酉년에 다시 관성이 극을 받으므로 이 해에 파면되었고 구속까지 되었다.

壬辛庚己戊丁丙　　戊丁乙乙 坤42 -1955 ◈ 212
辰卯寅丑子亥戌　　申亥酉未
65 55 45 35 25 15 5,4

己丑/丁丑42 1997년에 남편을 살해하였다.

사귀던 정부의 꾐에 빠져 남편을 죽이기 위해 수면제를 먹인 후 목을 졸랐는데, 죽지 않자 칼로 찔러 살해하였다. 무기징역형을 받았다.

◇ 원국 분석: 亥 관성이 未 식상과 연결합이 되어 있으므로 남편 운과 명예 운에 불길한 형상이다. 그 식상이 투출하였으니 법을 두려워하지 않으며 윤리의식 또한 약한 사람일 수 있다. 乙이 있어서 戊를 극하므로 우려하지 않아도 되는 것 아니겠느냐하겠지만, 丁이 乙을 화하니 오히려 戊가 더욱 강하게 작용하게 된다.

◇ 운세 분석: 己丑 대운은 관성이 극을 받으므로 남편 운이나 명예 운에 불리한 시기가 되기 쉽고, 식상이 더욱 강화되므로 법을 어기는 행위를 하게 되기도 쉽다. 丁丑년에 다시 관성이 극을 받으므로 결국 명예가 크게 손상되는 일을 겪게 되었다.

戊丁丙乙甲癸壬　丁庚辛壬乾21 -1992 ◆ 213
午巳辰卯寅丑子　亥戌亥申
62 52 42 32 22 12 2,4

癸丑/戊子16-癸巳21 16세부터 신경이 쇠약하여 학업도 중단하고 정신병원에 입원 중이다,

◇ 원국 분석: 木 기운이 약하므로 간담이나 신경 계통이 취약할 수 있다. 관살이라도 강한 상태라면 정신력이 강하여 어느 정도 보완될 수 있으나 원국의 상황이 그렇지 못하다. 따라서 신경증을 겪을 수 있으니 스트레스나 자극에 대해 주의해야 한다.

◇ 운세 분석: 癸丑 대운은 일간이 입묘하는 운이다. 戊子년에 식상이 인성의 극을 받으므로 건강에 주의해야 한다. 己丑년에 일간이 입묘하니 신경증이 악화되었다. 庚寅년과 辛卯년에 지지 재성이 천간 비겁의 극을 받으니 역시 나아지지 않았다. 壬辰년도 천간 식상이 지지 인성의 극을 받아 호전되지 않았고, 癸巳년도 인성을 강화하므로 식상이 힘을 쓰지 못하게 되었다. 庚寅 대운에도 木이 金의 극을 받으므로 호전되기 어렵다고 볼 수 있다.

壬癸甲乙丙丁戊　癸庚己辛乾46 -1971 ◆ 214
辰巳午未申酉戌　未申亥亥
68 58 48 38 28 18 7,8

乙未/丙申45/-己卯 미혼으로서 2016년 3월에 여자를 만났는데

乙未/丙申45/-己丑 2017년 1월에 헤어졌다.

◇ 원국 분석: 건명 사주의 일지에 비겁이 있다면 바람직하지 않은 형상이 된다. 배우자 궁에 배우자를 극하는 십신이 들어있기 때문이다. 이런 경우 여자와 인연이 상대적으로 약하거나 짧아질 수 있다. 결혼을 하더라도 부부 불화를 겪을 가능성이 상대적으로 크다고 볼 수 있다.

◇ 운세 분석: 乙未 대운은 재성이 입묘하는 시기이므로 재물 관리나 이성과의 인연 등의 문제에 주의해야 한다. 丙申년에는 일지와 같은 동류오행이 들어오고, 월운 역시 재성 운이 되었기에 이성과 인연이 되었다. 그러나 대운의 암시가 있기에 그 인연이 오래가기 어려운 면이 있다고 봐야 한다. 특히 일지와 같은 오행이면서 그것이 비겁일 경우에는 그 인연이 오래가기 어렵다. 당년 丑월은 연결합류된 乙이 충을 받으니 결국 짧았던 인연이 되고 말았다.

丁丙乙甲癸壬辛　　癸癸庚辛 坤57 -1941 ◆ 215
未午巳辰卯寅丑　　亥卯子巳
65 55 45 35 25 15 5,4

甲辰/己未38 1979년에 이혼하였다.

◇ 원국 분석: 곤명의 경우, 일지는 남편 신이 거(居)하는 궁이므로 식상이 있는 것보다는 재관이 있는 것이 바람직하다. 그러나 원국에 만약 관성이 없을 경우에는 일지의 십신이 남편 신을 대신하게 되므로 비록 일지에 식상이 있더라도 이 십신은 보호되는 것이 바람직하다. 하지만 결핍 십신이었던 관성이 만약 운으로 들어오게 되면, 그때부터 일지의 식상은 남편 운에 바람직하지 않은 작용을 하는 십신으로 변하게 된다.

◇ 운세 분석: 甲辰 대운은 식상과 관성이 동주한 운이므로 관성이 식상에게 극을 받게 된다. 따라서 부부불화나 이별을 겪게 되기 쉽다. 己未년은 식상과 관성이 연결합류되는 시기이므로 결국 부부가 이별하게 되었다.

戊丁丙乙甲癸壬　　庚己辛己 坤31 -1969 ◆ 216
寅丑子亥戌酉申　　午酉未酉
62 52 42 32 22 12 2,0

甲戌/己卯30/-乙亥 1999년 12월에 8년 사귄 남자와 이별하였다.

◇ 원국 분석: 식상이 태왕(太旺)하므로 남자 인연이 좋지 않을 가능성이 큰데, 만약 결핍 십신이었던 관성을 운에서 다시 만나게 되면 이성과 이별하는 경험을 하게 될 가능성이 커진다.

◇ 운세 분석: 甲戌 대운은 결핍 십신이던 관성이 식상과 연결합되는 시기인데, 己卯년에 다시 그것이 재현되었다. 土生金과 金克木이 발생하므로 결국 사귀던 남자와 이별하게 되었다.

丁丙乙甲癸壬辛　　戊癸庚甲乾46 -1954 ◆ 217
丑子亥戌酉申未　　午丑午午
64 54 44 34 24 14 4,0

乙亥/己卯45 유부남이면서 독신녀와 불륜에 빠졌다.

乙甲癸壬辛庚己　　甲癸戊己坤41 -1959 女 ◆ 218
亥戌酉申未午巳　　子亥辰亥
68 58 48 38 28 18 8,0

壬申/己卯40 위의 유부남과 사귀게 되었다.

◇ 원국 분석: 건명은 일간 癸가 戊를 통해 재성 午와 연결합되어 있고, 다시 다자(多者)의 재성과 동행으로 결속되어 있으니, 바람기가 있는 사주라고 판단할 수 있겠다. "여자문제가 생길 수 있으니 주의해야 한다."라고 얘기해 줄 수 있는 사주이다. 곤명 역시 다자의 관성과 연결합되어 있으므로 남자문제가 생길 수 있는 사주이다. 더욱이 亥비겁이 동주한 관성과 연결합되어 있으므로 유부남과 엮일 가능성이 커 보인다.

◇ 운세 분석: 건명은 원국이 다자의 재성과 연결합류가 된 상태이므로, 또다시 운이 와서 연결합류가 가중되는 대운에 문제가 발생할 수 있다. 甲戌 대운은 재성이 입묘하므로 그 가능성은 낮아지지만, 乙亥 대운은 그 가능성이 커진다. 己卯년에 다시 합이 가중(加重)되었다.

곤명은 壬申 대운 己卯년에 합이 가중되었다.

己庚辛壬癸甲乙　癸戊丙己乾69 -1949 ◈ 219
未申酉戌亥子丑　丑辰寅丑
61 51 41 31 21 11 1,0

辛酉-庚申/ 40대와 50대에 사업을 하여 큰돈을 벌었다.

己未/ 60대에 들어와서 힘들어졌다.

항상 주변인들로 인해 손해 보고 있다.

◇ 원국 분석: 천간이 군겁쟁재의 형상이므로 남으로 인해 내 재물을 손해 볼 수 있는 구조이다. 그러므로 쟁재를 막을 수 있는 식상 운일 때 사업이 가능하며, 비겁 운일 때는 파재를 면하기 어렵다.

◇ 운세 분석: 辛酉, 庚申 운은 강한 식상 운이 군겁쟁재를 해소하므로 비겁의 탈재(奪財)를 방지하면서 생재(生財)도 할 수 있는 운이 되므로 재물을 많이 벌게 되었다. 그러나 己未 대운은 다시 군겁쟁재가 발생하므로 재산을 잃게 되는 운이 된다.

甲癸壬辛庚己戊　丙甲丁甲乾48 -1964 ◈ 220
戌酉申未午巳辰　寅戌卯辰
63 53 43 33 23 13 3,4

일란성 쌍둥이

형은 치과 의사로서, 성업 중에 있으며, 戊申생 부인 및 쌍둥이 남매가 있다.

동생은 회사원으로서, 상대를 졸업하여 컴퓨터 회사에 근무하며, 乙巳생 부인 및 아들이 있다.

◇ 원국 분석: 일간과 동일한 오행이 천간에 투출한 경우에 명주가 쌍둥이일 가능성이 있다. 년간 甲을 형으로 볼 수 있고, 일간 甲을 동생으로 볼 수 있다. 년간 甲은 상관을 가까이하고 있고, 일간 甲은 식신을 가까이하고 있다. 상관은 제조업이나 실물을 다루는 하드웨어 방면에 관심이 있고, 식신은 연구개발이나 프로그래밍 등의 소프트웨어 방면에 관심이 있다.

乙丙丁戊己庚辛　丁丁壬壬坤30 -1972 ◈ 221
巳午未申酉戌亥　未酉子子
68 58 48 38 28 18 8,4

庚戌/丁丑25/-庚戌 1997년 10월에 결혼했다.

혼수 문제로 시모가 이혼을 요구해 결국 협의이혼을 했다.

庚戌/庚辰28/戊子 그 후 남편의 집요한 재결합 요구에 의해 2000년 12월부터 다시 합치게 되었다.

己酉/辛巳29/庚子 시모와 남편은 2001년 12월부터 다시 이혼을 강요했다. 결국 시모에게 폭행까지 당했고, 견디다 못해 본인이 이혼 소송을 했다.

己酉/壬午30/-丁未 2002년 7월에 승소했다.

아이는 없고, 현재 교사로 재직하고 있다. 2003년 2월의 의대 편입시험을 준비하고 있다. 꼭 의사가 되고 싶다.

◇ 원국 분석: 천간에서 두 관성이 일간 및 비겁과 연결합되어 있는 형상은 배우자 인연 측면에서 좋지 못한 모양새이다. 중혼(重婚) 또는 인연이 엇갈릴 수 있는 형상이기 때문이다. 관성과 재성이 연결합되어 있으니 그 두 사람이 일간과 비호의관계를 이루게 되었다.

◇ 운세 분석: 己酉 대운은 식상이 관성을 극하는 시기이기 때문에 부부관계에 주의해야 한다. 壬午년에 관성이 들어오므로 재판에서 이길 수 있었고, 또한 충을 받으므로 재관(財官)의 육친과 이별하게 되었다.

戊申 대운 역시 己酉 대운과 비슷한 운이므로 주의해야 할 시기이다.

己戊丁丙乙甲癸　　己丁壬壬乾44 -1962 ◆ 222
未午巳辰卯寅丑　　酉未子寅
61 51 41 31 21 11 0,8

2005년부터 소송을 하고 있다.

丁巳/丁亥44 2007년 2심 항소심에서 패소했다.

대법원의 상고심이 진행 중이다.

◇ 운세 분석: 丁巳 대운은 비겁에 관한 일이 발생하는 운이다. 비겁 운이 들어오면 재성 기운이 약해지므로 경제적 측면에서 볼 때 아주 바람직하지 않은 운이 된다. 따라서 금전문제에 관련된 소송일 가능성이 커 보인다. 丁亥년에 관성이 충을 받았으므로 패소하게 되었다.

壬辛庚己戊丁丙　　丙庚乙庚乾62 -1940 ◆ 223
辰卯寅丑子亥戌　　戌申酉辰
68 58 48 38 28 18 8,0

辛卯/壬午62 정년퇴임했으나, 재직 시절에 고용 사장으로서 연대 보증했던 것이 문제가 되어 고통을 받고 있다. 살고 있는 집이 가압류되어 민사소송 중에 있다. 1심에서 패소했다.

◇ 운세 분석: 辛卯 대운은 비겁 운이므로 비겁과 관련된 문제가 발생할 수 있다. 壬午년에 식상과 관성이 동주하여 생극하므로 소송에서 이기지 못하였다. 불명예를 뜻하는 식상 기운의 작용으로 인해 소송에서 패배한 것이다.

丁戊己庚辛壬癸　　己壬甲丙坤49 -1966 ◆ 224
亥子丑寅卯辰巳　　酉戌午午
68 58 48 38 28 18 8,4

자식이 없다. 현재 만 49세인데 아이가 생길 수 있을까?

◇ 원국 분석: 식상 甲이 자식 신에 해당하는데, 午에 좌하여 허약하다. 식상이 약하면 명주가 자궁이 약하여 잉태하기 어렵고, 잉태하더라도 잘못되기 쉽다.

◇ 운세 분석: 壬辰 대운은 甲이 壬의 생을 받기는 하지만 辰으로 인해 壬이 제 기능하기 어렵고, 원국과 충도 되므로 식상이 불안해지게 된다. 짧은 이 시기를 놓친다면, 辛卯 대운이나 庚寅 대운에는 인성이 식상과 동주하게 되므로 자식 얻기가 더 어렵게 된다.

戊丁丙乙甲癸壬　　戊甲辛丙乾31 -1956 ◆ 225
戌酉申未午巳辰　　辰戌卯申
68 59 49 39 29 19 9,0

甲午/丙寅31 그 처가 외간 남자와 통정(通情)했다.

"寅午戌 화국이 처성과 처궁의 戌土를 끌어냈기 때문에 통정하게 되었다."라고 풀이했다.

출처: 맹파명리盲派命理(명리진보命理珍寶: 단건업段建業 저)

◇ 원국 분석: 丙申+辛卯+戊辰의 연결합이 있다. 그러므로 재성 戊辰이 卯 비겁과 연결합류되어 있음을 알 수 있다. 따라서 처의 외도성향을 원국을 통해서 짐작할 수 있다. 그러나 원국 분석 없이 대뜸 대운으로 처의 외도를 찾아낸다는 것은 정보를 미리 아는 상태에서나 가능한 일이며, 정보를 모르는 상태에서는 거의 불가능한 일이다. 사주 원국의 문제점을 우선 파악하고 난 뒤에 그것을 운세 통변으로 연결시켜야 한다.

◇ 운세 분석: 甲午 대운은 비겁 甲이 일지 재성 戊과 연결합류되는 운이므로 이 시기에 처에게 남자문제가 발생할 수 있다는 암시를 주고 있다. 丙寅년 역시 비겁 寅이 와서 일지 戊과 연결합류되므로 이때 처에게 외정(外情)이 생길 수 있음을 암시한다.

戊丁丙乙甲癸壬　　癸丙辛丙乾57 -1946 ◆ 226
申未午巳辰卯寅　　巳申丑戌
66 56 46 36 26 16 6,4

甲辰/ 대운 후반에 매부의 회사에 취직하여 안정된 생활을 했다.

乙巳/ 계속 승진하여 부사장까지 했다.

丙午/丙子50 1996년에 다섯 곳의 철학원에서 "크게 성공할 것이다."하는 감정을 받았다.

丙午/丁丑51-戊寅52 정축년에 동업하다가 2년도 못 버티고 부도가 나 25억을 날렸다.

丁未/ 전 재산을 잃은 채 丁未 대운 초반까지 어렵게 지내고 있다.

◇ 원국 분석: 시간 癸가 년간 丙과 시지 巳를 극제하므로 재성이 보호를 받는 구조이긴 하나, 그래도 재성이 비겁과 합이 된 것은 바람직한 형상이 아니다. 일지에 편재가 있으니 비겁 운이 오면 사업 욕구가 발동할 수도 있겠다.

◇ 운세 분석: 丙午 대운은 왕한 비겁의 기운이 재성을 극하므로 파재하기 쉬운 시기이다. 신약 사주라서 비겁 운을 아주 좋은 운으로 판단하기 쉬운데, 현실은 고서 이론대로 되는 게 아니다.

丁丑년은 재성이 입묘하고, 戊寅년은 비겁을 생하므로, 연이어 재성이 기운을 잃게 되었던 것이다.

매번 실력 없는 술사들과 상담하게 된 것도 운이 작용한 결과이다.

辛庚己戊丁丙乙　　丙丙甲丙乾 -1926 ◆ 227
丑子亥戌酉申未　　申申午寅
61 51 41 31 21 11 0,8

선천성 심장 판막증인데, 상태가 심각해 수술도 못하는 형편이며,결혼도 하지 못했다. 타이완 국립대학을 수석으로 졸업한 수재이다.

　◇ 원국 분석: 원국에 火 기운이 태다(太多)한데, 木이 이를 생하고 있다. 원국에 특정 오행이 지나치게 많으면 해당 장기(臟器)가 부실(不實)하게 된다. 너무 허약해도 탈이지만 너무 많아도 탈이다. 화세(火勢)가 강하므로 재성이 기운을 드러내기 어렵다. 따라서 건강도 결혼 인연도 얻기 어려운 구조가 되었다.

丙乙甲癸壬辛庚　乙己己戊乾39 -1958 ◈ 228
寅丑子亥戌酉申　亥丑未戌
61 51 41 31 21 11 1,4

평소 위궤양으로 고생하다가, 36세 무렵에는 소변에 피가 섞여 나오기에 종합검사를 받아보니, 신장 암이 발견되었다.

癸亥/丁丑39/丁未 39세 정축년 음력 6월에 사망했다.

　◇ 원국 분석: 土가 태다하고 水가 약하므로 위장 질환이나 신장 및 방광 질환에 주의해야 할 사주이다.

　◇ 운세 분석: 癸亥 대운은 재성이 비겁과 맞닥뜨리는 시기이므로 건강 손상과 파재 등에 주의해야 한다. 건강을 잃기 쉽고 치료하느라 금전도 잃기 쉬운 시기이다. 태세에서 다시 비겁 운이 들어오니 종명(終命)하게 되었다.

己庚辛壬癸甲乙　戊乙丙丁乾47 -1957 ◈ 229
亥子丑寅卯辰巳　寅亥午酉
68 58 48 38 28 18 8,4

壬寅/ 거액의 재산을 축적했다.

　◇ 원국 분석: 원국에 비겁이 있으면 기본적으로 재물 운에 불리하다. 따라서 비겁의 기운을 극설(剋洩)해 주는 십신이 있는 것이 좋다. 본명은 비겁을 합화하면서 식생재(食生財)하는 구조이고, 지지에 재성이 없기 때문에 지지로 비겁 운이 오더라도 흉함이 없다.

　◇ 운세 분석: 壬寅 대운은 인성이 비겁을 생하고, 비겁이 식상을 생하며, 식상이 재

성을 생하는 순생(順生)의 흐름이 이루어지므로 재물 운이 길했다.

壬癸甲乙丙丁戊　壬乙己戊坤21 -1928 ◈ 230
子丑寅卯辰巳午　午卯未辰
62 52 42 32 22 12 2,4

丁巳/己丑21/丁丑 금괴 열 개를 얻어 횡재했다.
　중국인으로서 상해에서 홍콩으로 이주하게 되었는데, 구룡에 도착 했을 때 복잡하고
어수선하여 짐이 바뀌었고, 집에 도착해서 열어보니 금괴 열 개가 들어 있었다. 이후 부
잣집 아들과 결혼하여 풍족한 생활을 하게 되었다(출처: 세운해법, 위천리 저).
　◇ 운세 분석:丁巳 대운은 식신이 생재하므로 재물 운이 길한 시기이다. 己丑년 역시
재성 운이므로 재물을 얻게 되었다.

乙甲癸壬辛庚己　癸壬戊壬乾36 -1972 ◈ 231
卯寅丑子亥戌酉　卯辰申子
63 53 43 33 23 13 3,0

도박 중독자이다.
　◇ 원국 분석: 비겁이 중중(重重)하고 무재성이면 심리적으로 재물을 갈구하는 성향
이 강한 사람이 될 수 있다. 거기에 더하여 만약 식상이 있다면 적은 봉급에 만족하지
않고 사업을 하여 큰 재물을 얻으려는 성향을 가질 수도 있다. 따라서 욕심이 지나쳐 비
뚤어진 경제 개념 및수단을 갖게 되기도 쉽다.

辛壬癸甲乙丙丁　辛甲戊丁乾22 -1987 ◈ 232
丑寅卯辰巳午未　未寅申卯
68 58 48 38 28 18 8,0

丙午/ 술만 마시면 공격적인 성향이 드러나 주변 사람들을 폭행하고 경찰서 신세를
자주 진다.

◇ 원국 분석: 대체로 水 기운이 부족하여 이를 갈구(渴求)하려는 자가 술을 찾는 경향이 강하다. 물론 그렇지 않은 경우도 많다. 술은 체(體)는 水이지만 용(用)은 火이므로 절제력이 약한 사람은 주의해야 한다. 특히 식상이 투출하거나 강한 사람은 음주 후에 안하무인(眼下無人)의 성향을 드러내기 쉽고, 알코올중독자가 되기도 쉽다. 원국에 비겁이 많거나, 관성이 약하거나, 식상이 강한데, 水 기운이 부족하다면, 음주 태도를 바르게 갖도록 노력해야 한다.

◇ 운세 분석: 왕한 식상 운이 들어와 관성을 극하니 자기 통제력과 절제력을 잃게 되었고, 따라서 자신의 명예도 실추(失墜)되었다.

癸壬辛庚己戊丁　甲甲丙壬乾28 -1972 ◈ 233
丑子亥戌酉申未　子戌午子
68 58 48 38 28 18 8,4

부친은 풍류를 좋아했고 집안사정을 생각지 않고 돈을 꾸어서라도 빌려주며 빚보증을 서주는 기막힌 호인이었으며, 모친은 어려운 살림에도 자식 뒷바라지에는 헌신적이었다. 누나가 정신박약이고, 형이 있으나 본인이 장남 역할을 하고 있다. 형은 지방대학을 나와서 己卯년 11월에 결혼하였고 인격자이다.

戊申/辛未19 S 대학 역사교육학과에 합격했다.

戊申/戊寅26 여자 친구에게 잘 보이려고 돈을 많이 썼다.

戊申/己卯27 후반에 여자 친구가 바람을 피웠기에, 본인도 홧김에 딴 여자를 사귀었다.

戊申/庚辰28/戊寅 사법시험을 준비하려 한다.

◇ 원국 분석: 조자시(朝子時) 사주이다. 재성이 사주의 균형에 도움이 되지 않고 있으나, 인성은 일간을 도와 중화를 이루려는 역할을 잘하고 있다. 일주가 부모궁과 가까우니 본인이 장남 역할을 맡게 되기 쉽다. 일지에 편재가 있고 식상이 생재하고 있으니 사업에 어울리는 구조이다. 그러나 대운이 관인상생(官印相生)하고 있으므로 공직에 뜻을 두는 것 같은데, 비겁이 투출하여 경쟁심도 있으니 시험을 치러 뜻을 펴 보려는 생각을 가질 수 있다.

◇ 운세 분석: 辛未년에 대학에 합격한 것은 식상 丙과 관성 辛의 싸움을 대운의 재성 戊가 통관(通關)해 주었기 때문이다. 대운에서 재성이 들어오니 여자 친구를 사귀게 되었지만, 태세에서 비겁 운이 들어오니 인연에 변화가 발생하게 된다. 庚戌 대운 이후로는 운로가 재성을 약화하는 흐름이니 경제적인 성취가 어려울 듯하다.

乙甲癸壬辛庚己　甲丁戊庚乾19 -1980 ◆ 234
未午巳辰卯寅丑　辰卯子申
66 56 46 36 26 16 5,9

戊子/庚申00/甲午 생후 6개월경 모친이 교통사고로 사망했다.

己丑/丙寅06 계모가 들어왔다.

己丑/ 초년의 다리 부상으로 인해, 현재 장애 5급이며 피곤하면 다리를 전다.

庚寅/-己卯19 여자가 많이 따르나 오래가지 못한다.

◇ 원국 분석: 인성 甲이 재성 庚의 극을 받으므로 모친과 인연이 짧을 수 있고, 나의 수족이나 신경 혹은 간담에도 흠이 있을 수 있다. 일간의 좌지에 인성이 있고 또 별도의 인성이 합해 있으면 두 분의 모친과 인연이 있을 수 있다.

◇ 운세 분석: 팔자 원국은 명주가 출생할 당시에 받게 되는 운이기도 하다. 戊子 대운이 식생재하고 庚申년이 재극인하므로 모친과 일찍 이별하게 되었다. 己丑 대운에는 재성이 입묘하므로 건강상의 문제가 발생하기 쉬운 시기이니 질병이나 사고 등에 주의해야 한다. 庚寅 대운에는 재성이 들어오고 또 원국의 재성과 충이 되므로 여자 친구와의 인연이 변화를 많이 겪게 된다.

乙丙丁戊己庚辛　己庚壬戊坤31 -1968 ◆ 235
卯辰巳午未申酉　卯辰戌申
70 60 50 40 30 20 9,8

전산직 공무원이다.

庚申/甲戌26 난소 제거 수술을 했다.

庚申/丁丑29 성대 물혹 제거 수술을 했다.

己未/戊寅30/-癸亥 1998년 11월에 허리를 쓸 수 없어 입원했다.

허리는 계속 아픈 상태이다. 몸에 병이 끊일 날이 없다. 위염, 장염, 방광염, 혈관염 등등 매일같이 약이 끊이지 않고, 이런 몸으로 나이가 들면 어떻게 될까 걱정이 앞선다. 딸과 아들도 병을 안고 산다. 남편도 사소하게나마 주말마다 병원에 가는 형편이다. 가족 넷이 모이면 식사 후 똑같이 약을 복용한다.

◇ 원국 분석: 식상 水가 약하므로 생식기 계통이나 신장 방광 계통 질환에 노출되기 쉽다. 식상 壬이 인성 戊에 좌하니 자식도 건강이 취약할 수 있다.

◇ 운세 분석: 庚申 대운은 재성이 극을 받는 시기이므로 특별히 건강이나 손재수에

주의해야 한다. 甲戌년에 戌이 더 왕해지니 壬이 견디기 어렵게 되었다. 己未 대운에도 재성이 입묘하므로 건강 문제는 명주를 지속적으로 괴롭히게 될 것이다.

壬癸甲乙丙丁戊　丁丙己乙乾24 -1975 ◈ 236
申酉戌亥子丑寅　酉寅卯卯
65 55 45 35 25 15 5,0

컴퓨터 공학 전공

丁丑/己卯24/己巳 1999년 5월에 실연했다.

◇ 운세 분석: 丁丑 대운에 재성이 입묘하고, 己卯년에 재성이 충을 받으며, 己巳월에 재성이 극을 받게 되었으니 여자 친구와 이별하게 되었다.

丁戊己庚辛壬癸　癸辛甲乙乾55 -1945 ◈ 237
丑寅卯辰巳午未　亥亥申酉
61 51 41 31 21 11 0,8

회사원

辛巳/乙卯30 결혼했다.

庚辰/庚申35 이혼했다. 노모를 모시고 있다.

戊寅/庚辰55 별거 중인 53년생 여성과 교제 중이다.

◇ 원국 분석: 재성이 비겁과 동주한 모습은 바람직하지 않다. 부부 운이 불미(不美)할 수 있고 재물 운도 좋지 않아질 가능성이 크다.

◇ 운세 분석: 辛巳 대운은 비겁을 극제하므로 무난하게 결혼할 수 있는 시기인데, 乙卯년에 재성이 합신하므로 성혼하게 되었다. 庚辰 대운은 재성을 극하므로 부부 운이나 재물 운이 위태한 시기이다. 庚申년에 다시 재성을 극하니 이혼하게 되었다. 己卯 戊寅 대운에 재성이 들어오긴 하나 원국의 비겁이 강하므로 인연이 되기는 쉽지 않다.

甲癸壬辛庚己戊　戊丙丁癸坤47 -1953 女 ◈ 238
子亥戌酉申未午　戌戌巳巳
61 51 41 31 21 11 0,8

壬戌/庚辰47 별거 중인데, 남자를 만났다.

◇ 원국 분석: 식상이 강한데 재성이 없으니 부부 문제가 발생할 가능성이 큰 구조이다. 남편을 무시하는 성정이 은연중에 드러나기 쉬우므로 평소 언행에 주의해야 부부불화를 줄일 수 있다.

◇ 운세 분석: 壬戌 대운은 관성이 식상과 맞닥뜨리는 운이므로 부부 불화 및 이별을 피하기 어려운 시기이다. 庚辰년이 관성을 생하므로 남자가 생기게 된다. 일지를 충하므로 남편과의 화해는 이루어지기 어렵다.

癸壬辛庚己戊丁　甲壬丙戊乾53 -1948 ◈ 239
亥戌酉申未午巳　辰申辰子
66 56 46 36 26 16 6,0

고려대학교 전기공학과를 졸업했다.

己未/戊午30 무오년에 결혼했고, 1남 1녀가 있다.

己未 대운까지 봉급생활을 했으며, 그 후에는 개인 사업을 하였다.

辛酉/戊寅50 파산했다.

辛酉/丙子48 대장암으로 인해 소장 및 대장 일부를 절제하였다.

◇ 원국 분석: 일간과 재관이 합해 있으므로 봉급생활도 자영업도 가능한 구조이다. 金 기운이 생을 받고 있지만 결국 약해져 있으니, 폐 질환이나 대장 질환 등에 주의해야 한다.

◇ 운세 분석: 己未 대운은 비겁을 극제하므로 재물 운이 길하지만 庚申 辛酉 대운은 재성을 약화하고 비겁을 강화하는 운이므로 사업성과가 극히 저조한 시기가 된다.

戊丁丙乙甲癸壬　癸辛辛辛坤46 -1961 ◈ 240
申未午巳辰卯寅　巳酉丑丑
64 54 44 34 24 14 4,0

甲辰/丙寅25 결혼했다.

자식을 둘 낳고 살았는데, 성격이 너무 거세어 부부불화가 잦았다.

丙午/丁亥46 결국 이혼하였다.

◇ 원국 분석: 곤명 사주에 식상이 투출한 것은 예술인 등에는 유리한 조건이 되지만, 평범한 주부나 직장인에게는 다소 불리한 조건이 될 수 있다. 특히 식상이 관성과

동주하거나 식상이 관성을 극하고 있는 형세가 되어있으면 부부 인연에 불리하다. 남편에게 절제되지 않은 거친 성격을 바로 표출해버리는 성격이 되기 쉬우므로 드센 여자라는 평판을 받게 된다. 따라서 언행에 각별히 주의해야 한다.

◇ 운세 분석: 甲辰 대운에는 식상이 입묘되게 됨으로 드센 성격이 잘 드러나지 않겠고, 乙巳 대운에는 식상 기운이 식생재하고 다시 재생관으로 흘러가므로 관성이 보호되는 시기가 된다. 그러나 丙午 대운은 관성이 보호받기 어렵기 때문에 위태한 시기가 된다. 丁亥년에 충이 되므로 결국 이혼하게 되었다.

戊丁丙乙甲癸壬　辛乙辛辛 坤59 -1932 ◆ 241
申未午巳辰卯寅　巳未丑未
60 50 40 30 20 10 0,4

丁未/辛未59 1991년에 간암이 발병하여 당해에 사망했다.

◇ 원국 분석: 일간 木 주변에 金이 많아 木이 취약하다. 간담 및 신경 계통의 질환에 각별히 주의해야 한다.

◇ 운세 분석: 대운과 태세에서 일간 木이 입묘하므로 간 질환이 발병하여 사망에 이르게 되었다.

壬癸甲乙丙丁戊　辛丁己乙 乾50 -1955 ◆ 242
申酉戌亥子丑寅　亥卯卯未
60 50 40 30 20 10 0,4

고졸, 부모덕이 없다. 결혼 상황은 정상적이다.
대기업에서 생산직으로 근무하다가
甲戌/庚辰45 정리해고를 당했다.
甲戌/乙酉50 개인택시를 운영하게 되었다.
甲戌/丙戌51/庚寅 대장암 판정을 받았다.

◇ 원국 분석: 재성이 무력한 편이어서 부친의 덕을 보기 어려울 듯하다. 일간이 재관과 합해 있으므로 사업을 해도 되고 직장생활을 해도 되는 사주이다. 그러나 관성이 약하므로 직장생활이 약간 불안할 수도 있겠다. 金이 약하므로 폐 질환과 대장 질환에

주의해야 한다.

◇ 운세 분석: 甲戌 대운은 관성이 극을 받는 시기이므로 직장 변동이 있을 수 있다. 庚辰년에 관성이 다시 극을 받으니 퇴직하게 되었다. 乙酉년에 문서 운이 들어오므로 개인택시를 취득하여 운영하게 되었다. 甲戌 대운은 또한 일간이 입묘하는 시기도 되므로 건강에 주의해야 한다. 乙酉년에 일주가 충을 받으므로 이때 발병한 것으로 보인다.

壬辛庚己戊丁丙　甲癸乙甲乾48 -1964 ◈ 243
午巳辰卯寅丑子　寅未亥辰
62 52 42 32 22 12 2,4

庚辰/庚寅46 2010년에 심근경색이 발병하였으나 회복했다.
庚辰/辛卯47/丁酉 2011년 양력 9월에 다시 심근경색으로 쓰러져 병원에 입원하였고, 이후 요양병원에서 치료중인데 의식이 없는 상태이다.

癸甲乙丙丁戊己　戊丙庚戊坤44 -1968 婦 ◈ 244
丑寅卯辰巳午未　戌寅申申
65 55 45 35 25 15 5,4

위 명주의 부인이다.
丙辰/辛卯43/丁酉 남편이 심근경색으로 쓰러졌고, 이후 의식이 없는 상태이다.

◇ 원국 분석: 남편의 사주 원국에 火 기운이 약하므로 남편은 심혈관 질환에 주의해야 할 사람이다. 나쁜 운을 만나면 반드시 발병하게 된다. 부인의 사주에 남편 신이 없으니, 궁을 취하여 일지 寅을 기준으로 남편의 운을 살펴야 한다. 申 중의 壬을 논해서는 안 된다.

◇ 운세 분석: 남편의 庚辰 대운은 일간이 입묘하는 운이므로 주의해야 할 운이다. 庚寅년에 인성과 식상이 동주하여 들어오니 식상이 극을 받아 발병하게 되었다. 辛卯년도 마찬가지이다. 부인의 사주에서, 丙辰 대운이 되면 土生金으로 인해 남편 寅이 申의 극을 받게 되니 남편의 목숨이 위태한 시기가 된다. 그나마 대운에서 戌이 아닌 辰이 왔기에 상대적으로 申이 생을 적게 받았다고 볼 수 있다. 庚寅 辛卯년은 역시 木이 극을 받는 해이므로 남편에게 큰 위기가 닥치게 되었다.

辛壬癸甲乙丙丁　戊丙戊乙乾25 -1975 ◆ 245
巳午未申酉戌亥　子午子卯
66 56 46 36 26 16 6,2

丙戌/庚辰25 모친이 간암으로 사망했다. 본인이 승진했다.
　◇ 운세 분석: 원국의 乙卯가 모친에 해당하는 십신인데, 丙戌 대운에 乙卯에게 변화의 조짐이 보이지 않는다. 명식이 잘못되었을 가능성이 있다. 子시 생은 야자시인지 조자시인지 반드시 확인해 볼 필요가 있다. 이 명식을 야자시 명식으로 고쳐서 살펴보자.

辛壬癸甲乙丙丁　戊乙戊乙乾25 -1975 ◆ 245-1
巳午未申酉戌亥　子巳子卯
66 56 46 36 26 16 6,2

丙戌/庚辰25 모친이 간암으로 사망했다. 본인이 승진했다.
　◇ 운세 분석: 원국의 인성 子가 모친에 해당하는 십신이다. 丙戌 대운에 子가 극을 받으므로 모친의 건강이 염려되는데, 태세 庚辰년에 다시 子가 입묘하므로 모친이 귀천했다. 태세 천간 庚으로 인하여 승진하게 되었다.

己庚辛壬癸甲乙　戊乙丙丙坤33 -1966 ◆ 246
丑寅卯辰巳午未　寅卯申午
65 55 45 35 25 15 5,4

무남독녀로 태어나 어려서부터 남과는 잘 어울리지 않았고, 혼자 생각하기를 좋아했다. 결혼해 아들 3형제를 두었다.
癸巳/己卯33 기묘년부터 심한 우울증으로 인해 고통을 받고 있다.
　◇ 원국 분석: 원국의 金이 약한 편이다. 월령이라서 심하게 약한 것은 아니지만 生해주는 土가 가까이에 있지 않은 상태이므로 다소 약하다고 볼 수 있다. 따라서 火 운에는 호흡기 질환, 대장 질환, 피부 질환, 우울증 등을 앓기 쉽다.
　◇ 운세 분석: 乙未 대운은 일간이 입묘하는 운이 되므로 질병을 앓게 되거나 사회성이 약해지는 현상을 겪기 쉽다. 癸巳 대운은 火 기운이 申을 극하므로 우울증을 앓게 되

었다. 지지에 土가 있었더라면 상태가 그렇게 심해지지는 않았을 것이다. 태세가 火를 생하니 아마 戊寅년부터 증상이 발현되었을 것으로 보인다. 壬辰 운이 되면 土가 申을 생하므로 우울증이 낫게 될 것으로 추정된다.

己戊丁丙乙甲癸　　庚壬壬辛 坤37 -1961 ◈ 247
亥戌酉申未午巳　　戌申辰丑
69 59 49 39 29 19 8,8

乙未/戊寅37 남편이 등산 중에 실족해서 사망했다.
현재 남편이 운영하던 운수업을 하고 있다.
◇ 운세 분석: 육친 변동은 격국(格局)과 관련이 없고 용신(用神)과도 관련이 없다. 그러므로 오직 생극제화와 형파합충으로 접근해서 해석해야 한다.

원국의 土가 남편인데, 乙未 대운에 관성 丑이 충을 받으므로 남편에게 흉사가 생길 것으로 생각하기 쉽다. 하지만 대운 乙未가 庚戌과 합하였으므로 지지의 기운이 未-戌-丑으로 흘러서 丑과 충이 되지 않는다. 그러므로 남편이 귀천할 운이 아니다. 이렇게 운이 원국과 맞지 않는다는 느낌이 들 때가 있다. 여기에는 여러 가지 이유(자신의 실력 부족 등)가 있겠지만 시(時)가 부정확한 경우도 간혹 있다. 그러므로 만약 70년대 이전에 출생한 사주를 만난다면, 한 시진(時辰) 정도 앞이나 뒤의 사주를 추정(推定)해서 살펴보는 것도 나쁘진 않다. 다만 그런 시도가 습관이 되어서는 안 되며 신중하게 접근하고 조심스럽게 판단해야 한다. 辛亥 시는 庚戌 시와 마찬가지로 丑과 충이 되지 않으므로 이 사주를 己酉 시로 추정해보자.

己戊丁丙乙甲癸　　己壬壬辛 坤37 -1961 ◈ 247-1
亥戌酉申未午巳　　酉申辰丑
69 59 49 39 29 19 8,8

◇ 운세 분석: 乙未 대운은 관성 丑과 충이 되는 시기이므로 남편에 관한 일이 발생할 수 있다는 것을 짐작할 수 있다. 태세 戊寅년은 연결합된 申辰을 충하므로 인성 申(문서, 모친 등)과 관성 辰이 충탈(沖脫: 충으로 인해 이탈됨)된다. 따라서 인성 변동 및 남

편 변고가 발생하는 태세가 된다는 것을 역시 짐작할 수 있다. 따라서 "이 사주는 己酉시 생일 가능성이 크다."라고 판단할 수 있다.

이렇게 시를 추정하는 작업은 자신의 실력이 어느 정도 궤도에 올라 있을 때에 가능한 것이며, 이해 안 되는 명운이라 해서 무조건 시를 의심하는 습관을 가져서는 안 되는 것이다. 부디 신중해야 한다.

己庚辛壬癸甲乙　甲壬丙辛 乾39 -1961 ◈ 248
丑寅卯辰巳午未　辰午申丑
63 53 43 33 23 13 3,0

壬辰/庚辰39 39세에 농약을 마시고 자살 사망했다.

◇ 운세 분석: 대운과 태세에서 일간이 입묘하였다. 입묘 운에는 명주가 사회활동을 제대로 하지 못하거나(사회성 약화), 질병으로 인해 병원 신세를 지거나 하는데, 입묘가 가중(加重)되면 사망하기도 한다.

辛庚己戊丁丙乙　乙癸甲壬 乾42 -1952 ◈ 249
亥戌酉申未午巳　卯巳辰辰
66 56 46 36 26 16 6,0

중국인, 조직폭력배로서 그간 몇 번 구속되었다.

戊申/癸酉41 채권추심(債權推尋) 중 채무자를 때려 사망하게 했다. 일당이 모두 경찰에 잡히며 본인이 주범으로 인정되었다.

戊申/甲戌42 이후 6개월이 안 되어 甲戌년에 총살형을 받았다.

◇ 원국 분석: 원국에 식상이 태다(太多)하다. 더욱이 상관이 관성과 동주(同柱)하여 있으니 이른바 "상관견관위화백단(傷官見官爲禍百端)"에 해당한다고 볼 수 있다. 상관이 정관을 만나면 재앙이 닥친다는 뜻이다. 이런 구조는 사회 질서나 규범을 경시(輕視)하기 쉽고 위법(違法)한 일에 몸을 담게 되기도 쉽다. 원국에 인자(因子)가 있으면 초년부터 그것이 발현(發現)되므로 이런 사주는 어릴 때부터 교육을 잘 받아야 한다. 그리고 "금수상관희견관(金水傷官喜見官: 金 일간이 월령에서 水를 만나거나 水가 천간에 투출하여 금수상관격이 된 사주라면 정관을 반긴다)"이라는 말도 있는데, 추운 사주가 더운

기운을 가지거나 만나면 좋다는 뜻이다. 하지만 이 경우에도 식상이 관성과 직접 맞닥뜨리게 되면 곧 상관견관이 되지 않을 수 없으므로 결과가 좋지 않게 된다.

◇ 운세 분석: 戊申 대운은 식상이 관성을 만나게 되므로 다시 상관견관(식신이 관성을 만나도 마찬가지이다)이 된다. 그러므로 관재수를 겪게 될 가능성이 있는데, 癸酉 태세에는 시주 乙卯를 제외하고 원국과 대운 및 태세가 전체적으로 연결합류가 된다. 그러므로 커다란 변화가 월운에서 반드시 발현하게 될 것임을 추정할 수 있다.

甲戌 태세에 이르러 일간과 재성이 충을 받으므로 귀천하게 되었다.

辛壬癸甲乙丙丁　癸癸戊甲坤45 -1974 ◈ 250
酉戌亥子丑寅卯　亥未辰寅
62 52 42 32 22 12 2,4

甲子/丁亥33 이혼했다.
甲子/庚寅36 재혼했다.
甲子/壬辰38 이혼했다.

◇ 원국 분석: 부부생활의 측면에서 꺼리는 십신이 있다면 아마도 곤명에겐 식상일 것이고, 건명에겐 비겁일 것이다. 본명은 원국에 식상이 있어서 뚜렷하게 관살을 극하고 있는데, 그것을 완화시켜 줄 재성이 결핍되어 있으니 아쉬운 구조이다.

'관성이 많은데 그것을 식상이 적당히 극해주는 구조이면 더 좋은 것 아닌가?'라고 생각하기 쉬운데, 명운은 그렇게 보는 것이 아니다. 그런 관점은 항상 중화(中和)를 최선으로 여기는 억부법의 균형적 시각인데, 그것은 생극제화가 통하는 현실과 잘 맞아떨어지지 않는다.

◇ 운세 분석: 甲子 대운에 식상이 관살을 극하게 되었고, 丁亥 태세에서도 지지의 비겁이 식상을 생하였으므로 관살이 극을 받게 되었다. 庚寅 태세도 마찬가지이다. 壬辰 태세에서도 역시 천간 비겁이 식상을 생하였기 때문에 관살이 극을 받지 않을 수 없었다.

乙丙丁戊己庚辛　癸戊壬丁乾65 -1947 ◈ 251
未申酉戌亥子丑　丑寅寅亥
68 58 48 38 28 18 8,0

庚子/癸丑26 중매로 결혼했다. 아들 하나를 두었고

己亥/丁巳30 딸을 낳는 과정에서 처와 자식을 모두 잃고 말았다.

己亥/ 그 후 나날이 인사불성으로 지내던 중 지인의 소개로 재혼, 삼혼에 이르렀으나 모두 실패하였다.

戊戌/ 지금의 처를 만나 지난 아픔을 잊고 안정을 찾을 수 있었다.

◇ 원국 분석: 재성이 비겁과 동주하여 있으니 재성이 위태한 형상이다. 그러나 지지의 관살이 비겁을 극제하고 있기에 큰 위협이 되는 것은 아니다. 하지만 천간으로 비겁운이 올 때 재성이 위험해진다.

◇ 운세 분석: 己亥 대운은 비겁이 재성을 극하는 시기인데, 丁巳년에 충이 들어 좋지 않은 일을 겪게 되었다. 이후로도 己亥 대운의 흉해를 피해가지 못하였다. 戊戌 대운에는 관성의 기운이 작동하여 비겁 기운을 극제하므로 인연을 잘 이어갈 수 있었다.

이상과 같이 여러 가지 사례를 통해 명운(命運) 해석의 원리를 대략 제시하였으나, 모든 사주가 다 그런 해석 원리를 따르는 것은 아니다. 몇몇의 특별한 구조를 가진 사주들은 그와 전혀 다른 해석 원리를 따를 수도 있다. 이 점을 명심하며 임상 연구를 계속하기를 바란다.

명리는 미래를 유추(類推)하는 학문이며, 미래를 단정(斷定)하는 학문이 아니다. 동일(同一) 사주라도 각자 다른 인생을 살기 때문에 일률적(一律的)으로 단정하지 못한다. 그러나 정보(情報)가 공개(公開)된 사례들은 사건이 이미 확정(確定)된 것들이므로 그런 사례들을 통해 일정한 법칙(法則)들을 찾아낼 수 있다. 그리고 찾아낸 그 법칙들을 다시 다른 사주에 적용해보면서 그 법칙들을 수정 보완해 나가면, 책이 가져다주지 못한 소중한 것을 스스로 얻을 수 있게 된다.

> **명리공부의 지름길은 불필요한 공부를 하지 않는 것이다.**
>
> 십신명리의 가장 중요한 기초는 십신(十神)이다.
> 십신의 특성에 대해 잘 알면 원국 분석과 운세 해석을 효율적으로 잘할 수 있게 된다. 본서의 심리론(心理論)을 자주 읽기를 바란다. 부디 쓸데없는 것 공부에 시간을 낭비하지 말라.

참고편

고서 이론에도 옥석(玉石)이 있고 정오(正誤)가 있다.

'고서에 있는 이론들은 틀린 게 없다. 무조건 믿어야한다.'라고 생각하고 있다면 아주 어리석은 사람이다. 그렇게 고서를 맹신(盲信)하다가는 평생 공부해도 명리를 터득할 수 없다. 잘못된 이론을 고차원 이론으로 착각(錯覺)하는 일이 있어서는 안 되며, 쓸데없는 공부로 인해 아까운 시간을 낭비하는 일이 있어서도 안 된다. 그게 독(毒)이 된다.

상담업에 종사하려는 사람이라면 명리를 바르게 배워야 하고, 또한 바르게 써야 한다. 그렇게 하지 못했을 경우, 씻을 수 없는 구업(口業)을 짓게 될 수 있다.

34. 명리연원론(命理淵源論)

　　명리학은 음양설(陰陽說)과 오행설(五行說)이 결합한 학문이다.

　　명리학은 주로 동양 삼국에서 성행하고 있는데, 한국에서는 '명리(命理)', 중국에서는 '명리(命理)', '산명술(算命術)', 일본에서는 '추명학(推命學)'이라 부르고 있다. '산명(算命)'이라 부르는 이유는 명술(命術)이 처음에는 별을 보고 점을 치는 성명술(星命術, 古代占星術)과 산가지를 이용한 점복(占卜)에서 출발하였기 때문이다. 이후 간지(干支)를 이용한 삼명술(三命術)이 학술적 체계를 이루면서 명리로 발전하였다.

34-1. 음양오행설(陰陽五行說)

　　중국의 전국시대(戰國時代) 말엽까지 음양설과 오행설은 상호 독립적으로 존재해 왔다. 제(齊)나라의 추연(騶衍, BC340~260?)이 둘을 결합하여 음양오행설(五行相勝說)을 제창하였다. 전한(前漢) 때의 동중서(董仲舒, BC179경~104경)가 음양오행설(陰陽五行說)의 체계를 확립하였다. 명학(命學)의 일종인 명리(命理)는 이 음양오행설을 바탕으로 탄생한 학술이다. 음양오행설은 영어로 'Yin-Yang and the Five Elements theory'라고 번역한다.

　　명리학은 음양오행설(陰陽五行說)과 천문역법(天文曆法)에 의해 십간십이지(十干十二支) 체계를 갖추게 됨으로써 본격적으로 발전하게 되었다.

34-2. 삼명학(三命學)과 자평학(子平學)

　　서아시아의 메소포타미아 지방에서 발원한 점성학(占星學)이 서양과 인도를 거쳐 당(唐)의 시기에 중국으로 전해졌고, 이것이 중국식 성명학(星命學: 칠정사여七政四餘, 오성학五星學)이 되었다. 오성학은 이후 자미두수(紫微斗數) 등으로 발전하였고, 음양오행 사상과 결합하여 삼명학과 자평학 등의 명리학에도 큰 영향을 미쳤다.

삼명학과 자평학의 대략의 차이는 아래와 같다.

삼명학(三命學)	자평학(子平學)
년을 본(本)으로 삼고 일(日)을 주(主)로 삼았으며, 년을 위주로 보았다. 태원(胎元)을 중시했다. 정오행, 진오행, 납음오행을 두루 썼다. 포태법은 水土동궁설을 주로 썼다. 왕상휴수(旺相休囚), 순역(順逆), 진퇴(進退) 등을 논했다. 신살(神煞)을 중시했다.	일(日)을 주(主)로 삼았고 일간을 위주로 본다. 지장간을 다루며, 月令을 중시한다. 정오행만 쓴다. 포태법은 火土동궁설을 주로 쓴다. 생극제화와 형파합충을 위주로 본다. 신살을 중시하지 않거나 무시한다.

삼명(三命)은 수명(壽命), 수명(隨命: 따라야 할 명), 조명(遭命: 만나는 명)을 의미한다 (학자에 따라 정의를 달리하는 설도 있다).

삼명학 서적: 낙록자소식부, 명서, 옥조정진경, 원천강오성삼명지남 등.

자평학 서적: 적천수, 난강망, 삼명통회(삼명학이 일부 섞임), 연해자평 등.

34-3. 시대별(時代別) 명리서적(命理書籍)

명리의 종주국(宗主國)은 중국(中國)이므로 중국의 역사에 기대어 명리의 연원(淵源)을 살펴볼 수 있다.

1) 전국시대(戰國時代: 주周)

귀곡자(鬼谷子, 기원전 4세기)의 『귀곡자찬(鬼谷子撰, 귀곡자유문鬼谷子遺文: 이허중 命書 內)』이 있다. 낙록자(珞琭子, 행적 불명)의 『소식부(消息賦)』가 있다.

귀곡자는 년월(年月)을 중심으로 명(命)을 논했으며, 낙록자는 삼명학(三命學)의 논법으로 명을 논했다고 한다. 두 사람을 명학(命學)의 시원자(始原者)로 보고 있으나, 두 저서는 위서(僞書)라는 설이 지배적이다.

2) 진(晉)

곽박(郭璞, 郭景純, 276~324)이 『옥조정진경(玉照定眞經)』을 저술하였다. 역시 위서라는 설이 지배적이다.

3) 북주말(北周末)~수초(隋初)

태상(太常) 소길(蕭吉)이 『오행대의(五行大義)』를 저술하였다.

4) 당(唐)

천강(天綱) 원수성(袁守成, 590~648)이 『원천강오성삼명지남(袁天綱五星三命指南)』을 저술하였다. 당말(唐末) 송초(宋初)의 상용(常容) 이허중(李虛中, 762~813)은 년주(年柱)의 납음(納音)으로 운명을 판단하는 이론(녹명법)을 세웠다. 저서로는 『명서(命書)』가 있다고 하나, 저술 시대와 저자가 불확실하다.

5) 송(宋)

자평(子平) 서거이(徐居易, 徐子平, ?~?)는 오대(五代) 및 송(宋) 고종(高宗) 때의 사람으로서, 일간(日干) 주본(主本)의 사주학을 개발하여 자평명리학(子平命理學)의 원조(元祖)가 되었고, 『낙록자삼명소식부주(珞珠子三命消息賦註)』, 『옥조신응진경주(玉照神應眞經註)』, 『명통부(明通賦)』를 저술하였다고 한다.

서자평을 송말(松末)의 서대승(徐大升)과 동일 인물로 보는 설도 있고, 명(明) 때의 서균(徐均)으로 보는 설도 있으나, 주로 별도의 인물로 보고 있다.

례백(礼伯) 료중(廖中, ?~?)이 『오행정기(五行精紀)』를 1228년에 출간했다.

동재(東齋) 서대승(徐大升, 1200~1274)이 『자평삼명통변연원(子平三命通變淵源)』을 저술했다. 이 책이 『연원(淵源)』 또는 『연해(淵海)』라는 이름으로 필사(筆寫)되어 유통되었다.

6) 원(元)

원(元) 무렵으로 추측되는 인물 경도(京圖)가 지은 『적천수(滴天髓)』가 있다.

7) 명(明)

명(明)의 개국공신 유백온(劉伯溫 1311~1375)이 지은 『적천수원주(滴天髓原注)』가 있다. 가탁(假託: 남의 이름을 빌림)한 것으로 추정한다.

원(元) 또는 명(明) 때에 지어진 것으로 추측되는 작자 미상의 『난강망(欄江網)』이 있다. 신봉(神峰) 장남(張楠: 1514~?)이 지은 『신봉통고명리정종(神峰通考命理正宗, 신봉벽류神峰闢謬)』가 있다. 보통 『명리정종』으로 통한다.

육오(育吾) 만민영(萬民英: 1521~1603)의 『삼명통회(三命通會通)』가 있다.

『난강망』이 증보(增補)된 『조화현약(造化玄鑰)』이 있었는데, 역시 작자 미상이며, 『오행정기』와 『삼명통회』의 내용을 인용한 부분이 많으므로 『삼명통회』 출간 이후에 저술된 듯하다.

장남(張楠)이 연해자평대전(淵海子平大全)을 펴냈다.

양종(楊淙, 1534~1635)이 흠천감(欽天監) 이흠(李欽)과 함께 『연원(淵源)』과 『연해(淵海)』를 합본 편집해서 1600년에 『각경대증보연해자평대전(刻京臺增補淵海子平大典)』을 간행했으나 산실(散失)되었다.

출판업자 당금지(唐錦池, 1580~1650)가 새로 발견된 여러 가지 시결(詩結)들과 『연원(淵源)』 및 『연해(淵海)』를 다시 편집하여 1634년에 중간본(重刊本) 『연해자평淵海子平)』5권을 펴냈다. 연해자평은 판본이 다양하다.

8) 청(淸)

소암(素菴) 진지린(陳之遴)이 『적천수집요(滴天隨輯要)』와 『명리약언(命理約言)』을 저술하였다.

『조화현약(造化玄鑰)』이 일관(日官)인 영숙(永叔) 경진부(經陳溥)의 손에 들어가 『조화원약(造化元鑰)』으로 개명(改名)되어 소장(所藏)되었고, 이 『조화원약』이 초남(楚南) 여춘태(余春台)에 의해 『궁통보감난강망(窮通寶鑑欄江網)』으로 교정(矯正)되었다. 이는 『궁통보감(窮通寶鑑)』으로 통하며 『조화원약』과 내용이 거의 같다.

청(淸) 중엽에 효첨(孝瞻) 심택번(沈澤燔)이 『자평수록삼십구편(子平手錄三十九篇)』을 저술했는데(이는 명말明末 저술로 추정되는 경촌집耕寸集을 필사한 것이다), 이것을 청말(淸末) 1776년에 공보(空甫) 호곤탁(胡焜倬)과 장군안(章君安)이 『자평진전(子平眞詮)』으로 이름을 바꾸어 출간하였다.

고월(古越) 임철초(任鐵樵)가 1846년에 『적천수천미(滴天髓闡微)』를 지었다.

9) 중화민국(中華民國)

원수산(袁樹珊)은 『명리탐원(命理探原)』, 『명보(命普)』 등을 저술하였고, 1933년에 『적천수천미(滴天髓闡微)』를 재찬집(再撰輯)하여 발행했다.

동해(東海) 서락오(徐樂吾)는 『적천수징의(滴天髓徵義)』, 『적천수보주(滴天髓補註)』, 『조화원약평주(造化元鑰評註)』, 『궁통보감평주(窮通寶鑑評註)』, 『자평진전평주(子平眞詮評註)』, 『자평수언(子平粹言)』 등을 발행했다.

위천리(韋千里)의 『명학강의(命學講義)』, 『팔자제요(八字提要)』, 『천리명고(千里命

稿)』,『팔자제요(八字提要)』등
　　약평(若萍) 오준민(吳俊民)의 『명리신론(命理新論)』
　　화제관주(花堤館主)의 『명학신의(命學新義)』
　　하건충(何建忠)의 『팔자심리추명학(八字心理推命學)』등이 있다.

10) 우리나라

　　고려 시대나 조선 시대의 명리서가 전해지지 않고 있는데, 근대에는 도계(陶溪) 박재완(朴在玩)의 『명리요강(命理要綱)』, 신육천(申六泉)의 『사주감정법비결집(四柱鑑定法祕訣集): 千古祕傳』, 자강(自彊) 이석영(李錫暎)의 『사주첩경(四柱捷徑)』, 제산(霽山) 박재현(朴宰顯, 저서 없음), 백영관(白靈觀) 최영철(崔英哲)의 『사주정설(四柱精說)』등이 있다. 이 중 『명리요강』은 위천리의 『명학강의』를 모사(模寫)한 책이고, 『천고비전』과 『사주정설』도 아베타이잔의 전집을 요약하여 만든 책이다.

　　11) 일본(日本)에는 아베타이잔(阿部泰山)의 『사주추명학전집(四柱推命學全集)』, 사토료쿠류(佐藤六龍)의 『사주추명십간비해(四柱推命十干祕解)』, 다카기죠(高木乗)의 『사주추명학(四柱推命學)』등이 있다.

　　* 중국에는 후대(後代)에 와서 전대(前代)의 유명인사(有名人士) 이름을 빌려 책을 짓는 가탁저술(假託著述) 문화가 있었기에 위의 오래된 서책 중 상당수는 저자명(著者名)과 출판시기(出版時期) 등이 실상(實狀)과 일치하지 않을 수도 있다.

　　시대별로 명리서(命理書)를 간략하게 정리해보면 다음과 같다.

전국시대(戰國時代)	소식부, 옥조정진경
진대(晉代)	
수대(隋代)	오행대의
당대(唐代)	원천강오성삼명지남, 명서
송대(宋代)	명통부, 오행정기, 자평삼명통변연원
원대(元代)	적천수
명대(明代)	난강망, 삼명통회, 명리정종, 연해자평, (경촌집)
청대(淸代)	명리약언, 궁통보감, 자평진전, 적천수천미
중국(中國)	자평수언, 명리탐원, 팔자제요, 팔자심리추명학

* 국립중앙도서관에 『원천강』, 『자평연원』이 있으며 인터넷으로 원문보기가 가능하다. 책 이름들은 원명(原名)을 줄여서 적은 것들이며 내용은 원서(原書)와 같다.

34-4. 시대별(時代別) 명리학자(命理學者)

1) 춘추전국시대(春秋戰國時代)
숙복(叔服), 귀곡자(鬼谷子), 낙록자(珞珠子) 등

2) 한(漢)
사마계주(司馬季主), 동중서(董仲舒), 동방삭(東方朔), 엄군평(嚴君平) 등

3) 삼국시대(三國時代)
제갈공명(諸葛孔明), 관로(管輅) 등

4) 진(晉)
갈홍(葛洪), 곽박(郭璞) 등

5) 남북조시대(南北朝時代)
위령(魏寧), 도홍경(陶弘景), 소길(蕭吉) 등

6) 당(唐)
원천강(袁天綱), 이순풍(李淳風), 일행(一行), 이필(李泌), 이허중(李虛中) 등

7) 송(宋)
진희이(陳希夷), 서자평(徐子平), 서대승(徐大升), 소강절(口康節) 등

8) 명(明)
유백온(劉伯溫), 만육오(萬育吾), 장남(張楠) 등

9) 청(淸)

진소암(陳素菴), 심효첨(沈孝瞻), 임철초(任鐵樵) 등

10) 근대(近代)
중국(中國): 서락오(徐樂吾), 원수산(袁樹珊), 위천리(韋千里), 오준민(吳俊民), 양상윤(梁湘潤), 화제관주(花堤館主), 하건충(何建忠), 종의명(鐘義明), 이철필(李鐵筆) 등
한국(韓國): 도계(陶溪) 박재완(朴在琓, 1903~1992), 신육천(申六泉(1910~1991), 자강(自彊) 이석영(李錫暎, 1920~1983), 변만리(邊萬里) 최병주(崔炳柱, 1923~2000), 제산(霽山) 박재현(朴宰顯, 1935~2000), 박일우(朴一宇, 1940~) 등
일본(日本): 아베타이잔(阿部泰山), 다카기죠(高木乗), 사토료쿠류(佐藤六龍) 등

34-5. 우리나라의 명리학(命理學)

조선왕조실록(朝鮮王朝實錄)의 기록 중에, 태종(太宗)의 모친인 신의왕후(神懿王后: 1337~1391) 한씨(韓氏)가 아들인 태종의 장래를 물었다고 하는 기록이 있는 것으로 보아, 고려(高麗) 시대 혹은 그 이전부터 명리가 명맥(命脈)을 이어 왔을 것으로 추정할 수 있다.

조선(朝鮮) 시대의 과거(科擧)에서 중인(中人)들이 응시하던 잡과(雜科) 안에 음양과(陰陽科)가 있었고, 음양과에는 천문학(天文學), 지리학(地理學), 명과학(命課學)의 세 분야가 있었는데, 이 중 명과학(命課學)이 바로 명리 전문가를 뽑던 과거 과목이었다.

일제강점기(日帝强占期) 때 명리의 명맥이 거의 끊어졌다가 근세(近世)에 와서 비로소 서서히 되살아나 빛을 보기 시작하였다.

동양 철학의 뿌리는 음양오행(陰陽五行) 이론이고
서양 철학의 뿌리는 사원소(四元素: 물Water, 불Fire, 흙Earth, 공기Air) 이론이다.

인터넷 임상자료 취급 주의

인터넷에 떠도는 1970년대 이전의 자시생(子時生) 자료는 취급에 주의해야 한다. 출생 시각을 전혀 모를 때 자시생 사주로 처리하는 경향이 있기 때문이다.

35. 수리납음론(數理納音論)

오래전부터 오행(五行)을 수(數)에 대응(對應)시켜 인식해왔다.

고법 명리에서 쓰이던 납음오행도 오행의 수리(數理)를 바탕으로 도출한 것이다. 오행(五行)의 수리(數理)는 명리학뿐만 아니라 수리학(數理學)인 하락이수(河洛理數), 범위수(範圍數), 대정수(大定數) 등에서 쓰인다.

35-1. 오행용어(五行用語)와 후천수(後天數)

오행은 오래전부터 쓰이기 시작했다. 기록상으로는 시경(詩經)의 홍범(洪範) 편에 최초로 그 개념이 등장하는데, 우주의 다섯 가지 기운은 水→火→木→金→土의 순으로 생성된 것이라 하며 이를 논하고 있다(아마 우주의 빅뱅 현상을 생각하면 조금은 이해가 될 듯하다).

역위(易緯)의 건착도(乾鑿圖)에 의하면, 태역(太易)이 生하여 水가 되고, 태초(太初)가 生하여 火가 되고, 태시(太始)가 生하여 木이 되고, 태소(太素)가 生하여 金이 되고, 태극(太極)이 生하여 土가 되었다고 한다. 상수학(象數學)에서 그 순서를 따라서 1부터 5까지 배속하였는데, 이를 천지생수(天地生數, 生數)라 하였다. 또한 그 각각에 다시 土의 5수를 더해 6에서 10까지 재배속하였는데, 이를 천지성수(天地成數, 成數)라 하였다. 이 생수(生數)와 성수(成數)를 후천수로 본다. 즉 오행의 발생 순서를 숫자로 표시한 것이 후천수이다. 명리학(命理學)이나 성명학(姓名學) 등에서 이 후천수를 주로 쓴다.

水는 1과 6(壬/癸)   火는 7과 2(丙/丁)
木은 3과 8(甲/乙)   金은 9와 4(庚/辛)
土는 5와 10(戊/己)

1/6 水, 7/2 火, 3/8 木, 9/4 金, 5/10 土로 외워두는 것이 좋겠다.

짝을 찾아 변하려는 홀수는 양(陽)이고, 안정된 짝수는 음(陰)이다. 천간 지지를 체(體)의 관점에서 각각 수리로 표시하면 다음과 같다.

壬, 子	1	癸, 亥	6
丁, 巳	2	丙, 午	7
甲, 寅	3	乙, 卯	8
辛, 酉	4	庚, 申	9
戊, 辰, 戌	5	己, 丑, 未	10

35-2. 선천수(先天數)와 후천수(後天數)

선후천(先後天)의 개념은 소강절(邵康節, 소옹邵雍, 1011~1077, 상수학象數學을 완성함)이 황극경세서(皇極經世書)에서 시간(時間)을 역학에 도입하면서 정립되었다. 우주 만물의 형성 시기 전을 '선천(先天)'이라 하며, 만물의 형성 후 시기를 '후천(後天)'이라 한다. 사람에 있어서는 태어나기 전과 후를 구분하여 선천과 후천을 논하며, 팔자는 선천에 속하고 운은 후천에 속한다고 논하기도 한다.

선천수(先天數)		후천수(後天數)		
만물이 형성되기 전의 수		오행의 발생 순서에 따라 정해진 수		
甲, 己, 子, 午	9		陽	陰
乙, 庚, 丑, 未	8	水	1	6
丙, 辛, 寅, 申	7	火	7	2
丁, 壬, 卯, 酉	6	木	3	8
戊, 癸, 辰, 戌	5	金	9	4
巳, 亥	4	土	5	10

선천수에는 1, 2, 3이 빠져 있다. 천지인(天地人)에서 만들어졌기 때문이라고 하는데, 하늘이 열리기 전(만물이 생기기 전)에 수(數)가 있을 수 있는지 의문이다.

* 선천수와 후천수에 대한 이론(異論)

선천수와 후천수에 대한 이론이 다양한데, 정리해 보면 아래의 표와 같다. 즉

선천수	후천수
1, 2, 3, 4, 5	6, 7, 8, 9, 10
水 1, 6	木 1, 2
火 7, 2	火 3, 4
木 3, 8	土 5, 6
金 9, 4	金 7, 8
土 5, 10	水 9, 10

이렇게 보기도 한다(선천수와 후천수에 대한 명확한 정의가 확립되어 있지 않고, 학설이 통일되어 있지 않은 실정이다).

35-3. 선천수(先天數)의 생성원리(生成原理)

甲子를 필두로 하여 천간은 합(合)을 취하고, 지지는 충(沖)을 취하여 壬申까지 위(位)를 세어 정하였다.

甲子에서 壬申까지 세면 9위(九位)가 되는데, 壬申은 양(陽)의 만위(滿位)이고 노양(老陽)의 위(位)가 된다. 음(陰)으로 변하기 직전인 壬申까지를 기준으로 삼는다. 마찬가지로 乙丑에서 壬申까지 세면 8위(位)가 된다. 丙寅은 壬申까지 세면 7위가 된다.

甲子의 甲은 己와 합으로 짝을 맺고, 甲子의 子는 午와 충으로 짝을 맺었다. 그래서 甲己子午는 모두 같은 9수체(數體)가 된다.

乙丑의 乙은 庚과 합으로 짝을 맺고, 乙丑의 丑은 未와 충으로 짝을 맺었다. 그래서 乙庚丑未는 모두 같은 8수체(數體)가 된다. 이런 원리로서

丙寅은 壬申까지 7위(七位)에 해당하므로 丙辛寅申은 7이 되며, 丁卯는 壬申까지 6위(六位)에 해당하므로 丁壬卯酉는 6이 되고, 戊辰은 壬申까지 5위(五位)에 해당하므로 戊癸辰戌은 5가 되며, 己巳는 壬申까지 4위(四位)에 해당하므로 巳亥는 4가 된다.

선천수		기문이나 대정수 등에 쓰이는 후천수	
甲, 己, 子, 午	9	甲, 寅 3	乙, 卯 8
乙, 庚, 丑, 未	8	丙, 午 7	丁, 巳 2
丙, 辛, 寅, 申	7	戊, 辰, 戌 5	丑, 未 10
丁, 壬, 卯, 酉	6	庚, 申 9	辛, 酉 4
戊, 癸, 辰, 戌	5	壬, 子 1	癸, 亥 6
巳, 亥	4		己 100

* 명리에서는 주로 후천수를 쓰므로, 1 6 水, 7 2 火, 3 8 木, 9 4 金, 5 10 土 정도만 알아두어도 충분하다.

수는 명리학, 기문둔갑 등에서 쓰이고, 철판신수(鐵板神數), 하락이수(河洛理數), 범위수(範圍數), 대정수(大定數) 등에도 쓰인다.

35-4. 납음오행(納音五行)

납음오행(納音五行)은 납음(納音), 육십화갑자(六十花甲子), 납음화갑자(納音花甲子) 등으로 불린다.

천지본체수(후천수), 태극수, 대연수, 오행수 등의 가감 조합으로 구해낸 오행을 말하는데, 신법 명리인 자평 명리학에서 거의 쓰지 않는 오행이다. 납음은 송(宋) 때에 와서 자평삼명통변연원(子平三命通變淵源)을 통해 사라졌고, 이를 자미두수(紫微斗数)에서 복원한 사람이 희의(希夷) 진단(陳摶 867~984)이다.

납음을 만든 사람은 귀곡자(鬼谷子)라 하고(삼명통회에서는 대요씨라고 함), 해중(海中), 노중(爐中) 등의 상(象)을 붙인 사람은 동방삭(東方朔)이라고 한다.

甲子乙丑 해중금(海中金)	丙寅丁卯 노중화(爐中火)
戊辰己巳 대림목(大林木)	庚午辛未 노방토(路傍土)
壬申癸酉 검봉금(劍鋒金)	甲戌乙亥 산두화(山頭火)
丙子丁丑 간하수(澗下水)	戊寅己卯 성두토(城頭土)
庚辰辛巳 백랍금(白蠟金)	壬午癸未 양류목(楊柳木)
甲申乙酉 천중수(泉中水)	丙戌丁亥 옥상토(屋上土)
戊子己丑 벽력화(霹靂火)	庚寅辛卯 송백목(松栢木)
壬辰癸巳 장류수(長流水)	甲午乙未 사중금(沙中金)
丙申丁酉 산하화(山下火)	戊戌己亥 평지목(平地木)
庚子辛丑 벽상토(壁上土)	壬寅癸卯 금박금(金箔金)
甲辰乙巳 복등화(覆燈火)	丙午丁未 천하수(天河水)
戊申己酉 대역토(大驛土)	庚戌辛亥 차천금(釵釧金)
壬子癸丑 상자목(桑自木)	甲寅乙卯 대계수(大溪水)
丙辰丁巳 사중토(沙中土)	戊午己未 천상화(天上火)
庚申辛酉 석류목(石榴木)	壬戌癸亥 대해수(大海水)

35-5. 납음오행(納音五行)의 도출원리(導出原理)

태역(太易)의 시기에 水가 생겼는데, 첫 번째이니 1이다.
태초(太初)의 시기에 火가 생겼는데, 두 번째이니 2이다.
태시(太始)의 시기에 木이 생겼는데, 세 번째이니 3이다.
태소(太素)의 시기에 金이 생겼는데, 네 번째이니 4이다.
태극(太極)의 시기에 水火木金과 이를 통합하는 土가 생겼는데, 다섯 번째이니 5이다. 이것이 천지생수(天地生水)이다. 여기에 오행수(五行數)인 5를 더하게 되면 천지성수(天地成數)가 된다.

천지생수: 1, 2, 3, 4, 5
천지성수: 6, 7, 8, 9, 10

생수와 성수의 합은 55가 된다. 이를 천지본체수(天地本體數)라 한다. 천지본체수에서 오행수를 빼면 50이 되고, 이 50에서 태극수(太極數) 1을 빼면 49가 되는데, 이를 대연수(大衍數)라 한다.

49수에서 甲子乙丑의 선천수 34(9, 9, 8, 8)를 빼면 15수가 남고, 이 15수를 오행수 5로 나누면, 남는 수가 0이 된다. 0은 나머지를 5로 간주하고 이를 오행으로 인식하면 土에 속한다. 土는 金을 생하므로 土生金의 원리를 적용하여 甲子乙丑은 해중금(海中金)이라 부른다.

丙寅丁卯는 각각의 선천수를 더하면 26이 되므로, 대연수 49에서 26을 빼면 23이 되고, 이 23을 5로 나누면 나머지가 3이 된다. 3은 木에 해당하므로 木生火의 원리를 적용하여 丙寅丁卯는 노중화(爐中火)라 부른다. 납음오행의 원리는 이와 같다.

납음오행(納音五行)은 전국시대에 귀곡자가 창안하였다고 전해진다.
납음오행을 위와 같이 정오행(正五行)의 관점에서 도출하는 방법은 위와 같으나, 진오행(眞五行: 천간 합화로 도출된 오행: 甲土, 乙金, 丙水, 丁木, 戊火, 己土, 庚金, 辛水, 壬木, 癸火)을 사용하여 도출(導出)할 수도 있다.
납음오행은 고법 명리(삼명학)나 자미두수(紫微斗数) 등에서 쓰이지만 신법 명리인 자평 명리학에서는 거의 쓰이지 않는다.

※ 소리오행(음령오행音靈五行, 음오행音五行)

시중에 나와 있는 거의 모든 명리 서적 및 작명 서적에서, 입술소리(순음脣音)인 ㅁ, ㅂ, ㅃ, ㅍ을 水에 속한다고 하고, 목구멍소리(후음喉音)인 ㅇ, ㅎ을 土에 속한다고 하고 있는데, 이것은 큰 오류이다.

훈민정음해례본((訓民正音解例本)에서는 "입술소리(脣音)는 궁음(宮音)이며 오행은 土에 속하고, 목구멍소리(喉音)는 우음(羽音)이며 오행은 水에 속한다."라고 분명하게 밝히고 있다. 그러나 수백 년 이후에 지어진 여암(旅庵) 신경준(申景濬, 1712~1781)의 운해훈민정음(韻解訓民正音, 1750)에, 토성(土聲)과 수성(水聲)이 뒤바뀌어 기록되는 바람에 오랫동안 소리 오행 이론이 부분적으로 오도(誤導)되어 왔다.

폐(金)에서 나온 공기가 목구멍(水)에 의해 압축되고, 이것이 어금니(木) 쪽으로 나오게 되면서 소리가 되는데, 입술(土)은 이빨(金)을 보호하면서 목구멍(水)을 직접 통제(土 剋水)하기도 하니 土가 분명하고, 목구멍은 폐(金)와 연결되어 통하니 水가 분명한 것이다.

土의 소리는 입술소리이고, ㅁ, ㅂ, ㅃ, ㅍ이 거기에 속하며
水의 소리는 목구멍소리이고, ㅇ, ㅎ이 거기에 속한다.

족집게처럼 잘 맞추어야 하는가?

명리 상담사에겐 항상 심리적 부담이 있다. '잘 맞추어야 한다.'라는 의식이다. 이것이 상당한 부담감이 되어 어깨를 누른다. 오판이나 실수로 인하여 체면이 깎이는 일이 생길까 두렵기 때문이다. 명리 상담사는 신(神)이 아니다. 오판할 수 있고 실수할 수 있다. 하지만 그것을 줄이려 부단히 노력한다면 상담사의 자질은 충분한 것이다.

'같은 사주라도 각기 다른 삶을 산다.'라는 점이 명운을 잘 맞추기 어렵게 만드는 가장 큰 요인이 된다. 그러므로 눈을 감는 순간까지 공부하고 연구해야 한다. 상담사는 선의후리(先義後利)해야 한다. 의(義)를 앞에 두고 이익(利益)은 그 뒤에 두어야 한다.

36. 야자시론(夜子時論)

옛날부터 하루를 12개의 구역으로 나누어 구분하고 여기에 12지지의 이름을 붙여 사용하였는데, 이를 '십이시진(十二時辰)'이라 한다.

야자시(夜子時)란 자시(子時)에 해당하는 시간(時間)을 둘로 나누어 구분하였을 때, 그 야반(夜半: 자정)의 전반부(前半部)를 말한다.

야자시론(夜子時論)은 子시를 양분하여 하나는 야자시(夜子時)로, 나머지는 조자시(朝子時)로 구분하여 이해하려는 이론이다.

36-1. 야자시법(夜子時法)과 정자시법(正子時法)

자시(子時)의 사용에 대해서 현재 두 가지 이론이 있다. 야자시법(夜子時法)과 정자시법(正子時法)이다.

보통 子시부터 하루의 기운이 시작된다고 보긴 하지만, 子시의 중앙점(子正)을 통과할 때라야 완전한 하루의 변경이 있다고 본 관점이 있는데, 이런 시각에서 야자시 설이 세워졌다.

일 년의 시작도 정확한 태양 운동의 주기로만 고려한다면 동지(冬至)에서부터 적용해야 옳을지도 모른다. 그러나 작금의 사주명리학에서는 동지를 지나고 입춘(立春)에 이르러서야 비로소 일 년이 시작한다고 보았듯이, 하루의 바뀜도 子시의 중앙점(자정)이 되면서부터 완전한 교체(交替)를 이루게 된다고 보는 시각이 야자시 논리의 기저(基底)이다.

태양이 남중점(南中占)에 왔을 때를 午시의 정오(正午)라 하듯이 태양이 북중점(北中占)에 왔을 때를 子시의 자정(子正)이라 한다. 이 자정(子正)을 중심으로 그 이전의 子시를 야자시(夜子時)라 하고, 그 이후의 子시를 조자시(朝子時) 또는 명자시(明子時), 혹은 주자시(晝子時)라 하여 서로 구분하는 것이 야자시법이다.

정설(定說)에 의한 날짜의 경계선은 子시의 시작점이 되는데, 이 때(前日 23시)부터 날짜가 바뀐다는 것이 정자시법이다. 그러나 야자시법은 이를 부정하는 것이다. 즉 태양이 북중점(北中占)을 통과하지 않으면 날짜를 바꿀 수 없다는 이론이 야자시법이다. 야자시(夜子時)를 넘기지 않으면 전일(前日)의 일진(日辰)을 그대로 적용하고, 조자시(朝子時)가 되어야만 비로소 다음날의 일진(日辰)을 적용한다는 법칙이 야자시법이다.

정자시법(正子時法)은 子시를 둘로 구분하지 않고 子시의 시작부터 다음날 일진이 시작된다고 간주하는 방법이다.

36-2. 야자시법(夜子時法)의 원리(原理)

명리의 원리를 천문과 관련지어 궁구해보면, 태양과 지구의 관계가 그 원리의 핵심임을 짐작할 수 있다. 공전궤도 상의 지구의 위치, 태양의 입사각 등이 인간의 운명에 보이지 않는 영향을 미치고 있다. 그러므로 하루의 시작을 결정하는 부분도 태양의 위치나 각도와 관련이 있음을 알 수 있다. 태양이 북중점을 통과하는 순간을 기준으로 각을 나누면, 子시는 좌 30도와 우 30도로 나뉘는데, 야자시는 좌 30도의 시간에 해당하는 것이다. 하루는 태양이 북중점을 통과하는 순간에 시작되며, 그 이전에는 비록 子시라 하더라도 당일로 간주하여야 한다는 것이 야자시의 원리이다. 즉 태양이 북중점을 통과하는 순간을 날짜의 경계로 본 것이 야자시의 과학적 근거이다.

과연 하루가 시작되는 경계가 어디이며, 그 시점은 언제일까?

일진은 지구의 자전 즉 태양의 궤적에 의하여 결정된다. 즉 子시가 일진을 결정하는 것이 아니라 태양이 결정한다. '甲己일은 甲子시로 시작한다.' 이런 생각은 그야말로 '시(時)에 의하여 일(日)이 결정된다하는 오류'이다. 甲己일에 甲子시가 배당된 것은 甲己일에 오는 시각의 선두(先頭)가 그렇다는 뜻일 뿐, 甲子시가 甲己일을 만든다는 의미가 아니다. 즉 시간이 날짜의 경계를 만드는 것이 아니라는 뜻이다.

일진과 시간은 어느 쪽에 예속되는 것이 아니다. 일진과 시간은 각기 다른 영향력에 의하여 각자의 규칙을 가지고 서로에 상관없이 기운이 변하여 가는 체계이다. 즉 일진은 일진 대로 흘러가고 시간은 시간 대로 흘러간다.

"야자시와 조자시가 같은 일 천간을 사용해야 한다."라는 주장은 근본적으로 자연의 기운 변화에 대한 인식에 문제가 있는 주장이다. 그리고 '야자시(夜子時)'라는 용어는 어제오늘에 생긴 것이 아니다. 야자시의 학술적 근거는 고서 삼명통회(三命通會)의 논시각(論時刻) 장에 있다.

"若子時則上半時在夜半前屬昨日 下半時在夜半後屬今日"

"만약 자시라면, 상반시는 야반(한밤중: 자정) 전이므로 어제에 속하고, 하반시는 야반 후이므로 오늘에 속한다."

야자시 개념의 연원(淵源)은 오래되었다. 서주(西周) 시대부터 하루의 경계를 야반(夜半: 자정)으로 삼았다고 한다. 각종 문헌에서 그렇게 전해지고 있다.

주자어류(朱子語類)에도 야자시에 대한 기록이 있다.

"(朱子)曰, 冬至前四十五日屬今年 後四十五日明年 子時前四刻屬今日 後四刻屬明日"

"(주자가) 이르기를, 동지 전의 45일은 올해가 되고, 동지 후의 45일은 내년에 속하는 것이다. 자시의 전 4각(60분)은 오늘에 속하고, 자시의 후 4각은 내일에 속한다."

우리나라의 조선왕조실록에도 여러 곳에 야자시에 관한 내용이 있는데, 그중 하나인 정조실록에 적힌 내용을 소개한다.

正祖 53卷, 24年(1800년 庚申, 淸 嘉慶 5年) 1月 12日(乙丑)
觀象監啓言: "今庚申年淸鄕書考準 則大小月二十四氣合朔弦望日出入時刻 擧皆相合 而五月十六日小暑 淸戌正初刻七分 鄕戌正初刻八分 十二月二十一日立春 淸未初二刻十分 鄕未初二刻十一分 各差一分 此則與北京時刻 自有差速差遲之別 實非乘除比例之做錯 九月中氣霜降 淸爲九月初六日夜子時三刻六分 鄕爲初七日字正二刻三分 差以一日 而我國節氣時刻 加四十二分 故如當子時初正交換 則相差一日 自前已例 此皆詳載於 皇圭 各省時刻下 朝鮮間 其他曆註諸處之相左 則多因彼中宜忌 勢所固然 請從鄕書施行"允之

관상감이 건의한 말: "(줄임) 9월 중기 상강(霜降)은 청나라는 9월 6일 야자시 3각 6분에 들고, 우리는 7일 정2각 3분에 들어서 하루가 차이 납니다. (이하 줄임)."

관상감이 청력(淸曆)과 어긋나는 것을 우리나라 역서에 따라 시행할 것을 건의한 것인데, 이 자료로 보아 조선의 역법이 청국의 역법을 빌려서 써 왔으며, 청국과 조선의 입절시각을 상호 비교하기도 하였음을 알 수 있다. 그리고 子時를 야자시와 조자시로 나누고 날짜 변경 시점으로 삼았음도 알 수 있다. 예부터 12시진을 초(初)와 정(正)으로 양분하여 24시진처럼 인식해 왔으나, 위 문장을 살펴보면 子時의 중간을 일진 변경 기준으로 삼았음을 알 수 있다.

또한 적천수천미에서 임철초는 다음과 같이 야자시를 논하고 있다.

"子時前三刻三分 壬水用事者 亥中餘氣 卽所謂夜子時是也"
"子시 전 3각 3분의 壬水 용사가 亥 中 여기인데, 소위 야자시이다."
라고 말하였는데, 이는 야자시를 亥시의 여기(餘氣)로 이해하기도 했음을 짐작하게
한다.
1시진의 1/8이 1각이고, 1각의 1/10이 1분이므로 3각 3분은 약 49분 30초 정도 된
다. 子시를 壬 약 41%와 癸 약 59%의 결합으로 이해한 듯하다.

옛날의 시각을 표시하던 수단은 시진(時辰), 각(刻: 大刻, 小刻), 상각(上刻), 하각(下
刻), 초(初), 정(正) 등이 있었는데, 하루를 120각, 180각, 100각(明 때: 1각=14분 24
초), 96각 등으로 보던 시기가 있었다. 1각은 현대 시간으로 약 15분 정도이다.

'야자시(夜子時)'란 용어를 처음 사용한 책은 명(明) 때 주기(周祈)의 명의고(名義考:
용어해설집, 1584년)이다. 우리나라에서는 이석영(李錫暎)이 사주첩경(四柱捷徑: 1969
년)에서 처음 주장하였다.
중국에서는 원수산(야자시를 소개함), 하건충, 서락오, 일본에서는 아베타이잔 등이
야자시 설을 소개 또는 주장하였다.

36-3. 야자시법(夜子時法)의 일진(日辰)

야자시법을 따르면 일진만 달라지고, 시진은 달라지지 않는다.

야자시법			정자시법		
23:30	00:30	01:30	23:30	00:30	01:30
어제	오늘		오늘		
甲子日(야자시)	乙丑日(조자시)		乙丑일(정자시)		
丙子시	丙子시		丙子시		

36-4. 야자시법(夜子時法)으로 세운 사주(四柱)

  예를 들어 양력 2020년 2월 20일 23시 50분에 서울에서 출생한 사람의 사주를 세운다면, 그 사주는 다음과 같이 두 가지 종류를 세울 수 있다.

  1) 정자시법을 따른 사주

  동경시(東經時)를 보정(補正)하여 생각한다면, 서울은 23시 32분부터 子시에 속한다. 만약 정자시법을 택한다면, 일진을 바꿀 때(23:32)가 이미 지났으므로 일진을 다음 날로 바꾸어야 한다. 다음과 같은 사주가 된다.

  甲 甲 戊 庚 (정자시법)
  子 午 寅 子

  2) 야자시법을 따른 사주

  만약 야자시법을 택한다면 일진을 바꿀 때(00:32)가 아직 먼 상태이기 때문에 다음과 같은 사주가 된다.

  甲 癸 戊 庚 (야자시법)
  子 巳 寅 子

  필자는 정자시법보다 야자시법이 더 세밀하고 정확하다고 생각하며, 야자시법으로 인해 명리가 한 단계 더 발전했다고 생각한다. 야자시법은 절대 놓쳐서는 안 될 중요한 이론이다.
  고서 삼명통회에 야자시를 논한 부분이 있으므로 예전부터 야자시에 대한 인식이 있었던 것으로 보이지만, 선학(先學)들이 그것을 적극적으로 채택하지 않았고 거의 무시해 왔던 것으로 보인다(야자시 명례를 실은 고서가 전혀 없다). 하지만 그것은 크나큰 실수였다고 필자는 판단한다.
  子시는 야자시(夜子時)와 조자시(朝子時)로 구분하여 사용하는 것이 더욱 정확하다. 그리고 그 시간의 경계는 표준시(標準時)의 경도(經度)에 따라 정해져야 한다. 즉 경도 135도 기준의 표준시에서 서울의 야자시(夜子時)는 전일 23시 32분 5초부터 00시 32

분 4초까지이고, 조자시(朝子時)는 00시 32분 5초부터 금일 01시 31분 4초까지인 것이다. 丑시나 寅시 등도 이같이 지역별 경계를 고려해서 적용해야 한다.

일 년의 변화는 사상(계절)의 변화이므로 입춘에서 새해가 시작되는 것이 맞고, 하루의 변화는 음양의 변화이므로 子시의 정점(頂點)에서 다음날이 이루어지는 것이 맞는다.

36-5. 일진(日辰)의 시작점(始作點)

하루의 경계(境界)와 시작점은 언제일까?

태양이 우리나라의 정반대 위치(대척점對蹠點, 남미 칠레 근처의 남태평양 위)를 넘어서야 새로운 하루의 기운이 시작된다. 23시에는 태양이 아직 우리나라가 위치한 면을 미처 통과하지 못했기 때문에 당일의 일진을 사용해야 한다.

일진(日辰)과 시간(時間) 중에 어느 한쪽이 다른 쪽에 예속된 것으로 인식하면 일진의 시작점을 이해하기 어렵다. 일진과 시간은 서로 어느 쪽에도 예속되는 것이 아니다. 일진과 시간은 각기 다른 각자의 체계(體系)를 가지고 서로에 상관없이 기운을 변화시켜 나아간다.

하루의 시작은 子시가 결정하는 게 아니라, 태양이 결정한다. 하루는 밤과 낮, 즉 음과 양으로 이루어졌기에 양의 시작점이 하루의 시작점이 된다. 그러므로 태양이 북중점(자시의 중간)을 통과할 무렵부터 하루가 시작된다.

◆ 일진(日辰):

당일의 운세를 살피던 시기가 주로 辰시였기 때문에 辰이 일진 지지의 대표로 쓰이게 되었다.

36-6. 야자시법(夜子時法)의 적용문제(適用問題)

야자시를 부정하는 학자들은, 야자시법이 고서에서 제시한 십이시진법(十二時辰法)에 기초한 일주정법(日柱定法)을 무시하고 있다하며 야자시법을 부당한 방법이라고 평가하고 있는데, 고서가 진리(眞理)만 담고 있다는 인식 때문인지, 아니면 학술적 폐쇄성(閉鎖性)이 강해서인지, 정자시법이 오히려 잘못되었음을 인정하게 하기가 쉽지 않다.

현재의 정자시법은 하루의 경계를 시(時)로써 정하려는 방법이므로 이것은 분명히 잘못된 것이며, 태양의 위치로써 하루의 경계를 정하는 것이 올바른 방법이다. 즉 정자시법은 오류이며 야자시법이 정확한 것이다. 하루는 음양으로 구성되어 있기에 양의 시작점이 하루의 시작점이 되는 것이 마땅하다. 그러므로 하루는 子시가 결정하는 게 아니라 태양이 결정해야 한다.

子시를 반드시 두 개로 분리해야 하는 이유는 야자시 이론이 올바른 이론이기 때문이다. 예컨대 시의 천간과 일간(日干)은 자식을 잉태했을 때 출산 전에 미리 그 성별(性別)을 알 수 있게 해 주는 주요 변수들인데, 부모가 야자시 생일 경우, 야자시를 썼을 때에 정확하게 자식의 성별을 추정해 낼 수 있고, 정자시를 썼을 때는 오히려 제대로 추정해 낼 수 없다. 더 구체적으로 말하면, 야자시를 적용하면 시의 천간은 바뀌지 않고 일간의 음양이 바뀌는데, 일간의 음양이 바뀌면 자식의 성별도 바뀌는 원리가 적용되기 때문에 야자시를 구분해야만 정확하게 성별을 가릴 수 있다. 그러므로 일간의 음양을 결정짓게 하는 이 子시 문제는 지극히 중요한 문제가 아닐 수 없다.

야자시법을 썼을 때 일간의 음양뿐만 아니라 오행까지도 바뀌는 경우가 있는데, 이때는 사주가 완전히 달라지므로 야자시 사주를 채택하는 일이 큰 모험일 수 있다. 그러나 모험을 할 만한 가치가 충분히 있으니 주저하지 말기 바란다.

야자시법(夜子時法)의 실례(實例)가 간명요결론에 있으니 참고하기를 바란다(정자시법의 오류를 밝혀 놓은 임상 증거가 있다).

> **배우는 사람은 항시 자신의 오류를 두려워해야 한다.**
>
> 스스로 옳다고 철석같이 믿고 있던 자기 이론도 언젠가는 엉터리 이론으로 판정될 수 있음을 항시 두려워해야 한다. 비유하자면, "태양이 지구 주위를 돌고 있다."라고 하며 남을 가르치고 있는 사람이 흔히 있으나, 지구의 공전을 잘 알고 있는 사람이 웃으면서 그를 쳐다보고 있다는 걸 그가 알아차리기 어렵다. 그러므로 배우는 사람은 항시 자신의 오류를 두려워해야 하고, 언제든 고칠 준비를 하고 있어야 한다.

37. 허자론(虛字論)

　　허자(虛字)란 사주팔자에 나타나 있지 않은 오행을 있는 것처럼 인식하고자 하여 추정(推定)한 오행이다.

　　허자에 관한 이론은 고서에도 일부 언급(言及)되어 있으나 합리적(合理的) 근거(根據)가 빈약(貧弱)하기에 명리의 정규(正規) 이론으로서 인정을 받지 못하고 있다. 그러나 현업(現業)에 종사하고 있는 학자들의 상당수가 통변(通變)의 확장성(擴張性)을 확보하기 위한 목적으로 여전히 쓰고 있다.

37-1. 허자(虛字)의 개념(槪念)과 종류(種類)

　　허자(虛字)는 특별한 조건을 전제(前提)하여 원국에 없는 오행을 있는 것으로 간주한 의제오행(擬製五行)이다.

　　허자의 종류로서 공협자(拱夾字), 도충자(倒沖字), 허합자(虛合字) 등이 있는데, 한자마다 채택하고 구사하는 이론들 사이에 다소(多少) 차이가 있다.

　　허자론의 단초(端初)를 제공한 것은 비천록마격과 도충록마격, 공록격과 공귀격, 자요사격과 축요사격 등의 고전 격국들이다.

　　예부터 원국의 재관(財官)을 중시하였기 때문에 만약 원국에 없으면 억지로 만들어 넣고자 작정(作定)하였는데, 이런 터무니없는 이론이 나온 배경을 살펴보면, 송(宋) 때의 명리학자들이 재성이나 관성이 없는 고관대작(高官大爵)이나 부유층(富裕層)의 사주를 만났을 때 그들의 사주를 당시의 위상(位相)이나 품격(品格)에 맞도록 끼워 맞춰주기 위해 만들어 낸 것이었음을 쉽게 짐작할 수 있겠다.

```
○丙○○    ○甲○○    ○癸○○    ○甲○○
○○寅子    ○寅寅○    亥未○○    ○○亥丑
   (丑)       (申)       (卯)        (子)
```

1) 공협자(拱夾字)

공협자(拱挾字)는 근접(近接)한 지지와 지지 사이에 만약 오행 흐름의 공백(空白)이 생기면 그 흐름을 이어줄 오행을 불러올 수 있다고 하는 논리에 의하여 만들어진 허자이다. 공협은 육임(六壬)에서 온 이론으로 추정된다.

○ 丙 ○ ○
○ ○ 寅 子
    (丑)

년지 子와 월지 寅의 흐름을 이어줄 丑을 공협자로 불러올 수 있다고 본다.

○ 甲 ○ ○
○ 申 戌 ○
  (酉)

월지 戌과 일지 申 사이를 이어줄 酉를 공협자로 불러올 수 있다고 본다.

○ 丙 ○ ○
子 ○ 寅 ○

만약 子와 寅이 격위(隔位)되어 떨어져 있으면 흐름을 이어줄 수 없기에 공협자를 불러올 수 없다고 본다.

2) 도충자(倒沖字)
도충자(倒沖字)는 비천록마격이나 도충격의 경우처럼 지지의 육충(六沖) 관계를 이용해서 허자를 불러올 수 있다고 하는 논리에 의하여 만들어진 허자이다. 지지에 특정 오행이 다수(多數) 존재할 때 이루어진다.

고전 격국론에서는 몇몇 일간에 국한하고 있지만, 이를 확장하여 모든 일간에 대해 도충 원리를 적용한다.

○甲○○
○寅寅○
　(申)

寅의 반대 기운인 申을 도충해 올 수 있다고 본다.

○甲○○
午午○午
　(子)

午의 반대 기운인 子를 도충해 올 수 있다고 본다.

○甲○○
午午○子

원국에 子를 이미 갖추고 있는 전실(塡實) 상태이기 때문에 도충자를 불러올 수 없다고 본다.

3) 허합자(虛合字)

허합자(虛合字)는 지지의 삼합(三合)과 방(方)의 유인력(誘引力)에 의해서 생성이 되며, 삼합 또는 방이 두 글자만 있어서 완성되지 못하였을 때 그 나머지 한 자를 불러올 수 있다고 하는 논리에 의하여 만들어진 허자이다. 비합자(飛合字)라고도 한다.

○癸○○
亥未○○
　(卯)

일지와 시지에 未와 亥가 있어서 亥卯未 삼합의 부분이므로 목국(木局)에 해당하는 나머지 한 자 卯를 불러올 수 있다고 본다.

○甲○○
○○亥丑
   (子)

년지와 월지에 丑과 亥가 있어 亥子丑 방의 부분에 해당하므로 수방(水方)에 해당하는 나머지 한 자 子를 불러올 수 있다고 본다.

37-2. 허자론(虛字論)의 합리성(合理性)

허자론도 신살론과 마찬가지로 통변력을 확장할 수 있다는 명목(名目)하에 여전히 쓰이고 있다. 그러나 허자론을 적용하여 해설한 사주들을 보면 실제로는 군이 그렇게 해석할 필요가 없는 사주들이다.

년월일시의 특정 지점을 표시한 사주팔자에 또다시 특정 지점을 더 만들어 붙이겠다는 시도는 명리의 과학성을 망치는 황당한 시도가 아닐 수 없다. 원국에도 허자가 있고 대운, 태세, 월운, 일운에도 각각 허자가 생긴다면 명운에서 주객(主客)을 구분하기 어려워지게 되고 종내 명운(命運)이 난장판이 되기 쉽다.

명리는 고전에서 고전으로 더 거슬러 올라갈수록 그 이론들이 정미(精微)하지 못하고 비합리적인 부분이 점점 많아지는지라, 후학이 그런 이론들을 현대에서 쓸 법수(法手)로 삼기에는 매우 불합리한 것들이 많다. 그것은 명리 이론이 과학이기 때문에 그렇다. 과학 이론은 옛날로 거슬러 올라갈수록 점점 허술해지지 않을 수 없는 것이다.

과학(科學)은 문학(文學)과 다르다. 이백(李白)과 두보(杜甫)의 주옥(珠玉)같은 시(詩)가 천여 년이 지난 오늘날까지도 세인(世人)들의 입에 회자(膾炙)되고 있는 것은 그게 문학 작품이기에 가능했다. 시문학(詩文學)을 두고 합리적이니 비합리적이니 하며 합리성을 논하지는 않는다. 문학이기 때문에 그렇다. 그러나 명리는 문학이 아니라 과학이기 때문에 그것을 따지지 않을 수 없다.

허자를 주장하는 사람들이 흔히 제시하는 근거로써 "음양의 이치가 그렇기 때문이다."라는 말을 하곤 하는데, 그들의 논거는 아전인수(我田引水)와 견강부회(牽強附會)를 벗어나지 못한 억지일 뿐이다.

옛것이 반드시 옳다면 허자론이든 뭐든 무조건 수용해도 무방하겠으나 옛것이 반드시 옳지는 않다. 그러므로 맹목적으로 받아들이지 말고 하나하나 따져보고 실증(實證)해본 뒤에 취사선택(取捨選擇)해야 한다.

허자는 원래 원국에 없던 것이며 억지로 만든 것이다. 이것은 명운을 해석하는 일에 오히려 방해꾼이 되어 원국과 운이 반응하는 정연한 논리체계를 혼란에 빠트리고, 결국 오판(誤判)을 초래하게 만든다.

적천수(滴天髓)도 "영향요계기위허(影響遙繫旣爲虛: 그림자나 메아리같이 아득한 것들을 붙들어 맨 것은 처음부터 헛된 것이다.)"라 했다.

또한 격국이나 용신에 빠진 사람들은 한 글자 차이의 엄중함을 모르고 그저 격국이나 용신에만 관심이 있으니, 사주에 글자 하나 더 만들어 넣는 일을 아주 사소한 일로 인식하기 쉽다. 그러나 소위 "호리지차천리지류(毫釐之差千里之謬)"라 했으니, 팔자의 한 글자 차이가 실제 명운에서 엄청난 차이(오류)를 초래할 수 있다는 사실을 엄중히 인식할 줄 알아야 한다.

명리 학습에 필수 요소인 '합리적인 생각'을 가지지 못한다면 명리체득은 요원한 일이 되고 말 것이다. 현재의 허자론은 합리적 근거가 부족하므로 사용을 권장할 만한 것이 못 된다고 본다. 원국에 나타나 있는 오행이라도 제대로 보려 노력하는 것이 더 바람직한 자세라고 생각한다.

고서 이론에도 옥석(玉石)이 있고 정오(正誤)가 있다.

'고서에 있는 이론들은 틀린 게 없다. 무조건 믿어야 한다.'라고 생각하고 있다면 아주 어리석은 사람이다. 그렇게 고서를 맹신(盲信)하다가는 평생 공부해도 명리를 터득할 수 없다. 잘못된 이론을 고차원 이론으로 착각(錯覺)하는 일이 있어서는 안 되며, 쓸데없는 공부로 인해 아까운 시간을 낭비하는 일이 있어서도 안 된다. 그게 독(毒)이 된다.

상담업에 종사하려는 사람이라면 명리를 바르게 배워야 하고, 또한 바르게 써야 한다. 그렇게 하지 못했을 경우, 씻을 수 없는 구업(口業)을 짓게 될 수 있다.

38. 명궁태원론(命宮胎元論)

명궁(命宮)은 명(命)이 자리한 집(宮)을 뜻하며, 팔자 외에 또 하나의 주(柱)를 찾는 이론이다.

태원(胎元)은 잉태(孕胎)한 월(月)을 찾아 간명에 이용하는 이론이다.

38-1. 명궁(命宮)

명궁(命宮)은 생월(生月)을 기준으로 하여 태양의 위치(月將)를 찾고, 여기에 생시(生時)를 더하여(月將加時) 간지(干支)로 표시한 것이다.

명궁설은 고천문과 오성술에서 유래한 육임(六壬)의 월장설(月將說)에서 온 것이다.

명궁이 구해지면 또 하나의 간지(干支)가 생기므로 사주에 명궁을 더하면 오주(五柱)가 된다. 명궁을 찾아 정하는 것을 입명(立命)이라고 하며, 명궁은 귀천(貴賤), 빈부(貧富) 등을 살피는 방법으로 쓰인다.

삼명통회의 논좌명궁(論坐命宮) 장에 '좌명궁(坐命宮)'이라 하며 명궁을 논한 부분이 있다.

"神無廟無所歸 人無室無所棲 命無宮無所主 故有命宮之說"

"사당이 없는 신은 돌아갈 곳이 없고, 집이 없는 사람은 살 곳이 없고, 궁이 없는 명은 주인이 없다. 그러므로 명궁의 설이 있다."

명궁 이론은 본래 오성학(五星學, 칠정사여七政四餘, 중국식 서양 점성학)에서 출발하여 명리에 도입(導入)된 것인데, 육임과 삼명학에서도 쓰였으나 신법 명리인 자평 명리학에서는 채택되지 않았다. 자미두수에도 명궁 이론이 있으나 성격이 좀 다르다. 명궁 이론은 근래에 와서 중국의 몇몇 학자들에 의해 다시 소개되기 시작하였고, 우리나라에서도 더러 논하는 학자들이 생겨나고 있다. 명궁은 십이 중기(中氣)를 쓰는 이론이므로 절월력을 쓰는 자평 명리와는 학술적 원리가 서로 맞지 않는다.

명궁을 계산하는 방법은 복잡하고 까다롭다. 육임 이론에 명궁을 찾는 월장가시법(月將加時法)이 있으나 명리 이론이 아니므로 소개는 생략하고, 간편하게 월과 시를 숫자로 계산하여 명궁을 찾는 편법을 소개한다.

이 방법은 월장가시법과 마찬가지로 십이 절기를 기준으로 월을 정하지 아니하고, 십이 중기를 기준으로 월을 정한다.

편법으로서, 대한에서 우수 직전까지를 寅월로 간주하고, 우수에서 춘분 직전까지를 卯월로 간주하며, 辰巳午未申酉戌亥子월도 이같이 간주하며, 동지에서 대한 직전까지를 丑월로 간주하고 시작한다.

본래 월장(月將)을 찾으려면 중기를 월건의 시작으로 삼되, 우수에서 춘분 직전까지를 寅월로 간주해야 한다. 그러므로 이 방법은 월장을 이용하는 방법이 아니다.

사주의 생월(生月)과 생시(生時)를 가지고 명궁의 지지를 찾는다. 명궁의 지지가 찾아지면 천간을 붙여야 하는데, 사주의 년간을 기준으로 월두법에 따라 명궁의 천간을 정한다. 즉 甲己년생은 丙寅부터 시작하고, 乙庚년생은 戊寅부터 시작하며, 丙辛년생은 庚寅부터 시작하고, 丁壬년생은 壬寅부터 시작하며, 戊癸년생은 甲寅부터 시작한다. 남녀 구분이 없다.

1) 태어난 월과 시를 수로 환산하여, 寅1, 卯2, 辰3, 巳4, 午5, 未6, 申7, 酉8, 戌9, 亥10, 子11, 丑12로 배당한다.

2) 월과 시에 배당된 두 수를 합산(合算)한 다음, 이를 14에서 뺐을 때 나온 수를 명궁 지지로 간주한다.

14 - (월의 수 + 시의 수) = 명궁 지지 수

3) 월과 시를 합산한 수가 14이상 24이하일 경우에는 26에서 빼준다.

26 - (월의 수 + 시의 수) = 명궁 지지 수

4) 명궁 지지 수를 다시 십이지지로 바꾸어 명궁 지지를 정한다.

5) 년간을 기준으로 월두법(月頭法)에 의해 명궁의 천간을 구한다.

예) 양력 1984년 4월 26일 寅시생이면 사주와 명궁은 아래와 같다.

命　時日月年
甲　戊庚戊甲
戊　寅寅辰子

중기 곡우(穀雨)를 지났으므로 巳월(4)에 해당하고, 寅시(1)를 더하면 5가 된다. 14에서 5를 빼면 9가 되므로 9에 해당하는 명궁의 지지는 戌이 된다. 甲년생이라 丙寅.......甲戌에 이르므로 명궁의 천간은 甲이 된다.

월두법을 쓰지 않고 시두법(時頭法)을 쓰기도 하는데, 시두법을 쓴다면 명궁의 천간은 壬戌이 된다.

명궁으로써 그 사람의 성격(性格), 체격(體格), 지위(地位), 부귀빈천(富貴貧賤), 길흉(吉凶), 요수(夭壽), 육친(六親) 등을 추정할 수 있으며, 명궁의 간지(干支)가 길신(吉神)이면 길(吉)하고, 흉신(凶神)이면 흉(凶)한 작용을 한다. 명궁은 각종 신살(神煞), 십이운성(十二運星), 공망(空亡), 형충파(刑沖破) 등을 살펴 통변한다.

명궁조견표(命宮早見表)

時\月	寅	卯	辰	巳	午	未	申	酉	戌	亥	子	丑
子時	卯	寅	丑	子	亥	戌	酉	申	未	午	巳	辰
丑時	寅	丑	子	亥	戌	酉	申	未	午	巳	辰	卯
寅時	丑	子	亥	戌	酉	申	未	午	巳	辰	卯	寅
卯時	子	亥	戌	酉	申	未	午	巳	辰	卯	寅	丑
辰時	亥	戌	酉	申	未	午	巳	辰	卯	寅	丑	子
巳時	戌	酉	申	未	午	巳	辰	卯	寅	丑	子	亥
午時	酉	申	未	午	巳	辰	卯	寅	丑	子	亥	戌
未時	申	未	午	巳	辰	卯	寅	丑	子	亥	戌	酉
申時	未	午	巳	辰	卯	寅	丑	子	亥	戌	酉	申
酉時	午	巳	辰	卯	寅	丑	子	亥	戌	酉	申	未
戌時	巳	辰	卯	寅	丑	子	亥	戌	酉	申	未	午
亥時	辰	卯	寅	丑	子	亥	戌	酉	申	未	午	巳

아래는 명궁의 작용에 대한 참고 자료이다.

남자 명궁이 子午이거나 여자 명궁이 巳亥이면 음란하다.
대운과 유년이 모두 명궁을 극하면 생명이 위태한 위험이 있다.
대운이나 유년이 명궁을 충극하면 생명을 잃거나 타향에서 뜻밖의 고통을 당한다.
명궁과 시주가 충이 되면 흉하고, 명궁이 공망이면 불리하다.

명궁과 일지가 충하면 부부의 인연이 바뀐다.

명궁에 망신, 겁살, 칠살, 백호살, 원진살 등이 있으면 빈천하거나 질병에 시달리며 흉사하기 쉽다.

명궁의 간지가 모두 관살이면 형제가 요절하거나 형제 수가 적다.

명궁의 지지가 재성이고 희신이면 치부한다.

명궁이 겁살, 양인 등에 해당하면 재앙과 구설과 관재가 따르기 쉽고, 편관이 강왕하면 요절하기 쉽다.

명궁이 고신, 과숙살이면 승려가 아니면 고독한 사람이다.

명궁이 길신이면 복이 많고 총명하다.

명궁이 도화이면 음란하고 술을 좋아하나 공망이 되면 이를 면한다.

명궁이 백호살이면 관재나 소송의 우려가 있고, 흉사하거나 질병이 있기 쉽다.

명궁이 사주의 배우신(配偶神, 배우성配偶星)을 충극하면 불길하다.

명궁이 양인이면서 일주가 강하면 성격이 거칠고 억제가 되지 않으며 충동적이다.

명궁이 역마에 해당되면 주거이전이 많고, 타향에서 발달한다.

명궁이 일지와 형충되면 빈천하거나 요절한다.

명궁이 정관이나 정인이면 귀명이고, 명궁이 편관이면 파란이 많다.

시주와 명궁이 서로 공망이 되면 명예를 얻지 못한다.

38-2. 명궁활용(命宮活用)의 실례(實例)

丁戊己庚辛壬癸　　己乙甲戊 坤 - 1968 ◈ 252
巳午未申酉戌亥　　卯亥子申
68 58 48 38 28 18 8,4

명궁(命宮): 甲寅

남편이 뇌졸중으로 쓰러져 언어장애 및 중풍에 걸렸고, 그 후 만난 애인은 교통사고로 신체불구자가 되었다. 상당한 미모이고 자녀는 없으며, 현재 힘들게 살아간다.

명궁 甲寅이 남편 신 申을 충하고 일지를 파하므로 남편 복이 박하고, 명궁이 비겁이므로 경제적인 측면에 불길하다.

38-3. 태원(胎元)

태원(胎元)은 부모가 자신을 잉태(孕胎)한 달을 말하는데, 월주(月柱)를 기준으로 하여 천간은 한 칸 다음으로 넘어가서 찾고, 지지는 세 칸 다음으로 넘어가서 찾는다. 예컨대 丙寅월에 태어났다면, 태원은 丁巳월이 된다. 더 정확하게 구하려면, 실제 수정(受精) 후 출산(出産)까지 평균 265일이 걸리므로 태원을 출생일로부터 역산(逆算)하여 찾으면 된다. 사람마다 잉태 기간이 며칠씩 다르므로 정확한 태원 계산이 어려울 수도 있다. 만약 태원이 입절시각 근처가 되면 정확한 태원을 추정하기가 곤란하므로 두 개의 태원을 추정할 수밖에 없다는 단점이 있다.

춘추전국시대의 귀곡자(鬼谷子)가 사람의 운명을 논한 귀곡자찬(鬼谷子撰: 鬼谷子遺文)을 당(唐)의 이허중(李虛中)이 주해(註解)하여 명서(命書)를 저술하였는데, 고법 책인 이 명서의 중편(中篇) '원명승부(元命勝負)' 부분에 태원에 관한 내용이 나온다.

"四柱者胎月日時三元爲萬物之本"
"사주는 태월일시이고 삼원은 만물의 근본이다."

고법 명리에서는 년월일시(年月日時)의 사주(四柱) 대신에 년주(年柱)를 필두로 하여 그 밑에 태월일시(胎月日時)를 써서 사실상 오주(五柱)로써 간명을 하였다. 즉 지금의 년주 자리에 과거에는 태원(입태월入胎月)을 넣어서 간명을 했었다.

태원을 간명에 참고하는 학자들은 시주 밑에 태원주(胎元柱: 入胎月柱)를 기록하여 자기 나름의 이론을 적용하여 보기도 한다.

* 명궁은 자평법의 원리에 맞지 않는 이론이고, 태원은 별다른 효용성을 찾아내기 어려운 이론이다. 어떤 것이든 쓰기를 권하고 싶지 않다.

명리는 통계학인가?

통계학(統計學)은 사회 현상을 통계에 의하여 관찰하고 연구하는 학문이다.

명리는 추론통계학(推論統計學)의 일부 기법을 적용할 수 있는 학문이지만 통계학은 아니다. 명리는 독립변수(independent variable)가 다양하고 그에 따른 종속변수(dependent variable, 반응변수 responsible variable)는 더욱 다양하며, 더욱이 교호작용(interaction: 독립변수 사이의 상호 작용으로 인해 서로의 작용에 영향을 주는 것)이 복잡하게 일어나기 때문에 통계를 내기 어려운 학문이다. 쉽게 말하면, 육십갑자들이 서로 복잡하게 부딪힌 결과로서 일어나는 현상이 아주 다양하게 발현하기에 그것을 통계자료로 다루기가 매우 어렵다는 말이다.

39. 하도낙서론(河圖洛書論)

역(易) 이론에 항상 등장하는 것이 하도(河圖)와 낙서(洛書)이다. 그런데 고대(古代)의 하도와 낙서가 진정 어떤 모양으로 생긴 것이 있었는지 그 참모습을 아는 사람이 아무도 없다. 오늘날 우리가 보는 하도와 낙서는 후대(後代)에 와서 창안(創案)된 것이다.

통상적으로 하도와 낙서를 역의 근원(根源)으로 여기며 주역(周易: Book of Changes)과 결부시켜 논하기도 하지만 주역과 전혀 관련이 없다고 보는 견해도 있다.

39-1. 하도(河圖)와 낙서(洛書)

하도(河圖)와 낙서(洛書)에 대한 최초의 명칭은 상서(尙書) 고명편(顧命篇)에 나오고, 다음으로 논어(論語) 자한편(子罕篇), 예기(禮記) 예운편(禮運篇), 주역(周易) 계사전(繫辭典) 등에 나타나고 있다.

하도(河圖)는 복희씨(伏羲氏) 때 황하(黃河)에서 나온 용마(龍馬)의 등에 그려진 그림이었다 하며, 낙서(洛書)는 우(禹) 임금이 홍수를 다스릴 때 낙수(洛水)에서 나온 신귀(神龜)의 등에 그려진 문양(紋樣)이었다 한다. 비록 전설들은 그러하나 정작 하도의 원형(原形)이 어떤 형태의 그림이었는지, 낙서가 어떤 형태의 문양이었는지 구체적으로 밝혀진 바가 없다. 후한(後漢) 직전부터 하도낙서의 도형화가 시도되었고 이후 많은 설들이 있었지만 제대로 전해지지 않았다. 오대(五代)에 와서 희이(希夷) 진단(陳摶)이 석판에 그림을 그려 남겼는데, 송(宋)의 상수학자(象數學者, 道家) 소옹(邵雍, 소강절邵康節, 1011~1077)이 이를 다시 고쳐 그렸다. 그러므로 제시되는 하도와 낙서는 추정본(推定本)이다.

하도는 홀수를 양점(陽點)으로, 짝수를 음점(陰點)으로 해서 모두 55개의 점을 사방과 중앙에 배치하였고, 낙서는 홀수와 짝수를 그와 다르게 배치하여 그렸는데, 오늘날 우리가 보는 하도와 낙서의 도서(圖書)는 11세기에 소강절이 그린 것이다('도서관'의 어원이 하도와 낙서이다).

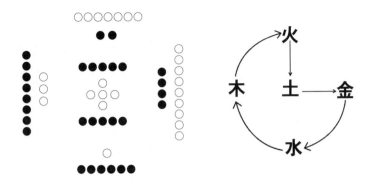

하도(河圖)와 상생순환도(相生循環圖)

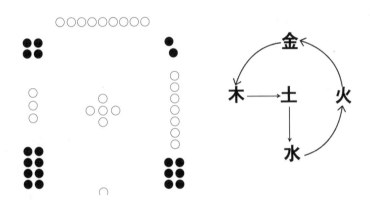

낙서(洛書)와 상극순환도(相剋循環圖)

처음 하도와 낙서를 주역(周易)의 첫머리에 올려놓기 시작한 사람은 송(宋)의 주진(朱震)이었고, 이후 주희(朱熹)가 주자본의(朱子本義)와 역학계몽(易學啓蒙)에 하도와 낙서를 책 첫머리에 기록하였는데, 이는 마치 주역의 기원이 하도와 낙서로부터 말미암은 듯 다른 것이었다. 술수가(術數家)인 황백가(黃百家, 1643~1709)는 이것을 보고, "양자를 데려와서 할아버지로 삼은 꼴이다."라고 비판했다. 송(宋) 때에 와서 도형화된 그림이 오행(五行) 개념을 갖고 있음에도 불구하고 그것을 음양학(陰陽學)인 주역의 기원(起源)으로 삼은 셈이었다.

조선 초기의 성리학자인 권근(權近)은 입학도설(入學圖說)에서 소옹이 그린 하도와 낙서는 각각 오행의 상생과 오행의 상극을 그림으로 나타낸 것이라고 설명했다. 실제로 하도와 낙서를 살펴보면 순수하게 음양을 나타내기보다는 오히려 오행의 상생상극을 나타내고자 하는 목적이 더 강하다는 느낌이 들고, 음양은 겨우 생색만 내준 것 같은 인상이 든다.

하도와 낙서에는 음양(陰陽)은 있어도 사상(四象)과 팔괘(八卦)는 없다. 사상과 팔괘 대신 오행(五行)이 있을 뿐이다.

태고(太古)에 겨우 음양 개념이 생성되던 시기에 과연 오행 개념까지 포괄(包括)하는 도서(圖書)가 존재했겠는지 의문이며, 주역과 하도낙서가 과연 서로 관련이 있는 것인지도 의문이다. 이 두 가지 의문은 다시 연구해야 할 과제이다.

하도와 낙서의 실체(實體)가 위의 그림과 같다면, 이 그림이 뜻하는 바는 결국 음양오행이다. 그렇다면 이것은 주역을 위한 도서가 아니라 명리(?)를 위한 도서일 수밖에 없다.

주역은 음양을 다룬 학문이지 오행을 다룬 학문이 아니다.

태극(太極) - 음양(陰陽) - 사상(四象) - 팔괘(八卦) - 육십사괘(六十四卦)로 흘러가는 주역의 논리 전개 과정에 오행(五行)이 비집고 들어갈 틈은 없다. 이 흐름은 1 - 2 - 4 - 8 - 64의 상수(象數)로 연결되지 1 - 2 - 4 - 5 - 8 - 64로 연결되지 않는다. 그러므로 주역과 명리는 상호 논리 전개 체계가 다르다.

명리의 근원을 주역에서 찾으려 하는 사람이 있는데, 이는 잘못된 시도이다. 두 학문은 일정 부분 유사점이 있고 맥을 같이하는 부분도 있으나, 상호 포함관계로 이루어진 학문이 아니며 서로의 분야가 크게 다르다. 그러므로 주역은 주역대로, 명리는 명리대로 구분하여 학습하고 이해해야 옳은 것이지, 하도낙서를 근거로 내밀면서 둘을 똑같은 학문으로 취급해서는 안 된다. 둘은 진법(進法)이 다르다.

39-2. 금화교역(金火交易)

오행상생도와 오행상극도에서 土를 중앙으로 밀어 넣어서 그림을 다시 그려보면 아래와 같다.

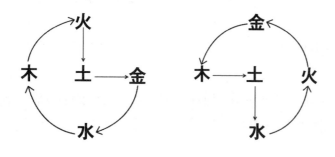

두 그림에서 오행 배치를 보면, 金과 火의 위치가 바뀌어 나타난 것을 알 수 있다. 이를 퇴계(退溪) 이황(李滉)과 일부(一夫) 김항(金恒, 1826-1898)은 '금화호역(金火互易)'이라 했고, 동암(東庵, 斗庵) 한동석(韓東錫, 1911-1968)은 저서 우주 변화의 원리(宇宙變化의 原理)에서 '금화교역(金火交易)'이라 하였다.

구한말(舊韓末)에 일부 김항이 정역(正易)을 완성하면서 이를 드러내었고, 동암 한동석이 이를 더 확장했다.

하도에서의 오행 배치는 좌선상생(左旋相生)이고, 낙서에서의 오행 배치는 우선상극(右旋相剋)이므로, "오행상생도와 오행상극도의 두 그림을 서로 비교해보니 金의 위치와 火의 위치가 서로 바뀌었다."라는 단순한 의미의 용어가 금화교역이다. 그런데 이 자리바꿈을 뜻하는 용어에 무슨 대단한 자연법칙이 담긴 것으로 착각한 사람들이 침소봉대(針小棒大)하여 이것을 거대한 이론으로 만들고 말았다. 그림은 묘하게도 水木은 자리를 옮기지 않은 듯 보이고, 火金만 자리를 서로 바꾼 듯 보인다. 土를 중앙으로 밀어넣어 상생상극도를 그리는 바람에 그러한 착각이 일어나게 된 것이다.

금화호역론 및 금화교역론은 우리나라에서 개발된 정역사상(正易思想)의 기초 이론인데, 선천 세계와 후천 세계의 변화를 설명하는 데 주로 쓰인다. 그러나 이는 순수 명리 이론이 아니다. 그런데도 명리학자들이 이를 빌려와서 한술 더 뜨고 있다. 금화교역을 계절변화의 원리를 설명한 심오한 이론으로 다루어버린 것이다. 이 때문에 지지에서 여름이 가을로 넘어가는 현상을 금화교역으로 설명할 수 있다고 오판하는 사람이 많이 생겨났다. 사실상 용어의 뜻은 그것과 전혀 관련이 없다. 금화교역은 여름에서 가을로 변하는 사상의 변화 원리를 설명하는 용도로 쓰일 수가 없다. 왜냐하면 오행의 火와 여름은 같은 것이 아니며, 오행의 金과 가을도 같은 것이 아니기 때문이다. 계절을 오행으로 표시하면 여름은 火가 아니라 火土이고, 가을은 金이 아니라 金土이므로 금화교역 이론으로는 계절변화를 설명할 수 없다. 巳午未에서 申酉戌으로 넘어가는 것은 火生土, 土生金이지 금화교역이 아니다. 지축(地軸)의 경사(傾斜) 때문에 여름에서 가을로 넘어가는 계절변화 현상이 일어나나 이것은 오행의 화극금(火剋金)과 무관한 현상이다. 여름이 가을을 극한 것이 아니기 때문이다.

생각해보라. 지나간 것이 어떻게 새것을 극할 수 있겠는가? 계절은 사상이므로 사상은 오행의 상생상극과는 별개의 차원(次元)으로 다루어져야 할 다른 대상이다.

오행상생도와 오행상극도로는 지지를 설명할 수 없다. 지지를 설명하려면 사상도(四

象圖)가 필요하다.

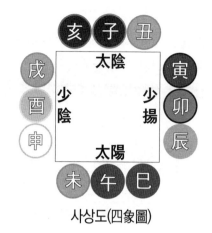

사상도(四象圖)

　지지의 사상(四象)은 계절이므로 土는 계절에 고르게 분산된다.

　상생도와 상극도는 土가 한 곳만 점유하고 있으므로 사상을 표시한 도형이 아니다. 그러므로 오행도를 그려놓고 사상과 계절변화를 논할 수는 없는 것이다. 사상도가 아닌 오행도 두 개를 서로 비교함으로써 발견한 것이 금화교역인데, 그런 용어로써 계절변화 현상을 설명하겠다는 발상은 원천적(源泉的)으로 잘못된 것이다.

　역(易)의 관점에서는 여름과 가을의 관계를 화극금(火剋金)으로 인식하려 하지만, 사상(四象)이 생극(生剋)하는 법은 없다. 명리의 오행 관점에서는 巳午未와 申酉戌을 화극금(火剋金)으로 인식할 수 없다.

　혹자는 "낙서에 나타난 화극금(火剋金)이 바로 여름이 가을을 극하는 이치이다."라는 얘기를 하는데, 전술한 바와 같이, 여름은 火가 아니며 가을도 金이 아니다. 그러므로 여름이 가을을 극할 수 없으며 화극금(火剋金)을 논할 수 없다. 그러면 여름이 가을을 생하는가? 아니다. 사상은 생하거나 극하는 체계가 아니라 그냥 바뀌는 것이다. 즉 여름이 지나가면서 가을이 저절로 찾아오는 것이다.

　오행과 계절은 접근법이 다르다. 봄 다음에 여름이 오고, 여름 다음에 가을이 오며, 가을 다음에 겨울이 오고, 겨울 다음에 봄이 오는 것이다. 그것을 오행으로 표시하면, 寅卯辰 巳午未 申酉戌 亥子丑이다.

　계절변화는 상생상극으로 일어나는 것이 아니다. 봄(寅卯辰)이 여름(巳午未)으로 나아가고, 가을(申酉戌)이 겨울(亥子丑)로 넘어가는데, 寅卯에서 辰으로, 辰에서 巳 등으로 넘어가는 순서 속에는 일관된 생극의 규칙이 없다. 지지가 비록 오행으로 표시되기는 하지만 상생상극의 순환은 아니라는 얘기다. 즉 계절변화는 오행상극의 이치로 인해 발생하는 현상이 아니라 사상의 변화로 인해 발생하는 현상이다.

금화교역 이론은 계절변화를 설명할 수 있는 이론이 될 수 없다.

금화교역은 하도낙서의 오류(土를 중앙에 배치한 오류)를 잘못 이해한 사람들이 만들어낸 허상(虛像)이자 착각(錯覺)이다. 교역은 원래부터 없었다. 오행 상생도와 상극도를 정확하게 그린다면 그 모양은 아래와 같아야 한다.

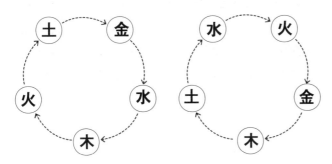

오행 상생도와 상극도에서 土가 중앙에 배치되면 안 된다. 천간에는 방향이란 것이 없는데(땅에서 하늘을 쳐다보고 정한 방향은 하늘의 방위가 아니라 땅의 방위를 연장한 것이다), 만약 土를 중앙에 배치하게 되면 방향이 생긴 그림이 되어 이치에 맞지 않는 그림이 된다.

오행 상생도와 상극도를 土가 꺾여 들어간 도형으로 그려서는 안 되며, 위와 같이 土를 빼내어 전체를 둥글게 원형으로 그려야 한다.

위의 두 그림을 비교해보라. 金火만 서로 위치가 바뀌는 것이 아니다. 그리고 금화교역도 일어나지 않는다. 즉 두 그림은 金火만 바뀐 그림이 아니라 서로 완전히 다른 그림이다. 그럼에 불구하고 묘하게 꺾인 도형을 그려 비교함으로써 金火만 바뀐 것처럼 착각하게 하였다.

소강절의 하도와 낙서는 土를 중앙에 배치함으로써(기문둔갑奇門遁甲의 구궁도九宮圖를 참고하여 그린 것 같음) 중대한 오류를 범했고, 이로써 생겨난 착각이 금화교역 이론이다.

하도낙서는 음양오행가(陰陽五行家)의 시각에서 작위(作爲)된 도서이다. 즉 하도낙서는 음양이나 사상을 표현한 순수한 음양도서(陰陽圖書)가 아니라 후대(宋代)에 와서 오행 개념을 섞어 만든 음양오행도서(陰陽五行圖書)이다. 그러므로 소강절의 하도낙서는 주역의 역원(易元)으로 삼을 수 있는 것이 아니며, 명리 이론의 발생 근원지로 삼을 수 있는 것도 아니다.

추정컨대, 소강절의 하도낙서가 주역 책에 실리기 시작하자 소강절의 그림이 하도낙서의 진본(眞本)이 돼버렸고, 그것이 역(易)의 기원이 돼버렸으며, 그것이 명리 이론의 기초가 돼버렸다. 황당한 일이다.

※ 기문둔갑(奇門遁甲)의 구궁도(九宮圖)와 중앙토(中央土)

구궁도(九宮圖)는 기문둔갑(奇門遁甲)의 중요한 이론이며, 하늘과 땅에 아홉 개의 자리가 있어서 모든 조화가 그 안에서 이루어진다는 이론을 전개할 때 쓴다. 구궁도는 상수 15로 구성된 마방진(魔方陣) 구조인데, 이 마방진은 기원전 650년경에 기록된 중국의 전설에서 발견되기도 하였다. 이집트와 인도에서도 수천 년 전에 존재했다고 한다.

4	9	2
3	5	7
8	1	6

구궁도(九宮圖)를 보면, 소강절이 그린 낙서와 닮았음을 알 수 있고, 하도 역시 구궁도를 약간 변형해서 그린 것임을 짐작할 수 있다. 따라서 소강절의 하도낙서는 기문둔갑 이론을 따라 만든 것이라고 볼 수 있다. 하도에 있는 10이 낙서에는 없다는 점과 중앙에 둘 수 없는 土를 중앙에 배치했다는 점 등이 그 사실을 확실하게 증명하고 있다.

고법 명리 때에 기문둔갑의 구궁 이론을 여과 없이 받아들이는 바람에 천간의 戊己土가 중앙(中央)에 배치되었고, 십 천간에 동서남북이 만들어졌다. 그리고 그것을 아무도 의심하지 않고 그대로 믿어 왔기에 안타깝게도 몇몇 고서들에 아래와 같은 잘못된 글이 실리게 되었다.

오행대의의 논오행급생성수(論五行及生成數) 장에서

"水 在天爲一 在地爲六 六一合於北 火 在天爲七 在地爲二 二七合于南 金 在天爲九 在地爲四 四九合於西 木 在天爲三 在地爲八 三八合於東 土 在天爲五 在地爲十 五十合於中"
"水는 천간에서 1이 되고, 지지에서 6이 되며, 북에서 6과 1이 합한다. (중략) 土는 천간에서 5가 되고, 지지에서 10이 되며, 중에서 5와 10이 합한다."

삼명통회의 논십간명자지의(論十干名字之義) 장에서

"是以東方甲乙 南方丙丁 西方庚辛 北方壬癸 中央戊己 五行之位也"
"그러므로 동방은 甲乙이, 남방은 丙丁이, 서방은 庚辛이, 北方은 壬癸가, 중앙은 戊己가 오행의 자리이다."

오행대의(五行大義)는 북주말(北周末)에서 수초(隋初)에 이르는 시기에 태상(太常) 소길(蕭吉)이 저술한 책으로 알려져 있다. 이것으로 보아 아주 일찍부터 기문둔갑의 이론이 명리에 들어왔다는 것을 알 수 있다.

천간에 중간(中間)은 있어도 중앙(中央)은 있을 수 없다. 천간 土의 위치는 중앙이 아니다. 丁과 庚 사이가 戊己의 정확한 위치이다. 천간 우주에 '가운데'가 어디 있겠으며, '동서남북'이 어디 있겠는가? 땅에서 하늘을 쳐다본 것이 어찌 하늘의 방위가 되겠는가? 그건 땅의 방위를 그냥 하늘로 연장한 것일 뿐이다. 그리고 천간에 중앙이 반드시 있어야 한다면 지지에도 중앙이 반드시 있어야 한다. 그러나 정작 지지에는 그게 없다. 왜 없을까?

중앙토(中央土) 이론은 잘못된 것이다. 방위(方位)는 오직 지지에서만 논해야 한다. 천간은 스칼라(Scalar: 크기만 가진 물리량)이고, 지지는 벡터(Vectors: 크기와 방향을 가진 물리량)이기 때문이다.
고서에 적힌 문자로만 명리를 하려 하지 말고, 합리적인 생각으로도 명리를 할 줄 알아야 한다.

주역(周易)과 명리(命理)

주역(周易) 사상(思想)과 오행(五行) 사상(思想)은 출발이 다르다. 그러나 음양(陰陽)과 오행(五行)이 결합한 것이 음양오행설(陰陽五行說)이므로 음양오행을 다루는 명리에서 주역 사상을 살피지 않을 수 없다. 즉 명리를 하려면 주역의 기초이론 정도는 배워두는 것이 좋다.

주역은 음양을 바탕으로 생성된 팔괘(八卦: Eight Diagrams)를 조합한 육십사괘(六十四卦)로써 미래를 예측하는 학술이라 할 수 있고, 명리는 십간십이지(十干十二支)를 바탕으로 한 육십갑자(六十甲子)로써 예측하는 학술이라 할 수 있다.

명리에서 십이지지(十二地支)를 잘 이해하려면 먼저 주역의 음양뿐만 아니라 사상(四象) 개념까지 잘 이해하지 않으면 안 된다. 십이지지는 계절의 변화를 열두 글자로 표현한 것이며, 사상의 변화를 나타낸 것인데, 잘못하여 이를 오행의 순환 개념으로 이해하는 오류를 범하기 쉽다. 지지는 오행의 순환이 아닌 사상의 순환이 표시된 것이다. 그리고 명리에서 다루는 오행이 음양에서 나왔다거나 주역에서 나왔다고 인식하기 쉬운데, 실제로는 그렇지 않다. 음양 이론과 오행 이론은 상호 별개의 이론이었다가 서로 합쳐진 것이다.

태극양의사상팔괘표(太極兩儀四象八卦表)

태극(太極)	太極 ☯							
양의(兩儀)	陽(─)				陰(--)			
사상(四象)	체(體)	태양(太陽) ⚌	소음(少陰) ⚏		소양(少陽) ⚎	태음(太陰) ⚏		
	용(用)	소양(少陽) ⚎	태양(太陽) ⚌		소음(少陰) ⚏	태음(太陰) ⚏		
팔괘(八卦)		☰	☱	☲	☳	☴	☵	☶	☷
괘명(卦名)		건乾	태兌	리離	진震	손巽	감坎	간艮	곤坤
자연(自然)		천天	택澤	화火	뢰雷	풍風	수水	산山	지地
수리(數理)		1	2	3	4	5	6	7	8

태극(太極)의 개념

태극은 '우주 만물의 근원인 음양이 완전히 결합한 상태'를 말한다.

우주를 구성하고 있는 모든 기상(氣象)과 형질(形質)은 음(陰)과 양(陽)으로 이루어져 있다. 따라서 음과 양으로 이루어져 있으면 그것이 곧 태극이 된다. 즉 우주도 태극이고, 사람도 태극이며, 나무도 태극이고, 돌멩이도 태극이며, 눈에 보이지 않는 것과 함께 모든 게 다 태극이다.

태극은 원리(原理)이자 현상(現象)이며 실체(實體)이다.

40. 신살론(神煞論)

신살(神煞)은 신(神)과 살(煞)을 합친 말이다. 신(神)은 주로 길하게 작용하는 것이고, 살(煞, 殺)은 주로 흉하게 작용하는 것인데, 신살의 종류는 500여 가지에 달한다.

대부분의 신살은 오성학(五星學, 칠정사여七政四餘)에서 발생하여 명리에 유입(流入)된 것들이다.

신살을 총망라(總網羅)한 서적으로는 청(淸) 때에 매각성(梅殻成, 1681~1763)이 편찬한 협기변방서(協紀辨方書) 36권이 있다.

40-1. 십이신살(十二神殺)

십이신살(十二神殺)은 삼명서(三命書)인 원천강오성삼명지남(袁天綱五星三命指南)에 '마전신살(馬前神殺)'이란 이름으로 소개되어 있다.

年支	겁살 劫殺	재살 災殺	천살 天殺	지살 地殺	년살 年殺	월살 月殺	망신살 亡神殺	장성살 將星殺	반안살 攀安殺	역마살 驛馬殺	육해살 六害殺	화개살 華蓋殺
亥卯未	申	酉	戌	亥	子	丑	寅	卯	辰	巳	午	未
寅午戌	亥	子	丑	寅	卯	辰	巳	午	未	申	酉	戌
巳酉丑	寅	卯	辰	巳	午	未	申	酉	戌	亥	子	丑
申子辰	巳	午	未	申	酉	戌	亥	子	丑	寅	卯	辰

십이신살의 기능을 대략 소개하니 참고하기를 바란다.

1) 겁살(劫殺)

겁살은 외부로부터 겁탈이나 강탈을 당한다는 살이다. 몸을 다치거나 재물을 잃게 됨이 잦으며 특히 비견 겁재가 많은 사람은 더 불리하다한다.

불의의 탈재, 패망, 도난, 실물, 사고, 이별, 관재구설, 불화 등의 현상이 나타날 수 있다한다.

삼명통회에서는 "劫者奪也 自外奪之之謂"라 하여 겁은 뺏기는 것이고 바깥에서 빼앗아 가는 것을 이른다고 설명하고 있다.

2) 재살(災殺, 수옥살囚獄殺)

재살은 재난을 당하거나 감방에 갇혀 본다는 살이다. 일명 수옥살이라고도 한다. 구속, 감금, 송사, 교통사고, 혈광사(血光死), 횡액사(橫厄死) 등을 당할 가능성이 크다한다.

삼명통회에서는 "災殺者 其性勇猛"이라 하여 재살은 그 성정이 용맹하다고 하였고, "此殺主血光橫死"라 하여 이 살 때문에 명주가 혈광횡사(재앙이나 사고로 피 흘리며 죽음)한다고 설명하고 있다.

3) 천살(天殺)

천살은 불의의 재난이나 천재지변을 당하여 본다는 살이다.

가뭄, 홍수, 지진, 태풍 등의 재난으로 인한 피해를 입거나 정신병, 암, 고혈압, 중풍, 언어장애 등이 일어나기 쉽다한다.

천살방향으로 머리를 두고 자면 혼인, 승진, 시험, 임신, 사업 등에 불길하다고 본다.

4) 지살(地殺)

지살은 매우 바쁘게 활동한다는 살이다. 이사, 변동, 여행, 이민, 타향살이, 직장 변동, 가정 변동 등이 일어나기 쉽다한다.

5) 년살(年殺, 패신敗神, 도화살桃花殺, 함지살咸池殺)

화려함과 아름다움을 추구하고 풍류나 주색에 빠진다는 살이다.

여자는 음란하고 욕정이 강하며 남자는 호색하므로, 남녀 공히 이성문제나 색정문제에 빠지기 쉽다한다.

삼명통회에서는 "기신주간사음비(其神主奸邪淫鄙)"라 하여 그 명주가 간사하고 음비(음란하고 천박함)하다고 설명하고 있다.

6) 월살(月殺, 고초살枯焦殺)

월살은 자원(資源)을 고갈하게 하는 살이다.

월살에 해당하는 날에 파종, 건축, 교미, 부화, 결혼 등을 하면 출발이나 결과가 좋지 않게 된다한다.

마비, 사업부진, 자금 고갈, 종교 분쟁, 교통사고 등이 있기 쉽고, 여성은 고독해지기 쉽다한다.

7) 망신살(亡身殺, 파군살破軍殺)

망신살은 안에서 잃게 된다는 살이다. 파군살이라고도 한다.

명예손상, 실물, 도난, 사업실패, 사기, 손재 등을 당하기 쉽다한다.

삼명통회에서는 "亡者失也 自內失之之謂亡"이라 하여 망은 잃는 것이고 안에서 잃어버리는 것을 일러 망이라 한다고 설명하고 있다.

8) 장성살(將星殺)

장성은 용맹함과 과감함을 갖는다는 살이다.

인내심과 끈기가 있고 발전, 승진, 명예, 권력, 건강 등을 갖게 되기 쉽다한다. 권력기관에 종사하면 더욱 길하다고 본다.

삼명통회에서는 "如將制中軍也"라 하여 장군이 중군을 통제하는 형상이라고 설명하고 있다.

9) 반안(攀鞍)

반안은 수익, 승진, 진학, 화평함 등을 이룬다는 살이다.

임기응변을 잘하고 식생활에 불편이 없으며 인덕이 있게 한다. 반안살 방향에 은인이 있다고 보며, 반안살 방향으로 머리를 두고 자면 학업, 결혼, 임신, 사업성공 등의 소원이 이루어진다고 본다.

삼명통회에서는 "鞍馬坐貴"라 하였고 "貴人坐金鞍"이라 하여 귀인이 금 안장에 앉은 형상이라 설명하고 있다.

10) 역마살(驛馬殺)

역마는 멀리 이동하는 경향이 많다는 살이다.

원행, 이사, 이동, 이민 등이 잦으며, 무역업, 운수사업, 여행사업, 운동경기 등의 일에 종사하기 쉽다한다.

삼명통회에서는 "動如馬"라 하여 역마는 움직임이 말과 같다고 설명하고 있다.

11) 육해살(六害殺)

육해살을 여섯 가지 해로움을 갖는다는 살이다.

양자로 입양되거나, 타인으로 인하여 해를 입으며, 부부불화를 겪기 쉽고, 신체불구가 되거나 급성질병이 일어나며, 어려운 일이 생겨 고난을 겪게 되거나, 분주하게 사나 실패를 자주 겪기 쉽다고 한다.

삼명통회에서는 "六厄爲剝官之煞"이라 하여 벼슬을 잃게 되는 살이라고 설명하고 있다.

12) 화개살(華蓋殺)

화개살은 화려한 햇빛 가리개를 가진다는 살이다.

일확천금을 노리거나, 문화, 예술, 신앙, 학원, 사찰, 수도원, 부동산 등에 관련된 일을 하게 되기 쉽다고 한다.

화개가 공망이 되면 승려의 길로 나아가야 좋다고 한다.

삼명통회에서는 "華蓋者 喩如寶蓋"라 하여 화개는 비유하자면 보개와 같은 것이라고 설명하고 있고, 덧붙여 "華蓋爲術藝星"이라 하여 예술성이라 설명하고 있다.

40-2. 귀인류(貴人類)의 신살(神煞)

1) 천을귀인(天乙貴人)

日干	甲戊庚	乙己	丙丁	辛	壬癸
天乙	丑未	子申	亥酉	寅午	卯巳

일간을 기준으로 지지에서 찾는다.

옥당귀인(玉堂貴人), 천은귀인(天恩貴人)이라고도 한다.

甲 일간이나 戊 일간 혹은 庚 일간의 사주에서 지지에 丑이나 未를 가지고 있으면 丑과 未를 천을귀인으로 간주한다. 辰과 戌은 천을귀인에 해당하지 않는다.

천을귀인이 있으면 명주가 지혜롭고 총명하며 영리하다. 흉을 길로 변하게 하는 작용을 한다. 천을귀인에 해당하는 육친이 있으면 그 육친 역시 지혜롭고 총명하며 명주가 그의 덕을 볼 수 있다. 천을귀인에 해당하는 궁위가 년지이면 조상 덕이 있고, 월지이면 부모덕이 있으며, 일지이면 처덕이 있고 현숙한 여자를 만난다. 여자는 남편 덕이 있고 훌륭한 남자를 만난다. 시지이면 자녀 덕이 있고 자녀가 귀하게 된다.

천을귀인이 형충파나 공망(空亡)이 되면 귀인의 역할을 하지 못한다.

'삼명중최길지신(三命中最吉之神)'이라 하여 가장 길한 신으로 여긴다.

2) 천덕귀인(天德貴人)

月支	寅	卯	辰	巳	午	未	申	酉	戌	亥	子	丑
天德	丁	申	壬	辛	亥	甲	癸	寅	丙	乙	巳	庚

월지를 기준으로 천간에서 찾는다.

하늘의 은총을 받아 모든 악살(惡煞)이 풀어지고, 재액(災厄)을 막아주며, 어려움에 처해서는 천우신조(天佑神助)의 도움을 받게 되고, 선조의 유덕(遺德)이 있다.

천덕귀인이 관성에 임하면 관운이 좋고, 인성에 임하면 심성이 좋으며 조부(祖父)의 혜택을 받고, 식상에 임하면 의식(衣食)이 풍족하다.

3) 월덕귀인(月德貴人)

月支	亥卯未	寅午戌	巳酉丑	申子辰
月德	甲	丙	庚	壬

월지를 기준으로 천간에서 찾는다.

월덕귀인이 있으면 물질에 덕이 있어 풍족함을 누리게 되고, 좋은 사람을 만나며, 일생을 편안하게 부귀공명하며 살 수 있다.

4) 문창귀인(文昌貴人)

日干	甲	乙	丙	丁	戊	己	庚	辛	壬	癸
文昌	巳	午	申	酉	申	酉	亥	子	寅	卯

일간을 기준으로 지지에서 찾는다.

문창귀인이 있으면 총명하여 공부를 잘하고 학문으로써 직위를 가질 수 있으며, 흉을 만나도 길로 변하게 한다.

문창귀인이 천간 비겁과 동주(同柱)하면 형제가, 식상과 같이 있으면 자식과 조모나 장모가 교사이거나 학문에 능한 사람이며, 재성과 동주하면 처와 부친이, 관성과 동주하면 남편 혹은 자식이, 인성과 동주하면 조부나 모친이 교사이거나 학문에 유능한 사람인 경우가 많다.

5) 천주귀인(天廚貴人)

日干	甲	乙	丙	丁	戊	己	庚	辛	壬	癸
天廚	巳	午	巳	午	申	酉	寅	子	寅	卯

일간을 기준으로 월지에서 찾는다.
식복이 있으며 신체 건강하고 복과 수명을 갖추게 된다.

6) 천관귀인(天官貴人)

日干	甲	乙	丙	丁	戊	己	庚	辛	壬	癸
天官	酉	申	子	亥	卯	寅	午	巳	丑未	辰戌

일간을 기준으로 지지에서 찾는다.
복덕(福德)과 인망(人望)을 구비한다. 천관귀인 위에 있는 육친은 관직을 하는 이가 많다.

7) 복성귀인(福星貴人)

日干	甲	乙	丙	丁	戊	己	庚	辛	壬	癸
福星	寅	丑亥	子戌	酉	申	未	午	巳	辰	卯

일간을 기준으로 지지에서 찾는다.
선조의 복이 두텁고 어려운 일이 생길 때 남의 도움을 받는 인덕이 있다.

8) 천복귀인(天福貴人)

日干	甲	乙	丙	丁	戊	己	庚	辛	壬	癸
天福	未	辰	巳	酉	戌	卯	亥	申	寅	午

일간을 기준으로 지지에서 찾는다.
평생 동안 복이 넉넉하고 여러 사람의 우두머리가 되어 존경을 받는다.

9) 태극귀인(太極貴人)

日干	甲	乙	丙	丁	戊	己	庚	辛	壬	癸
太极	子午	子	卯	卯	辰戌丑未	辰戌丑未	寅亥	寅亥	巳申	巳申

일간을 기준으로 지지에서 찾는다.

선천(先天)의 덕이 있어서 모든 흉을 풀고 평안한 명으로 변한다.

10) 삼기귀인(三奇貴人)

天上三奇	乙	丙	丁
地下三奇	甲	戊	庚
人中三奇	辛	壬	癸

일간을 기준으로 본다.

삼기(三奇)는 세 가지가 있다. 일간을 기준으로 차례대로 연월일시에 있어야 해당한다. 기(奇)는 귀(貴)를 뜻하고, 이(異)를 뜻한다.

삼기가 있으면 정신이 다른 사람과 다르며, 기이한 것을 좋아하고, 큰 것을 숭상하며, 학문을 널리 익히고 재능이 탁월하다.

* 연해자평과 원천강오성삼명지남 등의 고서에서는 천상을 甲戊庚으로, 오행정기와 난대묘선은 천상을 乙丙丁으로 기록하고 있다. 삼명통회는 지하삼기를 甲戊庚이라 기록하였으나, 이를 비판하고 있다.

삼기는 기문둔갑에서 왔으며, 전하는 바에 따르면 태공망의 병법이라고 한다. 기문의 기초 포국이 되는 지반 육의삼기가 근원이다.

11) 기타 괴강귀인(魁罡貴人), 국인귀인(国印貴人), 덕수귀인(德秀貴人) 등이 있다.

40-3. 기타신살(其他神煞)

1) 건록(建祿)

일간을 기준으로 일지에서 찾는다.

건록은 천간에 대한 지지의 비견에 해당한다(戊己 제외).

日干	甲	乙	丙	丁	戊	己	庚	辛	壬	癸
建祿	寅	卯	巳	午	巳	午	申	酉	亥	子

록(祿)은 록봉(祿俸)을 의미하므로 벼슬이 임한다는 뜻에서 임관(臨官) 혹은 정록(正祿)이라고도 한다. 월지에 있으면 건록(建祿), 일지에 있으면 일록(日祿, 坐祿), 시지에 있으면 귀록(貴祿, 時祿)이라고 한다.

건록이 있으면 복록(福祿)이 많고 의식(衣食)이 넉넉하며 관운(官運)도 좋고 행운이 와서 형통(亨通)한다. 공직에 종사하는 경우가 많다.

2) 격각(隔角)

주로 생일과 생시의 관계를 보며, 이 살이 있으면 부모에게 불리하다고 한다. 즉 부모가 일찍 사망하거나 부모와 떨어져 타관에서 산다고 한다.

십이궁도(十二宮圖)에서 寅申巳亥의 네 모서리를 건너뛰었다고 해서 격각(隔角)이라 하는데, 辰戌丑未(隔)가 寅申巳亥(角)를 건너뛰어 만난오행과의 조합을 뜻한다. 즉 丑과 卯, 辰과 午, 未와 酉, 戌과 子 이 네 가지이다. 격각은 고신과 과수와 서로 연결되어 있다. 셋 다 육친과 중도에 이별하게 되는 살이다. 寅卯辰 생은 巳丑이, 巳午未생은 申辰이, 申酉戌 생은 亥未가, 亥子丑 생은 寅戌이 고신 과수가 된다.

3) 고란(孤鸞)

일진에서 찾는다.

甲寅, 乙巳, 丁巳, 戊申, 辛亥일이 해당한다.

고란 혹은 고난은 신음살(呻吟殺)이라고도 한다.

여명이 남편과 애정 생활이 원만하지 못하거나 남편이 무력해져서 부득이 여자가 직업을 갖게 되는 경우가 많다.

4) 고신(孤辰, 고진)

年支	寅卯辰	巳午未	申酉戌	亥子丑
孤辰	巳	申	亥	寅

년지를 기준으로 월지에서 찾는다.

신(辰)은 성신(星辰)을 뜻한다.

남명이 이에 해당하면 처와 이별하거나 상처한다. 그 띠의 여성과는 인연이 박하다.

5) 곡각(曲脚)

일진에서 찾는다.

乙巳, 乙未, 乙酉, 乙亥, 丁巳, 己巳, 己丑, 己卯, 己未, 己酉, 己亥, 辛巳, 癸巳가 해당한다.

수족이 절단이나 신경통 등 수족에 이상이 있게 된다.

6) 공망(空亡)

천중살(天中煞)이라고도 하며, 육십갑자(六十甲子)가 순환하면서 십간이 1회 순환할 때 짝이 없이 남게 되는 두 개의 지지를 공망이라 한다.

甲子-癸酉 甲子旬 戌亥 空亡

甲戌-癸未 甲戌旬 申酉 空亡

甲申-癸巳 甲申旬 午未 空亡

甲午-癸卯 甲午旬 辰巳 空亡

甲辰-癸丑 甲辰旬 寅卯 空亡

甲寅-癸亥 甲寅旬 子丑 空亡

년지을 기준으로 사지(四支)에서 찾는데, 일지를 기준으로도 한다.

공망이 있으면 해당하는 육친(六親)과의 인연이 박하며, 신살이 공망되면 그 작용력이 없어진다. 지지가 공망되면 천간도 공망이 된다.

년주(年柱) 공망이면 조상의 덕이 없고, 월주(月柱) 공망이면 부모 형제 덕이 없으며, 일주(日柱) 공망이면 배우자 덕이 없고, 시주(時柱) 공망이면 자녀 덕이 없다.

비겁(比劫)이 공망이면 형제나 친구 덕이 없고, 식상(食傷) 공망이면 의식주 복이나 자식 복이 없으며, 재성(財星)이 공망이면 처덕이나 부친 덕이나 재물 복이 없고, 관성(官星)이 공망이면 명예 복이나 남편 복이 없으며, 인성(印星) 공망이면 부모 복이나 공부 복이 없다.

육친(六親) 공망, 방위(方位) 공망, 길흉(吉凶) 공망, 상호(相互) 공망, 절로(截路) 공망, 사대(四大) 공망 등이 있다.

7) 과수(寡宿, 과숙)

年支	寅卯辰	巳午未	申酉戌	亥子丑
寡宿	丑	辰	未	戌

년지를 기준으로 월지에서 찾는다. 수(宿)는 성수(星宿)를 뜻한다.

여명이 이에 해당하면 독신자이거나 과부가 되는 경우가 많다. 그 띠의 남성과는 인연이 박하다.

8) 관귀(官貴)

일진으로 찾는다.

丙子, 丁亥, 庚午, 辛巳, 壬午, 癸巳일이 해당한다.

관운이 좋고 관직을 오래 유지하며, 문무를 겸하게 된다.

9) 관자(關字)

일진으로 찾는다.

己巳, 丁巳, 己卯, 己丑, 己亥, 己酉, 己未, 辛丑, 癸丑일이 해당한다.

부부불화가 있기 쉽고, 일생에 장애가 잦으며 막힘이 많다.

10) 괴강(魁罡)

일주나 타주에서 찾는다.

庚辰, 庚戌, 壬辰, 壬戌이 해당한다. 戊辰, 戊戌을 포함하기도 한다.

辰을 천강(天罡)이라 하고 戌을 하괴(河魁)라고 하여 음양 기운의 멸절(滅絶) 지지로 본다. 또한 辰을 천라(天羅), 戌을 지망(地網)으로 부른다.

괴강이 있으면 적극적인 면과 소극적인 면을 동시에 가지며, 남자는 청렴결백하고 고집이 세며 이론을 좋아하고, 여자는 고집이 세고 성격이 강하여 부부불화나 이별을 겪기 쉽다.

11) 교록(交祿)

특정한 일진을 기준으로 천간지지에서 찾는다.

甲申일 庚寅, 乙酉일 辛卯, 丙戌子일 癸巳, 丁己亥일 壬午, 庚寅일 甲申, 辛卯일 乙酉, 壬午일 丁己亥, 癸巳일 丙戌子.

상호간에 자기 록이 바뀐 것을 교록이라고 하므로 무역이나 교역의 호환거래(互換去來)에 이로운 길성(吉星)이다. 타인과 상부상조 협력을 잘하고 인간관계 조정 능력이 뛰어나다.

12) 구추(九醜)

일진으로 찾는다.

戊子, 戊午, 壬子, 壬午, 丁巳, 丁卯, 己酉, 己卯, 辛酉, 辛卯가 해당한다.

주색에 빠져서 가사(家事)를 잊고 추행(醜行)을 하며, 형벌을 받게 된다.

13) 귀문관(鬼門關, 귀문살, 귀문관살)

지지에 두 글자가 있으면 해당한다.

子酉, 丑午, 寅未, 卯申, 辰亥, 巳戌

신경이 예민하여 신경증이나 정신질환을 겪기 쉽고, 접신(接神)하기 쉽다.

14) 금쇄(金鎖)

月支	寅	卯	辰	巳	午	未	辛	酉	戌	亥	子	丑
金鎖	申	酉	戌	亥	子	丑	申	酉	戌	亥	子	丑

월지를 기준으로 년지와 일지에서 찾는다. 시는 해당하지 않는다.

교통사고, 다침 등의 돌발 사고를 겪기 쉽다.

15) 금여록(金輿祿)

日干	甲	乙	丙戊	丁己	庚	辛	壬	癸
金輿祿	辰	巳	未	申	戌	亥	丑	寅

일간을 기준으로 지지에서 찾는다.

금여라고도 하며 금수레라는 뜻이다.

성정이 온후하고 유순하며 얼굴에 항상 화애한 기운이 있으며 몸가짐에 절도가 있고 인덕이 있다. 여자는 대체로 미모이며 결혼 운이 좋다.

16) 급각(急脚)

月支	寅卯辰	巳午未	申酉戌	亥子丑
急脚	亥子	卯未	寅戌	辰丑

월지를 기준으로 지지에서 찾는다. 급각관(急脚關)이라고도 한다.

수족 이상, 소아마비, 관절염, 신경통, 디스크, 허리 수술 등을 겪기 쉽다.

17) 낙정관(落井關)

日干	甲己	乙庚	丙辛	丁壬	戊癸
落井關	巳	子	申	戌	卯

일간을 기준으로 일시에서 찾는다.

우물, 강물, 늪, 맨홀 등에 빠져보고, 남의 모략이나 함정에 걸려들어 재앙을 당한다. 넘어지거나 빠져서 다치기 쉽다.

18) 녹고(祿庫)

일진 丙辰, 丁巳, 戊辰, 己巳가 해당한다.

녹(祿)의 창고라는 뜻인데, 형충파해를 해야 창고가 열려서 복이 생긴다.

19) 녹마(祿馬)

일진 庚申이 해당한다.

금전이나 재물의 신이다.

20) 녹마동향(祿馬同鄉)

壬午, 癸巳 두 일주를 녹마동향이라 하는데, 정관(正官)과 정재(正財)가 같은 지지 중에 암장(暗藏)되어 있는 것을 말한다. 녹(祿)은 관(官)을 상징하고 마(馬)는 재(財)를 상징하기 때문에 이것이 있으면 부귀를 누린다고 하였다.

21) 녹형(祿刑)

일진 丙寅이 해당한다.

일간을 강하게 하는 작용이 있고 사주가 실(實)하면 길하고 약(弱)하면 흉하다.

22) 농아(聾啞)

일진으로 찾는다.

乙酉, 丙寅, 丙子, 丙戌, 丙申, 丙辰, 丁酉, 戊寅, 己酉, 庚寅, 壬申, 壬午, 壬辰, 壬寅, 壬子, 壬戌, 癸酉가 해당한다.

벙어리나 말더듬이 등 언어장애를 겪는다.

23) 단교관(斷橋關)

月	寅	卯	辰	巳	午	未	申	酉	戌	亥	子	丑
斷橋關	寅	卯	申	丑	戌	酉	辰	巳	午	未	亥	子

월지를 기준으로 일시에서 찾는다.

수족 이상, 소아마비, 관절염, 신경통, 디스크, 허리 수술 등을 겪기 쉽다.

급각살과 똑같이 추리하며 잘 넘어지거나 부딪혀 수족 부상을 자주 겪한다.

24) 단요(短夭)

일진으로 찾는다.

乙酉, 戊子, 己卯, 癸未가 해당한다.

수명이 짧고 질병에 시달리며, 조난, 단명, 비명횡사한다.

25) 대패(大敗)

일진으로 찾는다. 십악대패살(十惡大敗煞)이라고도 한다.

甲辰, 己巳, 丙申, 丁酉, 戊戌, 己丑, 庚辰, 辛巳, 壬申, 癸亥가 해당한다.

매사에 녹(祿)이 박하고 부귀를 하더라도 오래가지 못한다.

26) 덕합(德合)

일진 甲午, 丁亥, 庚子가 해당한다.

어진 면이 있어 남의 도움을 받으며 재난 시 구제를 받는다.

27) 도화(桃花)

年支	寅午戌	巳酉丑	申子辰	亥卯未
桃花	卯	午	酉	子

년지 또는 일지를 기준으로 지지에서 찾는다.

목욕살(沐浴煞), 함지살(咸池煞)이라고도 한다. 도화가 있으면 남녀 모두 색정문제를 일으키기 쉬우며, 놀고 즐기기를 좋아하고 바람기가 있다고 본다.

년월에 있으면 장내도화(牆內桃花), 일시에 있으면 장외도화(牆外桃花)라 한다. 나체도화(裸體桃花), 도삽도화(倒插桃花), 편야도화(遍野桃花), 곤랑도화(滾浪桃花) 등이 있다.

28) 마고(馬庫)

일진 戊辰, 壬辰이 해당한다.

말을 마구간에 매어 놓고 사용하지 못하는 상태이다. 충(沖)이 있어야 매듭을 풀어서 쓸 수 있다. 매사에 뜻대로 움직일 수 없게 된다.

29) 목욕(沐浴)

日干	甲	乙	丙	丁	戊	己	庚	辛	壬	癸
沐浴	子	巳	卯	申	卯	申	午	亥	酉	寅

일간을 기준으로 지지에서 찾는다.

함지살(咸地煞), 패살(敗煞)이라고도 한다.

십이운성의 욕지(浴地)에 해당하는데, 색욕이 왕성하여 주색으로 방탕하게 되고 패가망신한다.

30) 반음복음(反吟伏吟)

일지를 충하는 해(年)를 반음이라고 하며, 일지와 같은 해를 복음이라고 한다.

흉이 많고 길은 적으며, 곡상사(哭喪事)가 발생하기 쉽다.

반음살을 대모살(帶耗殺)이라고도 한다.

31) 백호대살(白虎大煞, 白虎煞)

사주의 년월일시에서 찾는다.

백호대살은 구성학(九星學)의 원리를 빌어 만든 살이며, 구궁(九宮)의순서대로 60갑자를 진행하면 중궁(中宮) 土의 위치에 7개의 간지들이 배치되는데, 甲辰, 乙未, 丙戌, 丁丑, 戊辰, 壬戌, 癸丑이 해당한다. 이 살은 육친의 혈광지사(血光之死)나 횡사(橫死), 수술, 교통사고, 신체장애 등 불의의 재난을 암시한다.

32) 복마(伏馬)

일진으로 찾는다.

戊申, 癸巳, 癸亥가 해당한다.

남자에겐 여자가 없고, 여자에겐 남자가 없으며, 먹을 것이 없어 이곳저곳에 살며 고독한 운명이다.

33) 복성(福星)

일진으로 찾는다.

甲子, 乙丑, 丙寅, 丙子, 丁亥, 戊申, 己未, 庚午, 辛巳, 癸丑이 해당한다.

선천적으로 복이 많고 어려울 때 남의 도움을 받는다.

34) 복신(福神)

일진으로 찾는다.

甲寅, 戊辰, 戊寅, 戊子, 癸酉가 해당한다.

지혜로우며 인품이 고상하고 복록이 많다.

35) 봉장(棒杖)

일진 甲戌, 戊辰, 戊寅, 庚午, 庚辰이 해당한다.

몸에 부상을 겪거나 매를 맞게 된다.

36) 부벽(斧劈)

月支	子卯午酉	寅巳申亥	辰未戌丑
斧劈	巳	酉	丑

월지를 기준으로 지지에서 찾는다.

매사에 패망하며 손재하고 분산하며 낭비가 많다.

암금적살(暗金的殺)이라고도 한다.

37) 비인(飛刃)

日干	甲	乙	丙	丁	戊	己	庚	辛	壬	癸
飛刃	酉	戌	子	丑	子	丑	卯	辰	午	未

일간을 기준으로 지지에서 찾는다. 양인에 대해 충이 되는 지지이다.

재액을 가져오며, 지속력이 부족하여 쉽게 의욕이 사라지고, 투기성이 있으며 재물을 얻어도 잃는다.

38) 삼기(三奇)

삼기귀인(三奇貴人)을 말한다.

39) 삼재팔난(三災八難)

年支	申子辰	亥卯未	寅午戌	巳酉丑
三災年	寅卯辰	巳午未	申酉戌	亥子丑

년지를 기준으로 년을 찾는다.

삼재팔난은 연속으로 3년간 들면서 여덟 가지 흉한 일과 재앙을 가져온다. 3년을 들삼재, 눌삼재, 날삼재로 구분하기도 한다.

삼재는 화재(火災) 수재(水災) 풍재(風災)를 말하며, 팔난은 손재, 주색, 질병, 부모, 형제, 부부, 관재, 학업 등에 관한 어려움과 고통을 말한다.

40) 상문(喪門)

太歲	子	丑	寅	卯	辰	巳	午	未	申	酉	戌	亥
喪門	寅	卯	辰	巳	午	未	申	酉	戌	亥	子	丑

년운의 년지를 사지(四支)에 대비하여 찾는다.

이 살이 태세에서 들어오면 상복을 입게 되고 친척 간에 사별이 있다고 한다. 이 살이 있으면 건물을 새로 짓거나 묘를 안장할 때, 이사할 때, 문복할 때, 제사 지낼 때 이날에 사고로 인한 화를 당하거나 병자가 생길 수 있다.

41) 상형(相刑)

일진 庚寅이 해당한다.

형벌과 수감, 상해를 겪게 되거나 모든 일들이 불길하다.

42) 소아관살(小兒關煞)

소아에 관련된 살의 총칭이다.

귀문관(鬼門關), 오귀관(五鬼關), 단명관(短命關), 천구관(天狗關), 천조관(天弔關), 탕화관(湯火關), 당명관(撞命關), 매아관(埋兒關), 사주관(四柱關), 사계관(四季關), 야제관(夜蹄關), 수혈관(水穴關), 백처관(白處關), 장군관(將軍關), 급각관(急脚關), 단교관(斷橋關), 무살관(無煞關), 욕분관(浴盆關), 수화관(水火關), 심목관(深木關), 금쇄관(金鎖關),

뇌공관(腦公關), 계비관(鷄飛關), 낙정관(落井關), 천일관(千日關), 뢰공관(雷公關), 취명관(取命關), 백철호사관(白鐵虎蛇關) 등이 있다.

日干	甲	乙	丙	丁	戊	己	庚	辛	壬	癸
祿	亥	戌	申	未	申	未	巳	辰	寅	丑

43) 암록(暗祿)
일간을 기준으로 지지에서 찾는다.
총명하고 재능이 있으며 인덕이 있다.

日干	甲	丙	戊	庚	壬	乙	丁	己	辛	癸
羊刃	卯	午	午	酉	子	辰	未	未	戌	丑

44) 양인(羊刃)
천간에 대해 포태법 상의 건록지 앞(祿前一位)에 위치한 지지를 양인이라 한다.
양인(陽刃)은 양일간을 기준으로 지지에서 찾는다(제왕지).
음인(陰刃)은 음일간을 기준으로 지지에서 찾는다(관대지).
통상 양인(羊刃)이라 하면 양인(陽刃)을 말한다.
강단이 있으며 난폭하고 거친 성격을 가진다. 손재와 흉을 가져온다.

45) 역마(驛馬)

年日支	亥卯未	寅午戌	巳酉丑	申子辰
驛馬	巳	申	亥	寅

년지 혹은 일지를 기준으로 지지에서 찾는다.
한곳에 머물러 있지 못하고 계속 여러 곳을 돌아다니게 된다.
해외에 진출하거나 타향객지를 떠도는 등 주거가 불안정하여 정상적인 부부생활을 하기 어렵다.

46) 오귀(五鬼)
년지를 기준으로 일지에만 해당한다. 남녀 모두 독수공방하는 팔자이다.

年支	寅	卯	辰	巳	午	未	申	酉	戌	亥	子	丑
五鬼	午	未	申	酉	戌	亥	子	丑	寅	卯	辰	巳

47) 원진(怨嗔)

지지에서 찾는다.

子未, 丑午, 寅酉, 卯申, 辰亥, 巳戌이 해당한다.

불화, 반목이 생기고 궁합이나 부부관계 및 인연이 나빠진다.

일시가 원진이면 배우자와 자식의 인연이 없고, 일월이 원진이면 부모 형제와 고부 간에 불화하며, 연월이 원진이면 조부와 부친이 불화한다.

48) 월덕합(月德合)

月支	寅	卯	辰	巳	午	未	申	酉	戌	亥	子	丑
月德合	辛	己	丁	乙	辛	己	丁	乙	辛	己	丁	乙

월지를 기준으로 천간에서 찾는다.

월덕합이 있으면 모든 살을 없앤다.

49) 유하(流霞)

日干	甲	乙	丙	丁	戊	己	庚	辛	壬	癸
流霞	酉	戌	未	申	巳	午	辰	卯	亥	寅

일간을 기준으로 지지에서 찾는다.

남녀 모두 중풍이 발생하기 쉬우며, 남자는 객사하고 여자는 난산하거나 산후에 사 망할 수 있다.

50) 음양(陰陽)

일진 丙子, 戊子가 해당한다.

丙子 일진의 남자는 미인을 맞이하고, 여자는 남자의 유혹을 받기 쉽다. 戊子 일주 남 자는 부인과 서로 금실이 좋으며, 여자는 잘생긴 남편을 얻는다.

51) 음욕(淫浴)

일진 甲寅, 乙卯, 丁未, 戊戌, 己未, 庚申, 辛卯, 癸丑이 해당한다.
집안 어른 및 처자와 인연이 박하든지 고생한다.

52) 음착양차(陰錯陽差)

陰錯	丁未	丁丑	辛卯	辛酉	癸巳	癸亥
陽差	丙子	丙午	戊寅	戊申	壬辰	壬戌

일진으로 찾는다.
외가(外家)가 망하고 외삼촌이 홀로 되며, 처가(妻家)가 망하고 처남이 고독하게 산
다.

53) 일귀(日貴)
일진 癸卯, 癸巳, 丁酉, 丁亥가 해당한다.
합이 있으면 좋고, 형충파해와 공망, 괴강이 있으면 화액이 온다.

54) 일덕(日德)
일진 甲寅, 丙辰, 戊辰, 庚辰, 壬戌이 해당한다.
발복하고 만사가 형통한다. 형충파해나 공망을 맞으면 좋지 않다.

55) 일좌공망(日座空亡)
일진 甲戌, 乙亥가 해당한다.
가정에 풍파가 있고 부부 금실이 좋지 못하며 일생을 두고 풍파와 곡절을 많이 겪는
다.

56) 장형(杖刑)
일진 戊子, 戊戌, 庚申, 庚寅, 庚子, 庚戌, 庚申, 壬戌이 해당한다.
가까운 일가친척이나 직계 가족에게 형상(刑傷이) 많고 액난(厄難)을 많이 본다.

57) 정인(正印)
일진 甲戌, 乙丑, 丙辰, 壬辰, 癸未가 해당한다.
예술과 학문에 능하며 인격이 고상하며, 자기보다 학식이 많은 배우자와 만나게 된
다.

太歲	子	丑	寅	卯	辰	巳	午	未	申	酉	戌	亥
弔客	戌	亥	子	丑	寅	卯	辰	巳	午	未	申	酉

년운의 년지를 사지(四支)에 대비하여 찾는다.

일가인척 가정에 상을 당하여 조객을 맞거나 조객이 된다. 통곡할 일이 생기거나, 가정이 불안정하고 질병이 생기기도 한다. 직계에 화가 없으면 먼 친척이나 동료 이웃에도 화가 온다.

59) 천덕(天德)

일진 을해, 丙戌, 辛巳, 壬辰이 해당한다.

인자하며 남에게 알려지지 않는 덕이 있고, 어려움을 당할 때 남의 도움을 받는다.

60) 천라지망(天羅地網)

천라와 지망은 하늘과 땅에 쳐진 그물을 말하는데, 아무리 재주가 있어도 뜻을 펼치지 못하게 됨을 뜻한다. 辰과 戌에는 천을귀인이 배당되지 않으며, 이 살이 있으면 다치거나, 빠지거나, 머무르거나, 막히거나, 구속되는 재앙이 있다.

납음(納音) 화명(火命: 年柱)이 戌이나 亥를 일지에서 보면 천라(天羅), 납음수토명(納音水土命)이 辰이나 巳를 일지에서 보면 지망(地網)이 된다.

61) 천사(天赦)

月支	寅卯辰	巳午未	申酉戌	亥子丑
天赦	戊寅	甲午	戊申	甲子

월지를 기준으로 일주에서 찾는다.

모든 재앙과 화를 풀어주고 구해준다.

62) 천의성(天医星)

月支	寅	卯	辰	巳	午	未	申	酉	戌	亥	子	丑
天医星	丑	寅	卯	辰	巳	午	未	申	酉	戌	亥	子

월지를 기준으로 지지에서 찾는다.

사람을 살리는 능력이 있다. 의사, 한의사, 약사, 간호사, 조산사, 침술사, 종교지도자, 교육자, 변호사 등의 직업에 인연이 있다. 활인성(活人星)이라고도 한다.

63) 천전지전(天轉地轉)

月支	寅卯辰	巳午未	申酉戌	亥子丑
天轉	乙卯	丙午	辛酉	壬子
地轉	辛卯	戊午	癸酉	丙子

월지를 기준으로 일주에서 찾는다.

천전살은 여러 곳에서 다양한 일이 발생하여 변화가 많고 자연의 방해를 많이 받는다. 지전살은 매사가 복잡하고 처음에 잘되다가 나중에 실패하며 고생한다. 뜻밖의 재난을 당한다.

64) 천희신(天喜神)

月支	寅	卯	辰	巳	午	未	申	酉	戌	亥	子	丑
天喜神	未	午	巳	辰	卯	寅	丑	子	亥	戌	酉	申

월지를 기준으로 일시에서 찾는다.
죽음이 눈앞에 있어도 천우신조로 살아남는다.

65) 철쇄개금성(鐵鎖開金星)
卯, 酉, 戌 중 한 자를 일지에 놓고 두자 이상이 있을 때
재난을 구제하고 역경을 타개하며 고통을 해소하고 질병을 치유한다.

66) 탕화(湯火)
일진 甲午, 甲寅, 乙丑, 丙寅, 丙午, 丁丑, 戊寅, 戊午, 庚午, 庚寅, 辛丑, 壬午, 壬寅, 癸丑이 해당한다.

화재 사고나 끓는 물에 화상을 입거나 폭탄, 총탄, 파편, 가스, 기름 등의 사고로 신체를 상하게 된다.

年	寅	卯	辰	巳	午	未	申	酉	戌	亥	子	丑
呑陷	丑	巳戌	辰	子	酉寅	寅	巳戌	戌	寅	寅	戌	寅

67) 탄함(呑陷)

년지를 기준으로 일시에서 찾는다.

각종 재난에 빠진다.

年支	寅	卯	辰	巳	午	未	申	酉	戌	亥	子	丑
太白	酉	巳	丑	酉	巳	丑	酉	巳	丑	酉	巳	丑

68) 태백(太白)

년지를 기준으로 월지에서 찾는다.

남녀 모두 고독하여 인생의 허무함을 항상 느끼게 되며, 빈천 곤궁하다. 또한 단명하고 잔병으로 고생한다.

69) 파자(破字)

일진 甲子, 甲戌, 甲申, 甲午, 甲辰, 甲寅, 乙未, 丙申, 丁酉, 丁未, 戊申, 己酉, 己未, 庚申, 辛未, 壬申, 癸酉, 癸未, 癸巳, 癸卯, 癸丑, 癸亥가 해당한다.

록(祿)을 파하므로 빈천하게 된다. 여러 번 파산을 경험하게 된다.

70) 팔전음욕(八專淫浴)

일진 甲寅, 乙卯, 丁未, 戊戌, 己未, 庚申, 辛卯, 癸丑이 해당한다.

남자의 일주가 이에 해당하면 부정한 처를 얻게 되고, 시에 있으면 부정한 자식을 두며, 여자에게 이 살이 있으면 인륜을 어지럽힐 염려가 있으며, 남편 복이 적어 자신이 경제활동을 하여 가정을 이끌게 된다.

71) 파록(破祿)

일진 甲申, 乙酉, 庚寅, 辛卯가 해당한다.

록(祿)이 깨지는 것이므로 빈천하게 된다.

72) 평두(平頭)

일진 甲子, 甲辰, 甲寅, 丙寅, 丙戌, 丙辰이 해당하고, 기타 甲戌, 甲申, 甲午, 丙子, 丙申, 丁卯, 丁丑, 丁亥, 丁酉, 丁未, 丁巳, 戊辰, 庚辰, 壬申, 壬午, 壬辰, 壬寅, 壬子, 壬戌이

해당한다.

혼담에 말썽이 많으며 결혼하여도 이혼하는 수가 있고 평안하지 못한다.

종교에 독실한 뜻이 있다.

73) 현침(懸針)

甲 일간이나 辛 일간이 지지에 午, 卯, 申을 가진 경우

활인업, 의약업, 기술업, 침술, 역술업, 양복점, 미용사, 군인 등에 종사한다.

74) 혈지(血支)

月支	寅	卯	辰	巳	午	未	申	酉	戌	亥	子	丑
血支	戌	亥	子	丑	寅	卯	辰	巳	午	未	申	酉

월지를 기준으로 지지에서 찾는다.

위장병을 조심하고 복부의 건강에 주의해야 한다. 교통사고 등으로 몸을 다치거나 돌발 사고나 재화를 자초할 수 있다.

75) 협록(夾祿)

日干	甲	乙	丙	丁	戊	己	庚	辛	壬	癸
夾祿	丑卯	寅辰	辰午	巳未	辰午	巳未	未酉	申戌	戌子	亥丑

일간을 기준으로 지지에서 찾는다.

안으로 복덕이 풍부하며 친척이나 친구 도는 타인의 도움을 많이 받는다. 재산이 풍부하며 여생을 편안하게 지낸다.

76) 홍염(紅艶)

日干	癸	甲乙	丙	丁	戊己	庚	辛	壬
紅艶	申	午	寅	未	辰	戌	酉	子

일간을 기준으로 지지에서 찾는다.

이성에 대해 매우 정다우며 주색을 좋아하고 풍류신이 있다. 남자는 색을 탐하며, 여

자는 남몰래 밀통하여 사생아를 낳는 경우도 있다.

77) 화개(華蓋)

年	亥卯未	寅午戌	巳酉丑	申子辰
華蓋	未	戌	丑	辰

년 혹은 일을 기준으로 일지에서 찾는다.

문학, 예술, 종교와 관련을 맺는다. 화개가 공망이 되면 총명하다. 년(年)에 있으면 만년에 고독하고, 시(時)에 있으면 자식을 극한다.

여자가 과숙이 있고 일지에 화개가 있으면 비구니가 되며, 시(時)에 있으면 자식이 없다. 고장살(庫葬煞)이라고도 하며, 상부 및 상처의 이별이 있다.

78) 황은대사(皇恩大赦)

月支	寅	卯	辰	巳	午	未	申	酉	戌	亥	子	丑
皇恩大赦	戌	丑	寅	巳	酉	卯	子	午	亥	辰	申	未

월지를 기준으로 일시에서 찾는다.

큰 죄를 이어도 사면을 받으며 다른 사람의 도움을 받게 된다.

79) 홍란성(紅鸞星)

月支	寅	卯	辰	巳	午	未	申	酉	戌	亥	子	丑
紅鸞星	丑	子	亥	戌	酉	申	未	午	巳	辰	卯	寅

월지를 기준으로 일시에서 찾는다.

피를 볼 재앙을 면하고 흉사가 길사로 변한다.

80) 효신(梟神)

일진 甲子, 乙亥, 丙寅, 丁卯, 戊午, 己巳, 庚辰, 庚戌, 辛丑, 辛未, 壬申, 癸酉가 해당한다. 일지에 편인이 있는 경우이다.

모친이 일찍 돌아가시든지 아니면 살아서라도 이별하며, 계모나 양모가 있으면 모친으로 인하여 근심 걱정이 많다. 타향에서 고독한 생활을 하게 된다. 여자가 시(時)에 효신이 있으면 자식이 없게 된다.

81) 희신(喜神)
일진 乙卯, 丙午가 해당한다.
정신과 활력이 왕성하고 청년기에 운을 얻으며, 행복한 장래가 약속된다.

40-4. 신살(神煞)의 효용성(效用性)

예컨대 십이신살이 인생사(人生事)의 모든 면을 두루 대변할 수 있는 것이라면 당연히 다룰 만한 가치가 있는 것이라고 평가하겠지만, 실제로는 그렇지 못하다. 그 열두 가지 이름을 보면 알 수 있듯이 그것으로써 우리의 다양한 삶의 형태를 고루 정의하기에는 미흡한 면이 너무 많다.

예컨대 역마살에 해당하는 寅巳申亥는 각각 사맹(四孟)의 시기라 아직 안정되지 않아 변화하는 성분이 있다고 볼 수 있고, 도화에 해당하는 子卯午酉는 사왕(四旺)의 시기라 안정되고 강력한 기운을 갖는 특성이 있다고 보는 것이 합리적이리라 생각한다.

직업적 특성 때문에 자주 돌아다니는 사람들의 사주를 보면, 역마살이 있을 때도 있고 없을 때도 있다. 이성의 관심을 끌어당기는 매력이 있는 사람들이나 속된 표현으로 바람을 잘 피우는 사람들의 사주를 보면, 도화살이 있을 때도 있고 없을 때도 있다. 반드시 있다면 그것을 법칙으로 삼을 수 있다. 그러나 있기도 하고 없기도 하면 그것은 법칙으로 다룰 대상이 되기 어려운 것이다.

신살은 과연 효용(效用)이 있을까?
재살(災殺)의 예를 한 번 적용해보자. 사주의 년지에 巳나, 酉나, 丑이 있는 사람은 卯년이 오면 모두 재살에 걸린다. 그렇게 되면 혈광횡사(血光橫死)를 당할 수 있다고 보는데, 그 수를 계산해 보면 卯년에 전 지구인의 3/12에 해당하는 15억 명 이상이 재살을 당하게 된다. 또한 그런 일이 매번 3년마다 영원히 반복되며 일어나게 된다. 재살이 가진 무섭고도 황당한 기능이다. 아래에 또 겁살(劫殺)의 예를 든다.

乙甲癸壬辛庚己　　庚辛戊壬乾34 -1962 ◆ 253
卯寅丑子亥戌酉　　寅卯申寅
66 56 46 36 26 16 5,8

辛亥 대운 33세 乙亥년에 거금을 벌었다.

이는 水生木에 의해 상관생재가 이루어진 결과이다. 그러나 십이신살을 적용해보면 乙亥년은 겁살(劫煞)이다. 겁살은 외부로부터 겁탈이나 강탈을 당한다는 살인데 과연 거금을 벌 수 있겠는가?

신살에는 합리적인 근거가 없다. 신살에 천착하고 신살에 대한 미련을 버리지 못하는 한 자신의 학문은 근거 없는 잡술에서 벗어날 수 없다. 명리학이 잡술로 대접받는 현실의 속내를 들여다보면 근거 없는 신살 통변이 큰 몫을 차지하고 있음을 알 수 있다.

그 해의 좋은 운이 흉살에 해당할 때, 좋음과 흉함은 논리적으로 공존할 수가 없다. 신살에 생극제화를 가미할 수 없고, 생극제화에 신살을 가미할 수 없다. 신살을 쓰는 간명법은 합리성을 포기한 것이고 논리성도 상실한 것이므로 명리(命理)가 아니라 점술(占術)이나 마찬가지이다.

점(占)에는 논리가 필요 없지만, 명리에는 논리가 필요하다. 신살은 점이 아니므로 역시 논리가 필요한 것인데, 안타깝게도 신살에는 합리적인 논리가 없다. 신살은 제작 원리는 있으나 작동 원리가 없기에 명리에서 쓰기에 적합한 것이 되기 어렵다.

예컨대 백호살(白虎煞) 같은 것은 기문(奇門)의 구궁도(九宮圖)의 원리를 빌려와서 만든 것인데, 구궁 중 다섯 번째의 중궁(中宮)에 순서대로 들어가게 되는 60갑자 중 7개를 대흉살(大凶殺)로 간주한 것이다. 그런데 이것이 명리에서 최고의 악살(惡殺: 백호대살白虎大煞)로 쓰이고 있는 것을 보면, 도무지 이해가 가지 않는다. 구궁이 명리와 무슨 관련이 있다고 그걸 가져와 명리에 적용한다고 하겠는가?

십이신살 이론도 정말 황당한 것이다. 지지의 삼합 오행에도 십이운성이 있다고 간주한 이론인데, 십이운성 이론을 완전히 망쳐 놓았다.

필자가 보기에 고법 명리가 사라지게 된 결정적인 요인은 바로 '신살난무(神煞亂舞)로 인한 논리성의 결여'가 아니겠는가 생각한다. 고법 명리가 신살에만 치중함으로써 이론의 합리성에는 전혀 관심을 두지 않았기 때문이었던 것 같다. 이는 학술이 합리성을 등한시하면 어떤 결과가 생기는지 극명하게 보여주는 사례로 이해할 수 있겠다. 근거 없는 신살을 씀으로 인해서 적중률의 추락은 필연적이었을 것이고, 그로 인해 신법 명리에 주인 자리를 내주고 고법 명리가 사라지게 된 것은 지극히 당연한 결과였다고 본다.

고법 명리에서 신법 명리로 넘어왔음에도 불구하고 여전히 고법의 비합리적인 이론들이 도태되지 않고 있는 이유는 통변(通變) 이론 개발의 지지부진(遲遲不進)함 때문이다.

신살 이론이 논리성이나 합리성을 전혀 갖추지 못했음에도 불구하고 아직도 업계에서 난무(亂舞)하고 있는데, 이는 명리가 세인(世人)들의 인정을 받지 못하도록 하는 요인으로 작용하고 있다.

예를 들어 사주에 子酉, 丑午, 寅未, 卯申, 辰亥, 巳戌의 조합이 보이기만 하면, "귀문살(鬼門煞)이 있으니 이런 사주는 정신질환을 겪기 쉽고, 접신(接神)하기 쉽다."하고 쉽게 단정적인 통변을 해버리며, 사주에 子卯午酉가 보이면 "도화살(桃花煞)이 있으니 색정 문제를 일으키기 쉽고 바람기가 있다."라고 좋지 않게 판단해버린다. 귀문살과 도화살이 정작 그런 것이라면, 그것이 어째서 그런 것인지 그 근거나 원리에 대한 탐구나 의심을 해볼 줄 모르고, 그저 그냥 책에 적혀있었으니 나도 갖다 쓴다는 심리로 무작정 생각 없이 쓰고 있는 것이 작금의 간명 현실이다. 이래서 되겠는가?

신살을 운운하는 자 제대로 된 학자가 아니고 제대로 된 술사도 아니다. 신살에 몰입(沒入)하는 순간부터 명리는 더 앞으로 나아가지 못한다. 원리 탐구활동이 되지 않기 때문이다.

오행 생극제화의 논리에 바탕을 둔 합리적인 법수로 명운을 규명하려 노력하는 것이 학자나 술사의 바람직한 태도일 것이고, 논리의 경계 안에 들어간 합리적인 학술이어야만 명리라는 학문이 세간의 인정을 받을 수 있게 될 것이다.

사이비가 되고 싶은가? 그렇다면 신살을 논하라.

41. 고서조명론(古書照明論)

명리(命理)의 이론들은 모두 고서(古書)를 통해서 전해진 것이기에 고서는 귀중한 것이다. 그러나 고서는 귀중한 교과서(教科書)인 동시에 경계(警戒)해야 할 책이다.

41-1. 고서(古書)의 가치(價值)

명리(命理)의 고서(古書)는 매우 소중한 자산(資産)이다.

음양오행의 원리를 책을 통해 쉽게 이해할 수 있게 해 준다는 점, 고서가 시대에 따른 명리 학술의 발전 양상(樣相)을 일목요연(一目瞭然)하게 보여준다는 점 등이 높은 가치를 가지고 있기에 고서는 길이 보전(保全)되어야 할 서적이다.

41-2. 고서(古書)의 신빙성(信憑性)

고서는 명리 이론을 담고 있는 교과서이자 참고서이기에 믿을 수 있는 것이다. 그러나 그와 동시에 또한 믿을 수 없는 것이다. 음양의 이치가 그렇듯이 긍정적인 부분이 있으면 부정적인 부분도 있기 마련이다. 그러므로 고서는 참고하되 맹신(盲信)하지 않아야 할 책이다.

고서를 믿되 맹신해서는 안 되는 이유가 몇 가지 있으니 참고하기를 바란다.

1) 고서 역시 개인(個人)의 저술물(著述物)이기에 오류(誤謬)가 있을 수 있다. 고서를 검증된 책으로 오인(誤認)하기 쉬운데, 고서는 검증된 책이 아니다. 개인의 잘못된 판단이 실릴 수 있으며, 그것이 다른 사람에 의해 다시 옮겨지고 첨가되며 변형되었을 수 있으므로 고서를 공인(公認)된 책으로 인식해서는 안된다.

2) 아주 오래전에 발생한 학술이기에 과학적 근거나 합리성을 등한시한 내용이 있을 수 있다.

3) 등재된 사주 자료들이 일반 서민이 아닌 고위계층의 사주들 위주이고, 그 자료들 역시 시(時)를 정확하게 측정하기 어려웠던 시기의 자료들이다. 따라서 시가 잘못된 사주가 실렸을 수 있다.

4) 이론에 대해 객관적인 검증(檢證)이나 쌍방향 평론(評論) 등을 통한 수정(修整)이 이루어진 적이 거의 없었고, 검증 및 수정되지 않은 이론들을 실어 놓은 책들이 많다.

5) 명리가 아닌 다른 학술의 이론들을 여과 없이 받아들여 이론을 구성한 부분이 있다.

41-3. 고서(古書) 공부법(工夫法)

만약 삼명학(三命學: 고법 명리)을 공부하려면 삼명통회(三命通會)를 보는 게 좋다. 삼명통회는 대부분 자평명리(子平命理: 신법 명리) 이론으로 구성되어 있으나, 일부 삼명학 이론도 싣고 있으므로 잘 가려서 참고하면 된다. 납음(納音)을 운운한 부분이 있다면 그 부분을 삼명학 자료로 판단할 수 있다.

자평명리를 공부하려면 자평삼명통변연원(子平三命通變淵源)을 먼저 보는 것이 좋겠고, 다음으로 삼명통회(三命通會), 연해자평(淵海子平), 신봉통고(神峰通考), 자평진전(子平眞詮), 궁통보감(窮通寶鑑), 적천수천미(滴天髓闡微) 등을 보는 것이 좋겠다.

고서는 한문(漢文) 고어(古語)로 되어 있으므로 현재의 중국인들이 이를 제대로 해석하지 못하여 오히려 한국 학자들의 도움을 받아 해석하는 사례도 더러 있다. 정식으로 한문 문법을 공부한 후에 고서를 읽는 것이 좋다.

41-4. 고서(古書)의 오류(誤謬)

고서에 진리가 많이 들어 있으나 오류도 많이 들어 있다. 개인의 판단이 완벽할 수 없으므로 진실인 것을 오류라고 오판할 수도 있으니 필자의 말을 절대적인 걸로 여길 수는 없다. 아무튼 고서의 오류에 대해 열린 생각으로 접근하기를 바란다.

중요한 오류가 있는 부분을 몇 가지 나열한다. 본서의 전반에 걸쳐 조금씩 언급한 것들이니 그것을 참고하면 자세한 내용을 알 수 있을 것이다.

1) 음양생사론(陰陽生死論)

2) 천간의 합화(合化) 이론과 천간의 합거(合去) 이론

3) 천간 충(沖) 이론

4) 지장간월률분야(支藏干月律分野) 이론

5) 화토동궁법(火土同宮法) 및 수토동궁법(水土同宮法) 이론

6) 일간의 기능을 무시한 관점

7) 사길신(四吉神) 및 사흉신(四凶神) 이론

8) 음포태(陰胞胎) 이론

9) 육합(六合) 이론

10) 작용(생극제화)과 관계(형파합충)를 뒤섞은 이론

11) 신살(神煞) 이론

12) 물상(物象)을 오행의 실체(實體)인 양 오도(誤導)한 이론

13) 기타(십 천간에 방향을 배속한 이론 등등)

41-5. 고서(古書)의 오류사례(誤謬事例)

고서가 가진 오류의 한 가지인 '합거(合去)' 이론을 소개한다.

합(合)은 관계 이론인데, 일부의 고서(삼명통회, 자평진전 등)에서 합을 합거로 논하고 있다. 합거(合去)는 합이 된 오행들이 모두 스스로 제거된다는 뜻이다. 그 예를 보자.

○ ○ 己 甲
○ ○ ○ ○

甲과 己는 합(合)이면서 동시에 목극토(木剋土)이다. 즉 형파합충(관계)의 관점으로는 합이고, 생극제화(작용)의 관점으로는 극이다. 그러므로 합과 극이 동시에 성립한다.

그런데 일부의 고서에서 "甲己는 합거이므로 두 오행의 기능이 상실된다." 하는 논리를 펴고 있다. 그리고 이 이론을 비판 없이 간명(看命)에 적용해서 쓰고 있는 사람이 많다.

○ 庚 己 甲
○ ○ ○ ○

이와 같은 사주는 일간(日干)이 庚이므로, 甲은 부친이 되고 己는 모친이 된다(육친론 참고).

그런데 이 사주를 보고 만약 "부모가 합거되었으니 모두 기능 상실이다. 고로 이 사주는 고아가 아니면 부모가 무능할 것이다."라고 해석한다면, 이것이 합리적인 통변이 될 수 있을까?

삼명통회의 당우불우(當憂不憂) 편(篇)에 있는 글귀를 보자.
"推如丙寅 戊戌 壬戌 癸卯 壬見戊七殺. 當憂得癸卯時 癸合去戊爲壬 以癸妹妻戊壬以己 爲官."

癸 壬 戊 丙
卯 戌 戌 寅

"예를 들어 (이런 사주에서) 壬이 戊 칠살을 만났다. 근심을 만났으나 癸卯 시를 얻었으니 癸가 戊를 합거하여 壬을 위해준다(근심되지 않는다는 뜻). 癸 누이를 戊의 처로 삼고, 己를 정관으로 삼는다."라고 하였다. 여기서 눈여겨볼 부분은 "癸가 戊를 합거하여"라고 논한 부분이다.

깊이 생각해보자. 과연 오행들이 합하면 그 오행들의 기능이 곧바로 마비되거나 상실되겠는가? 그건 결코 아니다. 합이 됨으로써 그 오행들이 다 함께 자신들의 기(氣)를 잃게 되는 일은 있을 수 없다. 합은 합에 참여하는 오행들을 한 집단(集團)으로 뭉쳐주는 기능이 있다고 보는 게 올바르다.

위의 사주를 보면, 戊癸 합이면서 토극수(土剋水)도 하고 있다. 즉 기가 있어서 서로 생극제화를 엄연히 하고 있다. 그렇기에 이어서 "癸 누이를 戊의 처로 삼는다."라고 다시 논하고 있다.

그런데 "합거"라고 논해 놓고서 또 "처로 삼는다."라고 논한 것은 앞뒤 모순이 아닐 수 없다.

戊癸가 합거되어 둘 다 기능이 상실되었는데 어찌 다시 누구를 처로 삼을 수 있겠는가?

그 문장은 戊와 癸가 합거되었음에도 불구하고 여전히 생극제화의 능력이 있음을 밝힌 것과 다름없는 이상한 글이 되었다. 고서 스스로 당착(撞着)에 빠진 글을 쓴 것이다.

○己甲○
　　○○○○

　　또 예를 들면, 위와 같은 사주는 "甲己 합거가 아니다. 甲己 합이다."라고 논하는데, 이건 특이하게도 일간이 합이 될 때는 그것을 합거로 보지 아니하고 합으로 본다는 논법이다. 자평진전이 이것을 강조하고 있다.

　　일간도 다 같은 오행인데, 유독 일간에게만 특별 대우를 한 것이다. 왜 이럴까?

　　그렇게 보려는 데에는 아주 단순한 이유가 있다. "일간도 합거된다."라고 논하게 되면, 사주의 주체(主體)를 제거해버리는 황당한 이론이 돼버리기 때문이다. 그래서 일간의 합을 합거로 보려야 볼 수 없는 것이다. 이 얼마나 궁색한 이론인가!

　　합을 합거로 보려는 고서들의 논리에 큰 문제가 있다.

　　합이면서 극이 되면 극을 받은 오행의 기운이 약해지는 현상이 발생하지만, 극 당하는 오행과 더불어 극을 했던 오행까지 모두 기능이 사라지는 그런 일은 발생하지 않는다.

　　합거 이론은 취해도 되는 이론이 아니다. 취해봤자 임상 현장에서 오류만 생산할 뿐이다.

　　합에 대해 바른 해석을 할 줄 알아야 한다.

　　癸壬戊丙
　　卯戌戌寅

　　戊는 丙의 생(生)을 받으면서 癸를 극합(剋合)하고, 또한 戊는 동시에 壬을 극하기도 한다. 즉 화생토(火生土)에 토극수(土剋水)이다. 그러므로 일간이 근심을 피할 수 있는 구조가 아니다. 따라서 "일간 壬은 戊 칠살의 극을 피하기 어려운 상황에 놓여 있다."라고 판단해야 올바른 해석이 된다.

41-6. 생극제화(生剋制化)와 형파합충(刑破合沖)

　　고서가 생극제화와 형파합충이 무엇인지 개념을 확실하게 정의해두지 않았기 때문에 두 분야의 체계가 제대로 잡혀 있지 않다. 이로 인해 오랜 세월 동안 두 이론이 정확한 개념 정의를 갖지 못한 채 후대에 그대로 전해지게 되었다. 그래서 여전히 아직도 많은 사람이 둘의 개념을 명확하게 구분하지 못하고들 있다. 수십 년 경력을 가진 학자도 역시 마찬가지이다. 그 예로써

"子와 卯는 형(刑)이므로 서로 손상된다. 그러므로 수생목(水生木)이 안 된다."
"子와 酉도 파(破)이므로 서로 파괴된다. 그러므로 금생수(金生水)가 안 된다."
"午와 卯도 파(破)이므로 서도 파손된다. 그러므로 목생화(木生火)가 될 수 없다."
"子와 午는 충(沖)이므로 서로 깨진다. 그러므로 수극화(水剋火)하지 못한다."

이런 주장들을 하기도 하는데, 이에 대해 명쾌하게 반론할 수 있는 사람도 거의 없는 실정이다.

필자가 앞서 "두 이론이 정확한 개념 정의를 갖지 못한 채 후대에 그대로 전해지게 되었다."라고 한 것은 다음과 같은 맥락의 말이다.

만약 형과 파와 충을 '손상(損傷)' 또는 '파손(破損)'이라 정의하려 한다면, 다 같은 뜻인데 왜 용어를 세 개나 만들었는지 그게 설명이 안 된다. 따라서 형과 파와 충의 진정한 개념은 손상이나 파손 같은 그런 게 아님이 반증(反證)이 된다. 그러므로 그것들은 생극제화와는 다른 어떤 특별한 현상을 표시하는 용어가 될 수밖에 없다. 그렇다면 그게 과연 무엇이겠는가? 그것은 바로 육십갑자가 서로 만났을 때 드러나는 '호의성(好意性)'과 '비호의성(非好意性)'을 나타내는 용어라는 것이다. 바로 이것을 고서가 찾아내지 못했기에 형파합충의 개념 정의를 뚜렷하게 해두지 못한 것이다.

사주에 형이나 파나 충이 있으면 과연 생극제화가 안 되는 건지 살펴보자.
오행정기(五行精紀)의 론삼형(論三刑)에 있는 글이다.

"刑有四種 一曰無禮刑 子刑卯 卯複刑子 蓋子┌生陽晶 卯┌日門 陽者 君也 夫也 勢不兩立 又子者 水也 卯者 木也 有子母之道 因兩陽之競不恤 所以相生遞相刑害 故曰 無禮刑"

"형(刑)은 네 종류가 있다. 그중 하나로서 무례 형이 있는데, 子가 卯를 형하고 卯도 子를 형한다. 子는 양정을 생하는 것이고 卯는 일문이다. 양은 임금이고 남편이라 세력이 양립할 수 없다. 또한 子는 水이고 卯는 木이니, 자식과 어미의 도리가 있음에도 두 양이 다투며 서로 동정하지 아니함으로 인해 서로 생이면서도 서로 형해가 된다. 그러므로 무례 형이라고 한다."

이처럼 고서는 상생(相生)과 상형(相刑)을 양립(兩立)시키고 있다. 그러므로 "형파나 충이 있으면 상생상극이 안 된다."라는 억지 주장을 해서는 안 된다.

"子와 卯, 子와 酉, 午와 卯, 子와 午 등은 서로 생극제화도 하고, 형파합충도 한다."라고 해야 옳은 것이다.

"水는 木을 생한다. 그러나 子卯는 수생목(水生木)이 아니다. 왜냐하면 형(刑)이라 둘 다 파손되기 때문이다."

이렇게 적어놓은 고서는 없다.

그리고 형파합충의 성립에 관한 고서의 일부 이론을 보면, "두 개의 卯가 한 개의 子를 형하지 못한다. 두 개의 子가 한 개의 午를 충하지 못한다."라는 이론이 있는데, 이런 이론은 합리적이지 않다. 두 개든 세 개든 모두 형충의 관계를 갖는다고 보는 게 합리적이다. 비유컨대 서로 사이가 좋지 않은 사람들이라면, 둘이 모이든지 셋이 모이든지 역시 사이가 좋지 않은 관계가 되듯이 오행도 마찬가지이다.

생극제화와 형파합충은 동시(同時)에 발생하나, 분야가 서로 다르다. 생극제화는 '오행의 작용(作用) 분야'이고, 형파합충은 '오행의 관계(關係) 분야'이다.

형파합충과 생극제화는 육십갑자들이 서로 만났을 때 발생하는 음양 현상이므로 서로 분리할 수 없는 현상이기도 하다(작용관계론을 참고하라).

고서를 자칫 잘못 이해하면 전혀 엉뚱한 이론을 습득하게 될 수 있다. 그리고 잘못 습득한 그것이 자신에게 고착되면, 자신이 틀렸다는 걸 모르고 오히려 남을 틀렸다고 성토하며 더 나아가서 그걸 남에게 가르치려고 하게 될 수도 있다.

만약 우연한 기회에 자신의 이론이 틀렸다는 걸 알게 된다면, 그때라도 그것을 인정하고 고칠 수 있는 사람이 되어야 한다.

41-7. 삼합(三合)과 생극제화(生剋制化)

삼합 이론에 대해서도 고서의 논리는 책마다 약간씩 견해가 다르고 다소 불합리한 면도 있다.

오행의 합(合)은 관계(關係)이지만 또한 작용(作用)을 표시하는 것이기도 하므로, 삼합을 생극제화의 관점으로도 바르게 보아야 한다(지지합충론을 참고하라).

1) 삼합(三合)의 생극제화

亥卯未 합: 수생목(水生木), 목극토(木剋土)

寅午戌 합: 목생화(木生火), 화생토(火生土)

巳酉丑 합: 화생토(火生土), 토생금(土生金)

申子辰 합: 토생금(土生金), 금생수(金生水)

2) 반합(半合)의 생극제화

亥卯 합: 수생목(水生木)　　　　寅午 합: 목생화(木生火)

巳酉 합: 화극금(火剋金)　　　　申子 합: 금생수(金生水)

卯未 합: 목극토(木剋土)　　　　午戌 합: 화생토(火生土)

酉丑 합: 토생금(土生金)　　　　子辰 합: 토극수(土剋水)

3) 준반합(準半合)의 생극제화

亥未 합: 토극수(土剋水)

寅戌 합: 목극토(木剋土)

巳丑 합: 화생토(火生土)

申辰 합: 토생금(土生金)

　필자는 수십 년 동안 인터넷의 각종 명리 사이트를 드나들며 많은 사람과 토론해 본 경험이 있는데, 온갖 기상천외한 이론과 온갖 주장들을 다 접해 보았다. 그런데 다들 그들 자신이 배운 학문이 옳고 바르다며 그 바탕 그대로 지키려고만 하였지, 결코 그 바탕을 의심하려 하거나 바꾸려 하지 않았고, 자신들이 주장하는 이론이 합리적이든 비합리적이든 그것에는 전혀 관심이 없었다. 오직 그들이 수성(守成)에만 집착하여 다른 이론을 거부하고 부정하는 모습만 보았으니, 그들이 친 장벽이 너무나도 높고 컸다. 아니 어쩌면 "일인일파(一人一派)에 난장판이었다."라고 평가하는 게 더 정확한 것일지도 모르겠다.

　명리를 새로이 접하는 신진(新進)들이여, 부디 첫출발을 잘하기를 바란다. 만약 첫출발을 잘못하였다면 그로 인해 생긴 오류는 스스로 고치면 되는 것이지만, 그것을 고칠 수 없게 만드는 건 '아집(我執)'과 '닫힌 마음'이다. 틀린 걸 틀렸다고 인정할 줄 알아야 하고, 고쳐야 할 걸 고칠 줄 알아야 한다. 그게 배우는 자의 바른 자세이다.

　부디 열린 마음으로 이 학문을 하기 바란다. 명리의 미래를 당신들이 쥐고 있기에 드리는 말씀이다.

42. 용어해설(用語解說)

　　명리 서적에서 흔히 쓰고 있는 용어들의 뜻을 간략하게 설명한다. 원전(原典)에 오류가 있었던 몇몇 용어는 수정하였다.

　　제시된 여러 용어는 특히 고서(古書)의 이론들을 공부하는 데에 큰 도움이 될 것들이다. 고서를 공부하지 않더라도, 명리 이론에 이런 용어들이 있다는 정도는 알아두는 것이 좋을 것이다.

　　유의할 점은 용어들이 가진 뜻이 그렇다는 것이지, 용어의 존재가 그 이론의 진실(眞實)을 증명(證明)하고 있는 것은 아니란 점이다.

* 가상관(假傷官): 월지(月支)가 아닌 곳에 있는 상관이 억부 용신이 되는 사주. 월지에 상관이 있는 경우에는 진상관(眞傷官)이라 한다.

* 가살위권(假殺爲權): 편관이 변하여 정관이 된다는 것. 일간이 강하고 편관이 약하다면 그 편관을 정관으로 간주할 수 있다는 관점이다. 그러므로 만약 일간이 약하다면 정관도 편관으로 간주할 수 있다는 관점도 가능하다.

* 가색격(稼穡格): 일행득기격(一行得氣格)이며, 종왕격(從旺格)인 사주. 일간과 주변이 모두 土의 세력으로 형성된 사주.

* 가종격(假從格): 종격(從格)이 성립되었는데 그래도 일간의 뿌리가 보이는 사주.

* 간여지동(干與支同): 천간(天干)과 지지(地支)의 음양오행(陰陽五行)이 같은 구조. 甲寅, 乙卯, 戊辰, 戊戌, 己丑, 己未, 庚申, 辛酉이다.

* 감여학(堪輿學): 풍수지리학(風水地理學)의 다른 이름.

* 갑목맹아(甲木萌芽): 甲木이 싹이 튼다는 것. 즉 亥월에 甲木 기운이 시생(始生)하고 있음을 뜻한다.

* 갑목참천(甲木參天): 甲木은 그 형상이 하늘에 높이 솟아오르는 모양을 상징한다. 적천수에 있는 말이다.

* 강왕(强旺), 왕강(旺强): 강하고 왕한 것. 인성과 비겁이 많은 경우를 말한다.

* 강유(剛柔): 강함과 부드러움. 강은 陽을 말하고 유는 陰을 말하기도 하므로 음양(陰陽)을 뜻한다.

* 개고(開庫): 창고가 열림. 辰未戌丑을 고(庫)로 보면서 그것을 열게 되면 그 안에 든 것들을 쓸 수 있다는 관점의 이론.

* 개두절각(蓋頭截脚): 개두(蓋頭)는 간지(干支)에서 천간이 지지를 극하는 간지 결합 구조이다. 예를 들면 丙申, 壬午, 乙未 등이다. 절각(截脚)은 그 반대로 지지가 천간을 극하는 간지 결합 구조이다. 예를 들면 癸未, 甲申, 辛巳 등이다.

* 거관류살(去官留殺), 합관류살(合官留殺): 편관과 정관이 혼잡한 상태에서 정관을 충극(冲剋)하거나 합거(合去)하여 정관이 제거되고 편관만 남은 상태(합거는 옳은 이론이 아님).

* 거류서배(去留舒配): (주로 관살에 대해) 그것을 제거하거나, 남게 하거나, 흩어지게 하거나, 짝을 지워주거나 하는 일.

* 거살류관(去殺留官), 합살류관(合殺留官): 편관을 제거(제살制殺, 합살合殺, 화살化殺)하여 정관만 남기는 것.

* 거탁유청(去濁留淸): 사주에 탁기(용신을 극하거나 무력하게 만드는 오행)와 청기(용신을 보호하는 오행)가 혼합되어 있다가, 탁기가 제거되고 청기만 남은 것.

* 건록(建祿): 십이운성(十二運星)에서 말하는 명칭의 하나. 주로 지지의 비견을 말한다.

* 건왕(健旺): 견실하고 왕성함. 어느 오행이 뿌리도 튼튼하고 주변에 같은 세력도 왕성할 때 해당하는 말이다.

* 고관무보(孤官無輔): 외로운 정관을 도울 재성이 없음. 즉 관성이 재성의 도움을 받지 못해서 힘이 약할 때 해당하는 말이다.

* 고장지(庫藏地), 고지(庫地): 창고에 저장하는 지지(地支) 즉 辰未戌丑를 말한다. 辰은 수고(水庫), 未는 목고(木庫), 戌은 화고(火庫), 축토는 금고(金庫)인데, 올바른 표현은 묘지(墓地)이다.

* 고전격국(古典格局): 고전(古典)의 자평명리(子平命理) 책에서 거론되고 있는 격국론(格局論)을 말한다.

* 과어유정(過於有情): 천간과 지지에 합(合)이 많은 상태. 유정은 합을 뜻한다.

* 관록분야(官祿分野): 투출한 관성이 그 지지에 녹(비견)을 놓고, 그 녹이 합국(合局)을 이루고 있는 상태.

* 관살병용(官殺竝用): 정관과 편관 둘 다 유용하게 쓰는 것.

* 관살혼잡(官殺混雜): 사주에 정관과 편관이 중복되는 구조. 주로 여명 사주에서 이러한 형상을 꺼리면서 중혼(重婚)의 암시 등이 있다고 본다. 그러나 반드시 일치하는 것은 아니다.

* 관성분야(官星分野): 투출한 관성이 그 지지에 녹(비견)은 없으나 합국을 이루고 있는 상태.

* 관인상생(官印相生): 정관이 인성을 생함으로써 인성이 일간을 생하게 하는 것.

* 관인쌍전(官印雙全): 정관(正官)과 인성(印星)이 모두 완전함. 신약한 사주에서 인성이 억부 용신이 되고, 인성이 다시 관성의 생을 받는 구조로 되어 있는 사주.

* 구응(救應), 구응신(救應神): 구제해줌. 기신(忌神)을 만나서 흉하게 된 때에 그 기신을 제거해주는 십신.

* 구신(仇神): 원수와 같은 십신. 희신(喜神)을 극(剋)하는 십신을 말한다. 기신(忌神)과 함께 묶어서 기구신(忌仇神)이라고 하기도 하며, 운의 작용에서 나쁜 역할을 하는 십신으로 본다.

* 구통수화(溝通水火): 도랑(개울)에 水火가 서로 통함. 水火가 중간에 木을 만나서 기가 잘 소통한다는 뜻이다.

* 군겁쟁관(群劫爭官): 여자 사주에서 비견이나 겁재가 많고 관성이 약하여, 여러 비겁이 정관을 차지하려고 다투는 상태를 말한다(예: 甲乙庚乙)

* 군겁쟁재(群劫爭財), 군비쟁재(群比爭財): 많은 비견겁재가 재성을 놓고 다투는 상태를 말한다. 군비쟁재(群比爭財)라고도 한다(예: 乙甲甲己). 만약 식신이나 상관이 있어서 비겁의 기운을 설하면 쟁재를 면하게 된다(예: 乙甲丁己).

* 군뢰신생(君賴臣生): 강한 사주의 일간이 재성을 쓰며 의지함.

* 군불가항(君不可抗): 신하가 군주에게 대항해서는 아니 됨. 재성이 일간을 막아서는 안 된다는 뜻이다.

* 궁신론(宮神論), 궁성론(宮星論): 팔자의 궁(宮)과 신(神, 성星)에 대한 이론.

* 권재일인(權在一人): 사주의 모든 기운이 일간에 모여 있는 격국. 즉 종강격이나 종왕격을 말한다.

* 귀기불통(貴氣不通): 사주에 꼭 필요한 귀한 오행이 중간에 장애가 있어서 그 기운을 통하지 못함.

* 귀물제거(鬼物除去): 일간이 종(從)하고자 하는데 미약한 인성이나 비겁이 있어서 종에 방해가 될 때 그 방해되는 자를 귀물로 여기고 이를 제거함.

* 극설교가(剋洩交加), 극설교집(剋洩交集), 극설교차(剋洩交叉): 극하는 관살과 설하는 식상이 모여 있음. 즉 일간이 아주 신약한 상황.

* 극제(剋制): 극(剋)하거나 제(制)함. 관살(官殺)로 극(剋)하는 것을 말한다.

* 근묘화실(根苗花實): 뿌리와 싹과 꽃과 열매. 년월일시(年月日時)를 말한다.

* 금다수탁(金多水濁): 금이 너무 많아서 물이 탁해짐.

* 금목상쟁(金木相爭): 金과 木이 서로 싸움. 木의 세력이 왕하다면 金과 대립하기도 한다고 보는 관점이다.

* 금백수청(金白水淸): 庚申일 생이나 辛酉일 생이 가을에 태어나고, 시(時)에서 亥나 子를 만난 사주 구조. 즉 사주의 형상이 金水로 이루어질 때 해당하는 말이다.

* 금수상관(金水傷官): 金 일주가 水를 만나 상관격이 된 사주. 특히 亥子월에 태어난 庚辛에게 해당한다.

* 금수상관희견관(金水傷官喜見官): 亥子월에 태어난 庚辛은 火(丙丁)를 반긴다. 즉 금수상관격에 조후(調候)가 필요하다는 의미이다.

* 금수상함(金水相涵): 金이 水를 생조(生助)하고, 水는 金을 적셔주는 것. 즉 사주에서 金과 水가 서로 유정(有情)하다는 뜻이다.

* 금수쌍청(金水雙淸): 천간에 庚과 壬이 또는 辛과 癸가 인접하여 있으면서 金이나 水 둘 중 하나는 일간에 해당하는 사주 구조.

* 금실무성(金實無聲): 金이 태왕(太旺, 太多)하여 아무런 소리를 내지 못함. 즉 金 일주가 왕한데 관성이 없는 경우이다.

* 금침수저(金沈水底), 수다금침(水多金沈): 사주에 水 기운이 너무 많아서 金 기운이 허약해짐. 수다금침(水多金沈) 즉 水가 많으면 金이 가라앉는다는 뜻과 같다.

* 급신이지(及身而止): 오행이 서로 生生하여 그 생이 일간에 이르러 그치며 식상이 없는 사주 구조.

* 기관팔방(氣貫八方): 기가 팔방에 관통함. 子午卯酉나 寅申巳亥 또는 辰戌丑未가 모두 있는 경우를 뜻한다.

* 기반(羈絆): 합(合)으로 인해서 묶이는 것. 특히 용신(用神)에 해당하는 글자가 묶였을 때 쓰는 용어

이다. 용신기반(用神羈絆)이라고도 한다.

* 기식상통(氣息相通): 기운과 숨이 서로 통함. 즉 오행의 기운이 잘 소통한다는 뜻이다.

* 기신(忌神): 꺼리는 십신. 용신을 극(剋)하는 십신을 말한다.

* 기인취재격(棄印就財格): 사주에 인성이 많아서 재성으로 억부 용신을 삼는 격.

* 기취감궁(氣聚坎宮): 사주의 기운이 모두 水 기운으로 모여진 상태의 사주 구조.

* 기토탁임(己土濁壬): 己가 壬을 혼탁하게 함.

* 길신태로(吉神太露): 길신이 천간에 있으면서 뿌리가 약한 경우. 즉 길신이 허약한 상태라는 뜻이다.

* 녹록종신(碌碌終身): 용렬하게 살다가 인생을 끝마침. 즉 일점의 관성이 천간에 헛되이 떠서 허탈 무기한 경우를 말한다.

* 녹마동향(祿馬同鄉): 재성(財星)과 관성(官星)이 같은 뿌리를 둔 것. 천간(天干)에 투출(透出)한 재성(財星)과 관성(官星)이 같은 지지(地支)에 뿌리를 두고 있는 경우에도 해당한다.

* 녹원호환(祿元互換): 일주의 지지에는 시간의 정관이 있고, 시의 지지에는 일주의 정관이 놓여 있음.

* 대목지토(帶木之土): 木을 대동하고 있는 土. 즉 甲辰, 甲戌, 乙丑, 乙未를 말한다.

* 도식(倒食), 편인도식(偏印倒食): 식신이 중요한 역할을 하는데 편인이 그 식신을 극하는 것.

* 도화살(桃花殺): 신살(神殺)의 일종. 애정 사건으로 망신을 당한다는 살.

* 득비리재(得比理財): 비견이나 겁재의 힘을 얻어서 재성을 다스림. 사주에 재성이 많아 신약한 사주가 비겁을 쓰는 경우를 뜻한다(이것은 그릇된 이론이다).

* 등라계갑(藤蘿繫甲): 乙木이 등나무처럼 甲木의 큰 나무에 의존하는 형상의 사주 구조.

* 명관과마(明官跨馬): 천간의 관성이 그 지지 재성의 생을 받는 사주 구조.

* 명암부집(明暗夫集): 여자 사주에서 천간과 지지에 관성이 여럿 있는 사주 구조.

* 모쇠자왕(母衰子旺): 일간이 약한데 식상이 많은 사주 구조.

* 모왕자쇠(母旺子衰): 일간이 신왕한데 식상이 약한 사주 구조.

* 모자멸자(母慈滅子), 모다멸자((母多滅子): 태왕한 인성이 일간을 지나치게 강하게 만들어 줌으로써 흉한 경우. 즉 어머니가 너무 인자하여 도리어 그 아들을 망친다는 뜻이다.

* 목화통명(木火通明): 신왕한 木 일주가 火를 용신으로 삼은 사주 구조(목화 가상관). 또는 木월 火 일간이 金水가 없고 木火가 투출한 사주 구조.

* 미온지토(微溫之土): 화기(火氣)가 있어서 더운 기운을 받는 상태의 丑土.

* 방신유정(幇身有情): 비겁이 일주를 돕는 정이 있음.

* 방조설상(幇助泄傷): 비겁으로 돕고, 인수로 도우며, 식상으로 설기하고, 재성을 극하는 방법.

* 배록축마(背祿逐馬): 정관이 상관을 만나고 또한 재성도 비겁을 만난 경우.

* 벽갑인화(劈甲引火), 벽갑인정(劈甲引丁): 甲木을 庚金으로 잘게 쪼개어 불을 댕김. 즉 庚이 甲을 쪼개어 丁의 불을 살려준다는 뜻이다.

* 변화상관(變化傷官), 가상관(假傷官), 진상관(眞傷官): 진상관이 가상관으로 변하거나 가상관이 진상관으로 변하는 경우를 변화상관이라 한다. 즉 월령 상관격이 신왕하면 가상관으로 변하고, 월령이 인성 또는 비겁이면서 상관을 본 신약한 사주이면 진상관이 된다.

* 병약상제(病藥相濟): 병이 있고 약이 있어서 병의 횡포를 막고 있는 상태. 즉 사주에 병신과 약신이 같이 있는 경우이다.

* 병약용신(病藥用神): 용신(用神)을 정하는 방법의 한 종류로서, 사주에 일간(日干)이 병(기신)이 들었을 때 그 병을 제거하는 글자가 억부 용신이 된다는 이론이다.

* 병중무구(病重無救): 병이 중한데 구해줄 약신이 없는 상태의 사주 구조.

* 부건파처(夫健怕妻): 일주가 건왕하지만 재성을 두려워함. 즉 재성이 관살을 생하여 일주를 극하는 형상의 사주 구조를 말한다.

* 부성입묘(夫星入墓): 관성이 辰未戌丑의 묘고에 들어 있는 경우.

* 사길신(四吉神): 네 가지의 길한 십신. 즉 정관(正官), 정인(正印), 식신(食神), 재성(財星)을 말한다.

* 사흉신(四凶神): 네 가지의 흉한 십신. 즉 편관(偏官), 편인(偏印), 겁재(劫財), 상관(傷官)을 말한다.

* 살상효인(殺傷梟刃): 편관(偏官), 상관(傷官), 편인(偏印), 양인(羊刃)을 말한다.

* 상관견관(傷官見官) 위화백단(爲禍百端): 상관(傷官)이 정관(正官)을 만나면 백 가지 재앙이 발생한다. 즉 그 흉함이 크다는 말.

* 살인상생(殺印相生), 살인화생(殺印化生): 편관이 인성을 생함으로써 인성이 일간을 생하게 하는 것. 정관이 인성을 생하면 관인상생(官印相生)이라 한다.

* 살장관로(殺藏官露): 편관은 지지에 암장하여 있고 정관은 천간에 투출해 있음.

* 살인상정(殺刃相停), 살인양정(殺刃兩停): 편관과 양인이 서로 합하여 머물러 있음.

* 살중신경(殺重身輕): 편관이 왕하고 일간은 약한 상태의 사주 구조.

* 삼기득위(三奇得位): 정재, 정관, 정인이 사주에서 자리를 차지하고 있음.

* 삼기성상(三氣成象): 사주가 세 가지의 오행으로 구성되어 있으면서 하나의 상을 이루고 있는 격국.

* 삼반귀물(三般貴物): 삼기(三奇) 즉 정인, 정관, 정재의 귀한 십신.

* 상관가살(傷官駕殺), 상관적살(傷官敵殺): 상관으로써 편관에 대적하는 격국. 상관적살(傷官敵殺)이라고도 함.

* 상관상진(傷官傷盡): 상관이 소진(消盡, 소멸消滅)됨. 즉 상관이 극을 받은 상태이거나 원국에 상관이 전혀 없는 상태라는 뜻이다. 신봉통고(명리정종)와 삼명통회에서는 관성을 소진한다는 뜻으로 용어를 왜곡시켜 놓았다.

* 상진관성(傷盡官星): 관성을 소진함. 연해자평이 이 용어를 써서 상관상진과 상진관성이 다르다는 것을 정확히 설명해 놓았다. 정관상진(명통부), 상관상진, 인수상진, 재신상진 등이 연해자평에 설명되어 있다.

* 상관적살(傷官敵殺), 상관가살(傷官駕殺): 상관으로써 편관에 대적하는 격국. 상관가살(傷官駕殺)이라고도 함.

* 설기태심(泄氣太甚, 설기태과泄氣太過): 다른 오행을 생함이 너무 심함.

* 상하정화(上下情和): 천간과 지지가 서로 정답게 화합함.

* 생화유정(生化有情): 서로 상극하는 상태인데 그 중간에 기운을 통관(通關)시켜주는 것이 있어서

상생 작용을 하게 되어 유정하게 됨.

* 수기(秀氣): 빼어난 기운. 즉 식상(食傷)을 말한다.

* 수기유행(秀氣流行): 기운이 천간에 드러나 있으면서 다시 다른 것을 생하여 나아감.

* 수대근심(樹大根深): 木 일간이 지지에 큰 뿌리가 깊이 박혀 있음.

* 숙살지기(肅殺之氣): 초목을 시들게 하는 가을의 기운. 庚과 辛을 지칭하기도 하나 오류이다. 천간에는 계절이 없으므로 지지의 申酉로써 논해야 한다.

* 순환상생(循環相生): 오행의 상생이 계속 순환하는 사주 구조.

* 시종득소(始終得所): 시작하고 마치는 곳을 적절하게 잘 얻었음.

* 식신제살(食神制殺): 식신으로써 편관을 극제하는 격국. 주로 신약한 사주에서 편관이 강하고 인성이 없을 때 쓴다.

* 신불가과(臣不可過): 일간은 관성의 신하인데, 일간이 지나치게 강해서는 안 된다는 뜻.

* 신왕무의(身旺無依): 신왕한데 의지할 곳(식상, 재성, 관성)이 없음. 승도지배(僧道之輩)라 하여 스님이 되는 사람이라고도 한다.

* 신왕재왕(身旺財旺): 일주도 왕하고 재성도 왕한 사주.

* 신왕적살(身旺敵殺): 신왕하면 관살을 겁내지 않고 대적한다는 뜻.

* 신청기수(神淸氣秀): 일주가 강건하여 그 정신이 맑고, (용신의) 기운이 빼어남.

* 아능생모(兒能生母), 아능구모(兒能救母): 식상이 편관을 극제함으로써 일간을 보호함.

* 아우생아(兒又生兒): 나의 자손인 식상이 다시 그 자손인 재성을 낳음. 식상이 재성을 생하는 식신생재(食傷生財)의 구조를 뜻한다.

* 암요제궐(暗邀帝闕): 암암리에 제궐을 맞이하고 있음. 제궐(帝闕)은 제왕이 사는 궁궐 즉 亥를 말하는데, 이것을 협자(夾字)로 불러오는 것을 말한다. 예컨대 子丑이 있거나, 酉戌이 있거나, 戌子가 있는 경우이다.

* 양금지토(養金之土): 金을 生하는 辰土와 丑土(십이운성의 양지 庚辰, 辛丑).

* 양팔통(陽八通), 음팔통(陰八通): 사주가 모두 양(陽)의 성분으로 이뤄진 것. 사주가 모두 음(陰)의 성분으로 이뤄진 것.

* 애가증진(愛假憎眞): 가신(假神)을 사랑하고 진신(眞神)을 미워함. 즉 월령에 근원을 두지 못한 오행이 용신인 경우를 뜻한다.

* 역마살(驛馬殺): 신살(神殺)의 일종. 분주(奔走)하게 돌아다닌다는 살.

* 영향요계(影響遙繫): 고전격국(古典格局)의 합리적이지 못한 이론들을 말한다.

* 왕희순세(旺喜順勢): 왕한 것은 운에서 그 세력을 따라감을 기뻐한다는 뜻.

* 원신투출(元神透出): 지지에 뿌리를 둔 오행이 천간에 드러난 것.

* 원원류장(源遠流長): 근원이 멀리서부터 내려오면서 흘러감이 장구함.

* 월기심천(月氣深淺): 월의 기운의 깊음과 얕음. 월률분야(月律分野)에 따른 오행의 비중을 논하는 용어.

* 유병유약(有病有藥, 유병득약有病得藥): 사주에 병이 있고 또 약이 있음. 예컨대 비겁은 재성에 대해 병이 되지만 그 병을 제거할 관살이 있으면 그것이 약이 된다. 또한 식상은 관성에 대해 병이 되지만 그 병을 제거할 인성이 있으면 그것이 약이 된다. 유병유약 사주는 평범한 사주보다 나은 격국이 될 수 있다.

* 유정견합(有情牽合): 정이 있어서 끌어와 합함.

* 이인동심(二人同心): 사주가 두 가지의 오행으로 구성되어 있으면서 서로 상생하는 격국.

* 일락서산(落西山): 丙火 일주가 申酉월 생일 경우.

* 일장당관(一將當關): 투출한 한 개의 희신이 무리를 이룬 기신을 제거함.

* 자매강강(姉妹剛强, 저매강강姐妹剛强): 여자 사주에서 비견이나 겁재가 많아 관성을 두고 경쟁하는 사주 구조. 전방지부(塡房之婦: 외로운 팔자, 후처나 첩)가 되기 쉽다고 한다.

* 자오쌍포(子午雙包): 子午는 서로 충하고 극하지만 서로 포섭하여 친하게 지내고 싶어함.

* 재관쌍미(財官雙美): 지지에 정재와 정관이 같이 있는 경우. 예컨대 癸巳(戊, 丙), 壬午(丁, 己) 등이다.

* 재명유기(財命有氣): 재성과 일주가 모두 강한 경우. 즉 신왕재왕한 사주 구조.

* 재인불애(財印不碍): 인성이 태왕하거나 인성이 다른 오행과 합하는 등, 인성에게 재성이 장애가 되지 않는 경우를 뜻한다.

* 재자약살(財滋弱殺): 신왕하며 편관을 쓰는데 편관이 허약하여 재성이 편관의 힘을 길러줌. 즉 신 강하고 관살용신인 사주가 관살이 미약하여 재성의 도움을 받고 있는 상태를 뜻한다.

* 적수오건(滴水熬乾): 한 방울의 물(水)이 가뭄에 졸아듦. 약한 水가 金을 보지 못하거나 火가 강한 경우이다.

* 전이불항(戰而不降): 비겁으로 편관에 대항하면서 항복하지 않음.

* 전인후종(前引後從): 앞에서 끌어당기고 뒤에서 따름. 생년을 기준으로 앞과 뒤를 정하되, 전삼위 (前三位)와 후삼위(後三位)로 끌고 당기는 한계를 정하여 살핀다. 가령 子년생이라면 子, 丑, 寅으로 삼위까지 전인하는 한계를 정하고, 또 子, 亥, 戌로 삼위까지를 후종하는 한계를 정한다.

* 절처봉생(絶處逢生): 천간이 위태로운 지지(편관) 위에 있으나 지장간 오행의 미미한 生을 받아 다행히 살길이 생긴 상태. 甲申이나 戊寅같은 경우를 말한다. 그러나 사실 상 본기(本氣)가 기운을 주도하므로 극이 될 뿐이며, 生을 받는다고 보기는 어렵다. 본기를 넘어서는 지장간이 존재할 수 없다.

* 정기신(精氣神), 정신기(精神氣): 인성, 비겁, 식상을 각각 이르는 말. 신(神)을 관성으로 보는 견해도 있고, 식재관 모두로 보는 견해도 있는데, 삼명통회에서 "精爲氣之母 , 神爲氣之子"라 하면서 식상인 듯 기술하고 있으나 申子辰 삼합의 辰을 "辰乃子之子"라 하는 예를 들었으므로, 신이 식상인지 관성인지 그 정확한 뜻이 불분명하다. 문맥 상 식상으로 보는 것이 마땅하다고 본다.

* 정신포만(精神飽滿): 사주의 기운이 일간에 가득 차 있음. 즉 일간의 강건함을 뜻한다.

* 제거기병(除去其病): 사주에 병(病)이 되는 자를 제거함. 병이 되는 신을 병신(病神)이라 하며, 약(藥)이 되는 神을 약신(藥神)이라고 한다. 약신 운이 오면 제거기병이 되어 명주가 발복(發福)한다고 본다.

* 제살태과(制殺太過): 식상이 많아서 관살을 지나치게 극제한 사주 구조.

* 종지진가(從之眞假): 종격에서 진종과 가종을 구분함.

* 좌우기협(左右氣協): 천간 지지에서 좌우의 기들이 서로 협력함.

* 지지연여(地支連茹): 지지의 오행이 나물 뿌리처럼 연이어진 형태. 지지의 오행들이 일정한 간격과 순서로 배치된 형태이다.

* 진가상관(眞假傷官): 진상관과 가상관을 말한다. 진상관은 신약하고 월지 상관이 강한 사주이고, 가상관은 신강하고 상관이 억부용신인 사주이다.

* 진기왕래(眞氣往來): 나의 진기와 다른 이의 진기가 서로 일시(日時)에 바뀌어 놓여 서로 왕래하고 있음. 즉 재성이나 관성이 교차하여 있는 경우이다.

* 진법무민(盡法無民): 법이 소진되어 따르는 백성이 없음. 즉 식상이 강왕하여 관살이 권위를 잃게 된 상태를 말한다.

* 천관지축(天關地軸): 사주에 乾(戌, 亥), 坤(未, 申)이 모두 다 있는 경우. 천문지호(天門地戶)라고도 한다.

* 천부지재(天覆地載), 천복지재(天覆地載): 천간이 덮어주고 지지가 실어줌. 천간이 지지를 돕고 지지도 천간을 돕는 형태인데, 천부지재(天覆地載)가 정확한 용어이다.

* 천지교태(天地交泰): 천간의 기운과 지지의 기운이 크게 합함. 즉 천간과 지지에 같은 오행이 많은 경우이다.

* 천지덕합(天地德合): 천간으로 합하고 또 지지로도 합함.

* 천충지격(天衝地擊, 天沖地擊): 소식부주(消息賦註)에 나오는 말인데, 원국과 대운은 동남(東南)인데 태세에서 서방(西方)을 만나면 천충(天衝)이라 하고, 원국과 대운은 서북(西北)인데 태세에서 동남(東南)을 만나면 지격(地擊)이라 한다.

* 천한지동(天寒地凍): 천간은 차고 지지는 얼어 있음.

* 체전지상(體全之象): 水 일간이 천간에 세 개의 庚辛金을 만나 강한 경우. 금수쌍청(金水雙淸)의 특별한 격국으로 본다.

* 추수통원(秋水通源): 壬癸水가 申酉월에 태어나 그 근원에 통하고 있음.

* 축수양목(蓄水養木): 물을 간직하여 나무를 키움. 水는 없고 丑土나 辰土가 있는 경우이다.

* 춘양조열(春陽燥熱): 봄철에는 양기가 건조하고 열기가 있다는 뜻.

* 취정회신(聚精會神): 정과 신이 모여 있음. 즉 인성과 식상이 모여 있음을 뜻한다.

*탐생망극(貪生忘剋): 생(生)을 탐하여 극(剋)을 잊음(오류임. 생하고 동시에 극도 함).

*탐재괴인(貪財壞印): 신약한 사주에서 인성을 쓰는데, 재성이 많아 인성이 파괴된 사주 구조. 사주에서 인성이 재성을 만나 극을 받는 단순한 경우도 포함된다.

*탐합망극(貪合忘剋): 합을 탐하여 극을 잊음(오류임. 합하면서 동시에 극함).

*탐합망충(貪合忘沖): 합을 탐하여 충을 잊음.

*파료상관(破了傷官): 인성이 상관을 소진해 없앤 것. 주로 가상관 사주에서 상관이 극상(剋傷)당한 경우를 말하나, 진상관 사주에서 상관이 상한 경우도 해당한다.

*형전형결(形全形缺): 형상이 완전함과 형상이 깨어짐. 즉 일간을 생하는 계절에 태어남과 일간을 극하는 계절에 태어남을 서로 구분한 것.

*호환재록(互換財祿): 서로의 재록이 바뀌어 있을 때, 필요한 것을 바꿔서 씀. 예컨대 庚寅일 甲申시 등이다.

*효자봉친(孝子奉親): 일간은 강하고 인성은 약한데 재성이 없는 상태에서 일간과 인성이 잘 어울려 있는 형상.

*화살생신(化殺生身): 편관(칠살)의 힘을 인성이 받아서 다시 일주를 생해 줌.

*화신설수(化神洩秀): 화신(化神)이 왕한데 설기가 빼어남. 화신유여(化神有餘)라고도 함. 천간이 합이 되어 화한 기운이 지지에도 왕하고, 그 기운이 잘 설기되고 있을 때를 말한다.

*화위설상(化爲洩傷): 일주와 합하여 합화된 기운을 심하게 설기하는 경우. 예컨대 乙 일간이 庚을 만났는데, 사주에 水 기운이 너무 많은 경우이다.

*화지진가(化之眞假) :화격(化格)에는 진화격(眞化格)이 있고 가화격(假化格)이 있음.
화격이면 화격이고 아니면 아니지, 가화격이란 것이 별도로 있을 수 없다. 종격과 가종격을 논하는 논리와 똑같은 모순 이론이다.

*회동제궐(會同帝闕): 亥년생이면서 亥(제궐) 주변에 길신(吉神)들이 근처에 같이 있으면 성립하는 격국. 일품(一品)의 높은 벼슬을 가진 귀한 신분이 될 수 있다고 본다.

참고문헌(參考文獻)

珞琭子, 消息賦

郭璞, 玉照神應眞經

蕭吉, 五行大義

袁守成, 五星三命指南

李虛中, 命書

廖中, 五行精紀

徐子平, 珞琭子三命消息賦註

徐大升, 子平三命通變淵源

京圖, 滴天髓

未詳, 四明丁丑板 欄江網

張楠, 命理正宗(神峰通考)

萬民英, 三命通會

唐錦池, 淵海子平

余春台, 窮通寶鑑

陳之遴, 命理約言

未詳, 耕寸集 및 沈澤燔, 子平眞詮 沈澤燔

任鐵樵, 滴天髓闡微

徐樂吾, 滴天髓徵義

徐樂吾, 子平粹言

韋千里, 八字提要

韋千里, 命學講義

袁樹珊, 命理探原

何建忠, 八字心理推命學

吳俊民, 命理新論

朴在玩, 命理要綱(역문관서우회, 1999)

申六泉, 四柱鑑定法祕訣集(갑을당, 2007)

李錫暎, 四柱捷徑(한국역학교육학원출판, 1994)

崔英哲, 四柱精說(명문당, 2002)

金聖鎭, 韓國人의 사주팔자(무궁화출판사, 1991)

李殷晟, 曆法의 原理分析(정음사, 1988)

其他